ALIMENTAÇÃO NATURAL
PARA O DIA A DIA

ALIMENTAÇÃO NATURAL
PARA O DIA A DIA

100 receitas vegetarianas
com ingredientes simples

SARAH BRITTON

Tradução:
BRUNO FIÚZA

Consultoria:
FLAVIA G. PANTOJA

Para Mikkel e Finn, pelo interminável intercâmbio de nutrientes.

SUMÁRIO

INTRODUÇÃO 8
SIMPLIFICANDO A VIDA
NA COZINHA 10

SOPAS QUE SUSTENTAM 15
SALADAS SUNTUOSAS 51
PRATOS PRINCIPAIS QUE ALIMENTAM 92
**ACOMPANHAMENTOS SIMPLES E
PEQUENOS PRATOS** 151
PETISCOS 185

COMO COMPRAR E ESTOCAR
INGREDIENTES BÁSICOS 230
AGRADECIMENTOS 234
ÍNDICE REMISSIVO 235

INTRODUÇÃO

———

Lá estava aquele repolho sobre minha tábua de corte – humilde, despretensioso e quieto, nada sexy. Sem o orgulho e a persuasão dos brócolis, nem a dignidade e a elegância de uma cenoura. No entanto, era barato, um produto básico confiável do meu mercado, e eu queria fazê-lo brilhar. Queria brincar com ele. Ou eu fazia algo interessante com aquela humilde cabeça ou perderia toda a fé de que os vegetais simples, comuns, podem ser transformados em algo realmente especial. Provar que eu não preciso ir à feira de produtores para elaborar uma refeição inspirada. E que eu não teria de ficar escrava do fogão para conseguir servir o jantar.

Cortei a cabeça de repolho em quatro, esquentei um pouco de caldo de legumes, cozinhei os pedaços e depois coloquei numa frigideira quente para grelhar. Aquela modesta brassicácea se transformou por completo em algo tão delicioso que mal pude conter minha empolgação. Era defumado, saboroso e rico. Preparei um molho com nozes torradas e alho, acrescentei um pouco de maçã e salsinha picadas, e de repente criei uma refeição com sabores intensos e complexos, utilizando ingredientes tão simples que aquilo parecia o maior triunfo culinário da minha vida.

Depois de receber a carta de mais uma estudante perguntando como poderia comer de forma saudável com seu orçamento limitado e seus horários de trabalho malucos, me lembrei do prato de repolho que havia preparado na noite anterior e percebi que *ali* estava a resposta. Sim, eu gosto de ingredientes exóticos, mas, na verdade, a maior parte da minha dieta consiste em vegetais, frutas, legumes e grãos que não precisam de muita elaboração. Na verdade, encontro a maior parte dos meus ingredientes favoritos no mercado do bairro. Essas cartas me inspiraram a criar receitas que todo mundo pode preparar, dentro de quase qualquer orçamento, em qualquer dia da semana. Essas cartas me inspiraram a escrever este livro.

Todos nós sabemos da importância de comer alimentos balanceados e nutritivos, mas para muitos de nós o desafio de criar um jantar saudável pode parecer angustiante quando pensamos que temos de fazer visitas especiais a empórios gourmet ou lojas de produtos naturais para comprar ingredientes caros, que não podemos utilizar integralmente, e que teremos de cozinhar com técnicas com as quais às vezes não estamos familiarizados – além das outras responsabilidades do dia a dia. Na verdade, caprichar demais no jantar para transformá-lo num evento requintado costuma ter o efeito oposto do desejado: pode nos condenar ao fracasso. Quero ajudar você a superar esses desafios, oferecendo "blocos de montar" para criar refeições simples e deliciosas com itens básicos da despensa e ingredientes acessíveis, usando técnicas culinárias fáceis de dominar. Com o tempo, espero que você ganhe confiança suficiente para inventar variações dessas receitas e preparar suas próprias refeições – e apaixonar-se pela ideia de aplicar sua criatividade na cozinha.

Esta coletânea de receitas celebra todos os ingredientes bons e simples que você provavelmente tem na geladeira ou que pode comprar sem ter de ir muito longe. Se você tem a sorte de morar perto de um bom supermercado, loja de produtos naturais ou feira de produtores, sem dúvida encontrará ainda outros produtos locais e orgânicos, e, com eles, a inspiração.

O que este livro me ensinou é que comida saudável e saborosa não precisa ser cara nem complicada. Enquanto o escrevia, eu insisti, aprendi e comemorei mais que nunca, porque, apesar do desafio, provei que podemos comer bem, mesmo gastando pouco, mesmo numa simples terça-feira.

RECEITAS INSPIRADAS PARA UMA NOITE QUALQUER

O livro está dividido em cinco capítulos que seguem vagamente as estações – cada um começando pela primavera e fluindo pelas demais –, mas você pode fazer essas receitas o ano todo com os ingredientes que tiver à sua disposição.

Os dois primeiros apresentam "Sopas que sustentam" e "Saladas suntuosas". Embora as receitas nesses capítulos possam ser servidas como acompanhamentos, todas são substanciais o bastante para se tornar a peça central da refeição numa noite corrida de meio de semana.

Você vai perceber que a maioria das receitas inclui uma nota de "Adianto". Ela mostra como uma receita se transforma em outra utilizando sobras, e lhe dará sugestões sobre como cozinhar um pouco mais de certo ingrediente (por exemplo, grão-de-bico) para adiantar o preparo de outra receita do livro. Isso torna a refeição de amanhã muito mais prática: ao usar essas dicas, você pode planejar com facilidade as compras e as refeições da semana e economizar bastante tempo. Elas estão explicadas em detalhes na p.11.

O capítulo "Pratos principais que alimentam" é repleto de ideias originais e surpreendentes sobre como transformar itens básicos da lista de compras em pratos principais fascinantes. Embora essas receitas não sejam complicadas, elas contêm mais ingredientes que as dos outros capítulos. É aqui que os boxes de "Adianto" se tornam especialmente úteis, porque eles vão estimulá-lo a cozinhar o suficiente de um ingrediente para preparar duas refeições.

O capítulo seguinte é "Acompanhamentos simples e pequenos pratos". Essas receitas levam poucos ingredientes e podem ser preparadas rapidamente, mas vão surpreender com seus sabores marcantes e encorpados. Todas elas podem facilmente ser transformadas em pratos principais apenas usando as dicas do box "Eu quero mais!". Se você ainda está dando os primeiros passos na culinária saudável, este é, sem dúvida, um ótimo capítulo para começar, pois as receitas são rápidas e fáceis. Os "Acompanhamentos simples e pequenos pratos" funcionam como guarnição para pratos principais, ou você pode preparar vários deles de uma vez para criar um tradicional almoço de família.

"Petiscos" completam o livro com comidinhas perfeitas para um lanche da tarde. Molhos, pastas, biscoitos e afins também rendem fantásticos aperitivos, e combiná-los cria uma mesa impressionante para ocasiões especiais. Os petiscos doces e saudáveis são perfeitos para aproveitar qualquer hora do dia, do café da manhã à sobremesa, e muitos deles são fáceis de transportar, sendo maravilhosos para rechear sua marmita!

Cada capítulo abre com uma receita "3 versões": uma base simples que você pode variar com facilidade – desde uma salada de couve kale até um brownie de chocolate. Divirta-se com elas, e assim que você pegar o jeito, crie suas próprias "3 versões". Além disso, as receitas estão devidamente rotuladas para que você planeje de forma prática suas refeições: "V" para vegana, "SG" para sem glúten, "C" para crua e "SGr" para sem grãos.

SIMPLIFICANDO A VIDA NA COZINHA

Há muitas maneiras maravilhosas de economizar tempo na cozinha, e mesmo que você goste de cozinhar tanto quanto eu, tenho certeza de que também adora passar suas horas preciosas fazendo outras coisas.

BLOCOS DE MONTAR PARA AS REFEIÇÕES

Em minha perspectiva sobre a culinária, encaro os ingredientes como se fossem blocos de montar. Primeiro crio o alicerce da refeição, que pode ser qualquer coisa, como grãos, leguminosas, vegetais ou folhas verdes. Uma vez isso no lugar, acrescento outros elementos para tornar o prato interessante, como legumes assados, abacate, homus ou até um ovo cozido. Posso parar nesse ponto, se não tiver mais tempo, e ficar com uma refeição simples, mas deliciosa. Se eu tiver mais tempo, no entanto, deixo-a especial adicionando brotos, salsa e/ou queijo de cabra, seguidos de um molho. Se eu me sentir muito ambiciosa, vou tostar algumas sementes, picar algumas ervas ou cortar pimentas frescas para dar um toque especial à refeição.

Blocos de montar permitem compor um prato a partir do entendimento do que faz uma refeição deliciosa, em vez de nos prender a ingredientes específicos. Essa abordagem também possibilita identificar o papel dos vários ingredientes em determinado prato, para que você possa facilmente ajustá-los e personalizá-los, dependendo do que já tem na geladeira ou na despensa, da estação, de preferências alimentares e gostos. Você pode até transformar suas velhas receitas favoritas apenas trocando os blocos para criar algo completamente novo. Cozinhar fica muito mais prático, criativo, livre e divertido!

Um exemplo dessa perspectiva é um prato que eu faço muitas vezes para o jantar: salada. Para montar sua refeição, basta apenas:

PREPARE A BASE	TORNE-A INTERESSANTE	ACRESCENTE ALGO ESPECIAL	VAI MOLHO? (opcional)	DÊ UM TOQUE FINAL (opcional)
quinoa	cenoura	lentilha-verde	Molho de tahine e hortelã (p.63)	Dukkah (p.26)
arroz integral	batata-doce	grão-de-bico	Molho romesco (p.195)	coentro
couve kale massageada	lentilha-negra	ovo cozido mole	Chermoula (p.148)	pimenta-calabresa em flocos
macarrão integral	brócolis	broto de feijão-mungo (ver Brotos básicos, p.23)	Molho de manteiga de amêndoas (p.135)	Sal de gergelim (p.157)
cuscuz	abacate	feijão-preto	Salsa de rabanete e coentro (p.108)	sementes de abóbora tostadas
batata-doce assada	feijão-preto	Repolho cítrico picante (p.99)	Molho picante de tahine e gengibre (p.104)	nozes-pecãs tostadas
polenta	beterraba assada	queijo de cabra	Molho de limão, hortelã e tâmara (p.57)	Picles de cenoura e gengibre (p.87)
pão integral	Homus básico (p.187) ou outra pasta de grãos	broto de lentilha (ver Brotos básicos, p.23)	Pesto de rúcula (p.141)	azeitonas picadas

ADIANTOS (COZINHAR A MAIS DE PROPÓSITO)

Desenvolvi uma forma de comer bem todos os dias sem gastar muito tempo na cozinha usando o que eu chamo de *adianto*. Um adianto é uma sobra intencional que utilizo logo no dia seguinte, ou mesmo semanas depois.

Por exemplo, na segunda-feira eu cozinho quinoa para uma grande Salada de quinoa (p.91), mas faço o dobro, de modo a ter um adianto na terça-feira. Na terça-feira eu cozinho o dobro da lentilha de que preciso para uma receita de quinoa e lentilha, e guardo as lentilhas extras para um adianto na quarta-feira. Na quarta eu preparo uma panela grande de arroz integral para misturar com as lentilhas, e assim por diante.

Os adiantos não funcionam apenas com ingredientes básicos, mas também com legumes assados, massa de torta, picles rápidos, manteiga de nozes, queijo com sementes, coberturas, caldos e molhos. Você verá exemplos disso em quase todas as receitas do livro. Cozinhar se torna muito mais divertido e prazeroso se você passa mais tempo montando os pratos que debruçado sobre um fogão quente. Sim, haverá dias de investimento em que você fará uma grande quantidade de barras de granola, molho para salada e arroz integral, mas depois terá blocos para muitas refeições. Você verá sua geladeira e despensa se encherem desses blocos, e suas refeições ficarão mais rápidas de montar, mais balanceadas e saborosas, enquanto o tempo gasto na cozinha diminui.

USE O FREEZER (NÃO SÓ PARA FAZER GELO!)

Por muitos anos meu freezer foi um espaço para guardar picolés e pedaços de pão havia muito tempo esquecidos. Então eu percebi que poderia ser muito mais... Ele é como uma máquina do tempo de comida! Congelar alimentos prontos, especialmente feijões e grãos, é uma maneira inteiramente legítima de aproveitar melhor seu tempo e suas refeições.

Eis alguns itens que eu sempre tenho à mão no freezer, e por quanto tempo eles podem ser congelados:

- feijões cozidos (6 meses)
- grãos cozidos (6 meses)
- vegetais congelados, como ervilhas-verdes (8 a 10 meses)
- pão, wraps, muffins, outros produtos assados (6 meses)

COMO MELHORAR O SABOR

Ao longo de muitos anos de culinária, aprendi a melhorar o sabor de todo tipo de alimento sem precisar de utensílios extravagantes. As receitas deste livro usam todas as minhas técnicas favoritas, mas achei que seria divertido destacá-las aqui, para tirar você da rotina e deixar aflorar sua própria veia criativa na culinária.

Grelhar

Se há uma técnica que se deve dominar, aqui está. Grelhar a comida torna os alimentos deliciosos por causa de uma coisa chamada reação de Maillard. Esse processo complexo acontece quando os açúcares e aminoácidos no alimento reagem ao calor elevado, criando e liberando centenas de moléculas potentes que intensificam o sabor do que você está comendo. Parece complicado, mas tudo que você precisa fazer é aumentar o fogo e mãos à obra! Lembre-se de que o objetivo é caramelizar, e não queimar a comida. Uma fronteira sutil, mas importante.

EXPERIMENTE: Babaganuche de berinjela defumada com pinoli (p.167), Salada Caesar grelhada com croûtons de grão-de-bico (p.61).

Tostar

Assim como grelhar, tostar também provoca a reação de Maillard, resultando na mesma comida, mas com perfumes mais intensos. Os ingredientes que mais se beneficiam da tostadura são as oleaginosas, as sementes, as especiarias, os grãos e, claro, o pão. Você pode tostar quase tudo na panela, mas a maneira mais lenta e realmente eficaz é o forno. Com ingredientes de formas irregulares, como nozes, o calor só chega às partes do alimento que tocam a superfície da panela, geralmente criando pontos queimados, enquanto o restante do ingrediente continua cru. No forno você pode cercar a comida de calor, criando um produto tostado de maneira uniforme com sabor realmente incrível. A única desvantagem do forno é que você não pode ficar de olho na comida, então, tire a travessa regularmente e verifique o ponto para evitar que ela queime.

EXPERIMENTE: Molho de nozes tostadas (p.84), Barras de granola com mel e amêndoas (p.218).

Assar

Método de cozimento testado e aprovado, é um dos que eu mais uso. E não apenas para vegetais – frutas e queijos também ganham um belo tratamento do forno. O processo de assar ajuda a evaporar os líquidos do alimento que você está cozinhando, o que por sua vez intensifica os sabores naturais. Açúcares caramelizam e sabores pungentes se suavizam, dando origem a outros mais doces e agradáveis.

EXPERIMENTE: Rabanete assado com abacate e sal de gergelim (p.157), Ameixas frescas assadas com balsâmico, espinafre e queijo de cabra (p.70).

Marinar ou infundir

Essa técnica consiste em preparar uma combinação intensamente aromatizada de especiarias, ervas e temperos na qual mergulhar a comida. Isso a infunde com muito mais sabor. Você pode prepará-la imediatamente ou deixá-la crua. Às vezes, recomendo colocar o alimento na marinada após o cozimento, enquanto ainda está quente, fazendo com que ele absorva ainda mais sabor.

EXPERIMENTE: Pimentão vermelho assado e marinado com grão-de-bico (p.164), Pizza de Portobello (p.119)

Adicionar sal

Às vezes uma pitada extra de sal pode significar a diferença entre um prato simples e outro realmente saboroso. Se você sentir que está faltando algo, experimente acrescentar um pouco de sal antes de qualquer outra coisa e veja se faz diferença – especialmente em doces e sobremesas (confie em mim). Acrescente o sal pouco a pouco, à medida que cozinha, provando sempre. Minhas receitas tendem a ser menos salgadas que aquelas às quais a maioria das pessoas está acostumada, mas você pode salgar de acordo com sua preferência.

EXPERIMENTE: Brócolis com ghee de alho e pinoli (p.171), Sorvete magnífico de banana e amêndoas (p.221).

Acrescentar um pouco de acidez

Se você perguntar à maioria dos chefs profissionais o que falta numa refeição caseira, eles quase sempre dirão: "Acidez." A acidez dá azedume, brilho e sabor, e o mais importante: equilíbrio! Há duas maneiras de acrescentar acidez aos alimentos: cítricos (suco de limão) ou vinagre (adoro vinagre de maçã). Picles são um complemento fabuloso para muitos pratos, e não é preciso muita acidez para sua comida passar de sem graça a fabulosa; se você pesar a mão na acidez, adicione algo doce (por exemplo, xarope de bordo puro) ou gorduroso (por exemplo, azeite de oliva prensado a frio) para equilibrar as coisas.

EXPERIMENTE: Salada cítrica de beterraba crua e quinoa com endro e azeitonas (p.91), Pico-de-gallo (p.112).

Finalizar com gordura

Gordura é sabor. Na verdade, estamos biologicamente conectados para gostar do sabor da gordura porque é a forma mais densa de energia à disposição, e por muito tempo nossa sobrevivência dependeu dela. A gordura também nos ajuda a nos sentirmos saciados – e, portanto, é um elemento importante de qualquer prato. Nós nos sentimos mais satisfeitos ao consumir gorduras e óleos porque eles levam mais tempo para ser digeridos, uma das razões pelas quais as dietas com pouca gordura geralmente fracassam – as pessoas tendem a sentir fome logo depois de consumir alimentos com baixo teor de gordura. Como frutas e legumes são relativamente pobres em gordura, a maioria das minhas receitas também é. Por isso, muitas vezes sugiro regar o prato finalizado com azeite, que não só oferece untuosidade e uma textura cremosa como também satisfaz.

EXPERIMENTE: Maionese divina infalível (p.111), Cenoura com manteiga noisette, pistaches e endro (p.163).

Decorar antes de servir

Adicionar ingredientes com toneladas de sabor enquanto você está finalizando a preparação e o cozimento não é propriamente uma técnica, mas uma forma interessante de aumentar a personalidade das receitas. É o que vai levar seus amigos a exclamarem "Uau! Como você fez isso?" e fazer você se sentir um profissional. Algumas das minhas decorações favoritas são ervas frescas, alcaparras, azeitonas, pimenta vermelha em flocos, raspa de limão, castanhas e sementes torradas, coco tostado, misturas de especiarias, óleos aromatizados e flocos de alga nori. Ter sempre um ou mais desses elementos em sua cozinha lhe dá superpoderes de sabor.

EXPERIMENTE: Raízes assadas muito simples com dukkah (p.183), Sal de gergelim (p.157).

Simplificando a vida na cozinha 13

SOPAS
que sustentam

MINESTRONE, 3 VERSÕES 17

SOPA RÁPIDA DE ERVILHA E ENDRO 21

GASPACHO DE BROTO DE FEIJÃO-MUNGO 22

SOPA FRIA E RELAXANTE DE PEPINO E ABACATE
COM HORTELÃ E DUKKAH 24

CREME SUNTUOSO DE COGUMELOS COM
CROÛTONS DE ALHO E ERVAS 27

SOPA NORTE-AFRICANA DE TOMATE SECO
COM TOPPING DE CUSCUZ 30

SOPA DE ERVILHA COM GENGIBRE E LIMÃO 33

SOPA DE ALHO DOS SONHOS 34

SOPA AZEDINHA DE FEIJÃO-PRETO E LEITE DE COCO 37

SOPA DE MILHO E CASTANHA-DE-CAJU COM ÓLEO DE CHIPOTLE 38

CALDO DE BRÓCOLIS E MANJERICÃO COM
MACARRÃO E SAL DE GERGELIM 40

SOPA SUPERDETOX DE COENTRO, ESPINAFRE
E BATATA-DOCE 43

SOPA AVELUDADA DE ALHO ASSADO E BETERRABA
COM MOLHO DE IOGURTE E MOSTARDA 44

DAL DE CURRY E LEITE DE COCO 47

SOPA DE FORNO ESPERTA DE PASTINACA 48

———

PÁGINA ANTERIOR, da esquerda para a direita: Minestrone de primavera (p.17);
Minestrone de verão (p.18); Minestrone de outono (p.19).

MINESTRONE, 3 VERSÕES

Minestrone é uma clássica sopa de legumes italiana incrivelmente variada. Como é feita tipicamente com ingredientes sazonais, tomei a liberdade de criar três receitas – para a primavera, o verão e o outono. Cada uma dessas sopas tem um sabor distinto, mas todas começam com óleo, cebola, sal e alho, e depois seguem para onde quer que a estação aponte. Adoro acrescentar feijão às sopas para encorpar e dar substância, mas as lentilhas também funcionam muito bem. Se você não quiser adicionar massa à sua sopa, experimente usar um descascador julienne para fazer macarrão com os vegetais da estação, como faço na versão de verão. *Buon appetito!*

MINESTRONE DE PRIMAVERA

SERVE 6-8 PESSOAS

1 Encha uma panela média com água e leve para ferver. Acrescente 1½ colher (chá) de sal e a massa e cozinhe até ficar al dente, de acordo com as instruções da embalagem. Escorra e reserve.

2 Numa panela grande, derreta o óleo de coco em fogo médio. Acrescente as cebolas, a 1½ colher (sopa) de sal restante e misture bem. Refogue por cerca de 10 minutos, mexendo de vez em quando, até que a cebola amoleça e comece a caramelizar levemente.

3 Acrescente o alho, a cebolinha fresca, o caldo e deixe ferver. Adicione as ervilhas, os aspargos, a ervilha-torta e o feijão-branco e cozinhe por 3 a 4 minutos, até as ervilhas ficarem de um verde brilhante.

4 Retire do fogo e junte a acelga, a salsinha, a pimenta-do-reino e o suco de limão. Misture para a acelga murchar.

5 Adicione a massa cozida imediatamente antes de servir. Tempere com sal. Sirva quente, com um fio de azeite extravirgem.

2 colheres (sopa) de sal

1 xícara (100g) de massa seca em forma de concha (*conchiglione*), sem glúten ou integral, da marca de sua preferência

1 colher (sopa) de óleo de coco ou ghee

3 cebolas médias picadas

3 dentes de alho amassados

4 cebolinhas frescas, partes branca e verde, picadas

7 xícaras (1,75 litro) de caldo de legumes

1 xícara (150g) de ervilhas frescas ou congeladas

225g de aspargos picados

100g de ervilhas-tortas picadas

1½ xícara (1 lata de 225g) de feijão-branco cozido

2 xícaras cheias (150g) de acelga picada

½ xícara cheia (15g) de salsinha fresca picada

1 colher (chá) de pimenta-do-reino preta moída na hora

1 colher (sopa) de suco de limão espremido na hora

azeite extravirgem, para servir

MINESTRONE DE VERÃO

SERVE 6-8 PESSOAS

1 colher (sopa) de óleo de coco ou ghee

3 cebolas médias picadas

1 colher (chá) de sal

3 dentes de alho amassados

4 talos de aipo finamente picados

1 pimentão vermelho (sem o cabo, as sementes e os veios) picado em pequenos cubos

100g de vagens francesas picadas

500g de tomates picados em pequenos cubos

6 xícaras de caldo de legumes

1½ xícara (1 lata de 225g) de grão-de-bico escorrido e lavado

1 abobrinha pequena, cortada em julienne ou em espiral, formando tiras longas e finas como espaguete

½ xícara cheia (7g) de manjericão fresco

1 colher (chá) de pimenta-do-reino preta moída na hora

azeite extravirgem, para servir

1 Numa panela grande, derreta o óleo de coco em fogo médio. Acrescente as cebolas e o sal e mexa para que o óleo envolva as cebolas. Refogue por cerca de 10 minutos, mexendo de vez em quando, até que a cebola amoleça e comece a caramelizar levemente.

2 Acrescente o alho, o aipo, o pimentão, a vagem e o tomate. Mexa para que eles se envolvam de óleo e refogue por cerca de 5 minutos, até tudo ficar perfumado.

3 Adicione o caldo, deixe ferver, em seguida reduza para fogo baixo e deixe cozinhar por cerca de 10 minutos, até que os legumes estejam macios.

4 Retire do fogo e acrescente o grão-de-bico, a abobrinha e o manjericão. Tempere com pimenta-do-reino e sirva com um fio de azeite.

MINESTRONE DE OUTONO

SERVE 6-8 PESSOAS

1 Encha uma panela média com água e leve para ferver. Acrescente 1½ colher (chá) de sal e a massa e cozinhe de acordo com as instruções da embalagem até ficar al dente. Escorra e reserve.

2 Numa panela grande, derreta o óleo de coco em fogo médio. Acrescente as cebolas, 1½ colher (chá) de sal e misture bem. Cozinhe por cerca de 10 minutos, mexendo de vez em quando, até que a cebola amoleça e comece a caramelizar levemente.

3 Junte o alho, o alecrim, o tomilho, o alho-poró, a abóbora e as cenouras. Misture para cobrir tudo de óleo e refogue por cerca de 5 minutos, até que as ervas fiquem perfumadas.

4 Acrescente o caldo, deixe ferver, em seguida reduza para fogo baixo e deixe cozinhar por cerca de 20 minutos, até que a abóbora e as cenouras estejam macias.

5 Retire do fogo e acrescente o feijão-vermelho, o espinafre, a pimenta-do-reino e a massa cozida. Sirva quente, com um fio de azeite.

2 colheres (sopa) de sal

1 xícara (100g) de massa seca em parafuso sem glúten ou integral, da marca de sua preferência

1 colher (sopa) de óleo de coco ou ghee

3 cebolas roxas médias

3 dentes de alho

2 colheres (sopa) de alecrim fresco picado

1 colher (sopa) de tomilho fresco

3 alhos-porós, partes branca e verde, picados

3½ xícaras (400g) de abóbora picada

5 cenouras médias picadas

8 xícaras (2 litros) de caldo de legumes

1½ xícara (1 lata de 250g) de feijão-vermelho cozido, escorrido e lavado

2 xícaras cheias (60g) de espinafre ou couve-manteiga (ou couve kale)

1 colher (chá) de pimenta-do-reino preta moída na hora

azeite extravirgem, para servir

SOPA RÁPIDA DE ERVILHA E ENDRO

Quando eu estava estudando nutrição holística, tinha tão pouco tempo para cozinhar e comer de forma saudável que meus estudos pareciam uma piada se comparados aos meus hábitos – mas não tinha graça nenhuma! Para sanar minha sensação de extrema hipocrisia, inventei esta sopa saudável e rápida de preparar para me ajudar nas sessões de estudo que duravam a noite toda. Ela continua a ser uma das minhas refeições favoritas, porque posso manter todos os ingredientes à mão, uma vez que a receita utiliza ervilhas congeladas e endro seco. Você pode, naturalmente, usar os ingredientes frescos em ambos os casos, mas, para as pessoas com um estilo de vida agitado, essa é a mais prática das comidas. Ainda hoje minha Sopa rápida de ervilha e endro é escolhida para o jantar quando "não há nada para comer" em casa.

SERVE 4 PESSOAS

1 colherada de óleo de coco ou ghee

2 cebolas médias

sal

3 dentes de alho

500g de ervilhas congeladas

3 xícaras (750ml) de caldo de legumes quente

1 colher (sopa) de endro seco

raspas de 1 limão

1 colher (sopa) de suco de limão espremido na hora, ou mais, se necessário

azeite extravirgem, para servir

1 Numa panela média, aqueça o óleo de coco em fogo médio. Acrescente as cebolas e uma pitada de sal. Refogue por cerca de 5 minutos, até que as cebolas tenham amolecido. Acrescente o alho e mexa, refogando por mais 2 minutos.

2 Adicione as ervilhas e o caldo de legumes. Cozinhe por apenas 1 a 2 minutos, só até as ervilhas descongelarem e ficarem com um verde intenso.

3 Rapidamente, mas com cuidado, coloque a sopa no liquidificador. Acrescente o endro, as raspas e o suco de limão. Bata em potência alta até a sopa ficar completamente lisa. Prove e ajuste o tempero, se necessário.

4 Transfira a sopa para uma panela e aqueça até ficar bem quente. Sirva com um fio de azeite.

ADIANTO Use qualquer sobra de sopa na Salada fria de macarrão com rabanetes e ervilhas (p.104), em lugar do Molho picante de tahine e gengibre (p.104) – ela terá mudado seu perfil de sabor e resultará num prato totalmente diferente e delicioso!

GASPACHO DE BROTO DE FEIJÃO-MUNGO

250g de tomates-cereja

1 pepino médio

1 pimentão vermelho (sem o cabo, as sementes e os veios)

1 xícara (60g) de broto de feijão-mungo (receita a seguir)

2 colheres (sopa) de azeite extravirgem, e mais para finalizar

½ colher (chá) de sal, ou mais, se necessário

750g de tomates italianos

1 dente de alho

½ colher (chá) de pimenta-do-reino preta moída na hora, ou mais, se necessário

1 colher (sopa) de suco de limão-siciliano espremido na hora

1 colher (sopa) de suco de limão-taiti espremido na hora

1 a 2 colheres (chá) de vinagre de maçã, ou mais, se desejar

pão integral crocante tostado, para servir (opcional)

O gaspacho é a sopa de verão *clássica*, mas eu mudei um pouco as coisas adicionando brotos de feijão-mungo para proporcionar sabor e textura totalmente únicos. De bônus, você vai ingerir muito mais proteínas, fibras e fitonutrientes. Como os ingredientes frescos variam bastante de acordo com a sazonalidade e a disponibilidade, essa receita deve ser usada mais como um guia que de forma rigorosa. Acredito que brincar com os níveis de sal e acidez é importante para o sucesso da sopa, então, acrescente sal e vinagre até conseguir um equilíbrio saboroso que agrade ao seu paladar. Qualquer broto vai funcionar aqui se você não tiver feijão-mungo; lembre-se apenas de que os brotos demoram cerca de três dias para surgir, portanto, faça os preparativos com antecedência!

SERVE 4 PESSOAS

1 Corte metade dos tomates-cereja, metade do pepino e metade do pimentão em cubos pequenos.

2 Numa tigela média, misture os vegetais picados com os brotos de feijão-mungo, um fio de azeite e uma pitada de sal. Misture e reserve.

3 Pique grosseiramente o tomate italiano e coloque-o no liquidificador com o resto de tomate-cereja, pepino e pimentão, além do alho, ½ colher (chá) de sal, a pimenta-do-reino, 2 colheres (sopa) de azeite, os sucos cítricos e o vinagre. Bata em potência alta até ficar homogêneo. Prove e ajuste os temperos.

4 Transfira o gaspacho para uma sopeira grande e acrescente quase toda a mistura de vegetais picados e brotos de feijão-mungo, reservando algumas colheres para finalizar. Leve à geladeira para esfriar por pelo menos 1 hora, permitindo que os sabores se misturem.

5 Sirva a sopa em tigelas e finalize com o restante da mistura de vegetais picados e brotos de feijão-mungo. Sirva com o pão integral tostado.

ADIANTO Faça uma quantidade extra de broto de feijão-mungo para preparar o Avocado recheado com manga e broto de feijão-mungo (p.67).

BROTOS BÁSICOS
RENDE 1 XÍCARA

Eu falo sobre brotos com mais detalhes no meu blog, mas esse é um processo realmente simples.

2 colheres (sopa) de sementes, feijões ou lentilhas

1 Coloque as sementes num vidro limpo e encha-o de água quase até o topo. Cubra o vidro com um pedaço de tela preso com elástico. Deixe as sementes em temperatura ambiente por 8 a 12 horas, ou de um dia para o outro.

2 Escorra e enxágue as sementes através da tela 2 ou 3 vezes. Vire o frasco num ângulo de 45° sobre uma tigela ou um escorredor até a água sair completamente. Mantenha as sementes longe da luz ou cubra o vidro com um pano de prato limpo.

3 Repita o enxágue e a drenagem com o vidro virado num ângulo de 45° 2 ou 3 vezes ao dia, durante 2 a 4 dias, até que as sementes desenvolvam um caule razoável (pelo menos 2 vezes maior que a própria semente).

4 Uma vez que as sementes brotaram a seu gosto, lave, escorra completamente os brotos e deixe-os numa peneira por pelo menos 8 horas antes de colocá-los de volta no vidro, fechando-o com tampa hermética. Armazene-os na geladeira por até 2 semanas.

SOPA FRIA E RELAXANTE DE PEPINO E ABACATE
com hortelã e dukkah

2 pepinos japoneses grosseiramente picados

1 abacate ou 2 avocados maduros, apenas a polpa

3 colheres (sopa) de suco de limão espremido na hora

⅔ de xícara cheia (15g) de folhas de hortelã fresca

1 colher (chá) de sal

1 colher (sopa) de azeite extravirgem

¼ de xícara (12g) de ciboulette picada

¼ de xícara (7g) de salsinha fresca picada

1 xícara (250ml) de água

Dukkah para servir (opcional; receita a seguir)

Quando chega o verão, sinto saudades de uma sopa como de uma amiga que há muito não vejo. Esse ano decidi esfriar a cabeça e buscar uma nova opção além do meu querido Gaspacho (p.22), e cheguei a esta incrível invenção. A cremosidade do abacate e o frescor do pepino formam uma mistura maravilhosa, especialmente quando combinados com limão e hortelã. Dukkah – um mix egípcio de ervas, castanhas e especiarias – é o acompanhamento ideal, dando substância a um prato que a princípio é cru e bastante leve. O sal de gergelim (p.157) também fica delicioso nesta sopa. Se o seu liquidificador não for muito potente, experimente passar a sopa por uma peneira para deixá-la ainda mais homogênea.

SERVE 3-4 PESSOAS

1 Coloque o pepino, o abacate, o suco de limão, as folhas de hortelã, o sal, o azeite, a ciboulette, a salsinha e a água no liquidificador e bata em potência alta, até a mistura ficar o mais lisa possível. Passe por uma peneira fina para deixar mais homogênea ainda, se desejar. Tempere com sal.

2 Leve à geladeira para esfriar pelo menos por 2 horas, a fim de que os sabores se misturem. Sirva fria, coberta com dukkah, se desejar.

ADIANTO Use qualquer sobra de dukkah para preparar Raízes assadas muito simples com dukkah (p.183).

(continua)

1 xícara (140g) de avelãs cruas, sem sal

1 colher (sopa) de sementes de coentro

1½ colher (chá) de sementes de cominho

1 colher (sopa) de grãos de pimenta-do-reino preta

½ xícara (75g) de gergelim cru, sem sal

1 colher (chá) de sal, ou mais, se necessário

DUKKAH

RENDE CERCA DE 1 XÍCARA (225G)

1 Preaqueça o forno a 160°C. Espalhe as avelãs sobre a assadeira em uma única camada e toste por 20 a 30 minutos, até elas ficarem perfumadas e com a pele mais escura. (Outra boa maneira de verificar o ponto é morder uma avelã ao meio e observar a cor – ela deve estar dourada, não branca.) Retire-as do forno e, quando esfriarem o suficiente para serem manipuladas, esfregue as avelãs para tirar a pele e depois coloque-as no processador de alimentos.

2 Enquanto as avelãs estiverem assando, preaqueça uma frigideira seca em fogo médio. Quando estiver quente, toste as sementes de coentro e de cominho por cerca de 2 minutos, mexendo sempre, até elas ficarem perfumadas. Retire a frigideira do fogo imediatamente, deixe as sementes esfriarem e em seguida coloque-as num pilão junto com a pimenta-do-reino. Usando o socador, esmague as sementes e os grãos de pimenta até pulverizar. (Outra opção é triturá-los em moedor de café ou processador de alimentos.) Reserve.

3 Na mesma frigideira, toste o gergelim por cerca de 2 minutos, até que ele esteja perfumado e comece a pipocar. Deixe esfriar um pouco. Coloque o gergelim no processador de alimentos junto com as avelãs. Use a função "pulsar" para picar a mistura até obter uma textura de areia grossa. (Não use a função "processar", do contrário você vai fazer manteiga de gergelim e avelã! É uma delícia, mas não é o que queremos aqui.)

4 Acrescente as especiarias pulverizadas e o sal ao processador e pulse mais uma vez, para misturar. Prove e ajuste os temperos, se necessário. Guarde em recipiente de vidro hermético em temperatura ambiente por até 1 mês.

CREME SUNTUOSO DE COGUMELOS

com croûtons de alho e ervas

O único creme de cogumelos que eu comia quando criança era o enlatado – aquele que saía de sua claustrofóbica casa de alumínio e continuava com a mesma forma cilíndrica da lata. Você sabe do que eu estou falando.

Hoje eu ainda amo sopa de cogumelos, mas faço-a do zero, sem laticínios. Qual o segredo para dar cremosidade sem usar creme de leite? Ao bater feijão cozido com caldo de legumes, você consegue uma textura absolutamente suntuosa que imita o creme de leite, mas é praticamente livre de gorduras. Além disso, o feijão fornece proteína vegetal saudável e uma boa dose de fibra para saciar. O gosto é o de uma sopa mais rica de todos os tempos, uma ilusão deliciosa que aquece, satisfaz, mas não pesa!

Para deixar essa deliciosa sopa ainda melhor, você *precisa* fazer os Croûtons de alho e ervas. Eles são incrivelmente ricos, temperados no ponto certo e muito crocantes. Você vai inventar motivos para fazer sopa só para comê-los também!

SERVE 4 PESSOAS

1 Para preparar o alho-poró, corte as partes branca e verde-clara ao meio no sentido longitudinal, e depois cada metade em fatias grossas.

2 Numa panela grande, derreta o óleo de coco em fogo médio. Acrescente a cebola, o alho-poró, o sal, a pimenta-do-reino, o tomilho e as folhas de louro. Refogue por cerca de 5 minutos, até as cebolas e o alho-poró ficarem macios. Pique o alho, acrescente-o à panela e mexa.

3 Enquanto as cebolas, o alho-poró e o alho estiverem refogando, limpe os cogumelos removendo qualquer sujeira ou detritos naturais com pano úmido (não os lave). Corte-os em quatro e ponha na panela. Cozinhe por 10 a 15 minutos, até eles ficarem castanho-escuros e bem macios. Acrescente o caldo e misture.

1 alho-poró grande

1 colher (sopa) de óleo de coco ou ghee

3 cebolas médias picadas

1 colher (chá) de sal, ou mais, se necessário

1 colher (chá) de pimenta-do-reino preta moída na hora, ou mais, se necessário

2 colheres (chá) de tomilho fresco (ou 1 colher [chá] de tomilho seco), e mais para decorar

4 folhas de louro

4 dentes de alho

400g de cogumelos Paris

2 xícaras (500ml) de caldo de legumes

1 xícara (250ml) de leite vegetal à sua escolha

1½ xícara (1 lata de 250g) de feijão-branco escorrido e lavado

1½ colher (chá) de vinagre balsâmico

Croûtons de alho e ervas (receita a seguir)

(continua)

4 Enquanto isso, despeje o leite e o feijão no liquidificador e bata em potência alta até a mistura ficar homogênea.

5 Quando os cogumelos estiverem cozidos, acrescente o vinagre e cerca de ⅓ da sopa à mistura no liquidificador. Bata em potência alta até ficar cremosa, depois despeje-a de volta na panela com a sopa restante, mexa bem e reduza para fogo baixo. Cozinhe por 5 minutos. Dilua a sopa com água, se desejar.

6 Tempere com bastante pimenta-do-reino e sal. Sirva a sopa em tigelas e espalhe sobre ela os croûtons e alguns raminhos de tomilho frescos.

ADIANTO Prepare uma quantidade extra de croûtons e use na Salada Caesar grelhada no lugar dos Croûtons de grão-de-bico (p.61).

CROÛTONS DE ALHO E ERVAS
RENDE 4 XÍCARAS

1 Preaqueça o forno a 160°C.

2 Numa panela pequena, derreta o óleo de coco em fogo médio. Acrescente o alho e a cebola em pó, o tomilho, o orégano, o sal e mexa.

3 Coloque os cubos de pão na assadeira e despeje a mistura de óleo por cima, mexendo muito bem para cobrir todos os pedaços. Asse por 35 a 45 minutos, até que os croûtons estejam dourados, completamente tostados e secos. Guarde as sobras em frasco de vidro com fecho hermético, em temperatura ambiente, por até 2 semanas.

1½ colher (chá) de óleo de coco

½ colher (chá) de alho em pó

½ colher (chá) de cebola em pó

¼ de colher (chá) de tomilho seco

¼ de colher (chá) de orégano seco

¼ de colher (chá) de sal

4 xícaras (330g) de pão integral em cubos (de preferência de fermentação natural)

SOPA NORTE-AFRICANA DE TOMATE SECO

com topping de cuscuz

SOPA

1 colher (sopa) de óleo de coco ou ghee

3 cebolas médias picadas

2 pitadas de sal

3 dentes de alho amassados

2 colheres (chá) de cominho em pó

1 colher (chá) de canela em pó

2 colheres (chá) de coentro em pó

1 colher (sopa) de gengibre fresco, sem casca, ralado

1 colher (sopa) de pasta de harissa sem glúten (disponível em lojas de produtos árabes)

2 pimentões vermelhos grandes (sem o cabo, as sementes e os veios) picados

5 a 6 xícaras (1,25 a 1,5 litro) de caldo de legumes

1 lata de 400ml de tomates pelati inteiros

1 xícara (100g) de tomates secos picados

1½ xícara (1 lata de 225g) de grão-de-bico cozido, escorrido e lavado

Este prato saudável é uma refeição perfeita para desfrutar quando os primeiros dias de outono se anunciam e você precisa de um pouco de aconchego, mas também pode servi-lo frio. Usando uma combinação de tomates secos e enlatados, você acrescenta toneladas de notas umami a uma sopa totalmente vegana. A textura do topping de cuscuz proporciona um contraste acolhedor ao purê liso, enquanto as azeitonas dão um toque salgado e a salsinha acrescenta uma nota de frescor. Harissa é uma pasta picante de pimenta da Tunísia. É fácil de fazer (a receita está no blog My New Roots!), ou procure comprá-la em loja especializada. Se você não tiver pasta de harissa, basta adicionar um pouco de pimenta-caiena ou páprica defumada a gosto.

SERVE 4-6 PESSOAS

1 Comece pela sopa: numa panela grande, derreta o óleo de coco em fogo médio. Acrescente as cebolas e o sal e mexa para elas ficarem envoltas em óleo. Refogue por cerca de 10 minutos, mexendo de vez em quando, até que a cebola amoleça e comece a caramelizar levemente. Adicione o alho, o cominho, a canela, a semente de coentro, o gengibre e a pasta de harissa e refogue por cerca de 2 minutos até a mistura ficar perfumada. Junte os pimentões e refogue por mais 5 minutos, adicionando um pouco de caldo à panela se a mistura ficar seca.

2 Acrescente os tomates em lata com suco e tudo, o tomate seco e o restante do caldo. Deixe ferver, reduza para fogo baixo e cozinhe por 15 minutos.

3 Transfira cuidadosamente a sopa para um liquidificador e bata em potência alta até ela ficar homogênea. Volte com a mistura para a panela, acrescente o grão-de-bico e reaqueça.

4 Enquanto isso, faça a cobertura de cuscuz: numa panela pequena, junte o cuscuz e o sal e cozinhe de acordo com as instruções da embalagem. Solte o cuscuz com o garfo e acrescente as azeitonas, a salsinha, as raspas e o suco de limão e o azeite. Tempere com sal.

5 Para servir, coloque a sopa em tigelas e cubra com a quantidade de cuscuz desejada. Sirva quente ou fria.

ADIANTO Aproveite qualquer sobra de tomate seco para preparar Tacos de lentilha defumada com pico-de-gallo (p.112).

TOPPING DE CUSCUZ

½ xícara (90g) de cuscuz integral

¼ de colher (chá) de sal

½ xícara (75g) de azeitonas pretas picadas

½ xícara (13g) de salsinha fresca picada

raspas de 1 limão

1½ colher (chá) de suco de limão espremido na hora

1 colher (sopa) de azeite

SOPA DE ERVILHA COM GENGIBRE E LIMÃO

Meu sogro é obcecado por tradições. Aniversários, feriados, casamentos, formaturas... Lá está ele pronto para tornar o dia especial e importante, e, claro, para nos lembrar de toda a pompa com que os procedimentos devem ser realizados *exatamente* como da última vez – porque é a tradição. No último fim de semana de novembro, quando toda a Dinamarca está de luto pelos derradeiros momentos de luz antes do inverno, é tradição nos reunirmos na casa do meu sogro para preparar sopa de ervilha amarela. Para mim, sentar em torno de uma mesa comprida, com toda a minha família e os afins, conversando diante de tigelas quentes de sopa dourada, é um antídoto para a escuridão e suaviza o sopro iminente do frio.

Esta é minha versão dessa sopa, que faço por todos os meses de inverno desde aquele fim de semana, para remediar qualquer tipo de calafrio. Ervilhas são relativamente suaves em termos de sabor, então, a sopa depende de muito gengibre e limão para brilhar, e da abóbora para trazer doçura e profundidade – combinações sem dúvida não tradicionais, mas deliciosas. Gosto de esmagar com a colher de pau alguns pedaços da abóbora cozida na lateral da panela e deixar dissolver no caldo; ela age como espessante e dá à sopa um lindo tom dourado.

SERVE 4 PESSOAS

1 Numa panela grande, derreta o óleo de coco em fogo médio. Acrescente a cebola, o alho-poró e o sal e mexa para cobrir tudo de óleo. Refogue por cerca de 10 minutos, mexendo de vez em quando, até que a cebola amoleça e comece a caramelizar levemente. Acrescente o alho, o gengibre, a cúrcuma, as folhas de louro, o aipo, a abóbora e a ervilha. Misture bem e acrescente o caldo. Deixe ferver, reduza para fogo baixo e cozinhe, com a panela tampada, até que as ervilhas e a abóbora estejam macias, por 30 a 40 minutos.

2 Pouco antes de servir, acrescente o suco de limão e tempere com sal. Sirva a sopa em tigelas e coloque uma fatia de limão por cima, se desejar.

1 colher (sopa) de óleo de coco ou ghee

3 cebolas médias finamente picadas

1 alho-poró, partes branca e verde, picado

1 colher (chá) de sal

5 dentes de alho amassados

3 colheres (sopa) de gengibre fresco sem casca e ralado

1½ colher (chá) de cúrcuma em pó

3 folhas de louro

3 talos de aipo finamente picados

500g de abóbora cortada em cubos (batata-doce também serve)

1 xícara (200g) de ervilha amarela deixada, se possível, previamente de molho, lavada e escorrida

6 xícaras (1,5 litro) de caldo de legumes

suco de 1 limão espremido na hora, mais algumas rodelas para decorar (opcional)

ADIANTO Se você tiver qualquer sobra de gengibre, prepare um Picles de cenoura e gengibre (p.87).

SOPA DE ALHO DOS SONHOS

40 dentes de alho
(3 a 4 cabeças)

3 cebolas médias

1 couve-flor

2 colheres (sopa) de óleo de coco ou ghee derretidos

1 colher (chá) de sal, ou mais, se necessário

2 xícaras (500ml) de caldo de legumes

2 xícaras (500ml) de leite vegetal à sua escolha

1½ colher (chá) de suco de limão espremido na hora

azeite extravirgem, para servir

Vou começar dizendo que, sim, esta receita pede quarenta dentes de alho, E, não, eu não perdi totalmente a cabeça. Essa sopa dos sonhos, cremosa e etérea, serve para dar um gás no sistema imunológico e para uma profunda recuperação. Guarde a receita no seu arsenal de combate à gripe, ou prepare assim que sentir as fungadas chegando. Assar o alho como é recomendado suaviza bastante a pungência, e eu prometo que você vai poder conviver com as pessoas normalmente depois!

SERVE 4 PESSOAS

1 Preaqueça o forno a 200°C.

2 Descasque os dentes de alho, corte as cebolas em quatro e coloque tudo na assadeira. Corte a couve-flor em pedaços pequenos e ponha também na assadeira. Regue com óleo de coco derretido e misture bem. Polvilhe com ½ colher (chá) de sal. Asse até que as bordas de todos os ingredientes estejam douradas e fiquem bem caramelizadas, por 25 a 30 minutos.

3 Deixe os ingredientes esfriarem um pouco e depois coloque-os no liquidificador juntamente com o caldo de legumes, o leite, ½ colher (chá) de sal e o suco de limão (faça aos poucos, se seu liquidificador for pequeno). Bata em potência alta até a mistura ficar a mais homogênea possível. Prove e ajuste os temperos, se necessário.

4 Se a sopa não estiver quente o suficiente após a mistura, transfira-a para uma panela grande e aqueça até ferver. Se estiver muito espessa, basta adicionar água para diluir até a consistência desejada. Sirva quente, com um fio de azeite.

SOPA AZEDINHA DE FEIJÃO-PRETO E LEITE DE COCO

1 colher (sopa) de óleo de coco

2 colheres (chá) de cominho em pó

1 colher (chá) de coentro em pó

¼ de colher (chá) de pimenta-caiena

2 cebolas médias finamente picadas

½ colher (chá) de sal

5 dentes de alho amassados

1 colher (sopa) cheia de gengibre fresco, sem casca, ralado

500g de batata-doce (cerca de 2 grandes) lavada e picada

3 xícaras (750ml) de caldo de legumes ou água

2 garrafas (400ml) de leite de coco integral

3 xícaras (500g) de feijão-preto cozido, escorrido e lavado

2 a 3 colheres (sopa) de suco de limão espremido na hora

2 punhados de coentro fresco picado, incluindo os caules finos

azeite extravirgem, para servir

ADIANTO Cozinhe uma quantidade extra de feijão-preto para preparar Quinoa e feijão-preto com salsa de rabanete e coentro (p.106).

Quando você precisa ter algo depressa na barriga, esta sopa não vai decepcionar. Com um par de batatas-doces, duas garrafas de leite de coco e um pouco de feijão-preto que eu tinha guardado no freezer, ela ficou pronta tão rápido que até me chocou! O feijão-preto e o coco são uma combinação surpreendente e deliciosa, e, claro, com as batatas-doces saborosas e ricas em fibras, todo mundo sai ganhando.

A sopa precisa de uma quantidade espantosa de acidez, nesse caso, o suco de limão, para equilibrar a doçura do leite de coco e da batata-doce. Acrescente a gosto e prove o resultado à medida que avança. Você também pode deixá-la tão picante quanto quiser. A quantidade de pimenta que eu indiquei dá um nível picante médio, mas sinta-se livre para explodir sua cabeça.

SERVE 4-6 PESSOAS

1 Numa panela grande, derreta o óleo de coco em fogo médio. Acrescente cominho, coentro e pimenta-caiena e refogue por cerca de 2 minutos, mexendo sempre, até tudo estar bem perfumado. Acrescente a cebola e o sal e mexa para envolver tudo em óleo. Refogue por 5 a 7 minutos, mexendo de vez em quando até que as cebolas tenham amolecido.

2 Acrescente o alho e o gengibre, refogue por 2 minutos; se a panela ficar seca, adicione um pouco de água ou caldo. Junte a batata-doce, o caldo e o leite de coco.

3 Tampe a panela e deixe a sopa ferver, em seguida reduza para fogo baixo e deixe cozinhar por 10 a 15 minutos, até que as batatas estejam macias. Junte metade do feijão-preto e cozinhe até reaquecer.

4 Transfira cerca de metade da sopa para o liquidificador e bata até ela ficar completamente homogênea. Acrescente o suco de limão. Despeje a sopa batida de volta na panela e adicione o restante do feijão-preto. Tempere com sal. Sirva quente, guarnecida com bastante coentro picado e um fio de azeite extravirgem.

SOPA DE MILHO E CASTANHA-DE-CAJU

com óleo de chipotle

1 colher (sopa) de óleo de coco ou ghee

1 colher (sopa) de cúrcuma em pó

2 colheres (chá) de cominho em pó

2 pitadas de pimenta-caiena

3 cebolas médias picadas

2 colheres (chá) de sal, ou mais, se necessário

6 dentes de alho amassados

4 xícaras (1 litro) de caldo de legumes

4 espigas de milho

2/3 de xícara (93g) de castanhas-de-caju cruas, deixadas de molho por pelo menos 4 horas ou até de um dia para o outro

1 colher (sopa) de suco de limão espremido na hora

2 colheres (sopa) de azeite extravirgem

1/4 de colher (chá) de chipotle em pó

1 punhado de coentro fresco, incluindo os caules finos, para decorar

Uma sopa como esse *chowder* depende muito de leite e creme de leite, talvez até de um pouco de manteiga, para ficar ainda mais rico. Saborosas do jeito que são, se você nunca usou castanhas-de-caju para substituir o creme ou o leite numa sopa, eu recomendo que experimente com essa *comfort food* clássica. Também acrescentei um filete de óleo de chipotle para apimentar e um punhado de coentro para deixar a sopa ainda melhor. Também fica deliciosa com Sementes de abóbora doces-picantes (p.211) salpicadas por cima.

SERVE 4 PESSOAS

1 Numa panela grande, derreta o óleo de coco em fogo médio. Adicione a cúrcuma, o cominho e a pimenta-caiena, refogue por cerca de 1 minuto até tudo ficar perfumado. Acrescente a cebola e o sal e refogue por cerca de 5 minutos, até ela ficar macia. Junte o alho. Se o fundo da panela ficar seco, acrescente um pouco de caldo para umedecer.

2 Enquanto a cebola refoga, debulhe os grãos do milho pousando a espiga na beira de uma travessa rasa e passando a faca nela de cima para baixo. Acrescente o milho à panela e misture para envolver tudo com as especiarias. Refogue por 5 minutos e junte o restante do caldo. Deixe ferver, reduza para fogo baixo e deixe cozinhar por cerca de 5 minutos, até o milho ficar amarelo brilhante e doce.

3 Quando o milho estiver cozido, retire a panela do fogo e transfira a sopa para o liquidificador, reservando algumas colheres de grãos inteiros para finalizar. Acrescente as castanhas demolhadas e escorridas e o suco de limão. Bata em potência alta até a mistura ficar homogênea. Acrescente água para diluir a sopa, se desejar. Tempere com sal. Se não for servir imediatamente, devolva a sopa para a panela e conserve-a aquecida.

4 Numa tigela pequena, bata o azeite com o chipotle em pó até ficar homogêneo. Sirva a sopa com um pouco de óleo de chipotle, algumas folhas de coentro e os grãos de milho reservados.

ADIANTO Use as sobras de coentro para preparar a Salsa de rabanete e coentro (p. 108).

CALDO DE BRÓCOLIS E MANJERICÃO

com macarrão e sal de gergelim

1 colher (sopa) e mais 1 colher (chá) de sal

170g de massa seca sem glúten ou integral da marca de sua preferência

5 dentes de alho

1 colher (sopa) de óleo de coco ou ghee

3 cebolas médias picadas

4 xícaras (1 litro) de caldo de legumes

1 brócolis grande, sem o talo, com os floretes separados

2 a 3 colheres (sopa) de suco de limão espremido na hora

1 colher (sopa) de xarope de bordo puro

1 colher (sopa) de gengibre fresco, sem casca, ralado

1 xícara (25g) de folhas de manjericão; reserve algumas para decorar

azeite extravirgem, para servir

Sal de gergelim (opcional; p.157)

Se você tem filhos, vai entender a sensação de alívio, realização e alegria quando eles comem algo saudável. Embora brócolis e manjericão não sejam os mais prováveis dos amigos, quando meu filho de um ano e meio devora essa combinação, não sou eu quem vai questionar o assunto. O segredo para deixar os brócolis saborosos é não cozinhá-los demais, o que libera seus compostos sulfúricos. Meu método permite que os brócolis se banhem em caldo quente por apenas cinco minutos antes de bater tudo junto, em vez de fervê-los até a morte.

SERVE 4 PESSOAS

1 Encha uma panela média com água e leve para ferver. Acrescente 1 colher (sopa) de sal e a massa e cozinhe até ela ficar al dente, de acordo com as instruções da embalagem. Escorra-a e tampe para mantê-la aquecida.

2 Pique grosseiramente o alho (não há necessidade de ser muito preciso, pois você vai bater tudo depois). Numa panela grande, derreta o óleo de coco em fogo médio. Acrescente a cebola e o restante do sal e misture bem. Refogue por cerca de 10 minutos, mexendo de vez em quando, até que a cebola amoleça e comece a caramelizar levemente. Adicione o alho e refogue por cerca de 2 minutos, até ele ficar perfumado.

3 Acrescente o caldo, deixe ferver e reduza para fogo baixo. Junte os brócolis, retire a panela do fogo e deixe descansar por 5 minutos.

4 Transfira a sopa para o liquidificador e bata em potência alta até ela ficar homogênea. Acrescente o suco de limão, o xarope de bordo, o gengibre e o manjericão. Bata em potência alta para misturar. Tempere com sal.

5 Distribua a massa em quatro tigelas. Sirva a sopa por cima, enfeite com manjericão e regue com azeite. Salpique com sal de gergelim, se desejar.

ADIANTO Cozinhe uma quantidade extra de massa para fazer Salada fria de macarrão com rabanetes e ervilhas (p. 104).

SOPA SUPERDETOX DE COENTRO, ESPINAFRE E BATATA-DOCE

Criei esta receita originalmente para um post sobre detox de início de ano que publiquei em meu blog, mas amo tanto a sopa que a preparo o tempo todo – mesmo quando eu não quero promover uma "limpeza"! Ela é rica e saudável, com toneladas de frescor do limão e do coentro, além do picante da pimenta-caiena. Embora extremamente verde, nada de seu sabor foi comprometido. A sopa é mais um exemplo de como a comida com um sabor incrível pode também, "por coincidência", ser saudável.

SERVE 4 PESSOAS

1 Numa panela grande, derreta o óleo de coco em fogo médio. Acrescente a cebola e o sal, mexa até ela ficar coberta de óleo e refogue por 5 a 7 minutos, até que a cebola amoleça. Acrescente o alho, mexa e refogue por mais 1 minuto. Adicione a batata-doce e a água. Deixe a sopa ferver, reduza para fogo baixo e cozinhe por 12 a 15 minutos, até que a batata esteja macia.

2 Transfira a sopa para o liquidificador. Bata em potência alta até ela ficar homogênea, depois acrescente o espinafre, o coentro, o limão e a pimenta-caiena e continue a bater até a mistura ficar homogênea novamente. Tempere com sal. Depois de esfriar, guarde as sobras na geladeira por até 3 dias.

1 colher (sopa) de óleo de coco

2 cebolas médias picadas

1 colher (chá) de sal

4 a 5 dentes de alho amassados (ou a gosto)

2 batatas-doces médias a grandes, lavadas e cortadas em cubos de 2,5cm

3 xícaras (750ml) de água

2 xícaras bem cheias (50g) de espinafre baby

2 xícaras (60g) de coentro fresco picado, incluindo os caules finos

1 colher (sopa) de suco de limão espremido na hora

1 pitada e ¼ de colher (chá) de pimenta-caiena

SOPA AVELUDADA DE ALHO ASSADO E BETERRABA

com molho de iogurte e mostarda

1kg de beterraba

1 cabeça de alho

1 colher (sopa) e mais ½ colher (chá) de óleo de coco

3 alhos-porós

1 colher (chá) de sal

2 colheres (chá) de tomilho seco

3 folhas de louro

4 xícaras (1 litro) de caldo de legumes

1 colher (sopa) de suco de limão espremido na hora

½ colher (chá) de pimenta-do-reino preta moída na hora

½ xícara (125g) de iogurte integral (de preferência de leite de cabra ou de ovelha)

1 colher (chá) de mostarda de Dijon

ADIANTO Asse uma quantidade extra de beterraba para fazer a Tigela de homus arco-íris (p.74).

Assar beterrabas é um processo simples, mas que transforma essas crocantes raízes terrosas em pomos sedosos, doces e macios. Embora você possa cozinhá-las no vapor ou em água, assar concentra os sabores e torna as beterrabas muito mais doces. Aproveitei o longo tempo de cozimento para assar o alho, que combina muito bem com beterraba. Depois de batidos todos juntos, a sopa fica bastante aveludada.

SERVE 4-6 PESSOAS

1 Preaqueça o forno a 200°C. Embrulhe cada beterraba em papel-alumínio e coloque todas na assadeira. Corte a cabeça de alho logo abaixo do caule, revelando os dentes. Espalhe ½ colher (chá) de óleo de coco por cima, embrulhe o alho em papel-alumínio e coloque-o na assadeira também. Asse por cerca de 45 minutos, até que as beterrabas estejam macias quando furadas com uma faca.

2 Enquanto isso, retire as pontas verde-escuras dos alhos-porós, corte as partes branca e verde-clara ao meio no sentido longitudinal e lave bem para tirar qualquer sujeira. Corte cada metade em fatias grossas.

3 Numa panela grande, derreta a colher (sopa) de óleo de coco restante em fogo médio. Acrescente o alho-poró, algumas pitadas de sal e misture. Adicione o tomilho e as folhas de louro. Cozinhe por 5 minutos, até que o alho-poró amoleça.

4 Quando as beterrabas estiverem assadas e frias o suficiente para manejar, tire as cascas, corte-as em pedaços e acrescente-as à panela com o alho-poró. Adicione o caldo, deixe ferver, reduza para fogo baixo e cozinhe por 3 a 4 minutos, até que o alho-poró esteja totalmente mole.

5 Desembrulhe a cabeça de alho e esprema-a da base até o topo para extrair os dentes diretamente no liquidificador. Retire as folhas de louro da panela. Despeje a mistura de beterraba e o suco de limão no liquidificador e bata em potência alta até ficar homogêneo. Tempere com sal e pimenta. Num prato separado, misture o iogurte e a mostarda, acrescente esse molho às tigelas de sopa e aproveite.

DAL DE CURRY E LEITE DE COCO

Esta sopa nasceu num restaurante onde eu trabalhava, chamado Morgenstedet (Espaço da Manhã), o que não fazia muito sentido porque abríamos só ao meio-dia, para o almoço. Servíamos sopas, saladas, pratos de arroz e ensopados vegetarianos – comida caseira e reconfortante que atraía multidões todos os dias do ano. Eu achava a enorme quantidade de comida que tinha de fazer lá muito difícil (eu poderia, literalmente, sentar sobre as panelas de sopa!), e estava sempre sob pressão, por causa do ritmo da cozinha. Essa sopa se tornou minha salvadora, porque era bem rápida e fácil de preparar, mas pelo sabor ninguém diria isso. Na verdade, foram incalculáveis as vezes que as pessoas me diziam o quanto ela era intensa e deliciosa – e mantive a parte da simplicidade em segredo.

Dobre ou triplique a receita – o sabor fica incrível no dia seguinte e a sopa congela excepcionalmente bem; ou acrescente mais vegetais se quiser: ervilha, batata-doce e abóbora são especialmente saborosas.

SERVE 4 PESSOAS

1 Numa panela grande, derreta o óleo de coco em fogo médio-alto. Acrescente as cebolas e o sal, mexa até envolver tudo em óleo e refogue por cerca de 10 minutos, até que as cebolas amoleçam e comecem a caramelizar levemente.

2 Acrescente o alho, o gengibre, o cominho, o curry e a cúrcuma. Mexa bem e refogue por cerca de 3 minutos, até a mistura ficar perfumada, adicionando um pouco de caldo à panela se ela secar.

3 Junte a lentilha, a cenoura, o tomate, o leite de coco e o restante do caldo. Deixe ferver, reduza para fogo baixo e cozinhe por cerca de 20 minutos, até as lentilhas ficarem macias. Se os tomates ainda estiverem inteiros após o cozimento, amasse-os contra a lateral da panela usando o fundo da colher, para desmanchá-los um pouco.

4 Pouco antes de servir, misture o suco de limão, um pouco de cada vez, até que os sabores estejam do seu agrado. Tempere com sal e sirva com o coentro.

1 colher (sopa) de óleo de coco ou ghee

3 cebolas médias finamente picadas

2 colheres (chá) de sal, ou mais, se necessário

5 dentes de alho amassados

1 colher (sopa) de gengibre fresco, sem casca, ralado

1 colher (chá) de cominho em pó

1 colher (sopa) de curry em pó

1 colher (chá) de cúrcuma em pó

3 xícaras (750ml) de caldo de legumes

1 xícara (200g) de lentilha vermelha lavada e escorrida

3 cenouras médias picadas

1 lata (400ml) de tomates pelati inteiros

2 garrafas (400ml) de leite de coco integral

1 a 2 colheres (sopa) de suco de limão espremido na hora, ou mais, se necessário

1 punhado de coentro fresco, incluindo os caules finos, para servir

SOPA DE FORNO ESPERTA DE PASTINACA

1 cabeça pequena de alho

½ colher (chá) de óleo de coco ou ghee

1kg de pastinaca

3 cebolas médias

6 xícaras (1,5) litro de caldo de legumes ou água

1½ xícara (1 lata de 250g) de feijão-branco escorrido e lavado

1 a 2 colheres (chá) de sal (use 1 colher se estiver utilizando caldo; 2 colheres se utilizar água)

1 colher (sopa) de azeite extravirgem, e mais para servir

1 colher (sopa) de suco de limão espremido na hora

pimenta-do-reino preta, moída na hora, para servir

O processo de preparo desta sopa é incrivelmente fácil: todos os ingredientes são colocados em assadeira, e o forno faz o trabalho. Não sobra sequer uma panela para lavar no fim. Você pode usar esse processo com qualquer vegetal junto com cebola e alho. Basta transferir tudo diretamente do forno para o liquidificador, colocar o caldo de legumes quente, e o jantar está servido. Pronto!

SERVE 6 PESSOAS

1 Preaqueça o forno a 200°C. Corte a cabeça de alho logo abaixo do caule, revelando os dentes. Espalhe o óleo de coco por cima, embrulhe a cabeça em papel-alumínio e coloque na assadeira rasa. Asse por 15 minutos.

2 Enquanto o alho estiver assando, descasque e corte as pastinacas em pedaços de mesmo tamanho, para garantir que elas assem uniformemente. Pique as cebolas. Depois que o alho tiver assado por 15 minutos, acrescente as pastinacas e cebolas à assadeira. Asse por cerca de 30 minutos, até que tudo esteja macio.

3 Coloque as pastinacas e as cebolas assadas no liquidificador. Desembrulhe a cabeça de alho e esprema-a da base ao topo para extrair os dentes diretamente no liquidificador. Acrescente o caldo, o feijão, o sal, o azeite e o suco de limão. Bata em potência máxima até que a sopa esteja lisa e cremosa. Transfira a sopa para uma panela e aqueça até fumegar.

4 Sirva quente, com um fio de azeite e um pouco de pimenta-do-reino.

SALADAS
suntuosas

COUVE KALE MASSAGEADA, 3 VERSÕES   53

SALADA REVIGORANTE DE PRIMAVERA
COM MOLHO DE LIMÃO, HORTELÃ E TÂMARA   57

SALADA CAESAR GRELHADA
COM CROÛTONS DE GRÃO-DE-BICO   61

SALADA DE REPOLHO COM QUINOA E COCO
E MOLHO DE TAHINE E HORTELÃ   63

AVOCADO RECHEADO COM MANGA
E BROTO DE FEIJÃO-MUNGO   67

SALADA MAGNÍFICA DE VAGEM E ESTRAGÃO   68

AMEIXAS FRESCAS ASSADAS COM BALSÂMICO,
ESPINAFRE E QUEIJO DE CABRA   70

SALADA CIDADE DAS ESMERALDAS   73

TIGELA DE HOMUS ARCO-ÍRIS   74

TOMATES COM MANJERICÃO E META FETA
DE SEMENTES DE GIRASSOL   76

SALADA DE FOLHA DE AIPO
COM BERINJELA ASSADA NO BALSÂMICO   79

ABOBRINHA E MILHO GRELHADOS COM MANJERICÃO   80

SALADA DE RÚCULA E FIGO
COM MOLHO DE NOZES TOSTADAS   82

SALADA DE LENTILHA COM PICLES DE CENOURA E
GENGIBRE COM AMEIXAS SECAS PICANTES E DUKKAH   85

SALADA CREMOSA DE COUVE-DE-BRUXELAS
COM MAÇÃ E AMÊNDOAS TOSTADAS   88

SALADA CÍTRICA DE BETERRABA CRUA E QUINOA
COM ENDRO E AZEITONAS   91

PÁGINA ANTERIOR, da esquerda para a direita: Batata-doce assada com feijão-branco
sobre couve kale massageada (p.54); Salada prensada de couve kale massageada (p.56);
Couve kale massageada com molho de harissa (p.55).

COUVE KALE MASSAGEADA, 3 VERSÕES

Nos últimos anos, assistimos a um impressionante aumento na popularidade dos alimentos fermentados, água de coco e "que tal colocar um ovo por cima", mas a maior tendência de todas é a couve kale. Parece que todos os cardápios de restaurantes e todos os livros e blogs de culinária (inclusive o meu) incorporaram a rainha das verduras – mas quem está reclamando? Eu não! Modinhas podem ser fúteis, sem dúvida, mas essa é uma que eu apoio. Minha forma favorita de apreciar a couve kale é massageando-a, o que a transforma numa delicada delícia tenra e verde-escura que mantém a qualidade por até uma semana na geladeira.

Apresento também a receita de uma salada prensada, técnica macrobiótica clássica que usa sal para ajudar a quebrar algumas das fibras vegetais de difícil digestão. Depois de massagear os vegetais, liberando os líquidos, eles são prensados com um prato para misturar os líquidos com o sal, o que essencialmente tempera a salada, e assim você não precisa de outro molho além de um leve toque de limão, se desejar. Saladas prensadas são fáceis de fazer, versáteis e incrivelmente deliciosas! Varie os ingredientes para se adequar à estação. Essas receitas são a minha carta de amor à couve kale massageada em três versões para guiar essa base verde por diferentes rumos.

ADIANTO Prepare uma quantidade extra de couve kale massageada para usar na Abóbora festiva recheada com triguilho, feta e figo (p.143).

Saladas suntuosas   53

SALADA

1 batata-doce grande

1 colher (chá) de óleo de coco derretido

¾ de colher (chá) de sal, e mais, se necessário

4 xícaras cheias (120g) de couve kale em tirinhas (instruções de corte a seguir)

1 colher (sopa) de azeite extravirgem, e mais, se necessário

1 colher (sopa) de suco de limão espremido na hora

1 cebola roxa pequena, em rodelas finas

⅓ de xícara (45g) de sementes de abóbora cruas, sem sal

1½ xícara (1 lata de 225g) de feijão-branco escorrido e lavado

MOLHO DE LIMÃO E ALHO

1 dente de alho pequeno finamente picado

2 colheres (sopa) de azeite extravirgem

raspas de 1 limão

2 colheres (sopa) de suco de limão espremido na hora

1 pitada de sal

¼ a ½ colher (chá) de xarope de bordo puro ou mel cru

BATATA-DOCE ASSADA COM FEIJÃO-BRANCO

sobre couve kale massageada

SERVE 4 PESSOAS COMO PRATO PRINCIPAL, 6 COMO ACOMPANHAMENTO

1 Prepare a salada: preaqueça o forno a 200°C. Descasque a batata-doce (se não for orgânica) e corte-a em cubos. Coloque os cubos na assadeira e misture com o óleo de coco derretido e ¼ de colher (chá) de sal. Asse por 15 a 20 minutos, até ela ficar macia. Deixe esfriar e coloque-a numa tigela ou travessa grande.

2 Enquanto isso, lave bem a couve kale e seque-a. Remova os caules e as nervuras mais grossas, enrole as folhas em forma de charuto e corte-as em fatias para fazer tiras. Numa tigela grande, misture as tiras de couve kale com o azeite, ½ colher (chá) de sal e o suco de limão. Com as mãos, esfregue e esprema a couve como se estivesse fazendo uma massagem por cerca de 2 minutos, até que as tiras estejam verde-escuras e macias. Acrescente a couve kale aos cubos de batata-doce. Espalhe as rodelas de cebola por cima.

3 Preaqueça uma pequena frigideira seca em fogo médio. Quando estiver quente, toste as sementes de abóbora por 3 a 5 minutos, mexendo sempre, até elas ficarem perfumadas. Retire a frigideira do fogo imediatamente, deixe as sementes esfriarem e em seguida esmague-as no pilão com o socador, se desejar (as sementes trituradas acrescentam uma textura agradável à salada).

4 Prepare o molho: numa tigela pequena, misture o alho, o azeite, as raspas e o suco do limão, o sal e o xarope de bordo.

5 Finalize a salada: coloque o feijão numa tigela média. Despeje metade do molho sobre o feijão, misture bem para envolver todos os grãos e deixe marinar por 5 a 10 minutos. Acrescente o feijão marinado à mistura de couve, batata-doce e cebola roxa. Despeje o molho restante por cima, polvilhe as sementes de abóbora e sirva.

COUVE KALE MASSAGEADA COM MOLHO DE HARISSA

SERVE 4 PESSOAS COMO PRATO PRINCIPAL, 6 COMO ACOMPANHAMENTO

1 Prepare a salada: lave bem a couve kale e seque-a. Tire os caules e as nervuras mais grossas, enrole as folhas em forma de charuto e corte-as em fatias para fazer tiras. Numa tigela grande, misture as tiras de couve kale com o azeite, o sal e o suco de limão. Com as mãos, esfregue e esprema a couve por cerca de 2 minutos, como se estivesse fazendo uma massagem, até que as tiras estejam verde-escuras e macias.

2 Prepare o molho: numa tigela pequena, misture a harissa, o azeite, o suco de limão, o xarope de bordo e o sal.

3 Finalize a salada: usando um descascador de legumes ou uma mandolina, corte as cenouras em tiras longas e finas. Acrescente as cenouras, o feta e as passas à couve. Despeje o molho, misture levemente os ingredientes e sirva.

SALADA

8 xícaras cheias (240g) de couve kale em tirinhas (instruções na receita)

2 colheres (sopa) de azeite extravirgem

½ colher (chá) de sal

2 colheres (sopa) de suco de limão espremido na hora

2 cenouras grandes

100g de queijo feta (de preferência de leite de cabra ou de ovelha) esfarelado

¼ de xícara (35g) de uvas-passas grosseiramente picadas

MOLHO DE HARISSA

4 colheres (chá) de pasta de harissa sem glúten (disponível em lojas de produtos árabes)

3 colheres (sopa) de azeite extravirgem

2 colheres (chá) de suco de limão espremido na hora

¼ de colher (chá) de xarope de bordo puro ou mel cru

1 pitada de sal

SALADA PRENSADA DE COUVE KALE MASSAGEADA

SERVE 4 PESSOAS COMO PRATO PRINCIPAL, 6 COMO ACOMPANHAMENTO

4 xícaras cheias (120g) de couve kale em tirinhas (instruções na receita)

1kg de vegetais variados (recomendo ½ pé de repolho roxo pequeno, 1 cenoura grande, 1 batata-doce pequena, 1 bulbo de funcho pequeno e 1 cebola roxa pequena)

1 maçã pequena

1½ colher (chá) de gengibre fresco, sem casca, ralado

2 colheres (chá) de sal

suco de 1 limão

PARA SERVIR

1 punhado de salsinha fresca

1 punhado de coentro fresco, incluindo os caules finos

Sal de gergelim (opcional; p.157)

fatias de limão

azeite extravirgem

1 Prepare a salada: lave bem as folhas de couve kale e repolho e seque-as usando um secador de saladas. Remova as hastes e as nervuras mais grossas, enrole as folhas em forma de charuto e corte-as na transversal para fazer tiras. Despeje-as numa tigela grande.

2 Usando um cortador próprio (ou uma boa faca!), corte a cenoura, a batata-doce, o funcho, a cebola roxa e a maçã em julienne. Acrescente os vegetais e o gengibre ao repolho e à couve. Polvilhe com o sal.

3 Com as mãos, esfregue e aperte tudo, como se estivesse fazendo uma massagem, até que os legumes comecem a murchar e liberar uma grande quantidade de líquido quando se espreme um punhado grande. Se não houver muito líquido, continue a massagear.

4 Prense a salada: coloque um prato diretamente em cima dos vegetais massageados e ponha por cima um objeto pesado, como uma jarra cheia d'água. Deixe a salada prensando por cerca de 30 minutos.

5 Finalize a salada: pouco antes de servir, misture o suco de limão aos vegetais. Pique a salsinha e o coentro. Divida a salada em pratos individuais e salpique ervas frescas e sal de gergelim, se quiser, sobre cada porção. Sirva com fatias de limão e azeite. Uma vez pronta, a salada dura muito bem na geladeira por alguns dias.

SALADA REVIGORANTE DE PRIMAVERA

com molho de limão, hortelã e tâmara

Há pouco tempo eu estava conversando com uma velha amiga, que me disse que sua receita absolutamente preferida no meu blog era a Salada revigorante de primavera, que é de um post tão antigo que eu já tinha esquecido. Mas o entusiasmo dela me intrigou: o que havia naquela simples salada que a deixava tão deliciosa? Então resolvi prepará-la de novo. E aí me lembrei. É justamente nela que eu penso quando o gelo do inverno se esparsa e o tempo fica quente o suficiente para tudo brotar de novo. Ela tem um gosto fresco e vivo, especialmente com o Molho de limão, hortelã e tâmara, que é incrivelmente saboroso.

SERVE 4 PESSOAS COMO PRATO PRINCIPAL, 6 COMO ACOMPANHAMENTO

1 Prepare a quinoa: lave bem a quinoa. Numa panela pequena, misture-a com a água e o sal. Deixe ferver, reduza para fogo baixo e cozinhe, com a panela tampada, por cerca de 20 minutos, até que toda a água tenha sido absorvida e os grãos estejam macios. Solte a quinoa com o garfo.

2 Prepare os vegetais: enquanto isso, leve uma panela de água para ferver. Acrescente as ervilhas e cozinhe por 1 a 2 minutos, até elas ficarem num tom verde brilhante. Escorra imediatamente e lave em água fria, para interromper o cozimento. Lave os aspargos e corte as pontas mais grossas da base, onde elas se quebram naturalmente quando vergadas. Usando um descascador de legumes, corte os aspargos em tiras longas e finas no sentido do comprimento.

3 Toste as sementes: preaqueça uma frigideira seca em fogo médio. Quando estiver quente, toste as sementes de abóbora por 3 a 5 minutos, mexendo sempre, até elas ficarem perfumadas. Retire a frigideira do fogo imediatamente e reserve.

4 Finalize a salada: corte os rabanetes em fatias na diagonal. Numa tigela grande, misture a quinoa cozida com o rabanete, a ervilha, os aspargos e as sementes de abóbora. Despeje cerca de metade do molho, tempere com algumas pitadas de sal e misture bem. Prove e acrescente mais molho, se quiser. Termine com uma pitada ou duas de sal em flocos.

QUINOA

1 xícara (170g) de quinoa demolhada, se possível

1¾ de xícara (430ml) de água

¾ de colher (chá) de sal, e mais, se necessário

VEGETAIS

1 xícara (150g) de ervilhas frescas ou congeladas

1 maço (450g) de aspargos

PARA SERVIR

½ xícara (60g) de sementes de abóbora cruas sem sal

1 maço de rabanetes (cerca de 12 unidades)

Molho de limão, hortelã e tâmara, para servir (receita a seguir)

sal em flocos

(continua)

MOLHO DE LIMÃO, HORTELÃ E TÂMARA

RENDE CERCA DE 1 XÍCARA (250ML)

1 Utilizando o processador de alimentos ou mixer de mão, bata as raspas e o suco de limão, a hortelã e as tâmaras até obter uma textura uniforme.

2 Sem parar de bater, acrescente o azeite e, em seguida, afine o molho com um pouco de água até obter uma consistência mais líquida. Tempere com sal. Guarde o que sobrar na geladeira por até 4 dias, em pote hermeticamente fechado.

suco e as raspas de 2 limões

1 xícara (20g) de folhas de hortelã fresca

3 a 4 tâmaras macias, sem caroço

¼ de xícara (60ml) de azeite extravirgem

1 pitada de sal

ADIANTO Cozinhe ⅓ de xícara (55g) a mais de quinoa para preparar os Muffins de quinoa e milho (p.203).

SALADA CAESAR GRELHADA
com croûtons de grão-de-bico

Como amiga, eu lhe digo que grelhar a alface pode mudar sua vida para sempre. Ou, pelo menos, vai revolucionar suas saladas. A alface-romana é um bicho robusto que resiste ao calor elevado da grelha, enquanto sua estrutura consegue manter a forma durante o cozimento. Essa técnica traz um sabor inacreditável para uma folha bastante trivial, e os Croûtons de grão-de-bico e o Molho Caesar com tahine elevam esse prato a um patamar com o qual você mal podia sonhar.

2 pés de alface-romana

óleo de coco, para grelhar

sal

Molho Caesar com tahine
(receita a seguir)

Croûtons de grão-de-bico
(receita a seguir)

SERVE 2 PESSOAS COMO PRATO PRINCIPAL, 4 COMO ACOMPANHAMENTO

1 Retire as folhas externas mais moles dos pés de alface (e guarde-as para outra salada), de forma que só restem as folhas internas, mais firmes. Corte o quarto superior de cada pé (e guarde-os para outra salada). Corte o pé ao meio no sentido do comprimento. Esfregue as laterais e a face do corte com um pouco de óleo de coco e tempere com algumas pitadas de sal.

2 Preaqueça uma grelha no máximo (a frigideira de grelhar também funciona). Quando estiver bem quente, coloque as metades de alface na grelha, com o lado do corte para baixo, e deixe por 3 a 4 minutos, até aparecerem as marcas escuras da grelha. Vire e deixe por mais 2 a 3 minutos.

3 Para servir, coloque uma metade de alface em cada prato e deixe os convidados temperarem e decorarem as próprias saladas. (Uma vez em contato com o molho, os croûtons amolecem muito rapidamente, então é melhor que os próprios comensais acrescentem o molho.)

ADIANTO Use as folhas externas e os topos da alface-romana na Salada de lentilha com picles de cenoura e gengibre com ameixas secas picantes e dukkah (p.85).

(continua)

½ xícara (125ml) de tahine

1 dente de alho

½ colher (chá) de pimenta-do-reino preta moída na hora

1 colher (sopa) de azeite extravirgem

raspas de 1 limão

1 colher (sopa) de suco de limão espremido na hora

2 colheres (chá) de mostarda de Dijon

2 colheres (chá) de tamari sem glúten ou molho de soja

½ xícara (125ml) de água

sal

MOLHO CAESAR COM TAHINE

RENDE 1 XÍCARA (250ML)

Despeje todos os ingredientes no liquidificador e bata em potência máxima até a mistura ficar homogênea, adicionando mais água se necessário, até obter o total de 1 xícara (250ml). Tempere com sal. Guarde o que sobrar na geladeira por até 1 semana, em pote hermeticamente fechado.

3 xícaras (1 lata de 450g) de grão-de-bico cozido, escorrido e lavado

3 colheres (sopa) de óleo de coco

1 colher (chá) de sal

1 colher (chá) de pimenta-do-reino preta moída na hora

1 colher (chá) de alho em pó

CROÛTONS DE GRÃO-DE-BICO

RENDE 3 XÍCARAS (750ML)

1 Preaqueça o forno a 200°C.

2 Espalhe o grão-de-bico sobre um pano de prato limpo e esfregue, descartando as cascas, que vão se soltando. Despeje o grão-de-bico numa tigela média e misture com o óleo de coco, o sal, a pimenta e o alho em pó.

3 Transfira o grão-de-bico para uma assadeira rasa forrada com papel-manteiga e asse por 25 a 35 minutos, mexendo ocasionalmente, até ele ficar dourado e crocante.

4 Retire a assadeira do forno. Deixe o grão-de-bico esfriar e sirva à temperatura ambiente. Os grãos vão endurecer um pouco depois de esfriar, então, não se preocupe se estiverem um pouco moles quando tirá-los do forno. Guarde o grão-de-bico por até 1 semana em recipiente hermético de vidro à temperatura ambiente.

SALADA DE REPOLHO COM QUINOA E COCO

e molho de tahine e hortelã

Minha amiga Henriette é uma das cozinheiras mais talentosas (e humildes!) que conheço. Trabalhamos juntas num restaurante vegetariano e orgânico por anos, e aprendi muito com ela, incluindo como pensar fora da caixa e experimentar novas combinações de ingredientes, mesmo que elas pareçam inusitadas. Um dia Henriette estava fazendo salada de repolho e acrescentou coco ralado e torrado. Eu olhei para aquilo e torci o nariz... Isso não se faz com uma salada de repolho! Mas deu certo. Desde então, adoro misturar um pouco de coco às minhas saladas de repolho. Ele agrega uma nota doce, acastanhada, e a sua riqueza é o contraponto perfeito para a leveza do repolho. Minha versão inclui quinoa para tornar a salada uma refeição de verdade, mas isso é opcional. O suave e cremoso Molho de tahine e hortelã fica absurdamente gostoso em muitos outros pratos além desta salada, então, acrescente-o a tudo o que você fizer – especialmente se a ideia lhe parecer estranha!

SERVE 6 PESSOAS COMO PRATO PRINCIPAL, 8 COMO ACOMPANHAMENTO

1 Prepare a quinoa: lave bem a quinoa. Numa panela pequena, misture-a com a água e o sal. Deixe ferver, reduza para fogo baixo e cozinhe por cerca de 20 minutos, com a panela tampada, até que toda a água tenha sido absorvida e os grãos de quinoa estejam macios. Solte-os com um garfo.

2 Enquanto isso, prepare o molho: no liquidificador, despeje o tahine, o suco de limão, o azeite, o xarope de bordo, a água, o sal e as folhas de hortelã; bata em potência alta até tudo ficar homogêneo e cremoso. Tempere com mais sal, se necessário. Reserve.

3 Numa tigela grande, misture os repolhos, a couve kale, as cenouras e o pimentão.

QUINOA

½ xícara (85g) de quinoa demolhada, se possível

cerca de 1 xícara (250ml) de água

¼ de colher (chá) de sal

MOLHO DE TAHINE E HORTELÃ

½ xícara (125ml) de tahine

¼ de xícara (60ml) de suco de limão espremido na hora

2 colheres (sopa) de azeite extravirgem

1 colher (sopa) de xarope de bordo puro

¾ de xícara (185ml) de água

1 pitada de sal, e mais, se necessário

1 xícara cheia (25g) de folhas de hortelã fresca

(continua)

VEGETAIS

2 xícaras cheias (130g) de repolho roxo picado

2 xícaras cheias (130g) de repolho verde picado

2 xícaras cheias (120g) de couve kale picada

3 cenouras médias cortadas em julienne

1 pimentão vermelho (sem o cabo, as sementes e os veios) cortado em julienne

¼ de xícara (60ml) de suco de limão espremido na hora

1 colher (sopa) de azeite extravirgem

¼ de colher (chá) de sal

1 xícara (100g) de coco ralado não adoçado

4 Numa tigela pequena, misture o suco de limão, o azeite e o sal e despeje sobre os vegetais. Misture bem, massageie levemente o líquido na couve e no repolho e deixe marinar por 5 a 10 minutos.

5 Preaqueça uma frigideira seca em fogo médio. Quando estiver quente, toste o coco por 2 a 3 minutos, mexendo sempre até ele dourar e ficar perfumado. Tire imediatamente a frigideira do fogo e reserve.

6 Finalize a salada: acrescente a quinoa e o coco à tigela com os vegetais. Misture bem. Na hora de servir, distribua em porções e deixe os convidados acrescentarem o molho em suas saladas.

ADIANTO Prepare o dobro de molho para usar na Salada revigorante de primavera (p.57).

AVOCADO RECHEADO COM MANGA
e broto de feijão-mungo

Desde que me lembro, um dos lanches favoritos da minha mãe era meio avocado retirado da casca e temperado com um pouco de sal e limão. Quando eu era pequena, ficava doente só de pensar nisso, mas agora a única coisa que eu acharia melhor do que isso seria comer o avocado inteiro. Bastante inspirada em minha mãe, esta salada é uma celebração dos passos que dei na direção de uma vida mais saudável. Crocantes brotos de feijão-mungo, manga doce e suculenta e limão se combinam para gerar uma delícia com sabor tropical que você poderia comer a qualquer hora do dia – fica realmente fantástico no café da manhã! Esta receita pede dois avocados grandes, ou um abacate grande, para servir quatro pessoas, mas se você for como eu também vai querer um inteiro só para você.

SERVE 2 PESSOAS COMO PRATO PRINCIPAL, 4 COMO ACOMPANHAMENTO

1 Prepare o molho: numa tigela pequena, misture o suco de limão, o azeite e o sal.

2 Prepare a salada: descasque e corte a manga em pedaços pequenos. Numa tigela grande, misture-a com o broto de feijão, o coentro, a echalota e a pimenta-calabresa. Despeje o molho por cima e misture bem. Tempere com sal.

3 Corte os avocados ao meio, ou o abacate em quatro, retire os caroços e uma pequena porção da polpa para abrir espaço em cada metade para o recheio.

4 Misture a polpa retirada do avocado à salada e em seguida preencha cada metade de avocado com bastante salada, deixando transbordar. Sirva imediatamente.

ADIANTO Prepare uma quantidade extra de broto de feijão-mungo e sirva com arroz integral cozido para compor uma refeição completa no dia seguinte.

MOLHO

2 colheres (sopa) de suco de limão espremido na hora

1 colher (sopa) de azeite extravirgem

2 pitadas de sal em flocos

SALADA

1 manga grande madura

3 xícaras (180g) de broto de feijão-mungo (ver Brotos básicos, p.23)

½ xícara cheia (20g) de coentro fresco picado, incluindo os caules finos

1 echalota ou ¼ de cebola roxa, picadas

algumas pitadas de pimenta-calabresa em flocos

sal

2 avocados grandes maduros ou 1 abacate grande maduro

SALADA MAGNÍFICA DE VAGEM E ESTRAGÃO

½ xícara (85g) de nozes-pecãs cruas, sem sal

400g de vagens francesas

175g de ervilhas frescas ou congeladas

1 cebola roxa pequena ou 2 echalotas picadas

⅓ de xícara (15g) de folhas de estragão fresco

Molho de bordo e mostarda (receita a seguir)

150g de queijo feta (de preferência de leite de cabra ou de ovelha) esfarelado

sal

ADIANTO Se você tiver qualquer porção extra de estragão, utilize-o no lugar do coentro na Sopa superdetox de coentro, espinafre e batata-doce (p.43).

Esta salada é como uma reluzente caixinha de joias! Ervilhas doces, vagens tenras, echalotas, queijo feta e nozes-pecãs brilham maravilhosamente quando combinados. Desfrute-a no final da primavera e durante o verão, quando é a época das vagens e ervilhas frescas. Se você não está familiarizado com o estragão, eu digo que o paladar é uma combinação de alcaçuz e manjericão, com um agradável retrogosto cítrico. Ele também combina muito bem com outros vegetais, como aspargos e alcachofras, e fica especialmente saboroso quando acompanhado de mostarda forte. Se você quiser preparar esta receita com antecedência para um piquenique ou grande almoço, deixe para acrescentar o molho, o queijo e as nozes imediatamente antes de servir.

SERVE 2 PESSOAS COMO PRATO PRINCIPAL, 4 COMO ACOMPANHAMENTO

1 Comece a salada: preaqueça o forno a 180°C. Coloque as pecãs na assadeira e toste-as por 5 a 7 minutos, até ficarem perfumadas. Retire do forno e reserve.

2 Cozinhe os vegetais: lave e apare a vagem. Numa panela grande equipada com cesta de cozimento a vapor, ferva uma pequena quantidade de água. Acrescente a vagem e cozinhe no vapor de 4 a 5 minutos, até ela ficar crocante, tomando cuidado para não cozinhar demais. Retire a vagem da cesta de cozimento a vapor e lave-a sob água fria para interromper o processo de cozimento.

3 Coloque a cesta de cozimento a vapor de volta sobre a panela e ponha ali as ervilhas. Cozinhe-as no vapor até ficarem adocicadas e de tom verde-claro, por 1 a 2 minutos. Escorra e lave sob água fria para interromper o processo de cozimento.

4 Finalize a salada: coloque a vagem e as ervilhas numa tigela grande, acrescente a cebola roxa e o estragão. Despeje o molho por cima, misture bem e polvilhe com queijo feta e pecãs. Tempere com sal e pimenta-do-reino preta moída na hora.

MOLHO DE BORDO E MOSTARDA
RENDE UM POUCO MAIS DE ¼ DE XÍCARA (55ML)

Em uma tigela pequena, bata o azeite com o xarope de bordo, a mostarda e o vinagre. Tempere com sal e pimenta. O molho dura até 1 semana na geladeira, em recipiente hermético.

3 colheres (sopa) de azeite extravirgem

1½ colher (chá) de xarope de bordo puro

1 colher (sopa) de mostarda de Dijon

1 colher (sopa) de vinagre de maçã

1 pitada de sal

pimenta-do-reino preta moída na hora

AMEIXAS FRESCAS ASSADAS COM BALSÂMICO,

espinafre e queijo de cabra

SALADA

4 ameixas frescas médias (escolha as mais firmes, e não as maduras)

1 colher (chá) de óleo de coco ou ghee derretidos

1 colher (sopa) de vinagre balsâmico

½ colher (chá) de pimenta-do-reino preta moída na hora, e mais, para servir

4 xícaras (100g) de espinafre baby

100g de queijo de cabra macio

MOLHO DE BALSÂMICO

2 colheres (sopa) de azeite extravirgem

1½ colher (chá) de vinagre balsâmico

1 colher (chá) de mostarda de Dijon

1 echalota picada

1 pitada de sal, e mais, para servir

Esta é uma salada muito fácil de fazer e simplesmente deliciosa. Assar as ameixas carameliza e aprofunda o sabor de seus açúcares, enquanto o vinagre balsâmico adiciona uma nota ácida contrastante. A salada também fica linda coberta com algo crocante, como amêndoas ou nozes tostadas. Para tornar o prato ainda mais substancial, acrescente um pouco de lentilha cozida e sirva com o seu pão sem glúten favorito ou com pão integral de fermentação natural.

SERVE 2 PESSOAS COMO PRATO PRINCIPAL, 4 COMO ACOMPANHAMENTO

1 Prepare a salada: preaqueça o forno a 180°C.

2 Retire o caroço das ameixas e corte-as em oito gomos. Numa assadeira rasa, forrada com papel-manteiga, misture os gomos de ameixa com o óleo de coco derretido, o vinagre balsâmico e a pimenta-do-reino. Asse por 15 a 20 minutos, virando uma vez, até que as ameixas estejam macias e caramelizadas. Deixe esfriar.

3 Enquanto isso, lave o espinafre e seque-o usando um secador de salada. Transfira-o para uma tigela grande.

4 Prepare o molho: numa tigela pequena, misture o azeite, o vinagre, a mostarda, a echalota e o sal. Despeje o molho sobre o espinafre e misture bem.

5 Finalize a salada: espalhe as ameixas sobre o espinafre temperado e esfarele o queijo de cabra por cima. Tempere com sal e pimenta.

ADIANTO Asse uma quantidade extra de ameixas frescas para substituir as tangerinas no Cuscuz falso com tangerina (p.175).

SALADA CIDADE DAS ESMERALDAS

Esta é mais uma ideia do que uma receita, e a inventei quando estava comendo na casa de uma amiga. Nós duas amamos avocado, e antes de colocá-los na salada que estava preparando, ela os cortou em anéis. Anéis! Que mudança simples, e que belo impacto teve – foi como comer algo completamente diferente. Inspirada nisso, eu criei uma salada verde sobre verde com tiras de pepino, suco de limão, hortelã e flocos de pimenta-calabresa para um resultado que brilha e cintila. Com essa salada prática para dias quentes, não há lugar como a sua casa!

SERVE 2 PESSOAS COMO PRATO PRINCIPAL, 4 COMO ACOMPANHAMENTO

1 Corte os avocados transversalmente e ao redor do caroço em anéis de 0,5cm. Retire a casca e coloque os anéis de polpa numa travessa grande. Empilhe as folhas de hortelã, enrole-as em forma de charuto e corte-as em tirinhas.

2 Usando uma mandolina, corte o pepino (com casca) no sentido do comprimento, em fitas longas. Disponha o pepino junto com os anéis de avocado na travessa.

3 Despeje o suco de limão por cima, regue com o azeite e polvilhe com pimenta-calabresa, hortelã e sal. Sirva imediatamente.

ADIANTO Guarde qualquer sobra da salada para acompanhar a Tigela de homus arco-íris (p.74).

(V) (SG) (C) (SGr)

2 avocados maduros

½ xícara (10g) de folhas de hortelã fresca

1 pepino grande, de preferência japonês

suco de 1 limão

1 colher (sopa) de azeite extravirgem

½ colher (chá) de pimenta-calabresa em flocos

sal em flocos

TIGELA DE HOMUS ARCO-ÍRIS

⅓ de xícara (75ml) do homus de sua preferência

verduras frescas (como espinafre, rúcula e alface-romana)

1 punhado de lentilhas ou feijões cozidos

1 punhado de brotos

vegetais variados picados (vagem francesa no vapor; beterrabas assadas; pimentão cru, cenouras e/ou avocado ou abacate; e azeitonas)

PARA SERVIR

azeite extravirgem

suco de limão espremido na hora

sal em flocos

Quando estive em Los Angeles, fui a um novo restaurante de comida crua que oferecia salada de falafel – basicamente o que eu sonho encontrar em qualquer cardápio. Quando o prato chegou, os vegetais estavam levemente temperados, e a principal atração – um rico e delicioso homus – se espalhava generosamente pelo interior da tigela, de modo que cada pedaço que eu pegava era adornado por ele. Brilhante! Eu o recriei assim que voltei para casa, escolhendo dezenas de vegetais sazonais preparados de várias maneiras e usando o homus que eu tinha na geladeira na ocasião. Isso cai bem em qualquer época do ano, com qualquer tipo de homus, e é *a* refeição perfeita para "fazer a limpa" na geladeira. Experimente com uma das receitas de homus (p.187-9).

SERVE 1 PESSOA COMO PRATO PRINCIPAL

1 Espalhe o homus por toda a superfície de uma tigela pequena de salada.

2 Acrescente as verduras, os feijões, os brotos, os vegetais e misture. Regue com azeite e suco de limão e tempere com sal. Misture novamente para temperar.

ADIANTO Cozinhe uma quantidade extra de brotos de lentilha para preparar o Chili de broto de lentilha (p.138).

TOMATES

com manjericão e meta feta de sementes de girassol

META FETA DE SEMENTES DE GIRASSOL

3 xícaras (420g) de sementes de girassol cruas, sem sal e sem casca, deixadas de molho por pelo menos 2 horas, mas de preferência de um dia para o outro, escorridas e lavadas

1 colher (chá) de sal

1 dente de alho grande

¼ de xícara (60ml) de suco de limão espremido na hora

⅓ de xícara (80ml) de água

MOLHO DE ALCAPARRAS

3 colheres (sopa) de azeite extravirgem

1½ colher (chá) de vinagre de maçã

1 colher (sopa) de xarope de bordo puro

2 pitadas de sal, e mais, se necessário

½ dente de alho finamente picado

2 colheres (sopa) de alcaparras lavadas

4 tomates médios da estação, se possível

sal em flocos

pimenta-do-reino preta moída na hora

1 punhado de folhas de manjericão fresco

Tomate, manjericão e queijo é uma combinação clássica e amada. Mas meu coração curioso sempre quis fazer uma versão vegana. Apresento a vocês o "meta feta": um "queijo" cremoso de semente de girassol, versátil e com toneladas de sabor, perfeito para saladas, sanduíches e wraps recheados.

Esse prato fica delicioso durante o ano inteiro, mas, como a atração principal é o tomate, você terá os resultados mais saborosos quando eles estiverem no auge da sua estação.

SERVE 2 PESSOAS COMO PRATO PRINCIPAL, 4 COMO ACOMPANHAMENTO

1 Prepare o meta feta: coloque as sementes de girassol demolhadas e escorridas, o sal, o dente de alho e o suco de limão no processador de alimentos. Use a função "pulsar" algumas vezes para quebrar as sementes. Passe para a função "processar" e vá acrescentando a água num fluxo fino, à medida que a mistura é processada. Pare algumas vezes para raspar as laterais do recipiente. A meta é obter a textura de um homus grosso e robusto; acrescente água apenas o suficiente (até ½ xícara, ou 125ml) para alcançar essa textura. Transfira a mistura para um recipiente hermético e leve-o à geladeira por pelo menos 30 minutos antes de usar. A pasta dura até 4 dias na geladeira nesse recipiente.

2 Enquanto isso, prepare o molho de alcaparras: misture o azeite, o vinagre, o xarope de bordo, o sal, o alho e as alcaparras. Prove e ajuste os temperos, se necessário.

3 Para servir, espalhe ½ xícara (125g) do meta feta num prato grande ou travessa. Fatie os tomates e coloque-os por cima. Tempere a salada com sal e pimenta, espalhe as folhas de manjericão por cima e regue com o molho de alcaparras.

ADIANTO Use a sobra de meta feta desta receita para preparar o Canelone de berinjela com meta feta e molho de tomate com alho tostado (p.114).

SALADA DE FOLHA DE AIPO
com berinjela assada no balsâmico

Não é estranho como nos acostumamos a comer algumas partes das frutas e dos vegetais, mas outras não? As folhas de aipo são o exemplo perfeito: estamos muito acostumados a comer o talo e jogar o resto fora, mas as folhas são extremamente saborosas. Nada falta a quem não desperdiça! Com um frescor intenso e um amargor agradável, elas combinam com sabores terrosos como os da berinjela e das nozes. Esta salada é um prato saudável e rende um maravilhoso almoço ou um jantar leve.

SERVE 2 PESSOAS COMO PRATO PRINCIPAL, 4 COMO ACOMPANHAMENTO

¼ de xícara (60ml) de vinagre balsâmico

1 colher (sopa) de mostarda de Dijon

½ colher (chá) de pimenta-calabresa em flocos

¼ de colher (chá) de sal

1 berinjela

75g de queijo de cabra macio

⅓ de xícara (40g) de nozes cruas, sem sal

3 xícaras cheias (60g) de folhas de aipo

1 colher (sopa) de azeite extravirgem

1 Preaqueça o forno a 200°C.

2 Misture o vinagre, a mostarda, a pimenta-calabresa e o sal numa tigela grande.

3 Corte a berinjela, com a casca, em rodelas de aproximadamente 1,3cm de espessura. Acrescente-a à tigela com o molho e misture bem para cobrir todas as fatias. Deixe marinar por 5 minutos. Coloque as fatias de berinjela em assadeira rasa forrada com papel-manteiga e despeje um pouco mais da marinada por cima, reservando o restante para a última etapa. Asse por 10 minutos, depois vire as fatias e asse do outro lado, por 5 a 10 minutos a mais, até elas ficarem macias. Retire do forno, coloque o queijo de cabra por cima e leve de volta ao forno por 2 a 3 minutos, até dourar.

4 Reduza a temperatura do forno para 160°C. Coloque as nozes em outra assadeira e deixe-as tostar por 7 a 10 minutos, até ficarem perfumadas, tomando cuidado para que não queimem. Retire as nozes do forno e pique-as grosseiramente.

5 Lave e seque as folhas de aipo e coloque-as numa tigela média. Bata o azeite com o restante da marinada. Despeje sobre as folhas de aipo e misture bem. Distribua as folhas de aipo pelos pratos, cubra com algumas fatias de berinjela e espalhe as nozes por cima.

ABOBRINHA E MILHO GRELHADOS

com manjericão

2 espigas de milho

2 colheres (chá) de óleo de coco

2 abobrinhas

sal em flocos

Molho de limão e alho (p.54)

¼ de xícara (30g) de sementes de abóbora

250g de tomates-cereja inteiros ou cortados ao meio

1 punhado de folhas de manjericão fresco

Pimenta-calabresa em flocos

ADIANTO Grelhe 4 espigas de milho a mais e utilize-as na Sopa de milho e castanha-de-caju com óleo de chipotle (p.38). Prepare o dobro de Molho de limão e alho para usar na Batata-doce assada com feijão-branco sobre couve kale massageada (p.54).

Esta receita é puro verão no prato e o exemplo perfeito de como as coisas que crescem juntas ficam muito saborosas juntas! Embora você possa comprar esses ingredientes durante o ano inteiro, eu recomendo prepará-los quando o milho, a abobrinha, o tomate e o manjericão estão frescos e são abundantes, e sua grelha está desfrutando de um saudável treino. Para variar um pouco, experimente a salada com coentro ou hortelã, use avelãs ou amêndoas tostadas e sirva tudo sobre uma cama de feijão-preto, para fazer um prato mais substancial.

SERVE 2 PESSOAS COMO PRATO PRINCIPAL, 4 COMO ACOMPANHAMENTO

1 Aqueça a grelha a alta temperatura. Limpe as espigas de milho e esfregue-as com um pouco de óleo de coco. Coloque-as na grelha e deixe até o milho ficar macio e amarelo brilhante, virando de vez em quando. Retire-as da grelha e deixe esfriar. Debulhe as espigas de milho, colocando os grãos numa tigela rasa e passando a faca de cima para baixo.

2 Corte a abobrinha no sentido do comprimento em fatias de 0,5cm de espessura (não muito finas, ou elas se desmancharão na grelha). Esfregue os dois lados de cada fatia com um pouco de óleo de coco e coloque na grelha. Grelhe, virando uma vez, até que ambos os lados estejam macios e levemente carbonizados. Retire a abobrinha e coloque-a na tigela com o milho. Tempere com o sal em flocos.

3 Despeje metade do molho sobre o milho e a abobrinha. Misture delicadamente para espalhar bem e deixe os vegetais marinarem por 5 minutos.

4 Preaqueça uma pequena frigideira seca em fogo médio. Quando estiver quente, toste as sementes de abóbora por 3 a 5 minutos, mexendo sempre, até elas ficarem perfumadas. Retire a frigideira do fogo imediatamente e reserve.

5 Coloque a abobrinha e o milho numa travessa grande. Acrescente os tomates e o manjericão, despeje o molho e espalhe as sementes de abóbora e a pimenta-calabresa por cima. Sirva imediatamente.

SALADA DE RÚCULA E FIGO
com molho de nozes tostadas

75g de rúcula

3 figos grandes maduros

1 cebola roxa ou echalota

Molho de nozes tostadas, para servir (receita a seguir)

Figos têm a inegável capacidade de transformar qualquer receita em um prato especial. O fato de estarem disponíveis por apenas algumas semanas ao ano faz com que eu aprecie ainda mais sua singularidade. Esta salada é uma forma excepcional de desfrutar a época fugaz dos figos, especialmente quando combinada com o Molho de nozes tostadas. O sabor das nozes assadas e a textura cremosa do molho vão fazer você perder a cabeça! Aqui ele se combina perfeitamente com a doçura suave dos figos, mas experimente também em massas e com vegetais assados.

SERVE 2 PESSOAS COMO PRATO PRINCIPAL, 4 COMO ACOMPANHAMENTO

1 Lave e seque a rúcula.

2 Corte os figos em quartos. Corte a cebola em rodelas finas.

3 Distribua todos os ingredientes entre os pratos. Regue com Molho de nozes tostadas.

ADIANTO Prepare uma quantidade extra de Molho de nozes tostadas para preparar o Repolho grelhado com maçã e molho de nozes tostadas (p.179) ou a Tigela robusta de arroz selvagem, cenoura assada e romã (p.147).

(continua)

1 xícara (125g) de nozes cruas, sem sal

1 dente de alho

2 colheres (sopa) de azeite extravirgem

4 colheres (chá) de vinagre de maçã

2 colheres (chá) de xarope de bordo puro ou mel cru

2 generosas pitadas de sal, e mais, se necessário

MOLHO DE NOZES TOSTADAS
RENDE APROXIMADAMENTE 1 XÍCARA (270ML)

1 Preaqueça o forno a 180°C.

2 Espalhe as nozes sobre a assadeira em uma única camada. Toste até que estejam douradas e perfumadas, por 7 a 10 minutos, tomando cuidado para que elas não queimem. Retire do forno e deixe esfriar um pouco.

3 Despeje as nozes tostadas, o alho, o azeite, o vinagre de maçã e o xarope de bordo no liquidificador. Bata em potência alta, adicionando 1 xícara (250ml) de água para afinar o molho, se necessário – a meta é obter a consistência de sorvete derretido. Tempere com sal. Guarde na geladeira por até 5 dias em recipiente hermético de vidro.

SALADA DE LENTILHA COM PICLES DE CENOURA E GENGIBRE

com ameixas secas picantes e dukkah

Um equilíbrio maravilhoso de sabores se apresenta aqui: a acidez das cenouras, a doçura das ameixas e as complexas especiarias do molho. Você pode preparar alguns dos componentes com antecedência, e na verdade eu recomendo que faça isso. As cenouras não precisam de 24 horas inteiras para virar picles, mas se você desejar o efeito completo, esta é a única forma! As lentilhas podem ser preparadas com antecedência e guardadas na geladeira, de modo que tudo o que você tem a fazer é misturar na hora de servir. A maioria das alfaces verdes funciona na receita, mas a variedade de alface manteiga ou lisa é a minha preferida.

SERVE 4 PESSOAS COMO PRATO PRINCIPAL, 6 COMO ACOMPANHAMENTO

1 Numa panela pequena, cubra as lentilhas com cerca de 3 xícaras (750ml) de água e deixe ferver em fogo alto. Reduza o fogo para baixo e cozinhe por 10 a 20 minutos, com a panela tampada, até elas ficarem macias, mas não moles, dependendo de se foram ou não deixadas de molho. Acrescente o sal cerca de 5 minutos antes de as lentilhas estarem prontas. Escorra e lave delicadamente as lentilhas cozidas.

2 Prepare o molho: misture o azeite, o suco de limão, o cominho, a canela, o coentro, a páprica e o sal. Despeje metade do molho sobre as lentilhas enquanto ainda estão quentes e misture para espalhar.

3 Lave e seque bem a alface. Separe as folhas e coloque-as numa tigela grande ou na travessa. Pique a hortelã. Espalhe a lentilha sobre a alface, cubra com as cenouras em conserva, as ameixas e o dukkah e despeje o restante do molho por cima. Tempere com sal em flocos. Espalhe as folhas de hortelã por cima da salada e sirva.

1 xícara (200g) de lentilha verde, deixada de molho por pelo menos 8 horas ou até de um dia para o outro

½ colher (chá) de sal

MOLHO

3 colheres (sopa) de azeite extravirgem

¼ de xícara (60ml) de suco de limão espremido na hora

2 colheres (chá) de cominho em pó

1 colher (chá) de canela em pó

¼ de colher (chá) de coentro em pó

¼ de colher (chá) de páprica defumada picante (ou chipotle em pó)

2 pitadas de sal, e mais, se necessário

1 pé pequeno de alface lisa

¼ de xícara cheia (5g) de folhas de hortelã fresca

Picles de cenoura e gengibre (receita a seguir)

½ xícara (85g) de ameixas secas sem caroço picadas

3 colheres (sopa) de Dukkah (p.26)

sal em flocos

(continua)

PICLES DE CENOURA E GENGIBRE

RENDE 1 POTE DE 1 LITRO

1 Esfregue bem as cenouras. Usando um descascador de legumes, corte-as no sentido do comprimento, fazendo tiras longas e finas. Coloque as tiras em recipiente de vidro de 1 litro.

2 Num copo medidor, misture o vinagre, a água, o xarope de bordo, o sal, o gengibre e mexa para dissolver o sal. Despeje a salmoura sobre as cenouras e acrescente mais água, se necessário, até cobri-las completamente. Tampe o recipiente e leve-o à geladeira pelo menos por 30 minutos, mas de preferência por 24 horas, antes de usar. As cenouras duram até 3 semanas na geladeira.

ADIANTO Utilize o Picles de cenoura e gengibre na Berinjela e cogumelos grelhados com macarrão e manteiga de amêndoas (p.133).

4 ou 5 cenouras médias

1 xícara (250ml) de vinagre de maçã

1 xícara (250ml) de água, e mais, se necessário

1 colher (sopa) de xarope de bordo puro

1½ colher (chá) de sal

1 pedaço pequeno de gengibre fresco (cerca de 10g), sem casca, em fatias

SALADA CREMOSA DE COUVE-DE-BRUXELAS

com maçã e amêndoas tostadas

SALADA

⅓ de xícara (50g) de amêndoas cruas

1 xícara cheia (30g) de salsinha fresca, folhas e caules

250g de couve-de-bruxelas

1 maçã

2 colheres (chá) de suco de limão espremido na hora

VINAGRETE CREMOSO DE BORDO

2 colheres (sopa) de azeite extravirgem

4 colheres (chá) de mostarda de Dijon

4 colheres (chá) de vinagre de maçã

2 colheres (chá) de xarope de bordo puro

¼ de xícara (65g) de iogurte integral (de preferência de leite de cabra ou de ovelha; opcional)

2 pitadas de sal

2 pitadas de pimenta-do-reino preta moída na hora, e mais, se necessário

Se algum de vocês aí acha que é impossível ter vontade de comer couve-de-bruxelas, esta salada está aqui para provar o contrário! Simples, fresca e totalmente viciante, a receita é maravilhosa nos meses mais frios, quando a couve-de-bruxelas e as maçãs estão no auge.

A maçã acrescenta doçura, as amêndoas tostadas trazem crocância e sabor acastanhado, e a salsinha dá mais brilho. Avelãs são uma deliciosa alternativa para as amêndoas.

SERVE 4 PESSOAS COMO PRATO PRINCIPAL, 6 COMO ACOMPANHAMENTO

1 Prepare a salada: preaqueça o forno a 150°C. Espalhe as amêndoas sobre a assadeira numa única camada e toste por 20 a 25 minutos, até elas ficarem perfumadas e levemente mais escuras. (Boa maneira de verificar é morder uma bem no meio e observar a cor no centro – ela deve estar dourada.) Retire do forno e deixe esfriar por completo. Pique grosseiramente as amêndoas e as folhas de salsinha, incluindo os caules finos.

2 Enquanto as amêndoas estão no forno, lave e corte a couve-de-bruxelas, removendo qualquer folha externa que esteja danificada. Corte-as o mais finamente possível, usando uma faca ou o processador de alimentos com o acessório de ralar. Coloque numa tigela grande.

3 Retire o miolo da maçã e corte-a em gomos finos. Numa tigela pequena, misture imediatamente os pedaços de maçã com o suco de limão, para evitar o escurecimento.

4 Prepare o molho: misture o azeite, a mostarda, o vinagre de maçã, o xarope de bordo, o iogurte, o sal e a pimenta.

5 Acrescente as maçãs, as amêndoas e a salsinha à couve-de-bruxelas picada, despeje o molho por cima, adicione uma quantidade generosa de pimenta-do-reino e misture.

ADIANTO Toste o dobro da quantidade de amêndoas e utilize na receita Brilha, brilha, arrozinho (p.176).

ADIANTO Cozinhe o dobro da quantidade de quinoa para utilizar na Quinoa e feijão-preto com salsa de rabanete e coentro (p.106).

SALADA CÍTRICA DE BETERRABA CRUA E QUINOA
com endro e azeitonas

Beterraba crua é uma das minhas comidas favoritas. São crocantes mas tenras, terrosas e doces. Se você é uma das muitas pessoas que só experimentaram beterraba cozida, esteja preparada para se apaixonar. O segredo para obter as mais saborosas beterrabas cruas é cortá-las bem finas. A mandolina é a melhor ferramenta para criar rodelas finas como papel, mas se você estiver confiante nas suas habilidades com a faca, pode seguir pelo velho caminho. Esta salada é vegana, mas se você estiver servindo pessoas que consomem laticínios, pode acrescentar queijo feta, que fica realmente maravilhoso.

SERVE 4 PESSOAS COMO PRATO PRINCIPAL, 6 COMO ACOMPANHAMENTO

1 Lave bem a quinoa. Numa panela pequena, misture a quinoa, a água e o sal. Deixe ferver, reduza para fogo baixo e cozinhe por cerca de 20 minutos, com a panela tampada, até que toda a água tenha sido absorvida e os grãos estejam macios. Solte a quinoa com garfo.

2 Enquanto a quinoa estiver cozinhando, descasque as beterrabas e corte-as com a mandolina. Numa tigela média, misture as fatias de beterraba com o suco de limão espremido na hora. Reserve.

3 Despeje metade do molho e as raspas de limão sobre a quinoa cozida enquanto ainda estiver morna; misture bem.

4 Preaqueça uma frigideira pequena seca em fogo médio. Quando estiver quente, toste os pistaches por cerca de 5 minutos, mexendo sempre, até eles ficarem perfumados. Retire imediatamente a frigideira do fogo, deixe os pistaches esfriarem e em seguida pique-os grosseiramente.

5 Transfira a quinoa para uma tigela grande ou travessa. Acrescente as rodelas de echalota e o endro; misture. Coloque as fatias de beterraba na quinoa (se você misturar, a quinoa ficará rosa!), depois acrescente as azeitonas e os pistaches picados. Despeje o restante do molho sobre a salada e tempere com sal.

1 xícara (190g) de quinoa demolhada, se possível

1¾ de xícara (415ml) de água

¾ de colher (chá) de sal

1 beterraba média

1 colher (sopa) de suco de limão espremido na hora

Molho de limão e alho (p.54)

raspas de 1 limão

⅓ de xícara (50g) de pistache cru, sem sal

1 echalota em rodelas

1 xícara cheia (55g) de endro fresco picado

1 xícara (130g) de azeitonas verdes com caroço

Saladas suntuosas

PRATOS PRINCIPAIS

que alimentam

BATATA-DOCE RECHEADA, 3 VERSÕES 95

WAFFLES FANTÁSTICOS DE FALAFEL 98

ROLINHOS SELVAGENS DE VERÃO 101

RISOTO SURPRESA DE SEMENTES DE GIRASSOL 102

SALADA FRIA DE MACARRÃO COM RABANETES E ERVILHAS 104

QUINOA E FEIJÃO-PRETO COM SALSA DE RABANETE E COENTRO 106

SANDUÍCHE DE CURRY DE GRÃO-DE-BICO 109

TACOS DE LENTILHA DEFUMADA COM PICO-DE-GALLO 112

CANELONE DE BERINJELA COM META FETA E
MOLHO DE TOMATE COM ALHO TOSTADO 114

RAGU RECONFORTANTE DE GRÃO-DE-BICO E
COGUMELO COM SÁLVIA CROCANTE 117

PIZZA DE PORTOBELLO 119

RISOTO DE FORNO DE ABÓBORA E SÁLVIA 122

MASSA COM PESTO ROSA VIBRANTE 125

KICHADI REVIGORANTE DE UMA PANELA SÓ 126

CAÇAROLA DE BATATA-DOCE,
COUVE-FLOR E LEITE DE COCO 129

GALETTE DE ALHO-PORÓ E COGUMELO 130

BERINJELA E COGUMELOS GRELHADOS COM MACARRÃO
E MANTEIGA DE AMÊNDOAS 133

ENSOPADO DE FEIJÃO-BRANCO COM GENGIBRE 136

CHILI DE BROTO DE LENTILHA 138

POLENTA COM TIRAS DE BETERRABA E PESTO DE RÚCULA 141

ABÓBORA FESTIVA RECHEADA
COM TRIGUILHO, FETA E FIGO 143

TIGELA ROBUSTA DE ARROZ SELVAGEM,
CENOURA ASSADA E ROMÃ 147

BIFES DE COUVE-FLOR COM CHERMOULA E OVOS 148

PÁGINA ANTERIOR, da esquerda para a direita: Couve kale massageada, feta e pecã (p.96);
Mediterrâneo de brócolis e grão-de-bico (p.97); Repolho picante e feijão-preto (p.97).

BATATA-DOCE RECHEADA, 3 VERSÕES

Se você lê o blog My New Roots, saberá o quanto sou obcecada por batatas-doces. Amo sua versatilidade, o sabor incrível e o perfil nutricional surpreendente. Elas são muito fáceis de servir assadas inteiras, abertas e recheadas com o que der na telha. Eu me divirto muito com pratos do tipo monte você mesmo. Ter um bufê inteiro de coisas saborosas para misturar e combinar à vontade me deixa totalmente encantada. Você pode fazer um, dois ou os três recheios e compor um bufê para todos os gostos, mas costumo escolher apenas um deles durante as noites da semana. Uma batata recheada rende um almoço, jantar ou até café da manhã completo e substancioso. Cada um dos recheios aqui apresentados rende o suficiente para cerca de quatro batatas-doces médias, e com sobra – porque você sempre vai querer mais!

A casca da batata-doce é a parte mais nutritiva, por isso, tente comprar batatas-doces orgânicas.

BATATA-DOCE ASSADA INTEIRA

SERVE 4 PESSOAS

4 batatas-doces médias

azeite extravirgem, manteiga derretida, ou ghee, para regar

recheio à escolha (p.96 e 97)

1 Preaqueça o forno a 230°C.

2 Limpe bem as batatas-doces, fure-as com um garfo em alguns pontos e coloque-as em assadeira rasa. Asse-as no forno por 25 a 30 minutos, dependendo do tamanho das batatas. Elas estarão cozidas quando você inserir com facilidade uma faca afiada no centro. Retire do forno e corte cada uma no sentido do comprimento, com cuidado para não separar os pedaços. Regue com um pouco de azeite.

3 Sirva as batatas com um ou mais dos recheios sugeridos a seguir. A batata-doce assada dura até 3 dias se não estiver temperada. Reaqueça-a no forno a 200°C durante 10 minutos.

(continua)

RECHEIO DE COUVE KALE MASSAGEADA, FETA E PECÃ

½ xícara (50g) de nozes-pecãs cruas, sem sal

3 xícaras (90g) de couve kale picada

suco de ½ limão

2 colheres (chá) de azeite extravirgem

2 pitadas de sal, e mais, se necessário

½ xícara (50g) de queijo feta esfarelado

SERVE 4 PESSOAS

1 Preaqueça o forno a 150°C. Espalhe as pecãs sobre a assadeira em uma única camada e toste por 12 a 15 minutos, até que elas fiquem perfumadas e levemente mais escuras. (Boa maneira de verificar o cozimento é morder uma bem no meio e observar a cor no centro – ela deve estar dourada.) Retire do forno e deixe esfriar completamente. Pique as pecãs.

2 Numa tigela grande, misture a couve kale picada, o suco de limão, o azeite e o sal. Com as mãos, esfregue e esprema a couve por cerca de 2 minutos, como se estivesse fazendo uma massagem, até que as tiras estejam verde-escuras e macias. Acrescente o feta e as pecãs, misture bem e tempere com sal.

RECHEIO MEDITERRÂNEO DE BRÓCOLIS E GRÃO-DE-BICO

SERVE 4 PESSOAS

Numa tigela grande, misture as raspas e o suco de limão, o azeite, ½ colher (chá) de sal e o xarope de bordo. Acrescente o brócolis, o grão-de-bico, as azeitonas e o pinoli. Misture e ajuste o sal.

raspas de 1 limão

suco de ½ limão

1 colher (sopa) de azeite extravirgem

½ colher (chá) de sal, e mais, se necessário

1 colher (chá) de xarope de bordo puro ou mel cru

2 xícaras (160g) de brócolis, com floretes e talos, cortados em cubos

1½ xícara (1 lata de 225g) de grão-de-bico cozido, escorrido e lavado

¼ de xícara (40g) de azeitonas sem caroço (kalamata é uma boa opção)

¼ de xícara (25g) de pinoli

RECHEIO DE REPOLHO PICANTE E FEIJÃO-PRETO

SERVE 4 PESSOAS

Numa tigela grande, misture o repolho picado, o feijão-preto, o suco de limão, o azeite, o sal, o coentro, a cebolinha e a pimenta.

2 xícaras (150g) de repolho roxo picado

1½ xícara (1 lata de 250g) de feijão-preto cozido, escorrido e lavado

suco de 1 limão

1 colher (sopa) de azeite extravirgem

algumas pitadas de sal

½ xícara (15g) de folhas de coentro fresco picado

2 cebolinhas, partes branca e verde, picadas

1 pimenta vermelha pequena (sem as sementes) em rodelas (a dedo-de-moça é uma boa opção)

WAFFLES FANTÁSTICOS DE FALAFEL

2 xícaras (400g) de grão-de-bico seco

3 colheres (sopa) de suco de limão espremido na hora ou vinagre de maçã

1 xícara cheia (115g) de aveia em flocos sem glúten

2 dentes de alho

½ xícara cheia (15g) de salsinha fresca picada

½ xícara cheia (20g) de coentro fresco picado, incluindo os caules finos

1½ colher (chá) de cominho em pó

1½ colher (chá) de canela em pó

2 colheres (chá) de coentro em pó

1½ colher (chá) de sal

1 colher (chá) de pimenta-do-reino preta moída na hora

raspas de 1 limão

óleo de coco, para untar a chapa de waffle

2 colheres (sopa) de gergelim cru, sem sal

Repolho cítrico picante (receita a seguir)

Molho de harissa e tahine (receita a seguir)

cebola roxa em rodelas finas

avocado ou abacate em fatias

2 punhados dos brotos de sua preferência

pimenta-calabresa em flocos

Os falafels estão no topo da lista das minhas maiores tentativas de criar uma refeição saudável, e no fim da lista de refeições caseiras de sucesso. Por que eles são tão deliciosos nos restaurantes e tão desagradáveis em casa? O aspecto secreto e mais importante para fazer falafels perfeitos é não cozinhar o grão-de-bico. Não. Use grão-de-bico cru, deixando-o de molho por 24 horas (por isso, certifique-se de começar a receita com um dia de antecedência).

RENDE 10-12 WAFFLES

1 Numa tigela grande, cubra o grão-de-bico com bastante água e 2 colheres (sopa) de suco de limão. Deixe de molho por 24 horas, depois escorra e enxágue bem. Reserve.

2 No processador de alimentos, bata a aveia na função "pulsar" até formar uma farinha de textura grossa. Transfira para uma tigela e reserve. Sem limpar o processador, acrescente o alho e use a função "pulsar" para picar. Adicione o grão-de-bico, as ervas picadas, as especiarias, as raspas de limão e a colher (sopa) restante de suco de limão. Bata na função "pulsar" até que o grão-de-bico esteja bem picado, mas não pastoso. Transfira o conteúdo para uma tigela grande.

3 Acrescente a farinha de aveia ao grão-de-bico e misture bem; depois, junte ¼ de xícara (60ml) de água, uma colher por vez, mexendo entre as adições até que a massa se mantenha firme quando moldada.

4 Aqueça uma chapa de waffle em fogo médio-alto e preaqueça o forno a 95°C. Pincele a chapa com um pouco de óleo de coco. Divida a massa de falafel em 10 a 12 porções iguais, modelando delicadamente cada porção para que ela se mantenha firme, especialmente em torno das bordas. Achate uma porção e pressione-a na chapa de waffle quente com a espátula, depois feche a chapa e cozinhe o falafel até ficar dourado e crocante, por algo em torno de 5 a 10 minutos, dependendo da chapa. Transfira o falafel da chapa para uma assadeira rasa forrada com papel-manteiga e guarde-o no forno aquecido até o momento de servir. Repita com as porções restantes, pincelando a chapa com mais óleo de coco, se necessário.

5 Enquanto os waffles estiverem cozinhando, aqueça uma frigideira seca em fogo médio. Acrescente o gergelim e toste-o por 3 a 4 minutos, mexendo sempre, até ele ficar perfumado e começar a pipocar. Retire do fogo.

6 Sirva os waffles de falafel quentes com o Repolho cítrico picante, o Molho de harissa e tahine, sementes de gergelim tostadas, cebola roxa, avocado ou abacate, couve, flocos de pimenta e qualquer outra coisa de que você goste!

REPOLHO CÍTRICO PICANTE
RENDE APROXIMADAMENTE 4 XÍCARAS (300G)

Numa tigela grande, misture o repolho, o sal e o suco de limão. Massageie o repolho por cerca de 1 minuto, até que ele comece a murchar. Regue com o azeite e o xarope de bordo. Tempere com mais sal, se desejar, e acrescente as ervas e a pimenta. Guarde as sobras por até 2 dias na geladeira, em recipiente hermético.

4 xícaras (300g) de repolho roxo finamente picado

½ colher (chá) de sal, e mais, se necessário

1½ colher (chá) de suco de limão espremido na hora

1 colher (sopa) de azeite extravirgem

1 colher (chá) de xarope de bordo puro ou mel cru, e mais, se necessário

1 punhado de salsinha fresca ou coentro fresco picado, incluindo os caules finos, ou ambos

1 pimenta vermelha pequena (sem as sementes) em rodelas (a dedo-de-moça é uma boa opção)

MOLHO DE HARISSA E TAHINE
RENDE CERCA DE 1 XÍCARA (250ML)

Despeje o tahine, o alho, o suco de limão, o azeite, a pasta de harissa, o xarope de bordo e uma pitada de sal no liquidificador. Bata em potência alta até ficar homogêneo e cremoso, adicionando aproximadamente ½ xícara (125ml) de água para diluir o molho a seu gosto. O molho dura até 1 semana na geladeira, em recipiente hermético.

⅓ de xícara (80ml) de tahine

1 dente de alho grande, finamente picado

2 colheres (sopa) de suco de limão espremido na hora

1 colher (sopa) de azeite extravirgem

2 colheres (chá) de pasta de harissa sem glúten (disponível em lojas de produtos árabes)

1 colher (chá) de xarope de bordo puro ou mel cru

sal

ROLINHOS SELVAGENS DE VERÃO

Não importa se você vai receber amigos para o jantar ou se está apenas tentando impressionar a si mesmo. Estes rolinhos de verão frescos e cheios de vida fazem mágica. Embora exijam um pouco de preparação, não são complicados, e uma vez que tudo tenha sido cortado, são rápidos de montar. A receita usa três elementos de base diferentes, que você pode fazer com antecedência ou extrair de outras receitas – a Salsa de rabanete e coentro, o Repolho cítrico picante e o Molho de manteiga de amêndoas –, mas você pode usar qualquer variedade de salada fresca, macarrão, verduras, legumes e molhos. O Molho picante de tahine e gengibre (p.104) fica particularmente bom com os rolinhos. Deixe a imaginação correr solta, e mãos na massa!

SERVE 2 PESSOAS COMO PRATO PRINCIPAL (4 ROLINHOS POR PESSOA)

1 Preaqueça uma frigideira pequena, seca, em fogo médio. Quando ela estiver quente, toste o gergelim, mexendo sempre, por 2 a 3 minutos, até ele ficar perfumado. Retire a panela do fogo e reserve.

2 Encha de água em temperatura ambiente um prato raso um pouco maior que a folha de papel de arroz. Coloque uma folha na água por cerca de 1 minuto, até que ela fique macia e maleável, mas não completamente flácida.

3 Transfira a folha para uma superfície de trabalho limpa e coloque um pouco de vinagrete, repolho, cenoura, avocado, brotos, uma pitada de gergelim e algumas folhas de hortelã no centro, além de um fio de molho (evite a tentação de colocar recheio em excesso).

4 Dobre a metade superior da folha sobre o recheio. Em seguida, dobre dos dois lados. Por fim, dobre a parte inferior para selar. Se o papel de arroz quebrar ou ficar parecendo que a coisa toda vai desmoronar (não se preocupe, às vezes acontece), você pode simplesmente reforçar enrolando-o em outra folha de papel de arroz hidratada. Repita as etapas 2 a 4 para fazer mais 7 rolinhos. Sirva imediatamente regado com o restante do molho.

¼ de xícara (40g) de gergelim cru, sem sal

8 folhas de papel de arroz

Salsa de rabanete e coentro (p.108)

Repolho cítrico picante (p.99)

1 cenoura média cortada em julienne

1 avocado ou ½ abacate pequeno maduros cortados em fatias

1 xícara (50g) de brotos

1 punhado de folhas de hortelã fresca

Molho de manteiga de amêndoas (p.135)

ADIANTO Prepare o dobro da receita de Salsa de rabanete e coentro para usar na Quinoa e feijão-preto com salsa de rabanete e coentro (p.106).

RISOTO SURPRESA DE SEMENTES DE GIRASSOL

2½ xícaras (350g) de sementes de girassol cruas, sem sal e sem casca

2 colheres (sopa) de sal, e mais, se necessário

1 colher (sopa) de óleo de coco ou ghee

2 cebolas médias finamente picadas

5 dentes de alho amassados

2 xícaras (500ml) de caldo de legumes

1 maço (450g) de aspargos, sem a base dura, grosseiramente picados

1 xícara (150g) de ervilha fresca debulhada

PARA SERVIR

azeite extravirgem

1 punhado pequeno de salsinha fresca picada

sal em flocos

fatias de limão

Dizer que esta receita é uma surpresa *total* seria um eufemismo. Risoto sem arroz, feito de sementes de girassol?! Talvez seja a coisa mais louca que eu já cozinhei – com êxito, quero dizer. Sementes de girassol são macias e firmes ao mesmo tempo – bem parecidas com arroz cozido al dente. A receita é incrivelmente simples de fazer, requer apenas alguns ingredientes do dia a dia, fica verdadeiramente deliciosa e satisfaz. As sementes são uma base sobre a qual você pode criar sem se importar com a época do ano, por isso, sinta-se à vontade para prepará-las com qualquer vegetal da estação. Eu escolhi o caminho da primavera, com ervilhas e aspargos, mas ficaria igualmente adorável com cogumelos salteados, raízes assadas ou abóbora.

SERVE 4 PESSOAS

1 Deixe as sementes de girassol de molho numa tigela grande com água filtrada e sal durante um dia inteiro ou de um dia para o outro.

2 Escorra e enxágue as sementes. Despeje 1 xícara (135g) de sementes demolhadas e 1 xícara (250ml) de água no liquidificador e bata em potência alta até a mistura ficar homogênea. Reserve.

3 Numa panela grande, derreta o óleo de coco em fogo médio-alto. Acrescente as cebolas e uma pitada de sal, mexa para cobri-las de óleo e refogue por 5 a 7 minutos, até elas ficarem translúcidas. Adicione o alho e refogue por mais 2 minutos. Junte as sementes de girassol inteiras que sobraram e caldo apenas o suficiente para cobri-las. Reduza para fogo baixo e deixe ferver, com a panela tampada, por 20 a 30 minutos. As sementes estarão prontas quando ficarem al dente, ou seja, macias, mas ainda ligeiramente crocantes. Se parece haver muito líquido na panela, deixe ferver 5 minutos a mais, até que o líquido em excesso evapore.

4 Junte o creme de sementes do liquidificador e reaqueça em fogo baixo. Tempere com sal.

5 Leve uma panela com água e sal para ferver. Acrescente os aspargos, reduza para fogo baixo e cozinhe por cerca de 2 minutos. Depois adicione as ervilhas e cozinhe por mais 2 minutos, tomando cuidado para não cozinhá-las demais. Escorra e lave em água fria.

6 Para servir, coloque cerca de ¼ do risoto em cada prato e disponha os legumes por cima. Regue com azeite, espalhe a salsinha por cima, tempere com sal em flocos e sirva com as fatias de limão.

SALADA FRIA DE MACARRÃO

com rabanetes e ervilhas

MOLHO PICANTE DE TAHINE E GENGIBRE

½ xícara (125ml) de tahine

2 colheres (sopa) de gengibre fresco, sem casca, ralado

2 colheres (sopa) de tamari ou molho de soja sem glúten

2 colheres (chá) de xarope de bordo puro ou mel cru

1 colher (sopa) de suco de limão espremido na hora

SALADA DE MACARRÃO

250g de massa seca integral sem glúten

1 xícara (150g) de ervilha fresca ou congelada

2 cenouras médias cortadas em julienne

1 maço pequeno (200g) de rabanete em rodelas

⅓ de xícara cheia (15g) de coentro fresco picado, para decorar

Sal de gergelim (p.157), para servir

Quando o verão esquenta, abençoada seja a salada fria de macarrão! Eu gosto de fazer uma grande quantidade dela e guardar na geladeira para quando a fome bater, porque a última coisa que eu quero fazer é acender o fogão e ferver água. (Dica: prepare-a pela manhã!) Qualquer vegetal funciona bem aqui, e você pode facilmente adaptar a salada a qualquer época do ano... Ou pode até servir quente.

Embora eu tradicionalmente use macarrão de arroz para esse prato, talvez seja difícil de encontrar macarrão de arroz integral nos supermercados, então, optei pelo macarrão integral. O molho é uma variação do molho de amendoim, com gengibre, limão e xarope de bordo para adoçar. Você pode substituir o tahine por manteiga de amendoim, mas a minha é uma opção mais saudável.

SERVE 4 PESSOAS

1 Prepare o molho: coloque o tahine, o gengibre, o molho de soja, o xarope de bordo, o suco de limão e ½ xícara (125ml) de água no liquidificador e bata em potência alta, até a mistura ficar homogênea e cremosa. Prove e ajuste os temperos, se necessário. Reserve.

2 Prepare a salada de macarrão: leve uma panela com água e sal para ferver. Acrescente o macarrão e cozinhe até pouco antes de ele ficar al dente, de acordo com as instruções da embalagem. Adicione as ervilhas à água fervente, retire do fogo e deixe descansar por 1 minuto. Escorra e lave em água fria.

3 Numa tigela grande, misture a massa e a ervilha com as cenouras e o rabanete. Junte cerca de ¾ do molho e misture bem. Distribua o macarrão entre quatro tigelas e decore com coentro e mais molho, se desejar, e sal de gergelim.

ADIANTO Prepare o dobro da quantidade de Molho picante de tahine e gengibre para fazer os Rolinhos selvagens de verão (p.101).

QUINOA E FEIJÃO-PRETO

com salsa de rabanete e coentro

6 cenouras grandes

2 dentes de alho

1 colher (sopa) de óleo de coco ou ghee, derretidos

2 pitadas mais ¼ de colher (chá) de sal

½ xícara (85g) de quinoa demolhada, se possível

cerca de 1 xícara (250ml) de água

1½ xícara (1 lata de 250g) de feijão-preto cozido, escorrido e lavado

1 colher (sopa) de azeite extravirgem

suco de 1 limão

1 colher (chá) de pimenta-calabresa em flocos

Salsa de rabanete e coentro (receita a seguir)

molho de pimenta, para servir (opcional)

Esta maravilha combina numa só tigela sabores do sudoeste americano com a surpreendente frescura e crocância dos rabanetes banhados em limão e coentro. A salsa pode ser feita com um dia de antecedência, mas deve ser misturada somente na hora de servir. Essa combinação fica deliciosa com abacate esmagado, para fazer um guacamole diferente, ou mesmo acompanhado de homus, num sanduíche de pão árabe ou wrap. Você irá notar que essa salsa aparece várias vezes no livro, pois é fácil de fazer e incrivelmente versátil. A receita é ótima para preparar quando você tem sobras de quinoa e feijão-preto. Sirva com seu molho de pimenta favorito para deixar ainda mais picante!

SERVE 4 PESSOAS

1 Preaqueça o forno a 200°C. Esfregue as cenouras e corte-as na diagonal, em fatias de aproximadamente 1,3cm de espessura. Pique o alho. Coloque as cenouras e o alho na assadeira em uma única camada, regue com o óleo de coco e misture bem. Asse por cerca de 20 minutos, até tudo ficar macio e com pontos queimados. Retire do forno, tempere com as 2 pitadas de sal e reserve.

2 Enquanto as cenouras estiverem assando, cozinhe a quinoa. Lave os grãos e escorra bem. Coloque a quinoa numa panela pequena com a água e ¼ de colher (chá) de sal. Deixe ferver, reduza para fogo baixo e cozinhe por cerca de 20 minutos, com a panela tampada, até que toda a água tenha sido absorvida e os grãos estejam macios.

3 Numa travessa grande, combine a quinoa cozida e o feijão-preto com o azeite e o suco de limão. Misture e tempere com mais sal e pimenta-calabresa. Acrescente as cenouras e o alho.

(continua)

4 Coloque uma porção generosa de Salsa de rabanete e coentro por cima da salada, ou deixe que seus convidados se sirvam. Finalize com mais pimenta-calabresa e molho de pimenta, se desejar.

ADIANTO Cozinhe o dobro da quantidade de feijão-preto para usar na Batata-doce recheada (p.95).

1½ xícara (225g) de rabanetes cortados em cubos pequenos

1½ colher (chá) de cebola roxa ou echalota picada

½ xícara (15g) de coentro fresco picado

2 a 3 colheres (chá) de pimenta vermelha picada (a dedo-de-moça é uma boa opção)

MOLHO

3 colheres (sopa) de suco de limão espremido na hora

3 colheres (sopa) de azeite extravirgem

1 colher (sopa) de xarope de bordo puro

2 pitadas de sal, e mais, se necessário

SALSA DE RABANETE E COENTRO

RENDE CERCA DE 1 XÍCARA (250ML)

1 Numa tigela média, misture os rabanetes, a cebola roxa, o coentro e a pimenta.

2 Prepare o molho: numa tigela pequena, misture o suco de limão, o azeite, o xarope de bordo e o sal. Imediatamente antes de servir, despeje o molho sobre os vegetais, misture e tempere com mais sal a gosto.

SANDUÍCHE DE CURRY DE GRÃO-DE-BICO

Está na hora de defender a maionese. Eu sei o que você está pensando: como uma nutricionista pode defender uma coisa tão pouco saudável?! Mas vamos prestar atenção no que a maionese é de verdade: apenas azeite e ovo, basicamente. Você acha que azeite e ovo não são coisas saudáveis? Se eles forem de alta qualidade, eu certamente não concordo com você! Os benefícios nutricionais e o sabor da maionese dependem cem por cento da qualidade dos ingredientes que você usa, e fazer maionese em casa permite que você tenha controle sobre isso. Use aqui apenas o azeite extravirgem de alta qualidade (para dicas de como comprar azeite de oliva, veja a p.230) e escolha os melhores ovos que encontrar.

Procurando uma forma verdadeiramente incrível para usar a maionese, e inspirada pelos sanduíches de salada de frango da minha juventude, inventei esta versão vegetariana que vai fazer você delirar.

RENDE 8-10 SANDUÍCHES

1 Prepare o molho: numa tigela pequena, misture a maionese, o curry, o suco de limão, o sal e a pimenta. Tempere com mais sal, se necessário.

2 Prepare a salada: no processador de alimentos, bata o grão-de-bico na função "pulsar" para quebrá-los – não bata além da conta, ou vai acabar com um purê de grão-de-bico. Você também pode picá-los à mão.

3 Pique as pecãs e as passas, em seguida corte o aipo e as cebolas em cubinhos.

4 Numa tigela grande, misture o grão-de-bico picado com o molho. Acrescente as pecãs, as passas, o aipo, a cebola e misture. Tempere com sal. Sirva a salada em fatias de pão, com alface e cebola, se desejar.

MOLHO DE CURRY

6 colheres (sopa) (90 ml) de Maionese divina e infalível (receita a seguir)

1 colher (sopa) de curry em pó

1½ colher (chá) de suco de limão espremido na hora

sal e pimenta-do-reino moída na hora

SALADA

3 xícaras (2 latas de 225g) de grão-de-bico cozido, escorrido e lavado

30g de nozes-pecãs cruas

3 colheres (sopa) de uvas-passas

1 talo de aipo

2 cebolinhas

PARA SERVIR

6 a 8 fatias de pão integral (de fermentação natural, se possível)

alface bem fresca ou brotos

cebola roxa ou echalota em rodelas (opcional)

(continua)

MAIONESE DIVINA E INFALÍVEL

RENDE CERCA DE 1 XÍCARA (250 ML)

1 Quebre o ovo dentro de um frasco de boca larga. Acrescente a mostarda, o sal, o suco de limão e o azeite.

2 Cubra o ovo inteiro com a base de um mixer de mão (isso não funciona no liquidificador tradicional) e bata em velocidade média. Quando a mistura engrossar e ficar branca no fundo do frasco, mova lentamente o mixer e espere que o azeite seja incorporado à medida que você vai subindo, até obter a textura de maionese.

3 Use imediatamente; guarde qualquer sobra na geladeira por até 1 mês, num vidro de tampa hermética. A maionese vai engrossar ligeiramente depois de esfriar na geladeira.

1 ovo em temperatura ambiente

1 colher (chá) de mostarda de Dijon

2 pitadas de sal

1 colher (sopa) de suco de limão espremido na hora

¾ de xícara (175ml) de azeite extravirgem

TACOS DE LENTILHA DEFUMADA
com pico-de-gallo

PICO-DE-GALLO

1½ xícara (250g) de tomates-cereja picados

⅓ de xícara (65g) de cebola branca picada

1 colher (chá) de pimenta vermelha picada (a dedo-de-moça é uma boa opção)

2 colheres (sopa) de suco de limão espremido na hora

¼ de xícara (7g) de coentro fresco picado, incluindo os caules finos

sal

RECHEIO

1 xícara (210g) de lentilha verde, deixada de molho por pelo menos 8 horas ou até de um dia para o outro

1 colher (sopa) de óleo de coco

3 cebolas pequenas em rodelas

1 colher (chá) de sal

1 dente de alho grande picado

35g de tomate seco picado

1 colher (chá) de páprica defumada picante (ou chipotle em pó)

1½ colher (chá) de orégano seco

2 colheres (chá) de tamari ou molho de soja sem glúten

PARA SERVIR

6 tortilhas de milho

Repolho cítrico picante (p.99)

1 avocado ou ½ abacate pequeno maduros em fatias

molho de pimenta (opcional)

Há muito tempo eu não comia qualquer tipo de carne, mas dar a primeira mordida nesses tacos saborosos me fez sentir como se eu estivesse comendo carne. Bem, a carne contém grandes quantidades de glutamato, aminoácido responsável pelo umami, o gosto saboroso e agradável que contribui para que nos sintamos satisfeitos. Na tentativa de fazer tacos em que não faltasse nada, eu sabia que tinha de infundir nas lentilhas uma tonelada de sabores de dar água na boca, então usei minhas armas secretas: tomate seco, tamari e cebola caramelizada. O gosto de defumado que muitas vezes associamos à carne vem da adição de páprica defumada – especiaria genial para seu arsenal "sem carne".

RENDE 6 TACOS

1 Prepare o pico-de-gallo: numa tigela pequena, misture o tomate-cereja, a cebola, a pimenta, o suco de limão e o coentro. Tempere com sal e reserve.

2 Prepare o recheio: numa panela, coloque as lentilhas e água suficiente para cobri-las. Deixe ferver, reduza para fogo baixo e cozinhe por 20 minutos, com a panela tampada, até a lentilha ficar macia. Escorra e enxágue bem.

3 Enquanto isso, na frigideira, derreta o óleo de coco em fogo médio-alto. Acrescente as cebolas e o sal, mexa, tampe e refogue por cerca de 10 minutos, até que as cebolas amoleçam e comecem a caramelizar levemente. Acrescente o alho, o tomate seco, a páprica, o orégano e o tamari. Misture, adicionando um pouco de água se a panela secar. Cozinhe por 2 a 3 minutos, até ficar perfumado, e então acrescente as lentilhas e misture bem para espalhar os sabores. Prove, tempere com sal, se necessário, e retire do fogo.

4 Para montar, distribua a mistura de lentilha defumada entre as tortilhas, seguida pelo repolho e pelo pico-de-gallo. Acrescente o avocado e o molho de pimenta, **se desejar**.

ADIANTO Prepare o dobro da receita de pico-de-gallo e use na Quinoa e feijão-preto com salsa de rabanete e coentro (p.106), no lugar da salsa.

CANELONE DE BERINJELA

com meta feta e molho de tomate com alho tostado

2 berinjelas grandes

1 colher (chá) de óleo de coco

½ colher (chá) de sal

MOLHO DE TOMATE COM ALHO TOSTADO

¼ de xícara (60ml) de azeite extravirgem

3 dentes de alho picados

½ a 1 colher (chá) de pimenta-calabresa em flocos

½ colher (chá) de sal

2 latas (400g) de tomates pelati em pedaços

RECHEIO

½ xícara (80g) de azeitonas kalamata

1 punhado generoso de folhas de manjericão fresco

1 xícara (250g) de Meta feta de sementes de girassol (p.76)

sal

ADIANTO Prepare uma quantidade suficiente de meta feta para usar nos Tomates com manjericão e meta feta de sementes de girassol (p.76).

Esta receita de canelone ignora a massa e usa, em vez disso, fatias de berinjela assadas, tornando minha versão mais leve e sem grãos. O recheio é feito a partir de feta de girassol misturado com raspas de limão e azeitonas, por isso ele é vegano e não contém glúten; também é brilhante e satisfaz completamente. A receita de feta de girassol rende mais do que você precisa, mas pode ser usada para muitas coisas, então, prepare uma grande leva e seja criativo!

SERVE 4 PESSOAS

1 Preaqueça o forno a 200°C.

2 Corte as berinjelas no sentido do comprimento, em fatias longas e finas (cerca de 0,5cm de espessura; você deve obter pelo menos 12 fatias). Esfregue as fatias de berinjela com o óleo de coco e polvilhe com sal. Coloque-as numa assadeira rasa forrada com papel-manteiga.

3 Asse as fatias de berinjela por 10 minutos, vire-as e asse-as até ficarem macias e douradas, por mais 5 a 10 minutos. Retire do forno e deixe esfriar um pouco.

4 Enquanto isso, prepare o molho: numa panela média, aqueça o azeite em fogo baixo. Acrescente o alho e deixe refogar ligeiramente por cerca de 1 minuto, até dourar, tomando cuidado para não deixar o azeite soltar fumaça ou o alho queimar. Acrescente os flocos de pimenta, o sal e o tomate; misture bem. Prove e ajuste os temperos, se necessário. Retire do fogo e reserve, com a panela tampada, até que esteja pronto para servir.

5 Prepare o recheio: tire os caroços das azeitonas e pique-as grosseiramente. Rasgue as folhas de manjericão. Misture o meta feta, as azeitonas e o manjericão. Tempere com sal.

6 Coloque cerca de 2 colheres (sopa) do recheio na ponta de uma fatia de berinjela. Enrole-a e coloque-a de volta na assadeira, com a parte da emenda para baixo. Repita o mesmo processo com as outras fatias. Volte com a assadeira ao forno para aquecer, se desejar.

7 Para servir, despeje cerca de ¼ do molho em cada prato. Coloque pelo menos 3 rolos de berinjela em cada um, regue com azeite e polvilhe com mais pimenta-calabresa, se desejar.

RAGU RECONFORTANTE DE GRÃO-DE-BICO E COGUMELO

com sálvia crocante

Ragout é apenas uma palavra francesa chique para "ensopado", então, não há necessidade de se intimidar com esse prato. Na verdade, seus ingredientes são totalmente humildes. Adoro "mergulhar" nessa refeição simples numa noite fria de inverno – vai aquecer você dos pés à cabeça –, e você pode servir com um ovo poché por cima, para um café da manhã adorável. Embora eu ame comer esse ragu com arroz integral, polenta é uma alternativa maravilhosa. Além disso, é importante não lavar os cogumelos – eles absorvem água e seu sabor se dilui. Em vez disso, limpe-os com uma toalha de papel umedecida para remover qualquer sujeira ou detrito.

SERVE 3-4 PESSOAS

1 Numa panela média com a tampa bem ajustada, misture o arroz, a água e ¾ de colher (chá) de sal. Deixe ferver, reduza para fogo baixo e cozinhe por 45 a 50 minutos, com a panela tampada, até que o arroz esteja macio e tenha absorvido a água. Se o arroz ainda não estiver cozido e precisar de mais água, acrescente cerca de ¼ de xícara (60ml) de água e continue a cozinhar.

2 Enquanto isso, pique as cebolas e o alho. Derreta 1 colher (sopa) de óleo de coco numa panela grande em fogo médio. Acrescente as cebolas e a colher (chá) de sal restante, misture e refogue por 10 minutos, até que a cebola amoleça e comece a caramelizar levemente (acrescente um pouco de caldo se a panela ficar muito seca). Acrescente o alho, a sálvia picada, o alecrim, o tomilho e os cogumelos. Aumente o fogo e cozinhe por cerca de 10 minutos, mexendo de vez em quando, até que os cogumelos tenham liberado o líquido e amolecido. Acrescente o caldo restante, o leite, o vinagre, a pimenta-do-reino e o grão-de-bico. Abaixe o fogo e cozinhe até que o líquido tenha se reduzido e engrossado levemente.

1 xícara (200g) de arroz integral

2 xícaras (500ml) de água

1¾ de colher (chá) de sal, e mais, para finalizar

3 cebolas médias

3 dentes de alho

2 colheres (sopa) de óleo de coco ou ghee

½ xícara (125ml) de caldo de legumes

⅓ de xícara (10g) de folhas de sálvia frescas, grosseiramente picadas, mais 16 folhas para fritar

1½ colher (chá) de alecrim seco

1½ colher (chá) de tomilho seco

400g de cogumelos Paris cortados em quatro

½ xícara (125ml) de leite vegetal à sua escolha

1 colher (sopa) de vinagre balsâmico

1 colher (chá) de pimenta-do-reino preta moída na hora

1½ xícara (1 lata de 225g) de grão-de-bico cozido, escorrido e lavado

1½ colher (chá) de suco de limão espremido na hora

2 xícaras cheias (50g) de folhas de espinafre

(continua)

3 Numa frigideira pequena, derreta a colher (sopa) restante de óleo de coco em fogo médio-alto. Quando estiver quente, acrescente de 6 a 8 folhas inteiras de sálvia por vez e frite-as por 10 a 15 segundos. Usando um garfo, transfira as folhas para um papel-toalha e polvilhe imediatamente com sal. Repita com as outras folhas.

4 Retire o ensopado do fogo, misture o suco de limão e as folhas de espinafre antes de servir por cima do arroz. Finalize cada prato com 4 folhas de sálvia crocantes por cima.

ADIANTO Cozinhe o dobro da quantidade de arroz integral para transformar a Couve, cogumelos e nozes com pecorino (p.158) numa refeição completa.

PIZZA DE PORTOBELLO

Embora eu não esteja emocionalmente preparada para viver num mundo sem a pizza tradicional, essa é uma ótima alternativa, se você procura consumir mais produtos vegetais em lugar de grãos ou amido. Os cogumelos marinados criam uma base cheia de sabor para cebolas caramelizadas, espinafre com alho e tomates com alcaparras. Embora haja uma montanha de queijo generosa em cima disso tudo, esses ingredientes ficam deliciosos sozinhos, se você quiser um prato vegano. Apesar de a receita indicar um cogumelo por pessoa, se você tiver apetite de fato (ou for tão guloso quanto eu), vai querer mais!

RENDE 6 PIZZAS

1 Com o pano de prato limpo e umedecido, limpe bem os chapéus dos cogumelos, removendo cuidadosamente qualquer sujeira. Tire os cabos, pique e reserve.

2 Num saco plástico com fecho grande, misture o vinagre, o tomilho, o orégano, o alecrim, 3 dos dentes de alho picados e ½ colher (chá) de sal. Chacoalhe tudo para misturar. Coloque os cogumelos no saco, feche, enrole o conteúdo para cobri-lo de marinada e deixe na geladeira no mínimo por 30 minutos, ou até 3 horas. Se lembrar, pegue o saco plástico de vez em quando e agite-o para garantir que os cogumelos estejam bem marinados.

3 Numa frigideira grande, derreta o óleo de coco em fogo médio-alto. Acrescente as cebolas, os cabos de cogumelo picados, a outra ½ colher (chá) de sal e misture bem. Refogue, mexendo sempre, por cerca de 20 minutos, até que as cebolas amoleçam e estejam totalmente caramelizadas. Adicione um pouco de água à panela se ela ficar seca.

6 cogumelos portobello grandes

¼ de xícara (60ml) de vinagre balsâmico

1½ colher (chá) de tomilho seco

1½ colher (chá) de orégano seco

1½ colher (chá) de alecrim seco

4 dentes de alho picados

1 colher (chá) de sal

1 colher (sopa) de óleo de coco ou ghee

3 cebolas médias em rodelas

4 xícaras cheias (100g) de folhas de espinafre baby

225g de tomate

⅓ de xícara (50g) de alcaparras lavadas

pimenta-do-reino preta moída na hora

pecorino romano, para finalizar (opcional; parmesão também serve)

1 punhado de folhas de manjericão fresco para decorar (opcional)

(continua)

4 Transfira as cebolas caramelizadas para uma tigela. Sem limpar a panela, ponha nela o dente de alho picado restante, o espinafre e um pouco de água. Aumente o fogo para alto e deixe o espinafre murchar, mexendo sempre, por 1 a 2 minutos, até que ele fique verde-escuro e macio, tomando cuidado para não cozinhar demais.

5 Pique os tomates e misture-os com as alcaparras e a pimenta-do-reino numa tigela pequena.

6 Preaqueça o forno a 200°C. Monte os chapéus de cogumelos colocando-os de cabeça para baixo numa assadeira rasa forrada de papel-manteiga. Ponha cerca de ⅙ das cebolas caramelizadas sobre cada cogumelo. Cubra-os com um pouco de espinafre refogado, seguido pela mistura de tomate e alcaparra. Você pode adicionar um pouco de queijo ralado nesse ponto, se quiser, ou esperar até que as pizzas saiam do forno.

7 Asse por 15 a 20 minutos, até que os cogumelos estejam aquecidos por inteiro. Rale o queijo por cima e decore com o manjericão, se desejar. Sirva quente.

RISOTO DE FORNO DE ABÓBORA E SÁLVIA

2 colheres (sopa) de ghee ou óleo de coco (de preferência ghee)

2 cebolas médias finamente picadas

1 colher (chá) de sal

5 a 7 xícaras (1,2 a 1,7 litro) de caldo de legumes

4 dentes de alho

15 folhas de sálvia fresca em tiras

1kg de abóbora descascada e cortada em cubos de 1,3cm

2½ xícaras (500g) de arroz integral de grão curto, deixado de molho de um dia para o outro, se possível

casca de pecorino romano

azeite extravirgem, para servir

pecorino romano ou parmesão ralados na hora, para servir (opcional)

ADIANTO Guarde um pouco de sálvia para o Ragu reconfortante de grão-de-bico e cogumelo com sálvia crocante (p.117).

Risoto é um prato que intimida muita gente, mas acho que isso vem da mera noção de compromisso: ter de ficar ao lado do fogão por algum tempo, mexendo constantemente, adicionar caldo no momento certo e ter certeza de que o arroz não está nem cozido demais nem de menos, mas perfeitamente al dente. Esse método de forno elimina praticamente tudo isso.

O arroz integral de grão curto é o melhor para usar aqui, porque tem mais amido que o arroz integral de grão longo, o que ajuda a criar uma consistência cremosa. A incrível profundidade de sabor vem do uso de uma casca de queijo. Eu sempre guardo as cascas no congelador até que uma ocasião como essa apareça. Você não vai acreditar como ele se espalha todo no prato, o que significa que você precisa adicionar muito pouco queijo no final para alcançar o profundo sabor umami que todos nós desejamos.

SERVE 4-6 PESSOAS

1 Preaqueça o forno a 220°C.

2 Numa panela grande e refratária com tampa, derreta o ghee em fogo médio. Acrescente o sal e a cebola e refogue por cerca de 10 minutos, até ela ficar translúcida e ligeiramente caramelizada, adicionando um pouco de caldo se a panela ficar muito seca. Acrescente o alho e a sálvia e refogue por cerca de 2 minutos, até a mistura ficar perfumada.

3 Acrescente a abóbora, o arroz, 5 xícaras (1,2 litro) de caldo e a casca de queijo à panela. Mexa bem, tampe a panela e leve para assar por 20 minutos. Retire do forno, mexa uma vez e verifique o nível de líquido. Se você achar que não há caldo suficiente, acrescente 1 xícara (250ml) ou mais, tampe a panela e coloque-a de volta no forno, verificando a cada 15 minutos ou mais, até que o arroz esteja macio. Ele deve cozinhar cerca de 60 minutos, se o arroz tiver sido demolhado, e até 90 minutos, se você começar com o arroz seco.

4 Sirva quente com um fio de azeite e mais pecorino romano ralado por cima, se desejar.

ADIANTO Prepare o dobro de pesto para servir como uma deliciosa pasta numa festa, ou para passar em sanduíches e biscoitos.

MASSA COM
PESTO ROSA VIBRANTE

Comida vibrante é comida saudável! Alta pigmentação sinaliza nutrientes poderosos, e há algo muito atraente no rico tom magenta desta massa. O pesto usa beterraba assada para obter seu pigmento rosa brilhante e tinge de forma elaborada a massa que toca, criando um visual único e totalmente inesperado. Escolha macarrão integral para a receita, e não se preocupe se ele é naturalmente escuro; o pesto sem dúvida brilhará por cima dele – é uma coisa poderosa! O queijo de cabra é uma finalização opcional, mas acrescenta uma textura cremosa e um contraponto salgado ao doce terroso do pesto. Se você não tiver salsinha à mão, manjericão e hortelã também ficam deliciosos.

SERVE 4-6 PESSOAS

1 Preaqueça o forno a 200°C. Embrulhe as beterrabas em papel-alumínio e asse-as até ficarem macias, por 40 a 60 minutos. Retire as beterrabas do forno, desembrulhe-as e deixe esfriar um pouco antes de tirar a casca.

2 Enquanto as beterrabas estiverem assando, aqueça uma frigideira grande em fogo médio. Acrescente as sementes de abóbora e toste-as ligeiramente por 3 a 5 minutos, mexendo ocasionalmente, até elas ficarem perfumadas. Retire do fogo e reserve.

3 No processador de alimentos, bata o alho na função "pulsar" para picá-lo. Corte as beterrabas e acrescente-as ao processador, junto com as sementes de abóbora, o suco de limão, o azeite e o sal, e bata até tudo ficar relativamente macio. Prove e acrescente mais sal e suco de limão, se necessário.

4 Encha uma panela grande de água e leve para ferver. Acrescente o sal e o macarrão e cozinhe até ele ficar al dente, de acordo com as instruções da embalagem. Escorra, coloque o macarrão de volta na panela e regue com azeite. Misture o pesto.

5 Para servir, distribua a massa cozida entre os pratos, coloque o queijo por cima, depois a salsinha, e tempere com sal. Finalize com mais azeite, se desejar.

PESTO

450g de beterraba

⅓ de xícara (50g) de sementes de abóbora cruas, sem sal

2 dentes de alho

1½ colher (chá) de suco de limão espremido na hora, e mais, se necessário

3 colheres (sopa) de azeite extravirgem

½ colher (chá) de sal, e mais, se necessário

MASSA

sal

600g de massa integral seca de sua escolha, de preferência espaguete ou linguine

azeite extravirgem, para finalizar

200g de queijo de cabra macio

salsinha fresca, para decorar

KICHADI REVIGORANTE DE UMA PANELA SÓ

3 cebolas médias

2 cenouras médias

1 tomate grande

½ xícara (110g) de feijão-mungo ou lentilha marrom, demolhados, se possível

1 colher (sopa) de óleo de coco ou ghee

1½ colher (chá) de sementes de cominho

1½ colher (chá) de sementes de mostarda

1½ colher (chá) de sementes de coentro

½ colher (chá) de cúrcuma em pó

1 pau de canela

1 colher (chá) sal

2 colheres (sopa) de gengibre fresco, sem casca, ralado

150g de vagem francesa fresca ou congelada

1 xícara (200g) de arroz integral demolhado, se possível

1 xícara (150g) de ervilhas frescas ou congeladas

2 punhados de coentro fresco finamente picado, para servir

ADIANTO No dia seguinte, transforme qualquer sobra desse ensopado num saboroso café da manhã, acrescentando a ele um ovo poché e verduras refogadas.

Kichadi, às vezes chamado khichdi, kitchari, kitcheree ou khichri, é o famoso prato indiano de uma panela só que combina arroz e lentilhas ou leguminosas de cozimento rápido, como feijão-mungo. É conhecido na tradição aiurvédica como uma refeição proteica completa; também é fácil de digerir e muito rápido de fazer!

Pela simplicidade e facilidade, muitas pessoas acham que fazer um detox com kichadi é muito agradável e bem menos árduo que a dieta à base de sucos, por exemplo. Diz-se que comer esse prato exclusivamente por três a cinco dias purifica os órgãos digestivos ao mesmo tempo que limpa as toxinas do corpo. Eu gosto de prepará-lo nos meses de inverno, quando o tempo está frio e eu preciso de uma comida quente, reconfortante, e o suco está fora de questão.

Deixar o arroz e as lentilhas de molho juntos durante a noite é bem importante para melhorar a qualidade digestiva do kichadi, mas se você está com o tempo curto, pode pular essa etapa.

SERVE 6-8 PESSOAS

1 Prepare os vegetais: pique as cebolas e corte as cenouras e o tomate. Reserve em recipientes separados. Escorra e enxágue o feijão-mungo.

2 Numa panela grande, derreta o óleo de coco em fogo médio. Acrescente as sementes de cominho e a mostarda e refogue até as sementes de mostarda começarem a pipocar. Junte o coentro, o açafrão, o pau de canela e o sal, depois acrescente o gengibre e o tomate. Cozinhe por cerca de 2 minutos, até tudo ficar perfumado.

3 Acrescente a cebola, a cenoura, a vagem, o arroz, o feijão-mungo, as ervilhas e 4 xícaras (1 litro) de água. Deixe ferver, reduza para fogo baixo e cozinhe por cerca de 45 minutos, com a panela tampada, até que o arroz e o feijão estejam macios. Acrescente mais água se a panela ficar seca durante o cozimento, ou para obter uma consistência semelhante à do ensopado.

4 Tempere com sal e sirva com o coentro.

CAÇAROLA DE BATATA-DOCE, COUVE-FLOR E LEITE DE COCO

Talvez elas sejam um pouco retrô, mas as caçarolas são inegavelmente reconfortantes. Esta apresenta uma combinação única de batata-doce, couve-flor e leite de coco mergulhados em especiarias aconchegantes e uma cobertura substanciosa de amêndoas crocantes. Para variar um pouco, experimente uma mistura diferente de temperos, ou use ervas secas, como alecrim e tomilho. Sirva acompanhada de salada verde para obter nutrientes extras e complementar a natureza aconchegante e reconfortante da caçarola.

SERVE 6 PESSOAS

1 Preaqueça o forno a 200°C. Numa tigela pequena, misture o leite de coco, o molho de soja, as especiarias e algumas pitadas de sal.

2 Prepare a cobertura: no processador de alimentos, bata as amêndoas, as sementes de girassol, a aveia, ½ colher (chá) de sal e a pimenta-do-reino usando a função "pulsar", até que elas se esfarelem. Acrescente o óleo de coco e 2 colheres (sopa) da mistura de leite de coco e use a função "pulsar" de novo, até obter uma mistura firme.

3 Corte a batata-doce e a couve-flor em fatias de 8mm de espessura. Alternando entre batata-doce e couve-flor, distribua as fatias horizontalmente numa assadeira de 23x33cm e tempere com mais sal. Ponha os pedaços restantes de couve-flor nos espaços entre as fatias.

4 Despeje a mistura de leite de coco sobre os vegetais. Espalhe a cobertura de amêndoas por cima, apertando alguns pedaços juntos aqui e ali para criar alguns torrões. Cubra a assadeira com papel-alumínio, certificando-se de fechar bem nas laterais.

5 Asse por 30 a 35 minutos, até que os vegetais estejam macios, mas não moles, depois retire o papel-alumínio e continue a assar por mais 10 minutos, até eles ficarem dourados. Decore com a salsinha fresca, se desejar. Sirva quente.

---

2 garrafas (400ml) de leite de coco integral

1 colher (sopa) de tamari ou molho de soja sem glúten

¼ de colher (chá) de cada: cravo-da-índia em pó, cardamomo em pó e noz-moscada ralada na hora

½ colher (chá) de sal, e mais, se necessário

½ xícara (75g) de amêndoas cruas, sem sal

½ xícara (80g) de sementes de girassol cruas, sem sal e sem casca

1 xícara (100g) de aveia em flocos sem glúten

1 colher (chá) de pimenta-do-reino preta moída na hora

2 colheres (sopa) de óleo de coco

500g de batata-doce (1 batata grande) descascada

1 couve-flor

1 punhado de folhas de salsinha ou coentro frescos, para decorar (opcional)

GALETTE DE ALHO-PORÓ E COGUMELO

MASSA

2 xícaras (300g) de farinha de trigo integral

½ xícara (50g) de aveia em flocos

¼ de colher (chá) de sal

cerca de ½ xícara (115ml) de óleo de coco gelado

¾ de xícara (185ml) de água gelada

RECHEIO

1 colher (sopa) de ghee ou óleo de coco

4 xícaras (350g) de alho-poró, apenas as partes branca e verde-clara, picado

1 colher (chá) de sal

3 dentes de alho picados

1 colher (sopa) de tomilho seco

1 colher (chá) de pimenta-do-reino preta moída na hora

3 cogumelos portobello grandes, em fatias

2 xícaras cheias (50g) de folhas de espinafre baby

1 colher (sopa) de suco de limão espremido na hora

100g de queijo feta (de preferência de leite de cabra ou ovelha)

folhas de salsinha fresca, para decorar (opcional)

Se a confeitaria intimida você, eis aqui a galette. Fácil de fazer e difícil de errar, qualquer um pode aprender com maestria esta torta infalível. Embora normalmente se pense nela como sobremesa, a receita é deliciosamente salgada e torna o prato principal muito mais impressionante que o esforço gasto nele. O recheio é uma combinação rica de alho-poró cremoso e cogumelos, com uma bela dose de espinafre, que se funde à mistura de forma elaborada, mas não se sobrepõe. A massa é farta e substanciosa, com bordas crocantes que complementam o recheio. Se você preferir uma versão vegana, simplesmente deixe o queijo feta de fora e use óleo de coco em vez de ghee.

SERVE 4-6 PESSOAS

1 Prepare a massa: coloque a farinha, a aveia e o sal numa tigela grande e misture para juntar. Corte o óleo de coco gelado em pedaços e acrescente-o à tigela. Use um cortador de massa ou um garfo para incorporar o óleo à farinha, até que a mistura fique com textura arenosa. Adicione cerca de 5 colheres (sopa) de água gelada e continue a misturar os ingredientes, até que uma pequena quantidade se mantenha unida quando a espremer. Talvez você precise adicionar mais água, até ¾ de xícara (185ml). Não trabalhe demais a massa nem acrescente muita água, ou a massa ficará dura e pegajosa.

2 Forme uma bola com a massa dentro da própria tigela e então a transfira para um pedaço de filme plástico. Enrole a bola de massa no filme e abra-a em forma de disco. Leve a massa à geladeira para esfriar pelo menos por 1 hora e por até 2 dias.

(continua)

3 Faça o recheio: numa frigideira grande, derreta o ghee em fogo médio-alto. Acrescente o alho-poró e o sal, mexa para espalhar o óleo e refogue por cerca de 10 minutos, até o alho-poró amolecer e ficar ligeiramente caramelizado. Acrescente o alho, o tomilho, a pimenta-do-reino e os cogumelos, misture e cozinhe por 5 a 7 minutos, até os cogumelos amolecerem. Retire do fogo, acrescente o espinafre e o suco de limão e misture até o espinafre murchar.

4 Preaqueça o forno a 200°C.

5 Retire a massa do filme plástico. Coloque-a entre dois pedaços grandes de papel-manteiga e abra-a num disco de 36cm. Retire a folha superior do papel.

6 Acrescente o recheio ao disco de massa e espalhe-o uniformemente, deixando um espaço de 5cm nas bordas. Esfarele o queijo feta por cima e dobre cerca de 4cm da borda da crosta sobre o recheio ao redor. Deslize o papel-manteiga com a galette para uma assadeira rasa e asse por 35 a 40 minutos, até que a massa esteja dourada e cozida.

7 Corte a galette em fatias, espalhe a salsinha por cima, se desejar, e sirva quente ou à temperatura ambiente.

ADIANTO Faça o dobro da receita de massa, congele a metade e prepare a galette na próxima estação usando ingredientes completamente diferentes. Ela fica adorável recheada com um mix de vegetais assados, como abóbora, beterraba e batata-doce.

BERINJELA E COGUMELOS GRELHADOS

com macarrão e manteiga de amêndoas

Uma grande tigela de macarrão coberta de molho delicioso e cheia de legumes coloridos é algo indiscutivelmente reconfortante. É o tipo de coisa que eu sinto vontade de comer em qualquer época do ano. Eu gosto bastante de grelhar a berinjela e os cogumelos, mas você pode também assá-los, caso não esteja a fim de acender a churrasqueira ou não tenha uma frigideira de grelhar. Se você estiver se sentindo animado, faça uma receita de Picles de cenoura e gengibre (p.87) para acompanhar; a textura crocante e suave e a acidez brilhante complementam perfeitamente o prato.

SERVE 4 PESSOAS

2 berinjelas médias

4 cogumelos portobello sem os cabos

¼ de xícara (35g) de gergelim cru, sem sal

250g de macarrão de arroz seco (de preferência de arroz integral)

Molho de manteiga de amêndoas (receita a seguir)

Picles de cenoura e gengibre (opcional, mas delicioso; p.87)

¼ de xícara cheia (10g) de coentro fresco picado

1 Preaqueça a grelha em fogo alto. Corte as berinjelas em rodelas de 1,2cm e os cogumelos em fatias de 0,5cm. Coloque-os na grelha e deixe por cerca de 5 minutos, até ficarem macios e marcados na parte inferior. Vire e grelhe do outro lado por 3 a 4 minutos, até que os legumes estejam mais macios e um pouco carbonizados.

2 Preaqueça uma pequena frigideira seca em fogo médio. Quando estiver quente, toste o gergelim, mexendo sempre, por 2 a 3 minutos, até ele ficar perfumado. Tire a frigideira do fogo imediatamente e reserve.

3 Encha uma panela média de água e leve para ferver. Acrescente o macarrão de arroz e cozinhe até ficar macio, de acordo com as instruções da embalagem. Escorra e reserve.

4 Para servir, coloque cerca de ¼ do macarrão em cada prato. Despeje os legumes grelhados por cima e o Molho de manteiga de amêndoas. Decore com o Picles de cenoura e gengibre, se desejar, coentro e gergelim.

(continua)

MOLHO DE MANTEIGA DE AMÊNDOAS

RENDE CERCA DE 1 XÍCARA (250ML)

No liquidificador, misture a manteiga de amêndoas, o alho, o molho de soja, o xarope de bordo, o gengibre, o suco de limão, a pimenta e a água e bata até a mistura ficar homogênea e cremosa. Prove e tempere com sal, se necessário.

ADIANTO Faça uma quantidade extra de Molho de manteiga de amêndoas e use para fazer os Rolinhos selvagens de verão (p.101).

½ xícara (125ml) de manteiga de amêndoas

2 dentes de alho pequenos

2 colheres (sopa) de tamari ou molho de soja sem glúten

1 colher (sopa) de xarope de bordo puro

½ colher (chá) de gengibre fresco, sem casca, ralado

6 colheres (sopa) de suco de limão espremido na hora (aproximadamente 2 limões)

1 pimenta vermelha pequena, sem o cabo e as sementes (a dedo-de-moça é uma boa opção)

½ xícara (125ml) de água

sal

ENSOPADO DE FEIJÃO-BRANCO COM GENGIBRE

1 colher (sopa) de óleo de coco ou ghee

2½ xícaras (250g) de alho-poró, apenas as partes branca e verde-clara, picado (cebola também serve)

sal

2 colheres (chá) de cúrcuma em pó

1 pitada de pimenta-caiena

3 folhas de louro

5 dentes de alho em fatias

1½ colher (chá) de gengibre fresco, sem casca, ralado

4 cenouras médias escovadas

1 lata de 400g de tomates pelati inteiros

2½ xícaras (625ml) de caldo de legumes

3 rodelas de limão

1½ colher (chá) de xarope de bordo puro

1½ xícara (1 lata de 225g) de feijão-branco cozido (qualquer variedade serve), escorrido e lavado

2 xícaras cheias (50g) de folhas de espinafre baby

azeite extravirgem, para servir

pimenta-do-reino preta moída na hora, para servir

Os grãos de feijão-branco são deliciosamente cremosos e derretem na boca. Em vez de batê-los para fazer uma pasta (o que seria um desperdício!), prefiro apreciá-los em sopas, ensopados e saladas, quando posso realmente tirar o máximo proveito do seu tamanho impressionante e da textura única. Nesta receita simples e nutritiva, o feijão-branco se junta a tomates e cenouras cozidos e ao calor do gengibre, da cúrcuma e da pimenta-caiena, com um toque de limão para dar brilho. Em vez de cozinhar o espinafre, acrescente-o imediatamente antes de servir para que ele apenas murche, mantendo muitos dos seus delicados nutrientes. Faça o dobro da receita e congele as sobras para ter uma refeição perfeita naquele dia em que você estiver tentado a pedir comida em casa!

SERVE 3-4 PESSOAS

1 Numa panela grande, derreta o óleo de coco em fogo médio. Junte o alho-poró e algumas pitadas de sal, cúrcuma, pimenta-caiena e as folhas de louro. Refogue por cerca de 5 minutos, até que o alho-poró tenha amolecido, depois acrescente o alho e o gengibre. Se a panela ficar seca, adicione um pouco de líquido do tomate enlatado.

2 Corte as cenouras em quatro no sentido do comprimento e depois cada tira ao meio, para obter bastões. Acrescente as cenouras, o tomate com o suco, o caldo de legumes, as rodelas de limão e o xarope de bordo. Deixe ferver, reduza para fogo baixo e cozinhe por 15 a 20 minutos, até que as cenouras estejam macias, mas não moles.

3 Adicione o feijão-branco cozido à panela, mexa e deixe aquecer por 3 a 4 minutos. Retire do fogo e acrescente o espinafre – ele murcha com o calor residual. Sirva com um fio de azeite e alguns giros do moedor de pimenta.

ADIANTO Deixe este ensopado ainda mais substancioso servindo-o por cima do Cuscuz falso com tangerina (p.175).

CHILI DE BROTO DE LENTILHA

1 colher (sopa) de óleo de coco ou ghee

2 cebolas médias picadas

1 alho-poró médio, apenas as partes branca e verde-clara, finamente picado

1 colher (chá) de sal, e mais, se necessário

5 dentes de alho picados

1½ colher (chá) de cominho em pó

1½ colher (chá) de coentro em pó

1 colher (chá) de canela em pó

½ colher (chá) de chipotle em pó

1 pimenta vermelha pequena (sem o cabo e as sementes), em rodelas (a dedo-de-moça é uma boa opção)

50g de tomate seco (cerca de 8) grosseiramente picado

1 pimentão vermelho médio (sem o cabo, as sementes e os veios) picado

500g de batata-doce e/ou cenoura em cubos

1 lata (400g) de tomates pelati em cubos

2½ xícaras (625ml) de caldo de legumes

2 xícaras (170g) de broto de lentilha (ver Brotos básicos, p.23)

Eis aqui uma divertida versão do clássico chili – usando broto de lentilha em vez de feijão. O resultado é um chili muito mais leve, que deixa você satisfeito, mas sem se sentir farto. A lentilha germinada auxilia na digestão e proporciona uma dose enorme de proteínas, fibras e minerais. Lembre-se de que os brotos demoram cerca de três dias para crescer, por isso, organize-se para começar o preparo com bastante antecedência! Se você nunca produziu seus próprios brotos antes, confira as instruções simples na p.23. Se você está correndo contra o tempo, pode também comprar brotos no mercado. A cobertura do chili também fica deliciosa com torradas ou biscoitos, em wraps, ou num simples rolinho de verduras para fazer uma salada instantânea.

SERVE 4 PESSOAS

1 Numa panela grande, derreta o óleo de coco em fogo médio. Acrescente a cebola, o alho-poró, o sal e misture bem. Refogue por cerca de 10 minutos, até que a cebola amoleça e comece a caramelizar levemente. Adicione o alho e as especiarias e refogue por cerca de 2 minutos, até elas ficarem perfumadas.

2 Acrescente a pimenta, o tomate seco, o pimentão e a batata-doce e cozinhe por mais 5 minutos, adicionando um pouco de caldo à panela se ela ficar seca.

3 Junte o tomate em conserva com seus sucos, juntamente com o caldo de legumes. Deixe ferver, reduza para fogo baixo e cozinhe por 15 a 20 minutos, até que a batata-doce esteja macia. Retire do fogo e mantenha quente.

4 Enquanto isso, prepare a cobertura: numa tigela pequena, misture 1 xícara do broto de lentilha, o suco de limão, o sal, o azeite, o abacate e o coentro.

5 Acrescente as 2 xícaras de broto de lentilha ao chili. Tempere com sal. Sirva em tigelas, com uma colherada da cobertura e um fio de azeite.

COBERTURA

1 xícara (85g) de broto de lentilha (ver Brotos básicos, p.23)

suco de ½ limão

1 pitada de sal

1 colher (sopa) de azeite extravirgem, e mais, para servir

½ abacate pequeno ou 1 avocado maduro em cubos

1 punhado pequeno de coentro fresco grosseiramente picado

POLENTA

com tiras de beterraba e pesto de rúcula

Se você deseja servir algo impressionante e digno de um restaurante para seus convidados, este prato sem dúvida dá conta do recado. Uma polenta cremosa, um rico pesto de rúcula e beterrabas doces e terrosas se combinam para criar uma refeição harmoniosa, para não dizer linda. Ao simplesmente cortar as beterrabas assadas em tiras finas e enrolá-las, você vai obter uma apresentação tão espetacular que parece que você frequentou uma escola de culinária.

Há três elementos neste prato, mas tanto a beterraba assada quanto o pesto podem ser preparados com até três dias de antecedência, então, tudo o que você precisa fazer na hora de servir é cozinhar a polenta, tornando a receita viável para as noites de semana em que quiser oferecer algo especial.

SERVE 4 PESSOAS

1 Preaqueça o forno a 200°C. Embrulhe as beterrabas em papel-alumínio e coloque-as na assadeira. Asse por cerca de 45 minutos. As beterrabas estão prontas quando você inserir uma faca afiada com facilidade no centro. Retire-as do forno, abra um pouco o papel-alumínio e deixe esfriar. Quando as beterrabas estiverem frias, tire a casca.

2 Enquanto as beterrabas estiverem assando, prepare a polenta. Numa panela grande, aqueça o caldo de legumes e polvilhe com uma boa pitada de sal, até que comece a ferver. Despeje a polenta devagar, num fluxo constante, mexendo o tempo todo para não empelotar. Mexa constantemente por alguns minutos, reduza para fogo baixo e tampe a panela. Mexa a cada 5 minutos, num total de 30 a 45 minutos, mais ou menos, até que a polenta esteja cremosa e sem grumos. Se a polenta ficar muito grossa, acrescente um pouco de água quente ou caldo de legumes.

3 Enquanto a polenta estiver cozinhando, prepare o pesto: reduza a temperatura do forno para 180°C.

2 beterrabas médias

4 a 6 xícaras (1 a 1,5 litro) de caldo de legumes ou água com sal

sal

1 xícara (160g) de farinha de milho para polenta

PESTO DE RÚCULA

½ xícara (50g) de nozes cruas, sem sal

1 dente de alho pequeno

2 xícaras cheias (50g) de rúcula

30g de pecorino romano ralado na hora (cerca de 6 colheres [sopa]; parmesão também serve)

1 colher (sopa) de suco de limão espremido na hora

2 colheres (sopa) de azeite extravirgem

sal

100g de queijo feta (de preferência de leite de cabra ou ovelha)

1 colher (sopa) de azeite extravirgem, para servir

sal em flocos e pimenta-do-reino preta moída na hora, para servir

(continua)

4 Coloque as nozes na assadeira e deixe-as no forno por 7 a 10 minutos, tomando cuidado para não queimar. Retire do forno e deixe esfriar um pouco.

5 No processador de alimentos, bata o alho na função "pulsar" até que esteja picado. Acrescente as nozes e use a função "pulsar" para triturá-las. Acrescente a rúcula, o pecorino, o suco de limão e o azeite, e bata até tudo ficar homogêneo. Tempere com sal. (O pesto dura na geladeira até 3 dias em recipiente hermético.)

6 Coloque as beterrabas descascadas na tábua e tire as pontas. Com o descascador de legumes, corte as beterrabas em tiras. Reserve.

7 Para montar, coloque cerca de ¼ da polenta em cada prato e cubra com a quantidade desejada de pesto. Enrole as fitas de beterraba e coloque-as sobre o pesto e a polenta. Espalhe mais tiras de beterraba sobre e em torno dos rolos até que a maior parte da polenta esteja coberta. Esfarele o queijo feta por cima, regue com azeite e tempere com sal e pimenta.

ADIANTO Espalhe a sobra de pesto numa torrada de pão integral e sirva com um ovo poché por cima.

ABÓBORA FESTIVA RECHEADA
com triguilho, feta e figo

Esta é uma receita festiva: um prato para reunir amigos e parentes, um prato que marca uma ocasião. Sirva a abóbora recheada durante a temporada de festas de fim de ano para oferecer como uma peça central impressionante, que vai mostrar a todos ao redor da mesa o quanto você é atencioso. Há um pouco de tudo acontecendo nesse prato, e é por isso que ele é tão delicioso. O doce da abóbora assada, a textura do triguilho, o cítrico da couve kale, o salgado do feta, o crocante das sementes de abóbora, a firmeza dos figos secos e a pungência da cebola – um dilúvio de sabores e texturas! Se você não encontrar trigo grosso, use arroz integral ou cuscuz de trigo integral. Eu gosto de massagear a couve por alguns minutos antes de acrescentá-la aos demais ingredientes. Essa etapa é opcional, mas é um truque simples e bacana, que rende uma verdura muito mais doce e tenra!

1 xícara (175g) de triguilho

½ colher (chá) de sal, e mais, se necessário

1 dente de alho finamente picado

1 colher (sopa) de azeite extravirgem, e mais para massagear a couve kale

1 colher (sopa) de suco de limão espremido na hora

1 abóbora-moranga pequena (cerca de 1,5kg)

óleo de coco ou ghee, para untar a abóbora

SERVE 4 PESSOAS

1 Lave bem o triguilho e coloque-o em uma panela com sal e 2 xícaras (500ml) de água. Deixe ferver, reduza para fogo baixo e cozinhe, com a panela tampada, por 25 a 35 minutos, até que os grãos estejam macios, mas ainda um pouco al dente. Misture imediatamente o alho, o azeite e o suco de limão, enquanto o triguilho ainda estiver quente, e tempere com mais sal, se desejar. Retire do fogo e volte a tampar para que os grãos continuem aquecidos.

2 Enquanto o triguilho estiver cozinhando, asse a abóbora. Preaqueça o forno a 200°C. Lave bem a parte externa da abóbora – você vai comer a polpa e também a casca. Corte ao redor do caule, incluindo boa quantidade de polpa; esta será sua "tampa". Retire as sementes. Esfregue o interior, o exterior e a tampa com um pouco de óleo de coco ou ghee. Coloque a abóbora com a tampa em uma assadeira rasa e asse por 25 a 30 minutos. A abóbora estará cozida quando uma faca puder ser facilmente inserida na polpa.

(continua)

RECHEIO

4 xícaras bem cheias (120g)
de couve kale picada

1 colher (sopa) de azeite
extravirgem

1 colher (sopa) de suco de limão
espremido na hora

½ colher (chá) de sal

¼ de xícara (30g) de sementes
de abóbora cruas, sem sal

1½ xícara (1 lata de 225g) de
grão-de-bico cozido, escorrido
e lavado

4 figos secos grandes (75g)
grosseiramente picados

1 cebola roxa pequena ou 2
echalotas em rodelas finas

algumas pitadas de pimenta-
calabresa em flocos (opcional)

⅔ de xícara (80g) de queijo
feta esfarelado (de preferência
de leite de cabra ou ovelha)

3 Enquanto isso, prepare o recheio: numa tigela grande, misture a couve kale, o azeite, o suco de limão e o sal. Com as mãos, esfregue e esprema a couve como se estivesse fazendo uma massagem, por cerca de 2 minutos, até que as tiras estejam verde-escuras e macias.

4 Numa frigideira seca em fogo médio, toste as sementes de abóbora por 3 a 5 minutos, até ficarem perfumadas.

5 Numa tigela bem grande, misture o triguilho, o grão-de-bico, a couve, o figo, a cebola, as sementes de abóbora, a pimenta-calabresa, se estiver usando, e o feta. Misture e tempere com sal.

6 Para servir, coloque o máximo de recheio possível na abóbora. Coloque a tampa ou deixe o recheio se esparramar sobre o prato e sirva com a tampa ao lado. Corte a abóbora em fatias e sirva com o recheio por cima.

ADIANTO A receita de recheio rende o suficiente para 2 abóboras, ou 1, com bastante sobra; use-a para substituir o meta feta no Canelone de berinjela com meta feta e molho de tomate com alho tostado (p.114).

TIGELA ROBUSTA DE ARROZ SELVAGEM, CENOURA ASSADA E ROMÃ

Esta receita é basicamente uma robusta tigela de delícia! O sabor acastanhado do arroz selvagem combina muito com a doçura das cenouras e a explosão azeda das sementes de romã. Um fio de Molho de nozes tostadas eleva tudo a outro patamar. Sirva este deleite brilhante na época em que as romãs estão maduras e suculentas. Ele pode facilmente ser a peça central da refeição ou um acompanhamento saboroso para outros clássicos de clima frio.

SERVE 4 PESSOAS

1 Lave o arroz selvagem e coloque-o numa panela pequena com ½ colher (chá) de sal. Cubra com bastante água e leve para ferver. Reduza para fogo baixo e cozinhe por 45 a 60 minutos, com a panela tampada, até que o arroz esteja macio e al dente.

2 Enquanto o arroz estiver cozinhando, asse as cenouras. Preaqueça o forno a 200°C. Corte as cenouras em dois ou quatro pedaços no sentido do comprimento, dependendo do tamanho, e coloque-os em assadeira rasa com o óleo de coco. Leve a assadeira ao forno para derreter o óleo de coco, retire-a do forno, misture para envolver as cenouras em óleo e em seguida polvilhe com duas pitadas de sal. Volte com as cenouras para o forno e asse-as por 15 a 20 minutos, até que elas fiquem macias e com pontos queimados.

3 Retire as sementes de romã da fruta e pique a salsinha. Numa tigela grande, misture o arroz selvagem cozido com cerca de metade do Molho de nozes tostadas e as cenouras, o grão-de-bico, as sementes de romã e a salsinha. Sirva quente ou à temperatura ambiente, com mais o molho à disposição.

ADIANTO Asse o dobro da quantidade de cenoura para fazer o Homus de cenoura assada defumada (p.188).

¾ de xícara (120g) de arroz selvagem, deixado de molho de um dia para o outro, se possível

½ colher (chá) de sal, e mais, se necessário

225g de cenoura escovada

2 colheres (chá) de óleo de coco ou ghee

1 romã

1 xícara (30g) de folhas soltas de salsinha fresca

Molho de nozes tostadas (p.84)

1½ xícara (1 lata de 225g) de grão-de-bico cozido, escorrido e lavado

BIFES DE COUVE-FLOR
com chermoula e ovos

2 couves-flores

1 colher (sopa) de óleo de coco ou ghee

sal

CHERMOULA

1 dente de alho

2 pitadas de sal

¼ de colher (chá) de páprica defumada picante (ou chipotle em pó)

½ colher (chá) de pimenta-do-reino preta moída na hora

½ colher (chá) de pimenta-calabresa em flocos

1 colher (chá) de cominho em pó

½ colher (chá) de coentro em pó

¼ de xícara (60ml) de azeite extravirgem

¼ de xícara (60ml) de suco de limão espremido na hora

2 xícaras cheias (60g) de folhas de salsinha fresca, e mais, para decorar

2 xícaras cheias (60g) de folhas de coentro fresco, e mais, para decorar

4 a 8 ovos grandes (1 ou 2 ovos por pessoa)

Chermoula é um molho picante do norte da África que é uma bomba de sabor, normalmente usado para marinar carnes e peixes, mas que fica muito gostoso com legumes também. Aqui eu o combinei com grandes pedaços de couve-flor assada e ovo poché, compondo uma refeição substanciosa e verdadeiramente satisfatória. Se você consegue fazer várias coisas ao mesmo tempo, esse prato fica pronto facilmente em 30 minutos.

SERVE 4 PESSOAS

1 Preaqueça o forno a 200°C. Corte a couve-flor em fatias de 1,3cm de espessura, começando de baixo para cima. Guarde qualquer florzinha ou pequeno pedaço para usar em outra receita. Esfregue a couve-flor com o óleo de coco e tempere com sal. Coloque-a numa assadeira rasa e grande e asse-a por 20 a 30 minutos, até ela ficar dourada e macia, mas não mole.

2 Enquanto a couve-flor estiver assando, faça o chermoula: no processador de alimentos, bata o alho na função "pulsar" até ele ficar bem picado Acrescente o sal, as especiarias, o azeite, o suco de limão e bata para combinar. Pique as ervas, adicione-as à mistura e bata na função "pulsar" até obter a consistência desejada – fica delicioso tanto homogêneo quanto um pouco grosso. (Esse passo pode ser feito com antecedência; as sobras duram na geladeira até 4 dias em recipiente hermético.)

3 Prepare os ovos: leve uma panela rasa de água para ferver em fogo baixo. Mexa delicadamente a água para criar um redemoinho. Quebre 1 ovo num prato pequeno e em seguida transfira-o cuidadosamente para o centro do redemoinho. Cozinhe o ovo por 3 a 4 minutos. Retire-o da água com a escumadeira e coloque-o sobre um pano de prato limpo para absorver a água. Repita o processo com os ovos restantes.

4 Para servir, coloque uma porção generosa de chermoula (cerca de ¼ de xícara [60ml], ou mais, conforme desejado) em cada prato, seguida por 2 bifes de couve-flor. Tempere a couve-flor com sal, acrescente 1 ou 2 ovos pochés e espalhe uma pitada de ervas frescas por cima. Sirva imediatamente.

ADIANTO Misture qualquer sobra de chermoula a grãos cozidos quentes ou frios, ou sirva com macarrão, como se fosse um pesto. Também adoro passar na torrada e servir com um ovo, no café da manhã – um jeito maravilhoso de começar o dia com uma enxurrada de ervas nutritivas.

acompanhamentos simples e
PEQUENOS PRATOS

BETERRABA ASSADA, 3 VERSÕES   153

RABANETE ASSADO COM ABACATE
E SAL DE GERGELIM   157

COUVE, COGUMELOS E NOZES
COM PECORINO   158

ASPARGOS GRELHADOS COM CREME
CÍTRICO DE QUEIJO DE CABRA   161

CENOURA COM MANTEIGA NOISETTE,
PISTACHES E ENDRO   163

PIMENTÃO VERMELHO ASSADO E MARINADO
COM GRÃO-DE-BICO   164

BABAGANUCHE DE BERINJELA DEFUMADA
COM PINOLI   167

FETA ASSADO COM AZEITONA,
PIMENTÃO E TOMATE   168

BRÓCOLIS COM GHEE DE ALHO E PINOLI   171

CEBOLINHA VERDE GRELHADA
COM GRÃO-DE-BICO E LIMÃO   172

CUSCUZ FALSO COM TANGERINA   175

BRILHA, BRILHA, ARROZINHO   176

REPOLHO GRELHADO COM MAÇÃ E
MOLHO DE NOZES TOSTADAS   179

COUVE-DE-BRUXELAS ASSADA
COM NOZES E XAROPE DE BORDO   180

RAÍZES ASSADAS MUITO SIMPLES
COM DUKKAH   183

PÁGINA ANTERIOR, da esquerda para a direita: Beterraba com feijão-branco,
limão e hortelã (p.153); Beterraba com abacate, gergelim e gengibre (p.154);
Beterraba balsâmica com avelã, salsinha e romã (p.155).

BETERRABA ASSADA, 3 VERSÕES

Assar beterrabas desperta nelas uma incrível profundidade e doçura, dando-lhes um sabor rico e caramelizado. Estas três saladas mostram a versatilidade da beterraba assada e sua capacidade de se tornar uma tela em branco para tantos sabores internacionais. Eu gosto de preparar uma grande quantidade de beterrabas no início da semana para usar numa variedade de pratos, ou para mantê-las como a estrela do espetáculo, como nas tentadoras receitas a seguir. Beterrabas assadas duram até quatro dias na geladeira, em recipiente hermético.

BETERRABA COM FEIJÃO-BRANCO,
limão e hortelã

SERVE 3-4 PESSOAS

1 Preaqueça o forno a 200°C. Embrulhe cada beterraba em papel-alumínio e coloque-as numa assadeira rasa. Asse por 30 a 60 minutos, dependendo do tamanho das beterrabas. Elas estarão prontas quando você conseguir espetar uma faca afiada no centro sem muita resistência – elas devem estar macias, mas não moles. Quando estiverem frias o suficiente para manusear, tire a casca, corte cada beterraba em pedaços pequenos e coloque-os numa tigela.

2 Preaqueça uma frigideira seca em fogo médio. Quando estiver quente, toste as sementes de abóbora por 3 a 5 minutos, mexendo sempre, até elas ficarem perfumadas. Retire a frigideira do fogo e reserve.

3 Numa tigela pequena, misture o azeite, as raspas e o suco do limão, o xarope de bordo e uma pitada de sal. Despeje o molho sobre as beterrabas, depois acrescente a hortelã, o feijão-branco e as sementes de abóbora. Tempere com sal.

750g de beterraba

¼ de xícara (25g) de sementes de abóbora cruas, sem sal

2 colheres (sopa) de azeite extravirgem

raspas de 1 limão

2 colheres (sopa) de suco de limão espremido na hora

½ colher (chá) de xarope de bordo puro

sal

½ xícara (10g) de hortelã fresca picada

1½ xícara (1 lata de 225g) de feijão-branco cozido, escorrido e lavado

BETERRABA
com abacate, gergelim e gengibre

750g de beterraba

2 colheres (sopa) de gergelim cru, sem sal

2 colheres (chá) de gengibre fresco, sem casca, ralado

2 colheres (sopa) de suco de limão espremido na hora

2 colheres (sopa) de azeite extravirgem

1 abacate ou 2 avocados maduros

2 pitadas generosas de sal em flocos

SERVE 3-4 PESSOAS

1 Preaqueça o forno a 200°C. Embrulhe cada beterraba em papel-alumínio e coloque-as numa assadeira rasa. Asse por 30 a 60 minutos, dependendo do tamanho das beterrabas. Elas estarão prontas quando você conseguir enfiar uma faca afiada no centro sem muita resistência – elas devem estar macias, mas não moles. Quando estiverem frias o suficiente para manusear, tire a casca, corte cada beterraba em pedaços pequenos e coloque-os numa tigela.

2 Preaqueça uma frigideira seca em fogo médio. Quando estiver quente, toste o gergelim por 2 a 3 minutos, mexendo sempre, até ele ficar perfumado e começando a pipocar. Retire a frigideira do fogo e reserve.

3 Numa tigela pequena, misture o gengibre ralado, o suco de limão e o azeite. Despeje esse molho sobre as beterrabas, acrescente metade das sementes de gergelim e misture.

4 Para servir, corte o abacate em fatias finas e coloque-as numa travessa grande. Disponha as beterrabas por cima, polvilhe com o gergelim restante e tempere com sal. Sirva imediatamente.

BETERRABA BALSÂMICA

com avelã, salsinha e romã

SERVE 3-4 PESSOAS

1 Preaqueça o forno a 200°C. Embrulhe cada beterraba em papel-alumínio e coloque-as numa assadeira rasa. Asse por 30 a 60 minutos, dependendo do tamanho das beterrabas. Elas estarão prontas quando você conseguir enfiar uma faca afiada no centro sem muita resistência – elas devem estar macias, mas não moles. Quando estiverem frias o suficiente para manusear, tire a casca, corte cada beterraba em pedaços pequenos e coloque-os numa tigela.

2 Enquanto as beterrabas estiverem assando, coloque as avelãs em outra assadeira e leve-as ao forno. Asse por 10 a 15 minutos, até que estejam tostadas e perfumadas. Retire-as do forno e deixe-as esfriar um pouco, em seguida esfregue-as para tirar a casca e pique-as.

3 Numa tigela pequena, misture o azeite, o vinagre balsâmico, a mostarda, o sal e a pimenta. Despeje o molho sobre as beterrabas, mexa e acrescente a salsinha, as avelãs e as sementes de romã. Mexa novamente para misturar.

EU QUERO MAIS! Essas saladas ficam deliciosas como recheio de wrap ou pão árabe, ou servidas sobre grãos cozidos, como arroz integral ou quinoa, para compor uma refeição completa.

ADIANTO Asse uma quantidade extra de beterraba para fazer a Polenta com tiras de beterraba e pesto de rúcula (p.141).

750g de beterraba

⅓ de xícara (55g) de avelãs cruas, sem sal

1½ colher (chá) de azeite extravirgem

1½ colher (chá) de vinagre balsâmico

1½ colher (chá) de mostarda Dijon

2 pitadas de sal

pimenta-do-reino preta moída na hora

½ xícara cheia (15g) de salsinha fresca picada

1 xícara (90g) de sementes de romã (aproximadamente 1 romã)

RABANETE ASSADO COM ABACATE
e sal de gergelim

Apesar de a norma ser apreciar rabanetes crus, sou totalmente a favor de cozinhá-los para uma mudança que realmente surpreende. É inacreditável como essas raízes rosadas se tornam diferentes e saborosas com um pouco de calor! Aqui eu os asso, reduzindo um pouco sua pungência característica e permitindo que sua doçura se destaque. Combinado com abacate cremoso, limão brilhante e sal de gergelim, este é um pequeno prato simples que oferece uma forma deliciosa de começar a refeição.

SERVE 3-4 PESSOAS

1 Preaqueça o forno a 200°C. Corte os rabanetes ao meio, coloque-os numa assadeira rasa e misture com o óleo de coco. Asse por cerca de 20 minutos, até que os rabanetes estejam macios e com alguns pontos de queimado. Retire-os do forno e deixe esfriar um pouco.

2 Retire o caroço do abacate, solte a polpa da casca e corte-a em cubos de cerca de metade do tamanho dos rabanetes. Distribua uniformemente os cubos de abacate entre os pratos individuais, faça o mesmo com os rabanetes e em seguida despeje sobre eles metade do suco de limão, ou mais, se desejar. Espalhe a ciboulette e o sal de gergelim por cima.

SAL DE GERGELIM
RENDE APROXIMADAMENTE ½ XÍCARA (75G)

Numa frigideira grande e seca, toste o gergelim em fogo médio por 2 a 3 minutos, mexendo ocasionalmente até ele ficar perfumado, com cuidado para não queimar. Retire do fogo e transfira as sementes para o processador de alimentos ou pilão. Acrescente o sal e processe ou pile até que metade das sementes estejam quebradas. A mistura dura até 2 meses em recipiente hermético à temperatura ambiente.

15 a 20 rabanetes

1 colher (sopa) de óleo de coco derretido

1 abacate pequeno ou 1 avocado grande maduros

suco de 1 limão

1 punhado de ciboulette fresca picada

Sal de gergelim, para servir (receita a seguir)

EU QUERO MAIS! Para transformar esse prato numa refeição, sirva a salada com arroz integral, finalizando com brotos crocantes por cima.

½ xícara (75g) de gergelim cru, sem sal

1½ colher (chá) de sal

COUVE, COGUMELOS E NOZES
com pecorino

⅓ de xícara (35g) de nozes cruas, sem sal

1 cebola pequena

2 dentes de alho

250g de cogumelos Paris

1½ colher (chá) de óleo de coco ou ghee

sal

½ colher (chá) de tomilho seco

2 xícaras (60g) de couve-manteiga ou couve kale picada

1 colher (sopa) de vinagre balsâmico

pimenta-do-reino preta moída na hora

1 colher (sopa) de azeite extravirgem (opcional)

pecorino romano ou parmesão ralado na hora, para servir

ADIANTO Caramelize uma quantidade extra de cebola para as Pizzas de Portobello (p.119).

Esta receita é como um passeio na floresta de outono: profundo, escuro e terroso. Cogumelos e verduras de sabor básico são elevados pelas notas agridoces do vinagre e uma leve camada de queijo salgado. As nozes adicionam uma textura particularmente agradável, mas amêndoas ou pecãs também ficam saborosas.

SERVE 2-3 PESSOAS

1 Preaqueça uma frigideira seca em fogo médio. Quando estiver quente, toste as nozes por 3 a 4 minutos, até elas ficarem perfumadas e começarem a dourar. Retire a frigideira do fogo, deixe as nozes esfriarem e pique-as grosseiramente.

2 Prepare os vegetais: corte a cebola em rodelas finas, os cogumelos em quatro e pique o alho.

3 Limpe a frigideira de qualquer casca de noz e em seguida derreta nela 1 colher (chá) de óleo de coco em fogo médio-alto. Acrescente a cebola e uma pitada de sal e misture. Refogue por pelo menos 15 minutos, mexendo ocasionalmente, até que a cebola amoleça e fique bem caramelizada. Retire a cebola da frigideira e reserve.

4 Sem limpar a frigideira, derreta o restante do óleo e acrescente os cogumelos. Deixe cozinhar sem mexer, por pelo menos 5 minutos, até que eles fiquem dourados de um lado. (No começo eles parecem ressecados, mas vão liberar líquido enquanto cozinham.) Dê uma sacudida e cozinhe por mais alguns minutos, sem mexer. Quando os cogumelos estiverem macios e suculentos, acrescente o tomilho e o alho e cozinhe por mais 1 minuto. Acrescente a couve e o vinagre balsâmico e retire do fogo assim que a couve murchar e ganhar um tom brilhante, depois de cerca de 2 minutos. Tempere com sal e pimenta-do-reino. Acrescente a cebola caramelizada, as nozes tostadas e o azeite.

5 Para servir, coloque um pequeno monte da mistura em cada prato (ou transfira tudo para uma travessa) e rale o queijo por cima. Sirva quente.

EU QUERO MAIS! Esta receita rende um café da manhã ou almoço sensacional quando complementada com um ovo cozido por cima.

ASPARGOS GRELHADOS
com creme cítrico de queijo de cabra

Nada anuncia melhor a primavera que aqueles primeiros brotos de aspargos verdes se projetando do solo; eles também são o primeiro sinal de vida no mercado, depois de meses de inverno. Aspargos ficam deliciosos cozidos ou crus, e aqui eu os grelhei levemente antes de colocá-los sobre uma deliciosa cama de creme de queijo de cabra com um toque de limão. O molho combina muito bem com legumes assados ou até simples saladas verdes.

SERVE 3-4 PESSOAS

1 Aqueça uma grelha (ou frigideira de grelhar) em fogo alto. Lave os aspargos e corte as pontas mais grossas da base. Pincele cada aspargo com apenas um pouco do óleo de coco.

2 Coloque os aspargos na grelha e deixe por cerca de 5 minutos, até que tenham carbonizado um pouco. Vire-os e grelhe por mais alguns minutos, até que todos os pedaços estejam macios e bem grelhados.

3 Enquanto isso, prepare o creme: bata o queijo de cabra, o alho, as raspas de limão, o azeite e o suco de limão no liquidificador até a mistura ficar completamente lisa e cremosa, adicionando 1 a 3 colheres (sopa) de água para diluir, se desejar. Tempere com sal.

4 Para servir, coloque uma base de molho em cada prato e em seguida distribua o número desejado de aspargos por cima. Regue com mais azeite, se desejar, e tempere generosamente com sal.

EU QUERO MAIS! Sirva os aspargos com arroz selvagem e lentilha, espalhe pistache tostado por cima e finalize com o Creme cítrico de queijo de cabra.

ADIANTO Prepare o dobro da quantidade de Creme cítrico de queijo de cabra para servir com a Salada magnífica de vagem e estragão (p.68).

ASPARGOS

450g (1 maço) de aspargos

1 colher (chá) de óleo de coco ou ghee

azeite extravirgem para servir (opcional)

sal

CREME CÍTRICO DE QUEIJO DE CABRA

100g de queijo de cabra macio

1 dente de alho pequeno, finamente picado

raspas de 1 limão

1½ colher (chá) de azeite extravirgem

1 colher (sopa) de suco de limão espremido na hora

sal

Acompanhamentos simples e pequenos pratos

CENOURA COM MANTEIGA NOISETTE,
pistaches e endro

Se você ainda não está convencido de que comida simples pode ser incrivelmente saborosa, experimente esta receita. Com apenas alguns ingredientes modestos você tem uma experiência verdadeiramente gourmet!

A manteiga noisette é feita cozinhando manteiga até que os sólidos do leite contidos nela caramelizem, criando uma substância mais rica e profunda, com sabor de castanhas. Se você não conseguir encontrar cenouras jovens, use cenouras grandes comuns e corte-as ao meio no sentido do comprimento antes de assar. Isso também ajuda a reduzir o tempo de cozimento.

RENDE 2 PORÇÕES

1 Preaqueça o forno a 200°C. Escove bem as cenouras (não as descasque) e apare o talo, deixando apenas 2,5cm. Esfregue cada cenoura com um pouco de óleo de coco e coloque numa assadeira rasa. Tempere-as com sal e asse por 20 a 30 minutos, até que fiquem macias e com pontos de queimado.

2 Enquanto isso, prepare o molho: numa frigideira pequena, derreta a manteiga em fogo médio. Acrescente a cebola e agite a panela sobre o fogo por 5 a 7 minutos, até que a manteiga tenha mudado de cor de amarelo para marrom-claro. (A manteiga pode queimar muito rapidamente, então fique de olho.) Retire do fogo e despeje a mistura de manteiga e cebola num frasco, junto com a mostarda, o vinagre e uma generosa pitada de sal. Tampe o frasco e agite vigorosamente para misturar.

3 Retire as cenouras do forno e coloque-as numa travessa. Despeje o molho e espalhe os pistaches e o endro por cima. Sirva imediatamente (o molho endurece se deixado em temperatura ambiente por muito tempo).

ADIANTO Asse o dobro da quantidade de cenoura para preparar a Tigela robusta de arroz selvagem, cenoura assada e romã (p.147).

14 cenouras jovens com os talos

2 colheres (chá) de óleo de coco ou ghee

sal

2 colheres (sopa) de manteiga sem sal

1 echalota finamente picada

½ colher (chá) de mostarda de Dijon

1½ colher (chá) de vinagre de maçã

1 colher (sopa) de pistaches crus, sem sal, ligeiramente tostados e picados

1 punhado de endro fresco

EU QUERO MAIS!
Transforme esta receita em refeição completa servindo as cenouras com lentilha verde.

PIMENTÃO VERMELHO ASSADO E MARINADO
com grão-de-bico

4 pimentões vermelhos grandes, sem o cabo, as sementes e os veios

1½ colher (chá) de óleo de coco

3 colheres (sopa) de azeite extravirgem

2 colheres (sopa) de vinagre balsâmico

2 pitadas de sal

¼ de colher (chá) de pimenta-do-reino preta moída na hora

3 colheres (sopa) de uvas-passas

1 punhado de folhas de salsinha fresca

1½ xícara (1 lata de 225g) de grão-de-bico cozido, escorrido e lavado

100g de queijo feta (de preferência de leite de cabra ou de ovelha)

ADIANTO Asse o dobro da quantidade de pimentão e prepare o Molho romesco (p.195).

Algo realmente mágico acontece quando você assa o pimentão. Ele deixa de ser um fruto rígido (embora saboroso) e se transforma em algo liso, suave e lânguido, que implora para se misturar a sabores complementares. Neste prato eu combinei os pimentões com o salgado do feta, o brilho da salsinha e a maciez do grão-de-bico. Com uma rápida imersão num banho balsâmico, os sabores desses ingredientes ficam incrivelmente ricos e substanciosos para um prato tão simples.

SERVE 4 PESSOAS

1 Preaqueça o forno a 200°C. Esfregue os pimentões com o óleo de coco e coloque-os numa assadeira rasa forrada com papel-alumínio. Asse até eles ficarem escuros e com algumas bolhas, por 35 a 40 minutos. Retire os pimentões da assadeira, coloque-os numa tigela e cubra-os logo com filme plástico para acabar de cozinhá-los no vapor, o que deixa a pele muito mais fácil de tirar. Quando os pimentões estiverem frios o suficiente para manusear, puxe e descarte a pele.

2 Enquanto os pimentões estiverem assando, numa tigela média, misture o azeite, o vinagre, o sal e a pimenta. Pique as passas e a salsinha.

3 Rasgue ou corte os pimentões assados sem pele em pedaços grandes e coloque-os na tigela com o molho. Acrescente o grão-de-bico, misture e deixe marinar por cerca de 15 minutos.

4 Divida a mistura uniformemente entre 4 pratos. Espalhe as passas e a salsinha picada e esfarele o feta por cima. Sirva imediatamente.

EU QUERO MAIS! Transforme esta receita num prato principal servindo-a com quinoa cozida.

BABAGANUCHE DE BERINJELA DEFUMADA
com pinoli

O segredo para fazer um babaganuche realmente bom é carbonizar bastante a casca da berinjela. Depois de anos assando as berinjelas no forno para fazer esse prato, eu finalmente decifrei o segredo recorrendo ao queimador do fogão. O processo dá a essa pasta uma defumação profunda e inconfundível que você simplesmente não obteria de outra forma. É um processo que faz um pouco de bagunça, mas vale cada pedaço de cinza deixado para trás. Sirva com pão árabe integral ou palitos de vegetais crus, ou como recheio num rolinho de alface.

RENDE 2 XÍCARAS (500ML)

1 Fure as berinjelas com um garfo para ajudar o vapor a escapar quando elas estiverem assando. Acenda três queimadores de gás em fogo médio e coloque as berinjelas diretamente sobre as chamas (outra opção é fazer isso sob o grill do forno ou em churrasqueira, ao ar livre). Deixe cozinhar por 15 a 20 minutos, usando pinças para girá-las com frequência, a fim de que queimem de modo uniforme, até que as berinjelas estejam completamente macias e enegrecidas. Deixe esfriar um pouco, depois corte cada berinjela ao meio no sentido do comprimento e raspe a polpa numa tigela, descartando os pedaços queimados.

2 No processador de alimentos, bata o alho na função "pulsar" até que ele fique picado. Acrescente a polpa de berinjela, o azeite, o sal e o suco de limão, e processe tudo até ficar numa consistência homogênea e cremosa. Coloque o babaganuche numa tigela média e tempere com mais sal, se desejar.

3 Preaqueça uma frigideira seca em fogo médio. Quando quente, toste os pinoli por 2 a 3 minutos, até eles dourarem ligeiramente. Retire a frigideira do fogo imediatamente e espalhe os pinoli sobre o babaganuche. Decore com salsinha picada, se desejar, e regue generosamente com azeite.

3 berinjelas médias

1 dente de alho

¼ de xícara de azeite extravirgem, e mais, para servir

¼ de colher (chá) de sal, e mais, se necessário

2 colheres (chá) de suco de limão espremido na hora

2 colheres (sopa) (25g) de pinoli crus, sem sal

1 punhado pequeno de folhas de salsinha fresca, para decorar (opcional)

EU QUERO MAIS!

Transforme esta receita numa refeição espalhando o babaganuche cremoso em 2 fatias de pão integral ou pão árabe com pimentão vermelho, feta esfarelado e rúcula.

FETA ASSADO
com azeitona, pimentão e tomate

1 xícara (100g) de tomates-cereja

½ pimentão vermelho, sem o cabo, as sementes e os veios

⅓ de xícara (60g) de azeitonas kalamata

2 colheres (chá) de orégano seco

1 pitada de sal e 1 de pimenta-do-reino preta moída na hora

1 peça de 200g de queijo feta (de preferência de leite de cabra ou de ovelha)

azeite extravirgem, para regar

1 punhado pequeno de folhas de salsinha fresca, para decorar

pão integral crocante tostado ou pão árabe, para servir (opcional)

Até descobrir esse conceito, eu só tinha experimentado feta frio em saladas ou como parte de uma mesa de aperitivos. Mas *esta* é a nova gostosura. O feta assado é como uma revelação, especialmente quando acompanhado de suculentas verduras, ervas e azeitonas. Ele rende a mais maravilhosa das entradas, ou pode até ser servido com uma grande salada verde no almoço de fim de semana. Eu gosto de regá-lo generosamente com azeite e acompanhar com pão crocante para absorver todos os deliciosos sucos. Por mais simples que seja, esta é definitivamente uma das minhas receitas favoritas do livro.

SERVE 2-4 PESSOAS

1 Preaqueça o forno a 200°C.

2 Corte os tomates em quatro. Corte o pimentão em pedaços de tamanhos semelhantes. Retire o caroço das azeitonas e pique-as grosseiramente. Coloque tudo numa tigela e misture com o orégano, o sal e a pimenta.

3 Coloque o feta numa forma refratária. Cubra-o com a mistura de vegetais e leve ao forno por 20 a 25 minutos, até que eles estejam assados e o queijo macio. Pouco antes de servir, regue com azeite e decore com salsinha. Sirva o queijo assado assim que sair do forno, com o pão integral ou árabe.

EU QUERO MAIS! Faça um wrap usando metade da massa de feta e os vegetais enrolados numa folha grande de alface-romana (ou pão folha integral); acrescente brotos frescos e aproveite.

BRÓCOLIS
com ghee de alho e pinoli

Todos nós precisamos comer mais brócolis. Felizmente esta receita pode ajudar nesse departamento. Eu poderia sentar e comer uma tigela inteira no jantar – é gostoso *demais*. Também é muito simples, fácil de fazer e fica pronto em questão de minutos. Então, você não tem desculpa para não comer mais desta estrela dos fitonutrientes, rica em proteínas.

Lembre-se de que o ghee é feito com manteiga sem sal, por isso o prato vai precisar de tempero extra no fim. Eu gosto de temperar com bastante sal em flocos logo após despejar o ghee, para que ele fique grudado nos floretes. Você pode usar uma pitada de manteiga com sal, mas nesse caso reduza o sal na hora de finalizar. Para variar um pouco, use castanha-de-caju em vez de pinoli.

SERVE 4 PESSOAS

1 Lave o brócolis e corte-o em floretes de tamanho similar, incluindo o caule (apenas apare a base).

2 Numa panela grande com um cesto de cozimento a vapor, leve uma pequena quantidade de água para ferver. Acrescente o brócolis, tampe e cozinhe no vapor até ele ficar crocante, por cerca de 5 a 7 minutos, dependendo do tamanho dos floretes, com cuidado para não cozinhá-lo demais. Coloque o brócolis numa travessa.

3 Enquanto o brócolis estiver cozinhando, preaqueça uma frigideira seca em fogo médio. Quando quente, toste os pinoli por cerca de 3 minutos, até dourarem ligeiramente. Transfira-os para um prato e deixe esfriar.

4 Na mesma frigideira, derreta o ghee. Acrescente o alho picado e frite por cerca de 1 minuto, apenas até um ou dois pedacinhos começarem a dourar. Retire imediatamente do fogo, despeje o ghee de alho sobre o brócolis e misture bem. Espalhe os pinoli por cima e tempere com sal. Sirva quente.

1 brócolis grande

2 colheres (sopa) (25g) de pinoli crus, sem sal

2 colheres (sopa) de ghee

2 dentes de alho picados

bastante sal em flocos

EU QUERO MAIS!
Transforme esta receita num prato principal servindo-a com macarrão integral.

ADIANTO Cozinhe o dobro da quantidade de brócolis para fazer o Caldo de brócolis e manjericão com macarrão e sal de gergelim (p.40).

CEBOLINHA VERDE GRELHADA

com grão-de-bico e limão

1½ xícara (1 lata de 225g) de grão-de-bico cozido, escorrido e lavado

raspas e o suco de 1 limão

1 pitada de sal e 1 pitada de pimenta-do-reino preta moída na hora, e mais, se necessário

1 colher (sopa) de azeite extravirgem, e mais, para servir

16 cebolinhas verdes

2 colheres (chá) de óleo de coco

sal em flocos, para servir

Grãos ficam ótimos quando marinados, porque são maravilhosas telas em branco para o sabor e absorvem, felizes, qualquer coisa com a qual você os unte. Aqui, uma simples mistura de limão, azeite e pimenta-do-reino transforma o humilde grão-de-bico numa base supersaborosa para as cebolinhas grelhadas fumegantes – uma combinação divina!

SERVE 2-3 PESSOAS

1 Numa tigela média, misture o grão-de-bico, as raspas e o suco de limão, o sal, a pimenta-do-reino e o azeite. Misture bem, cubra e deixe o grão-de-bico marinar à temperatura ambiente por pelo menos 15 minutos, ou na geladeira, por até 24 horas (quanto mais, melhor!).

2 Aqueça uma grelha (ou frigideira de grelhar) em fogo alto. Lave e apare as pontas das cebolinhas. Esfregue-as levemente com o óleo de coco e coloque-as na grelha. Grelhe-as por 7 a 10 minutos, virando uma ou duas vezes, até que elas estejam macias e levemente queimadas.

3 Prove o grão-de-bico e ajuste os temperos, se necessário. Coloque-os numa travessa grande e distribua as cebolinhas grelhadas sobre eles. Espalhe qualquer sobra da marinada por cima, regue com azeite e finalize com sal em flocos.

EU QUERO MAIS! Deixe esse prato ainda mais substancial acrescentando quinoa cozida e um pouco de amêndoa tostada.

ADIANTO Deixe uma quantidade extra de grão-de-bico marinando para usar na Tigela de homus arco-íris (p.74).

CUSCUZ FALSO

com tangerina

O aipo-rábano, também chamado de raiz de aipo, é um vegetal de aspecto agressivo, com uma aparência que intimida praticamente qualquer um que não esteja familiarizado com seu sabor surpreendentemente suave. De paladar semelhante ao talo do aipo, mas muito mais suave e com uma doçura que lembra as castanhas, o aipo-rábano é incrivelmente versátil e fica delicioso em muitas aplicações. Aqui, eu o piquei no processador de alimentos para fazer algo parecido com cuscuz, depois misturei com tangerina, sementes de abóbora e salsinha. Isso serve como saladinha simples, deliciosa e fresca, ou como acompanhamento nos meses mais frios.

SERVE 3-4 PESSOAS

1 No processador de alimentos, bata o aipo-rábano, o sal e o suco de limão na função "pulsar" até tudo ficar finamente picado. Transfira para uma tigela grande e misture com o azeite.

2 Preaqueça uma frigideira seca em fogo médio. Quando estiver quente, toste as sementes de abóbora por 4 a 5 minutos, mexendo sempre, até elas ficarem perfumadas. Retire a frigideira do fogo e reserve.

3 Acrescente as azeitonas verdes, a salsinha, a tangerina, a echalota e as sementes de abóbora à tigela com o aipo-rábano. Misture todos os ingredientes e tempere com sal.

EU QUERO MAIS! Para transformar esta receita em uma refeição, acrescente um pouco de grão-de-bico ou lentilha cozidos e regue com Molho de tahine e hortelã (p.63).

ADIANTO Prepare o dobro da quantidade de cuscuz de aipo-rábano e use no lugar do triguilho para preparar a Abóbora festiva recheada com triguilho, feta e figo (p.143).

(V) (SG) (C) (SGr)

5 xícaras (750g) de aipo-rábano descascado e grosseiramente picado (1 aipo-rábano grande)

½ colher (chá) de sal, e mais, se necessário

1 colher (sopa) de suco de limão espremido na hora

2 colheres (sopa) de azeite extravirgem

⅓ de xícara (50g) de sementes de abóbora crua, sem sal

1 xícara (120g) de azeitonas verdes picadas

1 xícara compactada (30g) de folhas de salsinha fresca

2 tangerinas separadas em gomos e cortadas em pedaços pequenos

1 echalota picada

BRILHA, BRILHA, ARROZINHO

2 cebolas pequenas ou 4 echalotas

2 cenouras médias

1 laranja

1 colher (sopa) de óleo de coco ou ghee

1½ colher (chá) de sementes de cominho

1 colher (chá) de cúrcuma em pó

4 folhas de louro

4 bagas de cardamomo esmagadas

1 pau de canela

½ xícara (75g) de frutas secas variadas (tâmaras, damascos, uvas-passas, cranberries)

2 xícaras (400g) de arroz basmati integral, lavado (se possível, deixe-o de molho por até 8 horas)

1 colher (chá) de sal, e mais, se necessário

½ xícara (70g) de amêndoas cruas, sem sal

½ xícara cheia (12g) de folhas de hortelã fresca picada

½ xícara cheia (11g) de ciboulette fresca picada

1 xícara (90g) de sementes de romã (aproximadamente 1 romã)

azeite extravirgem, para finalizar

1 limão cortado em gomos, para servir

Este prato de arroz dourado, brilhante como uma joia, é inspirado numa receita iraniana clássica que usa especiarias quentes e perfumadas, frutas secas e amêndoas – e que requer muito amor para ser feito! Eu simplifiquei o processo cozinhando tudo numa panela só e tornei-o mais saudável, ao substituir o arroz branco pelo integral. Embora o limão adicionado no final possa parecer um pouco deslocado, é um elemento essencial do prato, complementando os sabores e dando um toque azedinho.

SERVE 8 PESSOAS

1 Pique as cebolas e rale as cenouras.

2 Usando um descascador de legumes ou uma faca pequena afiada, descasque a laranja, removendo o mínimo possível da película branca. Corte a casca em tiras do tamanho de palitos de fósforo e reserve. Guarde a polpa da laranja para outro uso.

3 Numa panela média, derreta o óleo de coco em fogo médio. Acrescente as sementes de cominho e refogue por 1 minuto, até ficar perfumado, em seguida acrescente a cúrcuma, as folhas de louro, o cardamomo e o pau de canela. Misture bem e refogue por mais 1 minuto, até ficar perfumado. Em seguida, acrescente as cebolas, as cenouras, as raspas de laranja e as frutas secas. Refogue até a cebola amolecer, por cerca de 5 minutos.

4 Escorra o arroz e acrescente à panela com 4 xícaras (1 litro) de água e o sal. Tampe a panela, deixe o líquido ferver, reduza para fogo baixo e cozinhe por cerca de 45 minutos, até que a água tenha evaporado.

5 Asse as amêndoas: preaqueça o forno a 150°C. Espalhe-as sobre a assadeira numa única camada e asse-as por 20 a 25 minutos, até que elas estejam perfumadas e levemente mais escuras. (Uma boa maneira de verificar é morder uma bem no meio e observar a cor no centro – ela deve ser dourada.) Retire do forno e deixe esfriar completamente. Pique as amêndoas.

6 Quando o arroz terminar de cozinhar, retire do fogo. Transfira o arroz para uma travessa grande, para esfriar um pouco e evitar que os grãos grudem. Espalhe as ervas, as amêndoas e as sementes de romã por cima. Mexa para misturar. Prove e ajuste o tempero (provavelmente você precisará acrescentar mais sal nessa etapa). Esprema um pouco de limão por cima.

7 Sirva o arroz com um fio de azeite e mais gomos de limão.

EU QUERO MAIS! Este prato fica delicioso com berinjela ou cogumelos refogados, ovo poché e lentilha ou grão-de-bico cozidos.

REPOLHO GRELHADO

com maçã e molho de nozes tostadas

O processo de grelhar confere a alguns vegetais como o repolho uma complexidade subestimada. Ingredientes humildes e delicados assumem novos sabor e textura. O truque é não exagerar – você quer caramelizar, não queimar! Eu gosto de combinar vegetais grelhados com algo rico e cremoso, como este Molho de nozes tostadas. As maçãs frescas picadas completam o prato com sua nota ácida e crocante.

SERVE 3-6 PESSOAS

1 Tire as folhas externas do repolho. Corte-o em 6 gomos, deixando a base intacta para que as folhas continuem juntas.

2 Numa frigideira grande, leve ½ xícara (125ml) de água para ferver, acrescente o sal e mexa para dissolver. Coloque os pedaços de repolho na água fervendo, tampe e cozinhe-os por cerca de 5 minutos, até eles ficarem macios (o tempo pode variar um pouco, dependendo do tamanho do repolho). Retire a tampa, coloque o repolho numa travessa e descarte a água da frigideira.

3 Leve a frigideira de volta ao fogão e derreta o óleo de coco em fogo alto. Quando o óleo estiver quente, coloque o repolho de volta na frigideira e doure por cerca de 5 minutos, sem tampar nem mexer, até que ele tenha desenvolvido uma cor bem escura (novamente, o tempo pode variar um pouco, dependendo do tamanho do repolho). Vire os pedaços para dourar nos outros lados por mais 5 minutos.

4 Enquanto o repolho está cozinhando, corte a maçã em cubos bem pequenos. Numa tigela pequena, misture a maçã e o suco de limão. Pique finamente algumas folhas de salsinha e misture à maçã.

5 Para servir, coloque 1 ou 2 pedaços de repolho em cada prato, acrescente a maçã, regue com o Molho de nozes tostadas e decore com sal e mais salsinha.

---

1 pé de repolho verde pequeno

¼ de colher (chá) de sal

1½ colher (chá) de óleo de coco ou ghee

1 maçã grande

1 colher (chá) de suco de limão espremido na hora

1 punhado pequeno de folhas de salsinha fresca

Molho de nozes tostadas (p.84), para servir

sal em flocos, para finalizar

EU QUERO MAIS! Transforme esta receita num prato principal servindo-a com arroz selvagem.

ADIANTO Prepare o dobro da quantidade de Molho de nozes tostadas e use a sobra na Salada de rúcula e figo com Molho de nozes tostadas (p.82).

COUVE-DE-BRUXELAS ASSADA

com nozes e xarope de bordo

NOZES COM XAROPE DE BORDO

¾ de xícara (75g) de nozes cruas, sem sal

1 colher (sopa) de xarope de bordo puro

2 pitadas de sal em flocos

COUVE-DE-BRUXELAS

500g de couve-de-bruxelas

1½ colher (chá) de óleo de coco ou ghee, derretidos

Molho de bordo e mostarda, para servir (p.69)

2 pitadas de sal a gosto

pimenta-do-reino preta moída na hora

⅓ de xícara (30g) de sementes de romã

ADIANTO Use as sobras de sementes de romã para preparar a Tigela robusta de arroz selvagem, cenoura assada e romã (p.147). Prepare uma quantidade extra de Nozes com xarope de bordo para colocar por cima do Sorvete magnífico de banana e amêndoas (p.221).

Até hoje fico surpresa ao ver que as coisas mais simples podem também ser as mais complexas e saborosas. Este prato é um excelente exemplo disso. Couve-de-bruxelas assadas combinam lindamente com o sabor forte das romãs e a doçura tostada e caramelizada das Nozes com xarope de bordo, que será seu novo molho predileto para todos os tipos de vegetais assados e saladas verdes saudáveis. Há algo muito prazeroso em picá-las – pedaços de xarope condensado crepitando sob a lâmina da faca. Você pode prepará-las com dois dias de antecedência para poupar algum tempo.

SERVE 3-4 PESSOAS

1 Prepare as nozes: preaqueça o forno a 180°C. Coloque as nozes numa assadeira, com o xarope de bordo e o sal. Misture e asse por 7 a 10 minutos, sacudindo a assadeira uma vez depois de 5 minutos, quando as nozes começarem a borbulhar. Retire do forno e deixe esfriar completamente.

2 Enquanto isso, asse a couve-de-bruxelas: tire qualquer folha externa danificada e corte-as ao meio no sentido do comprimento. Coloque-as numa assadeira e misture com o óleo de coco, untando-as completamente. Asse até que a couve-de-bruxelas esteja macia, mas não cozida demais, por cerca de 15 minutos.

3 Enquanto a couve-de-bruxelas assa, pique as nozes já frias.

4 Quando a couve-de-bruxelas estiver cozida, retire do forno e regue imediatamente com o Molho de bordo e mostarda, misture e tempere com sal e pimenta. Coloque-as numa tigela grande ou travessa e espalhe as sementes de romã e as Nozes com xarope de bordo por cima. Sirva quente.

EU QUERO MAIS! Este prato funciona muito bem para o jantar quando servido com lentilhas.

RAÍZES ASSADAS MUITO SIMPLES
com dukkah

Parece quase bobo escrever uma receita tão fácil, mas na verdade os vegetais assados formam a base de muitas das minhas refeições favoritas. Baratos, versáteis e praticamente infalíveis, eles são um ótimo ponto de partida quando você quer acrescentar mais hortaliças à sua dieta. Experimente diferentes combinações de vegetais e corte-os de maneiras criativas para as coisas ficarem interessantes.

Se você estiver procurando um aperitivo diferente para uma festa, experimente servir esses vegetais assados com dukkah, uma mistura egípcia de castanhas e especiarias que é incrivelmente deliciosa. Eu gosto de simplesmente mergulhar o vegetal no dukkah, o que lhes dá uma cobertura acastanhada e picante.

1kg de raízes variadas, como batata-doce, cenoura, beterraba, pastinaca, rutabaga, nabo e cebola

1 colher (sopa) de óleo de coco ou ghee

sal e pimenta-do-reino preta moída na hora

finalização à sua escolha, como raspas de limão, pimenta-calabresa em flocos e ervas frescas (salsinha, coentro, manjericão, hortelã, alecrim, tomilho)

Dukkah (p.26), para servir

SERVE 4 PESSOAS

1 Preaqueça o forno a 180°C.

2 Descasque os vegetais que necessitam ser descascados (como beterraba, rutabagas e nabos). Corte-os em pedaços de tamanho semelhante, para que cozinhem uniformemente. Coloque-os numa assadeira com o óleo de coco e leve ao forno.

3 Asse por cerca de 5 minutos, até que o óleo derreta, retire do forno e misture bem. Leve-os de volta ao forno e asse por 25 a 30 minutos, até que os vegetais fiquem macios, mas não moles.

4 Retire do forno, tempere os vegetais generosamente com sal e pimenta-do-reino e finalize com ervas frescas, raspas de limão e pimenta-calabresa, se desejar. Sirva com Dukkah. Guarde as sobras por 3 a 4 dias na geladeira, em recipiente hermético.

EU QUERO MAIS! Vegetais assados podem facilmente virar uma refeição se acompanhados de quinoa ou arroz integral, feijão-preto ou grão-de-bico, e um ovo poché.

ADIANTO Prepare uma quantidade extra de vegetais assados, mantenha-os na geladeira e use para complementar sopas e saladas, misturar a grãos integrais ou bater no liquidificador com feijões para fazer pastas, como o Homus de beterraba assada e alcaparras (p.189).

PETISCOS

SALGADOS

HOMUS, 3 VERSÕES   187

SALSA DE FRUTAS E GENGIBRE
COM TORTILHAS DE MILHO ASSADAS   191

VAGENS GRELHADAS COM MOLHO ROMESCO   193

PASTA SIMPLES DE HORTELÃ E ERVILHA   196

FRICOS PICANTES   199

PASTA DE ABACATE E GERGELIM TOSTADO   200

MUFFINS DE QUINOA E MILHO   203

INACREDITÁVEIS PALITOS DE ABOBRINHA   204

BISCOITOS PICANTES DE CENOURA E COMINHO   207

CROCANTE DE GRÃO-DE-BICO
SABOR SOUR CREAM E CEBOLA   209

SEMENTES DE ABÓBORA DOCES-PICANTES   211

DOCES

PÃO DE CENTEIO COM MANTEIGA DE GIRASSOL
E MORANGOS COM SAL E BORDO   212

MUFFINS DE BATATA-DOCE E TÂMARA   214

PICOLÉS DE MOJITO DE MELANCIA PICANTE   217

BARRAS DE GRANOLA COM MEL E AMÊNDOAS   218

SORVETE MAGNÍFICO DE BANANA E AMÊNDOAS   221

BOLO DE COCO, CARDAMOMO E MIRTILOS   222

BOLINHAS DE BROWNIE
COM NOZES TOSTADAS, 3 VERSÕES   224

COOKIES DE CHOCOLATE
COM MANTEIGA DE GIRASSOL   228

PÁGINA ANTERIOR, da esquerda para a direita: Homus de cenoura assada defumada (p.188);
Homus de beterraba assada e alcaparras (p.189); Maravilhoso homus de ervas (p.188).

HOMUS, 3 VERSÕES

Precisa variar um pouco sua receita de homus? Não deixe de experimentar estas daqui! Começamos pela receita básica e depois adicionamos ervas, especiarias e legumes assados à mistura para dar três reviravoltas surpreendentes no clássico: o Homus de cenoura assada defumada, o Maravilhoso homus de ervas e o Homus de beterraba assada e alcaparras.

Você terá de adicionar sal a seu gosto a essas receitas, já que o teor de sal varia muito, caso use grão-de-bico em lata e tahine industrializado. Comece com algumas pitadas e avance a partir daí, provando sempre.

ADIANTO Use qualquer uma dessas versões na Tigela de homus arco-íris (p.74), e todas ficam deliciosas acompanhadas dos Biscoitos picantes de cenoura e cominho (p.207).

HOMUS BÁSICO

SERVE 4 PESSOAS

1 dente de alho

¼ de xícara (60ml) de tahine

1 colher (chá) de cominho em pó

raspas de 1 limão

3 colheres (sopa) de suco de limão espremido na hora

2 colheres (sopa) de azeite extravirgem

1½ xícara (1 lata de 225g) de grão-de-bico cozido, escorrido e lavado

sal

1 No processador de alimentos, bata o alho na função "pulsar" até que ele esteja bem picado.

2 Acrescente o tahine, o cominho, as raspas e o suco de limão, o azeite e processe para obter uma pasta.

3 Acrescente o grão-de-bico, bata na função "pulsar" e acrescente até ¼ de xícara (60ml) de água para diluir, se necessário, até obter a consistência desejada. Tempere com sal.

4 Guarde o homus na geladeira, por até 5 dias, em recipiente hermético.

HOMUS DE CENOURA ASSADA DEFUMADA

3 cenouras grandes

1 colher (chá) de óleo de coco

Homus básico (p.187)

½ colher (chá) de páprica defumada picante (ou chipotle em pó)

1 pitada de pimenta-caiena (opcional)

1 colher (sopa) de suco de limão espremido na hora

sal

SERVE 4 PESSOAS

1 Preaqueça o forno a 200°C. Lave bem as cenouras e corte-as ao meio no sentido do comprimento. Esfregue cada cenoura com um pouco de óleo de coco e coloque-as numa assadeira rasa.

2 Asse as cenouras por 15 a 20 minutos, até elas ficarem macias e com pontos de queimado, mas não cozidas demais.

3 Retire as cenouras do forno e coloque-as no processador de alimentos com o homus, a páprica, a pimenta-caiena e o suco de limão. Processe até ficar homogêneo. Tempere com sal.

MARAVILHOSO HOMUS DE ERVAS

Homus básico (p.187)

1½ colher (chá) de suco de limão espremido na hora

1 colher (sopa) de azeite extravirgem

1½ colher (chá) de xarope de bordo puro

½ xícara (14g) de cada: ciboulette, hortelã, coentro e salsinha frescos, picados

sal

SERVE 4 PESSOAS

No processador de alimentos, misture o Homus básico, o suco de limão, o azeite, o xarope de bordo e as ervas. Bata até obter a consistência desejada. Tempere com sal.

HOMUS DE BETERRABA ASSADA E ALCAPARRAS

SERVE 4 PESSOAS

3 beterrabas pequenas

Homus básico (p.187)

3 colheres (sopa) de alcaparras lavadas

1 colher (sopa) de suco de limão espremido na hora

sal

1 Preaqueça o forno a 200°C. Embrulhe cada beterraba em papel-alumínio e coloque-as numa assadeira. Asse por cerca de 30 minutos. As beterrabas estarão prontas quando você conseguir enfiar uma faca afiada no centro sem muita resistência – elas devem estar tenras, mas não moles. Retire as beterrabas do forno, abra um pouco o papel-alumínio e deixe esfriar. Quando as beterrabas tiverem esfriado o suficiente para serem manuseadas, tire e descarte as cascas, depois corte cada beterraba em quatro.

2 No processador de alimentos, coloque as beterrabas, o homus, as alcaparras e o suco de limão. Processe até obter a consistência desejada. Tempere com sal.

SALSA DE FRUTAS E GENGIBRE
com tortilhas de milho assadas

Quando fui trabalhar numa fazenda orgânica no norte da Califórnia, cheguei no auge da colheita. Mas em vez de estar na horta colhendo frutas e legumes, meu trabalho era processar tudo o que chegasse à cozinha. No começo, parecia uma enorme bênção, mas se tornou um grande desafio descobrir formas de conservar aquela abundância de ingredientes para que durassem por todo o inverno. Depois de fazer algumas tortas de pêssego para congelar, fiquei bastante confusa sobre o que fazer com os quilos de frutas restantes. Não sei ao certo como surgiu a ideia, mas a "salsa" me atingiu como um raio, e eu me tornei a *rainha* da salsa de pêssego.

Tentei recriar aqui a receita que usei na fazenda, com a adição de gengibre fresco, que a torna realmente especial. Se você tem experiência com conservas, este é um ótimo molho para fazer em grande quantidade e guardar. Sirva como lanche, com tortilhas de milho, ou com legumes grelhados para acompanhar o prato principal.

SERVE 4 PESSOAS

1 Lave, retire os caroços e corte as frutas em pedaços bem pequenos, depois transfira-os para uma tigela grande.

2 Acrescente a pimenta, o pimentão, a cebola, o gengibre, o coentro, o suco de limão e o sal. Prove e ajuste o tempero, se necessário, e deixe o vinagrete em temperatura ambiente, para permitir que os sabores se infundam, pelo menos 20 minutos.

3 Sirva com Tortilhas de milho assadas (receita a seguir) ou com seus chips favoritos. O vinagrete não dura muito (a menos que você faça uma conserva!), então, certifique-se de consumi-lo em até 1 dia.

ADIANTO Prepare o dobro da receita e use no lugar da Salsa de rabanete e coentro na receita de Quinoa e feijão-preto com salsa de rabanete e coentro (p.106).

---

6 frutas do tipo drupa, como pêssegos, nectarinas ou damascos

1 pimenta vermelha pequena (sem as sementes) picada (a dedo-de-moça é uma boa opção)

1 pimentão vermelho médio (sem o cabo, as sementes e os veios) picado

1 colher (sopa) de echalota ou cebola roxa picada

1½ colher (chá) de gengibre fresco, sem casca, ralado

⅓ de xícara cheia (15g) de coentro fresco picado, incluindo os caules finos

1½ colher (chá) de suco de limão espremido na hora

¼ de colher (chá) de sal em flocos

Tortilhas de milho assadas (receita a seguir), para servir (opcional)

(continua)

8 tortilhas de milho de boa qualidade

2 a 3 colheres (sopa) de óleo de coco derretido

sal

TORTILHAS DE MILHO ASSADAS
SERVE 4-6 PESSOAS

1 Preaqueça o forno a 180°C.

2 Pincele levemente os dois lados da tortilha com óleo de coco derretido, certificando-se de cobrir as bordas também. Polvilhe com sal.

3 Empilhe as tortilhas umas em cima das outras. Corte a pilha em oitavos. Coloque as fatias triangulares numa assadeira, sobrepondo o mínimo possível. Asse por 8 a 12 minutos, até que os pedaços estejam crocantes e com as bordas douradas; eles provavelmente vão enrolar um pouco enquanto assam. Os chips continuarão a assar mais um pouco depois de retirados do forno. Quando estiverem completamente frios, transfira-os para um recipiente hermético. Note que os chips assados ficarão murchos mais rápido que os fritos, assim, é melhor que sejam consumidos em poucos dias.

VAGENS GRELHADAS
com molho romesco

500g de vagens francesas

1 colher (sopa) de óleo de coco derretido

sal

Molho romesco (receita a seguir)

Romesco é um molho intensamente saboroso da região nordeste da Espanha, onde os pescadores costumam servi-lo com peixe branco, mas fica delicioso com legumes grelhados e assados, ovos e grãos cozidos, e pode até ser diluído um pouco para servir de molho para saladas verdes. Feito com pimentões vermelhos assados, amêndoas, extrato de tomate, alho e páprica defumada, ele alcança todas as notas umami, tornando o molho inteiramente substancioso, o que não é comum numa simples receita vegetariana. Eu amo combiná-lo com vagens grelhadas; é como uma versão muito mais sofisticada e saudável de batatas fritas com ketchup que as crianças vão adorar.

SERVE 4 PESSOAS

1 Preaqueça a grelha (ou frigideira de grelhar) em fogo alto.

2 Lave e corte a vagem francesa. Unte-a levemente no óleo de coco e coloque na grelha. Deixe por 4 a 5 minutos, em seguida vire e grelhe por 2 a 3 minutos, até ela ficar macia e com marcas bastante escuras.

3 Retire as vagens do fogo e tempere com sal. Sirva com Molho romesco.

(continua)

MOLHO ROMESCO

RENDE 1 ½ XÍCARA (375ML)

1 Preaqueça o forno a 200°C.

2 Lave os pimentões e corte-os ao meio. Tire os cabos, as sementes e os veios e unte as peças levemente com óleo de coco. Coloque-os na assadeira e asse-os por 25 a 35 minutos, até eles ficarem escuros e com algumas bolhas. Retire os pimentões da assadeira, coloque-os numa tigela e cubra-os rapidamente com filme plástico para acabar de cozinhá-los no vapor, o que deixa a pele muito mais fácil de remover.

3 Reduza a temperatura do forno para 160°C. Coloque as amêndoas em outra assadeira e deixe tostar por 10 a 12 minutos, tomando cuidado para que não queimem. Retire do forno e reserve, para esfriar.

4 No processador de alimentos, bata o alho na função "pulsar" até que ele esteja picado. Acrescente os pimentões assados, as amêndoas, a páprica, o azeite, o sal, a salsinha, o extrato de tomate e o suco de limão e processe até obter a consistência desejada – de ligeiramente grosso a suave. Tempere com sal.

4 pimentões vermelhos médios

óleo de coco

½ xícara (70g) de amêndoas cruas, sem sal

1 dente de alho

1 colher (chá) de páprica defumada picante (ou chipotle em pó)

2 colheres (sopa) de azeite extravirgem

¼ de colher (chá) de sal, e mais, se necessário

3 colheres (sopa) de salsinha fresca picada

2 colheres (sopa) de extrato de tomate

1 colher (chá) de suco de limão espremido na hora

PASTA SIMPLES DE HORTELÃ E ERVILHA

500g de ervilha fresca ou congelada

⅓ de xícara cheia (7g) de folhas de hortelã fresca

1 dente de alho grande

2 colheres (sopa) de tahine

¼ de xícara (60ml) de suco de limão espremido na hora

2 colheres (sopa) de azeite extravirgem

½ colher (chá) de sal

Esta receita apareceu no meu blog há alguns anos, mas até hoje é o lanche preferido lá em casa, porque é rápido e fácil de fazer. E ao mesmo tempo é leve e rica, e combina bem com verduras, torradas e outros acompanhamentos. Eu até gosto de espalhá-la numa folha grande de alface ou de repolho, enrolar e mandar ver. Ervilhas e hortelã são uma combinação clássica, e o limão adiciona um lindo brilho. Tahine, componente meio incomum, fundamenta tudo com seu satisfatório sabor acastanhado e torna a pasta deliciosamente cremosa. Você pode usar ervilhas frescas cruas na receita, mas escaldá-las por apenas alguns minutos revela sua doçura delicada e realça o sabor.

SERVE 4-6 PESSOAS

1 Encha uma panela pequena com água e deixe ferver. Acrescente as ervilhas e cozinhe por 2 a 3 minutos, até elas ficarem verdes e doces, tomando cuidado para não cozinhá-las demais. Escorra e lave as ervilhas em água muito fria para interromper o processo de cozimento. Reserve.

2 Pique as folhas de hortelã. Reserve.

3 No processador de alimentos, bata o alho na função "pulsar" até que ele esteja picado. Acrescente as ervilhas, a hortelã, o tahine, o suco de limão, o azeite e o sal, e processe até ficar homogêneo.

4 Guarde na geladeira por 3 a 4 dias, em recipiente hermético, mas procure consumir a pasta o mais rápido possível.

ADIANTO Use a pasta no lugar do homus na Tigela de homus arco-íris (p.74).

FRICOS PICANTES

Pegue seu *frico*! *Fricos* são pequenas rodelas de queijo assado que se tornam milagrosamente crocantes no forno, e, com apenas dois ingredientes, são provavelmente o lanche mais simples de fazer. Embora tipicamente preparados com queijo parmesão, na minha versão eu uso um queijo duro de leite de ovelha chamado pecorino romano, muito semelhante ao parmesão. Se você não conseguir encontrar o pecorino na mercearia, use parmesão, mas é importante que ele venha em peça, e não ralado. *Fricos* são muito saborosos servidos como tira-gosto antes do jantar, com uma bebida fresca e espumante, ou por cima de uma simples salada verde. Se você não gosta de comida picante, deixe de lado os flocos de pimenta-calabresa e faça o petisco com um ingrediente só!

1 xícara (75g) de pecorino romano ralado na hora

½ a 1 colher (chá) de pimenta-calabresa em flocos (dependendo de quão picante você queira que fique)

RENDE CERCA DE 15 CHIPS

1 Preaqueça o forno a 160°C.

2 Numa tigela média, misture o queijo e a pimenta-calabresa, mexendo para misturar bem.

3 Forre a assadeira com papel-manteiga. Coloque colheradas de sopa da mistura de queijo ralado de pimenta sobre o papel-manteiga, mantendo cerca de 2,5cm de distância entre cada uma, e pressione ligeiramente para baixo com o fundo de um copo, para achatar um pouco. Asse por 8 a 10 minutos, até as rodelas dourarem. Retire-as do forno e deixe esfriar completamente. Guarde as sobras por até 3 dias em recipiente hermético, à temperatura ambiente.

ADIANTO Para obter uma textura mais crocante, use esses chips em vez do queijo de cabra nas Ameixas frescas assadas com balsâmico, espinafre e queijo de cabra (p.70).

PASTA DE ABACATE E GERGELIM TOSTADO

2 colheres (sopa) de gergelim cru, sem sal

1 dente de alho

polpa de 1 abacate ou 2 avocados maduros

4 colheres (sopa) de suco de limão espremido na hora, e mais, se desejar

2 colheres (sopa) de tahine

¼ de colher (chá) de xarope de bordo puro (opcional)

sal

½ xícara cheia (20g) de folhas de coentro fresco

½ folha de alga nori cortada em tiras bem finas (opcional)

Inspirada na combinação japonesa de sabores do abacate, do gergelim e da nori, fiz uma pasta de abacate cheia de surpresas! O tahine acrescenta riqueza e complexidade substanciosas, enquanto o gergelim tostado traz o sabor acastanhado e confere um contraste maravilhoso à delicada cremosidade. Sirva a pasta com legumes ou biscoitos, ou use-a num wrap de pão ou alface, em vez da maionese.

SERVE 4 PESSOAS

1 Preaqueça uma frigideira seca em fogo médio. Quando estiver quente, toste o gergelim por 2 a 3 minutos, mexendo sempre, até que ele esteja perfumado e comece a pipocar. Retire a panela do fogo e reserve.

2 No processador de alimentos, bata o alho na função "pulsar" até que ele esteja picado.

3 Acrescente o abacate, o suco de limão, o tahine, o xarope de bordo, o sal e o coentro. Processe até ficar homogêneo e cremoso. Prove e ajuste o tempero, se necessário. Acrescente metade do gergelim e, se desejar, a nori.

4 Espalhe a pasta num prato grande. Polvilhe com o gergelim restante e, se desejar, mais tiras de nori. Sirva imediatamente.

ADIANTO Esta pasta fica deliciosa servida com as Raízes assadas muito simples com Dukkah (p.183).

MUFFINS DE QUINOA E MILHO

Crescer no sul dos Estados Unidos incutiu em mim um amor sério por pão de milho, mas as elevadas quantidades de manteiga, creme de leite e açúcar das versões clássicas anulam a maioria dos benefícios para a saúde dos outros ingredientes. Minha receita troca a farinha branca por fubá e o açúcar pelo xarope de bordo, e acrescenta uma textura maravilhosa com a quinoa cozida. A pimenta oferece um leve calor, e o coentro adiciona toneladas de estilo do sudoeste americano. Estes muffins ficam deliciosos servidos com uma tigela fumegante de chili (p.138) ou uma salada de feijão-preto.

RENDE 12 MUFFINS

1 Preaqueça o forno a 200°C. Forre uma forma de cupcakes com 12 forminhas de papel.

2 Numa tigela grande, peneire o fubá, o amido de milho, o fermento, o bicarbonato e o sal. Acrescente a quinoa cozida.

3 Em tigela separada, misture o leite, os ovos, o óleo de coco e o xarope de bordo.

4 Acrescente os ingredientes úmidos aos secos e misture com o mínimo possível de mexidas. Acrescente o coentro e a pimenta picada.

5 Despeje a massa nas formas até ¾ da altura e espalhe as sementes de abóbora uniformemente por cima. Asse por cerca de 25 minutos, até que as bordas estejam douradas e um palito saia limpo quando inserido no centro do muffin. Os muffins ficam melhores recém-saídos do forno, mas duram por 3 a 4 dias em recipiente hermético à temperatura ambiente.

1½ xícara (250g) de fubá

½ xícara (75g) de amido de milho

1 colher (sopa) de fermento químico em pó

½ colher (chá) de bicarbonato de sódio

1 colher (chá) de sal

1 xícara (140g) de quinoa cozida (de cerca de ⅓ de xícara, ou 55g de peso seco)

1 xícara (250ml) de leite vegetal à sua escolha

3 ovos grandes

⅓ de xícara (80ml) de óleo de coco, derretido

1½ colher (chá) de xarope de bordo puro

½ xícara (15g) de coentro fresco picado, incluindo os caules finos

1 pimenta vermelha pequena (sem as sementes) picada (a dedo-de-moça é uma boa opção)

3 colheres (sopa) de sementes de abóbora cruas, sem sal

INACREDITÁVEIS PALITOS DE ABOBRINHA

1½ xícara (140g) de pecorino romano ralado na hora (parmesão também serve)

1 colher (sopa) de alho em pó

1½ colher (chá) de pimenta-do-reino preta moída na hora

½ colher (chá) de sal

2 colheres (chá) de orégano seco

3 a 4 abobrinhas médias

1 colher (sopa) de óleo de coco ou ghee, derretido

molho de pimenta, para servir (opcional)

É loucura sugerir que você ou algum conhecido comam uma abobrinha inteira de uma só vez? Eu aposto que você vai *lutar* com todas as forças pelos últimos pedaços deste petisco muito surpreendente e, ouso dizer, viciante! Mesmo crianças mimadas que dizem que não gostam de vegetais devoram e imploram por mais.

A base de queijo, sal e pimenta fica adorável com a adição de orégano, mas alecrim, tomilho ou pimenta-calabresa também rendem versões saborosas. Se a mercearia não vender pecorino, uma peça de queijo parmesão também serve.

SERVE 4 PESSOAS

1 Preaqueça o forno a 180°C. Coloque a grade sobre uma assadeira.

2 Numa tigela média, misture o queijo, o alho em pó, a pimenta-do-reino, o sal e o orégano.

3 Corte a abobrinha em cunhas finas; você deve obter cerca de 12 cunhas de cada abobrinha. Unte as fatias com óleo de coco e em seguida coloque-as na mistura de queijo, pressionando as fatias para o queijo grudar bem. Coloque as fatias na grade.

4 Asse as abobrinhas por 12 a 15 minutos, até elas ficarem macias, depois coloque-as por 3 a 4 minutos no grill do forno até que o queijo esteja dourado. Sirva imediatamente, com molho picante, se desejar.

ADIANTO Sirva as sobras de abobrinha com Molho romesco (p.195).

BISCOITOS PICANTES DE CENOURA E COMINHO

Estes biscoitos salgados e picantes são uma forma simples e saborosa de variar o hábito de comer bolachas industrializadas. Você nunca se aventurou a assar biscoitos antes? Não se preocupe, eles são fáceis de fazer, e você provavelmente tem tudo o que precisa na despensa agora mesmo. As cenouras, as sementes de cominho e os flocos de pimenta-calabresa realmente fazem tudo parecer uma surpresa pirotécnica, e o sabor é simplesmente explosivo!

RENDE CERCA DE 40 BISCOITOS PEQUENOS

1 Numa tigela pequena, misture as sementes de linhaça a 6 colheres (sopa) (90ml) de água. Deixe de lado para gelificar por cerca de 15 minutos. Enquanto isso, no processador de alimentos, bata 2¾ de xícara (275g) de aveia na função "pulsar" até que elas fiquem parecendo uma farinha grossa. Acrescente as especiarias e o sal; bata mais uma vez para misturar.

2 Transfira a mistura de aveia para uma tigela grande. Acrescente o óleo de coco, o gel de linhaça e as 6 colheres (sopa) (90ml) de água restantes; mexa para misturar. Acrescente as cenouras e misture mais uma vez.

3 Preaqueça o forno a 180°C. Divida a massa ao meio e coloque metade numa folha grande de papel-manteiga e cubra com outra folha.

4 Usando um rolo, abra a massa em disco ou quadrado bem fino. Tire a folha superior de papel-manteiga e polvilhe as 2 colheres (sopa) da aveia restante por cima, coloque outra folha por cima e passe o rolo de novo para a aveia grudar na massa.

5 Retire a folha superior do papel-manteiga e corte a massa no formato desejado (quadrados, retângulos, triângulos) com a ponta de uma faca afiada. Deslize o papel-manteiga com a massa para uma assadeira e leve ao forno.

6 Asse os biscoitos por 25 a 30 minutos, até eles ficarem perfumados e dourados. Repita as etapas 4 a 6 com a massa que sobrou.

2 colheres (sopa) de sementes de linhaça

12 colheres (sopa) (180ml) de água

3 xícaras (300g) de aveia em flocos sem glúten

1 colher (sopa) de sementes de cominho

½ colher (chá) de pimenta-calabresa em flocos

½ colher (chá) de chipotle em pó ou páprica picante defumada

1 colher (chá) de sal

3 colheres (sopa) de óleo de coco derretido

1 cenoura média ralada

CROCANTE DE GRÃO-DE-BICO SABOR SOUR CREAM E CEBOLA

Se você gosta de batatas chips sabor sour cream e cebola vai ficar completamente maluco por esses grãos-de-bico salgadinhos e supercrocantes. Coloque-os na lancheira dos seus filhos também, ou sirva-os de tira-gosto em vez de castanhas ou batatas chips. Eu sempre faço a receita dobrada, então fico com sobras desse ótimo substituto de croûtons sem glúten e com alto teor de proteínas para enfeitar saladas e sopas. Tenha em mente que o grão-de-bico vai continuar a assar por um tempo depois de sair do forno, então, tudo bem se eles ainda estiverem um pouco macios quando você retirá-los.

SERVE 4-6 PESSOAS

3 colheres (sopa) de óleo de coco

1½ colher (chá) de suco de limão espremido na hora

2 colheres (chá) de endro seco

4 colheres (chá) de cebola em pó

1 colher (chá) de sal

3 xícaras (2 latas de 225g) de grão-de-bico, escorrido e lavado

1 Preaqueça o forno a 200°C. Numa panela pequena, derreta o óleo de coco em fogo baixo. Acrescente o suco de limão, o endro, a cebola em pó e o sal e misture. Retire do fogo e tampe, para manter aquecido.

2 Espalhe o grão-de-bico sobre um pano de prato limpo e esfregue, descartando todas as cascas que se soltarem (o grão-de-bico não ficará crocante ao assar se estiver molhado). Coloque o grão-de-bico numa tigela grande e remexa-o na mistura de óleo de coco.

3 Espalhe o grão-de-bico sobre uma assadeira grande forrada com papel-manteiga e asse por 25 a 35 minutos, mexendo ocasionalmente, até ele ficar dourado e crocante.

4 Tire o grão-de-bico do forno. Deixe esfriar e sirva em temperatura ambiente. Armazene por até 1 semana em recipiente de vidro hermético à temperatura ambiente.

ADIANTO Use esse grão-de-bico no lugar dos croûtons na Salada Caesar grelhada com croûtons de grão-de-bico (p.61).

SEMENTES DE ABÓBORA DOCES-PICANTES

Nesta altura do livro, você já deve ter percebido como sou obcecada por combinações de salgado e doce. O toque complexo dessa união de sabores atinge um acorde primordial que diz ao nosso cérebro que estamos satisfeitos, então eu procuro incluir um pouco disso em quase tudo que faço. Esses petiscos extremamente gratificantes (e viciantes) são a escolha perfeita para preparar como alternativa aos biscoitos ou cookies quando eu recebo amigos para um chá. O xarope de bordo dá às sementes um toque de doçura e equilibra as notas salgadas do molho de soja e o sabor das especiarias. Experimente-as como tira-gosto antes das refeições, em vez das castanhas industrializadas fritas e cheias de sódio, ou belisque-as vendo um filme, no lugar das batatas chips. Também ficam ótimas polvilhadas por cima de sopas ou saladas.

SERVE 4 PESSOAS

1 Preaqueça o forno a 150°C. Forre uma assadeira rasa com papel-manteiga.

2 Numa tigela grande, misture o óleo de coco, o xarope de bordo, o molho de soja, o cominho, a pimenta em pó e a páprica. Acrescente as sementes de abóbora e misture bem. Despeje as sementes sobre a assadeira forrada, espalhe-as uniformemente, sem muita sobreposição, e leve ao forno.

3 Após cerca de 10 minutos, retire a assadeira do forno e chacoalhe, certificando-se de que as sementes estão uniformemente espalhadas. Asse por mais 7 a 10 minutos, depois mexa as sementes e as espalhe uniformemente mais uma vez, garantindo que, embora se tocando, elas não fiquem empilhadas umas sobre as outras. Asse por mais 2 a 3 minutos, retire do forno e deixe esfriar por pelo menos 15 minutos, sem mexer.

4 Quando as sementes estiverem frias, quebre-as ligeiramente em pequenas porções; eles devem ficar unidas sem formato específico, como uma renda. Se necessário, ponha-as sobre uma toalha de papel para absorver o excesso de óleo. Guarde por até 1 semana em recipiente hermético à temperatura ambiente.

2 colheres (chá) de óleo de coco derretido

1 colher (sopa) de xarope de bordo puro

1 colher (sopa) de tamari ou molho de soja sem glúten

¼ de colher (chá) de cominho em pó

¼ de colher (chá) de pimenta vermelha em pó

⅛ de colher (chá) de páprica defumada picante (ou chipotle em pó)

1 xícara (150g) de sementes de abóbora cruas, sem sal

ADIANTO Estas sementes ficam deliciosas espalhadas por cima da Sopa de milho e castanha-de-caju com óleo de chipotle (p.38).

PÃO DE CENTEIO COM MANTEIGA DE GIRASSOL

e Morangos com sal e bordo

3 xícaras (400g) de sementes de girassol cruas, sem sal e sem casca

azeite extravirgem (opcional)

2 colheres (chá) de canela em pó (opcional)

½ colher (chá) de sal (opcional)

4 fatias de pão de centeio integral

1 receita de Morangos com sal e bordo (receita a seguir)

ADIANTO Use a sobra de manteiga de girassol para preparar os Cookies de chocolate com Manteiga de girassol (p.228), ou no lugar da manteiga de amêndoas no Sorvete magnífico de banana e amêndoas (p.221).

Viver na Dinamarca me deu um profundo apreço pelo pão de centeio. Aqui ele não é apenas popular, mas um elemento básico que você vê na prateleira, como um tijolo castanho e glorioso, de qualquer casa em que você esteja. Esta receita é um lanche rápido que realmente satisfaz. A manteiga caseira de semente de girassol (ou simplesmente "manteiga de girassol") é fácil de fazer e uma deliciosa alternativa à manteiga de amendoim. Aqui eu a combinei com torradas de pão de centeio escuro e morangos macerados em xarope de bordo e um pouco de sal, para destacar sua doçura. A combinação também fica deliciosa com iogurte ou sorvete, mingau de aveia ou mesmo numa vitamina, se você tiver qualquer sobra.

SERVE 4 PESSOAS

1 Preaqueça o forno a 180°C.

2 Espalhe a semente de girassol sobre a assadeira numa camada uniforme e toste por 10 a 15 minutos, até ela ficar dourada e perfumada. Retire do forno e deixe esfriar.

3 Coloque as sementes de girassol frias no processador de alimentos e bata na função "pulsar", raspando as laterais de vez em quando, até a mistura ficar homogênea e cremosa (esse processo pode levar 10 minutos ou mais, então, seja paciente). Se as sementes não estiverem liberando seus óleos, acrescente um pouco de azeite para ajudar. Uma vez que a mistura estiver cremosa, acrescente a canela e o sal (se for usar sal) e processe, para incorporar. Guarde a manteiga por até 1 mês em recipiente de vidro hermético na geladeira.

4 Para montar, torre o pão de centeio até ele ficar escuro nas bordas. Espalhe a quantidade desejada de manteiga de girassol sobre a torrada e cubra com Morango com sal e bordo. Sirva imediatamente.

MORANGOS COM SAL E BORDO
SERVE 2-4 PESSOAS

Tire o cabo dos morangos, corte-os em quatro e coloque-os numa tigela com o xarope de bordo e o sal. Esmague alguns com o garfo contra a lateral da tigela e mexa para misturar os sucos com o xarope. Deixe os morangos marinarem em temperatura ambiente por 5 a 10 minutos, e depois desfrute-os sobre a torrada.

250g de morangos

1 colher (sopa) de xarope de bordo puro

1 pitada de sal

MUFFINS DE BATATA-DOCE E TÂMARA

INGREDIENTES SECOS

1 xícara (150g) de farinha de trigo integral

2 colheres (chá) de fermento químico em pó

½ colher (chá) de bicarbonato de sódio

2 colheres (chá) de canela em pó

1 colher (chá) de gengibre em pó

¼ de colher (chá) de sal

1 xícara (100g) de aveia em flocos

1 xícara (150g) de tâmaras picadas

INGREDIENTES ÚMIDOS

¼ de xícara (60ml) de óleo de coco derretido, e mais para untar a forma de muffin

2 bananas maduras

1 xícara (275g) de purê de batata-doce (de cerca de 1 batata-doce grande assada)

⅓ de xícara (80ml) de xarope de bordo puro

2 colheres (chá) de extrato de baunilha puro

¾ de xícara (185ml) de leite vegetal à sua escolha

ACRÉSCIMOS OPCIONAIS

1 punhado de nozes-pecãs cruas, sem sal, picadas

raspas de 1 laranja

Há um café vegano em Toronto que serve os melhores muffins, mas quando um repórter local revelou a análise nutricional, eu – e com todos que os amam – fiquei completamente chocada com a quantidade de gordura, sal e calorias. Eu me propus fazer uma versão *muito* mais virtuosa, com toda a delicadeza do original. Purê de batata-doce e banana dão liga aos ingredientes (para que você possa dispensar os ovos), acrescentando uma doçura leve e natural à massa. Repletos de tâmaras suculentas e aveia em flocos, esses muffins são perfeitos como lanche quando você está indo de um lugar para outro, ou como um café da manhã leve. Acrescente as raspas de laranja e as nozes-pecãs opcionais para obter ainda mais sabor e textura.

RENDE 12 MUFFINS

1 Preaqueça o forno a 190°C. Unte levemente uma forma de 12 muffins com óleo de coco e reserve.

2 Numa tigela grande, peneire a farinha, o fermento, o bicarbonato de sódio, a canela, o gengibre e o sal. Acrescente a aveia e misture.

3 No processador de alimentos, bata na função "pulsar" as bananas, o purê de batata-doce, o xarope de bordo, o óleo de coco, a baunilha e o leite. Despeje os ingredientes úmidos sobre os ingredientes secos e misture com o mínimo possível de mexidas. Incorpore as tâmaras picadas e os acréscimos opcionais.

4 Coloque algumas colheres (sopa) da massa em cada forminha e asse por cerca de 30 minutos, até os muffins ficarem dourados e perfumados e passarem no teste do palito. Guarde os restantes em recipiente hermético, na geladeira, por até 5 dias ou no congelador por 1 mês.

PICOLÉS DE MOJITO DE MELANCIA PICANTE

Inspirada no popular coquetel, levei a combinação clássica de limão e hortelã a outro patamar. O frescor da melancia congelada e da hortelã, com um toque picante de pimenta-caiena, é surpreendente e delicioso. Se você estiver fazendo para crianças, certamente pode reduzir ou tirar a pimenta, mas os adultos sem dúvida apreciarão o ardor sofisticado dessas beldades – é como comer fogo e gelo ao mesmo tempo!

RENDE 10 PICOLÉS

1kg de polpa de melancia sem sementes

¼ de xícara (60ml) de suco de limão espremido na hora

2 pitadas de pimenta-caiena a gosto

2 colheres (sopa) de xarope de bordo puro ou mel cru, e mais para as formas

3 colheres (sopa) de folhas de hortelã fresca, e mais para as formas

1 Corte a melancia em pedaços, retire a casca e coloque a polpa no liquidificador. Bata em velocidade média-baixa até a mistura se liquefazer. Usando uma peneira, coe o suco para um jarro com bico. Aperte a polpa para extrair o máximo de suco possível. Descarte a polpa.

2 Volte com o suco para o liquidificador e acrescente o suco de limão, a pimenta-caiena, o xarope de bordo e as folhas de hortelã. Bata apenas o suficiente para picar a hortelã – não vá longe demais, ou você vai mudar a cor do suco. Deixe a mistura descansar por 10 minutos para infundir o suco com a hortelã. Você deve terminar com pelo menos 3 xícaras (750ml) de líquido.

3 Pincele um pouco de xarope de bordo de um lado das folhas de hortelã restantes e pressione-as no interior das formas de picolé – usar um *hashi* ajuda. Use 2 ou 3 folhas por forma. (Isso é puramente por motivos estéticos, portanto, se estiver com pressa, pule essa etapa.)

4 Com cuidado, despeje uma porção da mistura de suco de melancia em cada forma, insira os palitos de madeira e leve as formas ao freezer por pelo menos 3 horas. Para remover os picolés das formas, passe-as sob água morna por alguns segundos até que o picolé se solte.

ADIANTO O suco desta receita é incrível. Deixe a pimenta de fora e acrescente um toque de água com gás para fazer um refrescante drinque de verão.

BARRAS DE GRANOLA
COM MEL E AMÊNDOAS

2 xícaras (200g) de aveia em flocos

1 xícara (135g) de amêndoas cruas, sem sal (avelãs, pecãs e nozes também ficam deliciosas)

2 colheres (sopa) de óleo de coco

½ xícara (125ml) de mel cru

½ xícara (125ml) de tahine

1 colher (chá) de extrato de baunilha puro

½ xícara (85g) de frutas secas (uva-passa, tâmara, figo, ameixa, damasco ou uma mistura), grosseiramente picadas

1½ xícara (55g) de flocos de cereal integral (como flocos de arroz)

¼ de colher (chá) de sal em flocos

Eu cresci levando uma barra de granola na lancheira todos os dias, e não importa quantos anos eu tenha, sei que sempre vou adorar morder uma barrinha de cereais doce e pegajosa. Estas barras são o lanche para viagem perfeito e, espero, substituirão as variedades compradas em lojas, muitas vezes carregadas de açúcares e gorduras processados ocultos.

É importante tostar a aveia e as amêndoas, pois ambas contêm um composto indesejado, chamado ácido fítico, que é destruído pelo calor. O bônus dessa etapa é que se ganham montes de sabor extra ao se torrar grãos e castanhas. Sinta-se à vontade para trocar as frutas secas: uvas-passas, tâmaras, ameixas, cranberries e figos são opções saborosas.

RENDE 14 BARRAS

1 Preaqueça o forno a 160°C. Forre um recipiente de 20×20cm com filme plástico ou papel-manteiga.

2 Coloque a aveia e as amêndoas numa assadeira rasa, tentando mantê-las o mais separadas possível, e toste-as por 12 a 15 minutos, mexendo uma ou duas vezes, até que a aveia esteja dourada e solte um aroma de torrado. Retire do forno, deixe-as esfriar e pique as amêndoas.

3 Numa panela pequena, derreta o óleo de coco em fogo baixo. Acrescente o mel, o tahine e a baunilha; bata até misturar bem. Retire do fogo.

4 Numa tigela grande, misture a aveia e as amêndoas com as frutas secas, o cereal em flocos e o sal. Despeje os ingredientes úmidos sobre os secos e misture rapidamente.

5 Coloque a mistura no recipiente forrado e, com as mãos levemente úmidas, pressione-a firmemente, em especial em torno das bordas e dos cantos. Coloque o recipiente na geladeira por algumas horas para firmar, depois retire e corte em 14 barras. Guarde as barras em recipiente hermético na geladeira por até 2 semanas, ou embrulhe-as individualmente para fazer os lanches em viagem.

SORVETE MAGNÍFICO DE BANANA E AMÊNDOAS

Se você recebeu pessoas para jantar na última década, provavelmente está familiarizado com o desafio de nutrir alguém com intolerância alimentar ou um estilo de vida que não inclua laticínios, ovos, glúten, açúcar etc. Bem, agora você pode definitivamente dizer que a sobremesa está salva, porque este sorvete cumpre todos os requisitos, não importa qual seja a restrição!

Bananas congeladas milagrosamente se transformam no mais cremoso e delicioso sorvete, mas manteiga de amêndoas tostadas, baunilha e um pouco de sal tornam a sobremesa realmente especial. Se você ou algum convidado tem alergia a nozes, sinta-se à vontade para usar manteiga de sementes, como a Manteiga de girassol (p.212), em vez da manteiga de amêndoas, ou simplesmente eliminá-la.

SERVE 1-2 PESSOAS

1 Descasque as bananas e quebre-as em pequenos pedaços. Coloque-as em saco plástico com fecho no freezer por pelo menos 8 horas.

2 Retire as bananas do congelador e deixe descongelar só um pouco, de 5 a 10 minutos. No processador de alimentos, bata as bananas, a manteiga de amêndoas, a baunilha e o sal. Processe até ficar homogêneo e cremoso. Sirva imediatamente.

2 bananas maduras

1 a 2 colheres (sopa) de manteiga de amêndoas (ou sua manteiga de castanhas/sementes preferida)

¼ de colher (chá) de extrato de baunilha puro

1 pitada de sal

BOLO DE COCO, CARDAMOMO E MIRTILOS

Óleo de coco, para untar
a forma

INGREDIENTES SECOS

1 xícara (90g) de coco ralado
não adoçado, mais um pouco
para decorar

1 xícara (100g) de aveia
em flocos

1 xícara (170g) de farinha de
trigo integral

1½ colher (chá) de fermento
químico em pó

½ colher (chá) de bicarbonato
de sódio

1 a 2 colheres (chá) de
cardamomo em pó (dependendo
da sua preferência)

¾ de colher (chá) de sal

INGREDIENTES ÚMIDOS

2 garrafas (400ml) de leite
de coco integral

raspas de 1 limão

2 colheres (sopa) de suco de
limão espremido na hora

2 colheres (chá) de extrato
de baunilha puro

¼ de xícara (60ml) de xarope
de bordo puro

2 ovos grandes

1 xícara (115g) de mirtilos
frescos ou congelados
(mas descongelados)

Há dois tipos de pessoas no mundo: as que gostam de glacê e as que não gostam. Eu caí no último grupo, e era uma daquelas crianças esquisitas que raspavam a grossa camada de açúcar do bolo de aniversário e dava para a melhor amiga. Agora que você sabe disso a meu respeito, vai entender minha motivação para fazer este bolo. Como não leva glacê, é fácil de transportar e de comer. Eu reduzi a doçura em comparação ao que normalmente se encontraria num bolo de sobremesa, então, tenha isso em mente quando for saboreá-lo. O lado bom é que você pode comer o bolo no café da manhã, sem dúvida! Quem pode rebater esse argumento?

RENDE 16 PEDAÇOS

1 Preaqueça o forno a 180°C. Unte levemente uma forma de 20x20cm com óleo de coco.

2 Numa tigela grande, misture os ingredientes secos: o coco, a aveia, a farinha, o fermento, o bicarbonato de sódio, o cardamomo e o sal.

3 Numa tigela média, misture os ingredientes úmidos: o leite de coco, as raspas e o suco de limão, a baunilha, o xarope de bordo e os ovos. Despeje os ingredientes úmidos sobre os secos e misture com o mínimo possível de mexidas. Incorpore os mirtilos. Despeje a massa na forma untada. Polvilhe com o restante do coco.

4 Asse por 35 a 40 minutos, até que um palito saia limpo quando inserido no centro do bolo. Deixe o bolo esfriar completamente e em seguida corte-o em 16 quadrados. Guarde por até 5 dias na geladeira, em recipiente hermético.

BOLINHAS DE BROWNIE COM NOZES TOSTADAS, 3 VERSÕES

Uma das receitas mais notáveis do meu blog é, sem dúvida, o Brownie Cru. Com sua curtíssima lista de ingredientes, seu método infalível e seus resultados incrivelmente deliciosos, não é de admirar que tantas pessoas tenham aberto a mente para doces mais saudáveis por causa dela. Se você quiser manter a receita básica como está, fique à vontade! Mas dou outras três opções, para atender a gostos variados. Se você estiver fazendo isso para um bufê ou festa, por exemplo, é bacana oferecer algumas variações.

Guarde os brownies no freezer até que esteja na hora de servir. Embora fiquem deliciosos à temperatura ambiente, também são muito bons gelados.

MASSA DE BROWNIE

RENDE 500G DE MASSA

1½ xícara (130g) de nozes cruas, sem sal

¾ de xícara (70g) de cacau em pó

¼ de colher (chá) de sal

2 xícaras (300g) de tâmaras macias (de preferência da variedade Medjool)

1 Preaqueça o forno a 180°C.

2 Coloque as nozes na assadeira e deixe tostar por 7 a 10 minutos, até que estejam levemente coloridas e perfumadas. Retire-as do forno e deixe esfriar.

3 No processador de alimentos, bata as nozes na função "pulsar" até que estejam finamente moídas. Acrescente o cacau e o sal. Bata mais uma vez para misturar.

4 Retire o caroço das tâmaras e despeje-as, uma de cada vez, através do tubo de alimentação do processador de alimentos ligado. Você deve obter uma mistura semelhante a migalhas de bolo, mas que, quando pressionada, mantém a forma (se a mistura não estiver firme, acrescente mais tâmaras).

5 Use a massa para fazer as Bolinhas de brownie a seguir. A sobra de massa dura até 1 mês no freezer.

BOLINHAS DE BROWNIE E CAFÉ

RENDE CERCA DE 10 BOLINHAS

Misture a massa com o café em pó, usando as mãos para incorporar totalmente os ingredientes. Modele a massa em 10 bolinhas. Mantenha-as no freezer até a hora de servir. Guarde por até 1 mês no congelador.

⅓ de receita (cerca de 165g) de Massa de brownie (p.224)

¾ de colher (chá) de café em pó solúvel

BOLINHAS DE BROWNIE COM BAUNILHA E COCO

RENDE CERCA DE 10 BOLINHAS

Misture a massa com a baunilha e 1½ colher (chá) do coco, usando as mãos para incorporar totalmente os ingredientes. Modele a massa em 10 bolinhas, depois enrole-as no coco restante. Mantenha-as no freezer até a hora de servir. Guarde por até 1 mês no congelador.

⅓ de receita (cerca de 165g) de Massa de brownie (p.224)

1 colher (chá) de extrato de baunilha puro

3 colheres (sopa) de coco ralado não adoçado, tostado

BOLINHAS DE BROWNIE COM LARANJA E ESPECIARIAS

RENDE CERCA DE 10 BOLINHAS

Misture a massa com as raspas de laranja, a canela e a pimenta-caiena, se desejar, usando as mãos para incorporar totalmente os ingredientes. Modele a massa em 10 bolinhas. Mantenha-as no freezer até a hora de servir. Guarde por até 1 mês no congelador.

⅓ de receita (cerca de 165g) de Massa de brownie (p.224)

raspas de 1 laranja

¼ de colher (chá) de canela em pó

1 pitada de pimenta-caiena (opcional)

COOKIES DE CHOCOLATE
COM MANTEIGA DE GIRASSOL

2 ovos grandes

2 colheres (chá) de extrato de baunilha puro

1 xícara (250g) de Manteiga de girassol (p.212)

½ xícara (125ml) de xarope de bordo puro

1 colher (chá) de bicarbonato de sódio

¼ de colher (chá) de sal

½ xícara (45g) de cacau em pó

100g de chocolate amargo (70% ou mais), grosseiramente picado

1¼ de xícara (170g) de semente de girassol crua, sem sal e sem casca

Estou bastante convencida de que, qualquer que seja a sua pergunta, estes cookies são a resposta. Milagrosamente, eles são feitos sem um só grão de farinha, usando em vez disso a manteiga de semente de girassol como base, o que produz um resultado muito rico, úmido e substancioso. Eles são surpreendentemente macios e derretem na boca sem culpa, com seus pedaços (não gotas de chocolate – uma distinção essencial) de chocolate amargo. A cobertura de sementes de girassol adiciona um crocante impiedoso e um equilíbrio com a textura macia do miolo, mas você pode usar outro tipo de semente ou castanha, se quiser – avelãs picadas ficam divinas.

RENDE 20 COOKIES

1 Preaqueça o forno a 160°C. Forre uma assadeira rasa com papel-manteiga.

2 Numa tigela pequena, misture os ovos e a baunilha. Acrescente a manteiga de girassol e misture bem. Acrescente o xarope de bordo, o bicarbonato de sódio e o sal e misture. Peneire o cacau e mexa para incorporar. Acrescente o chocolate picado.

3 Coloque as sementes de girassol numa tigela separada. Umedeça as mãos ligeiramente. Divida a massa em cerca de 20 porções e enrole cada uma em formato de bola (a massa estará muito molhada, mas isso é normal!).

4 Solte as bolas de massa na tigela com a semente de girassol e role-as para cobri-las de sementes. Achate as bolas um pouco e coloque-as na assadeira forrada mantendo cerca de 5cm de distância entre cada uma.

5 Asse os cookies por 10 a 13 minutos, até que eles tenham crescido e se expandido. Deixe esfriar um pouco antes de servir. Guarde os cookies por até 1 semana em recipiente hermético em temperatura ambiente.

COMO COMPRAR E ESTOCAR INGREDIENTES BÁSICOS

———

Os ingredientes a seguir são o que eu considero elementares na cozinha, e por essa razão é importante investir em opções de alta qualidade. Se você não conseguir encontrar algum deles na mercearia mais próxima, acho que vale uma visita à loja de produtos naturais (ou encomende-os pela internet), já que você os utilizará com bastante frequência.

Azeite de oliva extravirgem

Comprar. Ao comprar azeite, dê preferência àqueles em garrafas de vidro escuro. A luz destrói os delicados nutrientes do azeite, por isso é essencial que o vidro colorido seja verde, marrom ou azul, e não claro. Jamais compre azeite em recipiente plástico. Não há problema em comprar azeite em lata, mas tome o cuidado de transferi-lo para uma garrafa de vidro escuro quando chegar em casa. Procure os termos *não refinado* e *prensado a frio* no rótulo, o que significa que ele foi extraído na primeira prensagem, processado em temperaturas mais baixas, sem produtos químicos, e ainda contém mais nutrição e sabor.

Estocar. O azeite de oliva dura de 2 a 3 meses após a abertura; portanto, compre apenas a quantidade necessária e use-a antes desse intervalo. Guarde-o longe do calor: na geladeira ou numa pequena garrafa em lugar relativamente fresco e sem luz.

Óleo de coco

As gorduras queimadas e oxidadas provocam danos no organismo causados pelos radicais livres (o que significa nada de cozinhar com azeite de oliva!), por isso é importante cozinhar com óleos que tenham alto ponto de fumaça. O óleo de coco é uma ótima escolha.

Comprar. Para evitar o sabor imponente do coco, escolha um óleo de coco não hidrogenado, prensado em alta pressão e refinado a vapor, que possui sabor neutro. O óleo de coco virgem prensado a frio tem sabor forte e fica melhor com alimentos crus.

Estocar. Por ser muito estável, o óleo de coco pode ser armazenado em temperatura ambiente por até 1 ano. Se vier embalado em plástico, transfira-o para um frasco de vidro.

Molho de soja e tamari

Há duas variedades de molho de soja: claro e escuro. O claro, como diz o nome, é de cor mais clara, com baixa viscosidade e extremamente salgado. Esse tipo é mais caro que o escuro e utilizado como condimento na mesa. O molho de soja escuro é de cor profunda, com maior viscosidade e sabor mais doce (em geral pelos aditivos como corante de caramelo ou melaço). Este tipo é usado com mais frequência na cozinha. O tamari é a minha escolha no que tange a molhos de soja, porque não contém glúten (verifique o rótulo – deve dizer "sem glúten" e "sem trigo"). O tamari é fabricado seguindo métodos tradicionais, possui um sabor mais forte que o molho de soja comum e é mais indicado para temperar pratos de cozimento longo, como sopas, ensopados e assados.

Comprar. Recomendo comprar produtos de soja de alta qualidade sempre que possível. Procure os termos *método tradicional*, *orgânico* e *livre de transgênicos*. As versões convencionais e menos caras desse tempero podem conter corantes alimentares, adoçantes refinados, conservantes e resíduos químicos do processamento.

Estocar. Os condimentos à base de soja, depois de abertos, duram na geladeira de 2 a 3 meses.

Sal fino e em flocos

Há dois tipos de sal que uso diariamente: sal marinho fino e sal em flocos. O sal marinho fino é bom para temperar durante o cozimento e, claro, para assar, porque é fácil de medir e se dissolve uniformemente. O sal marinho em flocos, às vezes chamado sal de finalização, possui uma textura grossa que facilita pinçá-lo com os dedos e espalhá-lo sobre os alimentos cozidos como decoração ou para ajustar o tempero. Evite o sal de cozinha tradicional –

é altamente refinado, com muitos aditivos, e possui um desagradável paladar amargo que pode estragar os sabores delicados dos alimentos (além disso, após o processamento, o sal de cozinha pode ser tão prejudicial quanto o açúcar branco processado, apesar de normalmente consumido em quantidades muito menores).

Comprar. Ao comprar sal, procure os sais naturais, secos (não cozidos), não refinados e sem aditivos. O sal marinho e o sal de rocha do Himalaia são os tipos que uso com mais frequência.

Estocar. Guarde o sal em recipientes de vidro, cerâmica, pedra ou madeira (não o armazene em metal, ou ele vai corroer o recipiente), ou mantenha pequenas quantidades num saleiro na bancada da cozinha, para facilitar o acesso. O sal dura por tempo indeterminado se armazenado em ambiente limpo e seco.

Pimenta-do-reino preta

Pimenta-do-reino preta não precisa ser cara, mas insisto em que seja moída na hora, num moinho próprio para pimenta.

Comprar. Compre sempre pimenta-do-reino preta em grãos. Para minhas receitas, gosto de usar uma moagem de média a grossa. Invista num bom moinho, moa você mesmo, e sua vida mudará para sempre.

Estocar. Guarde os grãos de pimenta-do-reino preta como você faz com qualquer outra especiaria, um recipiente hermético, longe do calor e da luz. Os grãos duram de 1 a 2 anos.

Limão

Quando uma receita deste livro pede suco de limão, estou me referindo ao suco de limão espremido na hora, a partir da fruta de verdade, não ao líquido vendido em garrafinhas plásticas (que contém conservantes e sulfitos).

Comprar. Eu utilizo raspas de limão com bastante frequência neste livro – tem toneladas de sabor! Por isso, procure comprar limões orgânicos, se conseguir. Mas se você só achar limões convencionais, lave-os muito bem.

Estocar. Os limões duram até 1 mês na geladeira se mantidos em saco plástico com fecho hermético.

Vinagre de maçã

O vinagre de maçã adiciona um azedinho delicioso a todo tipo de alimento e é perfeito para conservas.

DICAS DE COMPRAS

Mercados podem ser lugares opressores, especialmente se você estiver tentando fazer escolhas mais saudáveis. Guarde estas dicas na sua próxima visita.

Frequente os corredores periféricos. Seu perímetro no supermercado é onde você encontra as coisas mais frescas: frutas, legumes, pão, ovos e laticínios, com os ingredientes frescos normalmente situados perto da entrada. É aqui que você vai gastar a maior parte do tempo (e dinheiro). Por fim, faça uma rápida visita aos corredores centrais para pegar ingredientes secos, como grãos, feijões e especiarias. Se o mercado tiver caixas grandes, use-as! Comprar produtos secos a granel, em vez de embalados, é muito mais barato.

Leia os rótulos. Em geral, compre apenas coisas com um ingrediente ("grão-de-bico" ou "amêndoas", por exemplo). Ao comprar itens embalados, fique atento a termos vagos e enganosos: *natural, fresco, saudável, integral, diet, light, sem adição de açúcar, fortificado, enriquecido, com baixo teor de gordura* e *sem gordura.* Mesmo alimentos embalados e rotulados como orgânicos devem ser examinados, porque o rótulo se refere ao processo agrícola, não às propriedades do alimento. Só porque um ingrediente é orgânico não significa necessariamente que é bom para você – açúcar branco pode ser feito organicamente também!

Faça uma lista. Escrever e se ater a uma lista de compras ajuda a economizar tempo, dinheiro e energia no mercado. Procure deixar suas compras por impulso para o setor de ingredientes frescos.

É rico em enzimas, auxilia a digestão, alcaliniza o corpo e contribui para um sistema imunológico saudável – é um alimento verdadeiramente milagroso!

Comprar. Feito de sidra de maçã fermentada, o vinagre de maçã deve sempre ser comprado não pasteurizado (cru), não filtrado, com "a mãe" (os fios de bactérias boas no vinagre) e orgânico, se possível. Dê preferência às garrafas de vidro.

Estocar. O vinagre de maçã é altamente ácido, por isso dura muitos meses fora da geladeira sem estragar, por isso é importante mantê-lo em local fresco e seco, longe da luz solar direta, como o armário da despensa. Se você sabe que não vai usá-lo com muita frequência, sugiro guardá-lo na geladeira.

Xarope de bordo puro

O xarope de bordo é de longe o meu adoçante favorito, convenientemente sem glúten, vegano e fácil de encontrar. É verdade que pode ser mais caro que outros adoçantes, mas acredito que vale a pena investir nele, tanto pelo sabor quanto pelos nutrientes.

Comprar. Ao comprar xarope de bordo, é essencial ler a lista de ingredientes – ele deve conter apenas xarope de bordo puro 100%. Evite comprar um produto que contenha sabor de bordo, xarope de milho com alto teor de frutose ou outros adoçantes, ou cujo rótulo contenha os termos *xarope de panqueca* ou *xarope de café da manhã*. Se o mercado que você frequenta dispõe de diferentes graus de xarope de bordo, escolha Grau B em vez de Grau A. O xarope de bordo Grau B é da seiva coletada no final da estação, tem uma cor mais profunda, é muito mais saboroso e com maiores quantidades de minerais.

Estocar. As garrafas abertas de xarope de bordo puro devem ser armazenadas na geladeira e duram até 1 ano.

Ervas

Ervas frescas não são apenas decoração nas minhas receitas; elas são um elemento fundamental, que podem levar uma refeição cotidiana às alturas e ajudam a transformar uma humilde tigela de arroz integral em algo especial. A principal queixa da maioria das pessoas sobre as ervas é que elas compram um monte para usar uma colher (chá), mais ou menos, numa receita, e o resto apodrece na geladeira! Espero que as receitas e as ideias de "Adianto" neste livro lhe deem muitos motivos para usar cada folhinha das suas ervas frescas.

Comprar. Compre ervas frescas de aparência alegre e vibrante, sem nenhum sinal de descoloração, amassado, mofo ou limo.

Estocar. É *essencial* que você lave as ervas assim que chegar do mercado, pois sujeira, detritos e bactérias farão com que elas se deteriorem mais depressa. Eu encho meu secador de salada com água suficiente para cobrir as ervas. Segurando o caule, afundo as ervas para cima e para baixo na água várias vezes – conforme a sujeira e os detritos escorrem, a água pode mudar de cor. Se a água estiver muito turva, repito o processo até que ela fique clara. Depois escorro a tigela e giro delicadamente para secar as ervas. Para ervas delicadas como coentro, endro, hortelã e salsinha, corte as bases dos caules como se faz com as flores. Depois coloque-as num copo com cerca de 2,5cm de água no fundo e cubra-as com um saco plástico, selando-o o mais firmemente possível na parte inferior com elástico. Guardadas dessa maneira, as ervas duram de 2 a 3 semanas na geladeira. A única exceção é o manjericão, que deve ser armazenado em temperatura ambiente, sem saco plástico por cima. Enrole ervas mais resistentes como alecrim, tomilho e sálvia numa toalha de papel depois de lavadas e guarde-as na geladeira em saco plástico com fecho. Ervas resistentes duram de 2 a 3 semanas assim acondicionadas.

Farinha

Não há muitas receitas neste livro que incluam farinha, mas aquelas que usam pedem farinha de trigo 100% integral. Se o supermercado que você frequenta vende outras farinhas integrais, como a de espelta, recomendo usá-las sempre em vez da farinha de trigo integral.

Comprar. O melhor indicador de uma farinha de boa qualidade é que ela tem uma data de vencimento impressa na embalagem. Lembre-se: comida de verdade estraga! Procure por farinha *100% integral* de grãos como trigo.

Estocar. Como realmente estraga e fica rançosa, é extremamente importante armazenar a farinha integral em recipiente hermético, em local fresco e seco. Guarde-a no freezer se usá-la apenas ocasionalmente.

Pão

Ter um pão de boa qualidade estocado no freezer pode ser um salva-vidas quando você precisa fazer uma refeição substanciosa ou um lanche num piscar de olhos. Tenha sempre uma ou duas variedades à mão, como o pão de centeio escuro e/ou um pão rústico de grãos.

Comprar. Quanto mais fresco melhor! O primeiro ingrediente de um pão de alta qualidade deve ser 100% de grãos integrais, trigo integral (ou outro grão). Recomendo sempre pão de fermentação natural em vez do levedado com fermento, porque é muito mais fácil de digerir e fica mais fresco por cerca de três vezes mais tempo. Melhor ainda se encontrar um pão com grãos germinados, leguminosas, nozes ou sementes!

Estocar. O pão dura cerca de 3 dias em saco com fecho em temperatura ambiente (se durar mais tempo pode apostar que contém conservantes). Gosto de cortar o pão e guardá-lo no freezer. Dessa forma, posso tirar quantas fatias quiser e deixá-las descongelar à temperatura ambiente, ou colocá-las diretamente na torradeira. Pão congelado dura 6 meses, se bem embalado e selado. O pão fica velho mais rápido na geladeira que na temperatura ambiente, portanto, evite armazená-lo na geladeira.

AGRADECIMENTOS

Meu nome pode estar na capa, mas há muitas pessoas cuja energia e alma tiveram um papel importante em trazer este livro à vida.

Em primeiro lugar, dedico este livro a meu marido, Mikkel, por encarar essa jornada comigo mais uma vez. Eu me sinto muito sortuda por termos tido a oportunidade de colaborar de verdade nisso, porque suas ideias brilhantes, sua capacidade de dar sentido ao meu absurdo e seus trocadilhos tornam tudo muito melhor. Eu amo você quase tanto quanto gosto de tahine. Quase mesmo.

Para minha estrelinha Finn, por me acompanhar em todas as degustações para o livro e me dar um feedback muito claro. Espero que você não tenha enjoado de pimentas, limões ou alho cru pelo resto da vida. Meu coração quase explode quando você implora por mais lentilhas, e o fato de você ter aprendido a identificar quase todos os ingredientes na mercearia antes de saber falar seu próprio nome deixa a mamãe muito orgulhosa.

Para minha família, Sheila, Paul, Diana, Trevor e Ali, por concordarem em surfar essa onda comigo mais uma vez. Obrigada pela paciência, pelo encorajamento e por acreditar em meus sonhos. Eu sinto como se pudesse ouvir vocês aplaudindo através do oceano toda vez que acerto em cheio em outra receita e tiro outra foto que capta como ela é deliciosa. E um agradecimento especial à minha mãe, por fazer compras, cortar, cozinhar e limpar aqui ao meu lado. Amo muito todos vocês.

Para as mãos e almas incrivelmente generosas que com carinho doaram seus preciosos dias para me ajudar na cozinha: Signe Ågård Christensen, Mia Signe Kähler Albek, Mere Rosenbluth e Gertrud Sol. A energia de vocês era abismal, contagiante, e tornava cada dia mais divertido do que deveria ser. Adoro que o entusiasmo de vocês tenha se identificado com o meu, de modo que pudemos celebrar a verdadeira alegria de compartilhar a comida. Que presente todos vocês são.

Para Samantha, que constantemente me apoia e acredita em mim já há tantos anos. Veja o que fizemos juntas! Obrigada por criar um espaço para eu compartilhar minhas paixões com o mundo e por estar sempre do meu lado.

Aos meus editores, Rica Allannic e Angelin Borsics, por me estimularem constantemente a pensar maior,

melhor e além. Sua paciência, mente aberta e meticulosidade realmente fazem este livro brilhar. E para o resto da equipe da Clarkson Potter, por todo o trabalho duro, incluindo Terry Deal, Heather Williamson, La Tricia Watford, Natasha Martin e Stephanie Davis.

Para Sharon Bowers, que eliminou o mistério e a pressão de todo esse processo. Você sempre encontra uma forma de me fazer ver as coisas numa perspectiva maior e me permite ser uma pessoa que nem sempre sabe a resposta. Sua orientação, seu apoio e seu profissionalismo significam o mundo para mim.

Para Rune Lundø, por mais uma vez trazer o melhor das minhas imagens. Eu me divirto muito aprendendo com você e me curvo ante seu gênio.

Para Per Bo, por me inspirar com seus belos trabalhos de cerâmica e por emprestar muitas das peças que aparecem no livro. Você é um verdadeiro artista e amigo.

Aos meus incríveis testadores de receitas, que trabalharam muito e compartilharam seu feedback atencioso comigo. Sua sinceridade e suas avaliações críticas ajudaram a moldar as receitas para se tornarem as melhores possíveis. Sou eternamente grata a todos vocês: Bettina Abaou, Neeza Adenan, Amal Alhaag, Liz Ball, Renee Barker, Sheila Britton, Stephanie Bonic, Laura Chimelski, Kathryn Coatsworth, Signy Coatsworth, Michelle Cossar, Michele Delios, Anastasia Doudakis, Jenneke Dubois, Kelly Ekardt, Rickard Engstrom, Paula Hannon, Jules Hau, Brigitte Hendrix, Ngoc Hoang, Sharman Howes, Barbara Jacops, Gina Johnston, Kaitlin Kazmierowski, Renee Kemps, Alicia Key, Julie Leach, Debbie Levy, Kristine Lye, Jane Matthews, Shane Mazandarani, Kelly McCabe, Lisa Muller, Adrienne Murphy, Steph Nambiar, Jennifer Northrup, Valerie Orviss, Kinga Pulcinska, Mere Rosenbluth, Natasha Staddon, Ambar Surastri, Jaime Tan, Myra Tay, Misla Tesfamariam, Linda van der Heijden, Alison e Lexie Von Hahn, Aga Wala e Ali Wylie.

E para todos os leitores do My New Roots, seu amor me arrebata eternamente. A disposição que vocês têm para abraçar novas coisas e lutar por uma vida mais saudável ajudou a moldar e definir meu propósito nesta vida. Sem vocês, este livro de receitas não existiria, e eu acordaria para fazer o café da manhã só para mim, em vez das centenas de milhares de pessoas que se importam em ver o que coloco em minha tigela de cereal. Sou muito grata por fazer parte dessa comunidade.

ÍNDICE REMISSIVO

Abacate. *Ver* Avocado

Abóbora:
festiva recheada com triguilho, feta e figo, 143-4; Minestrone de outono, 19; Risoto de forno de abóbora e sálvia, 122; Sopa de ervilha com gengibre e limão, 33; *ver também* Abobrinha

Abobrinha:
Inacreditáveis palitos de abobrinha, 204; e milho grelhados com manjericão e, 80; Minestrone de verão, 18

Acompanhamentos simples e pequenos pratos, 150-84
Aspargos grelhados com creme cítrico de queijo de cabra, 161; Babaganuche de berinjela defumada com pinoli, 167; Beterraba assada, três versões, 153-5; Beterraba balsâmica com avelã, salsinha e romã, 155; Brilha, brilha, arrozinho, 176-7; Brócolis com ghee de alho e pinoli, 171; Cebolinha verde grelhada com grão-de-bico e limão, 172; Cenoura com manteiga noisette, pistaches e endro, 163; com abacate, gergelim e gengibre, 154; com feijão-branco, limão e hortelã, 153; Couve, cogumelos e nozes com pecorino, 158; Couve-de-bruxelas assada com nozes e xarope de bordo, 180; Cuscuz falso com tangerina, 175; Feta assado com azeitona, pimentão e tomate, 168; Pimentão vermelho assado e marinado com grão-de-bico, 164; Rabanete assado com abacate e sal de gergelim, 157; Raízes assadas muito simples com Dukkah, 183; Repolho grelhado com maçã e molho de nozes tostadas, 179; *ver também* Salada(s)

Aipo:
Salada de folha de, com berinjela assada no balsâmico, 79

Aipo-rábano:
Cuscuz falso com tangerina, 175

Alcaparra(s):
Homus de beterraba assada e, 189; Molho de, 76; Pizza de portobello, 119-20

Alho:
Brócolis com ghee de alho e pinoli, 171; Croûtons de alho e ervas, 29; Molho de limão e alho, 54; Molho de tomate com alho tostado, canelone de berinjela com Meta feta e, 114-5; Sopa aveludada de alho assado e beterraba com molho de iogurte e mostarda, 44; Sopa de alho dos sonhos, 34

Alho-poró:
Ensopado de feijão-branco com gengibre, 136; Galette de cogumelo e, 130-2; Minestrone de outono, 19

Ameixas frescas assadas com balsâmico, espinafre e queijo de cabra, 70

Amêndoas:
Barras de granola com mel e amêndoas, 218; Brilha, brilha, arrozinho, 176-7; Caçarola de batata-doce, couve-flor e leite de coco, cobertura para, 129; Vagens grelhadas com Molho romesco, 193-5; tostadas, Salada cremosa de couve-de-bruxelas com maçã e, 88

Arroz:
Brilha, brilha, arrozinho, 176-7; Kichadi revigorante de uma panela só, 126; Ragu reconfortante de grão-de-bico e cogumelo com sálvia crocante, 117-8; Risoto de forno de abóbora e sálvia, 122; Tigela robusta de arroz selvagem, cenoura assada e romã, 147

Aspargos:
grelhados com creme cítrico de queijo de cabra, 161; Minestrone de primavera, 17; Risoto surpresa de sementes de girassol com, 102-3; Salada revigorante de primavera com Molho de limão, hortelã e tâmara, 57-9

Aveia:
Barras de granola com mel e amêndoas, 218; Biscoitos picantes de cenoura e cominho, 207; Bolo de coco, cardamomo e mirtilos, 222; Caçarola de batata-doce, couve-flor e leite de coco, cobertura para, 129; Massa de galette com, 130; Muffins de batata-doce e tâmara, 214; Waffles fantásticos de falafel, 98-9

Avelã(s):
Beterraba balsâmica com salsinha, romã e, 155; Dukkah, 26; Raízes assadas muito simples com Dukkah, 183; Salada de lentilha com Picles de cenoura e gengibre com ameixas secas picantes e Dukkah, 85-7; Sopa fria e relaxante de pepino e abacate com hortelã e Dukkah, 24

Avocado(s):
Avocado recheado com manga e broto de feijão-mungo, 67; Beterraba com gergelim, gengibre e, 154; Chili de broto de lentilha, 138-9; Pasta de abacate e gergelim tostado, 200; Rabanete assado com abacate e Sal de gergelim, 157; Rolinhos selvagens de verão, 101; Salada Cidade das Esmeraldas, 73; Sopa fria e relaxante de pepino e abacate, 24

Azeite de oliva, 13, 230

Azeitonas:
Cuscuz falso com tangerina, 175; Feta assado com azeitona, pimentão e tomate, 168; Mediterrâneo de brócolis e grão-de-bico, recheio para batata-doce, 97; Salada cítrica de beterraba crua e quinoa com endro e azeitona, 91; topping de cuscuz para Sopa norte-africana de tomate seco, 31

Babaganuche de berinjela defumada com pinoli, 167

Balsâmico, molho, 70

Bananas:
Muffins de batata-doce e tâmara, 214; Sorvete magnífico de banana e amêndoas, 221

Barras de granola com mel e amêndoas, 218

Batata-doce, 95
Batata-doce assada com feijão-branco sobre couve kale massageada, 54; Caçarola de batata-doce, couve-flor e leite de coco, 129; Chili de broto de lentilha, 138-9; com Recheio de couve kale massageada, feta e pecã, 96; com Recheio mediterrâneo de Brócolis e grão-de-bico, 97; com Recheio de repolho picante e feijão-preto, 97; Muffins de batata-doce e tâmara, 214; Raízes assadas muito simples com Dukkah, 183; recheada, 95-7; Salada prensada de couve kale massageada, 56; Sopa azedinha de feijão-preto e leite de coco, 37; Sopa superdetox de coentro, espinafre e batata-doce, 43

Baunilha, Bolinhas de brownie com, e coco, 225

Berinjela:
Babaganuche de berinjela defumada com pinoli, 167; Canelone de berinjela com Meta feta e Molho de tomate com alho tostado, 114-5; e Cogumelos grelhados com macarrão e manteiga de amêndoas, 133-5; Salada de folha de aipo com berinjela assada no balsâmico, 79

Beterraba(s):
assada, três versões, 153-5; Beterraba balsâmica com avelã, salsinha e romã, 155; com abacate, gergelim e gengibre, 154; com Feijão-branco, limão e hortelã, 153; Homus de beterraba assada e alcaparras, 189; Massa com pesto rosa vibrante, 125; Raízes assadas muito simples com Dukkah, 183; Salada cítrica de beterraba crua e quinoa com endro e azeitona, 91; Sopa aveludada de alho assado e beterraba com molho de iogurte e mostarda, 44; Polenta com tiras de beterraba e Pesto de rúcula e, 141-2

Biscoitos picantes de cenoura e cominho, 207

Bolo de coco, cardamomo e mirtilos, 222

Brilha, brilha, arrozinho, 176-7

Brócolis:
Caldo de brócolis e manjericão com macarrão e sal de gergelim, 40; com Ghee de alho e pinoli, 171; Recheio mediterrâneo de Brócolis e grão-de-bico, recheio para batata-doce, 97

Brotos de feijão. *Ver* Brotos

Brotos:
Avocado recheado com manga e broto de feijão-mungo, 67; básicos, 23; Chili de broto de lentilha, 138-9; Gaspacho de broto de feijão-mungo, 22; Rolinhos selvagens de verão, 101

Brownie:
baunilha e coco, 225; com nozes tostadas, Bolinhas de, três versões, 224-5; e café, 225; laranja e especiarias, 225; Massa para, 224

Caçarola de batata-doce, couve-flor e leite de coco, 129

Caesar, Salada, grelhada com Croûtons de grão-de-bico, 61-2

café, Bolinhas de brownie e, 225
Canelone de berinjela com Meta feta e
Molho de tomate com alho tostado,
114-5
Cardamomo:
Bolo de coco, cardamomo e mirtilos,
222
Cebolas:
Cebolinha verde grelhada com grão-de-
bico e limão, 172; Couve, cogumelos
e nozes com pecorino, 158; Crocante
de grão-de-bico sabor sour cream e
cebola, 209; Pizza de portobello,
119-20; Raízes assadas muito simples
com Dukkah, 183; Tacos de lentilha
defumada com Pico-de-gallo e, 112
Cebolinha verde grelhada com grão-de-
bico e limão, 172
Cenoura(s):
Biscoitos picantes de cenoura
e cominho, 207; Brilha, brilha,
arrozinho, 176-7; Cenoura com
manteiga noisette, pistaches e endro,
163; Chili de broto de lentilha, 138-9;
Ensopado de feijão-branco com
gengibre, 136; Homus de cenoura
assada defumada, 188; Minestrone
de outono, 19; Picles de cenoura e
gengibre, 87; Raízes assadas muito
simples com Dukkah, 183; Salada
de lentilha com Picles de cenoura e
gengibre com ameixas secas picantes
e Dukkah, 85; Salada de repolho com
quinoa e coco e Molho de tahine e
hortelã, 63-4; Tigela robusta de arroz
selvagem, cenoura assada e romã, 147
Chermoula, Bifes de couve-flor com ovos
e, 148
Chili de broto de lentilha, 138-9
Chipotle, Sopa de milho e castanha-de-caju
com óleo de, 38
Chocolate:
Bolinhas de brownie com nozes
tostadas, três versões, 224-5; Cookies
de chocolate com manteiga de girassol,
228
Cidade das Esmeraldas, Salada, 73
Coco:
Bolinhas de brownie com baunilha e
coco, 225; Bolo de coco, cardamomo
e mirtilos, 222; Caçarola de batata-
doce, couve-flor e leite de coco, 129;
Dal de curry e leite de coco, 47;
Salada de repolho com quinoa e coco
e Molho de tahine e hortelã, 63-4;
Sopa azedinha de feijão-preto e leite
de coco, 37
Coentro, 232
Chermoula, 148; Muffins de quinoa
e milho, 203; Quinoa e feijão-preto
com salsa de rabanete e, 106;
Rolinhos selvagens de verão, 101;
Salsa de frutas e gengibre, 191; Salsa
de rabanete e coentro, 108; Sopa
superdetox de coentro, espinafre e
batata-doce, 43
Cogumelos:
Berinjela e, grelhados com macarrão e
manteiga de amêndoas, 133-5; Couve,
cogumelos e nozes com pecorino, 158;
Creme suntuoso de cogumelos com
Croûton de alho e ervas, 27-9; Galette

de alho-poró e cogumelo, 130-2;
Ragu reconfortante de grão-de-bico e
cogumelo com sálvia crocante, 117-8
Cominho:
Biscoitos picantes de cenoura e
cominho, 207; Dukkah, 26
Cookies de chocolate com manteiga de
girassol, 228
Couve, 53
Abóbora festiva recheada com
triguilho, feta e figo, 143-4; Batata-doce
assada com feijão-branco sobre couve
kale massageada, 54; Couve kale
massageada, feta e pecã, recheio para
batata-doce, 96; Couve, cogumelos e
nozes com pecorino, 158; Minestrone
de outono, 19; Salada de couve kale
massageada, com Molho de harissa,
55; Salada de repolho com quinoa
e coco e Molho de tahine e hortelã,
63-4; Salada prensada de couve kale
massageada, 56
Couve-de-bruxelas:
assada com nozes e xarope de bordo,
180; Salada cremosa de, com maçã e
amêndoas tostadas, 88
Couve-flor:
Bifes de, com Chermoula e ovos, 148;
Caçarola de batata-doce, couve-flor e
leite de coco, 129; Sopa de alho dos
sonhos, 34; Crocante de grão-de-bico
sabor sour cream e cebola, 209
Croûtons:
de alho e ervas, 29; de grão-de-bico,
62
Curry:
Dal de curry e leite de coco, 47;
Sanduíche de curry de grão-de-bico,
109
Cuscuz falso com tangerina, 175

Dal de curry e leite de coco, 47
Damasco:
Salsa de frutas e gengibre com tortilhas
de milho assadas, 191-2
Doces, 212-29
Barras de granola com mel e
amêndoas, 218; Bolinhas de brownie
com baunilha e coco, 225; Bolinhas
de brownie com nozes tostadas,
três versões, 224-5; Bolo de coco,
cardamomo e mirtilos, 222; Cookies de
chocolate com manteiga de girassol,
228; Bolinhas de brownie com laranja
e especiarias, 225; Massa para, 224;
Bolinhas de brownie e café, 225;
Muffins de batata-doce e tâmara,
214; Pão de centeio com manteiga de
girassol e morangos com sal e bordo,
212-3; Picolés de mojito de melancia
picante, 217; Sorvete magnífico de
banana e amêndoas, 221
Dukkah, 26
Raízes assadas muito simples com,
183; Salada de lentilha com Picles de
cenoura e gengibre com ameixas secas
picantes e, 85-7; Sopa fria e relaxante
de pepino e abacate com hortelã e, 24

Endro, 232
Cenoura com manteiga noisette,
pistaches e, 163; Salada cítrica de

beterraba crua e quinoa com azeitona
e, 91; Sopa rápida de ervilha e endro,
21
Ervas, 232
Maravilhoso homus de ervas, 188;
ver também ervas específicas
Ervilhas:
Kichadi revigorante de uma panela
só, 126; Minestrone de primavera,
17; Pasta simples de hortelã e
ervilha, 196; Risoto surpresa de
sementes de girassol, 102-3; Salada
fria de macarrão com rabanetes e,
104; Salada magnífica de vagem e
estragão, 68; Salada revigorante de
primavera com Molho de limão, hortelã
e tâmara, 57-9; Sopa de ervilhas com
gengibre e limão, 33; Sopa rápida de
ervilha e endro, 21
Espinafre:
Ameixas frescas assadas com
balsâmico, queijo de cabra e, 70;
Ensopado de feijão-branco com
gengibre, 136; Galette de alho-poró
e cogumelo, 130-2; Minestrone de
outono, 19; Pizza de portobello,
119-20; Ragu reconfortante de grão-de-
bico e cogumelo com sálvia crocante,
117-8; Sopa superdetox de coentro,
espinafre e batata-doce, 43
Estragão, Salada magnífica de vagem e,
68

Falafel, Waffles fantásticos de, 98-9
Farinha, 232
Farinha de milho (fubá):
Muffins de quinoa e milho, 203;
Polenta com tiras de beterraba e Pesto
de rúcula, 141-2
Feijão-branco:
Batata-doce assada com, sobre couve
kale massageada, 54; Beterraba e,
com limão e hortelã, 153; Ensopado
de feijão-branco com gengibre, 136;
Minestrone de primavera, 17
Feijão-mungo:
Avocado recheado com manga e broto
de feijão-mungo, 67; Brotos básicos,
23; Gaspacho de broto de feijão-
mungo, 22; Kichadi revigorante de
uma panela só, 126
Feijão-preto:
Quinoa e feijão-preto com salsa de
rabanete e coentro, 106-8; Recheio
de repolho picante, feijão-preto, 97;
Sopa azedinha de feijão-preto e leite
de coco, 37
Feijões e vagens:
Avocado recheado com manga e
broto de feijão-mungo, 67; Batata-
doce assada com feijão-branco sobre
couve kale massageada, 54; Beterraba
com feijão-branco, limão e hortelã,
153; Creme suntuoso de cogumelos
com Croûtons de alho e ervas, 27-9;
Ensopado de feijão-branco com
gengibre, 136; Gaspacho de broto de
feijão-mungo, 22; Kichadi revigorante
de uma panela só, 126; Minestrone de
outono, 19; Minestrone de primavera,
17; Minestrone de verão, 18; Quinoa
e feijão-preto com salsa de rabanete

e coentro, 106-8; Recheio de repolho picante e feijão-preto, 97; Salada magnífica de vagem e estragão, 68; Sopa azedinha de feijão-preto e leite de coco, 37; Sopa de forno esperta de pastinaca, 48; Vagens grelhadas com Molho romesco, 193-5; *ver também* Grão-de-bico

Feta:
Abóbora festiva recheada com triguilho, figo e, 143-4; assado com azeitona, pimentão e tomate, 168; Recheio de couve kale massageada, feta e pecã, 96; Galette de alho-poró e cogumelo, 130-2; Pimentão vermelho assado e marinado com grão-de-bico e, 164; Polenta com tiras de beterraba e Pesto de rúcula, 141-2; Salada magnífica de vagem e estragão, 68; *ver também* Meta feta de sementes de girassol

Figo(s):
Abóbora festiva recheada com triguilho, feta e, 143-4; Salada de rúcula e, com Molho de nozes tostadas, 82-4

Fricos picantes, 199

Frutas secas:
Ameixas secas picantes, salada de lentilha com Picles de cenoura e gengibre com Dukkah e, 85-7; Barras de granola com mel e amêndoas, 218; Brilha, brilha, arrozinho, 176-7; *ver também* Tâmaras

Galette de alho-poró e cogumelo, 130-2
Gaspacho de broto de feijão-mungo, 22
Gengibre:
Beterraba com abacate, gergelim e, 154; Ensopado de feijão-branco com gengibre, 136; Molho picante de tahine e gengibre, 104; Picles de cenoura e gengibre, 87; Salada de lentilha com Picles de cenoura e gengibre com ameixas secas picantes e Dukkah, 85; Salsa de frutas e gengibre com Tortilhas de milho assadas, 191-2; Sopa de ervilhas com gengibre e limão, 33

Gergelim:
Beterraba com abacate, gengibre e, 154; Caldo de brócolis e manjericão com macarrão e sal de, 40; Dukkah, 26; Pasta de abacate e gergelim tostado, 200; Rabanete assado com abacate e sal de, 157; Raízes assadas muito simples com Dukkah, 183; Sal de gergelim, 157; Salada de lentilha com Picles de cenoura e gengibre com ameixas secas picantes e Dukkah, 85-7; Sopa fria e relaxante de pepino e abacate com hortelã e Dukkah, 24; *ver também* Tahine

Ghee, Brócolis com, e pinoli, 171
Granola, Barras com mel e amêndoas, 218
Grão-de-bico:
Abóbora festiva recheada com triguilho, feta e figo, 143-4; Cebolinha verde grelhada com limão e, 172; Crocante de grão-de-bico sabor sour cream e cebola, 209; Croûtons de, 62; Mediterrâneo de brócolis e grão-de-

bico, recheio para batata-doce, 97; Minestrone de verão, 18; Pimentão vermelho assado e marinado com, 164; Ragu reconfortante de grão-de-bico e cogumelo com sálvia crocante, 117-8; Sanduíche de curry de grão-de-bico, 109-11; Sopa norte-africana de tomate seco, 30-1; Tigela robusta de arroz selvagem, cenoura assada e romã, 147; Waffles fantásticos de falafel, 98-9

Harissa, 30
Couve kale massageada com Molho de harissa, 55; Molho de harissa e tahine, 99; Waffles fantásticos de falafel, 98-9

Homus:
básico, 187; Beterraba assada e alcaparras, 189; Cenoura assada defumada, 188; Maravilhoso de ervas, 188; Tigela de homus arco-íris, 74

Hortelã:
Beterraba com feijão-branco, limão e, 153; Brilha, brilha, arrozinho, 176-7; Molho de limão, hortelã e tâmara, 59; Molho de tahine e hortelã, Salada de repolho com quinoa e coco e, 63-4; Pasta simples de hortelã e ervilha, 197; Picolés de mojito de melancia picante, 217; Salada Cidade das Esmeraldas, 73; Salada revigorante de primavera com molho de limão, tâmara e, 57; Sopa fria e relaxante de pepino e abacate com Dukkah e, 24

Ingredientes básicos, 230-2
Iogurte:
Sopa aveludada de alho assado e beterraba com molho de iogurte e mostarda, 44; Vinagrete cremoso de bordo, 88

Kichadi revigorante de uma panela só, 126

Laranja, Bolinhas de brownie com, e especiarias, 225
Lentilhas:
Chili de broto de lentilha, 138-9; Dal de curry e leite de coco, 47; Kichadi revigorante de uma panela só, 126; Salada de lentilha com Picles de cenoura e gengibre, com ameixas secas picantes e Dukkah, 85-7; Tacos de lentilha defumada com Pico-de-gallo, 112

Limão, 13, 231
Cebolinha verde grelhada com grão-de-bico e, 172; Aspargos grelhados com creme cítrico de queijo de cabra, 161; Molho de limão e alho, 54; Molho de limão, hortelã e tâmara, 59; Salada revigorante de primavera com Molho de limão, hortelã e tâmara, 57; Sopa de ervilha com gengibre e limão, 33

Maçã(s):
Repolho grelhado com Molho de nozes tostadas e, 179; Salada cremosa de couve-de-bruxelas com amêndoas tostadas e, 88; Salada prensada de couve kale massageada, 56

Maionese, 109
divina e infalível, 111
Manga, Avocado recheado com, e broto de feijão-mungo, 67
Manjericão:
Abobrinha e milho grelhados com, 80; Caldo de brócolis e manjericão com macarrão e Sal de gergelim, 40
Manteiga de amêndoas:
Berinjela e cogumelos grelhados com macarrão e, 133; Molho de, 135; Rolinhos selvagens de verão, 101; Sorvete magnífico de banana e amêndoas, 221
Manteiga de girassol, 212
Cookies de chocolate com manteiga de girassol, 228; Pão de centeio com morangos com sal e bordo e, 212-3
Massas:
Berinjela e cogumelos grelhados com macarrão e manteiga de amêndoas, 133-5; Caldo de brócolis e manjericão com macarrão e Sal de gergelim, 40; Massa com Pesto rosa vibrante, 125; Minestrone de outono, 19; Minestrone de primavera, 17; Salada fria de macarrão com rabanetes e ervilhas, 104
Melancia, Picolés de mojito de, picante, 217
Meta feta de sementes de girassol, 76
Canelone de berinjela com Molho de tomate com alho tostado e, 114-5; Tomates com manjericão e, 76
Milho:
Abobrinha e milho grelhados com manjericão, 80; Sopa de milho e castanha-de-caju com óleo de chipotle, 38
Minestrone, três versões, 17-9; outono, 19; primavera, 17; verão, 18
Mirtilos, Bolo de coco, cardamomo e, 222
Molho de soja, 230
Molho(s):
balsâmico, 70; Berinjela e cogumelos grelhados com macarrão e manteiga de amêndoas, 133; Chermoula, 148; Couve-de-bruxelas assada com nozes e xarope de bordo, 180; Creme cítrico de queijo de cabra, aspargos grelhados com, 161; Curry, 109; de alcaparras, 76; de limão e alho, 54; de bordo e mostarda, 69; de harissa e tahine, 99; de limão, hortelã e tâmara, 59; de nozes tostadas, 84; de tomate com alho tostado, canelone de berinjela com Meta feta e, 114-5; Harissa, 55; Maionese divina e infalível, 111; Manteiga de amêndoas, 135; Molho romesco, Vagens grelhadas com, 193-5; picante de tahine e gengibre, 104; Repolho grelhado com maçã e molho de nozes tostadas, 179; Rolinhos selvagens de verão com molho de manteiga de amêndoas, 101; Caesar com tahine, 62; Salada de rúcula e figo com molho de nozes tostadas, 82; Salada magnífica de vagem e estragão com molho de bordo e mostarda, 68-9; Salada revigorante de primavera com molho de limão, hortelã e tâmara,

Índice remissivo 237

57; de tahine e hortelã, 63-4; Tigela robusta de arroz selvagem, cenoura assada e romã com molho de nozes tostadas, 147; Vinagrete cremoso de bordo, 88; Waffles fantásticos de falafel com molho de harissa e tahine, 98-9; *ver também* Pesto

Morangos com sal e bordo, Pão de centeio com manteiga de girassol e, 212-3

Mostarda:
Molho de bordo e mostarda, 69; Molho de iogurte e mostarda, sopa aveludada de alho assado e beterraba com, 44; Salada magnífica de vagem e estragão, 68

Muffins:
de batata-doce e tâmara, 214; de quinoa e milho, 203

Nectarinas:
Salsa de frutas e gengibre com tortilhas de milho assadas, 191-2

Nozes:
Bolinhas de brownie com nozes tostadas, três versões, 224-5; Couve, cogumelos e nozes com pecorino, 158; Molho de nozes tostadas, 84; Pesto de rúcula, polenta com tiras de beterraba e, 141-2; Repolho grelhado com maçã e molho de nozes tostadas, 179; Salada de folha de aipo com berinjela assada no balsâmico, 79; Salada de rúcula e figo com molho de nozes tostadas, 82; Tigela robusta de arroz selvagem, cenoura assada e romã, 147; Xarope de bordo, couve-de-bruxelas assada com nozes e, 180

Óleo de coco, 230

Ovos, Bifes de couve-flor com Chermoula e, 148

Pão, 232

Pastinacas:
Raízes assadas muito simples com Dukkah, 183; Sopa de forno esperta de pastinaca, 48

Pastinha(s):
Homus, três versões, 187-9; Pasta de abacate e gergelim tostado, 200; simples de hortelã e ervilha, 196; *ver também* Vinagrete cremoso de bordo

Pecãs:
Couve kale massageada, feta e pecã, recheio para batata-doce, 96; Salada magnífica de vagem e estragão, 68

Pecorino romano:
Couve, cogumelos e nozes com, 158; *Fricos* picantes, 199; Inacreditáveis palitos de abobrinha, 204; Risoto de forno de abóbora e sálvia, 122

Pepino(s):
Gaspacho de broto de feijão-mungo, 22; Salada Cidade das Esmeraldas, 73; Sopa fria e relaxante de pepino e abacate com hortelã e Dukkah, 24

Pequenos pratos. *Ver* Acompanhamentos simples e pequenos pratos

Pêssego:
Salsa de frutas e gengibre com tortilhas de milho assadas, 191-2

Pesto:
de rúcula, Polenta com tiras de beterraba e, 141-2; rosa vibrante, Massa com, 125

Petiscos, 187-211
Biscoitos picantes de cenoura e cominho, 207; Crocante de grão-de-bico sabor sour cream e cebola, 209; *Fricos* picantes, 198; Homus, 187-9; Homus básico, 187; Homus de beterraba assada e alcaparras, 189; Homus de cenoura assada defumada, 188; Inacreditáveis palitos de abobrinha, 204; Maravilhoso homus de ervas, 188; Muffins de quinoa e milho, 203; Pasta de abacate e gergelim tostado, 200; Pasta simples de hortelã e ervilha, 196; Salsa de frutas e gengibre com tortilhas de milho assadas, 191-2; Semente de abóbora doces-picantes, 211; Vagens grelhadas com molho romesco, 193-5; *ver também* Doces

Picles, 12
de cenoura e gengibre, 87; Salada de lentilhas com ameixas secas picantes, Dukkah e, 85-7

Pico-de-gallo, Tacos de lentilha defumada com, 112

Picolés de mojito de melancia picantes, 217

Pimenta-do-reino preta, 231

Pimentões:
Feta assado com azeitona, pimentão e tomate, 168; Gaspacho de broto de feijão-mungo, 22; Minestrone de verão, 18; Molho romesco, vagens grelhadas com, 193-5; Pimentão vermelho assado e marinado com grão-de-bico, 164; Salsa de frutas e gengibre com tortilhas de milho assadas, 191; Sopa norte-africana de tomate seco com topping de cuscuz, 30-1

Pinoli:
Babaganuche de berinjela defumada com, 167; Brócolis com ghee de alho e, 171; Recheio Mediterrâneo de Brócolis e grão-de-bico, recheio para batata-doce, 97

Pistaches:
Cenoura com manteiga noisette, endro e, 163; Salada cítrica de beterraba crua e quinoa com endro e azeitona, 91

Pizza de portobello, 119-20

Polenta com tiras de beterraba e Pesto de rúcula, 141-2

Prensadas, saladas, 53
Salada prensada de couve kale massageada, 56

Primavera, Salada revigorante de, com Molho de limão, hortelã e tâmara, 57-9

Principais, 92-149
Abóbora festiva recheada com triguilho, feta e figo, 143-4; Batata-doce recheada, três versões, 95-7; Berinjela e cogumelos grelhados com macarrão e manteiga de amêndoas, 133-5; Bites de couve-flor com Chermoula e ovos, 148; Caçarola de batata-doce, couve-flor e leite de coco, 129; Canelone de berinjela

com Meta feta e molho de tomate com alho tostado, 114-5; Chili de broto de lentilha, 138-9; com Recheio de Couve kale massageada, feta e pecã, 96; com Recheio mediterrâneo de Brócolis e grão-de-bico, 97; com Recheio de Repolho picante e feijão-preto, 97; Ensopado de feijão-branco com gengibre, 136; Galette de alho-poró e cogumelo, 130-2; Kichadi revigorante de uma panela só, 126; Massa com pesto rosa vibrante, 125; Pizza de portobello, 119-20; Polenta com tiras de beterraba e Pesto de rúcula, 141-2; Quinoa e feijão-preto com salsa de rabanete e coentro, 106-8; Ragu reconfortante de grão-de-bico e cogumelo com sálvia crocante, 117-8; Risoto de forno de abóbora e sálvia, 122; Risoto surpresa de sementes de girassol, 102-3; Rolinhos selvagens de verão, 101; Salada fria de macarrão com rabanetes e ervilhas, 104; Sanduíche de curry de grão-de-bico, 109-11; Tacos de lentilha defumada com Pico-de-gallo, 112; Tigela robusta de arroz selvagem, cenoura assada e romã, 147; Waffles fantásticos de falafel, 98-9

Queijo de cabra:
Ameixas frescas assadas com balsâmico, espinafre e, 70; Aspargos grelhados com creme cítrico de, 161; Massa com pesto rosa vibrante, 125; Salada de folha de aipo com berinjela assada no balsâmico, 79

Queijo:
Fricos picantes, 199; *ver também* Meta feta de sementes de girassol; Queijo de cabra; Pecorino romano

Queijo, substituto. *Ver* Meta feta de sementes de girassol

Quinoa:
e feijão-preto com salsa de rabanete e coentro, 106-8; Muffins de quinoa e milho, 203; Salada cítrica de beterraba crua e quinoa com endro e azeitonas, 91; Salada de repolho com quinoa e coco e molho de tahine e hortelã, 63-4; Salada revigorante de primavera com molho de limão, hortelã e tâmara, 57-9

Rabanete(s):
Quinoa e feijão-preto com coentro e salsa de, 106-8; Rabanete assado com abacate e sal de gergelim, 157; Rolinhos selvagens de verão, 101; Salada fria de macarrão com ervilhas e, 104; Salada revigorante de primavera com molho de limão, hortelã e tâmara, 57-9; Salsa de rabanete e coentro, 108

Ragu reconfortante de grão-de-bico e cogumelo com sálvia crocante, 117-8

Raízes assadas muito simples com Dukkah, 183

Repolho:
grelhado com maçã e molho de nozes tostadas, 179; Repolho cítrico picante, 99; Repolho picante e feijão-preto, recheio para batata-doce, 97; Rolinhos

selvagens de verão, 101; Salada de repolho com quinoa e coco e molho de tahine e hortelã, 63-4; Salada prensada de couve kale massageada, 56; Tacos de lentilha defumada com Pico-de-gallo, 112

Repolho cítrico picante, 99
Rolinhos selvagens de verão, 101; Tacos de lentilha defumada com Pico-de-gallo e, 112; Waffles fantásticos de falafel com, 98-9

Risoto:
de forno de abóbora e sálvia, 122; surpresa de sementes de girassol, 102-3

Rolinhos de verão, selvagens, 101

Romã:
Beterraba balsâmica com avelã, salsinha e, 155; Brilha, brilha, arrozinho, 176-7; Couve-de-bruxelas assada com nozes e xarope de bordo, 180; Tigela robusta de arroz selvagem, cenoura assada e romã, 147

Romesco, molho, vagens grelhadas com, 193-5

Rúcula:
Polenta com tiras de beterraba e pesto de, 141-2; Salada de, e figo com molho de nozes tostadas, 82-4

Sal, 12, 230-1
Caldo de brócolis e manjericão com macarrão e sal de gergelim, 40; Rabanete assado com abacate e sal de gergelim, 157; Sal de gergelim, 157

Salada(s), 50-91
Abobrinha e milho grelhados com manjericão, 80; Ameixas frescas assadas com balsâmico com espinafre e queijo de cabra, 70; Avocado recheado com manga e broto de feijão-mungo, 67; cítrica de beterraba crua e quinoa com endro e azeitonas, 91; Batata-doce assada com feijão-branco sobre, 54; com Molho de harissa, 55; Couve kale massageda, três versões, 54-6; Folha de aipo com berinjela assada no balsâmico, 79; Lentilha com Picles de cenoura e gengibre, com ameixas secas picantes e Dukkah, 85-7; Magnífica de vagem e estragão, 68; Repolho cítrico picante, 99; Rúcula e figo com molho de nozes tostadas, 82-4; Salada Caesar grelhada com Croûtons de grão-de-bico, 61-2; Salada Cidade das Esmeraldas, 73; Salada cremosa de couve-de-bruxelas com maçã e amêndoas tostadas, 88; Salada de repolho com quinoa e coco e Molho de tahine e hortelã, 63-4; Salada fria de macarrão com rabanete e ervilhas, 104; Salada prensada, 56; Salada revigorante de primavera com Molho de limão, hortelã e tâmara, 57-9; Tacos de lentilha defumada com Pico-de-gallo, 112; Tigela de homus arco-íris, 74; Tomates com manjericão e Meta feta de sementes de girassol, 76; Waffles fantásticos de falafel com,

98-9; ver também Acompanhamentos simples e pequenos pratos

Salsa:
de frutas e gengibre com tortilhas de milho assadas, 191-2; Pico-de-gallo, 112, 113; Quinoa e feijão-preto com, 106-8; de Rabanete e coentro, 108; Rolinhos selvagens de verão, 101; Vinagrete cremoso de bordo, 88

Salsa de frutas e gengibre com tortilhas de milho assadas, 191-2

Salsinha, 232
Beterraba balsâmica com avelã, romã e, 155; Chermoula, 148; Cuscuz falso com tangerina, 175

Sálvia, 232
crocante, Ragu reconfortante de grão-de-bico e cogumelo com, 117-8; Risoto de forno de abóbora e sálvia, 122

Sanduíche de curry de grão-de-bico, 109-11

Sementes de abóbora:
Abobrinha e milho grelhados com manjericão, 80; Beterraba com feijão-branco, limão e hortelã, 153; Cuscuz falso com tangerina, 175; Massa com pesto rosa vibrante, 125; Salada revigorante de primavera com Molho de limão, hortelã e tâmara, 57-9; Sementes de abóbora doces-picantes, 211

Sementes de girassol:
Canelone de berinjela com Meta feta e Molho de tomate com alho tostado e, 114-5; cobertura para Caçarola de batata-doce, couve-flor e leite de coco, 129; Meta feta de sementes de girassol, 76; Risoto surpresa, 102-3; Tomates com manjericão e Meta feta de, 76; ver também Manteiga de girassol

Sobremesas. Ver Doces

Sopa(s), 14-49
aveludada de alho assado e beterraba com Molho de iogurte e mostarda, 44; azedinha de feijão-preto e leite de coco, 37; Caldo de brócolis e manjericão com macarrão e sal de gergelim, 40; Creme suntuoso de cogumelos com Croûtons de alho e ervas, 27-9; Dal de curry e leite de coco, 47; de coentro, espinafre e batata-doce, superdetox, 43; de pepino e abacate, fria e relaxante, com hortelã e Dukkah, 24; de tomate seco, norte-africana 30-1; de ervilhas com gengibre e limão, 33; Gaspacho de broto de feijão-mungo, 22; Minestrone, três versões, 17-9; rápida de ervilha e endro, 21; Sopa de alho dos sonhos, 34; Sopa de forno esperta de pastinaca, 48; Sopa de milho e castanha-de-caju com óleo de chipotle, 38; Sorvete magnífico de banana e amêndoas, 221

Sopa(s):
Chili de broto de lentilha, 138-9; Ensopado de feijão-branco com gengibre, 136; de milho e castanha-de-caju com óleo de chipotle, 38; Kichadi

revigorante de uma panela só, 126; ver também Ragu

Tacos de lentilha defumada com Pico-de-gallo, 112

Tahine:
Molho Caesar com tahine, 62; Molho de harissa e tahine, 99; Molho de tahine e hortelã, salada de repolho com quinoa e coco e, 63-4; Molho picante de tahine e gengibre, 104; Salada Caesar grelhada com Croûtons de grão-de-bico, 61-2; Waffles fantásticos de falafel com, 98-9; ver também Homus

Tâmaras:
Bolinhas de brownie com nozes tostadas, três versões, 224-5; Molho de limão, hortelã e tâmara, 59; Muffins de batata-doce e tâmara, 216; Salada revigorante de primavera com Molho de limão, hortelã e tâmara, 57-9

Tamari, 230

Tangerina, Cuscuz falso com, 175

Tigela de homus arco-íris, 74

Tigela robusta de arroz selvagem, cenoura assada e romã, 147

Tomate(s):
Abobrinha e milho grelhados com manjericão, 80; Chili de broto de lentilha, 138-9; com manjericão e Meta feta de sementes de girassol, 76; Dal de curry e leite de coco, 47; Ensopado de feijão-branco com gengibre, 136; Feta assado com azeitona, pimentão e, 168; Gaspacho de broto de feijão-mungo, 22; Minestrone de verão, 18; Molho de tomate com alho tostado, Canelone de berinjela com Meta feta e, 114-5; Molho romesco, Vagens grelhadas com, 193-5; Pizza de portobello, 119-20; Sopa norte-africana de tomate seco, 30-1; Tacos de lentilha defumada com Pico-de-gallo, 112

Tortilhas de milho assadas, 192

Triguilho, Abóbora festiva recheada com feta, figo e, 143-4

Vagem:
grelhadas com Molho romesco, 193-5; Kichadi revigorante de uma panela só, 126; Minestrone de verão, 18; Salada magnífica de vagem e estragão, 68

Vinagre de maçã, 231

Vinagre, 12, 231

Vinagrete cremoso de bordo, 88

Waffles, Falafel, fantásticos, 98-9

Xarope:
Couve-de-bruxelas assada com nozes e xarope de bordo e, 180; de bordo, 232; Molho de bordo e mostarda, 69; Morangos com sal e bordo, Pão de centeio com manteiga de girassol e, 212-3; Salada magnífica de vagem e estragão com, 68-9; Vinagrete cremoso de bordo, 88

Copyright © 2017, Sarah Britton

Tradução autorizada da primeira edição americana, publicada em 2017 por Clarkson Pottter/Publishers, um selo de Crown Publishing Group, divisão da Penguin Random House LLC, de Nova York, Estados Unidos

Companhia de Mesa é um selo da Editora Schwarcz S.A.

Grafia atualizada segundo o Acordo Ortográfico da Língua Portuguesa de 1990, que entrou em vigor no Brasil em 2009.

Título original:
Naturally Nourished
(Healthy, Delicious Meals Made with Everyday Ingredients)

Preparação:
Angela Ramalho Vianna

Revisão:
Eduardo Monteiro
Tamara Sender

Índice remissivo:
Gabriella Russano

Projeto gráfico de capa e miolo:
La Tricia Watford

Todas as fotografias são de autoria de Sarah Britton

Dados Internacionais de Catalogação na Publicação (CIP)
(Câmara Brasileira do Livro, SP, Brasil)

Britton, Sarah
 Alimentação natural para o dia a dia : 100 receitas vegetarianas com ingredientes simples / Sarah Britton ; tradução Bruno Fiúza.— 1º ed. — São Paulo : Companhia de Mesa, 2021.

 Título original: Naturally nourished : healthy, delicious meals made with everyday ingredients
 ISBN 978-65-86384-05-5

 1. Culinária (Alimentos naturais) 2. Culinária vegetariana 3. Nutrição I. Título.

20-52627   CDD-641.5636

Índice para catálogo sistemático:
1. Receitas vegetarianas : Culinária 641.5636

Cibele Maria Dias — Bibliotecária — CRB-8/9427

ESTA OBRA FOI COMPOSTA POR MARI TABOADA EM SENTINEL E FUTURA E IMPRESSA EM OFSETE PELA GRÁFICA SANTA MARTA SOBRE PAPEL ALTA ALVURA DA SUZANO S.A. PARA A EDITORA SCHWARCZ EM FEVEREIRO DE 2021

[2021]
Todos os direitos desta edição reservados à
EDITORA SCHWARCZ S.A.
Rua Bandeira Paulista, 702, cj. 32
04532-002 — São Paulo — SP
Telefone: (11) 3707-3500
www.companhiadasletras.com.br
instagram.com/companhiademesa

A marca FSC® é a garantia de que a madeira utilizada na fabricação do papel deste livro provém de florestas que foram gerenciadas de maneira ambientalmente correta, socialmente justa e economicamente viável, além de outras fontes de origem controlada.

Sarah Britton é a aclamada chef, nutricionista holística, escritora e fotógrafa à frente do blog My New Roots, no qual compartilha com milhares de leitores suas inspirações na cozinha e a paixão por uma alimentação consciente e natural. Seu trabalho já foi destaque nas mais diversas publicações — como *Bon Appétit, Vogue, Forbes, Whole Living* e *The Guardian* — e também no prestigiado TED Talks. Sempre envolvida em novos projetos culinários, Sarah ministra palestras e cursos na América do Norte e na Europa. Ela mora em Toronto, no Canadá, com o marido e o filho.

Tiago Soares Barcelos

ENCONTROS PARA O DEVIR
DAS BARRAGENS NO BRASIL

Appris
editora

Curitiba, PR

2024

FICHA TÉCNICA

EDITORIAL
Augusto Coelho
Sara C. de Andrade Coelho

COMITÊ EDITORIAL
Ana El Achkar (Universo/RJ)
Andréa Barbosa Gouveia (UFPR)
Antonio Evangelista de Souza Netto (PUC-SP)
Belinda Cunha (UFPB)
Délton Winter de Carvalho (FMP)
Edson da Silva (UFVJM)
Eliete Correia dos Santos (UEPB)
Erineu Foerste (UFES)
Erineu Foerste (Ufes)
Fabiano Santos (UERJ-IESP)
Francinete Fernandes de Sousa (UEPB)
Francisco Carlos Duarte (PUCPR)
Francisco de Assis (Fiam-Faam-SP-Brasil)
Gláucia Figueiredo (UNIPAMPA/ UDELAR)
Jacques de Lima Ferreira (UNOESC)
Jean Carlos Gonçalves (UFPR)
José Wálter Nunes (UnB)
Junia de Vilhena (PUC-RIO)
Lucas Mesquita (UNILA)
Márcia Gonçalves (Unitau)
Maria Aparecida Barbosa (USP)
Maria Margarida de Andrade (Umack)
Marilda A. Behrens (PUCPR)
Marília Andrade Torales Campos (UFPR)
Marli Caetano
Patrícia L. Torres (PUCPR)
Paula Costa Mosca Macedo (UNIFESP)
Ramon Blanco (UNILA)
Roberta Ecleide Kelly (NEPE)
Roque Ismael da Costa Güllich (UFFS)
Sergio Gomes (UFRJ)
Tiago Gagliano Pinto Alberto (PUCPR)
Toni Reis (UP)
Valdomiro de Oliveira (UFPR)

SUPERVISOR DA PRODUÇÃO
Renata Cristina Lopes Miccelli

PRODUÇÃO EDITORIAL
Bruna Holmen

REVISÃO
Simone Ceré

DIAGRAMAÇÃO
Andrezza Libel

CAPA
Mateus Porfírio

REVISÃO DE PROVA
Bruna Santos

Esta obra é dedicada às mulheres da minha vida: Maria Aparecida Soares dos Santos (mãe), Bruna Soares Barcelos (irmã) e Loyslene de Freitas Mota (esposa). Sem elas, nada seria possível!

AGRADECIMENTOS

Escrever este livro foi, sem sombra de dúvidas, o maior desafio ao qual me propus nos últimos anos, mesmo ciente de que constitui apenas uma das várias etapas do processo evolucionário de conhecimento humano. Tive a oportunidade de dialogar e aprender com pessoas incríveis, extremamente talentosas, qualificadas e competentes, tornando possível refletir sobre temas que eu jamais sonhei visualizar. O conhecimento é isso! Por meio de leituras, diálogos e observações, modifica o indivíduo, mudando a estrutura mental, criando contradições objetivas e subjetivas, na busca de uma coerência, nos forçando a pensar. Durante esse processo começo meus agradecimentos ao meu orientador, Prof. Dr. Wagner Costa Ribeiro, por me permitir voar, mas me resgatando nos momentos de turbulência. Foi dele o incentivo a trabalhar com esta temática, por ser natural de Mariana/MG, ter trabalhado no setor, e sendo um dos vários atingidos (indiretamente) pelo crime corporativo da Samarco S.A. no ano de 2015.

Nessa linha, agradeço em especial aos Profs. Drs. Luis Enriquez Sánchez, Bruno Milanez e Neli-Théry (*in memoriam*), por terem aceitado e contribuído sobremaneira durante o processo de elaboração do livro. Suas dicas e observações foram de fundamental importância durante o meu trabalho, visto que sempre tiveram a disposição para as mais diversas dúvidas que foram surgindo durante o trabalho. À Universidade Federal do Sul e Sudeste Pará (Unifesspa) e a Coordenação de Aperfeiçoamento de Pessoal de Nível Superior (Capes), pela grande oportunidade de estudar em uma das maiores universidades do Brasil (Universidade de São Paulo – USP), por meio do programa DINTER. Políticas públicas como esta devem ser valorizadas, pois torna-se possível a qualificação dos servidores públicos, elevando substancialmente a qualidade no atendimento aos anseios da sociedade. Aos colegas da minha sala, por todos os momentos que passamos juntos; e aos colegas do meu trabalho (Unifesspa/ ICSA), por terem feito o possível para que eu pudesse me dedicar a esta pesquisa. Além dessas pessoas, não posso me esquecer dos colegas da Sociedade Brasileira de Economia Ecológica (ECOECO), constituindo uma peça-chave para o meu trabalho.

Muitas pessoas me ajudaram durante a pesquisa, fico até com receio de esquecer algum nome, cometendo uma grande injustiça, mas, caso aconteça, já deixo meus mais sinceros pedidos de desculpa. Pessoas como Antônio Wellington Souza, Ariel Medrado Barros, Bep Kó Xikri ,Bruna Roberta Martins Guimarães, Charles Trocate, Cláudia Franco de Sales Dias, Cristiano Pereira Medina Rigo, Edmilson Rodrigues da Costa, Efram Paulo Rodrigues, Gustavo Advar Cerqueira, Heitor Moura Gomes, Joaquim Maia Neto, José Diogo de Oliveira Lima, Leandro Pansonato Cazula, Leopoldo Costa Junior, Luiz Alberto da Cunha Bustamente, Marina de Macedo Carvalho, Paulo Vitor Azevedo, Poliana Gualberto, Rafael Melo, Ricardo Pugliese, Rodolpho Zahluth Bastos, Rogério Paulo Hohn, Rubens Borges Sampaio, Shirley Soares Prata, Valmir Percival Guimarães. Todas essas pessoas me ajudaram, direta ou indiretamente, e tantas outras pessoas também o fizeram, sendo que algumas optaram por não ter o nome vinculado à pesquisa. Estendo os meus agradecimentos aos funcionários da USP, Unifesspa, Agência Nacional de Mineração, Ibama, Legislativo Federal, Justiça Federal, Ministério Público Federal, Sedema, Semas, Sicom, Semma, Defesa Civil e Ibram, além dos militantes do Movimento dos Atingidos por Barragens (MAB), Movimento pela Soberania Popular na Mineração (MAM) e os representantes e lideranças dos povos indígenas do Xikrin. Todos sempre estiveram à disposição para me auxiliar nos mais diversos momentos.

AGRADECIMENTO ESPECIAL

O agradecimento mais que especial vai para as mulheres da minha vida. À minha mãe, Maria Aparecida Soares dos Santos; minha irmã, Bruna Soares Barcelos; e minha esposa, Loyslene de Freitas Mota. Essas mulheres fortes e guerreiras estiveram ao meu lado, incondicionalmente, em todos os momentos. Sou grato à minha esposa, por cada sorriso e carinho, sendo peça fundamental durante o processo, do início ao fim. Obrigado, meu AMOR! Agradeço também ao meu pai, José Teixeira Barcelos (*in memoriam*), lamentando não estar aqui para ver mais esta vitória, mas sempre vivo em meu coração.

*Os males desesperados são aliviados
com remédios desesperados
ou, então, não têm alívio.*

(William Shakespeare, Hamlet, ato IV, cena III)

PREFÁCIO

Encontros para o devir das barragens no Brasil

Wagner Costa Ribeiro
Universidade de São Paulo

Encontros fortuitos podem gerar excelentes resultados. Com essa premissa início este texto porque foi assim que conheci o autor deste livro. Explico.

No processo seletivo para o Doutorado Interinstitucional (DINTER) que envolveu o Programa de Pós-Graduação em Geografia Humana da Universidade de São Paulo (PPGH/USP) e a Universidade Federal do Sul e Sudeste do Pará (Unifesspa) e suas conveniadas Universidade Federal do Oeste do Pará (Ufopa) e Instituto Federal do Pará (IFPA), financiado pela Fundação Coordenação de Aperfeiçoamento de Pessoal de Nível Superior (Capes), que tive o privilégio de coordenar, apresentou-se um inquieto professor da Unifesspa, com um projeto incipiente sobre a mineração no Pará. Com formação em Administração e Economia, ele aceitou o desafio de conhecer o vasto repertório do conhecimento geográfico. Coube a mim sua orientação, dado que, entre os docentes do DINTER, eu era quem tratava de temas socioambientais. Deste modo conheci o professor Tiago Barcelos.

Já nas primeiras conversas de orientação percebi sua astúcia e qualidade reflexiva. Lancei alguns desafios que ele prontamente abraçou. Por que não estudar o rompimento de barragens, já que ele vivenciou um episódio dramático ocorrido em Mariana – Minas Gerais? Trabalhar com a ideia de algo que ainda não ocorreu, mas que pode vir a acontecer, remeteu diretamente ao devir, outro tema presente neste livro que amadureceu entre os diálogos com o autor, que tem muito apreço à reflexão filosófica. Mas, para dar conta de projetar cenários de crise gerada por eventual rompimento de uma barragem, era preciso adentrar em vários campos científicos, posto que as causas e efeitos de uma tragédia, muitas vezes anunciada, envolvem diferentes sujeitos políticos cujas ações, ou falta delas, promovem devastação ambiental, como contaminação de rios e perda de biodiversidade; e inúmeros problemas sociais, como a desterritorialização de comunidades e mortes de pessoas e de outras formas de vida. Neste momento do percurso apresentei ao administrador e economista conceitos da geografia e da economia ecológica.

Tenho que reconhecer que a partir daí predominou seu espírito inquieto, vou repetir deliberadamente a palavra que me parece melhor definir o autor deste livro. O resultado está nas próximas páginas. Um rico e erudito diálogo interdisciplinar que culminou com a análise de um devir que não se quer, mas que pode vir a ocorrer: as consequências do rompimento de uma barragem de resíduos de mineração.

Nas reuniões do grupo de pesquisa Geografia Política e Meio Ambiente, que coordeno no Laboratório de Geografia Política (GEOPO) do Departamento de Geografia da Faculdade de Filosofia, Letras e Ciências Humanas da USP, tratamos de diversos temas socioambientais com algumas premissas fundamentais: diálogo de saberes e espírito crítico à hegemonia imposta pelo tempo da circulação do capital. Para minha felicidade, elas estão presentes nesta obra, pois o inquieto autor deste livro participou de vários encontros do grupo e contribuiu com observações precisas nas quais indicava avanços relevantes. Eles estão expressos nas páginas deste livro por meio de combinações "improváveis", mas não fortuitas, como os potentes aportes conceituais da geografia de Milton Santos com autores da economia ecológica, como Herman Daly, Georgescu-Roegen e Joan Martinez-Alier. Ou seja, Tiago Barcelos ousou combinar rugosidades espaciais, horizontalidades e verticalidades, sistemas de objetos e sistemas de ações propostos por Milton Santos, com as crises de um mundo cheio ou vazio, de Daly, associadas à problemática transferência de energia dos sistemas produtivos apontada por Georgescu-Roegen, com os conflitos distributivos ecológicos que afetam mais as camadas de renda baixa de Martinez-Alier. Esse diálogo de saberes só poderia vir de uma mente inquieta, que não parou por aí. Aproveitando sua formação, foi acrescentada uma análise crítica da economia neoclássica e estava pronto o tempero que edificou esta bela e fundamental obra. Tudo isso convergiu em um modelo que serviu como base para um estudo de caso, no qual estão presentes vozes do movimento social. Ufa!

Antes de encerrar este comentário/convite à leitura, me permito, além de agradecer à lembrança para gerar esta reflexão, comentar mais dois pontos. Tiago, como eu, aprecia música, em especial um bom rock. Os acordes, que podem parecer estridentes a alguns ouvidos, soam coordenados e melodiosos às mentes agudas, como a do autor deste livro. A combinação original das ideias que o autor gerou poderia ser associada também a uma improvisação do jazz. Ou ainda, aos protestos do rap, contido no lugar de fala dos movimentos sociais presentes na obra. Metáforas da vida e da cultura para construir alternativas para consertarmos os estragos promovidos nos dois últimos séculos pelo avanço do capitalismo predatório de seres humanos e da natureza.

Encerro com o segundo ponto, que remete novamente ao fazer acadêmico em um mundo que necessita, urgentemente, reparar a devastação ambiental com justiça social. Espero que o modelo proposto por Tiago Barcelos inspire gestores públicos a rever e/ou propor novas e necessárias políticas públicas socioambientais. O mundo do devir está aberto a essa geração que tem a responsabilidade de mantê-lo às gerações futuras. Os gestores não podem repassar essa missão à iniciativa privada, que só enxerga a lógica da reprodução ampliada do capital. Este livro aponta alternativas para trilharmos novos caminhos que promovam a reparação planetária, independentemente do estilo musical preferido de cada leitor.

SUMÁRIO

1

INTRODUÇÃO 15

1.1 O ESCOPO 15

1.2 CONTEXTO E MOTIVAÇÃO 15

1.3 HIPÓTESE 23

1.4 OBJETIVOS 23

   1.4.1 Objetivo geral 23

   1.4.2 Objetivo específico 23

1.5 O DEVIR COMO MÉTODO 24

1.6 AS TEORIAS, OS MÉTODOS E SEUS PROCEDIMENTOS 27

2

FUNDAMENTOS CENTRAIS DA ECONOMIA ECOLÓGICA 37

2.1 DA ECOLOGIA À ECONOMIA: CONCEITOS E PRINCÍPIOS GERAIS 39

2.2 DO MICRO AO MACRO: O MUNDO VAZIO E O MUNDO CHEIO 57

2.3 AS CONTRIBUIÇÕES DA TERMODINÂMICA AO PENSAMENTO ECONÔMICO 70

2.4 O METABOLISMO ECONÔMICO-SOCIAL-ECOLÓGICO: BASES, CONCEITOS E NOÇÕES 77

3

DA GEOGRAFIA HUMANA À ECONOMIA ECOLÓGICA: INSTRUMENTAÇÃO DO MODELO ... 89

3.1 PROBLEMAS SOCIOAMBIENTAIS, A CAPACIDADE DE SUPORTE E OS ELEMENTOS ESPACIAIS 94

3.2 OS EVENTOS, HORIZONTALIDADES, VERTICALIDADES E A RUGOSIDADE ESPACIAL 114

3.3 MINERAÇÃO E BARRAGENS DE REJEITO: ESTRUTURA, PROCESSO, FUNÇÃO E FORMA 124

3.4 OS PILARES DA ECONOMIA ECOLÓGICA PELOS SISTEMAS DE OBJETOS E SISTEMAS DE AÇÕES ... 135

4

MINERAÇÃO E BARRAGENS DE REJEITO: A SOCIEDADE DE RISCO, GESTÃO DE RISCO E
DESENGENHARIA 157

4.1 RECURSOS MINERAIS: A MINERAÇÃO NO BRASIL, SEUS ROYALTIES E DESAFIOS 161

4.2 BARRAGENS DE REJEITO: QUESTÕES HISTÓRICAS E TÉCNICAS 184

4.3 BARRAGENS DE REJEITO: QUESTÕES JURÍDICAS E POLÍTICAS 196

4.4 A SOCIEDADE DE RISCO COMO PROBLEMA OCULTO NA TOTALIDADE ESPACIAL 210

4.5 GERENCIAMENTO DE RISCOS: DO CHÃO DE FÁBRICA AO MERCADO FINANCEIRO 229

4.6 DO PLANO DE FECHAMENTO DE MINA À DESENGENHARIA DOS COMPLEXOS INDUSTRIAIS ... 249

5

APLICAÇÃO DO MODELO PROPOSTO AO PROJETO SALOBO: DA TOTALIDADE AO LOCAL ... 273

5.1 HISTÓRICO E CARACTERÍSTICAS DO EMPREENDIMENTO NOS ESTUDOS PARA A FIRMA:
ESTRUTURA, PROCESSO, FUNÇÃO E FORMA, E O AMBIENTE NATURAL 277

5.2 HISTÓRICO E CARACTERÍSTICAS DA BARRAGEM DE REJEITOS NOS ESTUDOS PARA A FIRMA:
INFRAESTRUTURA E SUAS RUGOSIDADES ESPACIAIS 292

5.3 AS FIRMAS E SUAS INSTITUIÇÕES: RESULTADOS A PARTIR DAS OBSERVAÇÕES EM CAMPO......314

5.4 O ESTADO E SUAS INSTITUIÇÕES: RESULTADOS A PARTIR DAS OBSERVAÇÕES EM CAMPO......331

    5.4.1 O Poder Legislativo..332

    5.4.2 O Poder Judiciário..337

    5.4.3 O Poder Executivo..341

        5.4.3.1. As instituições no plano federal..341

        5.4.3.2. As instituições no plano estadual..349

        5.4.3.3. As instituições no plano municipal..354

5.5 A SOCIEDADE E SEUS MOVIMENTOS SOCIAIS: RESULTADOS A PARTIR DAS OBSERVAÇÕES EM CAMPO..359

6
CONCLUSÕES 377

REFERÊNCIAS 401

INTRODUÇÃO

1.1 O ESCOPO

Este livro tem por objetivo avançar nas análises de políticas públicas e empresariais no que se refere à segurança das barragens de rejeito de mineração, seu gerenciamento de riscos e os planos de fechamento de mina. Inicialmente avaliamos o contexto em escala global, passando para a nacional, e, posteriormente, a criação de um modelo e sua aplicação pela equivalência local. O estudo analisou parte do Projeto Grande Carajás, relacionado ao empreendimento de extração de cobre da Vale S.A – Projeto de Salobo. Levou-se em conta a atualização dos critérios de projetos de segurança de barragens de acordo com a política nacional (PNSB – Lei n.º 12.334/2010), Legislação AMN/ ANA/ANEEL, bem como as atuais mudanças e atualizações legislativas, sobretudo após os crimes corporativos da Samarco S.A. (2015) e Vale S.A. (2019), como a portaria DNPM n.º 70.389/2017, a resolução ANM n.º 13/2019 e a criação do Sistema Integrado de Gestão de Segurança em Barragens de Mineração (SIGBM). Buscamos, dentro das perspectivas da Geografia Humana e da Economia Ecológica, compreender os fenômenos associados aos riscos e vulnerabilidades do rompimento hipotético da barragem Mirim, bem como verificar os impactos econômicos, sociais e ecológicos, que muitas vezes não estão plenamente contemplados nos EIA/RIMAS dos projetos, com o foco no espaço banal. Duas questões temporais serão analisadas, sendo uma de curto prazo (rompeu, e agora?), que visa apresentar o atual panorama relacionado a esse risco. Já a outra perspectiva, que se dará no *devir* (tendência secular), visa auxiliar nas políticas públicas e considerar as gerações futuras como *bens públicos* a serem protegidos pelo Estado. Buscamos um trabalho amplo de verificação em que todos os elementos espaciais fossem avaliados, da totalidade ao lugar, sendo: a sociedade, as firmas, as instituições (o Estado), o meio ecológico (meio natural) e as infraestruturas. O primado da biologia e da física desloca a economia para um subsistema, ou seja, a economia se torna apenas uma das diversas estruturas espaciais. A adoção dos pilares da economia ecológica permite unificar a biologia e a física com a economia, por considerar o fluxo entrópico (*throughput*), refletindo a capacidade de suporte com as mais diversas categorias de capital (natural, cultural, manufaturado e cultivado), a sociedade de risco, a desengenharia, dadas as rugosidades espaciais dessas estruturas, moldando a ação humana.

1.2 CONTEXTO E MOTIVAÇÃO

Este trabalho nasceu sob a reflexão acerca dos dois principais rompimentos de barragens ocorridos em Minas Gerais. O primeiro envolveu a barragem de Fundão, da mineradora Samarco S.A., ocorrido na tarde do dia 5 de novembro de 2015, no subdistrito de Bento Rodrigues, a 35 km do município de Mariana/MG. O segundo foi da mineradora Vale S.A., na mina do Córrego do Feijão, em que sua barragem I criou o caos no município de Brumadinho/MG, no dia 25 de janeiro de 2019. Ambos extrapolaram e muito a área das empresas, com repercussões espaciais, territoriais de longo e médio prazos.

O primeiro evento é considerado o maior crime ambiental da história do Brasil, e o segundo o maior crime trabalhista brasileiro. Conforme Sánchez (2018, p.1), a barragem de Fundão continha 52 milhões de m³ de rejeito, sendo que foram despejados cerca de 32 milhões de m³ de lama na bacia do rio Doce e no litoral capixaba (IBRAM, 2016, p. 127). Resende, Cordeiro e Silva (2019) destacaram que, apesar de o volume de rejeito vazado da barragem da Vale S.A. ser inferior ao da Samarco S.A., cerca de 12 milhões de metros cúbicos, a segunda ocorrência expôs a Vale, não havendo a possibilidade de a firma alegar ser meramente uma acionista, como o fez em 2015, deixando um rastro de quase 300 mortes.

Esses dois episódios envolveram as barragens de rejeitos, definidas como:

> [...] estruturas de engenharia projetadas para armazenar com segurança os resíduos do tratamento de minérios, uma operação que concentra os minerais que contém substâncias de interesse (neste caso, minerais de óxido de ferro, principalmente a hematita), separando-os de outros minerais. O processamento de minérios requer britagem e moagem, produzindo grãos finos o suficiente para possibilitar a separação física ou físico-química do minério de outros minerais. O minério assim concentrado passa por processamento adicional, muitas vezes em outros locais, mas os rejeitos são descartados nas imediações da mina. Embora sejam projetadas para durar por toda sua vida operacional e além (após o devido fechamento), as barragens de rejeitos (ou outras instalações de armazenamento de rejeitos) podem romper o que ocorre com muito mais frequência do que nas barragens de água (Sánchez *et al.*, 2018, p. 1).

Houve, em momentos anteriores aos dois rompimentos citados, um megaciclo das commodities de minérios, associado ao período de 2003 a 2013, "[...] quando as importações globais de minérios saltaram de US$38 bilhões para US$ 277 bilhões (um aumento de 630%)" (Mansur *et al.*, 2016, p. 18). Com o aumento dos preços das commodities minerais, há um estímulo aos empreendedores a aumentar sua escala, ampliar sua capacidade produtiva, o que tende a enfraquecer os mecanismos de segurança e manutenção, refletindo em possíveis rompimentos de barragens. No caso inverso, o efeito também ocorre, pois, no caso de retração dos preços, os empreendedores do setor irão aumentar sua escala, para reduzir as perdas econômicas, ampliando as probabilidades de rompimento. Deve ficar claro que, em ambas as situações, os trabalhadores do setor sempre serão pressionados por seus superiores, e isso, inevitavelmente, resulta em erros. Dessa forma, a questão mineral retornou com mais força aos debates acadêmicos, profissionais e de movimentos sociais, mas regressou de novos olhares e modelos.

Sabemos que este setor tem um caráter cíclico, em que uma das etapas iniciou-se em janeiro de 2000, momento em que o valor do minério estava cotado em US$ 28,79 a tonelada, tendo um pico de US$ 195,95 a tonelada em abril de 2008 (Figura 1.1.). Em novembro de 2015, o valor da tonelada estava na ordem de US$ 46,86, e em dezembro de 2019 o valor consistia em US$ 92,65[1].

---

[1] Disponível em: https://www.indexmundi.com/pt/pre%C3%A7os-de-mercado/?mercadoria=min%c3%a9rio-de-ferro&meses=120. Acesso: 12 jan. 2020.

Figura 1.1 – Preço do minério de ferro (em US$/tonelada métrica seca), 1999-2020

Fonte: Elaborado pelo autor

Relacionado aos crimes corporativos como estratégia de desengajamento moral, utilizando a proposta de Bandura (1990, 1991) e Bandura, Caprara e Zsolnai (2000), percebe-se que, após os dois crimes corporativos da Samarco S.A. e Vale S.A., o valor das commodities minerais teve um aumento de cerca de 50%, criando uma pressão para se minerar ainda mais, com o objetivo de compensar as perdas financeiras. Todavia, nessa busca pela maximização contábil da riqueza, as firmas, ou seja, as empresas, desconsideram os passivos ambientais e os passivos do sofrimento social que são produzidos e reproduzidos pelo atual modelo mineral. Assim, essas empresas criam estratégias e manobras para confundir a sociedade sobre suas atitudes transgressoras.

A partir da compreensão desses passivos, emerge a principal linha de pensamento econômico de que este livro se valeu, como a economia ecológica, com apoio dos métodos da geografia humana, e outras áreas, o que contribui para o caráter interdisciplinar do trabalho. Dessa maneira, entendemos a interdisciplinaridade como um formato plural de conhecimento que supera o limite da própria multidisciplinaridade, e que, com isso, cria uma interação global entre as várias ciências e formas de conhecimento.

Um dos principais conceitos da economia ecológica é a capacidade de suporte (ou carga) das funções e serviços ecossistêmicos. De acordo com esse conceito, tudo leva a crer que as mineradoras Samarco S.A. e Vale S.A. exploram seus limites, e não respeitam a capacidade de carga, além de criar efeitos colaterais latentes na sociedade de risco.

Para Romeiro (2010), a capacidade de suporte do planeta, quando ultrapassada, inevitavelmente criará grandes catástrofes ambientais, o que vem sendo reforçado pelo atual modelo da mineração. Por causa do desconhecimento da capacidade de suporte, a ação humana deve adotar uma postura precavida, valendo-se do princípio da precaução. É necessário criar "[...] condições socioeconômicas, institucionais e culturais que estimulem não apenas um rápido progresso tecnológico poupador de recursos naturais", portanto sendo também de fundamental importância a adoção de medidas que alterem o paradigma consumista que consiste em um "[...] crescimento contínuo e ilimitado do uso de recursos naturais per capita" (Romeiro, 2010, p. 8).

Considerando os megaciclos das commodities, procuramos avaliar a correlação entre o preço do minério e os incidentes com barragens de rejeito, com isso surgindo a seguinte pergunta: há ou não uma correlação positiva entre esses dois fatores? Pesquisadores do Grupo Política, Economia, Mineração, Ambiente e Sociedade (PoEMAS) afirmam que existe uma correlação estrutural entre os ciclos econômicos e os eventos de rompimento de barragens. Davies e Martins (2009), quando avaliam o pós-crescimento dos ciclos econômicos, apontam para indícios quantitativos de um aumento no rompimento de barragens, visto que, ao considerar uma análise dos últimos 45 anos (1965-2009), percebe-se uma relação entre a desvalorização do preço do minério e o aumento do número de rompimentos de barragens (Figura 1.2). Esses pesquisadores destacam que é preciso entender essa dinâmica, sobretudo para analisar o caráter estrutural do rompimento de barragens, algo que buscaremos ao longo desta pesquisa (Mansur *et al.*, 2016).

Figura 1.2 – Variação do preço do minério e incidentes de barragens de rejeito

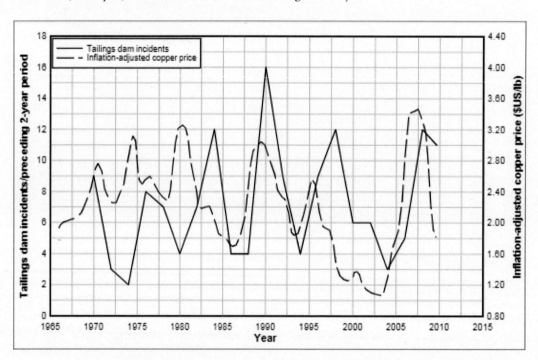

Fonte: Davies e Martin (2009, p. 5)

Davies e Martin (2009) reconhecem que, apesar de estudos relacionando os acidentes com as barragens de rejeito e sua relação com os preços das commodities não constituírem esforços científicos, esse empenho demonstra que, não obstante a controvérsia dos métodos e rigor estatístico, oferecem uma leitura para se gerar o debate. Percebem assim que as principais causas desse comportamento variam entre: i) fragilidade do licenciamento ambiental; ii) pressão sobre as agências ambientais; iii) contratação de técnicos pouco experientes e sobrecarga dos experientes; e iv) opção pela minimização de custos e otimização da produção.

Paulo Cesar Abrão, diretor da Geoconsultorias, especialista em barragens, e com vasta experiência nesse tema, afirmou categoricamente à revista *Brasil Mineral* que "as barragens de rejeito não são seguras. Elas estão seguras", dado que o "[...] conceito de segurança de uma barragem é temporal"

(Alves, 2015, p. 20). O especialista acredita que em momentos cíclicos podem as empresas afrouxar sua gestão de risco, tornando o monitoramento mais brando. Sendo assim, esse pensamento embasa a tese de que as variações no preço das commodities influenciam os incidentes com barragens.

O monitoramento é a chave para analisar os elementos de planejamento das ações, dado que "[...] se não for feito dessa maneira, no fundo, o responsável pelo monitoramento passa a ser apenas um historiador. Vai contar a história" (Alves, 2015, p. 20). Isso se verifica nos casos dos crimes corporativos da Samarco (2015) e Vale (2019), "[...] que viraram, muito rapidamente, uma extensão do complexo minerador" (Zonta; Trocate, 2016, p. 7).

A questão do monitoramento é fundamental para a segurança, visto que em momentos de crise é criada uma pressão sobre os funcionários no processo produtivo, partindo dos acionistas aos CEOs da empresa, o que ocasiona a negligência de alguns aspectos da segurança. Essa ideia foi apresentada pelo especialista em Engenharia de Minas e Petróleo, com ênfase em lavras, da Escola Politécnica da Universidade de São Paulo (USP), professor Sérgio Médici de Eston, no programa de televisão *Entre Aspas* (2015). Ao pensar no caso da Samarco S.A., o professor afirma que a empresa tem um bom corpo técnico de engenheiros, sempre bem conceituada, todavia o preço do minério caiu muito nos últimos anos, forçando as empresas a enxugar seus custos. Por esse motivo, e considerando que o Brasil não tem uma cultura de segurança como valor, ocasionaram-se eventos de grandes proporções. Portanto, segundo o professor, uma das causas desses eventos é deixar de fazer a manutenção, tornando o monitoramento mais brando, mesmo sabendo dos riscos operacionais, financeiros e de *compliance* (Eston, 2015).

Especialistas como Eston e Abrão consideram que a assimetria de informações[2] foi fator determinante para o rompimento da barragem de Fundão, afinal, "[...] quando se passa a fazer medições de vários vetores, pode-se chegar, dentro de quatro ou cinco meses, e ver que a barragem está rompendo" (Alves, 2015, p. 21). Em outras palavras, podemos afirmar que as firmas não utilizaram as informações disponíveis, negligenciando-as, o que configura crime corporativo.

Crimes corporativos não são novidades, derivando de crimes financeiros a socioambientais, como os casos das empresas Enron, Lehman Brothers, WorldCom, HealthSouth Corporation, Satyam Computer Services, Petrobrás, Bhopal, Exxon, Hoffman-La Roche, ICMESA, Volkswagen, integrando recentemente a lista a Samarco e Vale.

É possível fazer avaliações mensais da segurança da barragem, e de posse do relatório tem-se a possibilidade de medir, avaliar, verificar e assim tomar as decisões corretivas e preventivas para que se possam cumprir as métricas de segurança de barragens. Com os dados citados, verificamos uma relação entre intensificação do processo produtivo e a necessidade de megaestruturas, como é o caso das barragens, devido à necessidade do descarte de rejeitos do processo mineral. Constituem-se de tal forma "[...] riscos potenciais para o meio ambiente e a sociedade que vive em seu entorno" (Alves, 2015, p. 22).

Vale ressaltar que a barragem de Fundão era relativamente nova, tendo iniciado sua operação em meados de 2008. Dois anos depois, em 2010, passou pelo processo de alteamento[3], com uma previsão de vida útil estimada para até 2022. Em 2012 e 2013 foram feitos novos estudos

---

[2] "Muitas vezes, na vida, algumas pessoas estão mais bem informadas do que outras e essa diferença de informação pode afetar as escolhas que elas fazem e a maneira como se relacionam umas com as outras. Pensar nessa assimetria pode lançar luz sobre muitos aspectos do mundo real, do mercado de carros usados ao costume de dar presentes", ao rompimento de uma barragem (Mankiw, 2005, p. 516).

[3] O método de alteamento deriva dos métodos construtivos de barragens. Basicamente são três metodologias para barragens de rejeito: (I) método de jusante; (II) método de montante; (III) método da linha do centro. A depender do método, cria-se a necessidade de aumentar a altura da barragem, de modo a suportar maiores quantidades de rejeitos (Cardoso *et al.*, 2016, p. 79-82).

pelos órgãos ambientais de Minas Gerais, que relataram a saturação precoce da barragem, devido à expansão do projeto P4P. Essa barragem estava no limite de sua capacidade total (Milanez; Santos; Mansur, 2016).

Já a barragem I (mina) Córrego do Feijão, situada em Brumadinho/MG, era mais antiga e já tinha sido desativada. A metodologia dessa barragem, quando relacionada à Agência Nacional de Mineração (ANM), responsável pela fiscalização, atestava estabilidade, com baixo dano potencial associado (DPA) e a categoria de risco (CRI). O DPA e o CRI são instrumentos majoritariamente burocráticos, não proporcionando segurança e tranquilidade às populações. Nessa sequência, temos dois exemplos importantes para análise, pois, de um lado, havia um empreendimento novo e, do outro, uma barragem antiga e desativada. Ambas romperam, o que demonstra a temporalidade, pois, ao se falar em segurança de barragem, vemos que isso não é fator determinante para a sua estabilidade. Dessa maneira, a barragem do Projeto Salobo não é muito mais nova que a barragem da Samarco, diferenciando o método de construção, sendo que nesse projeto optou-se pela estrutura a jusante.

O rompimento das barragens de rejeitos não é novidade do setor mineral no Brasil e no mundo. Observamos também que diversas barragens já sofreram rupturas, devido ao processo de monitoramento precário, no qual não houve aprendizado por parte do setor público e privado. Todos esses problemas decorrem da irreversibilidade e de limites que, conforme Romeiro (2010, p. 9), advêm "[...] da segunda lei da termodinâmica (lei da entropia) em contraposição à primeira (sobre a transformação da matéria), na qual essa ideia não faz sentido e sobre a qual se baseia implicitamente a teoria econômica convencional". Em Minas Gerais, desde 1986, foram registrados sete casos de rompimento de barragens de rejeito, demonstrando a atuação da lei da entropia (Tabela 1.1).

Tabela 1.1 – Rompimento de Barragens no Estado de MG (1986-2019)

Município	Ano	Nome	Tipo
Itabirito	1986	Barragem de Fernandinho	Barragem de rejeitos minerários
Nova Lima	2001	Barragem de Macacos	Barragem de rejeitos minerários
Cataguases	2003	Barragem em Cataguases	Barragem de rejeitos industriais
Miraí	2007	Barragem da Rio Pomba/Cataguases	Barragem de rejeitos minerários
Itabirito	2014	Barragem da Herculano	Barragem de rejeitos minerários
Mariana	2015	Barragem Fundão	Barragem de rejeitos minerários
Mariana	2015	Barragem Santarém	Barragem de rejeitos minerários
Brumadinho	2019	Barragem I	Barragem de rejeitos minerários

Fonte: Adaptado pelo autor de IBGE (2019)

Cechin e Veiga (2010, p. 43), usando como base o economista Georgescu-Roegen, quando tratam da segunda lei da termodinâmica (lei da entropia), consideram que "[...] a quantidade de matéria e energia incorporado aos bens finais é menor que aquela contida nos recursos utilizados em sua produção". Dessa forma, parte da energia e do material de baixa entropia se transforma imediatamente em resíduos, que nesse caso é caracterizado pela lama de rejeitos. Observamos por essa perspectiva o grande problema no qual a sociedade está inserida, pois estimativas consideram que no Brasil existem aproximadamente 670 barragens de rejeitos de mineração e 295 barragens de resíduos industriais, tendo acontecido aproximadamente 80 rompimentos em todo o país, embora com pouca repercussão midiática (ANA, 2018). Desse montante, menos de 400 barragens de mineração estão contempladas na Política Nacional de Segurança de Barragens (Figura 1.3).

Figura 1.3 – Barragens de mineração contempladas na Política Nacional de Segurança de Barragens (PNSB)

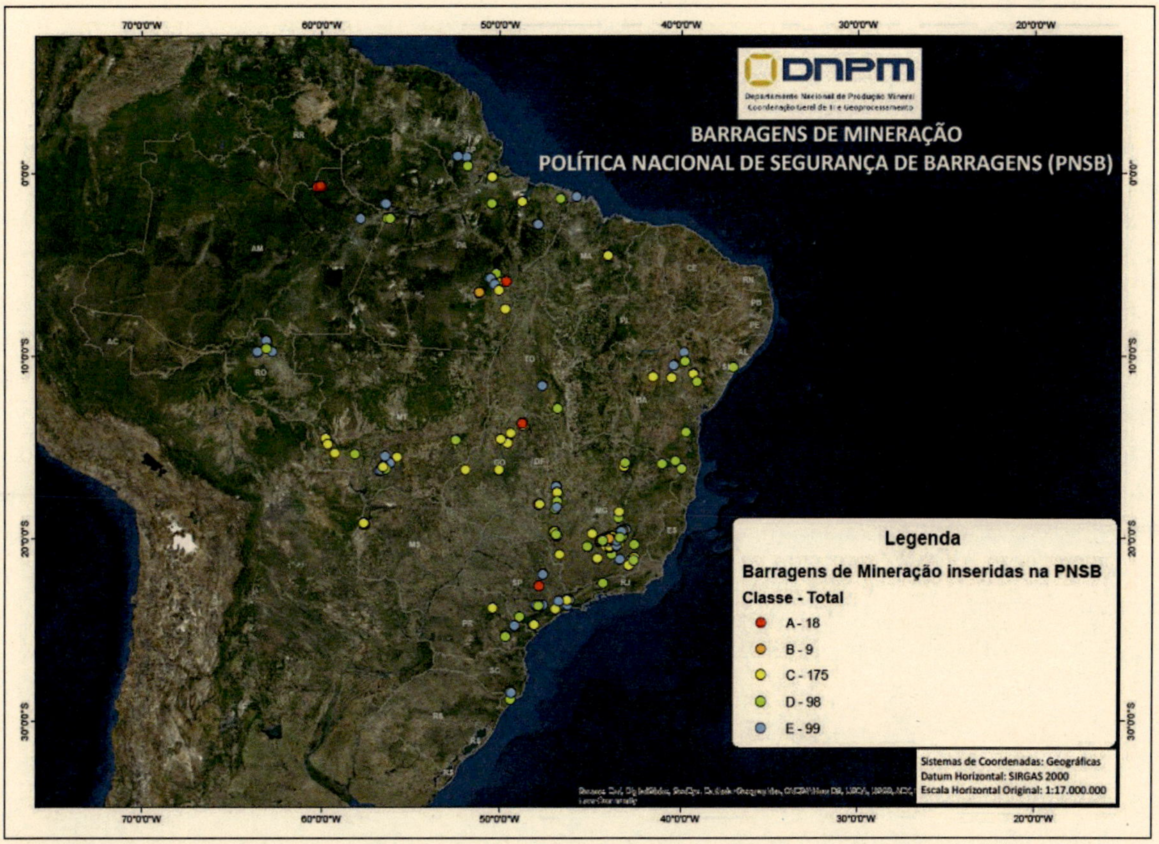

Fonte: ANM[4]

Os impactos ambientais, sociais e econômicos, no caso da barragem de Fundão, são avassaladores, e representam o maior acidente ambiental da história do Brasil e um dos maiores do mundo. O EIA-RIMA do empreendimento possuía uma previsão totalmente diferente do ocorrido, o que ilustra como frágil a situação do licenciamento ambiental do Brasil; pois não se considera o pior cenário. Todavia, sabemos que a lama produziu destruição por 663 km nos rios Gualaxo do Norte, Carmo e Doce, adentrando 80 km² o mar do estado do Espírito Santo. Seu caminho passou com alto impacto por municípios de Minas Gerais: Bento Rodrigues, Paracatu de Baixo, Gesteira, Barra Longa e outros cinco povoados no distrito de Camargo. Foram 19 mortos/desaparecidos, mais de 1.200 pessoas desabrigadas, pelo menos 1.469 hectares de terra destruídos, incluindo áreas de proteção permanente (APP) e unidades de conservação ambiental (UC). Pescadores, ribeirinhos, agricultores, povos indígenas, assentados da reforma agrária, populações tradicionais, moradores, indústrias, empresários, comerciantes, prefeituras, entre tantos outros *stakeholders*, tiveram prejuízos que necessitam de uma contabilização; afinal, quem pagará por isso? (Manzur *et al.*, 2016).

---

[4] Disponível em: www.anm.gov.br. Acesso em: 12 jun. 2019.

Várias dessas pessoas acreditam que o pior já passou, porém a vida de muitas famílias tende a piorar nos próximos anos devido a outras perdas materiais e de saúde (física e mental). No início de 2020, o estado de Minas Gerais sofreu com enchentes nesses territórios afetados pelas barragens da Samarco e da Vale, o que pode vir a gerar graves problemas de saúde ocasionados pela contaminação da água e do solo. Para além dessas perdas, a saúde (física e psicológica) da população pode ser prejudicada, o que acarreta maiores investimentos do setor público e o aumento de impostos ou corte de verbas em outras áreas. Esses valores, muitos até com alta complexidade de valoração, não estão sendo considerados, mas deveriam, sobretudo pelo impacto na perspectiva temporal de médio e de longo prazo.

Diversos municípios banhados pelos rios Doce e Paraopeba sofreram com desconforto e prejuízo a milhares de pessoas, pois elas tiveram seu abastecimento de água interrompido. "Os efeitos da lama e da falta de água refletiram sobre residências e prejudicaram atividades econômicas, de geração de energia e industriais [...]", visto que não se pode esquecer dos impactos ecossistêmicos e diversas perdas humanas e animais, algumas espécies ameaçadas de extinção (Mansur *et al.*, 2016, p. 31).

Dessa forma, esses eventos causam diversos impactos socioambientais em várias perspectivas temporais (curto, médio e longo prazo). Para exemplificar, Manzur *et al.* (2016, p. 32) consideram que "[...] o impacto imediato foi a total destruição de residências, infraestruturas e ainda áreas de pastagem, roças e florestas". Já, no longo prazo, os pontos centrais são relacionados à saúde e resiliência do ambiente natural, estas por sua vez são incógnitas que necessitam de investigação.

No caso dos impactos ambientais, sociais e econômicos do rompimento da barragem I da Vale S.A., diferenciam sobremaneira do caso da Samarco S.A. O impacto ambiental, ainda que grande, não chegou às proporções da barragem de Fundão, apesar de que "a lama destruiu ou comprometeu de forma irreparável todas as formas de vida por onde passou, arrasando uma área equivalente a quase 300 campos de futebol" (Câmara dos Deputados, 2019, p. 1).

No entanto, o impacto social foi muito superior ao crime corporativo de 2015, pois, conforme o relatório da Comissão Parlamentar de Inquérito (CPI), foram confirmadas 272 mortes, com 21 pessoas ainda não localizadas. Devemos lembrar que, logo após o rompimento de 2019, ocorreu um pânico generalizado, criado pela própria empresa em diversos municípios. As empresas emitiam com frequência um alerta de ruptura (de outras barragens), tendo em vista treinamentos ou até identificação de riscos. Isso se deu devido à recusa das empresas de auditoria para emitir a Declaração de Condição de Estabilidade (Câmara dos Deputados, 2019).

No crime corporativo da Samarco S.A., o principal desafio consiste em contabilizar os custos dos passivos ambientais. Já no crime corporativo da Vale, não há sequer uma métrica para se contabilizar o que chamamos de passivos do sofrimento social. Para que se possa entender a totalidade, não se deve pensar apenas nos impactos econômicos, afinal, o ambiental e social apresentam relevância mais significativa, o que reforça a importância de se calcular ambos os passivos (ambiental e do sofrimento social).

Para a economia ecológica, os custos são mais abrangentes e complexos do que apenas os valores monetários. Como vemos, muitos dos impactos e custos mencionados serão arcados pela própria população, sendo que grande parte dessas pessoas nem possuem relação com a mineradora. Hoje, não se faz ideia do impacto monetário real quando se pensa nas famílias atingidas (direta ou indiretamente), no entanto, é possível valorar os impactos dos ecossistemas. Barcelos *et al.* (2019), utilizando do método proposto por Robert Costanza e colaboradores, estimaram o valor de R$548.058.795,18/ano, para os serviços e funções ecossistêmicas que foram perdidos no crime corporativo da Samarco S.A. (2015). Desse modo, Barcelos (2019), aplicando o mesmo modelo ao crime corporativo da Vale S.A. (2019), identifica o valor aproximado de R$ 151.327.478,01/ano. Esse montante deve ser compreendido como valor mínimo, sobretudo, quando se pensa nas funções e serviços ecossistêmicos afetados.

Conforme Cechin e Veiga (2010a), os custos para economia ecológica são diferenciados, pois não se consideram as questões simplesmente monetárias, portanto todo o custo do crescimento da produção material. Devido a essas questões, a economia ecológica é "[...] inteiramente cética sobre a possibilidade de crescimento por tempo indeterminado, e mais ainda quanto à ilusão de que o crescimento possa ser a solução para os problemas ecológicos" (Cechin; Veiga, 2010a, p. 45).

Diante de tamanha catástrofe ambiental, social e econômica, emerge a necessidade de uma maior compreensão a respeito das barragens de rejeitos de minérios, adentrando a questão mineral do País. As reflexões, diante de tamanho descaso público e privado, estão relacionadas às questões temporais de curto prazo e no devir, não deixando de lado o médio e longo prazos como estruturas para análise. Afinal, nos resta saber, ou pelo menos buscar prever, com quantas cargas a sociedade terá que arcar pela inação do Estado e ganância corporativa. Parte da carga já foi lançada ao ambiente natural e sociedade, derivada da cupidez empresarial, tornando indispensável questionarmos: "quantas mais cargas teremos que aguentar nas costas desse sistema de exploração mineral"? (Trocate; Zonta, 2016, p. 13).

1.3 HIPÓTESE

Os agentes políticos do desenvolvimento em mineração não estão preocupados com o devir. Isso posto, a hipótese deste trabalho só pode ser testada com uma ação interdisciplinar, na qual devemos compreender como os elementos espaciais se relacionam com os pilares da economia ecológica e os elementos ocultos da totalidade geográfica. Nesse sentido, se torna importante compreender os sistemas de ações e sistemas de objetos e como estes modificam, objetiva e subjetivamente, o tempo histórico e o espaço geográfico. A lógica econômica do modelo hegemônico produz e reproduz uma racionalidade incompatível com o primado biológico e físico, tese reforçada pela perspectiva de um evento relacionado ao rompimento das barragens de mineração, em que os agentes políticos optam pela inação deliberada.

1.4 OBJETIVOS

1.4.1 Objetivo geral

Criar, apresentar e aplicar um instrumento teórico relacionando as principais categorias de análise da economia ecológica e da geografia humana, entre outras áreas, contemplando da totalidade espacial ao local, sob o objeto barragem de rejeitos, considerando o evento de um provável rompimento no Projeto Salobo/PA, a fim de compreender os impactos, riscos, vulnerabilidades, tensões, conflitos e as relações de poder entre os elementos espaciais e as possíveis soluções.

1.4.2 Objetivo específico

1. Criar um elo entre a Economia Ecológica e a Geografia Humana, para que se compreenda a capacidade de suporte ecossistêmico e sua relação com os sistemas de objetos e sistemas de ações no metabolismo socioecológico.

2. Verificar o papel do Estado como principal agente para minimização dos impactos relativos ao evento de rompimento de barragens, de modo a nortear as ações humanas por uma visão ética de longo prazo (devir), e ainda englobando todos os elementos espaciais, os seus limites e as suas rugosidades.

3. Analisar os riscos e vulnerabilidades da sociedade e do ambiente natural quanto às barragens de rejeito da mineração; e como os sistemas de objetos e sistemas de ações influenciam esses eventos, em relação ao espaço geográfico e o tempo histórico.

4. Aplicar o instrumental teórico no Projeto Salobo S.A. buscando compreender a visão, limitadores e o tensionamento entre os agentes políticos do desenvolvimento da mineração e suas relações de poder, perseguindo tanto uma contribuição descritiva como analítica, por meio de uma leitura transversal e plural.

1.5 O DEVIR COMO MÉTODO

DEVIR OU VIR-A-SER: O mesmo que mudança. Uma forma particular de mudança absoluta ou substancial que vai do nada ao ser, ou do ser ao nada.
(Lukács, 1979)

A sociedade ocidental, remontando ao ideário iluminista, sai de uma natureza frágil em direção a uma sociabilidade que altera não apenas aos próprios indivíduos, mas também, e profundamente, à própria natureza. Essa dinâmica de um *devir* social se constrói a partir de uma perspectiva que confiava plenamente na impossibilidade da escassez dos recursos naturais. O ideário hegemônico consiste na falácia de uma constante renovação do ambiente natural e adaptação deste ao modo de vida humano. Seres que, por intermédio da racionalidade, podem erigir em um mundo natural distante da naturalidade por meio da exploração, alteração e manipulação dos recursos disponíveis, porém:

O ser humano pertence ao mesmo tempo (e de maneira difícil de separar no pensamento) à natureza e à sociedade. Esse ser simultâneo foi mais claramente reconhecido por Marx como processo, na medida em que diz, repetidamente, que o devir humano traz consigo um recuo das barreiras naturais. É importante enfatizar: fala-se de um recuo, não de um desaparecimento das barreiras naturais ou de sua superação total. De outro lado, porém, jamais se trata de uma constituição dualista do ser humano. O homem nunca é de um lado natureza humana e social, de outro pertencente à natureza; sua humanização, sua sociabilização, não significa uma fissura de seu ser em espírito (alma) e corpo. Vê-se que também aquelas funções do seu ser que permanecem sempre naturalmente fundadas, no curso do desenvolvimento da humanidade se sociabilizam cada vez mais (Lukács, 1979, p. 313-314).

Não obstante, nas últimas décadas do século XX e nas primeiras décadas do século XXI, podemos perceber, em longo prazo (*vir-a-ser*), uma apropriação da natureza em um acondicionamento à escassez de recursos. Essas apropriações são controladas por poucos detentores de riquezas, elas constituem-se da destruição permanente do ambiente natural, confluindo com a alteração do *modus operandi* da humanidade em relação à natureza após as revoluções industriais e a alteração nas dinâmicas econômicas da sociedade.

Dessa maneira, o capitalismo apresenta-se como sistema de produção e reprodução da vida humana, sob a legislatura de um mercado de contínua abastança e escassez; o capitalismo traz um modo de exploração, traz um possível molde de um mundo mais seguro para o desenvolvimento das sociedades em vulnerabilidade natural (sociedade). Nesse sentido, ele (capitalismo) também nos torna frágeis ante as respostas que obtemos de um meio natural não mais renovável e constantemente assolado pelas alterações profundas decorrentes da conduta humana.

Se, por um lado, nosso trunfo sobre a naturalidade é a atividade sensível, subjetividade objetivada e objetividade subjetiva – ou seja, o trabalho humano como égide das transformações que nos fazem demiurgos de um mundo novo, entrecruzado e, ao mesmo tempo, distante da naturalidade inicial à qual estávamos submetidos –, por outro lado, a constante necessidade por mercadorias forjadas por uma artificialidade ideal do mercado como forma controladora não apenas dos recursos, mas também das individualidades, nos impõe uma fragilidade para a qual não estávamos preparados. Dessa forma, o nosso tempo atual é o da ponderação sobre o nosso *devir social*, diante de um modo de exploração e alteração natural sob o qual vivemos – num suposto bem-estar – e que começa a nos transtornar diante de suas recentes consequências e também da percepção e do prognóstico daquilo que pode nos esperar adiante.

> Cidades e nações contemporâneas constituem a expressão legítima dessa trajetória histórica que desembocou numa fantasmagoria degenerada em que a dialógica sociedade/indivíduo se rompeu em detrimento de relações de conveniência, prestígio, de fundo essencialmente narcísico, e em que a existência de uma bioética, fundada na essencialidade do gênero humano, é ameaçada pela ausência de um contrato natural ou social que grupos institucionalizados não conseguem estabelecer, sancionar ou respeitar. [...] quando a cooperação se intensificou pela extensão da divisão do trabalho e a proteção jurídica e a salvaguarda da paz transformaram-se em objetivos democráticos, o desejo dos indivíduos refugiou-se na manutenção e melhoria de suas situações particulares, exacerbando os particularismos (Carvalho, 1992, p. 97).

A humanidade, levando a sociabilidade como característica essencial à sua reprodução, hoje, dista mais da naturalidade e, com isso, está mais próxima do que entendemos por civilização. Tanto o desenvolvimento de tecnologias e do domínio técnico sobre a natureza quanto a construção de cidades, onde vivem milhões de pessoas, e o próprio crescimento populacional são provas cabais desse distanciamento acelerado. O caminho para o qual esse processo nos leva, no entanto, é ainda visto de forma por vezes ingênua e mistificada, negligenciando os sinais que a própria materialidade nos impõe, tais como: o aquecimento global e a extinção continuada de animais das mais diversas espécies.

Sem ponderar o pertencimento da sociedade condicionada a esse meio natural, que sabemos ser tão impactado por nossa ação, como fruto de uma concepção do humano a partir de um conceito de progresso. O progresso é, pensando conforme Adorno (1992), desse modo, é impossível precisar o conceito, correndo o risco de desconstruir o alvo. Dessa maneira, o progresso refere-se "na insistência naquele tabu, em proveito da unidade do eu dominador da natureza, ressoa a voz do progresso ofuscado e irrefletido" (Adorno, 1992, p. 137). O progresso está estranhado com o próprio conhecimento que manipulamos e os instrumentos que desenvolvemos, pois ainda se encontra atrelado à imagem fantástica de um ser especial que emana da vontade divina, e, assim, posto como superior aos demais seres naturais.

> Os novos paradigmas têm que ser bioantropossociais, isto é, capazes de unir partes até aqui não comunicantes da ciência, assim como implicarão reinterpretação dos laços sociais, retorno ao sujeito, submissão à questão ética, inclusão do imaginário. Dessa complexidade já depurada de degradações tecnicistas, doutrinárias ou vulgares poderão advir o redimensionamento do humanismo e a instauração de uma nova ética para o progresso, para os ecossistemas, para a sociedade e para o indivíduo (Carvalho, 1992, p. 98).

Impositiva na ação, a sociedade ocidental se depara com graus diferenciados de desamparo com relação à potencialidade de reversão dos impactos de sua ação na natureza. Mesmo em nossas ficções literárias e cinematográficas, as representações do *devir social* se alteraram profundamente nas últimas décadas; não mais imaginamos no cinema pop a glória de dias lúdicos em plataformas voadoras, mas sim, e de forma muito explorada, o cataclisma natural e as mais diversas possibilidades de extinção da espécie, bem como da vida na Terra. Se, por um lado, as ficções não têm validade científica, elas servem, por outro, como valioso termômetro do imaginário de nossos tempos. Afinal, as utopias gloriosas foram substituídas pela aridez distópica de um futuro enlutado. Ao mesmo tempo, vemos a cada dia o crescimento do número de desastres ambientais e seus impactos naturais, o que, altera além do meio natural, também as próprias condições para a vida, ou seja, causa impactos sociais.

Há de se alterar a própria concepção que o ser humano tem de si, para a percepção de que, ainda cercado de concreto, numa cidade de milhões de habitantes, ele, enquanto ser natural, é dependente da existência de um meio natural mantenedor da vida no planeta. A criação de uma consciência convergente entre as diferentes temporalidades, geológica, social e biológica, se faz de extrema importância no processo de alteração desse panorama, uma vez entendidos enquanto partes e totalidades distintas, porém pertencentes ao mesmo *vir-a-ser* que diz respeito a todos os seres vivos. Enquanto seres biológicos frágeis, o tempo do ser humano é acelerado em razão de comércios e dinâmicas, parecendo com isso distante do tempo natural, mas, por meio do *movimento*, é pertencente e subordinado ao primado físico e biológico. Afinal, devemos pensar na chave do *devir* – uma transformação da materialidade em que há impermanência como uma única constante – e assim ter a noção de que toda ação humana, toda a vida está emaranhada na transitoriedade do tempo. Disso advém a urgência de derrotar a ideia positivista do progresso e do avanço da técnica, orientados apenas por bases econômicas.

O conceito de *Devir* nos mostra a necessidade de pensar e agir sobre o mundo considerando que toda a transformação carrega a potência aniquiladora daquilo que o ser era anteriormente à sua modificação. Ele nos faz enxergar, ao mesmo tempo, toda a vida como processo conjunto, trazendo uma noção de um complexo real, na qual tudo está em contato mútuo, sem que haja separação entre as ações isoladas e as consequências globais. Já que não conseguimos visualizar a totalidade das causas, podemos ao menos pensar em sua concomitância, principalmente no que se refere aos impactos e aos resultados obtidos. E pensar também, de forma um pouco mais plural, nos cálculos econômicos e na sua orientação com relação ao mercado, mas também considerando sua concreção enquanto ação humana transformadora de um ambiente limitado e já combalido pelo avanço e profundidade das alterações.

"Tudo flui e nada permanece" e "[porque] nós não podemos entrar duas vezes no mesmo rio". Esses fragmentos são capazes de iluminar nossa ação, na medida em que colocam as alterações num campo no qual não há retorno; as alterações, desse modo, não podem ser desfeitas, e as modificações do porvir seguem um curso em que o estado atual das coisas é de suma importância, pois constituem uma relação causal com o seu estado coevo e também com aquilo que virão-a--ser. Diante disso, mesmo a ação que vem como reparadora será movimento causador de outras consequências, não sendo, de modo algum, a modificação que seguiria o curso natural. Diante do atual estado de coisas, sabendo que somos seres gregários, importa saber: como a sociedade poderia ressignificar sua presença na natureza com vista a alterar o mínimo possível o curso de suas processualidades.

1.6 AS TEORIAS, OS MÉTODOS E SEUS PROCEDIMENTOS

O presente trabalho compreende alguns problemas relacionados à questão mineral e barragens de rejeitos, sob o prisma do tempo histórico, considerando o presente e o *devir*. Para tal, não podemos desconsiderar o passado e suas lições, esses fatores representam *intencionalidades* dentro das noções de *verticalidades* e *horizontalidades*, noções a serem exploradas ao longo do trabalho. Foram utilizados fundamentos de duas áreas do conhecimento – a economia ecológica e a geografia humana. Além disso, buscou-se unificar em um modelo que possa sintetizar o metabolismo socioeconômico e ecológico, além de considerar as mais diversas noções, funções, conceitos e categorias analíticas.

Com base nos crimes corporativos da Samarco S.A. (2015) e Vale S.A. (2019), representando o tempo histórico que norteará o *devir*, criamos uma estrutura que, apesar de não constituir a *totalidade espacial*, auxilia na compreensão em grande amplitude dela. Dessa maneira, a totalidade nunca é alcançada, sempre existirão elementos desconsiderados, entretanto torna-se um desafio reflexivo a sua busca por ter a capacidade de quebrar paradigmas e por se constituir em um processo de significação e de representação.

Com o objetivo de buscar alternativas para que outros crimes corporativos não ocorram, mas cientes de que irão ocorrer, pretende-se pensar soluções em suas tratativas, contemplando todos os *elementos espaciais* envolvidos. Diante de tamanho desafio, a proposta visa o estudo de um projeto pertencente ao maior parque mineral do Brasil, o Complexo Grande Carajás, localizado no estado do Pará, tendo como base de estudos a mina do Projeto Salobo e sua barragem Mirim.

Ressaltamos que em alguns empreendimentos dessa região, como a S11D, devido ao grau de pureza do minério local, a forma de produção se mantém parcialmente a seco, não exigindo, a princípio, barragens de rejeitos, diferindo sobremaneira dos métodos do estado de Minas Gerais. Mesmo nos empreendimentos que possuem barragens de rejeito mineral no estado do Pará, os métodos de alteamento são mais seguros, por não adotarem o método a montante em seus projetos. A atual tecnologia e os custos de produção das empresas mineradoras do Brasil, na grande maioria dos casos, optam por barragens de rejeitos. Não há perspectivas de não utilizar mais barragens na mineração, o que pode ocasionar problemas futuros para grande parte do ecossistema amazônico, no caso do Complexo Grande Carajás. Mais cedo ou mais tarde, as mineradoras explorarão os minérios de pureza inferior, produzindo e reproduzindo barragens de rejeito cada vez maiores (tamanho e capacidade de armazenagem).

O escopo é definido pela questão mineral do país, cujo objeto a ser analisado será a barragem Mirim, do Projeto Salobo. Nesse caso, analisaremos duas perspectivas temporais. A primeira visa compreender como alguns elementos espaciais (o Estado e suas instituições, as firmas e a sociedade) reagiriam a seguinte pergunta: rompeu, e agora? Em *devir*, a segunda perspectiva, devemos compreender os cenários de abandono da mina, ou falência da empresa, buscando identificar mecanismos para que os passivos ambientais e de sofrimento social não recaiam para a sociedade em *rugosidades espaciais*. O Projeto Salobo e sua área de influência pode ser mais bem compreendido nas Figuras 1.4, 1.5 e 1.6.

Figura 1.4 – Projeto Salobo e sua barragem de rejeito

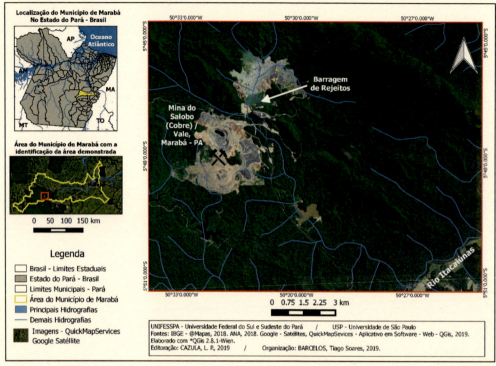

Fonte: Elaborado pelo autor

Figura 1.5 – Projeto Salobo e sua relação com o rio Itacaiúnas

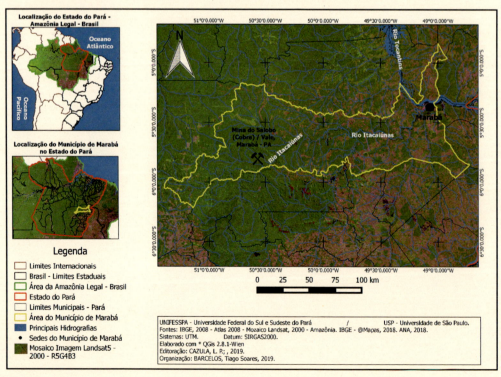

Fonte: Elaborado pelo autor

Figura 1.6 – Projeto Salobo e sua relação com o rio Tocantins

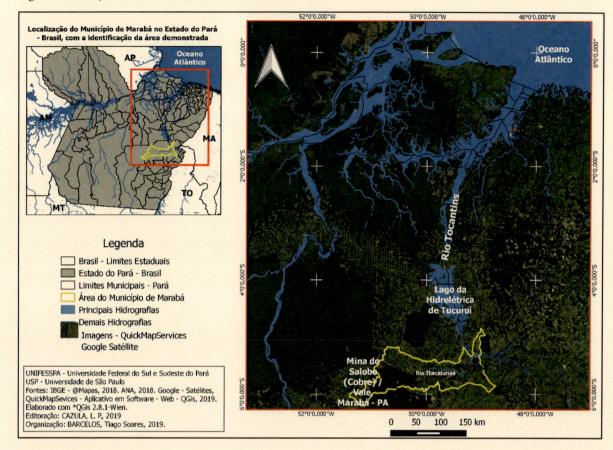

Fonte: Elaborado pelo autor

Buscando atender aos objetivos da pesquisa, respondendo à hipótese apresentada, o trabalho foi dividido em três seções teóricas e uma empírica:

1. Fundamentos centrais da economia ecológica (escala global).

2. A questão mineral: da geografia humana à economia ecológica (escala nacional).

3. Mineração e as barragens de rejeito: sociedade de risco, gestão de risco e a desengenharia (escala nacional).

4. Aplicação do modelo proposto ao Projeto Salobo: da totalidade ao local (escala local).

Enríquez (2010, p. 54) analisa as estratégias para a gestão de recursos exauríveis, como o conceito de recurso mineral, sendo dinâmico, chegando à constatação de que os recursos não são, ou seja, eles se tornam. Esses recursos podem ser elásticos e inelásticos, variando conforme as respostas dos *sistemas de ações* e às condições tecnológicas, econômicas, sociais e políticas. Por outro lado, "[...] a reprodução dos recursos não renováveis não está assegurada e localmente se esgota, daí a necessidade de se introduzir uma dimensão temporal na análise", uma vez que o que é extraído hoje não estará disponível amanhã (Enríquez, 2010, p. 54).

A modelagem metodológica econômico-ecológica é levantada por Romeiro (2010), nela temos duas características fundamentais, além dos modelos conceituais e dos modelos realísticos. Os modelos conceituais fornecem um entendimento geral do comportamento de um dado sistema. Já os modelos realísticos têm por objetivo avaliar diferentes proposições de política, consistindo no desafio do presente trabalho, pela ótica do realismo. Dessa forma:

> Os três atributos de um modelo que permite avaliar a eficiência da ferramenta da modelagem econômico-ecológica são o realismo (simulação de um sistema de maneira qualitativamente realista), a precisão (simulação de um sistema de uma maneira quantitativamente precisa) e generalidade (representação de um amplo intervalo de comportamentos sistêmicos com o mesmo modelo). Nenhum modelo poderá maximizar simultaneamente estes três atributos e a escolha de qual deles é mais importante dependerá dos propósitos fundamentais para o qual o modelo está sendo construído (Romeiro, 2010, p. 16).

Conforme Romeiro (2010), as questões de interdisciplinaridade, a abordagem econômico-ecológica têm três requisitos fundamentais:

1. profundo conhecimento das disciplinas envolvidas;

2. identificação e estruturação adequada do problema a ser investigado;

3. entendimento mútuo entre os pesquisadores sobre as escalas e os propósitos da ferramenta da modelagem.

Dentro da perspectiva da economia ecológica, outra teoria conhecida como trocas ecológica e economicamente desiguais apresenta um caráter secundário. Os principais nomes que tratam da teoria em questão são os economistas, Luiz Augusto de Queiroz Ablas, Elmar Altvater e Joan Martínez Alier. O conceito clássico de troca desigual é definido como:

> O conceito de troca desigual, intercâmbio desigual ou troca não equivalente designa as transferências indiretas de valor que podem se dar nas relações de intercâmbio entre dois possuidores de mercadoria - empresas, regiões ou países. A troca desigual é o mecanismo econômico de exploração da força de trabalho e empobrecimento, social e ecológico, de setores e países. Pode-se distinguir dois tipos: a troca econômica e a troca ecologicamente desigual. A troca economicamente desigual é atribuída aos diferenciais de produtividade e de salários entre os intercambiantes: se o diferencial de salários for superior ao da produtividade, a troca é não equivalente [...] (Montibeller, 1999, p. 98).

Por outro lado:

> O outro tipo é a troca ecologicamente desigual. Esta é mais propriamente considerada por alguns economistas ecológicos, principalmente Joan Martínez Alier e Elmar Altvater. Através do conceito de troca ecologicamente desigual é levantado o problema de que os preços praticados no mercado não levam em conta o desgaste ambiental (degradação do meio exaustão de recurso) havido no local da produção da mercadoria (Montibeller, 1999, p. 98).

Milton Santos (1926-2001) será trazido em seguida, utilizando vários dos seus conceitos e métodos para buscar unificar a economia ecológica e a geografia humana. Compreender as *horizontalidades* e *verticalidades*; as *estruturas, processos, funções* e *formas*; *rugosidades espaciais*; noção de *totalidade espacial*; os eventos; *elementos espaciais*; *estruturas espaciais*; *sistemas de objetos* e *sistemas de ações* é chave para compreender a forma como esses empreendimentos atuam nos territórios, bem como os conflitos por eles gerados.

Fechando o referencial teórico, trataremos da história da mineração no Brasil, considerando as questões técnicas, jurídicas e políticas embutidas em sua estrutura, processo, função e forma, sob um olhar relacionado ao objeto de pesquisa, barragens de rejeito de mineração. Os riscos e vulnerabilidades desses empreendimentos serão expostos dentro da *sociedade de riscos* de Ulrich Beck (1944-2015), eles são elementos ocultados deliberadamente pelos *sistemas de ações*, e, com isso, criam-se *sistemas de objetos* fabricados com alto potencial destrutivo.

Dito isso, é fundamental compreender como as firmas e os mercados realizam seu gerenciamento de risco, e como estão sendo arquitetados os planos de fechamento de mina, para que não criem passivos ambientais e do sofrimento social no porvir. A *desengenharia* é apresentada como uma provocação relevante, não apenas para o setor mineral, mas para todos os complexos industriais, dando novos contornos ao modelo proposto (Figura 3.16).

Após essa pesquisa bibliográfica e constituição do modelo, foi realizado o levantamento dos documentos pertinentes a todo o processo de licenciamento do Projeto Salobo. Nesse ponto, a ênfase, em termos gerais, é no levantamento histórico e características do empreendimento relacionados à barragem Mirim. O método utilizado foi o estudo de caso qualitativo que tem como base uma metodologia de investigação, de forma interpretativa, não descartando possíveis contribuições por parte do pesquisador.

O estudo de caso, de acordo com Goode e Hatt (1968, p. 421), tem como característica um método que compreende a realidade social utilizando um conjunto de técnicas de pesquisa em suas investigações sociais, "[...] como a realização de entrevistas, a observação participante, o uso de documentos pessoais, a coleta de história de vida". Godoy (2010, p. 119) destacou que este tipo de estudo busca "[...] a compreensão de um particular caso, em sua idiossincrasia, em sua complexidade". Além disso, para ele, o estudo de caso não se refere a uma escolha metodológica, mas a uma decisão por um determinado objeto a ser estudado, que pode variar, sendo: pessoa (indivíduos), programas, instituições, empresas, grupos de pessoas, entre outros.

Devido a proposta apresentar vários agentes sociais envolvidos, esperamos interpretar os efeitos que decorreriam no curto prazo e em *devir*, referente ao rompimento do objeto de estudo, barragens de rejeitos minerais; compreendendo, com isso, seus efeitos em profundidade, e por isso buscamos uma análise holística e intensiva dos fatos. Para tal, a escolha desse método se dá pelo modo de investigação empírica do fenômeno, que não pode ser isolado de seu contexto, de forma a buscar sua interpretação, dando a liberdade ao pesquisador para contribuições e proposições; em nosso caso, o modelo proposto como um novo instrumental analítico. Isso se dá, devido:

> O estudo de caso estar centrado em uma situação ou evento particular cuja importância vem do que ele revela sobre o fenômeno objeto de investigação. Essa especificidade torna o estudo de caso um tipo de pesquisa especialmente adequado quando se quer focar problemas práticos, decorrentes das intrincadas situações individuais e sociais presentes nas atividades, nos procedimentos e nas interações cotidianas (Godoy, 2010, p. 121).

O entendimento do estudo de caso como método de pesquisa pode ser simplificado pela proposta de Godoy (2010), tendo caráter particularista, heurístico, descritivo e indutivo. "O estudo de caso deve estar centrado em uma situação ou evento em particular [...]", sendo ideal para problemas práticos, "[...] decorrentes das intrincadas situações individuais e sociais presentes nas atividades, nos procedimentos e nas alterações cotidianas" (Godoy, 2010, p. 122). O rompimento de uma barragem de mineração é derivado do modelo mineral vigente, predador e explorador, em que o Estado se omite das suas funções, permitindo as firmas fazerem o que quiserem em seus territórios. Ela representa o Estado, invariavelmente ela é o Estado, com isso, sua inação produz e reproduz os mais diversos problemas espaciais e cria, além disso, riscos e vulnerabilidades nos territórios, por meio de processos de supressão e exclusão, incorrendo no efeito derrame.

A característica de estudo de caso heurística se dá, de acordo com Godoy (2010), pelo auxílio na compreensão e descoberta de novos significados para o objeto de estudo, criando significados que tendem a ocorrer e levem a pensar o fenômeno sob uma investigação detalhada das informações. Os "[...] procedimentos descritivos estão presentes tanto na forma de obtenção dos dados, quanto no relatório de disseminação dos resultados", no qual se deseja obter uma "[...] descrição completa e literal do que está sendo estudado" (Godoy, 2010, p. 121).

Devido ao problema de pesquisa, rompimento de barragem de rejeitos, o estudo de caso torna-se viável considerando o problema investigatório que estamos propondo analisar. Analisamos a situação do rompimento de uma barragem de mineração, na mina do Projeto Salobo, sob as lições aprendidas (ou não) dos crimes corporativos da Samarco S.A. (2015) e Vale S.A. (2019). Portanto, o desafio é oferecer subsídios com base em três *elementos espaciais* (Estado, Firma e Sociedade), com o objetivo de minimizar e mitigar impactos no curto prazo. Parte do estudo será de caráter conceitual de teorias já estabelecidas, buscando criar um modelo baseado em uma visão ética de longo prazo, ou seja, em *devir*, nos valendo dos *elementos espaciais* faltantes (infraestrutura e ambiente natural) por constituírem as *rugosidades espaciais* e a *capacidade de suporte*, pelo prisma da *sociedade de risco*.

O instrumental utilizado parte do ensaio teórico de Barcelos e Mota (2018), por intermédio de duas perspectivas temporais, analisamos as barragens de rejeito pelo prisma da economia ecológica. Nesse ensaio, os autores utilizaram, em princípio, três análises temporais: i) tempo (P) representando os períodos passados – fase colonial e pré-industrial; ii) tempo (A) representando o período atual; e iii) tempo (F) representando os períodos futuros, de gerações do porvir, sem histórias, que herdaram as nossas rugosidades espaciais. A Figura 1.7 apresenta a visão geral considerando as três temporalidades relacionadas com o setor extrativo mineral.

Figura 1.7 – Relação de três temporalidades com o setor extrativo mineral

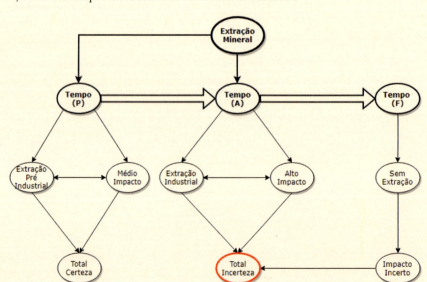

Fonte: Barcelos e Mota (2018, p. 8)

Considerando que o tempo (P) está direcionado a meados do século XVII a XIX, nesse período, o estado de Minas Gerais era grande exportador de riquezas minerais, com projetos de mineração artesanal, mas que impactaram os territórios, cujo tempo (A) herdou suas condições do colonialismo ao período pré-industrial[5]. No tempo (A), a forma de extração é industrial, de grande escala, com alto impacto socioambiental e com riscos e vulnerabilidades desconhecidos. O tempo (F) herdará o espaço construído pelo tempo (A), momento em que pode não haver extração; já as *rugosidades espaciais* do tempo (A) podem se materializar em tragédias no porvir, caso não haja tempo hábil para a resiliência ecológica[6].

Com relação ao tempo (F), devemos resgatar a crítica de Romeiro (2010) a respeito dos trabalhos do Howarth e Norgaard (1995). No esquema analítico convencional o altruísmo é uma espécie de mito, visto seu postulado sobre o comportamento humano, que torna complexa a garantia de que as gerações presentes serão benevolentes com as futuras. Howarth e Norgaard (1995) consideram que a atitude da geração presente, para com a futura, representa uma alocação temporal de recursos entre gerações, intitulando como *laissez-faire* altruísta, em que cada geração buscará deixar uma herança para a geração seguinte. Dessa forma o modelo de gerações entrelaçadas (*overlapping generations*) consiste no estabelecimento altruísta da cadeia geracional, algo que Romeiro (2010, p. 19) objurga devido ao "fato básico de que as consequências dos problemas ambientais globais recairão muito mais à frente no tempo, sobre uma descendência remota de cada família".

Percebemos assim que se torna incoerente acreditar que os indivíduos do presente irão se preocupar com descendentes tão distantes, ao menos cinco gerações à frente. Nessa sequência, o altruísmo intergeracional não faz sentido, tornando fundamental considerarmos os interesses das futuras gerações como bens públicos, com equidade intergeracional, sob a tutela e proteção do Estado e suas instituições.

Diante dessa perspectiva, Barcelos e Mota (2018) avançam em seu ensaio teórico montando um modelo de inversão temporal para o setor mineral (Figura 1.8). Nessa inversão temporal, o tempo (P) é igual ao tempo (A), ou seja, eles consideram que a barragem rompida pelo crime corporativo da Samarco (2015) tenha sido construída por volta do ano de 1606; ocasionando duas possíveis situações: i) se romper na tarde do dia 5 de novembro de 1615; ou ii) durar por um período indeterminado, vindo a se romper no tempo d(A)/d(P). A problemática consiste na compreensão de quem pagará a conta do acidente, considerando o evento como certo.

---

[5] Ressaltamos que no período colonial houve grandes impactos ambientais e sociais, a produção extrativa da época praticamente esgotou os recursos do ouro na região com trabalho escravo. Todavia, para fins de análise, a época pré-industrial representou impactos ainda mais acachapantes no meio ambiente e sociedade.

[6] "A resiliência pode ser considerada como a habilidade de os ecossistemas retornarem ao seu estado natural após um evento de perturbação natural, sendo que quanto menor o período de recuperação, maior a resiliência de determinado ecossistema. Pode ser também definida como a medida da magnitude dos distúrbios que podem ser absorvidos por um ecossistema sem que o mesmo mude seu patamar de equilíbrio estável. As atividades econômicas apenas são sustentáveis quando os ecossistemas que as alicerçam são resilientes" (Romeiro, 2010, p. 14).

Figura 1.8 – Relação inversa temporal, onde (P)=(A) e e o setor extrativo mineral

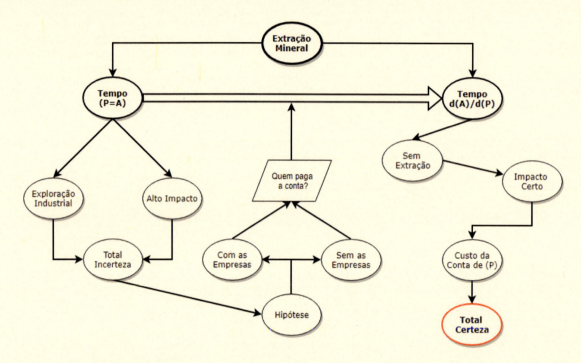

Fonte: Barcelos e Mota (2018, p. 12)

Destarte, o tempo (A) tem uma expressão objetiva de análise, de curto prazo, dado que a representação relativa do objetivo consiste em forma de matéria, no qual teremos o cuidado de não cair no relativismo. O tempo (F) tem suas características subjetivas, pela perspectiva em *devir*, no qual buscamos uma análise normativa, considerando ainda algumas questões que estão no arcabouço do modelo proposto.

Os resultados do trabalho foram divididos em três seções, a primeira buscou compreender como a firma (Vale S.A.) e suas instituições de apoio lidam com o gerenciamento de riscos e gestão de catástrofes, além de outras questões e categorias relacionadas ao modelo investigativo proposto. Infelizmente, a Vale S.A. não demonstrou interesse na pesquisa, sendo utilizada a visão de funcionários do Instituto Brasileiro de Mineração (Ibram) para ilustrar o elemento espacial das firmas.

Posteriormente, na segunda seção, analisamos as instituições do Estado, bem como suas limitações, trabalhando nos três poderes (Legislativo, Judiciário e Executivo) nos três níveis (Federal, Estadual e Municipal). É dentro desta seção que os ordenamentos do cotidiano humano (técnica, jurídica e simbólico) são constituídos, modelando e remodelando a ação humana. A empresa-sujeito ao território-objeto e território-sujeito à indústria-objeto são pontos importantes para o debate, elementos centrais para o metabolismo econômico ecológico, por conseguirem modificar o fluxo entrópico (*throughput*). A ação do Estado no sistema econômico, por conseguir equilibrar os ciclos ecológicos com os sistemas de produção, pode minimizar os conflitos sociais.

Por fim, na terceira seção também procuramos investigar algumas relações sociais e culturais, mediante os principais movimentos sociais que possuem relação com a questão mineral: os líderes e representantes do Povo Indígena do Xikrin do Cateté, o Movimento dos Atingidos por Barragens (MAB) e Movimento pela Soberania Popular na Mineração (MAM).

Contudo, de posse das informações coletadas apresentamos a visão de cada entrevistado, algo que não pode ser confundido com a posição da instituição, dialogando com o modelo proposto, levantando questões importantes para futuros trabalhos. Erros e omissões são de total responsabilidade do pesquisador.

A estratégia deste estudo, *grounded theory*, ou teoria fundamentada nos dados e informações, tem sua origem na sociologia, sendo elaborada pelo Barney Glase (Universidade de Columbia) e Andelm Straus (Universidade de Chicago). O objetivo desses pesquisadores, conforme Mello e Cunha (2010, p. 242), era facilitar as descobertas "[...] dos elementos da teoria sociológica – condições estruturais, consequências, desvios, normas, processos, padrões e sistemas – necessários para explicar a interação social". Mello e Cunha (2010, p. 242) fundamentam que as principais características dessa metodologia são:

> 1. A necessidade de estar no campo para compreender a realidade dos indivíduos;
> 2. A importância de fundamentar a teoria nessa realidade;
> 3. As experiências dos pesquisadores e sujeitos evolui continuamente;
> 4. Os sujeitos têm o papel ativo em moldar a realidade que experimentam por meio da interação simbólica;
> 5. A ênfase na mudança, no processo, na variabilidade e complexidade das experiências dos indivíduos;
> 6. O relacionamento entre significado, na percepção dos indivíduos e sua ação.

Destarte, é uma estratégia que visa um processo contínuo e sistemático de coleta e análise de dados, gerando informações e verificando resultados, estando ligada aos pressupostos do objetivismo e subjetivismo. Mello e Cunha (2010, p. 247) salientam que "[...] não é uma teoria formal, no sentido positivista de teoria, mas uma teoria substantiva". A diferença, segundo os autores, se dá pelo fato de que:

> [...] a teoria formal e a teoria substantiva é que, enquanto a primeira é mais geral e aplica-se a um espectro maior de disciplinas e problemas, a segunda é específica para determinado grupo ou situação e não visa generalizar além da sua área substantiva. Outra diferença: uma teoria substantiva explica uma 'realidade', tornada real pelos sujeitos, e não uma verdade absoluta desprovida de valor (Mello; Cunha, 2010, p. 247-248).

Dessa forma, a teoria substantiva emerge das informações e dados, complementando teorias existentes, vejamos:

> [...] se não existe teoria, ou a teoria existente não explica adequadamente o fenômeno, hipóteses não podem ser definidas para estruturar uma investigação (no sentido positivista de pesquisa). [Então...] o pesquisador, no estudo de caso, coleta quantas informações forem necessárias sobre o problema com a intenção de analisar, interpretar ou teorizar sobre o fenômeno (Mello; Cunha, 2010, p. 248).

Diante do exposto, buscamos ao longo do trabalho estruturar com rigor metodológico o modelo desenvolvido por um prisma interdisciplinar. Para isso, foram utilizados diversos elementos, categorias, noções, conceitos ao longo da pesquisa, procurando interpretar o fenômeno mediante uma modelagem que auxilie a teorização do macro ao micro, da totalidade ao local. Nesse sentido, foi aplicado ao contexto mineral, sobre o objeto barragem, considerando um evento hipotético de rompimento, o qual pode ocorrer em qualquer período (em *devir*), apresentando ainda características da teoria substantiva.

Devemos lembrar que muitos conceitos, noções e categorias serão apresentados em diversos momentos durante o texto; para identificá-los, optamos pelo uso do itálico para o seu devido destaque. Alguns serão conceituados em momentos posteriores, sendo assim, ao longo da pesquisa, todos estarão devidamente articulados, de forma didática, para facilitar a compreensão. Outros serão reapresentados durante a discussão, remetendo a momentos anteriores, nos quais os pontos já foram tratados em capítulos ou subcapítulos antecedentes.

Por fim, nas considerações finais, usamos notas de rodapé, algo não usual, mas que se fez necessário para que pudéssemos amarrar toda a estrutura ao estudo de caso, demonstrando os locais (páginas) em que foram definidos. Dessa maneira, a utilização das notas de rodapé, sobretudo nas considerações finais, tem como objetivo demonstrar ao leitor toda a estrutura teórica apresentada no trabalho e a forma como foram utilizados os mais diversos elementos ao longo do livro, isso tendo em vista que o trabalho é essencialmente interdisciplinar.

Assim, todos os entrevistados estão cientes do termo de consentimento livre e esclarecimento (TCLE), documento emitido em duas vias, ficando uma com o entrevistado e outra com o pesquisador. Portanto, todas as entrevistas foram pautadas em um roteiro padrão, servindo de base para a construção do diálogo com os entrevistados, de forma flexível, focado, por sua vez, nas forças e oportunidades que são relacionadas às *expertises* de cada entrevistado.

2

FUNDAMENTOS CENTRAIS DA ECONOMIA ECOLÓGICA

Entre os séculos XIX e XXI, a crença econômica predominante tem por base *o custe o que custar*, ou seja, um vale tudo do mercado contra a sociedade e o ambiente natural, sobretudo a busca do crescimento econômico. Assim como a febre do ouro foi uma questão cultural durante os séculos anteriores, a partir do século XIX, até o momento, há uma febre pelo capital, subjugando e distorcendo o espaço geográfico e o tempo histórico. Nesse sentido, nada é mais importante para as empresas do que a busca constante da maximização da riqueza e também o liberalismo econômico, com apoio incondicional do Estado. A sociedade ocidental não se encontra em compasso com o mundo natural, mesmo este sendo o mantenedor da vida humana, visto que, devido a essa nova febre, os indivíduos se distanciaram dos interesses coletivos, para atender os seus prazeres por meio do consumo conspícuo.

Muitos estudos demonstram que o atual sistema não é sustentável e que, por isso, extrapolamos os mais diversos limites ecológicos. Os sistemas reais já não respeitam as fronteiras acadêmicas; parafraseando Einstein, não há soluções simples para problemas complexos. Sabemos da existência da discordância no ambiente científico, esse fato, absolutamente saudável, nos faz, nesta seção, buscar apresentar que, dentro da economia convencional, a economia ecológica carrega consigo algumas divergências, principalmente quando pensamos nos modelos tradicionais.

Essas divergências de pensamento entre a economia convencional e a economia ecológica são itens importantes para a estrutura do trabalho, afinal, elas são necessárias para a construção de políticas públicas inclusivas, buscando eliminar ou ao menos mitigar os crimes corporativos, tais como os cometidos pelas mineradoras Vale, BHP Billiton e Samarco, nas proximidades dos municípios de Mariana/MG e Brumadinho/MG. Como enfatizado por Daly e Farley (2016, p. 13), "[...] estas divergências são ramificações de um tronco histórico comum, não a derrubada desse tronco comum". Em outras palavras, ao se pensar na evolução do pensamento econômico e suas diversas ramificações, a economia ecológica compreende que tudo faz parte de um sistema evolucionário, considerando a pluralidade e diversidade de todas as propostas, apresentando uma postura crítica e cética à base hegemônica vigente.

Assim sendo, é necessário certo otimismo quanto ao ideal do desenvolvimento sustentável, no qual se deve ser cético aos seus processos e métodos, algo que a economia ecológica apresenta no seu escopo, diferentemente dos modelos econômicos convencionais (Cechin; Veiga, 2010).

Em outras palavras, o otimismo dos modelos econômicos convencionais deve ser confrontado com o ceticismo da economia ecológica, ou seja, o "otimismo deve ser aliado ao ceticismo da razão" (Cechin, Pacini, 2012, p. 121).

Portanto, a economia ecológica visa não apenas levar a luz da ecologia para dentro da escuridão da economia, mas também criar interdisciplinaridade no bojo da ciência, principalmente com uma ciência interdisciplinar, pois é desse modo que a compreensão das variáveis se torna mais clara, por retirar os vieses comuns e pouco desejáveis (Daly; Farley, 2016, p. 23).

A sociedade e a comunidade acadêmica, diante da escalada de mudanças do século XXI, necessitam desvincular-se de dogmas e preconceitos, e, com isso, ambas devem buscar alternativas para a retomada do compasso, tendo em vista o descompasso da dialética Sociedade-Natureza.

Ao longo do tempo (em *devir*), paradigmas serão destruídos e reconstruídos, demonstrando que o ceticismo deve ser a base para a prosperidade humana, afinal, o otimismo, apesar de apresentar resultados de curto prazo, acarreta um grande passivo ambiental, esse que não afeta apenas as gerações presentes. Conforme Alves (2015), na Encíclica Papal, ao se considerar a escala de mudança, não é mais possível apresentar soluções específicas e discretas a respeito dos problemas ambientais. Desse modo, torna-se necessário encontrar soluções amplas e que principalmente considerem as interações do metabolismo econômico e ecológico.

Haddad (2017) sugere que não são duas crises separadas, uma ambiental e outra social, e sim uma crise complexa que é, ao mesmo tempo, ambiental e social. Portanto, são necessárias estratégias e mecanismos que atuem de forma ampla no combate à pobreza, assim como na restauração da dignidade dos excluídos e vulneráveis, sem se esquecer, no entanto, da proteção da natureza.

Diante dessa crise, absurdamente complexa, cinco seções foram organizadas ao longo deste capítulo. Resgatamos os conceitos da biologia (ecologia) e da física (entropia), atrelando isso às questões econômicas. Para tanto, foi necessário trabalhar com vários conceitos micro e macroeconômicos, dentro de uma perspectiva clássica e ecológica. Vejamos:

1. Da ecologia a economia: conceitos e princípios gerais (2.1) – Nesta seção resgatamos a natureza da ecologia e economia. Observamos que ambas as áreas estão associadas desde a sua formação, no entanto, com o passar do tempo, elas foram perdendo os laços. Assim, de forma didática introduzimos conceitos e funções do *capital natural*, bem como as principais *funções e serviços ecossistêmicos* que a natureza nos proporciona. Nesse caso, o primeiro conceito, chave do pensamento da economia ecológica, a *capacidade de suporte*, é apresentado, derivando dos conhecimentos da ecologia. *Rivalidade* e *exclusividade* são tratadas, adicionando as primeiras questões econômicas que são peça-chave para o presente trabalho, indo ao encontro com as ideias clássicas de *bens públicos* e *recursos comuns*. Por fim, levantamos questões a respeito dos *recursos abióticos e bióticos*, dos quais a presente pesquisa tem como escopo a compreensão da relação da mineração com esses recursos.

2. Do macro ao micro: o mundo vazio e o mundo cheio (2.2) – Buscamos, ao longo deste subcapítulo, resgatar alguns conceitos fundamentais da economia. A *escala ótima* é a primeira a ser avaliada, devido a sua importância na constituição dos fundamentos centrais da economia ecológica (*escala sustentável*). Posteriormente, outro conceito fundamental para a economia ecológica aparece por meio do pensamento clássico de *alocação dos recursos* (*alocação eficiente*). A *distribuição* fecha o primeiro conjunto central da economia ecológica, já inserindo as complexidades de justiça e equidade (*distribuição justa*). Dessa maneira, apresentamos o *bem-estar* e *externalidades*, devido a seu pensamento derivar das principais análises neoclássicas (convencionais) da economia. Por fim, o *mundo vazio* e o *mundo cheio* de Herman E. Daly serão avaliados, de modo a demonstrar que o problema de fato não é apenas no social ou ambiental, e sim um problema conjunto, por isso engloba tanto o social quanto o ambiental.

3. As contribuições da termodinâmica ao pensamento econômico (2.3) – Apresentamos os conceitos fundamentais da física, como *temperatura*, *calor*, *energia* e *trabalho*, e sua relação para o pensamento econômico. Um dos pioneiros nesta análise, Georgescu-Roegen, ao

adicionar a *entropia* em seu modelo, conclui que o *decrescimento* é a única saída para os seres humanos em *devir*. Desse modo, buscamos ao longo desta pesquisa evitar a *falácia da concretude deslocada*, pois, por mais abstrato que seja o procedimento de união da física com a economia, elas encontram-se juntas, tendo, além disso, como elemento constituinte, a ecologia, sendo ambas indissociáveis.

4. O metabolismo econômico e ecológico (2.4) – Para fechar, a última seção apresenta fundamentos centrais da economia ecológica, na qual buscaremos compreender o *metabolismo socioeconômico* e os impactos das atividades industriais no ambiente natural, tornando-se assim um fator indispensável para reordenação espacial e temporal. Além disso, analisamos, por meio da teoria dos sistemas, em que ponto a economia se encontra no espaço geográfico e como a hipótese do fluxo circular da renda, sem considerar a natureza, é o único modo para se crer no crescimento infinito em um planeta finito. Desse modo, apresentamos os conceitos de *crescimento*, *desenvolvimento* e *sustentabilidade* abordando-os por uma perspectiva mais básica. Posteriormente o conceito de *throughput* (fluxo entrópico) é introduzido, sendo a base do metabolismo econômico ecológico. Fechamos este subcapítulo, destacando a importância dos *recursos de fluxo de estoque* e os *recursos de fundo de serviços*, de modo a ampliar a compreensão do metabolismo econômico e ecológico.

2.1 DA ECOLOGIA À ECONOMIA: CONCEITOS E PRINCÍPIOS GERAIS

O estudo da ecologia apresenta um escopo complexo abrangendo desde as células até a ecosfera. Nesse sentido, a palavra "ecologia" é derivada do grego *oikos*, que significa casa, e *logos*, que significa estudo. Desse modo, ecologia representa o estudo da casa ambiental, incluindo todos os organismos dentro dela, além dos processos funcionais para que essa casa possa tornar-se habitável (Odum; Barrett, 2015).

Para Odum e Barrett (2015, p. 2), a ecologia é o estudo da vida em casa, com foco na "[...] totalidade ou padrão de relações entre organismos e seu ambiente". Curioso notar que a palavra "economia" apresenta semelhanças com a palavra "ecologia", afinal, economia também deriva de *oikos*, tendo como diferença a *nomia* que significa gerenciamento. Em outras palavras, a economia é o gerenciamento doméstico, enquanto a ecologia é o estudo doméstico; portanto, entendemos ambas como disciplinas relacionadas.

Infelizmente, ambas as áreas do conhecimento se distanciaram no seu período de amadurecimento, quando muitos viam ecólogos e economistas como adversários, tendo visões antagônicas. No confronto dessas ideias, cada área assumiu "[...] uma visão estreita do seu assunto e, mais importante, o desenvolvimento rápido de uma nova disciplina interfacial, a economia ecológica", que tem por objetivo unir as lacunas existentes entre ecologia e economia (Odum; Barrett, 2015, p. 2).

Podemos verificar isso na Tabela 2.1.

Tabela 2.1 – Resumo das diferenças percebidas entre economia e ecologia

Atributo	Economia	Ecologia
Escola de pensamento	Cornucopiana	Neomaltusiana
Moeda	Dinheiro	Energia
Forma de crescimento	Em forma de J	Em forma de S

Atributo	Economia	Ecologia
Pressão de seleção	r-selecionada	K-selecionada
Abordagem tecnológica	Alta tecnologia	Tecnologia apropriada
Serviços do sistema	Serviços prestados pelo capital econômico	Serviços prestados pelo capital natural
Uso do recurso	Linear (descartar)	Circular (reciclar)
Regra do sistema	Expansão exponencial	Capacidade de suporte
Meta futurística	Exploração e expansão	Sustentabilidade e estabilidade

Fonte: Adaptado de Odum e Barret (2015, p. 2)

A ecologia foi definida pela primeira vez por Ernst Haeckel (1866), um discípulo e entusiasta de Charles Darwin. Segundo ele, a ecologia era a ciência capaz de compreender a relação do organismo com o seu ambiente. Burdon-Sanderson (1893) complementou essa definição afirmando que a ecologia é "[...] a ciência que se ocupa das relações externas de plantas e animais entre si e com as condições passadas e presentes de sua existência" (Townsend; Begon; Harper, 2008, p. 16).

Com essa definição, Burdon-Sanderson descreve a ecologia como uma subdisciplina da biologia, separando a ecologia vegetal da ecologia animal. Além disso, devemos considerar que outras contribuições surgiram com o tempo, como a de Andrewartha (1961), Krebs (1972), Ricklefs (1973), entre outros pesquisadores, sendo que hoje a definição mais aceita é a que se refere ao "[...] estudo científico da distribuição e abundância de organismos e das interações que determinam a distribuição e abundância" (Townsend; Begon; Harper, 2008, p. 16).

Muitos consideram a ecologia como a ciência mais antiga, pois ela é de interesse prático desde o início da história da humanidade, e isso se deve à necessidade dos indivíduos de conhecer o seu ambiente (Townsend; Begon; Harper, 2008; Gotelli, 2009; Ricklefs, 2010; Odum; Barrett, 2015).

Dessa maneira, entendemos a ecologia como uma ciência pura e aplicada, e a sua organização abrange vários níveis de sistemas e de organismos. Assim, a ecologia tem como pilares a compreensão da população, da comunidade, do ecossistema, da paisagem, do bioma e, por fim, da ecosfera.

Em uma breve definição desses termos, devemos compreender que população são grupos de indivíduos, humanos e não humanos, representados pelos organismos vivos. Comunidade são as populações que ocupam uma determinada área e/ou território, onde o ecossistema vem da união entre a comunidade e o ambiente não vivo, funcionando juntos. Essa união é conhecida como biocenose e biogeocenose, que basicamente consiste em vida e Terra funcionando juntas (Odum; Barrett, 2015).

Com maior detalhamento, procuraremos investigar a proposta dos ecossistemas, posteriormente, passando neste momento para o conceito de paisagem, que pode ser compreendido como uma área heterogênea que apresenta um agregado de ecossistemas em interação por toda sua extensão. A paisagem é como uma pintura, o que os olhos conseguem observar, sendo uma extensão da percepção visual. Sendo assim, o bioma é um complexo sistema regional ou subcontinental, possuindo diversas características paisagísticas. O último sistema biológico é o mais próximo da autossuficiência, a ecosfera, por ser o maior dos elementos apresentados. Nesse elemento todos os organismos vivos interagem com o ambiente físico, criando um estado pulsante, resiliente e com autoajuste fracamente controlado (Odum; Barrett, 2015).

Nessa última esfera, estão contemplados sete processos ou funções que interagem com o todo: energética, evolução, desenvolvimento, regulação, comportamento, diversidade e integração. Uma síntese do escopo ecológico é apresentada na Figura 2.1, desconsiderando todas as categorias abaixo de organismo.

Figura 2.1 – Escopo da ecologia: da célula à ecosfera, suas funções e processos

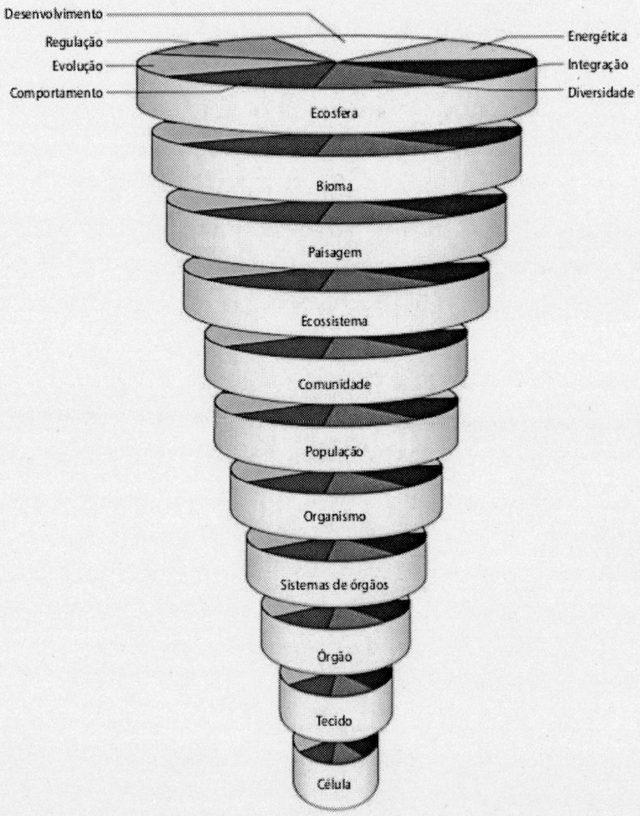

Fonte: Odum e Barrett (2015, p. 18)

Para Begon *et al.* (2007), dentro da ecologia comportamental, a parte biótica trabalha com os indivíduos. Esses indivíduos coexistem de uma mesma espécie, tendo algumas características gerais, como: densidade, razão sexual, estrutura etária, taxas de natalidade e imigração, mortalidade e emigração. O nível populacional é que determina as comunidades. Destarte, as comunidades não são mais que "[...] uma assembleia de populações de espécies que ocorrem juntas no espaço e no tempo" (Begon *et al.*, 2007, p. 469).

Decorrente da sua importância, o ecossistema, por aliar a vida ao planeta Terra, tem destaque nas análises da economia ecológica, daí surge a importância para retomar o debate a seu respeito. Os ecossistemas obedecem aos princípios da termodinâmica, os quais transformam energia e matéria. O pioneiro entre os ecólogos a analisar esse processo foi Alfred J. Lotka (1880-1949), sendo ele também matemático, físico-químico e estatístico. Conforme Ricklefs (2010, p. 413), Lotka foi o primeiro a verificar que as populações de comunidades são transformadoras de energia.

Nesse caso, a transformação fundamental no sistema era a conversão da luz solar em energia química pela fotossíntese, estando esta ligada ao metabolismo, atividade, crescimento e reprodução. Lotka acreditava que assim como as máquinas, quanto maior o peso, maior a quantidade de energia para torná-las rápidas. Assim, para ele, a "[...] Terra propriamente dita é uma gigantesca máquina termodinâmica, na qual a circulação dos ventos e correntes oceânicas e a evaporação das águas são dirigidas pela energia do sol" (Ricklefs, 2010, p. 413).

Em 1925, as ideias de Lotka não foram bem compreendidas, sendo resgatadas por Raymon Lindemann (1915-1942), cujo trabalho foi considerado o fundador da ecologia dos ecossistemas. Ricklefs (2010, p. 413) afirma que Lindemann visualizou uma *pirâmide de energia* incorporada ao ecossistema, tendo ainda a sua capacidade de energia reduzida ao longo do tempo. Seu argumento era que "[...] a energia era perdida em cada nível por causa do trabalho executado pelos organismos naquele nível e por causa da ineficiência das transformações das energias biológicas" (Ricklefs, 2010, p. 413).

Nesse sentido, Ricklefs (2010) compreende as plantas como coletoras de apenas uma parte da energia da luz disponível do Sol. Já os herbívoros são aqueles que coletam a parte ainda menor de energia, pois as plantas, sabemos, usam uma parte do que recebem para se manter, não estando disponível aos herbívoros. Em outras palavras, há um processo de entropia dentro da cadeia de energia, pois há perdas de eficiência energética nas trocas entre as plantas e os herbívoros. Os consumidores secundários se alimentam de herbívoros até chegar ao mais alto nível da cadeia alimentar. Portanto, "a maioria da energia que nós humanos consumimos é usada para nos mantermos, e pouco se torna biomassa disponível para o próximo nível trófico na cadeia alimentar" (Ricklefs, 2010, p. 413-414).

Constata-se que a definição apresentada de ecossistemas é uma relação entre os organismos vivos (bióticos) e seu ambiente não vivo (abiótico), que estão relacionados e interagem entre si. Em outras palavras, para Odum e Barrett (2015, p. 18) é "[...] a vida e à Terra funcionando juntas". Além disso, os autores afirmam que o sistema ecológico ou ecossistema é a relação que inclui todos os organismos (a comunidade biótica) em um determinado ambiente físico onde o fluxo de energia interage com componentes não vivos. Para Odum e Barrett (2015, p. 18), esse ponto "[...] é mais que uma unidade geográfica", pois entra como "[...] uma unidade do sistema funcional, com entradas e saídas, e fronteiras que podem ser tanto naturais quanto arbitrárias" (Figura 2.2).

Figura 2.2 – Modelo de ecossistema: o sistema, suas entradas e saídas

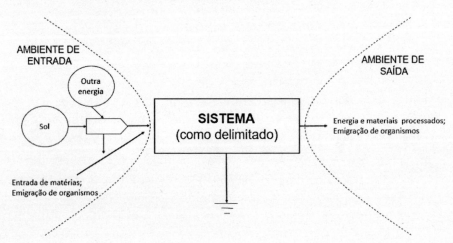

Fonte: Odum e Barrett (2015, p. 18)

Para Odum e Barrett (2015), o ecossistema é, em linhas gerais, a primeira unidade na hierarquia ecológica completa, podendo ser verificado na Figura 1.1. Assim, todos os componentes biológicos e físicos são necessários para a sobrevivência. Além disso, percebemos como insuficientes as abordagens tecnológicas e econômicas de curto prazo para problemas complexos, por apresentarem soluções lineares, transformando-se em um grande desafio para o porvir. "A consideração de ambos os ambientes, de entradas e de saídas, é uma parte importante do conceito porque os ecossistemas são sistemas funcionalmente abertos" (Townsend; Begon; Harper, 2008, p. 18).

Esses sistemas são históricos e não lineares, funcionalmente abertos e baseados em funcionalidade, além disso, são gerados por processos internos e externos. A não linearidade pode ser percebida ao se pensar nos fluxos de energias, sendo que Lindemann lançou os fundamentos centrais, conforme já exposto. Um dos principais avanços desse tópico, de acordo com Townsend, Begon e Harper (2008), se dá na questão tecnológica progressiva para estimar a magnitude da produtividade. Isso posto, o trabalho de Lindemann apresenta uma visão voltada para o bem-estar humano, com propósito de compreender a base biológica da produtividade de áreas continentais, de água doce e marinha (Programa Biológico Internacional – IBP). Dessa forma, observamos as primeiras tentativas de unir a ecologia (estudo da casa) com a economia (gerenciamento da casa), de unir diversas áreas na direção de um objetivo comum. Hoje, uma das parcerias mais conhecidas são os esforços de vários cientistas e pesquisadores com relação às mudanças climáticas, que está calcada em questões tecnológicas e de produtividade.

Com relação ao fluxo de matéria através dos ecossistemas, Begon *et al.* (2006, p. 525) demonstram que a energia não pode ser ciclada e reutilizada; todavia, com a matéria isso é possível. Por conseguinte, alguns compartilhamentos abióticos ocorrem na atmosfera, a exemplo do carbono em dióxido de carbono, nitrogênio como nitrogênio gasoso. Outros nas rochas da litosfera, como o cálcio e o potássio. Por fim, alguns na hidrosfera – água dos solos, riachos, lagos ou oceanos, como o nitrogênio em nitrato dissolvido, fósforo em fosfato (Begon *et al.*, 2006, p. 548).

Após compreender o fluxo de energia e matéria dos ecossistemas, torna-se necessário analisar as suas funções. De Groot, Wilson e Boumans (2002) verificam que na natureza existem vários processos naturais que são resultados entre os componentes bióticos (organismos vivos) e abióticos (componentes físicos e químicos). Com esses processos naturais, torna-se possível manter a sobrevivência das espécies no planeta, que possui a capacidade de prover bens e serviços ecossistêmicos que satisfazem as necessidades humanas direta ou indiretamente. Essas capacidades são classificadas como funções ecossistêmicas. De Groot, Wilson e Boumans (2002, p. 42) agrupam-nas em quatro grandes *funções ecossistêmicas*, sendo:

> 1. Função de regulação – tem a capacidade de regulação dos processos ecológicos essenciais para manutenção da saúde dos ecossistemas. Esta função fornece muitos serviços que beneficiam, direta ou indiretamente, os seres humanos como qualidade do ar, da água e do solo.
> 2. Função de *habitat* – são as condições oferecidas para animais e plantas se reproduzirem e com isso garantirem a conservação e reprodução da diversidade biológica e o processo evolutivo das espécies. Proteção e refúgio das espécies e viveiros naturais.
> 3. Função de produção – esta função fornece muitos bens ecossistêmicos usados no consumo humano como alimentos, matérias-primas, recursos energéticos e material genético.
> 4. Função de informação – como a evolução humana se deu no ambiente natural e selvagem, o ecossistema proporciona meios naturais de contribuir para a manutenção da saúde humana, proporcionando oportunidades de reflexão, enriquecimento espiritual, desenvolvimento cognitivo, recreação e contemplação estética e cultural.

Dada a importância das funções ambientais e a sua deterioração, Veiga Neto e May (2010, p. 311), no período de 2002 a 2005, apresentam os esforços realizados por milhares de cientistas. Esses cientistas concluíram que mais de 60% dos ecossistemas do mundo têm sido utilizados de forma não sustentável. Isso posto, o Millenium Ecosystem Assessment (MEA) apresenta um quadro (síntese) dos *serviços ecossistêmicos* e o impacto deles no bem-estar humano (Figura 2.3).

Figura 2.3 – Quadro síntese do Millennium Ecosystem Assessment

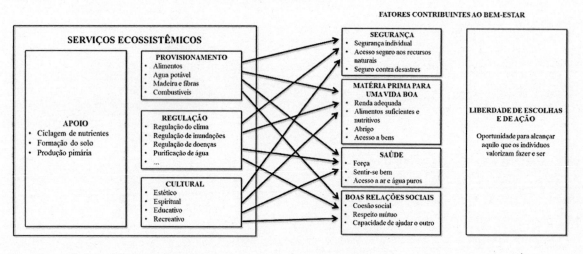

Fonte: MEA (2005, p. 13)

O alerta da MEA (2005) só reforçou a necessidade imperiosa de a sociedade responder a essas pressões ecossistêmicas. Veiga Neto e May (2010, p. 311) adicionam uma questão acerca dessa pressão, analisando se uma das respostas da sociedade seria determinar o valor econômico dos serviços prestados pelos ecossistemas. Nesse sentido, Costanza *et al.* (1997, 2014), pensando em um cenário dos agentes financeiros diante da escassez dos recursos naturais, realizam a valoração econômica em escala planetária. No modelo de 1997, ele apresenta um montante estimado em aproximadamente 33 trilhões de dólares/ano, passando a 125 trilhões de dólares/ano no levantamento de 2014. Nesse estudo apresentam-se os onze principais biomas ecossistêmicos (Tabela 2.2) e os dezessete *serviços ecossistêmicos* do planeta (Tabela 2.3).

Para Veiga Neto e May (2010, p. 313), a sociedade encontra-se "[...] excedendo a capacidade de suporte dos ecossistemas terrestres, a era dos serviços gratuitos está no fim". Acrescentam que ,apesar de não haver um "dono" da Terra, é necessário perceber a existência de "[...] custos crescentes da manutenção desses serviços básicos para que eles continuem intactos e funcionando bem" (Veiga Neto; May, 2010, p. 313).

Tabela 2.2 – Principais biomas ecossistêmicos do planeta

1. Marinho	1.1 Oceano aberto	
	1.2 Costa	*1.2.1 Estuário*
		1.2.2 Alga marinha/Camas de alga
		1.2.3 Recife de coral
		1.2.4 Cinturão

		2.1.1 Tropical
	2.1 Florestas	2.1.2 Temperada
	2.2 Grama e pastagem	
	2.3 Pantanal	2.3.1 Tidalmash/mangue
2. Terrestre		2.3.2 Pântano florestal
	2.4 Lagos e rios	
	2.5 Deserto	
	2.6 Urbano	
	2.7 Terra cultivada	

Fonte: Adaptado de Costanza *et al.* (1997, 2014)

Tabela 2.3 – Serviços ecossistêmicos e função ambiental

N.º	Serviço Ambiental	Função Ambiental
1	Regulação de gás	Regulação da composição química da atmosfera
2	Regulação do clima	Regulação da temperatura e precipitação
3	Regulação de distúrbios	Capacitação de amortecimento em resposta ao clima
4	Regulação da água	Regulação dos fluxos hidrológicos
5	Abastecimento de água	Armazenamento e conservação de água
6	Controle de erosão	Retenção de solo
7	Formação do solo	Processo de formação do solo
8	Ciclo de nutrientes	Armazenamento e processamento de nutrientes
9	Tratamento de resíduos	Recuperação de nutrientes celulares
10	Polinização	Movimento de gametas florais
11	Controle biológico	Regulação trófica de populações
12	Refúgio	*Habitat* para populações residentes e transitórias
13	Produção de comida	Produção primária bruta extraída como alimento
14	Matéria-prima	Produção primária bruta extraída como matérias-primas
15	Recursos genéticos	Fonte de matérias e produtos únicos
16	Recreação	Oportunidade de recreação
17	Cultura	Oportunidade para usos não comerciais

Fonte: Adaptado de Costanza *et al.* (1997, 2014)

Estes biomas, serviços e funções ecossistêmicas dão origem a um novo conceito, o capital natural. Conforme Denardin e Sulzbach (2005, p. 4), o capital natural engloba um conjunto de riquezas providas pela natureza para os seres vivos (sociedade). Denardin e Sulzbach definem quatro principais categorias de capital: capital natural (florestas, minerais, água etc.); manufaturado (máquinas, estradas, fábricas etc.); cultural (visão de mundo, ética, moral etc.); e cultivado (reflorestamento, plantações etc.). A seguir os conceitos abordados por Denardin e Sulzbach (2005, p. 6).

1. Capital natural: conceito híbrido que advém da economia e da ecologia, ressaltando-se a importância da qualidade ambiental, resiliência e integralidade, como pré-condições básicas para o bem-estar da sociedade humana e sua sustentabilidade (econômica) em longo prazo.
2. Capital cultural: são recursos que suprem a sociedade humana com meios e adaptações no ambiente natural, modificando-os ativamente. Leva-se em consideração a visão de mundo, valores e necessidades, as preferências sociais, ética e a filosofia ambiental.
3. Capital manufaturado: é aquele produzido da atividade econômica e das mudanças tecnológicas, através da interação entre o capital natural e o capital cultural.
4. Capital cultivado: possui uma ideia híbrida, variando entre capital natural e manufaturado, com isso o capital natural torna-se escasso, forçando outras formas de produção e proteção.

As inter-relações e fluxos entre as formas de capital analisadas na Figura 2.4 estão considerando a energia solar e a Terra (fatores abióticos e não renováveis) como os principais *inputs* do processo. Torna-se evidente que as entradas de fluxo de capitais desempenham um papel de suma importância para a preservação da vida como conhecemos.

Figura 2.4 – Esboço das inter-relações entre as diferentes categorias de capital

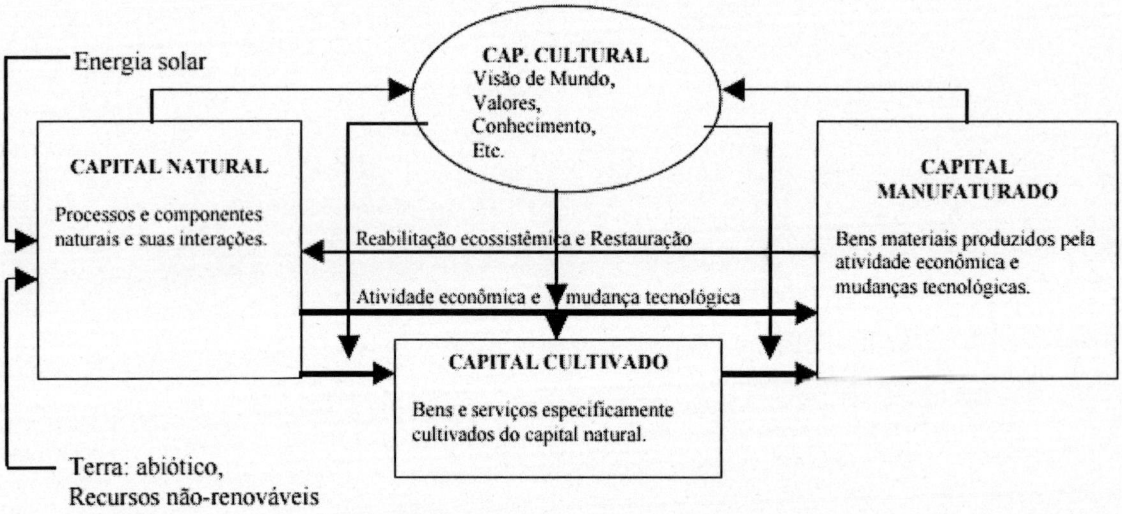

Fonte: Guedes e Seehusen (2011, p. 8)

Portanto, o *capital natural* é aquele capaz de gerar recursos na economia, dentro de uma concepção planetária, sendo seus recursos originários de sua própria estrutura. É possível ainda compreender que a diminuição dos benefícios diretamente ligados a esses recursos naturais serão capazes de comprometer tanto as funções do ecossistema original como os benefícios que possam deles ser originários (Andrade; Romeiro, 2009).

A junção entre ecologia e economia vem avançando consideravelmente, mesmo com muitos paradigmas a serem quebrados, afinal, essa união é essencial para a continuidade da espécie humana no planeta, por modificar o pensamento hegemônico que desconsidera fatores biológicos e físicos do Planeta Terra. A partir deste ponto, outros princípios e conceitos serão de suma importância para o debate da mineração, sendo: a *capacidade de suporte*; a *rivalidade* e a *exclusividade*; além dos *bens públicos* e de *recursos comuns*; e, por fim, recursos bióticos e abióticos.

A *capacidade de suporte* é um dos eixos mais importantes e complexos da economia ecológica. Sua complexidade está em definir o ponto ótimo, dado a diversas variáveis e incertezas dentro de um processo metabólico. Neste contexto, este termo advém da ecologia para o cálculo populacional (densidade ótima), sendo remodelado pela economia para os limites da produção pela escala ótima (escala sustentável). Na ecologia, Begon, Townsend e Harper (2007, p. 137) analisam que, mediante um aumento da densidade, tende a diminuir a taxa de natalidade *per capita*, e, por fim, se eleva a mortalidade *per capita*.

A consequência ocorre quando as curvas se cruzam e surgem as estimativas da densidade. Caso a densidade infira no cruzamento das curvas, a taxa de natalidade supera a taxa de mortalidade, e a população aumenta de tamanho. Com densidades superiores na curva, o inverso ocorre, tendo como resultado o declínio populacional. Conforme os autores, considerando-se as taxas de natalidade e mortalidade, "[...] a competição intra-específica pode regular as populações até uma densidade estável, em que a taxa de natalidade é igual à de mortalidade. Essa densidade é conhecida como *capacidade de suporte* da população" (Begon; Townsend; Harper, 2007, p. 138).

Odum e Barrett (2015, p. 128) compreendem que a *capacidade de suporte* é dada em termos energéticos no espaço dos ecossistemas, sendo atingida quando "[...] toda a energia disponível que entra é necessária para sustentar todas as estruturas e funções básicas, ou seja, quando P (produção) é igual a R (manutenção respiratória)". A *capacidade de suporte* máxima deriva da quantidade de biomassa para sustentar as condições conhecidas. Ressaltam que o valor não é absoluto, vejamos: "[...] é facilmente suplantado quando o ímpeto de crescimento é forte" (Odum; Barrett, 2015, p. 128).

Por desconsiderarem esses conceitos, observamos que os limites ecológicos são barreiras para o crescimento econômico da economia convencional. Quando se adicionam os indivíduos e as populações, essa *capacidade de suporte,* de acordo com Montibeller (1999, p. 86), "depende não só do número e da biomassa mas também do estilo de vida (ou seja, do consumo de energia *per capita*)", apresentando três princípios básicos da ecologia.

1. Tudo está ligado a tudo.

2. Tudo tem que ir para algum lugar.

3. A natureza sabe melhor.

Buscando aplicar algumas bases da ecologia na economia, foi criado o Índice de Sustentabilidade do Bem-Estar Econômico (ISBEE) proposto por Daly e Cobb (1989), que surge por meio do descontentamento com as atuais contas nacionais (PIB/PNB). Max-Neff (1995) segue essa linha, analisando a tendência do Produto Interno Bruto (PIB) com relação ao ambiente natural e o bem-estar social. Nesse estudo, percebemos que há uma *capacidade ótima* de suporte econômico, em que a partir dos anos de 1970 temos o fim do seu equilíbrio (limiar da *capacidade de suporte*), tornando o crescimento econômico bem superior ao bem-estar econômico (qualidade de vida). Essa ruptura ocorre pela separação dos dois índices (crescimento econômico e bem-estar social), sugerindo que "[...] o crescimento econômico já tinha aumentado para além da capacidade ótima de suporte de crescimento econômico para os Estados Unidos" (Odum; Barrett, 2015, p. 131).

Hogan (1994) resgata a denominação de *capacidade de suporte* dos antropólogos, em sua visão buscou compreender as estratégias de ocupação territorial de grupos indígenas, sendo que o conceito surge dos estudos demográficos para o controle populacional. Para esse autor, na visão dos ambientalistas a *capacidade de suporte* é percebida como o maior desafio à humanidade.

Montibeller (1999, p. 90) reforça essa proposição. Para o autor, o crescimento demográfico, o desenvolvimento socioeconômico e a qualidade ambiental vêm a ser a preocupação central dos movimentos ambientalistas: "[...] há uma distinção a ser considerada entre capacidade de suporte de ecossistemas naturais e capacidade de suporte de geossistemas humanos".

Hogan (1994) lida com as complexidades da natureza considerando as variáveis culturais. Assim, a noção de sustentabilidade para a ecologia está atrelada à *capacidade de suporte*, ou seja, ao equilíbrio de um ecossistema. Esse equilíbrio tem entradas (*inputs*) e saídas (*outputs*), chegando a uma relação de 1:1. Dessa maneira, em "[...] estudos relacionados aos geossistemas, portanto, de ecologia humana, o conceito de *capacidade de suporte* encontra um correspondente atualizado, na noção de desenvolvimento sustentável (Montibeller, 1999, p. 94).

Altvater (1995), um dos mais céticos autores sobre a questão do desenvolvimento sustentável, compreende que o desenvolvimento é incompatível com a natureza, sendo assim uma quimera. O autor (1995, p. 25-29) destaca três razões para tal:

1. Qualquer estratégia de desenvolvimento, portanto, de industrialização, traz consequências para o meio ambiente, em todas as regiões do mundo;

2. Os recursos naturais e ambientais se esgotam;

3. A capacidade de suporte da Terra já está alcançando o seu limite.

Enriquez (2007, p. 69), analisando o autor, percebe que "[...] a sua descrença quanto à perspectiva de uma ordem ao mesmo tempo, ecológica, social e democrática" está relacionada com o fato de o homem na sociedade industrial não conseguir seguir alguns princípios, como "[...] igualdade, liberdade, participação, aproveitamento da sintropia, rejeição da entropia, diminuição do consumo de recursos naturais e de descarga de emissões tóxicas, entre outros, que caracterizariam uma sociedade moderna e de baixa entropia". Em vista disso, reforça Enriquez, no pensamento de Altvater, "[...] conceitos como eco desenvolvimento e desenvolvimento sustentável são apenas fórmulas vazias", talvez por não considerarem plenamente a capacidade de suporte ecossistêmico (Enriquez, 2007, p. 69).

Utilizando os princípios da *capacidade de suporte*, Wackernagel e Rees (1996) moldaram e popularizaram o termo conhecido como "pegada ecológica" (PE). Para Carvalho e Barcellos (2010), hoje esse conceito se ampliou para questões voltadas a *pegada de carbono*, *pegada de energia* e *pegada de água*. Os autores apresentam que a pegada ecológica "[...] pode ser considerada um índice de alto nível de agregação, não sendo média de indicadores" (Carvalho; Barcellos, 2010, p. 11).

A pegada ecológica tem como escopo a mensuração do consumo material da população, com variáveis territoriais, transformando em unidade de medida terra bioprodutiva. Caso o consumo da população seja maior que a oferta dos recursos naturais, uma região, nesse caso, está consumindo bens e serviços naturais de outras regiões, criando com isso, um desequilíbrio, sobretudo dado à sua *capacidade de suporte*, acarretando trocas econômicas e ecologicamente desiguais.

Desse modo, a *capacidade de suporte* apresenta o momento em que as populações se estabilizam em torno do equilíbrio. Conforme Daly e Farley (2010), devido às populações flutuarem no curto prazo, elas dependem de diversas variáveis, como o ciclo predador-presa, condições meteorológica etc. No longo prazo, torna-se ainda mais complexa esta análise. Parafraseando John Maynard Keynes, em *devir*, todas as espécies serão extintas. Apesar da ironia, Keynes, Daly e Farley (2010, p. 152) acrescentam o termo "densidade crítica", que se refere "[...] ao declínio espontâneo de uma população ou ecossistema que atingiu um nível inferior ao tamanho ou a população mínima viável" e duradoura. Romeiro (2012, p. 67) acrescenta que o aumento perpétuo da produção material/energética é impossível, forçando o fim do crescimento econômico. Isso ocorre para que a *capacidade de suporte* do planeta não seja violada, mesmo com a atual incapacidade da ciência em estimar essa capacidade.

Dada as questões apresentadas sobre a *capacidade de suporte*, quando se trata de economia, buscaremos a seguir resgatar seis conceitos centrais (exclusividade, rivalidade, bens privados, recursos comuns, monopólios naturais e bens públicos) para um pensamento mais sustentável.

Há diversas categorias de bens, sendo que usualmente eles são agrupados em dois grupos: exclusivos e/ou rivais. Quando um bem é *excludente*, a pergunta que se faz é: as pessoas são impedidas de usá-lo? Ou seja, quando seu uso não impede outras pessoas de aproveitar o bem é chamado de não exclusivo. Todavia, caso a utilização impeça o uso por outras pessoas, esse bem apresentará características de *exclusividade*. Em síntese, os bens exclusivos são aqueles que impedem que outras pessoas utilizem um determinado bem, em muitos casos existem leis que reconhecem e regulamentam direitos de propriedade privada. No entanto, quando um bem é *rival*, a seguinte pergunta deve ser feita: poderão várias pessoas desfrutar de um bem, sem prejuízo? Em outras palavras, os bens não rivais são aqueles disponíveis para todas as pessoas; esses bens, quando correspondem à utilização por uma pessoa, não acarretam o fato de que outras pessoas não os utilizem, pois eles podem ser utilizados simultaneamente e, caso haja impedimento, serão considerados rivais. Portanto, o bem se condiciona basicamente no uso de uma pessoa; pois o seu uso diminui o prazer de outra pessoa no uso daquele mesmo bem (Mankiw, 2009, p. 224).

Os *bens públicos* são bens não exclusivos e não rivais, a partir disso, sabemos que pessoas não podem ser excluídas do seu consumo. Pinkdyck e Rubinfeld (2010) salientam que o custo marginal para prover o consumidor adicional é zero. Assim, os *bens públicos* apresentam duas características: não exclusivos e não rivais. O conhecimento é um dos principais exemplos de *bem* público, pois apresenta características de não *exclusividade* e de não *rivalidade*.

Os *recursos comuns* são rivais, mas não excludentes, eles estão disponíveis a todos que desejem usá-los. Todavia, com a utilização por uma pessoa, haverá *rivalidade*, dado que reduz, principalmente, a possibilidade de uso. Os *recursos comuns*, nesse caso, geram o problema conhecido como a *tragédia dos comuns*[7], pois, uma vez fornecidos, os formuladores de políticas necessitam se preocupar com o uso desses bens. Um exemplo clássico são os peixes do mar, eles não são exclusivos, dado o fato de que qualquer pessoa pode pescar, no entanto, no momento da pesca, esse recurso reduz-se (peixes disponíveis), o que, por sua vez, reduz a possibilidade de outras pessoas desfrutarem desse mesmo bem (Mankiw, 2009).

Já os *bens privados* são rivais e excludentes, pois seu uso impede e elimina outras pessoas de fazer o seu emprego. Podemos pensar em uma casquinha de sorvete; quem estiver tomando o sorvete possui inevitavelmente propriedade sobre ela, fato que impede que outras pessoas desfrutem do seu sabor, apresentando características de bens rivais e excludentes. Por fim, os *monopólios naturais* são excludentes e não rivais, isso se deve ao seu uso não eliminar necessariamente a sua utilização por outras pessoas, apesar de que são muitas vezes impedidas de usá-los. Um exemplo de monopólio natural é o corpo de bombeiros, que constitui um direito de propriedade privada, todavia seu uso teoricamente não oferece prejuízo a outras pessoas (Mankiw, 2009).

---

[7] Conceito popularizado pelo biólogo Garrett Hardin, em seu ensaio *"The tragedy of the commons"*, publicado na revista *Science* em 1968. Em seu ensaio, o autor percebe que, ao se tratar dos recursos comuns, sendo rivais, mas não excludentes, e com os indivíduos agindo por meio dos seus próprios interesses, acarreta-se um esgotamento dos recursos, piorando a vida de todos.

Assim, os bens privados são rivais e excludentes; os monopólios naturais são excludentes e não rivais; os *recursos comuns* não são excludentes e são rivais; e, por fim, os *bens públicos* são não excludentes e não rivais (Tabela 2.4).

Tabela 2.4 – Quatro categorias de bens e sua relação de rivalidade e exclusividade

		Rival?	
		Sim	*Não*
Excludentes?	*Sim*	**Bens privados**	**Monopólios naturais**
		Sorvete de casquinha	Proteção contra incêndio
		Roupas	TV a cabo
		Estradas com pedágios congestionadas	Estradas com pedágios livres
	Não	**Recursos comuns**	**Bens públicos**
		Peixes do mar	Sirene de tornado
		Meio ambiente	Defesa nacional
		Estradas sem pedágios congestionadas	Estradas sem pedágio livres

Fonte: Mankiw (2009, p. 224)

Quando utilizamos os conceitos aplicados na pesquisa, podemos perceber o seguinte: as chapas de aço que constituem os carros são bens privados, pois apresentam *exclusividade* e *rivalidade* (minério já processado). Ou seja, por ser um bem privado, o dono do carro impede outras pessoas de usá-lo (exclusivo) e não tem como usar a chapa simultaneamente com outros indivíduos (rival). Vale notar que no caso da mineração, em geral, há *monopólios naturais* para exploração das jazidas, em que o governo permite a exploração dos *bens públicos*. Devemos compreender como monopólios naturais aqueles decorrentes da limitação física por outro agente à exploração de uma mesma atividade econômica, reduzindo a eficiência alocativa do fator de produção, não sendo indefeso pela Constituição Federal[8]. Por esse motivo, considerando a paisagem em um determinado território, no momento em que a empresa explora uma jazida, impede outros agentes de explorá-la, devido a questões de alocação, concorrência, rigidez locacional e eficiência produtiva. A mineração em si, em termos globais, não pode ser considerada nessa métrica, mas no âmbito local constitui-se uma realidade.

Como apenas uma empresa opera em uma determinada jazida, ela exclui outras empresas do processo, mas não impede que estas utilizem o minério a ser extraído, por meio da compra. Por fim, como já vimos, o minério é um bem público, uma riqueza do povo. Em seu estado natural, ele é não excludente e não rival; entretanto, desconsiderando o monopólio natural das empresas, e pensando na extração pelos indivíduos, apresenta características de *recursos comuns*. A cada extração por indivíduo, não exclui outros de explorar, todavia torna o recurso mais escasso. Na Tabela 2.5, temos sintetizados os principais bens na indústria mineira.

---

[8] É importante ressaltar que na Lei Antitruste (n.º 8.884/1994), no seu artigo 20, versa que "Constituem infração da ordem econômica, independentemente de culpa, os atos sob qualquer forma manifestados, que tenham por objeto ou possam produzir os seguintes efeitos, ainda que não sejam alcançados [...]§ 1º A conquista de mercado resultante de processo natural fundado na maior eficiência de agente econômico em relação a seus competidores não caracterizam o ilícito previsto no inciso II. § 2º Ocorre posição dominante quando uma empresa ou grupo de empresas controla parcela substancial de mercado relevante, como fornecedor, intermediário, adquirente ou financiador de um produto, serviço ou tecnologia a ele relativa." Disponível em: https://www.jusbrasil.com.br/busca?q=Art.+20+da+Lei+Antitruste. Acesso em: 7 maio 2020.

Tabela 2.5 – Quatro categorias de bens e sua relação de rivalidade e exclusividade na mineração

		Rival?	
		Sim	*Não*
Excludentes?	*Sim*	**Bens privados**	**Monopólios naturais**
		Chapas de aço	Empresa exploradora da jazida
		Barragens de rejeito	
	Não	**Recursos comuns**	**Bens públicos**
		Minério extraído	Minério em seu estado natural
		Recursos naturais	Água

Fonte: Elaborado pelo autor

Por fim, será tratado o ecossistema que contém e sustenta o todo, no qual se valerá das análises dos recursos bióticos e abióticos. Hoje não é mais novidade, mas ainda de difícil compreensão, que a humanidade vive em um planeta finito. A tese de Boulding (1966) referente à *teoria do cowboy*[9] e *teoria do astronauta*[10] nunca fez tanto sentido como nos tempos atuais. O planeta Terra é uma nave espacial com uma tripulação e um dado limite de recursos. Alguns desses recursos são renováveis e outros tantos não o são. Diante dessa perspectiva, torna-se evidente que o sistema econômico não pode crescer indefinidamente, pois, mesmo com substitutos, algumas *funções e serviços ecossistêmicos* não podem ser substituídos (água limpa, ar puro etc.). Os sistemas econômicos, bem como as populações humanas, não podem continuar crescendo para sempre, de forma exponencial.

> Um cálculo simples mostra que mesmo a uma taxa de crescimento contínuo de 1%, a população humana teria uma massa superior a todo o planeta em apenas 3.000 anos. Da mesma forma, não podemos continuar aumentando a massa física de artefatos que detemos e consumimos nos próximos 1.000 anos ao mesmo ritmo que fizemos nos últimos 50 anos. O relatório mais recente da ONU estima que a população mundial se estabilizará em cerca de 9 bilhões de pessoas no ano 2300, apesar de muitos ecologistas acreditarem que os ecossistemas do planeta teriam dificuldades em sustentar mesmo a metade desse número (Daly; Farley, 2016, p. 107).

Diante desse cenário nada otimista, torna-se elementar a compreensão mais aprofundada dos recursos que a natureza oferece à humanidade. Nesse sentido, entra-se no penúltimo tópico do subcapítulo: recursos bióticos e abióticos. Romeiro (2010, p. 13) compreende que os recursos bióticos estão no conjunto de indivíduos e comunidades de plantas e animais, já os abióticos compõem a estrutura ecossistêmica, fornecendo "[...] as fundações sobre as quais os processos ecológicos ocorrem". Desse modo, em ambos os casos, temos comportamentos que não são lineares. Em síntese, os recursos bióticos são os recursos renováveis e os *serviços ecossistêmicos*, já os recursos abióticos são elementos como: combustíveis fósseis, água, terra, energia solar, minerais, entre outros.

Iniciando pelos *recursos bióticos*, estes, conforme Daly e Farley (2016, p. 145), incluem "[...] as matérias-primas sobre as quais a produção econômica e vida humana depende". Dentro desse escopo se encontram os serviços ecológicos e a capacidade de absorção. Os autores acrescentam que, "[...] no

---

[9] A teoria do cowboy é associada ao comportamento imprudente, explorador, romântico e violento, que são características das sociedades abertas. A sociedade aberta deve ser compreendida como aquela em que não há limites, tornando possível explorar o máximo, sem perdas ecossistêmicas.

[10] A teoria do astronauta compreende que há limites na sociedade, fazendo ela se tornar fechada. Considera o planeta Terra uma nave espacial, com recursos limitados, sendo que seus tripulantes necessitam utilizar sabiamente os recursos, por não se ter um local para pouso.

momento em que os recursos não renováveis estiverem esgotados", a humanidade necessitará cada vez mais das capacidades de regeneração dos recursos bióticos. As três categorias básicas utilizadas por Daly e Farley (2016, p. 150-151), que podem ser consideradas tanto *recursos fluxos de estoque* como *recursos fundo de serviços*, são:

> 1. Recursos renováveis: apresentam os elementos da estrutura do ecossistema que fornecem as matérias-primas para os processos econômicos.
> 2. Serviços ecossistêmicos: são definidos como as funções do ecossistema com o valor para os seres humanos e gerados pelos fenômenos emergentes através da interação dos elementos da estrutura do ecossistema.
> 3. Capacidade de absorção de resíduos: este é um serviço ecossistêmico que por apresentar características únicas e fundamentais aos humanos, foi isolado para ter um tratamento distinto.

Dessa forma, percebemos que os recursos bióticos são indispensáveis, pelo menos no atual estágio da civilização humana, atrelado ao *mundo vazio* e *mundo cheio*. Conforme o mundo torna-se mais cheio, a capacidade de resiliência dos recursos bióticos tende ao caos, exigindo soluções não lineares. Quando relacionados os recursos bióticos com algumas categorias de análise econômica (Tabela 2.6), evidencia-se a necessidade de outras abordagens não convencionais para o tratamento dessas questões.

Tabela 2.6 – Características relevantes selecionadas dos recursos bióticos

Recurso biótico	Fluxo de estoque ou fundo de serviço	Pode tornar-se dispensável	Rival	Rival entre gerações	Substitubilidade
Recursos renováveis	Fluxo de estoque	Sim	Sim	Depende do ritmo de utilização	Elevada na margem, em última análise não substituível
Serviços ecossistêmicos	Fundo de serviços	Não	Na maior parte, não	Não	Baixa na margem, não substituível
Capacidade de absorção de resíduos	Fundo de serviços	Sim	Sim	Depende do ritmo de utilização	Moderada na margem, não substituível

Fonte: Daly e Farley (2016, p. 166)

Apresentada a base dos recursos bióticos, fica claro que a sua compreensão merece destaque para os pensamentos econômicos. Enriquez (2010, p. 49) verifica que desde os primórdios da formação da teoria econômica, sendo negligenciados por um período, "[...] os recursos naturais exerceram um papel central, mas como explicação de fonte material de riqueza". A seguir temos três contribuições de Enriquez (2010, p. 49).

> 1. Os fisiocratas – deste a metade do século XVIII os fisiocratas afirmavam que o setor agrário era a origem de todo o excedente.
> 2. A escola clássica I – no início do século XIX, dado a expansão capitalista em decorrência da escassez dos recursos naturais, foi percebido por Thomas Malthus um desequilíbrio entre o crescimento populacional e a oferta de alimentos.
> 3. A escola clássica II – com a tese de Jevons, na segunda metade do século XIX, inicia-se uma preocupação com o uso indiscriminado do carvão mineral na Inglaterra, que poderia levar este recurso vital a exaustão.

Os *recursos abióticos* são classificados em cinco grandes grupos, iniciando com os combustíveis fósseis, passando posteriormente para água, terra, energias solares e minerais, sendo o último o foco da pesquisa. Daly e Farley (2016, p.132) concluem que, dentro da discussão sobre os combustíveis fósseis, há três principais fatos. O primeiro que estes recursos, depois de utilizados, desaparecem, sendo bens rivais. O segundo é que, dada a sua finitude, os combustíveis fósseis apresentam um fluxo de estoque que pode ser extraído na velocidade desejada, a depender da tecnologia, tendo como um dos limitadores os custos energéticos da extração. Por fim, o terceiro refere-se às populações e os sistemas econômicos e sua dependência por esse tipo de energia. Isso posto, "[...] neste momento, não temos tecnologias disponíveis para manter 7 bilhões de pessoas na ausência de combustíveis fósseis" (Daly; Farley, 2016, p. 132).

A água é outro recurso abiótico que tem seu estoque finito. É compreendido que 70% da superfície do planeta é coberta de água e que a água doce representa apenas 3% desse total, sendo que mais de 2% desse valor se encontra nas calotas polares e geleiras. Daly e Farley (2016, p. 139) percebem que a água apresenta uma dupla natureza entre *recurso de fluxo de estoque* e de *recursos fundo de serviço*, e pode ser rival ou não rival, a depender do seu uso. Destarte, "[...] como a água corrente é reciclada através do ciclo hidrológico, ela é não rival entre as gerações", no qual sua *exclusividade* pode variar.

De modo a analisar a questão terra, um ponto-chave se dá pela renda desta, utilizando os princípios de David Ricardo (1772-1823). A formação da renda da terra de Ricardo consistia na questão referente à escassez de terras e a diferenciação das produtividades entre elas. Para ele:

> Essa renda é a porção do produto da terra paga ao seu proprietário pelo uso das forças originais e indestrutíveis do solo. A renda é frequentemente confundida com os juros e com o lucro do capital, e, na linguagem popular, o termo é aplicado a qualquer pagamento anual de um agricultor ao proprietário da terra em que trabalha. Se, de duas fazendas vizinhas com a mesma extensão e idêntica fertilidade natural, uma contasse com todas as vantagens de edificações agrícolas, e se, além disso, estivesse devidamente drenada e adubada e adequadamente repartida por sebes, cercas e muros, enquanto a outra não apresentasse nenhuma dessas benfeitorias, naturalmente maior remuneração seria paga pelo uso da primeira; não obstante, em ambos os casos essa remuneração seria chamada renda (Ricardo, 1996, p. 44).

Por conseguinte, Daly e Farley (2016, p. 139), analisando a questão da terra ricardiana, compreendem que faz parte de um "[...] substrato físico e lugar, diferente das outras qualidades produtivas". Dessa forma, é um fundo que fornece serviços capazes de dar suporte aos seres vivos, sendo que são "[...] seguramente excludentes e, para um determinado ponto no tempo", rivais, desse modo, o uso da terra ricardiana não se esgota (Daly; Farley, 2016, p. 140). Percebem que, embora seja rival dentro de uma geração, é não rival entre as gerações e é absolutamente inesgotável dentro do tempo histórico.

A energia solar é a fonte energética que nutre o planeta Terra; o planeta irradia com cerca de "[...] 19 trilhões de toneladas equivalentes de petróleo por ano" (Daly; Farley, 2016, p. 140). Portanto, é "[...] mais energia do que pode ser encontrada em todas as reservas de combustíveis fosseis", durante bilhões de anos (Daly; Farley, 2016, p. 140).

> Enquanto a energia solar irradiar a Terra com mais energia do que os seres humanos são capazes de utilizar, para efeitos práticos, será um recurso de fundo de serviços, que chega à superfície da Terra a uma taxa fixa e que não pode ser armazenado de forma eficaz para

> uso posterior. Não importa quanta energia solar uma nação ou um proprietário de terra capture, não deixará menos para os outros captarem, e é inerentemente um recurso não excludente (Daly; Farley, 2016, p. 142).

Por fim, a questão central desta pesquisa está na relação dos recursos abióticos minerais. As reservas desses recursos são finitas e, dada a primeira lei da termodinâmica, têm um limite físico de acordo com o crescimento material da economia. Este recurso é considerado não renovável, e a tecnologia, nesse caso, é que dita o ritmo de sua extração, "[...] mas existe um limite entrópico à eficiência" (Daly; Farley, 2016, p. 133).

Enriquez (2010, p. 53) aborda que a relação "[...] entre o tempo que os processos naturais necessitam para concentração dos minérios em jazidas comercializáveis e o tempo para estes serem extraídos (explotados)" é o que leva a encaixá-los em recursos não renováveis, ou exauríveis. Destaca ainda que uma forma de diferenciação é apresentada por conceitos como: reservas, recursos e recursos hipotéticos. Dessa forma, as reservas minerais possuem uma medição física feita pelo teor e pela quantidade de concentração do mineral, além da viabilidade econômica de sua extração. Devemos ressaltar que o recurso não apresenta o mesmo nível de detalhamento, mesmo conhecendo sua existência. Por fim, os recursos hipotéticos "[...] são todos os recursos conhecidos e não conhecidos, mas possíveis de existir em uma determinada porção da crosta terrestre e capazes de serem utilizados no futuro" (Enriquez, 2010, p. 53).

Enriquez (2010) apresenta o conceito da caixa de MacKelvey (Figura 2.5), o qual auxilia na visualização e na compreensão das delimitações entre a reserva, o recurso e os recursos hipotéticos. Os critérios usados são tecnológicos e econômicos, que na base e no topo da caixa há uma questão técnica, dado o nível de conhecimento do subsolo. Há na esquerda uma relação entre preço e custo, abrindo duas frentes: econômicos (reservas) e subeconômicos (recursos condicionais). Abaixo, possui duas setas indicando os recursos conhecidos e desconhecidos, dado o nível de certeza técnica. À direita, tem graus de praticabilidade econômica de recuperação crescente, como medida pelo preço e pelo seu custo. Importante destacar que, segundo a autora, esta caixa é muito útil, todavia é limitada por não considerar questões ambientais e sociais para determinação de uma reserva. Outro ponto importante, está no fluxo energético, pois, "[...] à medida que a extração aumenta, surge a necessidade de alcançar reservas de menor teor e/ou de mais difícil acesso" (Enriquez, 2010, p. 54).

Dois bons exemplos são alguns dos projetos de mineração em Minas Gerais que exploram minérios de baixo teor e as minas do Complexo Carajás, que exploram minérios de alto teor. Em um dado momento, as minas do Complexo Carajás terão que explorar minérios de pior teor, gerando mais resíduos e exigindo maior fluxo de energia e matéria. Em outras palavras, conforme a economia cresce, esgotam primeiro os minérios mais valiosos, passando para aqueles com menor grau de pureza para outros períodos, aumentando os custos de produção, devido à redução da renda da terra.

Figura 2.5 – Caixa de MacKelvey: critério para delimitação de reservas minerais

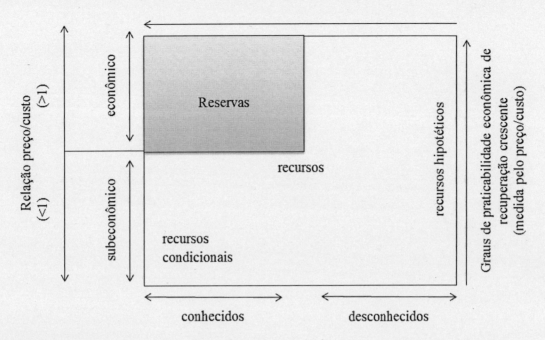

Fonte: Enriquez (2010, p. 54)

Para Saez (2017), a mineração é uma atividade de alto risco, mesmo para os investidores, pois sua natureza tem complexidades operacionais, sociais e ambientais. Problemas extremos, como o rompimento ou o vazamento de barragens de rejeitos, acarretam paralisação das operações, como o ocorrido na Samarco S.A. e na Vale S.A. Outra questão importante, também compreendida pela autora, está relacionada com as comunidades locais, que podem se contrapor à implantação desses projetos, por ameaçar seu modo de vida.

Tendo em vista as delimitações das reservas minerais, bem como os riscos associados a essa atividade, tem-se o problema da reciclagem dos materiais. Diferentemente dos combustíveis fósseis, os minérios podem ser reciclados, o que exige mais energia para o empreendimento e considerando a impossibilidade de uma reciclagem 100% eficaz. Para Georgescu-Roegen (1971), o esgotamento dos minerais é mais preocupante do que o fim dos combustíveis fósseis, dado a sua falta de substitutos.

Daly e Farley (2016, p. 135), considerando a lei da entropia, percebem que, conforme forem se esgotando os minérios mais concentrados, a opção mais viável, em termos monetários, é minerar os resíduos com menor entropia. Para exemplificar, as barragens de rejeito mineral possuem exatamente essas características, armazenando minérios de baixo teor de pureza. Quando uma mina se exaurir, e no momento em que houver tecnologias para tal, as novas jazidas serão as próprias barragens de sedimentos e de rejeitos. Desse modo, será necessária ainda mais energia, mais recursos e *serviços ecossistêmicos* e, consequentemente, novas barragens, visto que, com a tecnologia atual, essas barragens seriam ainda maiores. Uma reflexão que fica é: e quando os minérios das barragens acabarem?

No momento em que isso ocorre, percebemos os resíduos como fontes de riqueza mineral para as gerações futuras. Para exemplificar, Daly e Farley (2016) abordam duas categorias para os resíduos. A primeira está na maior parte em forma de produtos que deixam de funcionar, tornando-se obsoletos ou fora de moda. Estes não são reciclados "[...] porque ainda é mais barato ou conveniente extrair fluxos minerais virgens da terra" (Daly; Farley, 2016, p. 135). A segunda corresponde aos resíduos resultantes da entropia que "[...] está na forma de erosão mecânica ou química do material em questão" (Daly; Farley, 2016, p. 136).

O exemplo apresentado por Daly e Farley (2016) diz que as moedas eventualmente se desgastam pelo uso, já outros metais enferrujam até o seu fim. Por esse motivo, as reservas minerais subterrâneas brutas não se esgotam, devido à ação da primeira lei da termodinâmica. Pois elas simplesmente se tornam reservas com uma entropia cada vez mais alta, a ponto de deixarem de ser úteis aos seres humanos, pela ação da segunda lei da termodinâmica.

Uma questão central foi levantada por Enriquez (2007), ao pensar em uma indústria sustentável. No plano do imaginário, há necessidade cada vez mais crescente de minérios, pois o modelo hegemônico compreende o mundo com recursos ilimitados, com a possibilidade de crescimento infinito. Todavia, Enriquez (2007, p. 153) faz uma pergunta importante, vejamos: "[...] como a lei da oferta e da demanda em um mundo de consumo crescente pode resultar em uma indústria sustentável"? A esse problema a autora acrescenta que a mina de cobre de Papua Nova Guiné Ok Tedi gerava "[...] diariamente uma quantidade de 200.000 toneladas de resíduos, o que significa uma média muito maior que todas as cidades do Japão, da Austrália e do Canadá juntas" (Enriquez, 2007, p. 153).

Os minérios são recursos relativamente não rivais entre as gerações, ou seja, o seu consumo em *devir* não é alterado em termos macro, sendo que o uso entre gerações não deixa menos recursos para as gerações futuras. Daly e Farley (2016) tiram três conclusões gerais na questão mineral. A primeira refere-se aos recursos minerais como bens rivais num determinado ponto do tempo. O exemplo dado é o aço usado em um carro. Nesse caso, esse aço não estará disponível para outra pessoa usar. Destarte, os minérios podem ser pensados "[...] como bens rivais dentro de uma geração, mas parcialmente não rivais entre gerações" (Daly; Farley, 2016, p. 136).

A segunda conclusão diz respeito às reservas minerais de baixa entropia, elas são finitas, visto que podem ser extraídas praticamente a qualquer ritmo. Por fim, a terceira questão considera que "[...] não poderíamos sustentar as populações nem os níveis de produção existentes na ausência destes materiais" (Daly; Farley, 2016, p. 136).

Este ponto é importante, dado que há algumas correntes totalmente contrárias à exploração de minério, considerando-a como maldição, algo a ser trabalhado ao longo da pesquisa. Segue um resumo dos recursos abióticos (Tabela 2.7).

Tabela 2.7 – Características relevantes selecionadas dos recursos abióticos

Recurso abiótico	Fluxo de estoque ou fundo de serviço	Pode tornar-se dedutível	Rival	Rival entre gerações	Substitubilidade
Combustíveis fósseis (não renováveis)	Fluxo	Sim	Sim	Parcialmente	Alto na margem, em última análise não substituível
Minerais (parcialmente recicláveis)	Fluxo de estoque	Sim	Sim	Parcialmente	Alto na margem, em última análise não substituível
Água (reciclagem solar)	Dependente do contexto	Dependente do contexto	Dependente do contexto	Estoques, sim: fundos e reciclagem, não	Não substituível nas utilizações mais importantes

Recurso abiótico	Fluxo de estoque ou fundo de serviço	Pode tornar-se dedutível	Rival	Rival entre gerações	Substitubilidade
Terra segundo Ricardo (indestrutível)	Fundo de serviços	Sim	Sim	Sim	Não substituível
Energia solar (indestrutível)	Fundo de serviços	Não	Não, por razões práticas	Não	Não substituível

Fonte: Daly e Farley (2016, p. 143)

2.2 DO MICRO AO MACRO: O MUNDO VAZIO E O MUNDO CHEIO

Conforme trabalhado na seção anterior, a economia refere-se ao gerenciamento da casa, cujo estudo da alocação de recursos escassos é o ponto central para sua disciplina. Todavia, houve um tempo em que os recursos eram abundantes e que as suas utilizações pouco afetavam os ecossistemas planetários. Diante disso, Herman E. Daly cunhou os termos "mundo vazio" e "mundo cheio". Como a crença atual se dá por crescer cada vez mais, sem limitadores, visto que um questionamento se relaciona com a *capacidade de suporte* do planeta. Sem muitas dificuldades, é possível observar que muitos dos serviços e funções ecossistêmicos de que as empresas e a sociedade necessitam estão se esgotando. No caso da mineração, o esgotamento é calculado de acordo com o que as jazidas possuem – *ceteris paribus* – um período útil, que, no geral, não passa de décadas. Se há esse limite planetário, como é possível crescer infinitamente com recursos finitos? Qual seria o seu custo de oportunidade? Seria possível um aumento do bem-estar sem o crescimento econômico? Quais as externalidades de um crescimento infinito em um planeta finito?

Diante dessas questões e considerando o custo de oportunidade, se faz necessário explorar cinco conceitos importantes para a análise econômica, sendo: *alocação eficiente*; *distribuição justa*; *escala sustentável*; *bem-estar e externalidade*.

Iniciaremos com dois termos de fundamental importância: *alocação eficiente* e *distribuição justa*. Esses conceitos são fundamentais para a compreensão do pensamento econômico ecológico, juntamente com a *escala sustentável*. A *alocação eficiente* dos recursos naturais, bem como a *distribuição justa* de suas riquezas, está diretamente atrelada com a *capacidade de suporte* da natureza, para que posteriormente seja possível identificar uma *escala sustentável* (Garcia; Romeiro, 2014, p. 137).

O estudo da economia tem como pressuposto básico a ciência da alocação e distribuição de recursos escassos. As necessidades humanas, dentro da lógica capitalista, estão fundamentadas em um processo produtivo infinito, entretanto os recursos naturais são finitos. Estabelecida essa problemática, se pode vislumbrar uma tensão entre as necessidades humanas ilimitadas e um limite na *capacidade de suporte* da natureza, sendo que esse conflito é a base do pensamento econômico moderno. Devido à insaciedade dos seres humanos, expandindo a oferta e demanda de bens e serviços, visando ainda aumentar o seu bem-estar individual, o seu crescimento infinito torna-se "[...] uma variável mensurável e adequada para o fim desejado" (Daly; Farley, 2016, p. 34).

Dentro dessa perspectiva de compreensão das ciências econômicas, na qual o problema fundamental é a lei da escassez, um dos principais pensadores foi o economista britânico Lionel Robbins (1898-1984). Robbins tem como foco para sua análise o fato de a escassez forçar uma opção econômica. Para esse autor, a economia é a ciência das ações humanas diante de recursos limitados (terra, natureza, capital e trabalho), pois essa escassez implica que nem todos os desejos podem ser atendidos (custo de oportunidade). A problemática de Robbins refere-se na tomada de decisões, desse modo a sociedade é que deve decidir quais e quantos bens produzir, consistindo no problema de *alocação eficiente*. Essa definição de economia é amplamente aceita, mas sua principal crítica se deve à sua pequena amplitude, sendo, nesse caso, necessária uma investigação de como as sociedades geram recursos ao longo do tempo.

Para Hunt (2012, p. 134), desde o início do capitalismo, há problemas com a alocação. Sempre houve dependência das forças entre a oferta e demanda para o equilíbrio do mercado, sendo que esta variável "[...] resultou em crises econômicas que se repetem ou em depressões". Em outras palavras, dadas as falhas de alocação, os vendedores encontram dificuldades para encontrar compradores para suas mercadorias. O resultado deste fenômeno é uma capacidade física ociosa, desemprego, aumento da pobreza e sofrimento social.

Hunt (2012, p. 537) acrescenta que para as teorias neoclássicas o princípio de eficiência está atrelado ao ótimo de Pareto[11]. Nessa análise, os únicos valores que contam são da preferência individual das pessoas, equiparados ao seu poder de compra. Todavia, dada a racionalidade limitada do mercado, os problemas da alocação de recursos necessitam englobar valores sociais e as premissas empíricas e comportamentais. Daly e Farley (2016, p. 33) corroboram que a economia é o estudo da alocação de recursos limitados e escassos, oferecendo três perguntas fundamentais para orientar as opções econômicas, sendo:

1. Quais fins desejamos?

2. Quais recursos, limitados ou escassos, necessitamos para obter estes fins?

3. Quais fins são prioritários e até que ponto deveríamos alocar recursos para eles?

Daly e Farley (2016, p. 34) destacam que a alocação consiste no processo de "[...] dividir os recursos para a produção de diferentes bens e serviços". Pela ótica neoclássica, temos a concentração no mercado como mecanismo de alocação, tendo como pressuposto a ideia de Pareto. Já a economia ecológica reconhece que o mercado é apenas um dos vários possíveis mecanismos de alocação. Desse modo, "a *alocação eficiente* é importante, mas está longe de ser um fim em si mesma" (Daly; Farley, 2016, p. 34).

Portanto, dentro da perspectiva econômica ecológica, apresenta um papel terciário para as questões políticas de alocação. Apesar disso, reconhecem como "[...] um componente vital de uma boa política" (Daly; Farley, 2016, p. 579).

Um bom exemplo da visão da economia ecológica em relação à *alocação eficiente* é dado no seguinte exemplo:

> Os economistas ecológicos consideram a Terra como um navio e a produção material bruta da economia como a carga. A navegabilidade do navio é determinada pela sua saúde ecológica, pela abundância das suas provisões e pelo seu design. Os economistas ecológicos reconhecem que estamos navegando em mares desconhecidos e que ninguém consegue saber a previsão do tempo para a viagem, por isso não sabemos exatamente quão pesada a carga pode ser sem afetar a nossa segurança. O que sabemos é que uma carga pesada demais afundará o navio (Daly; Farley, 2016, p. 35-36).

---

[11] "Uma situação é eficiente no sentido de Pareto se não existir nenhum modo de melhorar a situação de algum grupo de pessoas sem piorar a de algum outro grupo. O conceito de eficiência de Pareto pode ser utilizado para avaliar diferentes formas de alocar os recursos" (Varian, 2006, p. 19).

Varian (2003, p. 665) considera que a *alocação eficiente* auxilia em alguns julgamentos morais específicos para examinar suas implicações na *distribuição justa*. A distribuição se refere à forma de repartição entre todos os indivíduos, a qual tem relação com a *escala sustentável*. Esta possui uma preocupação com as gerações futuras, ou a distribuição intergeracional (*devir*). Não por acaso que esses três conceitos são os pilares da economia ecológica, que veremos e ampliaremos o debate ao longo do trabalho.

Compreendendo se há algum mal em acumular riqueza apenas para conseguir status, Daly e Farley (2016, p. 562) concluem que em primeiro lugar percebem que as pessoas que exibem seu status por meio do consumo conspícuo aumentam a escala produtiva. Em segundo lugar, o "[...] status é medido em relação à posição de outros e, portanto, é um jogo de soma zero". Isso posto, o consumo conspícuo é uma externalidade negativa e "[...] as pessoas deveriam pagar pelos impactos negativos que impõem aos outros" (Daly; Farley, 2016, p. 562).

Hunt (2012, p. 538) critica o pensamento da distribuição neoclássica, pois o ótimo de Pareto "[...] só pode ser defendido em relação a uma distribuição específica de riqueza e de renda", sendo o "[...] ponto fraco, em termos normativos, mais decisivos da teoria". Strathern (2003) adiciona o pensamento de alguns nomes importantes para a economia, relacionando-os com a questão da distribuição. Thomas Malthus (1766-1834), por exemplo, sugere que o Estado deve intervir na distribuição de renda, visto que os proprietários de terra deveriam receber mais e os capitalistas menos, com o objetivo de evitar superproduções. Já Stuart Mill (1806-1873) não considerava a distribuição algo fundamental, pois as leis que governam a economia é a produção. Em contrapartida, Saint-Simon (1760-1825) acreditava que poderia começar tudo do zero, com uma sociedade racionalmente projetada, de modo a produzir uma distribuição mais justa da riqueza da nação, algo tentado por Robert Owen (1771-1858) por meio de sua visão cooperativista (Strathern, 2003).

É importante notar, segundo Haddad (2017), que o crescimento econômico e a sua distribuição de renda e riqueza possuem um caráter paradoxal. No Brasil, configurações que dizem respeito ao crescimento são bastante diferenciadas, dados os diversos períodos históricos. Logo, a economia ecológica se preocupa com indicadores por intermédio biofísico, que "[...] incorporem considerações acerca da distribuição ecológica" (Montibeller, 1999, p. 129).

Assim, Montibeller (199, p. 130) "[...] coloca que a distribuição ecológica significa a alocação social, espacial e temporal no uso humano dos recursos e serviços ambientais". Tendo isso em vista, colocamos os elementos que tornam o tema, em nosso entendimento, ainda mais complexo.

Esses conceitos estão na base microeconômica e compreendê-los é de fundamental importância para avançar nas análises de *mundo cheio* e *mundo vazio* (visão macroeconômica global), sendo finalizado o tripé ecológico com a ideia da escala ótima, que, para a economia ecológica, devemos pensar na *escala sustentável*. Vale lembrar que, conforme Daly e Farley (2016, p. 51), a "[...] escala ótima é atingida quando o custo marginal for igual ao benefício marginal (CMg = BMg) ", sendo que caso este valor seja ultrapassado, é corretamente atribuída a proposição da "[...] regra de quando parar – ou seja, quando parar de crescer".

A escala ótima, conforme abordado, demonstra que os limites produtivos determinam as preferências, dada sua utilidade, escolhas e restrições. Na visão econômica tradicional, essa questão não fica explicitamente demonstrada, devido a sua relevância para o capitalismo e sua incompreensão quando se pensa no crescimento em escala planetária. No trabalho de Montibeller (1999), sua hipótese vem ao encontro das perspectivas do presente trabalho, pois duas dimensões foram usadas – a temporal e a espacial –, buscando compreender, no curto prazo e no *devir* (tendência secular), a relação do capital com o meio ambiente. Portanto, dado que "[...] o planeta é finito e materialmente fechado, o sistema econômico não pode existir indefinidamente, mesmo que não aumente de tamanho" (Cechin; Veiga, 2010, p. 42).

Não é possível para a espécie humana deixar de utilizar as *funções e serviços ecossistêmicos*, pois o impacto ambiental zero é utópico. No entanto, "[...] a questão é como fazê-lo de forma inteligente, com uso da razão e o propósito de se viver melhor", entrando assim na questão relacionada ao bem-estar (Cavalcanti, 2010, p. 55).

As discussões a respeito dos novos paradigmas do capitalismo estão a todo vapor, dado o seu eminente colapso devido aos limites ambientais. Para Haddad (2017, p. 45), existem especialistas que preveem uma desaceleração econômica em escala mundial, ou seja, o fim do crescimento econômico como se conhece. Dessa forma, buscamos alternativas de prosperidade para uma economia sem o crescimento, incluindo diversas análises e modelos para isso. Um desses modelos é dado pela "[...] estruturação de uma nova onda de inovações Schumpeterianas para o crescimento das economias capitalistas ao longo das próximas décadas" (Haddad, 2017, p. 45).

Isso posto, aliando os conceitos já tratados, ao relacionar com a economia ecológica, podemos compreender que:

> A economia ecológica procura uma abordagem contra as catástrofes ambientais iminentes pregando a conservação dos recursos naturais mediante uma ótica que adequadamente considere as necessidades potenciais das gerações futuras. Essa abordagem pressupõe que os limites ao crescimento fundamentados na escassez dos recursos naturais e sua capacidade de suporte são reais e não necessariamente superáveis por meio do progresso tecnológico. Isto significa que ao lado dos mecanismos tradicionais de alocação e distribuição geralmente aceitos na análise econômica, a economia ecológica acrescenta o conceito de escala, no que se refere ao volume físico de matéria e energia que é convertido e absorvido nos processos entrópicos da expansão econômica (May, 2001, p. 58).

Retornando ao bem-estar, este pode ser analisado de várias formas pela abordagem neoclássica, valendo-se de conceitos como dos excedentes dos consumidores[12] e produtores[13]. O excedente do produtor e consumidor é ferramenta importante para se compreender a eficiência do mercado, auxiliando na alocação dos recursos escassos. Esse conceito está na base da economia ambiental e nos seus métodos de valoração do meio ambiente.

Pela teoria neoclássica, o excedente deve ser compreendido como a relação voluntária entre consumidores e vendedores, pois ao final das trocas há um ganho (excedente) para ambos, sendo a eficiência de Pareto alcançada em termos gerais. Mesmo em momentos em que há um excedente maior para o produtor, ou para o consumidor, a redução de um aumenta o do outro, não reduzindo o excedente total. Esse ganho pode ser compreendido como o aumento do bem-estar de um determinado agente do mercado; nesse caso, possuiria maior riqueza, em termos absolutos, para alocar os ganhos de capital entre o investimento, a poupança e/ou o consumo. Assim, existem diversas funções de maximização do bem-estar, que têm um forte vínculo com as propostas utilitaristas de Jeremy Bentham (1748-1832).

---

[12] "Excedente do consumidor é a quantia que o comprador está disposto a pagar pelo bem, menos a quantia que ele realmente paga" (Mankiw, 2014, p. 139).

[13] "Excedente do produtor é o montante que um vendedor recebe menos o seu custo de produção. O excedente do produtor mede o benefício que os vendedores extraem em sua participação de mercado" (Mankiw, 2014, p. 143).

Quando se amplia o escopo para o bem-estar social, é importante notar que ficam pautadas em conceitos clássicos, como alocações justas, inveja, consumo, distribuição e equidade. Assim sendo, Varian (2006, p. 665) acredita que "[...] a abordagem da função de bem-estar é uma forma muito geral de descrever o bem-estar social", pois apresenta uma estrutura geral e torna-se complexo resumir os muitos tipos de julgamentos morais e éticos minimamente razoáveis.

Lembrando Adam Smith (1723-1790), cada comprador e vendedor do mercado tem sua preocupação focada no seu próprio bem-estar, eles são, juntos, guiados por uma mão invisível em direção ao equilíbrio (Mankiw, 2014). Nesse equilíbrio, assim como a própria proposta da mão invisível, deve haver fé que os fatores encontrem uma direção de equilíbrio que possa maximizar os benefícios totais dos agentes (compradores e vendedores). Os próprios autores convencionais ressaltam o *teorema da impossibilidade de Arrow*, demonstrando que "[...] não há uma forma ideal de agregar as preferências individuais em preferências sociais", pois para tal uma ditadura seria implementada (Varian, 2014, p. 668).

Este teorema, dado um conjunto de características:

> [...] desejáveis e plausíveis de um mecanismo de decisão social são incompatíveis com a democracia: não há forma "perfeita" de tomar decisões sociais, nem de "agregar" as preferências individuais para construir uma preferência social. Se desejarmos encontrar um meio de agregar as preferências individuais para formar as preferências sociais, teremos que desistir de uma das propriedades de um mecanismo de decisão social distrito no Teorema de Arrow (Varian, 2014, p. 660).

Essa interpretação do bem-estar, a nosso ver, utiliza-se de crenças quase religiosas, afinal, a própria mão invisível nasce desse pensamento teológico dos fenômenos que não se consegue compreender. Além do mais, desconsidera completamente as relações dos compradores e vendedores com a natureza, dando a entender que os recursos ambientais são infinitos.

Na compreensão da economia ecológica, baseado principalmente nas ideias do Georgescu-Roegen (1971), o sistema econômico tem um fluxo de materiais e enèrgias, o qual se inicia com a energia solar, de forma que esta alimente os ecossistemas terrestres (Figura 2.6). A espécie humana, dadas as leis da termodinâmica, utiliza desses recursos para girar o sistema econômico, dissipando energia. Isso posto, proporciona o bem-estar para todos os indivíduos e sociedades. A produção de bens e serviços econômicos nada mais é do que a oportunidade material para que as pessoas consigam chegar à realização da felicidade, por meio do aumento do bem-estar. Nesse sentido, a economia é apenas um subsistema do sistema ecossistêmico, que tem limites que são necessários a sua compreensão. Assim, para os economistas ecológicos, "[...] nossa fonte primordial de bem-estar é um sistema natural onde predomina a ordem" e o ser humano vem causando a sua desordem (Cavalcanti, 2010, p. 65).

Figura 2.6 – Modelo biofísico do sistema econômico

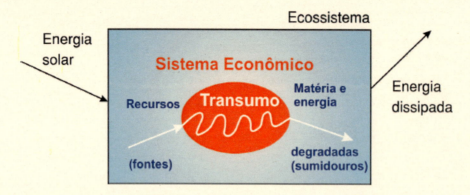

Fonte: Cavalcanti (2010, p. 59)

A desordem da ordem natural em escala micro gera as externalidades, que podem ser positivas ou negativas, criando falhas de mercado. Encontra-se neste momento, conforme Hunt (2013, p. 544), o "calcanhar de Aquiles" do pensamento neoclássico do bem-estar ao tratar as externalidades. Sachs (2006, 2009) reforça as contribuições de Hunt, pois, segundo este, a economia neoclássica se concentrou unicamente no aspecto social. Com as contribuições de Georgescu-Roegen, reintroduziu os aspectos físicos e biológicos, retornando aos pensamentos dos fisiocratas. Primeiramente, busca-se explanar o que vem a ser externalidades no pensamento neoclássico e depois compreender por que se tornou o calcanhar de Aquiles dos economistas convencionais.

As externalidades são efeitos das atividades de produção e consumo, que podem não estar diretamente ligadas ao mercado. Em outras palavras, "[...] externalidade é o impacto das ações de uma pessoa sobre o bem-estar de outras pessoas que não tomam parte na ação" (Mankiw, 2014, p. 204).

A externalidade nasce quando um agente realiza uma ação e afeta a vida, e o bem-estar de outros agentes, não havendo nenhuma compensação por esse impacto. Se o impacto no terceiro for adverso é denominada externalidade negativa; se benéfico, é chamado externalidade positiva. Pinkdyck e Rubinfeld (2010, p. 575) afirmam que, "[...] quando as externalidades se encontram presentes, o preço de um bem não reflete necessariamente o seu valor social". Thomas e Callan (2012, p. 75) corroboram que a externalidade é "[...] um efeito de propagação associado à produção ou consumo que se estende a um terceiro, fora do mercado". As externalidades negativas são aquelas cujo efeitos externos geram custos a um terceiro. Já as positivas são aquelas cujo efeito gera um benefício a um terceiro.

Começamos assim a expor o "calcanhar de Aquiles" do pensamento neoclássico, afinal, tudo que foi analisado demonstra raciocínio econômico como gerador de externalidades e que, por sua vez, a teoria do bem-estar desconsidera os ecossistemas. Além desse ponto, ao se pensar na escala ótima econômica, não se pode considerá-la como um sistema maior, pois a economia está vinculada a um sistema maior, sendo ela apenas um subsistema do sistema ecológico. Nesse sentido, existe uma regra de quando parar, na qual deve ser considerada, pois, se fosse considerar apenas uma pequena fração dos atuais alertas ambientais, a espécie humana já haveria ultrapassado diversos limites.

Hunt (2013, p. 544) destacou que, nessa linha de pensamento, "[...] supõem-se que, exceto para uma única externalidade, o ótimo de Pareto existe em toda parte", demonstrando uma improvável racionalidade perfeita do mercado, ou o "pé invisível" do mercado. Conforme Hunt (2013,

p. 544), para os neoclássicos, o método para precificar as externalidades é por meio "do processo de extrapolação ou de interpolação", também conhecido como análise custo-benefício, sendo este extremamente útil em políticas governamentais.

Strathern (2003, p. 113) adiciona, no pensamento de Bentham, que "[...] o benefício que resulta do gasto governamental deveria ser comparado ao custo de imposto mais opressivo e oneroso". Essa é uma das bases da análise custo-benefício, que hoje é pensada como uma ciência sistemática, originando uma pletora de gráficos. Entretanto, conclui o autor, "[...] no cerne dessa exatidão matemática, a mesma dificuldade permanece. É preciso reduzir benefício a bens ou serviços concretos, que não são uma medida precisa da felicidade" (Strathern, 2003, p. 113).

Cavalcanti (2012) salienta que o meio ambiente para os neoclássicos até existe, todavia está em outro plano, planeta ou galáxia. Nas análises convencionais as externalidades ambientais não são refletidas nos preços de mercado, sendo que toda a depleção e a degradação dos recursos recaem para a sociedade. Mesmo com a utilização da análise custo-benefício, o preço do minério de ferro não teve uma substancial elevação após o crime corporativo da Samarco S.A. (2015), o que seria mais plausível dentro da lógica de mercado perfeito, devido aos custos ambientais e sociais e uma redução da oferta global. Em novembro de 2015, mês do maior desastre ambiental do Brasil, o preço da tonelada do minério era de US$ 46,86, e no mês seguinte caiu para US$ 40,50. Em fevereiro de 2016, o minério estava precificado próximo ao patamar da época do rompimento, valorado em US$ 46,83. Considerando o crime corporativo da Vale S.A. (2019), em dezembro de 2019, após outro rompimento de grandes proporções, o preço dispara, precificado em US$ 92,65, cujo pico foi em julho de 2019, com o valor estimado em US$ 120,24[14]. Assim:

> O insucesso gritante dos economistas neoclássicos com relação à abordagem correta desses problemas advém da sua incapacidade de reconhecer que, no capitalismo, embora todos os atos de produção e consumo sejam sociais (como são em todos os outros tipos de sistemas econômicos), o sistema de incentivos que governa a produção e o consumo é quase inteiramente individual (o que não ocorre obrigatoriamente em outros tipos de sistemas econômicos). É claro que é de todo impossível estabelecer direitos legais de propriedade para todos os tipos de interdependência física, biológica e social ou criar um sistema de tributação racional que elimine os aspectos sociais da produção e do consumo (ou deseconomias externas). Pelo contrário, para se caminhar para um sistema econômico que satisfaça mais adequadamente e com mais justiça às necessidades humanas, o sistema de incentivo que está por trás do próprio capitalismo precisa ser alterado, bem como o sistema de propriedade privada. Desnecessário se faz dizer, porém, que essa é uma tarefa que ultrapassa o campo das preocupações da economia neoclássica ortodoxa (Hunt, 2013, p. 548).

Diante da dicotomia, crescimento-natureza é que se analisa o *mundo vazio* e o *mundo cheio*. A Figura 2.7 demonstra a relação entre o *capital natural* (ecossistema) e capital criado pelo homem (economia), em que o primeiro possuía prazo para sua resiliência, devido ao serviço econômico não se sobrepor ao serviço ecossistêmico. Desse modo, a proposta de Georgescu-Roegen (1971) e o seu fluxo de materiais e energia são revisitados. Destarte, a energia solar oferece a principal fonte de energia para o *capital natural*. Contudo, sabemos que o *mundo vazio* de Herman Daly (1996, 2007, 2016) considera que aquele era um momento histórico em que havia baixa densidade populacional e baixo padrão de consumo. Por esse motivo, o mundo estava vazio, ou seja, o impacto do homem era compatível com o meio natural, em outras palavras, havia tempo para a resiliência dos ecossistemas.

---

[14] Disponível em: https://www.indexmundi.com/pt/pre%C3%A7os-de-mercado/?mercadoria=min%C3%A9rio-de-ferro&meses=60. Acesso em: 15 out. 2019.

Logo, "[...] em um *mundo vazio* é tolerável agir economicamente 'como se' os recursos fossem infinitos e o custo dos insumos naturais nulo, pois o custo de oportunidade no uso dos recursos naturais e ambientais é baixo" (Silva; Lima, 2013, p. 23).

Figura 2.7 – O mundo vazio de Herman Daly

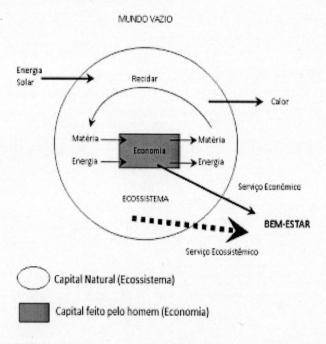

Fonte: Daly e Farley (2016, p. 53)

Aplicando esse conceito ao objeto de estudo, a mineração, pode-se refletir como essa atividade afetava os ecossistemas no passado. Nos primeiros garimpos da humanidade, provavelmente, já havia pessoas atingidas; devido, por exemplo, à poluição de nascentes e rios. Entretanto, devido às grandes quantidades de terra e baixa densidade populacional, as famílias conseguiriam se realocar, não afetando sua sobrevivência. No século XVIII, em Minas Gerais, a mineração de ouro estava a todo vapor, com baixo impacto ambiental, pois havia tempo para resiliência dos ecossistemas. Mesmo considerando um pior cenário de altíssimos impactos ambientais, os pontos críticos estariam em escala local, não afetando diretamente os ecossistemas regionais, como o ocorrido pela Samarco S.A. (2015) e Vale S.A. (2019).

Destarte, a economia da época não alterava substancialmente o *capital natural*, pois o fluxo entre matéria e energia possuía uma escala pequena. Como pequena escala, temos a intenção de mostrar que os recursos e serviços ecossistêmicos não eram afetados em termos absolutos, pois, por mais que houvesse pressão humana sobre o ambiente natural, havia o tempo necessário para sua resiliência em termos relativos.

Os resíduos e processos de reciclagem desse empreendimento não afetavam significativamente o bem-estar da população e seus ecossistemas. Desse modo, é importante destacar que está sendo considerado o início do processo de extração de ouro, momento em que havia grandes quantidades de terras e baixa densidade populacional. Por óbvio, conforme a densidade populacional teve sua expansão no período colonial, iniciaram-se alguns problemas, como da água, que já no final do século XVIII "[...] era dotado de valor econômico, suscitando conflitos em torno da sua posse e uso" (Fonseca, 2004, p. 6). Esse mesmo raciocínio pode ser aplicado na Londres dickensiana[15], sendo o primeiro exemplo da era industrial do *mundo cheio*, visto que a atividade econômica sufocou o *capital natural*, afetando o bem-estar de toda população e ecossistemas regionais. Dessa forma, "[...] a escala de produção de bens e serviços era pequena, o elemento escasso ou fator limitante da produção era o capital manufaturado, ao passo que os recursos naturais e ambientais (*capital natural*) eram abundantes" (Mello; Romeiro, 2010, p. 3).

O *mundo cheio* (Figura 2.8) compreende o momento em que a sociedade e seu processo econômico começa a afetar significativamente os ecossistemas, tornando-os cada vez mais escassos, aumentando sobretudo as externalidades. Assim, observamos que o bem-estar das pessoas tende a cair, pois fica cada vez mais complexa a aquisição de *serviços ecossistêmicos* básicos, como água e ar limpos. Cavalcanti (2010) exemplifica o *mundo cheio* com um barco, em que sua capacidade de carga deve ser compreendida. Desse modo, o *mundo cheio* busca a distribuição ótima da carga em seu interior, por isso "[...] deve respeitar a linha de calado", pois, no momento em que se chega nesta linha, denota que o barco está cheio, "[...] alcançado a sua capacidade segura de carga (escala ótima)" (Cavalcanti, 2010, 57).

Figura 2.8 – O mundo cheio de Herman Daly

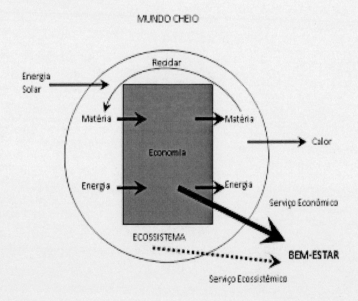

Fonte: Daly e Farley (2016, p. 53)

Desse modo, as duas questões que Cavalcanti (2010, p. 57) propõe se dão em: "[...] quando pode ser extraído e quando pode ser devolvido ao meio ambiente por meio do processo econômico? Qual a escala da economia compatível com sua base ecológica?". Afirma que diferente da visão dos economistas ambientais, que se preocupam com o mercado, interessados apenas na forma da acomodação

---

[15] Charles Dickens (1812-1870) foi um escritor inglês do século XIX, vivendo o início da Revolução Industrial. Ele escreveu vários livros, muitos apresentando a vida cotidiana degradante e humilhante da população daquela nova sociedade. Esse termo se refere a eventos grotescos, bizarros, de indivíduos socialmente marginalizados por um sistema que reproduzia a miséria social.

da carga no barco, os economistas ecológicos consideram a carga como componente fundamental. Valendo-se dos princípios da física e ecologia, dentro de um *mundo cheio*, assim como o barco, num dado momento o planeta pode afundar, caso a sua capacidade seja ultrapassada.

A procura e obsessão pelo crescimento econômico estão ultrapassando as fronteiras planetárias. A alta densidade demográfica e o seu alto consumo não permitem a capacidade do *capital natural* de reciclar as matérias. Os serviços econômicos trazem muitos receios a diversos pesquisadores e estão subjugando os *serviços e funções ecossistêmicos*. A pegada ecológica é um exemplo desse problema, pois supera em 50% a capacidade da Terra (WWF, 2014).

Alves (2015, p. 1318), analisando o *Laudato Si*, reforça que esse documento está em conformidade com o pensamento científico; nesse sentido, há uma "[...] intensificação dos ritmos de vida e trabalho" tornando o mundo natural cheio de feridas "[...] produzidas pelo comportamento irresponsável do ser humano". Logo, essa obsessão pelo crescimento econômico significa que a humanidade está próxima do colapso ecológico.

Alves (2015, p. 1325) observa outra variável iniciada por Thomas Malthus. O preocupante crescimento demográfico acelerou significativamente após a revolução industrial e energética, aumentando em 4 vezes o seu tamanho no século XX. "Passou de 1,56 bilhões de habitantes em 1900 para 6,10 bilhões de habitantes em 2000", tornando um *mundo vazio* em *mundo cheio*, com acréscimo de 4,5 bilhões de pessoas em apenas 100 anos (Alves, 2015, p. 1318). Este autor relata que o ritmo demográfico diminuiu no século XXI, mas apenas entre 2000 e 2011 houve um incremento de 1 bilhão de habitantes, chegando a 7,4 bilhões de pessoas em 2017.

Em vista disso, os recursos que eram aparentemente ilimitados no *mundo vazio*, se tornaram altamente escassos no *mundo cheio*. Cavalcanti (2017, p. 65) informa o aumento do "[...] PIB global, a preços atuais, de 2 trilhões de dólares em 1900 para 95 trilhões em 2017". Desse modo, além da multiplicação demográfica, a economia teve uma alavancagem de 47,5 vezes. Por conseguinte, para Alves (2015, p. 1325), a divisão de população da ONU estima que até 2100 a população mundial será próxima de 11 bilhões de habitantes.

No caso de se confirmar essa projeção, o século XXI terá o maior volume populacional de todos os tempos, com um aumento próximo de 5 bilhões de habitantes entre 2000 e 2100. Este aumento ocorrerá em países pobres, com baixa ou nula políticas de proteção social, "[...] podendo jogar diversos países no círculo vicioso da armadilha da pobreza" (Alves, 2015, p. 1325).

Resumindo, a perspectiva de *mundo vazio* e *mundo cheio*, para Daly e Farley (2016, p. 51), tem uma conotação, na qual o primeiro "[...] ambiente não é escasso e o custo de oportunidade da expansão da economia é insignificante". Todavia, com o crescimento populacional e a busca de crescimento a todo custo, dentro de um ecossistema finito, levou ao *mundo cheio*, sendo que o custo de oportunidade do crescimento será significativo. A questão do estoque para os economistas ecológicos se refere ao fluxo de bens e serviços no futuro, pois os estoques de capital feitos pelo homem incluem os nossos corpos e mentes, criando assim as nossas estruturas sociais. Dessa forma, o *capital natural* nada mais é que o "[...] estoque que rende um fluxo de serviços naturais e recursos naturais tangíveis", incluindo "[...] energia solar, terra, minerais, combustíveis fósseis, água, organismos vivos, e os serviços proporcionados pelas interações de todos estes elementos nos sistemas ecológicos" (Daly; Farley, 2016).

Para Daly e Farley (2016, p. 51-52), as duas principais fontes de bem-estar à disposição para o homem são: os serviços de capital, aqueles feitos pelo homem; e os serviços de capital natural, conforme as Figuras 2.7 e 2.8, sendo a parte cinza representativa do capital feito pelo homem (economia), e tudo que está fora os serviços de capital natural. Quando se aplicam esses conceitos ao objeto da presente pesquisa, observamos a relevância de cada item para ampliar o debate acerca da mineração, principalmente quando há barragens de rejeitos com risco de rompimento a qualquer momento, dada a ação da entropia.

Para o setor mineral, é bastante complexa a definição da escala ótima. Caso este cálculo tenha somente um olhar pelo viés econômico, sem considerar a *capacidade de suporte* dos ecossistemas, trará perdas imensuráveis a todos os envolvidos, de indivíduos a ecossistemas. Conforme Santos e Wanderley (2016, p. 88), foi estimado que "[...] as barragens de rejeitos cresceram proporcionalmente em número e escala", visto que a indústria de exploração mineral brasileira sofre de uma espécie de dependência de barragens.

Conforme Franca (2009, p. 3-4), "[...] estatisticamente a cada 30 anos as barragens de rejeitos e cavas aumentam dez vezes em volume e; dobram em altura ou profundidade". No Brasil, conforme o Comitê Brasileiro de Barragens (CBDB), há "[...] 450 barragens com altura igual ou superior a 15 metros". Franca (2009) ainda apresenta o quadro geral da Vale, sendo que essa empresa possui cerca de 300 barragens em números absolutos apenas no Brasil. Estas são divididas em três classes na área de ferrosos (Fe + Mn), sendo 62 barragens de rejeito, 155 barragens de contenção de sedimentos e 12 barragens para armazenamento de água.

Como o minério é um recurso exaurível, Enriquez (2007, p. 132) nos lembra da regra de Hotteling (1931):

> [...] um princípio da teoria dos recursos exauríveis que afirma que "o valor de uma unidade inexplorada (reserva mineral) sobe de acordo com a taxa de juros", ou seja, as jazidas minerais do subsolo se valorizam na medida direta da variação da taxa de juros. Essa visão dá amparo às decisões de manter intocadas as jazidas na espera de uma queda na taxa de juros e, consequentemente, de uma alta dos preços unitários da produção mineral efetiva.

Essa regra tem como princípio o uso da escala ótima dos recursos esgotáveis, derivada do campo da microeconomia; dada a sua finitude, ela envolve decisões intertemporais. Enriquez (2010, p. 55) afirma que "[...] as decisões intertemporais implicam em opções feitas no presente, mas que terão consequências no futuro". Em outras palavras, os recursos que são exauríveis possuem como desafio principal o momento adequado para a sua extração; no entanto, a autora adiciona a seguinte pergunta: "[...] é melhor consumir os minérios de Carajás agora ou deixá-los para as gerações futuras?" (Enriquez, 2010, p. 55).

Nesse sentido, a geração presente tem o dever moral de compensar as gerações futuras, sobretudo dos impactos que causaremos em *devir*, devido ao esgotamento dos recursos. Em outras palavras, existe um custo de uso, que remete a um custo de oportunidade em todas as nossas ações para com as gerações futuras, carecendo de compreender, principalmente, o que diz respeito ao cálculo das externalidades, que, por sua vez, são relacionadas no porvir.

Outro importante conceito é o bem-estar, sobretudo quando se pensa na questão mineral. Este trabalho não tem como intenção analisar se a mineração é uma "maldição ou dádiva", e sim identificar como esse setor afeta o bem-estar da sociedade, principalmente no que tange a questões de crimes corporativos. Os principais benefícios são: aumento das oportunidades de diversificação da economia, ampliação do valor do território, expansão dos benefícios tradicionais, tais como empregos diretos, apoio às atividades econômicas, oferta de água e de energia, de transporte, de outras infraestruturas, além de educação, saúde e outras oportunidades (Enriquez, 2007).

É importante destacar que se faz necessário pensar em benefícios no longo prazo, pois, após a exaustão dos recursos, tendem a deixar os municípios e entorno apenas com os passivos não contabilizados na formação de preços. Para que possa alcançar uma maior equidade dos anseios da sociedade, há uma necessidade de maior visibilidade, indo ao encontro do ecologismo dos pobres[16]. Portanto, essas preocupações não estão no escopo das empresas, e o Estado, em muitos casos, é totalmente conivente com a situação.

Diante do exposto, dentro dessa atividade econômica, o estudo de Coelho (2015, p. 64) analisa o discurso de forma crítica, classificando-o em dez principais argumentos para o desenvolvimento pela mineração.

1. O desenvolvimento minerador é visto enquanto desenvolvimento legítimo de toda a sociedade, e não de apenas partes dela, isto é, um desenvolvimento de classe. O mero crescimento econômico é visto como crescimento da sociedade inteira.

2. A ênfase na criação de empregos. Na verdade, os empregos criados são relativamente pequenos quando comparados a outras atividades econômicas. A mineração, é intensiva em capital (constante) e não em trabalho (vivo), assim, os investimentos em mão de obra não acompanham os investimentos feitos em capital.

3. O enfoque dado ao aumento da arrecadação. A atenção dada a este fator desconsidera que os royalties da mineração, o CFEM, são relativamente pequenos frente aos impactos negativos que busca compensar, já que representa apenas 2% do lucro líquido das mineradoras no caso do minério de ferro.

4. A desconsideração de uma série de impactos sociais e econômicos que estão ligados à mineração. Isso acontece por meio de uma relação entre pontos positivos e negativos, num pensamento dicotômico (natureza-homem) que opõe supostos fatores e pende para o lado positivo devido à incompreensão dos impactos negativos da mineração.

5. A naturalização de uma suposta vocação de algumas regiões para a mineração, devido às extensas reservas de minerais em seu território. É algo como a afirmação de ser o destino - manifesto destas regiões ter a mineração como carro-chefe de sua economia.

6. Confundir a impossibilidade de a sociedade moderna, em geral prescindir da atividade mineradora com a impossibilidade de criarem-se alternativas econômicas nas regiões onde é feita a mineração. Dentro dessa lógica, o fato de ser impossível haver a sociedade moderna sem a utilização de minérios impossibilitaria também as regiões produtoras de buscarem alternativas econômicas e diversificarem sua estrutura produtiva (enclave econômico).

7. A crença num caráter técnico da mineração que mitigaria ou eliminaria seus impactos negativos, dando legitimidade à atividade. Essa crença é estimulada por técnicos especialistas em variadas áreas que, contratados pelas mineradoras, utilizam linguagem hermética em defesa dos projetos mineradores. Isso acontece principalmente em audiências públicas, EIAs/RIMAs e reuniões com as comunidades.

8. Desconsideração do potencial não atingido e desperdiçado pela atividade mineradora. A gigantesca riqueza produzida poderia gerar alguns benefícios, bastante limitados, é verdade. Para isso seria preciso a criação de um marco regulatório que incentivasse a diversificação produtiva e fosse pautado nas necessidades das populações, algo bastante distante do atual marco, e mais distante ainda do novo marco regulatório que se anuncia.

9. Uma imagem de responsabilidade social que, por meio de projetos sociais e de pequenas concessões feitas pelas mineradoras, passam a ideia de preocupação com os problemas ambientais e sociais, aumentando a percepção dos impactos positivos.

---

[16] Joan Martínez Alier é autor do livro *O ecologismo dos pobres*, apresentando uma contribuição importante para o ambiente natural ao incorporar a economia política e a economia ecológica em suas análises, se valendo do espaço banal, dando voz aos movimentos populares e as pessoas mais vulneráveis da sociedade. Suas principais contribuições estão relacionadas ao ecologismo popular e o comércio ecologicamente desigual, buscando por uma justiça ambiental.

10. Crença numa hipotética sustentabilidade do projeto minerador que reforça a desconsideração de uma série de impactos negativos causados pela mineração. A sustentabilidade é uma ideologia contemporânea que busca manter a acumulação em atividades econômicas extremamente danosas, sem grandes interferências no processo de produção (Coelho, 2015, p. 65).

Podemos observar que todas as questões levantadas pelo autor possuem impacto direto no bem-estar dos indivíduos. O desenvolvimento minerador não ocorre a contento, pois há uma ilusão na criação de empregos, o CFEM continua com uma alíquota pequena, as mineradoras são incapazes de mitigar ou eliminar todos os riscos, entre outros pontos, coloca em xeque o atual modelo mineral. Todavia, Enriquez (2007, p. 155), analisando o relatório do Banco Mundial (BM), apresenta as duas principais mensagens desse documento:

1. As indústrias extrativas podem contribuir para o desenvolvimento sustentável, se os projetos forem implementados de forma adequada, se salvaguardarem os direitos das pessoas afetadas e se fizerem o bom uso dos benefícios obtidos;
2. O grupo do BM que cuida das indústrias extrativas deve exercer um papel permanente de apoio a essas indústrias sempre e quando a sua participação contribua com a luta contra a pobreza e em prol do desenvolvimento sustentável. As recomendações feitas no documento Strinking a Better Balance, considerado um novo paradigma das atitudes do BM em relação ao setor mineral, são as seguintes:
- Governanças corporativas e públicas voltadas para os pobres;
- Maior efetividade das políticas ambientais e sociais; e
- Respeito aos direitos humanos.

Observamos que existe um compasso entre duas visões antagônicas de desenvolvimento, pois ambas podem ser analisadas pelo crivo do bem-estar microeconômico. Entretanto, fica evidente que não há um foco para as futuras gerações e os problemas relacionados com a economia de enclave.

Isso posto, surge a questão externalidade nas atividades mineiras, que são bem levantadas pelo trabalho do Coelho (2014), mas encontram-se veladas no relatório do Banco Mundial. De acordo com Enriquez (2007, p. 131), uma das escolas do pensamento econômico (setorialista) percebe que "[...] mesmo a mais passiva recomendação neoclássica para corrigir externalidades e imperfeições de mercado das economias mineiras" visa minimizar rendas dessa atividade para "[...] no mínimo, garantir o nível do consumo presente". Desse modo, a Comissão Econômica para a América Latina e o Caribe (Cepal) introduziu o termo "competitividade autêntica", que visa analisar o desenvolvimento sustentável para exploração de recursos naturais, visando ainda mitigar as externalidades. Portanto, para Saes (2017, p. 88), "a competitividade autêntica dependeria do uso racional dos fatores produtivos e não poderia estar baseada em externalidades que afetassem a integridade do patrimônio natural [...]".

Por meio do uso de três elementos: escala ótima, bem-estar e externalidade, temos uma ferramenta que nos auxilia na compreensão de um dos fundamentos centrais da economia ecológica. O *mundo vazio* e o *mundo cheio* possuem implicações microeconômicas que afetam as macroeconômicas. Desconsiderando o *mundo vazio*, que ficou no passado, no *mundo cheio* a escala ótima está diretamente associada à sua *capacidade de suporte*. Não se pode pensar nessa escala apenas em termos econômicos, pois, conforme foi tratado, há um limite para o crescimento. Na mineração, essa é uma questão ainda mais urgente, pois como são recursos não renováveis (ou parcialmente renováveis), e dado o impacto ambiental e social, deve ser bem calculado para que os ganhos possam ser ampliados por várias gerações.

O bem-estar é dado como a saída do modelo de *mundo vazio* e *mundo cheio*, visto que os serviços econômicos e os *serviços e funções ecossistêmicos* se convergem oferecendo aos indivíduos mais ou menos satisfação. A atividade mineral é controversa, pois, ao mesmo tempo que aumenta alguns indicadores como IDH-M, as desigualdades se elevam, como apontados no Índice de Gini (Mota; Barcelos, 2018).

Há de se ressaltar que muitas populações são atingidas por seus eventos (externalidades negativas), apesar de haver externalidades positivas, principalmente para o setor mobiliário. No caso dos crimes corporativos da Samarco S.A. e Vale S.A., ambos atingiram pessoas que não possuem nenhuma relação com esses empreendimentos, o que gera externalidades negativas.

2.3 AS CONTRIBUIÇÕES DA TERMODINÂMICA AO PENSAMENTO ECONÔMICO

A termodinâmica clássica ou termodinâmica de equilíbrio, conforme Pádua *et al.* (2008, p. 58), é "[...] uma das poucas áreas bem consolidadas da física, sintetizada por uma estrutura de conhecimento bem definida e autoconsciente". Sua essência está em uma estrutura teórica que compreende conjuntos e leis naturais que governam os sistemas físicos. Para esses autores, as observações seguem duas alternativas:

> [...] aproximação histórica, que faz um estreito paralelo entre a evolução cronológica dos conceitos corretos e dos falsos juízos e, a aproximação postulatória, na qual são formulados postulados que não são demonstrados *a priori*, mas que podem ter suas veracidades confirmadas *a posteriori*. Há méritos e desvantagens em cada uma dessas aproximações (Pádua *et al.*, 2008, p. 58).

A capacidade de transformar o seu meio ambiente conforme suas necessidades difere o *homo sapiens* dos demais animais. Além disso, a espécie humana compreende os fenômenos naturais por meio de várias ciências, em um contínuo e gradual processo de aprendizagem. Por intermédio deste processo, a espécie humana passa a utilizar do conhecimento para transformar seu ambiente em energia, de modo a satisfazer suas necessidades básicas. No *mundo vazio*, poucas fontes energéticas eram suficientes, sendo que, em boa parte da história, o fogo foi o seu grande aliado, no entanto, no *mundo cheio*, a necessidade por cada vez mais energia evoluiu, ao ponto de gerar escassez. Conforme Condie (2005), o estudo da transformação de energia é chamado de termodinâmica, sendo esse estudo uma ciência hierárquica – os conceitos mais avançados nesse caso presumem o conhecimento dos conceitos mais básicos. Portanto, a relação entre fontes de calor e outras formas de energia exige o entendimento de alguns conceitos básicos e fundamentais para estruturação dos princípios termodinâmicos, que são: temperatura, calor, energia, trabalho e entropia.

Halliday e Resnick (2012, p. 184) têm como ponto de partida o conceito de temperatura, estando entre uma das sete grandezas fundamentais do sistema internacional de unidades (SI), além disso, os autores apresentam: o comprimento, a massa, o tempo, a intensidade de corrente elétrica, a quantidade de matéria e, por fim, a intensidade luminosa. Para os físicos, a escala ideal é a Kelvin (K), principalmente para medir a temperatura; assim, surge a lei zero da termodinâmica. Por outro lado, Pádua *et al.* (2008) afirmam a importância da temperatura para a primeira e segunda lei da termodinâmica. Todavia, a lei zero surgiu apenas na década de 1930 e está baseada no equilíbrio térmico. Isso é devido à temperatura ser a principal grandeza da termodinâmica: "[...] esta lei, naturalmente deveria preceder as duas leis já existentes", sendo ela chamada originalmente por Fowler e Guggenhein, de lei zero da termodinâmica (Pádua *et al.*, 2008, p. 74).

Dessa maneira, Pádua *et al.* (2008 p. 74) reforçam que os "[...] dois sistemas termodinâmicos estão em equilíbrio térmico com um terceiro sistema, estão em equilíbrio entre si". Em outros termos, continuam, a lei zero diz que todo corpo tem uma propriedade chamada de temperatura; assim, afirmar que dois corpos se encontram em equilíbrio térmico, significa também dizer que as suas temperaturas são iguais. Desse modo, os termos pertinentes à lei zero são o equilíbrio e o equilíbrio térmico.

Contudo, para Pádua *et al.* (2008, p. 74), no sentido macroscópico, o equilíbrio consiste em um sistema termodinâmico em que as suas variáveis macroscópicas de estado são constantes no tempo e uniformes por meio de todo o sistema. Já o equilíbrio *térmico* correspondente são dois sistemas termodinâmicos, vejamos: "[...] quando postos em contato por meio de uma parede diatérmica, suas variáveis de estado não se alteram. Dois sistemas em equilíbrio térmico têm a mesma temperatura" (Pádua *et al.*, 2008, p. 74).

Essas variações de temperatura há séculos vêm sendo utilizadas pelo homem na conversão de calor e energia para gerar o trabalho. Pádua *et al.* (2008, p. 67) salientam que no século XVII "[...] haviam duas hipóteses acerca da natureza do calor". A primeira, conhecida como teoria do calórico, afirmava que o calor era uma substância, sendo Galileu um dos adeptos a ela. Ou seja, "[...] o calor era considerado um fluido sutil que preenchia o interior dos corpos" (Pádua *et al.*, 2008, p. 68).

Já a segunda hipótese, aceita apenas no século XIX, é conhecida como teoria mecânica do calor. Ela foi proposta inicialmente por Bacon, em 1620, e reforçada por Hooke (1665), Newton (1704) e Bernoulli (1738). Esta teoria considera que "[...] o calor é uma 'vibração' dos átomos que compunham a matéria" (Pádua *et al.*, 2008, p. 68).

É por meio do calor que se gera energia. A energia está ligada à capacidade de produção de movimento, ou da ação, que por sua vez pode ser manifesta de várias formas. Considerando o princípio de Lavoisier[17], a energia não pode surgir do nada nem pode ser destruída, sendo que a única possibilidade deste fenômeno se dá é por meio da transformação. Dessa forma, consideramos que existem várias formas de energia, como a cinética, a potencial, a térmica, a química, a solar, a eólica e, por fim, a nuclear, que, dado o escopo do presente trabalho, não serão abordadas. Além disso, observamos que a energia tende a se transformar em trabalho. A física é a relação entre força e deslocamento, e se não há deslocamento, não há trabalho. O trabalho pode ser compreendido pelo senso comum, como produto da força pela distância. Assim, em termos físicos, sendo suficiente para este trabalho, pois, quando se pensa na relação com a economia, ela terá outra conotação (Castro; Ferraciolo, 2012).

A energia pode assumir um número grande de formas diferentes. Do ponto de vista prático, energia é a capacidade de realizar trabalho, mas do ponto de vista científico, energia é uma ideia abstrata. Acredita-se que a energia não pode ser criada nem destruída, mas simplesmente mudar de uma forma para outra. Este é um princípio básico da **física**, sendo até então exato. Esse princípio estabelece assim uma grandeza abstrata, chamada de energia, cujo valor numérico permanece constante nas várias mudanças que ocorrem na natureza.

Percebemos que a termodinâmica é a ciência que analisa as transformações de energia por meio das leis naturais. Abordados os principais conceitos e a lei zero, avançamos nesse momento para a primeira e para a segunda lei da termodinâmica, conceitos que são muito úteis para a economia

---

[17] O princípio de Lavoisier, ou lei de Lavoisier, deriva do trabalho do químico francês Antoine Laurent Lavoisier (1743-1794), correspondendo à lei de conservação das massas, derivando dela a celebre frase "Na natureza nada se cria, nada se perde, tudo se transforma".

ecológica. Assim, para Castro e Ferracioli (2012), a primeira lei visa estabelecer a conservação de energia em qualquer processo da natureza, tendo como base a compreensão do calor e do trabalho. Já a segunda lei determina a assimetria fundamental da natureza.

Daly e Farley (2016) fazem um cronograma histórico acerca da termodinâmica. Com o advento da revolução industrial, os cientistas ficaram intrigados com a possibilidade de uma máquina de movimento perpétuo, sendo alimentada pelo próprio calor. Com o passar do tempo, houve a contribuição de vários cientistas, como Robert Mayer e Herman Helmholtz, que demonstraram que a energia não pode ser criada ou destruída. James Joule, realizando experimentos, acabou demonstrando que "[...] a energia e o trabalho são equivalentes. Rudolf Clausius acabou reconhecendo que haviam dois princípios relacionados operando, que vieram a ser conhecidas como primeira e segunda leis da termodinâmica" (Daly; Farley, 2016, p. 110).

Dessa forma, Daly e Farley (2016, p. 110) reforçam que "[...] todos os tipos de energia são transformados gradualmente em calor, e o calor, no fim do processo, torna-se tão dissipado que a humanidade já não pode mais usá-lo". Dessa maneira, a primeira lei se refere a quantidade e a segunda, a qualidade. Vale ressaltar que nos conceitos abordados a questão entropia não foi trabalhada, mas, sendo parte fundamental do trabalho, estará presente a partir de agora de forma mais profunda.

A *entropia* está ligada diretamente às ideias de ordem e desordem, dado um conjunto de probabilidades de ocorrência. É assim que a entropia de um sistema está relacionada com sua capacidade de produzir trabalho. A questão que Castro e Ferraciolo (2012, p. 3) apresentam sobre a entropia é "[...] porque nunca observamos o processo inverso espontâneo em alguns fenômenos?". Esses autores consideram que o processo no sentido contrário de alguns fenômenos resultaria em "[...] uma ordenação no movimento aleatório das moléculas", originando assim "[...] conversão de energia interna em trabalho" (Castro; Ferraciolo, 2012, p. 3).

Diante desse contexto, tanto a economia ambiental quanto a economia ecológica fazem uso dos princípios da física para as suas análises, nas quais, conforme Moraes (2009), quando se aplicam os conceitos das leis termodinâmicas, fica claro que todos os recursos extraídos do meio ambiente retornarão como resíduos, conforme exposto nos modelos de *mundo vazio* e *mundo cheio*. O crescimento não ocorre no vazio, podendo ser econômico ou antieconômico (Cechin; Veiga, 2010).

Veiga e Zatz (2008) destacaram que a lei da entropia é inexorável para o sistema econômico, pois consideram que as sociedades humanas "[...] transformam obrigatoriamente energia utilizável em energia não-utilizável, seja qual for o tipo de energia". Cechin e Veiga (2010, p. 42) reforçam que pela termodinâmica, ao se produzir bens finais, a quantidade de matéria e energia incorporadas nesta produção é menor que aquela contida no início do processo. Isso significa que parte da energia e matéria de baixa entropia se transforma em resíduos sem valor econômico. Logo, não é possível uma eficiência total, como Carnot procurava com a sua física econômica.

Entretanto, Cechin e Veiga (2010, p. 42) afirmam que não se pode negar "[...] os avanços na tecnologia de produção significam menos desperdício, com maior proporção de material e energia de baixa entropia incorporada aos bens finais".

Martínez-Alier (2007) destacou que a formulação fundamental da ecologia se refere a energia e materiais, estando presentes na física e biologia. Dessa forma, para esse autor, o saber científico da ecologia está relacionado com diversas ciências, sendo importante o conceito da entropia advindo da termodinâmica. Esse conceito é reforçado por Montibeller (1999, p. 87), afirmando que a "[...] entropia é a medida da quantidade de desordem de um sistema".

Altvater (1995, p. 45) explica que as transformações entre matéria e energia possuem dois estados principais. O primeiro, de baixa entropia – ou sintropia –, tem como característica os estados de elevada ordem e concentração. Já para aqueles estados de alta entropia, características de desordem e dissipação. É importante ressaltar que, para Enriquez (2007, p. 69), Altvater rejeita a possibilidade do desenvolvimento sustentável, estando para ele mais focado na "[...] eficácia ecológica com justiça distributiva e eficiência econômica com base na alta produtividade do trabalho".

Para Georgescu-Roegen (1980, p. 51), a matéria-energia está dentro dos processos econômicos no estado de baixa entropia, no qual, ao final do ciclo, são convertidos em estados de alta entropia. Trata-se assim, conforme Cavalcanti (2017, p. 63), de um fluxo unidirecional "[...] que começa com recursos e termina como lixo", sendo batizado em fluxo entrópico (Georgescu-Roegen), *throughput* (Kenneth Boulding), ou transumo (Osório Viana).

Surge assim o metabolismo social da natureza, que pode ser observado na Figura 2.9. A energia solar de baixa entropia nutre a natureza (ecossistemas), que nos oferece recursos. Esses recursos vêm da junção das matérias e energia de baixa entropia, que são utilizadas pela sociedade, girando assim a economia, tanto nas épocas de *mundo vazio* como no atual *mundo cheio*. Após esse processo, estes recursos se transformam em bens e serviços e, ao final do ciclo de vida, são transformados em resíduos/rejeitos (alta entropia), tendo como saída, em termos planetários, uma energia térmica dissipada (alta entropia).

Figura 2.9 – Representação do metabolismo social da natureza

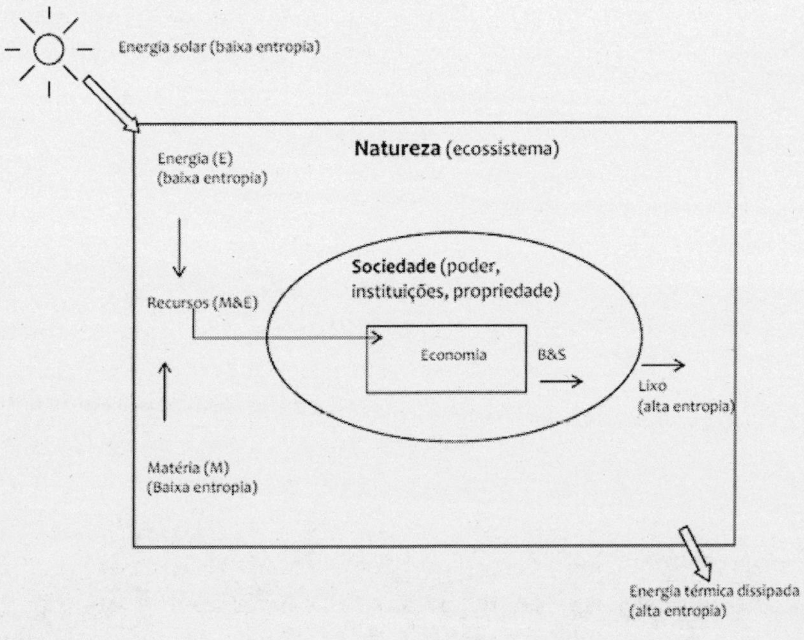

Fonte: Cavalcanti (2017, p. 64)

Observamos assim que o crescimento é uma variável de suma importância para a nossa compreensão, pois está relacionado diretamente com a eficiência ecológica. Com base nesse pensamento, "[...] os economistas ecológicos sempre perguntam se o crescimento extra compensa o sacrifício adicional que isto implica" (Daly; Farley, 2016, p. 47).

Isso posto, devemos entender que a "lei da entropia diz que a energia e a matéria no universo se movem inexoravelmente para um estado menos ordenado (menos útil). Um fluxo entrópico é, simplesmente, um fluxo no qual a matéria e a energia se tornam menos úteis" (Daly; Farley, 2016, p. 65).

Conforme observamos na Figura 2.9, a energia não pode ser criada ou destruída, sendo que o seu montante é sempre constante, na perspectiva temporal humana dentro do nosso espaço geográfico. Essa é a afirmação da primeira lei da termodinâmica, na qual Condie (2005) percebe que mesmo se o total de energia no universo for constante, as transformações de energia na vida que estamos discutindo certamente poderão afetar a proporção relativa de energia disponível nas formas que os organismos vivos irão considerar úteis. Essa situação surge não dos defeitos inerentes nas biomoléculas envolvidas nas transformações de energia, mas da natureza e do universo em si.

Cechin e Veiga (2010, p. 36) corroboram que a lei da conservação da energia, ou primeira lei da termodinâmica, é sustentada dentro de um sistema isolado (universo) e que "[...] não há troca de matéria nem energia com o meio", sendo essa quantidade sempre constante. Estes autores reforçam que "[...] não há criação ou destruição de energia, mas apenas transformação de uma forma em outra", e que "[...] nenhuma outra lei da física distingue o passado do futuro" (Cechin; Veiga, 2010, p. 36).

Thomas (2012) inclui a natureza no modelo clássico do fluxo circular, fazendo o paralelo entre as famílias, empresas, mercados produtivos, mercado de fatores. Dentro da óptica da primeira lei termodinâmica no balanço de matérias, isso significa que, no longo prazo, de acordo com Thomas (2012, p. 16), "[...] o fluxo de materiais e de energia extraídos da natureza, em forma de consumo e produção, pode ser igual ao fluxo de resíduos gerados que vão destas atividades de volta para o ecossistema", ou seja, nada é perdido dentro desse processo. Esses resíduos podem assumir diversas formas: monóxido de carbono, lixo urbano, lixo industrial, poluição dos lagos e rios, entre outras.

Para Cavalcanti (2010), o sistema econômico e as leis da termodinâmica são indicativos de que o sistema econômico tem um aparelho digestivo, além do circulatório, imaginado pela economia tradicional. Assim, devemos compreender que toda transformação imposta pelo homem à natureza gera resíduos e a degrada (a depender da escala), e esta, por sua vez, tem uma resiliência incompatível com os meios econômicos, sendo assim um sistema fechado.

Um sistema está em qualquer tempo num certo estado termodinâmico ou em condição de existência (em que os tipos de moléculas estão presentes numa quantidade, temperatura, pressão etc.). Um sistema é dito fechado se puder trocar calor com os arredores. Isto é, o limite de um sistema fechado é impermeável para a matéria. Outro exemplo de um sistema fechado é a própria Terra. Nosso planeta continuamente recebe energia radiante do sol e desprende calor, mas, porque a Terra não é nem muito pesada, nem muito leve, a sua troca praticamente não tem importância para os arredores (Condie, 2005).

A segunda lei da termodinâmica corresponde à capacidade limitada da natureza em converter matéria e energia, em outras palavras, conforme ocorre a conversão de energia, parte dela torna-se inutilizável. Destarte, caso a energia ainda existisse, ela não estaria disponível para outros processos humanos, o que torna a economia um subsistema de um sistema finito – a Terra. Cechin e Pacini (2012, p. 124) ressaltam a armadilha métrica monetária, na qual tanto a redução dos impactos ecológicos quanto dos setores econômicos (valores monetários) fazem com que se esqueça, por exemplo, de que energia é "[...] um dos fatores mais críticos na história da humanidade". Os autores ainda ressaltam que "os limites biofísicos da renovação dos recursos naturais e da assimilação dos resíduos sejam mascarados por não afetarem o PIB de maneira significativa" (Cechin; Pacini, 2012, p. 124).

Há uma vasta literatura a respeito das falhas métricas entre a contabilidade social e o meio ambiente, não entrando no escopo do presente trabalho.

Assim, a segunda lei da termodinâmica nada mais é que a lei da entropia. Daly e Farley (2016) analisam a questão da reciclagem, a qual é possível, mas nunca a 100%. Destarte, para esses autores, a energia não é sempre reciclável. Não é fisicamente impossível, todavia há sempre um desperdício econômico. Cechin e Veiga (2010, p. 42) complementam afirmando que dentro da segunda lei da termodinâmica "[...] nem toda energia pode ser transformada em trabalho, pois uma parte sempre se dissipa em calor. E energia dissipada não pode mais ser utilizada". Portanto, considerando o fluxo circular da renda, os economistas convencionais esqueceram o fluxo metabólico real que envolve essas variáveis indissociáveis à compreensão dialética entre natureza e sociedade.

Georgescu-Roegen (2012, p. 83) apresenta uma observação singular com relação à segunda lei da termodinâmica, pois é "[...] a única lei física que reconhece que o próprio universo material está sujeito a uma mudança qualitativa irreversível, a um processo evolutivo". Dessa forma, Rudolf Clausius cunha este termo a partir de dois componentes gregos, sendo o prefixo *thermo* (calor) e *dýnamis* (força), adotando um sentido de transformação e evolução. Quando se pensa em economia, percebemos que ela é, provavelmente, a lei mais relevante e coerente; pois sabemos que as leis mecânicas não explicam de forma satisfatória o metabolismo ecológico que a economia causa, sobretudo para os ecossistemas.

Observamos que a física não vem sendo utilizada pelos economistas convencionais. A sua métrica é a do crescimento eterno e ela não se justifica. Nesse sentido, a economia ecológica vem travando crítica aos economistas convencionais, principalmente a respeito desses assuntos, afinal, em termos políticos, existe uma capacidade para o suporte que necessita de limitadores de escala. Dado o fenômeno da escassez, a energia, assim como os recursos naturais, possui custos ocultos, que não são revertidos aos preços. É importante notar que, conforme Loyola (1997), as formas como as leis da termodinâmica são tratadas pela economia ambiental e economia ecológica terão proposições diferentes como medidas políticas, principalmente quando se pensa em solucionar os problemas relacionados ao meio ambiente.

Brandão (2004) considera que as relações da economia e termodinâmica clássica ocorrem desde o seu nascimento, pois o problema com o qual Carnot se debruçava estava ligado à natureza econômica. Seu trabalho buscava determinar as melhores condições sob a forma do trabalho mecânico. Logo, afirma o autor, "[...] a termodinâmica seria, então, a física do valor econômico, que utiliza um enfoque holístico e reconhece a noção dos limites físicos" (Brandão, 2004, p. 6).

Para sintetizar o que foi exposto até o momento, considerando as leis da termodinâmica, tendo como base as interpretações de Haddad (2016), vejamos:

1.ª lei da termodinâmica – (conservação de matéria e energia) a retirada ou a reposição de matéria ou energia no ecossistema deve desestruturar o funcionamento desse sistema, independentemente do uso que se faça da extração desse processo; independentemente da degradação qualitativa da matéria ou da energia realocada.

2.ª lei da termodinâmica – (lei da entropia) garante que a matéria e a energia extraídas de modo qualitativo, diferente da matéria e da energia que são reinseridas; matérias de baixa entropia, nesse caso, são retiradas e os resíduos de alta entropia são retornados.

Daly e Farley (2016, p. 66) abordam sobre a utilização de um erro batizado pelo filósofo e matemático Alfred North Whitehead (1861-1947), conhecido como a *falácia da concretude deslocada*. Esse tipo de erro se baseia em modelos que são construídos a partir da abstração. Assim, a economia é considerada isolada do meio ambiente, em que "[...] não pode trazer qualquer luz sobre a relação da economia com o meio ambiente". Assim:

[...] querendo designar o erro de confundir o mapa com o território, o erro de tratar um modelo abstrato, construído com o propósito de compreender um aspecto da realidade como se fosse adequado para compreender tudo, ou coisas totalmente diferentes, coisas que se tornaram abstratas com a realização do modelo. Whitehead não era inimigo do pensamento abstrato. Ele dizia que não podemos pensar sem abstração. O poder do pensamento abstrato tem um custo. A falácia da concretude deslocada é esquecermos destes custos (Daly; Farley, 2016, p. 66).

Esse tipo de erro, conforme Daly e Farley (2016), não se limita apenas aos economistas tradicionais, afinal, outros grandes, como Marx e Malthus, já o cometeram. Em sua teoria, reforçam os autores, Marx defende que o trabalho era a fonte de todo valor, com isso, ele nega o papel importante no funcionamento da natureza e na criação de valor. Já para Malthus, em seus argumentos a respeito do excesso populacional, quando derivada da capacidade dos recursos naturais, foi "[...] igualmente uma causa independente da pobreza, e que a revolução social não poderia eliminar a pobreza" (Daly; Farley, 2016, p. 70)[18].

Brandão (2004), utilizando o trabalho de Irving Fisher, tenta estabelecer os limites das relações existentes entre a física e a economia, conforme a Tabela 2.8. Samuelson faz um elogio ao trabalho de Fisher, a partir do conceito desenvolvido por Maxwell, e com isso considera-o a melhor tese de doutorado que já se fez nos estudos relacionados à ciência econômica.

Tabela 2.8 – Resumo das diferenças percebidas entre a física e economia

Física	Economia
Partícula	Indivíduo
Espaço	Bens
Força	Utilidade ou Desutilidade marginal
Trabalho	Desutilidade
Energia	Utilidade
Trabalho da energia = Força por espaço	Utilidade = utilidade marginal por bens e serviços
Força é um vetor	Equilíbrio marginal é um vetor
Equilíbrio de energia é máximo as forças sobre os eixos é igual a zero	Equilíbrio se produz quando o benefício marginal é igual a zero
Energia cinética	Total de gasto
Movimento	Unidade incremental dos bens
Conservação de energia	Conservação de utilidade mais renda

Fonte: Brandão (2004, p. 6)

Até o momento analisamos a primeira e a segunda lei da termodinâmica e a lei zero, assim consideramos importante destacar outras duas teorias. Nesse caso, a terceira e a quarta lei da termodinâmica. Conforme Daly e Farley (2016, p. 111) "[...] a entropia de qualquer elemento puro, perfeitamente cristalino ou composto de zero absoluto (0 K) é igual a zero", sendo que este princípio não é relevante para uma análise econômica. Os autores destacam que enquanto a quarta lei termodinâmica proposta por Georgescu-Roegen se baseia em responder a seguinte questão: importa como a energia obedece às leis da termodinâmica?, a equação de Einstein, $E = mc^2$, estabelece que "[...] a equivalência entre a matéria e a energia e, portanto, o fato de que a primeira lei se aplica à matéria bem como à energia" (Daly; Farley, 2016, p. 111).

---

[18] Daly e Farley (2016) reforçam que, devido à ameaça das ideias de Malthus às de Marx, este optou por tratá-lo com desprezo e vituperação, sendo curioso notar que os debates políticos entre os neomarxistas e neomalthusianos continuam até os dias de hoje.

Essa é também uma das bases de sustentação da lei da entropia e, nesse sentido, Georgescu-Roegen argumenta que a lei da entropia deve ser aplicada à matéria, propondo que esse princípio fosse reconhecido como a quarta lei da termodinâmica (Daly; Farley, 2016). Todavia, conforme Martínez-Alier (2015), Georgescu-Roegen buscou glorificar, sem êxito, a quarta lei da termodinâmica.

Desse modo, é importante salientar a respeito das leis que ditam a física e a economia, mesmo sabendo que não são verdades absolutas, visto que essas áreas apresentam mudanças significativas ao longo da história. Essas leis são planos e teorias que são bem-sucedidos em uma determinada área, mas, infelizmente, não apresentam bons resultados em outras. Portanto, o ceticismo em todos os momentos na construção das políticas públicas. Assim, buscando compreender a *capacidade de suporte* ecossistêmico, principalmente dentro do subsistema econômico que considere as leis termodinâmicas e as questões ecológicas. Contudo, sabemos que a busca pela eficiência ecológica deve, sobretudo, ser almejada a fim da elevação do bem-estar da sociedade, isso sem quaisquer prejuízos para o ambiente natural e as gerações futuras (*devir*).

2.4 O METABOLISMO ECONÔMICO-SOCIAL-ECOLÓGICO: BASES, CONCEITOS E NOÇÕES

O desenvolvimento é uma métrica que há muito tempo a humanidade almeja, visto que o futuro, conforme os conhecimentos vêm avançando, deve se apresentar como algo que vale a pena buscar, demonstrando uma responsabilidade intergeracional, pois, caso contrário, constituirá de um progresso baseado na decadência. Hoje, não é diferente, afinal, o devir social é o imaginário de nossos tempos, sejam sombrios ou não. O *devir* nos mostra a importância de pensar e agir sobre os *sistemas de ações*, modificando e transformando a realidade na construção sobre os *sistemas de objetos.* A humanidade sempre caminhou por vias estranhas, mas pela força do agir da *ordem do simbólico*, enquanto *espaço banal*, foi capaz de criar diversas modificações dentro da *totalidade espacial.*

A economia ecológica, a geografia humana e tantas inúmeras áreas do conhecimento atuam, em muitos momentos, pela perspectiva de atuação do virão-a-ser, buscando soluções para uma ação sinérgica entre a sociedade e o ambiente natural. Por esse motivo atuam de forma a abalar os modelos hegemônicos, e, nesse momento histórico, muitos dos esforços estão concentrados na compreensão do metabolismo econômico, social e ecológico. Assim sendo, procuramos discutir a respeito de algumas bases, conceitos e noções, vejamos: sistemas isolados, abertos e fechados; fluxo circular da renda; sustentabilidade, crescimento e desenvolvimento; *throughput* (fluxo entrópico) e o *metabolismo econômico-ecológico*; *recursos de fluxo de estoques*; e, por fim, sobre os *recursos de fundo de serviços.*

A base da Teoria Geral dos Sistemas advém das contribuições do biólogo húngaro Ludwig Von Bertalanffy (1901-1972), compreendendo o sistema como um conjunto de partes ou elementos que, por sua vez, forma um todo comum. Quando refletimos sobre o metabolismo econômico-social-ecológico, devemos pensar pela abertura dos sistemas complexos, sistemas esses que demandam abordagens complexas e interdisciplinares. Assim, entendemos que esse é o caminho fundamental da economia ecológica, principalmente por ter seus pilares nas bases da biologia e física.

> No começo da economia ecológica havia um debate entre três abordagens. A primeira (não) ia além da mera descrição da economia humana em termos ecológicos (fluxos de energia e materiais, evolução tecnológica por analogia à evolução biológica) e a busca por um parâmetro comum físico (tal como medido em termos energéticos). A segunda seguia

a estratégia de pôr uma etiqueta de preço em tudo, usando preços de mercados fictícios quando faltavam preços de mercado reais. Enquanto essas duas abordagens são reducionistas, a terceira é transdisciplinar (Martínez-Alier, 2015, p. 1).

Quando se pensa nos princípios da física, principalmente os relacionados à termodinâmica, deve-se pensar nos tipos de sistemas compreendidos pela sociedade. Dessa maneira, os sistemas abertos são aqueles que trocam matéria (e energia) com o exterior, ou seja, absorvem e excluem matéria e energia. Já os sistemas fechados, apesar da possibilidade para troca de energia, não trocam matéria com o exterior. Dentro de um sistema fechado ocorre apenas a importação e a exportação de energia, sendo que a matéria circula dentro do sistema, mas não flui através dele, desse modo, o planeta Terra se aproxima de um sistema fechado. Por fim, os sistemas isolados são aqueles em que nem a matéria nem a energia entram ou saem. Provavelmente o único exemplo desse sistema que se possa utilizar é o próprio universo. O interior do sistema isolado, ou termodinamicamente isolado, encontra-se livre de qualquer ação exógena; além disso, ele não troca trabalho, calor ou até mesmo matéria com o exterior (Daly; Farley, 2016, p. 50).

Já os sistemas abertos e fechados, por sua vez, são pontos-chave para a compreensão das bases da economia ecológica. Resgatando a proposta clássica do fluxo circular da renda (Figura 2.10), observamos que não há troca com o exterior (ambiente natural), apresentando características de sistema fechado. Mesmo dentro do fluxo circular aberto (Figura 2.11), em que se adiciona o governo e o restante do mundo, o sistema econômico continua apresentando as mesmas características de sistemas fechados. Percebemos que há uma falácia da concretude deslocada, dado que há troca de matéria com o exterior, devido principalmente aos princípios termodinâmicos (lei da entropia), que são desconsiderados nos modelos macroeconômicos clássicos.

Figura 2.10 – Fluxo circular: economia fechada e sem governo

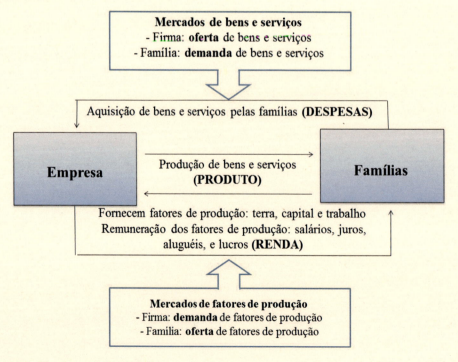

Fonte: Adaptado de Thomas e Callan (2012)

Figura 2.11 – Fluxo circular: economia aberta e com o governo

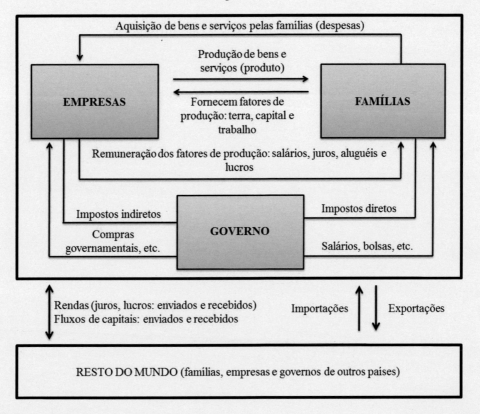

Fonte: Adaptado de Thomas e Callan (2012)

Os erros apresentados nesses fluxos se dão pela desconsideração absoluta da natureza nas relações econômicas. Esse pensamento é o que justificaria um crescimento econômico infinito, uma busca por um progresso errôneo, pois esses fluxos desconsideram totalmente que o planeta Terra é um sistema fechado e o seu crescimento não ocorre no vazio. Para além disso, Cechin e Veiga (2010, p. 60) consideram como fundamento central da economia ecológica a possibilidade de o crescimento ser antieconômico. Dessa forma, afirmam os autores, "tal alicerce epistemológico apresenta uma visão inteiramente falsa de qualquer economia, considerando-a um sistema isolado, no qual nada entra e do qual nada sai, e fora do qual não há nada" (Cechin; Veiga, 2010, p. 60). Os modelos neoclássicos esquecem fatores e fundamentos que estão na origem da palavra "economia", pois o gerenciamento da casa é por uma escala planetária.

Montibeller (1999, p. 44), analisando a teoria schumpeteriana, verifica que o fluxo circular está relacionado, principalmente, com a taxa de lucro como uma igualdade à taxa de juros, nesse caso, ainda apresentando uma evolução linear para o seu equilíbrio. É importante destacar ainda que, em sistemas complexos, a linearidade é ilusória, nesse sistema é possível adicionar questões biológicas e físicas, apresentando problemas não lineares. Para Montibeller (1999, p. 44), "[...] o fluxo circular e o crescimento econômico são as formas como a teoria neoclássica percebe a evolução do capitalismo".

Desse modo, pela luz da economia ecológica, percebemos que, dentro do atual sistema capitalista, torna-se inviável pensar na concepção que diz sobre a economia ser um sistema aberto e o planeta um sistema fechado, afinal, o ambiente natural é indissociável da sociedade moderna. Assim, conforme o autor, "[...] o limite ecológico refere-se ao bloqueio final ao desenvolvimento econômico na medida em que se esgotam reservas capazes de serem exploradas monopolisticamente" (Montibeller, 1999, p. 44).

Destarte, o fluxo circular permite apenas o crescimento, mas não o desenvolvimento econômico. O crescimento, segundo Sachs (2006, p. 97), não é suficiente para o desenvolvimento, visto que "[...] o crescimento pode coexistir com a desigualdade social, reproduzindo um processo histórico conhecido", do qual pode se tornar ilusória a ideia de implementação estratégica em duas etapas, pois haveria primeiramente o crescimento, para depois a igualdade (Sachs, 2006, p. 97).

Com os princípios da termodinâmica aplicados à economia, é possível compreender, além do balanço de materiais, a sua capacidade de assimilação ou a resiliência e o fluxo de resíduos (Figura 2.12). De acordo com Thomas e Callan (2012, p. 16), em se tratando de resíduos, é possível atrasar, mas não dá para evitar o seu retorno para o meio ambiente por meio da recuperação, reciclagem e reutilização. Além disso, devemos observar que neste modelo há fluxos mais internos, indo dos dois fluxos de saída de resíduos de volta para o mercado de fatores.

Figura 2.12 – Fluxo circular: economia fechada, sem governo e com a natureza

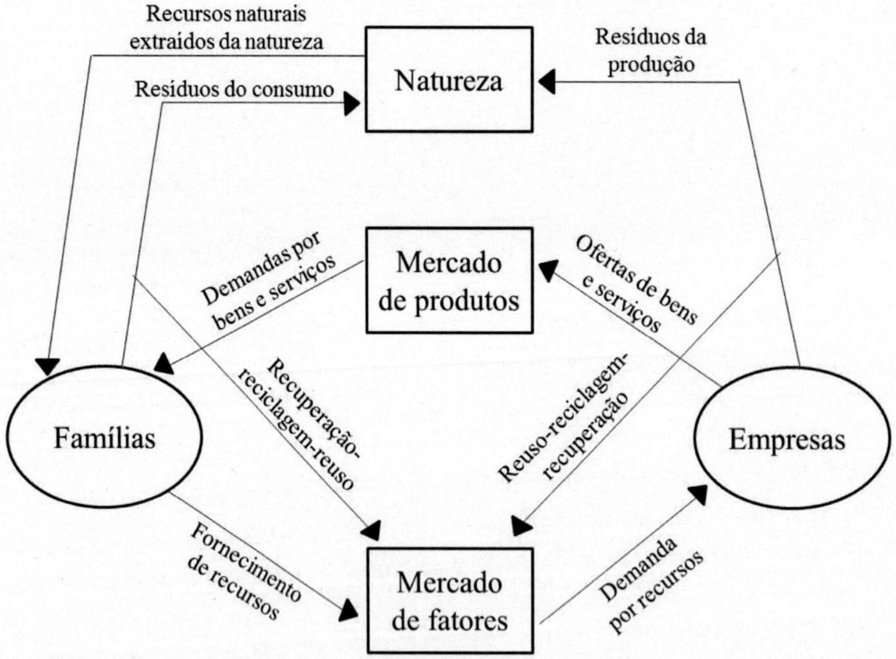

Fonte: Adaptado de Thomas e Callan (2012)

Adicionadas ao fluxo circular as questões referentes à natureza, temos dois distintos processos: o primeiro sendo os ciclos ecológicos; e o segundo, os sistemas de produção. Sachs (2006) apresenta os ciclos ecológicos como o verdadeiro modelo para o sistema econômico. Desse modo, o sistema de produção, com o crescimento econômico, surge com grande desperdício de natureza e "[...] sempre se deu em detrimento da conservação da natureza" (Veiga; Zatz, 2008, p. 42). Contudo, percebemos que há duas correntes de pensamento, economia ecológica e economia ambiental, que consideram essas variáveis, mas que, no entanto, divergem em suas conclusões.

Tendo por base os pressupostos na entropia e das leis termodinâmicas, os pessimistas encontram-se no bojo da economia ecológica. Para esse grupo, a extinção é inevitável e com isso pode ser prevista tanto pelas leis da termodinâmica quanto pela evolução darwiniana, tornando a palavra "sustentável" sem sentido (Veiga; Zats, 2008).

A questão-chave é a *capacidade de suporte*, principalmente aquela que visa ao equilíbrio entre as entradas (*inputs*) e suas saídas (*outputs*). Desse modo, Montibeller (1999, p. 94), dentro do geossistema (ecologia humana), considera essas variáveis, defendendo que "o conceito da capacidade de suporte encontra um correspondente atualizado, na noção de desenvolvimento sustentável", o que torna o desenvolvimento sustentável tal qual um mito da modernidade. Dessa maneira, para Montibeller (1999, p. 94), "[...] o conceito de desenvolvimento sustentável na economia capitalista é um vazio de conteúdo e o objetivo manifesto não passa de ideologia", pois se pauta em um sistema de produção, reprodução. Além disso, possui uma constante elevação das desigualdades sociais, espaciais e ambientais, que são, por sua vez, reproduzidas em uma escala global.

Veiga e Zatz (2008) fazem um bom resumo, apresentando o caminho dos otimistas e dos pessimistas, no qual os otimistas afirmam que é perfeitamente possível conciliar conservação ambiental e crescimento econômico, mesmo quando ligado à proposta de desenvolvimento sustentável. Para os otimistas, o crescimento econômico, quando aliado ao desenvolvimento sustentável, cria a possibilidade para melhorar a qualidade ambiental, devido, principalmente, a certo nível de riqueza. Dessa maneira, percebemos que a hipótese central consiste em, inicialmente, as sociedades destruírem, para somente depois se reconstruírem. A curva de Kuznets ambiental[19] é um clássico desse modelo, pois a questão tecnológica está no cerne deste pensamento e, com inovação, seria possível substituir variados recursos naturais.

Desse modo, é necessária a compreensão da sustentabilidade e do desenvolvimento sustentável, pois existem diferentes conceitos que podem ser tanto básicos quando amplos, sobretudo quando se fala de sustentabilidade. Assim, temos uma visão relacionada ao Relatório Brundtland (Comissão Mundial sobre Meio Ambiente e Desenvolvimento, 1991) considerando a necessidade de uma busca pela eficácia econômica, social e ambiental, sendo necessário um escopo que atenda às necessidades e anseios da população atual (compromisso sincrônico), sem desconsiderar as futuras gerações. Por isso, observamos o conceito inicial que apresenta uma carência, sobretudo quanto às necessidades e aos seus anseios. Dessa maneira, torna-se impossível, na perspectiva de várias populações e comunidades, compreender o que vem a ser melhor, dadas as questões espaciais, territoriais e temporais[20].

Veiga e Zatz (2008, p. 49) consideram que Georgescu-Roegen é o precursor dos pessimistas, pois, em sua visão, apenas o *decrescimento*[21] é possível, isso para que a espécie humana não seja extinta. Já Herman E. Daly, um dos discípulos de Georgescu-Roegen, apresenta uma luz no fim do túnel, aliando o pessimismo da razão ao otimismo da verdade. Para Daly, o estado estacionário seria a forma para esta empreitada em que há destaque para outros economistas que seguem essa corrente, como: Amartya Sen, Celso Furtado e Ignacy Sachs.

---

[19] Simon Smith Kuznets (1901-1985) recebeu o Prêmio Nobel de Economia de 1971 por sua análise entre desigualdade de renda e crescimento do produto, analisando a economia pré-industrial, industrial e pós-industrial. Essa hipótese foi adaptada para questões ambientais, relacionando a degradação ambiental e a renda per capita, analisando momentos em que não há impactos ambientais, impactos sem mitigação e impactos com mitigação. A curva de Kuznets ambiental consiste em afirmar que conforme a sociedade avança, gerando desenvolvimento e progresso, os impactos ambientais serão mitigados, melhorando a situação no momento pós-industrial.

[20] Um exemplo disso são as necessidades e anseios da população escandinava com relação à população africana subsaariana.

[21] O decrescimento foi à contribuição fundamental de Georgescu-Roegen à economia ecológica, pois, considerando a lei da entropia, mesmo uma economia industrial que esteja em crescimento não se torna sustentável; portanto, nas economias ricas, não seria suficiente uma economia de estado estacionário, como proposta por Daly, apoiando-se em Stuart Mill, e sim um decrescimento, única forma de se garantir a sobrevivência humana (Martínez-Alier, 2015, p. 5).

Montibeller (1999) afirma que não se deve desconsiderar os anseios das gerações futuras (visão diacrônica), entretanto quem protege, ou deveria proteger, o direito daqueles que ainda não nasceram? Em nosso entendimento, as gerações futuras devem ser tratadas como bens públicos, cabendo ao Estado a sua real proteção. Desse modo, devemos nos valer da busca pelo verdadeiro desenvolvimento, visto que invariavelmente irá apresentar limitadores a forma em que se busca o progresso, conceito esse ao qual não se pode olhar pela ótica do crescimento econômico. Para um progresso em *devir*, difere substancialmente dos atuais modelos, até mesmo dentro das propostas de desenvolvimento sustentável. Montibeller (1999), ao apresentar a definição clássica de desenvolvimento sustentável, afirma que é um conceito bastante amplo e vago. Destarte, buscou ao longo de sua pesquisa compreender o *verdadeiro desenvolvimento*, proposto por Elmar Altvater (1995), pois ele analisa o desenvolvimento sustentável sob a perspectiva do mito.

Já para Odum e Barrett (2015, p. 131), o conceito de desenvolvimento sustentável está atrelado ao conceito de *capacidade de suporte*, pois este está relacionado com a ideia de "[...] manter, permanecer em existência, suportar, guardar ou fornecer sustento ou alimento". Esses autores, por sua vez, definem que a sustentabilidade é dada quando há a manutenção do capital e dos recursos naturais. Isso posto, Odum e Barrett acrescentam que esse termo é cada vez mais usado como "[...] um guia para o futuro desenvolvimento, pois muito do que os humanos estão hoje fazendo na área de gestão de consumo e ambiente é obviamente insustentáveis" (Odum; Barrett, 2015, p. 131).

Kates (2001) considera a sustentabilidade uma nova ciência, precisando avançar em três caminhos. O primeiro é a ampliação para a discussão dentro da comunidade científica de Norte e Sul, relacionando principalmente algumas questões e metodologias consideradas chaves. Segundo, a ciência deve estar conectada com a política do desenvolvimento sustentável. E, terceiro, e o mais importante, as pesquisas devem estar focadas no caráter das interações entre a sociedade e a natureza.

Dado o resumo de Veiga e Zatz (2008) entre otimistas e pessimistas, apresentam outras análises de teóricos que acreditam em uma *sustentabilidade fraca*, como aqueles que creem em uma *sustentabilidade forte*. Para Daly (2004, p. 39), se faz necessário responder a seguinte pergunta "[...] o que é suposto ser sustentado no desenvolvimento sustentável?". Na primeira abordagem (neoclássica) a questão central é a utilidade, ou seja, a utilidade das gerações futuras não deve ser declinante. Nessa abordagem, a principal discussão é como manter o crescimento a longo prazo, considerando, sobretudo, o *capital natural*. A segunda abordagem (economia ecológica) afirma que os rendimentos físicos devem ser sustentáveis, por meio *dos recursos de fundo de estoque* e *recursos de fluxo de serviços* que são providos pela natureza.

Mebratu (1998) considera que o sistema natural tem mecanismos de autorregulação que apresentam uma teia complexa de sistema de *feedbacks* positivos e negativos. Esses sistemas de feedback são operados dentro do contexto da *capacidade de suporte*, regeneração e assimilação dos respectivos sistemas. Assim, essas diferenças serão a base da discussão que há entre a sustentabilidade fraca e a sustentabilidade forte.

Carvalho e Barcellos (2010) analisaram as contribuições de Solow (economista neoclássico) na discussão do crescimento econômico e seu limitador, os recursos naturais. Assim, na visão de Solow, quando há justiça e equidade entre as gerações, o consumo *per capita* deve ser crescente ou no mínimo constante em longo prazo (critério de Solow). Assim, tanto *capital natural* exaurível quanto o capital reprodutível devem se manter constantes, algo que não é possível, ao menos para o primeiro, afetando assim o segundo. Dessa forma:

> De um lado ficaram os defensores da *sustentabilidade fraca* segundo a qual não interessava como era feita a distribuição entre capital natural exaurível e o reprodutível, o importante era que o capital total permanecesse constante. Ou seja, substituir uma floresta por uma indústria não seria um problema, desde que ambos tivessem o mesmo valor, pois, a princípio, se estaria substituindo um tipo de capital por outro. Está implícito aqui que não haveria maiores dificuldades em mensurar monetariamente o estoque dos diferentes tipos de capital. Do outro lado ficaram os defensores da *sustentabilidade forte*, como Daly, que defendem que o capital natural é complementar e não substituível pelo capital reprodutível. O capital natural, para se assegurar a sustentabilidade, deveria ser mantido constante, no todo ou em pelo menos uma parte do mesmo, o chamado capital natural crítico (Carvalho; Barcellos, 2010, p. 100).

À vista disso, quando se considera o conceito da sustentabilidade fraca, Romeiro (2010, p. 10) percebe que "[...] não se reconhecem, portanto, as características únicas de certos recursos naturais que, por não serem produzidos, por não ser substituídos pela ação humana". Em outras palavras, há recursos naturais insubstituíveis, dos quais a humanidade depende e nada pode fazer para criá-los. A economia neoclássica defende este conceito, pois assume, conforme Mikhailova (2004, p. 31), que "[...] a degradação ambiental pode ser compensada pelos benefícios econômicos, onde seus indicadores são mensurados por unidades monetárias". Ou seja, a valoração ambiental pode ser um aliado nas análises, todavia ela irá apresentar apenas o viés econômico.

Em contrapartida, conforme Lima (2006, p. 4), a sustentabilidade forte apresenta no mínimo duas variáveis: sistema econômico e o ecossistema. Portanto, são variáveis regidas pelo princípio da dependência em que a variável dependente é o sistema econômico. Mikhailova (2004, p.31) afirma que a economia ecológica está mais inclinada a esse conceito, pois ela, em seus indicadores, é mensurada em unidades físicas, isso porque as perdas ambientais não podem ser compensadas por benefícios financeiros. Contudo, para Enriquez (2007, p. 79), há três modos de abordar o desenvolvimento sustentável:

> 1. Sustentabilidade fraca conduz à regra de Hicks-Hartwick-Solow (HHS), e trata da sustentabilidade como uma nova forma de eficiência econômica;
> 2. Sustentabilidade forte considera que a eficiência é um critério inadequado;
> 3. Teses econômico-ecológicas, propõem certa complementaridade entre as análises da sustentabilidade fraca e a forte.

Percebemos que esta questão é fundamental para construção de cenários que necessitam de políticas de transição de curto e de longo prazo. Odum e Barrett (2015) apresentam uma síntese do que vem a ser definido por bioética (Figura 2.13). Nessa imagem, há dois cenários, sendo o primeiro baseado em uma visão de curto prazo e o segundo baseado em uma visão de longo prazo. No final, a depender da relação do homem com a natureza, podemos ter um padrão desfavorável à sobrevivência, principalmente quando se foca no indivíduo (tempos atuais), ou em uma perspectiva favorável à sobrevivência; isso a depender da visão a ser implementada quando se adicionam os ecossistemas e as espécies.

Figura 2.13 – Modelo de sobrevivência em dois cenários

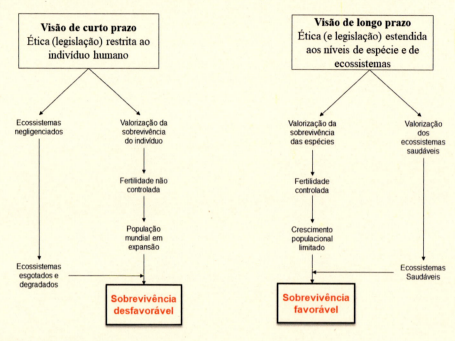

Fonte: Odum e Barret (2007, p. 473)

Isso posto, a sustentabilidade, independentemente da escola de pensamento, deverá compreender o fluxo do sistema econômico em relação à natureza, por questões de sobrevivência. Dado que o presente estudo se concentra na economia ecológica, será abordada essa visão. Ao tratar do fluxo circular, o conceito de fluxo entrópico (*throughput*) tem a mesma ideia do fluxo metabólico de um organismo vivo (Cavalcanti, 2010, p. 58).

O transumo linear se dá pela medida de unidades físicas e "[...] encontra-se estritamente sujeito às leis de conservação de massa e energia e à lei da entropia", como afirma Daly e Farley (2016, p. 66). Como pode ter sido observado, no fluxo circular, há um falso dilema entre o crescimento e o desenvolvimento, pois sabemos que na visão neoclássica não apresenta limites físicos para o crescimento econômico.

O *fluxo entrópico* foi apresentado de forma incipiente na Figura 2.6; devido ao modelo biofísico do sistema econômico, o seu processo metabólico de recursos é transformado em resíduo/rejeito (matéria e energia de alta entropia). O processo metabólico econômico pode ser pensado como o metabolismo humano e animal. Analisando a revolução científica, Harari (2015, p. 345) diz que, no início, a única máquina capaz de realizar conversão de energia era o corpo humano. Dessa maneira, dentro do processo natural do metabolismo, "[...] o corpo dos humanos e de outros animais queimam combustíveis orgânicos conhecidos como alimentos e convertem a energia liberada em movimento muscular". Assim, as espécies vivas podiam consumir grãos e carne, queimando seus carboidratos e gorduras, usando essa energia para puxar carroça ou até mesmo um arado. Portanto, a economia tem a mesma proposta, pois utiliza o *capital natural*, humano e social de modo a transformar recursos em bens e serviços, em outros termos, queimando energia e gerando resíduos.

É interessante notar que a eficiência nem sempre resulta na melhora do metabolismo econômico, lembrando assim do Paradoxo de Jevons[22], que, analisando o problema do carvão do seu tempo, percebeu que o uso mais efetivo de energia não implicaria redução do seu consumo (efeito bumerangue). Um exemplo moderno desse paradoxo são os combustíveis fósseis, com que os carros são mais eficientes, todavia sabemos que se queima em demasia no trânsito das cidades, anulando, dessa maneira, seus benefícios. Daly e Farley (2016, p. 71) percebem esse efeito como se tivessem "[...] desenvolvido automóveis que percorrem o dobro de quilômetro por litro gasto e, em seguida, percorre o dobro da distância, queimando assim o mesmo número de litros".

Verificando a veracidade do Paradoxo de Jevons, Ramos-Martín (2012, p. 71) chega a números bem expressivos. Parte do seu trabalho se dá no caso da China. No ano de 1985 a 2009, a intensidade energética (eficiência) resultou em um consumo total de energia muito superior à própria eficiência. Em outras palavras, os chineses introduziram novas tecnologias para aumentar a eficiência de sua matriz energética, mas essas tecnologias não resultaram em uma redução do consumo, muito pelo contrário. Dessa maneira observamos que o metabolismo econômico-ecológico vem sendo desconsiderado nos modelos clássicos de crescimento. Destarte, ainda que as propostas econômicas em torno do desenvolvimento sustentável sejam ineficazes, há uma forte corrente que busca a monetarização da natureza, transformando-a em mercadoria, sem compreender, por sua vez, o seu metabolismo (Costa; Santiago, 2015).

Diante desse cenário, a opção pela economia ecológica para o presente trabalho vem se tornando relevante para a compreensão dos efeitos de rompimento de barragens. Isso pelo fato de que ela oferece um olhar crítico sobre o processo de produção e consumo, considerando os limites ecológicos e entrópicos. Portanto, Leff (2001, p. 44) reforça que não é possível desconsiderar "[...] o intercâmbio econômico e às condições do metabolismo geral da natureza".

Com a finalidade de compreender esse intercâmbio, Daly e Farley (2016), extraindo as ideias de Georgescu-Roegen, utilizam dois conceitos de suma importância para o presente trabalho, sendo: *recursos de fluxo de estoque* e *recursos de fundo de serviços*. Os *recursos de fluxo de estoque*, para os autores, é materialmente transformado naquilo que produz. Já Andrade e Romeiro (2009, p. 6) destacaram que os recursos de fluxo de estoque "[...] são aqueles recursos do capital natural que são incorporados no produto final".

Dentro do metabolismo econômico pode-se usar os estoques existentes de matéria-prima em qualquer ritmo em que o fator tempo não é relevante. Esse fluxo proporciona os materiais que podem ser empregados na economia; conforme Daly e Farley (2016, p. 117), o "tempo não entra nesta equação, assim a unidade apropriada para medir a produção de um recurso de fluxo de estoque é a quantidade física de bens ou serviços que consegue produzir". Isto se dá, continuam os autores, devido ao fluxo poder ser armazenado para o futuro.

Os *recursos de fundo de serviços* possuem outra conotação, pois eles se desgastam, mas não se esgotam. O fundo não está incorporado no produto/serviço, ele está relacionado com o tempo. Desse modo, esse serviço não pode ser armazenado para o futuro. Andrade e Romeiro (2009, p. 6) complementam informando que "[...] eles produzem serviços a taxas fixas e estes não podem ser

---

[22] William Stanley Jevons (1835-1882), em seu livro publicado em 1865, intitulado *O problema do carvão*, descreve que a evolução tecnológica não garante o consumo eficaz dos recursos. Nesse sentido, o aperfeiçoamento tecnológico consegue de fato reduzir o consumo de matéria e energia, entretanto o seu consumo tende a crescer e não a diminuir. O paradoxo de Jevons também é conhecido como efeito bumerangue, visto que a maior eficiência energética estimula o crescimento econômico, forçando os agentes a consumirem mais energia, retornando ao ponto inicial (ou ampliando a intensidade).

estocados para uso futuro". Percebemos que assim o fundo de serviços é o contrário do fluxo de estoque, principalmente porque eles são "[...] apenas depreciados, podendo ser reutilizados em um novo ciclo de produção" (Andrade; Romeiro, 2009, p. 6). Assim:

> As complexas e dinâmicas interações entre os recursos estoque-fluxo e fundo-serviços (componentes do capital natural), cuja totalidade pode ser chamada de elementos estruturais do capital natural – produzem o que é conhecido como funções ecológicas ou funções ecossistêmicas. Estas incluem transferência de energia, ciclagem de nutrientes e da água, regulação de gases, regulação climática, etc. O conhecimento humano sobre como as funções ecossistêmicas emergem do funcionamento e interação dos elementos estruturais do capital natural é muito limitado, o que dificulta a antecipação dos impactos das atividades humanas sobre tais funções (Andrade; Romeiro, 2009, p. 7).

Para exemplificar, podemos considerar que, na mineração, os minérios são recursos de fluxo de estoque, pois são transformados e podem ser utilizados em qualquer ritmo, além disso, eles podem ser armazenados e também se esgotam. Em outras palavras, os *recursos de fluxo de estoque* são a causa material do processo produtivo (Andrade; Romeiro, 2009).

Já o processo de extração mineral consiste em um recurso de fundo de serviço, pois eles não são materialmente transformados e podem ser sobretudo utilizados, apenas a um determinado ritmo, e não podem ser armazenados, pois eles também se desgastam. Desse modo, a maioria dos *serviços ecossistêmicos* do *capital natural* entra nessa denominação.

Nesse caso, a água, dentro do processo de extração mineral, pode possuir ambas as perspectivas, pois se consideramos a água potável utilizada no processo, ela torna-se um fluxo de estoque, enquanto a água de reuso e reaproveitamento é um fundo de serviço. Por conseguinte, a produção mineral é um sistema aberto, possuindo um complexo metabolismo econômico-ecológico em que o fluxo circular neoclássico de crescimento apresenta problemas estruturais.

Portanto, para Daly e Farley (2016, p. 72), temos no momento uma faca de dois gumes em que se colocam todas essas variáveis econômico-ecológicas, O primeiro gume corresponde a um aumento da demanda por *capacidade de suporte* (pegada ecológica); já o segundo gume está associado a uma diminuição da oferta de *capacidade de suporte* (índice planeta vivo). Desse modo, "[...] ambas as lâminas estão sendo manejadas pela mesma mão – chamada de crescimento" (Daly; Farley, 2016, p. 72).

Por outro lado, quando aplicados à questão mineral, percebemos que os recursos são dinâmicos devido ao fato de que os "[...] recursos não são, eles se tornam", devido a sua elasticidade em resposta a interesses e ações do homem, condições tecnológicas, econômicas e políticas (Enriquez, 2010, p. 55).

Percebemos, ao longo deste subcapítulo, as bases do pensamento da economia ecológica, e sua vertente crítica e cética aos modelos hegemônicos. Dito isso, o crescimento se apresenta como embuste social, por desconsiderar dentro dos processos econômicos o primado da biologia e da física. A economia pelos modelos neoclássicos se constitui em uma proposta na qual a biologia e a física estão a serviço dos sistemas econômicos, constituindo de uma inversão lógica. O crescimento infinito proposto pelos economistas convencionais é simplesmente utópico, não existe essa possibilidade, afinal, os recursos são escassos, sendo que essa afirmação se constitui na própria base do pensamento econômico.

Nesse sentido, há lacunas metodológicas a serem preenchidas, constituindo um dos objetivos deste trabalho. Há, portanto, a necessidade de unificação da economia considerando o primado ecológico e entrópico, em que esse subsistema se encontra. Essa arquitetura analítica vem sendo trabalhada por diversos profissionais e pesquisadores, muitos deles foram apresentados durante a explanação deste capítulo, entretanto o nosso desafio consiste em realizar a ligação com as bases da geografia humana.

Contudo, percebemos que, ao utilizarmos a geografia humana como elo entre a economia, ecologia e entropia (além de outras disciplinas), iremos nos valer da teoria maior do geógrafo Milton Santos (1926-2001); neste caso, buscaremos no próximo capítulo a construção inicial da instrumentação do modelo teórico a ser aplicado na pesquisa. Não por acaso consideramos este trabalho interdisciplinar, por envolver os mais diversos saberes, dentro de uma teoria substantiva aberta e plural, tornando possível uma análise que contemple *a totalidade ao lugar*.

DA GEOGRAFIA HUMANA À ECONOMIA ECOLÓGICA: INSTRUMENTAÇÃO DO MODELO

Após compreendermos os fundamentos centrais da economia ecológica, surge a necessidade de realizarmos as primeiras tentativas de fusão entre os elementos abordados anteriormente e a geografia humana. Essa reflexão metodológica terá como teoria maior os ensinamentos de Milton Santos (1926-2001), ao tratar do espaço geográfico dentro dos tempos históricos, na qual buscamos uma releitura dos seus ensinamentos, criando, ao final, um modelo teórico, almejando o ineditismo da obra.

Nesse sentido, iniciamos as primeiras reflexões mais aprofundadas sobre a questão mineral e o objeto de estudo, barragens de rejeitos, sob a possibilidade do evento relacionado ao acidente dessas megaestruturas em *devir*. Ao longo deste subcapítulo, objetiva-se compreender as relações entre a mineração e seus impactos no ambiente natural e sociedade.

As informações a serem analisadas, interpretadas e teorizadas sobre a questão mineral estão em sua forma dentro de duas áreas do conhecimento – geografia humana e economia ecológica –, mas com contribuições de outras áreas, tornando o estudo interdisciplinar, com pluralismo metodológico. Compreendemos, portanto, como as barragens estão inseridas na questão mineral brasileira.

Dessa forma, analisamos os eventos no seu sentido de totalidade, em que se faz necessário compreender algumas categorias de análise, como: os elementos espaciais; a estrutura, processo, função e forma; sistemas de objetos e sistemas de ações; rugosidades espaciais; processo produtivo e ciclo de vida. Vale ressaltar que:

> Isso não nos desobriga de buscar uma compreensão global e em profundidade, mas o tema de referência não é uma volta ao passado como dado autônomo na pesquisa, mas como maneira de entender e definir o presente em vias de se fazer (o presente já completado pertence ao domínio do passado), permitindo surpreender o processo e, por seu intermédio, a apreensão das tendências, que podem permitir vislumbrar o futuro possível e suas linhas de força (Santos, 2014a, p. 32).

Buscando reflexões para que outros crimes corporativos sejam minimizados, mas cientes de que irão ocorrer, pretendemos pensar nesses problemas para futuras soluções em suas tratativas que contemplem todos os elementos espaciais, ou seja, que se aproximem da noção de totalidade. Para enriquecer esta análise, serão utilizados alguns dos fundamentos centrais da economia ecológica. Esses fundamentos têm como foco as questões relacionadas a entropia, economia e ecologia, e suas críticas aos modelos de crescimento, estas servirão de complemento às visões e métodos da geografia humana propostos por Milton Santos, sendo feita uma releitura dos seus ensinamentos.

Desse modo, a constatação da necessidade, dentro da atual complexidade social e ecológica, de realizar estudos interdisciplinares, para identificação e estruturação do problema a ser investigado ao longo do livro. Os métodos e categorias analíticas trabalhadas por Milton Santos são fundamentais para se possa unificar geografia, economia, ecologia, física, engenharia, sociologia, administração, direito, entre outros, afinal, todos estão contidos nos elementos espaciais.

Vale lembrar que, neste momento, a escala utilizada é global/nacional, na qual compreende-mos a questão mineral pelo espaço geográfico das áreas de influência dos projetos de mineração do Brasil, bem como seus riscos e vulnerabilidades. Ribeiro (2017, p. 150) considera que "[...] as áreas de risco são uma expressão tanto da injustiça espacial, quanto da injustiça socioespacial", algo que deve estar claro ao longo deste trabalho. Em outro momento terá uma escala micro, aplicando o instrumental metodológico ao Projeto Salobo, pertencente ao Complexo Carajás, Pará.

Isso posto, Sintoni *et al.* (2003, p. 3) complementam que a mineração oferece à humanidade um elevado número de matérias-primas e insumos, e que hoje é imprescindível para a manutenção da vida, do conforto e do progresso da civilização. Entretanto, na maioria das vezes a própria socie-dade moderna acaba desconhecendo "[...] a forte dependência com relação à produção de recursos minerais", algo fácil de demonstrar (Sintoni *et al.*, 2003, p. 3).

Cientes das benesses e dependência da mineração no atual estágio da sociedade, mas céticos quanto ao atual modelo de extração, é importante destacar as diferenças entre tragédia e acidentes, quando se fala de barragens de mineração. O conceito de tragédia ao longo deste trabalho, em seu contexto filosófico, está vinculado "[...] a uma manifestação da violência" (Puppi, 1981, p. 41).

Portanto, carecemos de compreender a tragédia como algo inevitável, ou seja, que não pode ter interferência do ser humano. Logo, é uma tragédia política, no sentido de Machiavel, mas também nos modelos modernos uma tragédia social, ambiental e econômica (Puppi, 1981, p. 44).

É importante destacar, quando ampliadas as análises de Puppi (1981, p. 44), que a natureza da tragédia é histórica e dela deve-se tirar quatro principais conclusões, sendo: (1) apresenta uma característica existencial do fenômeno denominado trágico; (2) seus componentes estão relacionados com componentes externos, de ordem contextual ou institucional, pelos quais são desencadeados; (3) seu conjunto varia no correr da história da tragédia, acompanhado de variações ideológicas, que vão do político ao social, e nos tempos de hoje, ambiental e econômico; (4) apesar de alguns componentes existenciais do fenômeno trágico terem sofrido alterações, o inalterado se dá pelas relações existenciais (individuais e sociais) provocadas por contextos místico-religiosos, políticos, sociais, ambientais e econômicos.

Portanto, vale ressaltar que quando se pensa, por exemplo, na "tragédia de Mariana/MG", devido ao rompimento da barragem de Fundão, no dia 5 de novembro de 2015, temos uma conotação equivocada. Observamos assim que o termo "tragédia" vem sendo utilizado com certa frequência na academia e mídia, mesmo não sendo coerente, pois não foi uma tragédia e muito menos foi em Mariana. Esse erro interpretativo ocorre pelo fato de que neste caso era possível o ser humano intervir, evitando um acidente, ou crime, afinal, era totalmente evitável, o que reforça negligência operacional. Logo, a ideia de tragédia será utilizada com maior frequência na perspectiva temporal de *devir*, por se considerar que em momentos futuros a probabilidade de monitoramento e inspeção serão baixos. Além disso, percebemos que, nesta perspectiva temporal, as empresas sequer podem existir, tornando as barragens um risco considerável para as futuras gerações.

A expressão "acidente", conforme Veyret (2012, p. 20), está relacionada com um "[...] par composto da lista dos eventos possíveis em dado lugar e das probabilidades de ocorrência de cada evento". Assim, conforme a autora, um acidente é um fato potencial objetivo, que afeta vários ele-mentos, como pessoas, animais, vegetais, e também objetos geográficos e paisagens patrimoniais. A autora afirma que os acidentes podem ser de ordem natural (deslizamento de terra, sismo), antrópica (tecnológica), sanitária, social ou econômica. Destarte, "um acidente define-se por sua natureza, sua frequência e sua intensidade em dado lugar" (Veyret, 2012, p. 20).

Diante desse cenário, observamos que o ocorrido próximo de Bento Rodrigues, subdistrito de Mariana/MG (2015), e posteriormente em Brumadinho/MG (2019) apresentam características de acidentes relacionadas à produção, logo de trabalho, que, a depender da análise, pode configurar crime corporativo.

Acidentes de trabalho, conforme Gomide *et al.* (2018), estão compreendidos no processo de trabalho e em sua organização, e, por extrapolar os limites físicos de responsabilidade organizacional, causam danos humanos, sociais, culturais, econômicos e/ou ambientais. Observe que este conceito está muito ligado à *capacidade de suporte* da ecologia. Complementam que as consequências são os impactos na saúde física e mental dos trabalhadores e da população potencialmente exposta de forma imediata, a curto, médio e longo prazo. Logo, "o acidente de trabalho ampliado exige um plano de ação para atender as demandas a curto, médio e longo prazo, uma vez que nos locais onde ocorreram eventos dessa magnitude têm registrado um aumento da morbimortalidade de doenças e agravos na população" (Gomide *et al.*, 2018, p. 16).

Isso posto, é importante deixar clara a diferença entre tragédia e acidente, pois uma gira em torno de questões inevitáveis (tragédia), enquanto o outro em questões evitáveis (acidente), culminando, a depender da situação, em crimes corporativos. Os atuais rompimentos de barragens são no mínimo acidentes ampliados, que, a depender da análise, podem ser conceituados como crimes, algo que está bem visível nos movimentos sociais, quando afirmam que "não foi acidente". Essa percepção se dá por desconsiderarem diversos fatores técnicos durante o processo, bem como a *capacidade de suporte* do empreendimento, uma gestão totalmente negligente para com o risco. De toda forma, a nosso ver, não foi uma tragédia, devido à possibilidade de se evitar, afinal, hoje temos complexos mecanismos de monitoramento e de controle para garantir a segurança das barragens.

Ao longo deste estudo serão utilizados ambos os termos, tragédia e acidentes, com predominância para o conceito de crime corporativo, que, pela retrospectiva, tudo que ocorreu remete à ideia de crime, dada a inação das empresas e também do Estado. Quando for utilizado o conceito de tragédia, se dará na perspectiva temporal de *devir*, ou seja, tendência secular. Já, quando a perspectiva temporal da análise for de curto e médio prazo, precisamos compreender como acidente.

Todavia, ao utilizar esses conceitos, precisamos ter em mente que, de um lado, tem um caráter inevitável e, do outro, um caráter evitável do evento. Isso ocorre porque nas perspectivas temporais analisadas as empresas podem existir ou não mais existir, sendo que a atual legislação é clara a respeito da responsabilidade dos empreendedores garantirem as condições necessárias de segurança da barragem, bem como quanto à corresponsabilidade do Estado. A questão que surge a partir dessa constatação é a quem será transferida a responsabilidade no momento em que tais empresas não existirem. Afinal, as barragens estarão lá, com ou sem operação, descaracterizadas ou não.

Dessa forma, a questão central se concentra no passivo ambiental, como responsabilidade das empresas, mas que pode ser transferido de forma ilegal e imoral a toda sociedade. É importante destacar que, com base no plano de fechamento de mina do Ibram, Sánchez (2013) observa que tem um norte de longo prazo, mas não deixa clara a relação com o *devir*, por não definir o que vem a ser longo prazo (30, 50, 100, 1.000 anos?). Desse modo, Sánchez (2013, p. 184) percebe que "incertezas são inerentes a qualquer perspectiva de longo prazo", portanto percebe-se que "o planejamento do fechamento de mina pode ser entendido como um processo de gestão de incertezas". Assim o escopo se concentrará nas barragens de rejeito mineral, que, conforme Gomide *et al.* (2018, p. 197), consiste no "reservatório para disposição dos rejeitos de beneficiamento".

As barragens, no geral, conforme Gomide *et al.* (2018), são construídas em vales naturais; constrói-se um barramento e cria-se um reservatório para depositar os rejeitos. Para Gomide *et al.* (2018), dada a ação do tempo, ocorre uma separação do rejeito com a água, devido à densidade distinta, tornando possível a circulação da água na planta de beneficiamento. Portanto, a construção e operação das barragens de rejeito são atividades de alto risco, sobretudo pela dimensão dos danos em caso de falha. Entre 2000 e 2015, apenas no estado de Minas Gerais, ocorreram sete grandes falhas com barragens; sabemos que a barragem de Fundão apresentou o maior impacto ambiental. Tempos depois, já em 2019, outra grande falha no município de Brumadinho e também no município de Barão de Cocais/MG. Assim, sabemos que esses municípios vivem a angústia do rompimento iminente. Por fim, vale ressaltar que, do dia para a noite, barragens que eram consideradas seguras se tornaram inseguras, fato que ilustra a total falta de critérios técnicos na fiscalização.

Para Mota (2017), as barragens no geral possuem como finalidade o benefício da população. Para o autor, as barragens estão ligadas à história da humanidade, o registro mais antigo advém de uma construção no Antigo Egito, com 12 metros de altura. Essa barragem foi construída há aproximadamente 6.800 anos com o objetivo de represar água para os trabalhadores, tendo seu o rompimento decorrido pelo transbordamento. Observamos que o rompimento de barragem apresenta um elevado risco, com alta probabilidade; devido a sua vulnerabilidade e a sua intensidade, a falha pode gerar um conjunto de elementos espaciais em diversos territórios.

Portanto, a questão problema se dá na compreensão dos fenômenos e evento ocasionado pelo rompimento de barragens de rejeito mineral sob circunstâncias em que a atividade mineradora se encontrava em operação ou já tenha exaurido os recursos naturais, deixando assim o passivo ambiental para as gerações futuras. Essa rugosidade espacial deve ser trabalhada dentro da própria Constituição Federal, para que as futuras gerações não tenham o seu bem-estar ameaçado pela ganância no presente.

Consequentemente entendemos que as gerações futuras constituem um bem público, que devem ser protegidas pelo Estado, por meio de políticas públicas de caráter inclusivo. Isso se dá por não haver, conforme Romeiro (2010, p. 18), um modelo de *laissez-faire* altruísta, quando se pensa nas futuras gerações, e isso deriva do "[...] fato básico de que as consequências dos problemas ambientais globais recairão muito mais à frente no tempo, sobre uma descendência remota de cada família". Sendo assim, visto que descendentes longínquos não são uma preocupação das presentes gerações, torna-se incoerente acreditar que os indivíduos irão se preocupar com descendentes tão distantes, transfigurando-se em uma preocupação de Estado.

Dessa forma, o Ibram (2014, p. 7) apresenta sobre a atividade mineral, "que carrega consigo preconceitos e incompreensões históricas, que têm impedido que amplie ainda mais sua expansão" torna-se questionável. Afinal, "a promoção da qualidade de vida do brasileiro" deve ir além do Índice de Desenvolvimento Humano (IDH), métrica tão utilizada para justificar a mineração, mas que desconsidera, por exemplo, o Índice de Gini, que mede as desigualdades.

Outra questão importante abordada pelo Ibram (2014, p. 15) é que, com uma maior exploração mineral, temos "melhores condições para vencer os desafios do presente e do futuro". Nesse ponto, tudo leva a crer que o aumento da exploração mineral não melhora as condições das presentes e futuras gerações, visto que o custo vem recaindo para a sociedade, enquanto os lucros são repartidos para os acionistas. Basicamente, isso consiste em afirmar que o atual modelo mineral no Brasil obtém suas receitas a crédito das presentes e futuras gerações, e essa conta não serão eles a pagar.

Crescimento sem desenvolvimento não apresenta vitórias para o presente, tampouco para o futuro. Além dessa questão, a falta de compreensão da *capacidade de suporte* do planeta e o seu metabolismo industrial pesam negativamente para melhores condições futuras. Não pretendemos nos posicionar de modo contrário à mineração, mas também não deixaremos de ser críticos ao atual modelo. É inegável que "o exercício democrático no País acelera o avanço à consolidação de uma sociedade justa e uma economia forte", que busque não apenas o crescimento econômico, mas um desenvolvimento sustentável, respeitando os limites planetários e as futuras gerações (Ibram, 2014, p. 7).

Portanto, compreender o *throughput*, ou seja, o fluxo metabólico, os *recursos de fluxo de estoque* e os *recursos de fundo de serviços*, torna-se fundamental para a compreensão do metabolismo econômico ecológico. Para nos ajudar a pensar de forma pragmática esses problemas, Sachs (2009, p. 323) reforça que "as ciências sociais têm essencialmente um valor heurístico. Elas ainda ajudam a fazer as perguntas certas, com pertinência e articulação que não são nadas de modo evidente, e que não virá ao espírito de um observador pouco experiente". Todavia, essas soluções só podem vir das práxis.

Portanto, esta seção foi dividida em quatro subcapítulos, vejamos:

1. Problemas socioambientais, a capacidade de suporte e os elementos espaciais (3.1) – iniciamos esta seção buscando compreender algumas raízes dos problemas ambientais, como a questão populacional, preocupação desde Malthus, e o consumo conspícuo tratado por Veblen. Portanto, valendo-nos de categorias de análise da geografia humana, procuramos apresentar as estruturas espaciais, sendo: o espaço da produção, circulação, distribuição e consumo; adicionando questões tratadas na ecologia. Percebemos assim que a ecologia e a geografia humana estão interligadas, apresentando alguns elementos deste elo ao longo do texto. O comportamento humano é, portanto, algo fundamental para se compreender a *totalidade espacial*, na qual iniciamos a junção da economia ecológica com os elementos espaciais aplicados a mineração.

2. O evento, horizontalidades e verticalidades e as rugosidades espaciais (3.2) – acidentes ou tragédias podem ocorrer a qualquer momento no espaço e tempo, sendo que dentro do objeto de estudo consiste no rompimento de uma barragem de rejeitos. Durante esta análise trazemos a compreensão do evento pela totalidade espacial, considerando a *verticalidade* e *horizontalidade* geográfica. Nesse sentido, o *efeito derrame* demonstra o erro de não se considerar o ambiente natural como fato gerador da sociedade. Por fim, emerge a necessidade de se absorver o conceito de *rugosidade espacial*, algo fundamental para o presente estudo, pelo fato que as barragens tendem a ficar ao longo do tempo (*devir*), perpetuando-se na paisagem local.

3. Mineração e barragens de rejeito: estrutura, processo, função e forma (3.3) – procuramos investigar a questão mineral por meio da estrutura, processo, função e forma sobre o objeto estudado (barragem de rejeitos), considerando o evento de rompimento. A *estrutura* compreende o todo, ou seja, a questão mineral em si. O *processo* é dado pela ação humana, que de forma deliberada sobrepõe a ação natural, ou seja, constitui o fluxo das operações minerais. A *função* e a *forma* são analisadas conjuntamente, elas são basicamente o processo visível, no caso, a barragem de rejeito. Por fim, retorna-se aos conceitos relacionados aos *recursos de fluxo de estoque* e *recursos de fundo de serviços*, criando uma união com as questões tratadas na economia ecológica.

4. Os pilares da economia ecológica pelos sistemas de objetos e sistemas de ações (3.4) – neste ponto providenciamos a unificação da economia ecológica com a geografia humana. Após compreendermos as técnicas, o tempo e as temporalidades, retornamos aos pilares da economia ecológica: *distribuição justa*, *escala ótima* e *alocação eficiente*. Nesse sentido, apresentamos os *sistemas de objetos* e os *sistemas de ações*, bem como as intencionalidades do atual modelo econômico, finalizando com o instrumental metodológico a ser utilizado na pesquisa, considerando ainda a possibilidade do *efeito transbordamento*.

3.1 PROBLEMAS SOCIOAMBIENTAIS, A CAPACIDADE DE SUPORTE E OS ELEMENTOS ESPACIAIS

O estudo da casa, ou seja, a ecologia, aparentemente nunca foi uma questão descuidada por outras áreas do conhecimento, como vem sendo na economia. O estudo doméstico está no seio do princípio de totalidade presente na geografia, a qual se pretende aprofundar ao longo deste trabalho, além de ser base da ciência. Harari (2015, p. 55) percebe a importância da geografia para o estudo doméstico, nesse caso, ele considera que a humanidade desde o princípio não saía apenas à procura de alimentos e materiais, afinal, era necessário o conhecimento, pois os seres humanos "[...] precisavam de um mapa mental detalhado de seu território".

Percebemos que há uma relação direta entre geografia e ecologia, dada a necessidade de se compreender o ambiente. Portanto, diferentemente da economia, em que ocorre o distanciamento no seu período embrionário, sendo percebidas como realidades antagônicas, a geografia passou sem grandes solavancos dentro desse movimento, se valendo principalmente de várias técnicas da ecologia. Para Santos (2017, p. 21), "[...] nem a ecologia humana, nem a geografia regional, podem progredir muito sem que se dê a devida atenção ao papel peculiar do meio artificial na biologia do homem e no esquema da natureza", isso evidencia suas preocupações com relação às técnicas relacionadas com a ecologia.

Santos (2012, p. 35), relembrando os geógrafos americanos, salienta que estes se referiam "[...] à geografia, como uma ecologia do homem". Montibeller Filho (1999, p. 103) define a ecologia humana como uma ciência interdisciplinar, que busca compreender os "[...] processos biológicos e sociais que ocorrem entre os seres humanos – como indivíduos, coletividades e sociedades e igualmente entre estes e o ambiente (natural, social, técnico e cultural) em que vivem". Vale a pena transcrever a nota de rodapé que Santos (2012) acrescenta a respeito deste tema:

> No seu discurso presidencial em 1923, perante a Associação de Geógrafos Americanos, H.H. Barrows afirmou: "... a geografia é a ciência da 'ecologia humana' {...} A geografia deve tornar evidentes as relações existentes entre o meio natural e a distribuição das atividades humanas. Os geógrafos seriam prudentes se encarassem esse problema do ponto de vista mais geral da adaptação do homem ao meio e não exclusivamente da influência do meio... O centro de interesse da geografia é a ecologia humana em áreas específicas. Tal noção deixa à Geografia Regional um campo distinto [...] (Santos, 2012, p. 35).

Percebemos que a ecologia e a geografia estão ligadas, pois "o tipo específico de explicação em geografia é a explicação ecológica", assim as explicações ecológicas também são geográficas, e isso se deve ao poder unificador das relações entre os seres humanos e os ecossistemas (Santos, 2012, p. 35).

Neste momento é importante relembrar dois conceitos já apresentados: ecossistemas e geossistemas. Os ecossistemas consistem no ambiente vivo (bióticos) e não vivo (abiótico) funcionando juntos, ou seja, "a vida e a Terra funcionando juntas", obedecendo às leis da termodinâmica, sendo sistemas abertos (Odum; Barrett, 2015, p. 5).

Montibeller Filho (1999, p. 89) considera que o ecossistema não deve ser confundido com o geossistema, pois o primeiro é uma síntese biológica, enquanto o último uma síntese geográfica. Este autor define que o geossistema é "a análise integradora do natural ao humano na síntese geográfica", na qual "às sociedades humanas, regra geral, são muito complexas, com intensa rede de interligações entre seus componentes humanos e não-humanos, bióticos e abióticos, em diferentes níveis e aspectos" (Montibeller, 1999, p. 89).

Desse modo, percebemos que tudo vem se tornando mais complexo, isso devido aos processos de urbanização e de globalização, o que torna inviável traçar uma visão sistêmica na qual se busquem as interligações que, no final, tendem ao infinito. Todavia, foi construído o conceito de geossistemas, que busca "[...] delimitar a abordagem dentro da visão sistêmica da ação humana e seu entorno" (Montibeller, 1999, p. 89).

Temos de relembrar que tanto os ecossistemas como o geossistemas estão contidos na ecologia como "[...] estudo científico da distribuição e abundância de organismos e das interações que determinam a distribuição e abundância" (Townsend; Begon; Harper, 2008, p. 16).

Retornando aos primeiros elementos espaciais de Milton Santos, e a indivisibilidade do espaço total em que a estrutura espacial se dá pelo *espaço da produção, circulação, distribuição* e *consumo* relacionando com a definição de ecologia apresentada (Figura 3.1). A distribuição ecológica tem relação direta com o espaço da distribuição e o espaço do consumo. Do outro lado, a abundância ecológica apresenta semelhanças quanto ao espaço da produção e o espaço da circulação.

Nota-se, conforme Townsend, Begon e Harper (2008, p. 19), que os ecólogos buscam *explicar* e *compreender*, encaixando perfeitamente com o método de Milton Santos. Para esses autores existem duas classes de explicação: imediata e final; e que para compreender precisam descrever antes de explicar. Logo, a geografia está intimamente ligada à ecologia, pois dentro dos seus métodos busca os mesmos objetivos, de modo a prever minimamente eventos futuros, sempre estando ciente de suas limitações e os tempos históricos. Essas limitações fazem com que seja tão relevante o princípio da precaução, que será analisado em outro momento.

Figura 3.1 – Interação da ecologia e geografia humana com suas primeiras estruturas espaciais

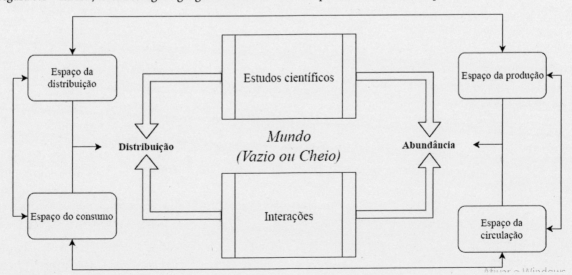

Fonte: Elaborado pelo autor

Como os indivíduos necessitam conhecer o seu ambiente, esse modelo apresenta um interesse prático, pois é composto de vários subsistemas que apresentam a totalidade, estando contidos em um sistema maior (o mundo). Pensando no modelo de *mundo vazio* ou *cheio*, proposto por Herman Daly, notamos que as interações ocorrem por um longo período histórico, algo de que nem a geografia nem a ecologia se descuidam (o tempo histórico).

Santos (2014, p. 81a) considera que o *espaço da produção* "[...] supõem a ideia de lugar", pois "[...] sem produção não há espaço e vice-versa", apresentando características da abundância ecológica. O autor continua alegando que, na produção de bens materiais ou imateriais, as condições tecnológicas são relevantes, principalmente devido à sua relação com o capital e com o tempo. Portanto, "o território tem que ser adequado ao uso procurado e a produtividade do processo produtivo dependente, em grande parte, dessa adequação" (Santos, 2014a, p. 82).

Nesse sentido, Carlos (2018, p. 15) afirma que o processo de produção engloba a sociedade inteira em direção a uma sociedade urbana, na qual se apoia em um cotidiano fortemente programado e normatizado, criando base para a constituição do individualismo exacerbado.

Outro elemento do espaço com características de abundância ecológica é o espaço da circulação, afinal, não basta apenas produzir. Santos (2014a, p. 82) reconhece que o espaço da circulação (estradas, condutos, vias, meios de comunicação) permite que a produção gire. Logo, continua o autor, "[...] prestam-se de maneira diferente à utilização pelas firmas diversas dentro de uma cidade, região ou país" (Santos, 2014a, p. 82).

Esse espaço está no campo de abundância da ecologia, que busca em linhas gerais "[...] compreender onde os organismos são encontrados, quantos ocorrem em determinado local e por quê", ou seja, sua circulação dentro do espaço (Townsend; Begon; Harper, 2008, p. 16).

O *espaço da distribuição* e o espaço do consumo estão diretamente relacionados à noção de distribuição ecológica. Sobretudo, devido às questões territoriais e de poder, alguns agentes exercem influência para garantir sua sobrevivência no mercado, mesmo que isso custe a vida de outros agentes. A redução de custos está na base do capitalismo moderno, o que afeta com vantagens e desvantagens os espaços. Santos (2012a, p. 83) afirma que "[...] a questão da distribuição se coloca de forma diferenciada em função de diversos fatores", como: a natureza do produto, as condições regionais e locais, a demanda efetiva, entre outras. Estas devem consideradas "[...] sua repartição no tempo, no espaço e segundo os segmentos sociais".

Todavia, "as condições similares de distribuição não asseguram uma homogeneidade no consumo", afirma Santos (2012a, p. 84). Desse modo, a abundância já está posta pelo espaço da produção e pelo espaço da circulação, porém existe uma grande desigualdade no que tange ao consumo. Logo, o *espaço do consumo* está diretamente relacionado com um dos principais problemas dos tempos atuais – a distribuição e a desigualdade –, pois em nenhum período humano se deve tanta riqueza material com tamanha desigualdade.

A economia ecológica apresenta como um dos pilares teóricos a ideia da *distribuição justa*, que afeta o espaço da distribuição e o espaço do consumo. Verificamos hoje, devido a questões como a desigualdade, um crescente consumo conspícuo, que nada mais é que "[...] uma externalidade negativa, onde as pessoas deveriam pagar pelos impactos negativos que impõem aos outros" (Daly; Farley, 2012, p. 562).

Notamos que todos os pilares da ecologia – população, comunidade, ecossistema, paisagem, bioma e ecosfera – também são geográficos e estão no espaço geográfico, criando-se uma *ecologia geográfica*. Retornando aos fundamentos da ecologia, Townsend, Begon e Harper (2018, p. 135) apresentam "[...] padrões geográficos em grande e pequena escalas". Consideram que os padrões geográficos de grande escala estão relacionados com a geografia da vida na Terra, principalmente pela consequência do movimento do planeta no espaço. Devido à inclinação do planeta, a radiação solar oferece a quantidade certa de energia para manter a vida.

Neste ponto, iniciam-se as mudanças climáticas, que, devido as correntes oceânicas e as cadeias de montanhas, apresentam "[...] efeitos adicionais poderosos sobre os padrões climáticos", afetando a macro e microescalas geográficas (Townsend; Begon; Harper, 2018, p. 135).

Esta união "[...] produzem um mosaico de climas secos, úmidos, frios e quentes sobre a face da Terra", formando "associações terrestres distintas de plantas e animais", e que, "[...] por sua vez, são responsáveis pela distribuição em grande escala dos biomas terrestres" (Townsend; Begon; Harper, 2008, p. 135-136).

Para Odum e Barrett (2015), o conceito de escala apresenta diferentes níveis de organização, com diferentes níveis dentro de um sistema hierárquico. Os autores exemplificam que uma paisagem pode parecer heterogênea em uma escala, mas em outra ela pode ser bastante homogênea. Logo, o pesquisador deve selecionar a escala de investigação, para que possa "[...] entender como uma mudança em escala temporal ou espacial pode afetar os padrões, processos e propriedades emergentes por meio das escalas" (Odum; Barrett, 2015, p. 396).

Observamos que a questão da escala para a ecologia apresenta complexidades semelhantes à geografia. Pequenas escalas geográficas apresentam os limites geográficos e uma sedução por desenhos cartográficos, entretanto "[...] escaninhos arrumados, categorias definidas e limites claros são uma conveniência, não uma realidade da natureza" (Townsend; Begon; Harper, 2008, p. 137).

Logo, os "[...] solos ácidos e calcário sustentam vegetações muito diferentes", pois "[...] os biomas não são homogêneos dentro de suas fronteiras hipotéticas; todo bioma tem gradientes de condições físicas e químicas relacionados à topografia e geologia locais" (Townsend; Begon; Harper, 2008, p. 138).

Townsend, Begon e Harper (2008) fecham a questão da pequena escala geográfica, afirmando que a desuniformidade está no olho do observador e que todas as comunidades são desuniformes. Sob essa assertiva, torna-se natural as diferentes visões de sociedade, todavia a natureza pode ser mais bem compreendida em suas concepções científicas. Portanto, a busca pela compreensão do espaço e tempo geográfico propostos por Milton Santos torna-se uma luz acerca das próprias desuniformidades, dado que a sua preocupação visa à compreensão da totalidade, subdividindo o espaço em vários tempos, elementos e escalas espaciais.

Vale lembrar que para a economia ecológica a questão da escala é um dos seus pilares (*escala sustentável*). Busca, portanto, conhecer o impacto do tamanho físico da economia para os ecossistemas. Logo, conforme Cechin e Veiga (2010, p. 45), a economia ecológica busca responder algumas perguntas, sendo: quão grande é o tamanho do subsistema econômico em relação ao ecossistêmico? Quão grande poderia ser, ou seja, qual a sua escala máxima? Há uma escala ótima a partir da qual os custos adicionais do crescimento da economia começam a superar ganhos como o de bem-estar?

O olhar do observador está diante de todas as áreas do conhecimento humano, devido à forma como cada um interpreta o mundo. Diante desse axioma, no sentido de buscar uma compreensão da *totalidade geográfica* (totalidade espacial), é fundamental que seja absorvido o máximo de compreensões sociais e naturais. Parafraseando Nelson Rodrigues, *toda coerência é, no mínimo, suspeita*. Além disso, ao adicionarmos a noção de tempo como categoria histórica, temos que "[...]

a explicação histórica e a explicação ecológica são duas modalidades de explicação invocadas por todas as ciências das coisas vivas: a explicação histórica completa a explicação ecológica e impede seus excessos" (Santos, 2012, p. 37).

Não se pode desconsiderar a visão de Santos (2012, p. 36) quanto às aproximações com a abordagem ecológica[23], para o autor, essas aproximações "[...] culminam no perigo de uma interpretação determinista". Essa conclusão deriva de sua análise do pensamento do geógrafo Max Sortre, que, ao analisar o conceito de gênero de vida, percebeu que "[...] não era mais aplicável no mundo moderno onde os grupos humanos são afetados por impulsos vindos do exterior" (Santos, 2012, p. 36).

Todavia, não há, a nosso ver, um perigo de uma interpretação determinista, consistindo em um erro crer que a ecologia não considera o mundo dos humanos e suas inter-relações. Isso se deve ao estudo e interações entre a distribuição e abundância em todas as escalas, afinal, os ecologistas têm como maior preocupação a vida e a Terra funcionando em harmonia; preocupação também central na geografia humana, que também não pode ser considerada determinista.

Harari (2015, p. 250) reforça essa tese afirmando que as forças geográficas, ecológicas e econômicas, por mais que se criem restrições, "[...] deixam um espaço para desdobramentos inesperados, que não parecem ter ligação com qualquer lei determinista". Para reforçar essa ideia, é importante destacar que:

> A Raiz de muitos problemas ambientais, se não de todos, nos coloca diante do problema da população, os efeitos de uma população humana grande e em crescimento. Mais pessoas significa um aumento da demanda por energia, um maior consumo de recursos não renováveis como petróleo e minerais, mais pressão sobre os recursos renováveis como peixes e florestas, mas necessidade de produção de alimentos pela agricultura, e assim por diante. O debate é, sem dúvida, o da sustentabilidade: as coisas não podem continuar da maneira como estão (Townsend; Begon; Harper, 2008, p. 439).

Sachs (1993, p. 25-27) abre cinco definições para a questão da sustentabilidade, sendo: sustentabilidade social; sustentabilidade econômica; sustentabilidade ecológica; sustentabilidade espacial; e sustentabilidade cultural. A sustentabilidade social visa reduzir as diferenças sociais, pois "o desenvolvimento em sua multidimensionalidade, abrangendo todo o espectro de necessidades materiais e não materiais", algo trabalhado pela ideia da *distribuição justa* (Sachs, 1993, p. 25).

A sustentabilidade econômica, para Sachs (1993), visa à *alocação eficiente*, pois os recursos devem ter uma gestão de investimentos público e privado, visando ao bem-estar do trabalhador. A sustentabilidade ecológica está ligada à ideia da *capacidade de suporte*, na qual busca garantir a resiliência da natureza de forma a se manter um equilíbrio ecossistêmico. A sustentabilidade espacial/geográfica foca nas questões referentes à população, ao trabalho e ao poder, sobre os quais esta seção amplia a análise pelas contribuições de Milton Santos.

Por fim, mas não menos importante, a sustentabilidade cultural, como um "[...] conceito normativo de ecoeficiência em uma pluralidade de soluções particulares, que respeitem as especificidades de cada ecossistema, de cada cultura e de cada local", ou seja, ela compreende todos os *elementos espaciais*, de modo a tornar o processo harmonioso (Sachs, 1993, p. 27).

Montibeller (1999) salienta que a economia ecológica se baseia nos indicadores biofísicos que analisam as distribuições ecológicas. Nesse sentido, não existe um indicador único, como faz a economia neoclássica que tem por base o indicador monetário. O autor considera que "a distribuição

---

[23] "A abordagem ecológica para as comunidades humanas é valiosa; um número, porém, demasiado grande de geógrafos diz que a vida humana é uma função do meio e dá pouca importância para os outros fatores. Em outras palavras, as regiões geográficas têm uma forte marca do determinismo geográfico" (Santos, 2012, p. 36).

ecológica significa a alocação social, espacial e temporal no uso humano dos recursos e serviços ambientais; portanto temos, aqui, ingredientes que complexificam a questão da sustentabilidade para uma sociedade considerada" (Montibeller, 1999, p. 127).

Portanto, quanto a esse último tópico, para Harari (2015, p. 172), as questões culturais, "[...] diferentemente das leis da física, que estão livres de inconsistências, toda ordem criada pelo homem é cheia de contradições internas", o que gera processos de mudança.

De posse dessas contribuições, pensando na raiz dos problemas ambientais e buscando demonstrar a união da geografia humana com a ecologia e posteriormente com a economia ecológica, necessitamos avaliar com cuidado a questão da população humana, uma categoria-chave para ambas, que afeta diretamente a demanda por recursos naturais, como os minerais. Thomas Malthus (1766-1834) observava e alertava sobre essa questão, que tendia a se tornar insustentável ao longo do tempo. Vale destacar que aproximadamente no ano de 200 d.C., momento em que havia "[...] cerca de um quarto de bilhão de pessoas na Terra, Quintus Septimus Florens Tertullianus escreveu que 'nós somos onerosos, os recursos quase não são suficientes para nós'" (Townsend; Begon; Harper, 2008, p. 440).

Malthus, assim como David Ricardo (1772-1823), ao pensar no problema da escassez, visando ao crescimento econômico, optou pela divisão social do trabalho. Seus fundamentos estavam relacionados à *lei de ferro*, sobretudo no que tange a remuneração da população. Essa *lei de ferro* tinha como objetivo salários de subsistência para o povo, para evitar o crescimento populacional, sendo que hoje sabemos que o melhor caminho é sempre por meio da educação (Strathern, 2003, p. 87).

A ideia de divisão social do trabalho, otimizada pelo criador da Escola da Administração Científica, Frederick Winslow Taylor (1856-1915), ocorreu no apogeu do crescimento econômico, aumentando os salários dos funcionários, mas eclodir a densidade populacional devido a diversos fatores, como aumento do bem-estar. Todavia, esse aumento do bem-estar advém de uma crescente pressão dos ecossistemas planetários. Outra contribuição importante de Malthus para esta pesquisa foi sua contestação à lei de Say[24], no qual percebia que sistema econômico ocorreria *superabastecimentos*.

Strathern (2003, p. 87) acrescenta que "os preços subiam quando havia um aumento no gasto, e caíam quando o gasto era insuficiente". O autor afirma que não se podia esperar sempre que preços baixos esvaziassem o mercado, principalmente se os consumidores tivessem dinheiro insuficiente, o que ocasionaria fatalmente um *superabastecimento* geral.

Esses *superabastecimentos* estão na pauta de muitas discussões econômicas e políticas, em que se observa que dentro dessa questão ocorrem vários ciclos econômicos, resultando em problemas sociais, econômicos e ambientais. Com a mineração não é diferente, pois após o *boom* das commodities houve um período de recessão que, conforme exposto, pode ter influenciado nos casos de rompimentos de barragens. No entanto, essa discussão ainda será ampliada em outros momentos, quando retornamos ao foco inicial: população e recursos naturais.

Os romanos começaram a perceber que com um quarto de bilhão de pessoas os recursos estavam se tornando escassos, sendo uma ameaça à sobrevivência humana. Hoje, esta questão continua em voga, pois, além de se ter 7 bilhões de pessoas, com previsões de crescimento, os humanos vivem

---

[24] Essa lei consiste na afirmação de que a oferta cria sua própria demanda, apesar de não haver nenhum escrito de Jean-Baptiste Say (1767-1832) nesse sentido. Sua afirmação era que "produtos se pagam com produtos", sendo Keynes o principal autor a apresentar essa interpretação aos escritos desse economista. Essa proposta é uma das bases para os princípios da contabilidade social, em que o produto é igual à renda, e esta é igual à despesa, criando uma equivalência entre elas.

duas constatações que os antepassados não tinham. A primeira constatação é dada pela ciência, pois hoje conhecemos muito melhor o mundo, não apenas o espaço geográfico, mas o espaço além da Terra. A segunda é que, devido a essa capacidade de compreensão do mundo, a humanidade alterou o tempo geológico do planeta, que tem o antropoceno[25] como sua teoria maior.

Veiga (2012, p. 14) relembra a importância de um dos principais economistas ecológicos, Georgescu-Roegen, o qual "[...] mostrou aos praticantes de todas as ciências a total inconsistência de teorias que insistem em ignorar a segunda lei da termodinâmica", considerando este um "[...] clarividente analista econômico dessa era que mal começa a ser chama de antropoceno". Portanto, diferentemente dos antepassados que desconheciam os recursos e sua influência no globo, a presente geração tem essas informações.

Torna-se fundamental o resgate da *capacidade de suporte* da ecologia para todas as fronteiras do conhecimento. Puxando pela geografia humana, Santos (2013, p. 54) percebe quão audacioso é dizer o que vai acontecer, pois "[...] o universo é, antes de tudo, um conjunto de possibilidades a concretizar, mas isto sempre é feito de maneira incompleta". Na época atual, e como nunca antes na evolução da humanidade, as condições-suporte da história permitem edificar um mundo novo (Santos, 2013, p. 54).

Para Santos (2012, p. 189), "[...] através do espaço, a história se torna, ela própria, estrutura, estruturada em formas". Dada a população e os recursos naturais, e ao se considerar o comportamento humano, percebe-se que "[...] os humanos são insaciáveis por natureza" (Daly; Farley, 2016, p. 314).

Esse apetite, conforme Daly e Farley (2016), advém da falsa percepção humana de que o consumo seria o caminho da felicidade, tese descartada pelo paradoxo de Easterlin[26]. Todavia, aparentemente isso está na evolução natural, já que:

> Nas palavras de outro biólogo evolucionista 'a economia da natureza é competitiva do começo ao fim [...]. Onde ela está em seu interesse próprio, espera-se que cada organismo pode ajudar seus companheiros razoavelmente [...]. No entanto, dada a chance para agir em seu próprio interesse, nada exceto a conveniência irá impedi-lo de brutalizar, de mutilar, de assassinar – seja seu irmão, seu companheiro, seu pai ou seu filho. Arranhe um 'altruísta e assista a um 'hipócrita sangrar' (Daly; Farley, 2016, p. 331).

Portanto, o comportamento humano não tem a racionalidade plena, como muitos economistas acreditam, eles "[...] assumem que os indivíduos entendem plenamente os impactos de todas as suas decisões" e que estas possam ser "[...] escolhas racionais que maximizem sua utilidade" (Daly; Farley, 2016, p. 320).

Nota-se, portanto, que, em outras eras, "[...] os grupos humanos retiravam do espaço que os circundava", sendo que todos "[...] os recursos essenciais à sua sobrevivência" estavam relativamente com acesso fácil, *mundo vazio* (Santos, 2012, p. 208).

---

[25] O geólogo e biólogo americano Eugene Stoermer e o geoquímico holandês Paul Crutzen foram os primeiros a explicar a necessidade dessa nova denominação em artigo publicado, em 2000, no boletim do Programa Internacional Geosfera-Bioesfera (IGBP, na sigla em inglês). Stoermer já vinha utilizando o termo há vários anos, mas foi Crutzen que o popularizou a partir de 2002 com o artigo "Geology of Mankind", publicado pela revista *Nature*. A rigor, a paternidade dessa denominação para a era geológica, que corresponde ao advento da industrialização desencadeada pela difusão da máquina a vapor (0,0003 milhões de anos), poderia ser atribuída ao jornalista científico Andrew Revkin, colaborador do *New York Times*. No livro *Global Warming: Understandingthe Forecast*, de 1992, ele havia proposto chamar de "Antropoceno" o período posterior ao Holoceno, correspondente à dúzia de milênios em que predominaram os sistemas produtivos agropecuários (0,0117 milhões de anos) (Veiga, 2012, p. 14).

[26] O paradoxo de Easterlin evidencia que, em um país, as pessoas mais ricas tendem a ser mais felizes do que aquelas menos ricas. No entanto, além de um determinado limiar, cidadãos dos países mais ricos aparentemente não são mais felizes do que cidadãos de países mais pobres. A felicidade geral nesses países, além de limitar, não parece aumentar com o aumento da renda (Daly; Farley, 2016, p. 315).

Era, portanto, a forma de maximizar suas escolhas, dado que o mundo nesse período era vazio, pois a natureza tinha uma resiliência mais rápida. A compreensão da *capacidade de suporte* era baixa, mas nunca nula. Todavia, no *mundo cheio*, esse conceito deve ser ampliado, em virtude de questões como o antropoceno.

Conforme Santos (2012, p. 201), "[...] a natureza sempre foi o celeiro do homem, ainda quando este se encontrava na sua fase pré-social". Todavia, continua o autor, para se tornar um "[...] homem social, é indispensável que ele também se torne o centro da natureza".

Devido ao comportamento humano e sua relação com a natureza, vale resgatar Kenneth Boulding (1910-1993) e sua *teoria do cowboy* e *teoria do astronauta*. Boulding (1966) considera que em boa parte da trajetória da humanidade o mundo era ilimitado, afinal, a natureza sanava todas as demandas (*mundo vazio*). Esta transição entre um *mundo vazio* e um *mundo cheio*, ou, em sua terminologia, terra aberta para terra fechada, percebe que a economia é uma econosfera, sendo esta um subsistema de um sistema maior. A *teoria do cowboy*, relacionada ao pensamento de terra aberta, prevalece na maioria dos estudos clássicos e neoclássicos, constituindo o *mainstream* da economia moderna.

Todavia, isso só demonstra quão irracionais são as decisões humanas, pois na ótica da *teoria do astronauta* os recursos são escassos, algo hoje evidenciado. Dada a escassez dos recursos, torna-se fundamental sua melhor utilização, levando em conta o processo metabólico do planeta, pois não é coerente crer em um crescimento infinito com recursos finitos.

Valendo-nos do esforço intelectual desses autores apresentados, devemos compreender que o *mundo cheio* presenta-se pela noção do espaço total e espaço local, tornando essas categorias importantes. Sua importância se deve a todas as transformações espaciais apresentarem os problemas complexos que ocorreram entre os períodos, do *mundo vazio* ao *mundo cheio*. Portanto, a *capacidade de suporte* é uma questão central das raízes dos problemas socioambientais, afinal, a regra do sistema não apresenta uma expansão exponencial. Desse modo:

> O espaço total é o espaço mundialmente solidário, mesmo que as transformações espaciais se devam à intervenção simultânea de redes de influência operando simultaneamente em uma multiplicidade de escalas e níveis desde a escala mundial até a escala local. O espaço total e o espaço local são aspectos de uma única e mesma realidade – a realidade total – à imagem do universal e dos particulares. A sociedade global e o espaço global se transformam através do tempo, num movimento que, embora interessando igualmente às diversas frações da sociedade e do espaço, é o resultado da interação entre sociedade global e espaço global e de suas diversas frações (Santos, 2012, p. 208).

Portanto, o que Santos (2012, p. 207) percebe como transformações espaciais se dá por esta "[...] intervenção simultânea de redes de influência operando simultaneamente em uma multiplicidade de escalas". Conforme o autor, isso consiste no mundo em que se pode pensar no espaço total. Aliás, temos de ter em mente que, ao se considerar o espaço total, se faz necessário definir seu geossistema, pois este consiste em uma delimitação espacial do estudo. Logo após essa triagem, deve-se compreender a *capacidade de suporte* natural dos ecossistemas, para que o suporte humano se mantenha algo que pode ser pensado como uma geografia econômica ecológica.

Para finalizar as primeiras análises de forma mais aplicada à questão mineral (curto prazo e *devir*), temos de retornar aos *elementos espaciais* apontados por Santos (2014a, p. 16). Esses elementos são classificados como: "[...] os homens, as firmas, as instituições, o chamado meio ecológico e as infraestruturas", sobre os quais iremos fazer algumas atualizações conforme a Figura 3.2.

Figura 3.2 – Os elementos espaciais de Milton Santos

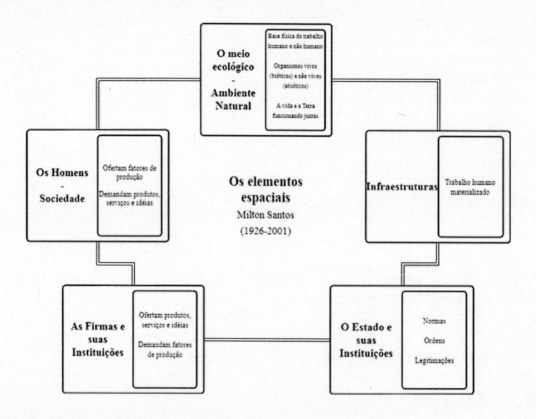

Fonte: Elaborado pelo autor

Os homens, ou seja, os membros da sociedade, para Santos (2014a, p. 16), são aqueles que fornecem trabalho e demandam produtos e serviços, entretanto, mesmo não participando diretamente da produção, possui relevância para o espaço geográfico. Quando se pensa na atual geração, constata-se quanto as pessoas são relevantes para a compreensão do espaço total, afinal, modificam o espaço natural. São vários atores que, trabalhando ou não no setor mineral, são atingidos por essas atividades, querendo ou não. Aqueles que estão diretamente ligados a esses empreendimentos minerários possuem sua responsabilidade redobrada, afinal, é da responsabilidade do empreendedor a busca pela compreensão da capacidade de suporte, bem como o funcionamento do seu metabolismo. Já os seres humanos que não possuem a menor relação com esses empreendimentos, podem ser afetados diretamente por eles, gerando conflitos, independentemente da ocorrência de um acidente. Essas externalidades não são computadas pela formação de preço do minério, imputando à sociedade um grande passivo socioeconômico e ambiental.

Coelho (2015, p. 112) afirma que os impactos "[...] negativos e positivos causados pela mineração são distribuídos desigualmente pela sociedade". Para o autor, as receitas da mineração são apropriadas pelo setor financeiro e mineradoras, "[...] enquanto os danos atingem agricultores, proletários e subproletários, quilombolas e grupos indígenas". Justiça é algo fundamental, no qual Ribeiro (2017, p. 147) considera que "um dos princípios fundamentais da justiça é o princípio da equidade", que advém da ideia de que todo ser humano é igual por natureza.

Coelho (2015) adiciona a questão dos impactos que atingem alguns grupos mais vulneráveis, tendendo a ser mais intensos. Dessa maneira, percebemos que existe uma proteção "desigual dos efeitos ambientais das atividades econômicas e com acesso desigual aos recursos naturais, processo conhecido como injustiça ambiental, decorre de processos políticos e sociais de deliberação nos quais as populações afetadas pouco influem" (Coelho, 2015, p. 112).

Portanto, a elaboração e aplicação de determinadas políticas, que são influenciadas por algumas empresas, direcionam seus danos para populações específicas, gerando inclusive racismo ambiental. É importante destacar que a injustiça ambiental deve estar englobada com a distribuição, afinal, a sua desigualdade é o que a torna injusta, isso também por afetar determinadas populações no primeiro momento. A distribuição justa deve, portanto, compreender essa noção, com objetivo de sanar alguns conflitos derivados desse impacto desigual nos territórios.

Em curto prazo, ou seja, no momento do acidente, percebemos que existe uma mobilização das empresas para desarticular os grupos locais. Há uma completa desconsideração para com os seres humanos. Losekann (2018, p. 90) compreende que há uma naturalização para o "desastre", na qual o "[...] governo e empresas foi percebida como uma tentativa de intervir para desorganizar a indignação das pessoas". A empresa buscou transferir suas responsabilidades a fatores naturais, sendo que hoje está claro que o problema foi técnico. Alegaram até que o "[...] rompimento da barragem seria decorrência de um abalo sísmico", mas quando se pergunta sobre a *capacidade de suporte*, simplesmente silenciam (Losekann, 2018, p. 91).

Outros pesquisadores, ao realizarem um processo de etnografia com os atingidos, apresentam o seguinte depoimento:

> P. relata: "eu fui e perguntei a ele [ao representante da empresa]: - veja aqui, você está mostrando isso, diz que tudo é calculado, tudo é matemática, mas eu não aceito essa matemática aí não!". Aí ele me respondeu: - "mas tem que ser assim, temos que trabalhar com uma orientação..." Eu insisti: "eu não aceito vir com essa matemática pro meu lado não, porque até a minha alma tá suja de lama". Perguntado sobre a reação do funcionário, P. prossegue: "ele não se abalou, disse que quem não ficar satisfeito, judicializa" (Zhouri *et al.*, 2018, p. 57).

Diante disso, fica evidente a desarticulação dos grupos locais, daquelas pessoas que não participam diretamente da produção, embora esta interfira em toda sua vida. Basicamente, consiste em uma briga entre Davi e Golias, na qual dificultam ao máximo o alcance da pedra. Essa falha gera o sofrimento social, que, conforme Zhouri *et al.* (2018, p. 58), apresenta duas vias: a primeira é referente ao *controle sobre a participação*, na qual o atingido tem que comprovar ter sido atingido; a segunda se dá pelo controle e *estratégias de enumeração* como um instrumento cadastral que busca criar "[...] suas categorias e procedimentos de identificação e mensuração dos danos". Portanto, cria-se um mecanismo que, para muitos, torna-se altamente complexo, dada a burocracia para se fazer e reconhecer como atingido.

Já no caso das futuras gerações, que incluem pessoas que ainda não nasceram, elas herdaram todo o avanço humano, mas também o seu passivo ambiental (*rugosidades espaciais*). Portanto, as gerações futuras serão bens públicos, ou seja, elas apresentam característica de não rivalidade e não são exclusivas. Esses bens devem ser protegidos pelo Estado, pois são os representantes da sociedade que tem como visão comum a evolução e perpetuação humana, independente dos vieses ideológicos.

Santos (2017, p. 283), ao se pensar na questão espacial, opta por estudar o *espaço banal*, que consiste no espaço de todos os seres humanos e tudo que interage com eles. Em outras palavras, o espaço banal é ponto central do ser humano e da sua relação com os demais elementos espaciais, principalmente aqueles que derivam em várias propostas de sociedade, como a do ecodesenvolvimento, pautando nos comuns.

Sachs (2004) compreende que, para se construir a ideia da sustentabilidade, é necessária viabilidade econômica, na qual se devem respeitar as restrições ecológicas (*capacidade de suporte*). Portanto, a humanidade deve ser capaz de atender a um crescimento virtuoso, sendo capaz de gerar um desenvolvimento endógeno[27], de modo a criar processos inclusivos. Montibeller (1999) reforça que, ao se pensar em desenvolvimento, as pessoas necessitam encontrar mecanismos de gestão da natureza, para que todas as gerações possuam possibilidades de perpetuação. Um dos caminhos consiste em uma solidariedade sincrônica que "[...] desloca o enfoque da lógica da produção para a ótica das necessidades fundamentais da população; e uma solidariedade diacrônica, expressa na economia de recursos naturais e na perspectiva ecológica para garantir possibilidade de qualidade de vida às próximas gerações" (Montibeller, 1999, p. 27).

Para Santos, devido às demandas dos seres humanos, *as firmas,* junto as instituições, buscam responder a essas necessidades, pois "[...] possuem como função essencial a produção de bens, serviços e ideias" (Santos, 2014a, p. 17). Os bens consistem em recursos exauríveis (renováveis ou não), ou seja, com a produção e o tempo, eles se tornam bens escassos e muitos não são substituíveis. Diante dessa constatação: "[...] os recursos naturais são bens da União, propriedade distinta do domínio do solo que os contêm e categorizados como recursos naturais não renováveis" (Tanno; Sintoni, 2003, p. 8).

Logo, os recursos naturais são dos seres humanos que habitam um dado território, no nosso caso, o Brasil e sua população. Esses recursos, por meio de concessão da União a entidades privadas, devem conceder benefícios ao povo, senão há um custo de oportunidade negativo à sociedade. Não faz sentido ter as riquezas nacionais drenadas por aglomerados financeiros, sem que tenha uma contrapartida para a sociedade. Recomendamos pensar nesta questão temporal proposta (curto prazo e *devir*), na qual as receitas da mineração maximizem o bem-estar das presentes gerações e que não afetem o bem-estar das futuras, já que estas não contarão com esses recursos, dada a escassez e entropia.

Pela primeira perspectiva temporal, de curto prazo, ao se pensar no rompimento de uma barragem, vemos o drama social que afeta diversas famílias. No caso das barragens da Samarco S.A. (2015), os processos são morosos na justiça brasileira, o que demonstra que os atingidos basicamente não possuem voz, recorrendo à corte inglesa. Ao se pensar nos atingidos, pode-se indagar a questão quantitativa, sendo milhares de afetados, mas só é possível compreender a realidade quando se observam os dramas individuais. Zhouri (2018, p. 19) destaca que existe um fetichismo dos números, sendo que este é apenas um instrumento metodológico proposto pelas empresas, que "[...] produz efeitos de inclusão e de exclusão". Portanto:

> No caso da Samarco em Mariana, aplicar-se-iam também todas as demais críticas endereçadas correntemente a grandes projetos de investimento, tais como Estudos de Impacto Ambiental falhos e elaborados por encomenda das próprias empresas; licenciamentos casuisticamente fragmentados; licenças concedidas com número excessivo de condicionantes, nem sempre cumpridas; ausência de participação efetiva dos grupos atingidos no debate sobre os projetos; audiências públicas que operam como dispositivo burocrático de neutralização dos conflitos etc. (Acselrad, 2018, p. 157).

---

[27] "O desenvolvimento endógeno e dependente de suas próprias forças, tendo por objetivo responder problemática da harmonização dos objetivos sociais e econômicos do desenvolvimento com uma gestão ecologicamente prudente dos recursos e do meio" (Montibeller, 1993, p. 133).

Logo, existem inúmeros fatores desconsiderados ou negligenciados pelos empreendimentos minerais. Dentro do trabalho citado e organizado por Andrea Zhouri[28], temos diversos estudos etnográficos fundamentais para a compreensão do sofrimento das famílias atingidas por diversos projetos de mineração, auxiliando, com isso, a compreensão dos fatos pelo olhar do *espaço banal*. Quando se pensa no *devir*, o questionamento que fica se dá no momento em que estas empresas já não estiverem produzindo, em outras palavras, quando os recursos já tiverem sido exauridos, resultando em empresas que podem nem mais existir, abandonando suas minas.

Com esse cenário, e considerando que as barragens tendem a se romper, quem arcaria com os passivos socioambientais? Não se pretende aqui considerar a mineração uma maldição, pois é elementar para todo aumento dos níveis de bem-estar da sociedade moderna. Entretanto, se faz necessário um debate popular sobre o atual modelo mineral, afinal, é da União, ou seja, do seu povo. Sendo uma riqueza da população, absolutamente nada justifica os passivos recaírem para seus ombros, pois é função do Estado zelar pelo bem-estar de seu povo, acima dos interesses particulares.

As firmas de mineração são intensivas em capital, elas demandam pouca mão de obra, já que seu escopo consiste em bens (recursos minerais) em um processo altamente mecanizado. Enriquez (2007, p. 8) percebe que "[...] a mineração é um importante fator de crescimento econômico e de estímulo ao desenvolvimento do capital humano", mas que existem problemas dentro do seu metabolismo. Os pilares centrais da economia ecológica (*escala sustentável*, *alocação eficiente* e *distribuição justa*) tornam--se relevantes para o estudo dos elementos espaciais e a busca da compreensão da *totalidade espacial*.

Enriquez (2007, p. 8) compreende que a mineração, "[...] por si só, não resolve automaticamente dois graves desafios do processo de desenvolvimento sustentável – o de geração de emprego e o de garantias de equidade na distribuição de benefícios entre a atual e as futuras gerações". Para se pensar no desenvolvimento sustentável no setor mineral, é obrigatório "[...] obedecer ao duplo imperativo ético da solidariedade com as gerações presentes e futuras", exigindo dessa forma melhores critérios de sustentabilidade social e ambiental e de viabilidade econômica (Enriquez, 2007, p. 77).

Conforme observado, as firmas oferecem bens, serviços e ideias nas quais, até o momento, o foco foi nos bens, dado o escopo do setor mineral. Desse modo, não se deve desconsiderar os vários serviços oferecidos por essas empresas às comunidades locais, e a economia, nem mesmo as ideias. Todavia, ao considerar sua atividade (fim), não é relevante para esta pesquisa. No entanto, recomendamos lembrar-se das prestadoras de serviços de auditoria independente que oferecem seus serviços às firmas de mineração como verdadeiras parceiras de negócio, como a Price Water House Coopers. Segue a visão desta empresa:

> [...] nós seremos uma verdadeira firma de destaque, quando nossos clientes pensarem em nós como uma firma de serviços profissionais e não uma firma de contabilidade. Nós queremos que eles pensem em nós sempre como sendo capazes de oferecer a assistência que necessitam em questões que eles enfrentem em qualquer negócio ou setor (Santos; Milanez, 2017, p. 140).

Conforme Santos e Wanderley (2015), as mineradoras optam por contratar empresas privadas para auxiliar na comunicação e gestão socioambiental. Portanto, esses planos apresentam merchandising social ou marketing social, no qual "as empresas passam a ideia à população de que se preocupa com problemas ambientais e de que realiza uma série de iniciativas de promoção ao meio ambiente" (Santos; Wanderley, 2015, p. 99).

---

[28] Na epígrafe do livro organizado pela Andreia Zhouri, consta um poema da professora Angélica Peixoto (2018), moradora atingida pela barragem de Fundão: *"Tarefa difícil a minha, tarefa difícil a nossa:/aprender a ser atingidos. /Como assim? /Precisamos nos comportar como atingidos. /Tem comportamento próprio para atingido? Não sei. /Sei que precisamos aprender a viver/conviver com essa realidade. /Realidade que me faz pensar em direitos, reuniões, assembleias, acordos, /fundação, reconstrução, reassentamento.../Conceitos que me deixam confusa. Confusão que dificulta a apreensão/de palavras simples como: pedir, exigir, negociar, lutar, certo, errado. /Choro por isso. Me sinto atingido por não saber ser atingido"* (Zhouri, 2018, p. 28).

Na mineração, essas empresas contratadas para consultorias/auditorias são conhecidas como *Big Four*, em que tornam o processo parcial, apresentando fraudes consideráveis e conflitos de agência[29], afinal, "[...] são parceiras econômicas das empresas que deveriam investigar" (The Economist, 2014).

Observamos uma ideia de parceria das firmas, tanto as executoras quanto as prestadoras de serviço. É interessante analisar a missão e visão da maior mineradora do país (Vale S.A.)[30]. Sua missão consiste em "transformar recursos naturais em prosperidade e desenvolvimento sustentável", e sua visão é "ser a empresa de recursos naturais global número um em criação de valor de longo prazo, com excelência, paixão pelas pessoas e pelo planeta".

Todavia, para Santos e Wanderley (2015, p. 101), dentro do discurso pelo desenvolvimento da mineração, apresentam uma postura pública com essas empresas parceiras, orientando os contratantes a seguir, em momentos de conflitos, a seguinte hierarquia (Figura 3.3), vejamos:

> 1. Sem exposição. A empresa evita posicionamentos públicos sobre determinado tema;
> 2. Baixa exposição (reativo). A empresa só se expõe publicamente quando pressionada por seus parceiros;
> 3. Baixa exposição (proativo). A empresa cria oportunidades para se expor junto a seus parceiros, mas evitando exposição excessiva;
> 4. Média exposição. A empresa cria oportunidades junto ao público para debater temas específicos;
> 5. Alta exposição. A empresa cria oportunidades junto ao público para debater temas variados.

Figura 3.3 – Estratégias empresariais para exposição pública

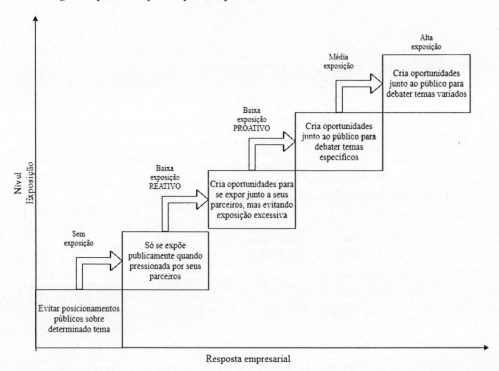

Fonte: Elaborado pelo autor

---

[29] O conflito de agência está relacionado à assimetria de informações entre os acionistas e os gestores, sendo elemento-chave para a governança corporativa. Basicamente consiste em dizer que há possibilidades de divergência de interesses entre os gestores da empresa, que estão realizando sua administração, e os proprietários (acionistas), por estarem distantes da operação. No caso de indivíduos que buscam maximizar suas necessidades pessoais, ao estar à frente da organização, irão tomar decisões que os favoreçam, excluindo os desejos dos reais proprietários.

[30] Informações obtidas no site da Vale: http://www.vale.com/brasil/pt/aboutvale/mission/paginas/default.aspx.

De acordo com as hierarquias postas evidenciadas, as firmas se valem de estratégias institucionais para analisar diversos grupos de interesses (*stakeholders*). Compreendendo o grau de interesse e poder de cada *stakeholder*, criam estratégias e formas de gerenciamento, nas quais aqueles que possuem maior poder e interesse jamais serão ignorados. Notamos que alguns grupos não possuem poder para alterar o destino dos projetos, criando assim quatro categorias de gerenciamento. Algumas perguntas são importantes, vejamos: quais interesses financeiros e emocionais possuem no resultado do projeto? São positivos ou negativos? O que os motiva acima de tudo? De que informações necessitam? Qual a melhor forma de comunicar-se com eles? Qual é a opinião corrente sobre o projeto? O que influencia suas opiniões? Se não forem positivos em relação ao projeto, o que poderá atraí-los a apoiar o projeto? Se não for possível atraí-los para o projeto, como será possível gerenciar sua posição? Portanto, tudo é calculado para a exposição pública, que pode ser sintetizado na Figura 3.4 (Slack, Chambers, Johnston, 2009, p. 487-488).

Figura 3.4 – Matriz poder-interesse do *stakeholder*

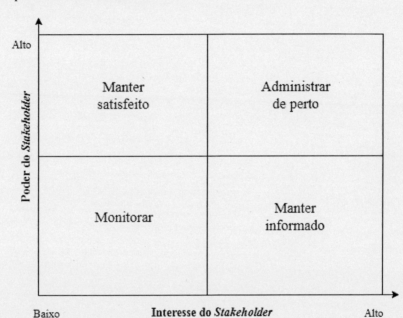

Fonte: Adaptado Slack, Chambers e Johnston (2009, p. 488)

Compreendemos assim a situação das firmas para a questão que este estudo pretende analisar. Todavia, não se deve esquecer da visão nacional transcrita na Constituição Federal.

> Artigo 225: Todos têm direito ao meio ambiente ecologicamente equilibrado, bem de uso comum do povo e essencial à sadia qualidade de vida, impondo-se ao poder público e à coletividade o dever de defendê-lo e preservá-lo para as presentes e futuras gerações. [...] § 2º Aquele que explorar recursos minerais fica obrigado a recuperar o meio ambiente degradado, de acordo com solução técnica exigida pelo órgão público competente, na forma da lei (Brasil, 1988).

Entramos nas *instituições* do Estado, que, para Santos (2014a, p. 17), "[...] produzem normas, ordens e legitimações", logo é do Estado que se fala. O art. 20, IX, determina que os recursos minerais são bens da União, sendo permitida a extração mineral mediante uma concessão para exploração da lavra. Desse modo, as instituições devem autorizar, regular e fiscalizar essas explorações. Portanto, cabe a elas realizar o inventário das "[...] barragens de empreendimentos minerais ou industriais construídas para a contenção de resíduos e rejeitos ou para o armazenamento de água" (Santos; Milanez, 2017, p. 132).

Quanto a essa questão (barragens de rejeito), detalharemos na seção que trata sobre as infraestruturas, focando neste momento na relação entre instituições, sociedade e firmas. Reforçando essa ideia, Veiga e May (2010) apresentam que padrão sistemático de expectativas compartilhadas consiste no seio das instituições, modelando o comportamento da sociedade. Existe, dessa maneira, de acordo com os autores, um "[...] um reconhecimento geral de que as instituições são fundamentais no processo de mudanças econômicas" (Veiga; May, 317).

Veiga e May (2010, p. 317) complementam que teoricamente essas relações constroem regras que se possam produzir:

a. Um bem definido sistema de direitos de propriedade.
b. Uma estrutura de governança, que sancione determinadas formas de cooperação e competição.
c. Regras de troca que busquem uma minimização dos custos de transação entre os agentes.

É fundamental compreender as perspectivas temporais em questão, quando se deve constatar que o plano de fechamento de mina compreende do início ao final do ciclo de vida da jazida, e para além do ciclo (pós-fechamento). O objetivo, neste momento, não consiste em entrar na legislação, algo que será debatido no próximo capítulo. Tratamos de apresentar alguns elementos importantes para a compreensão do espaço geográfico aos problemas socioambientais e a *capacidade de suporte*, devido à inação do Estado (Instituições), que vem prejudicando a presente geração de pessoas e desconsidera as futuras. Portanto, "[...] a inação do Estado, no que diz respeito a um entendimento amplo e democrático da matriz de disposição e recuperação de rejeitos de mineração no Brasil, provoca uma armadilha de elevação exponencial dos riscos a populações e ecossistemas" (Mansur *et al.*, 2016, p. 36).

Concordamos com a posição de Mansur *et al.* (2016, p. 38) em relação aos custos socioambientais, para os autores, eles "[...] devem ser arcados em sua plenitude pela mineradora e seus acionistas", afinal, a legislação afirma a responsabilidade do empreendedor para com as suas barragens de rejeito até um determinado período após o fechamento da mina. Observamos que, dessa forma, há um problema com relação à questão temporal, pois, após o fechamento da mina, não está claro na legislação o prazo em que a empresa se responsabilizará pelo monitoramento e controle das barragens, nem a obrigação de descaracterizar ou descomissionar.

Quando se pensa no *devir*, é pouco provável que as mineradoras e seus acionistas paguem por algo que já não dá receita, no caso de já não ser contabilizado. Algo que simplesmente está desativado, fazendo com que os recursos financeiros transitem para outros aglomerados financeiros.

Portanto, nessa perspectiva, algo não muito diferente da atual, os custos recairão para a sociedade, algo que se deve questionar. Mansur *et al.* (2016, p. 40) ressaltam que só foi permitido à empresa e seus controladores trabalhar da forma como atuaram, devido "[...] à fragilidade institucional presente no estado de Minas Gerais - fragilidade que possui contrapartes importantes nos governos do Espírito Santo e federal". Em todas as fases do processo de licenciamento ambiental, até o monitoramento e fiscalização, demonstram que os órgãos ambientais responsáveis não possuíam as capacidades institucionais necessárias para obras com tamanho risco.

Milanez *et al.* (2016, p. 87) adicionam ao debate a questão da taxa e ritmos de extração, eles "[...] devem ser adequados ao controle e à redução dos riscos presentes e futuros associados à intensificação das operações do setor no Brasil". Percebemos que, devido à alta complexidade do cálculo da *capacidade de suporte*, bem como do parcial conhecimento do metabolismo industrial, este tema é de suma importância para as instituições (Estado). Hoje, ao se considerar o atual processo econômico e as atuais decisões políticas do Brasil, tornam-se pouco prováveis a discussão e adoção dessa taxa/ritmo.

Entretanto, não se deve desconsiderar essa proposição, afinal, apenas a ciência pode jogar luz a questões tão complexas como esta. Conforme o capitalismo se expande, a extração mineral acompanha o ritmo, forçando barragens de rejeito cada vez maiores. Hoje, já se encontra um impasse com relação ao projeto Minas/Rio da Anglo American, que chegará a um volume sete vezes maior que a barragem de Fundão, que, em algum momento no tempo, inevitavelmente, tende a se romper, caso tudo fique como está.

Para Santos (2014a, p. 101), a economia ecológica é considerada como convencional (neoclássica), ele percebe que o sistema pode "[...] ser subdivido em dois subsistemas: governamental e de mercado". O foco deste elemento espacial (instituições) é o governamental, mas torna-se ligado diretamente ao mercado, sendo necessárias algumas reflexões.

Partimos do que Polanyi (2000, p. 17) adiciona como a quarta instituição da civilização do século XIX (o estado liberal), juntamente com o sistema de equilíbrio do poder, o padrão internacional do ouro e o mercado autorregulado, que "[...] esmaga as minorias e reprime as maiorias", para se conseguir a tão aclamada paz. Acrescenta que essa representação de estrutura compreende "a finança nacional, por sua vez, como um microcosmos" (Polanyi, 2000, p. 26).

Logo, as instituições estão diretamente ligadas a esse microcosmo, sendo o mercado o cosmos desta linha de pensamento, algo não natural. Esta é a origem das propostas de crescimento infinito, que ainda perduram na atual economia de mercado. Por fim:

> Uma economia de mercado significa um sistema auto regulável de mercados, em termos ligeiramente mais técnicos, é uma economia dirigida pelos preços do mercado e nada além dos preços do mercado. Um tal sistema, capaz de organizar a totalidade da vida econômica sem qualquer ajuda ou interferência externa, certamente merece ser chamado auto regulável. Essas condições preliminares devem ser suficientes para revelar a natureza inteiramente sem precedentes de um tal acontecimento na história da raça humana (Polanyi, 2000, p. 62).

Entendemos claramente que consiste numa distopia, pois o mercado, como está sendo apresentado desde o início do estudo, é apenas um microcosmo de um sistema metabólico muito maior, os ecossistemas. Além disso, Polanyi (2000, p. 62) acrescenta que a economia de mercado em outros períodos da história possuía "[...] um papel apenas incidental na vida econômica", em outros termos, o principal motor da sociedade estava nas relações pessoais e não mercantis. As instituições representam os mecanismos que hoje a sociedade tem para zelar pelos seus interesses, dado o axioma de que o mercado (convencional) visa apenas ao lucro. Todavia, percebemos grande influência dos mercados nas instituições, processo que tende a prejudicar as gerações presentes e futuras.

Hoje, observamos a dificuldade que a sociedade, as firmas e instituições responsáveis possuem com relação ao crime corporativo da Samarco S.A. (2015) e Vale S.A. (2019), tendo o Estado como suposto interventor desses conflitos. Torna-se utópico imaginar um Estado liberal autorregulável, afinal, com pouca regulação já se percebe desdém aos envolvidos, sem regulação, acreditamos que os responsáveis apenas lavariam as mãos. Afinal, o Estado representa os interesses dos dominantes desde o processo de acumulação primitiva do capital.

Santos (2000a, p. 101) observa que o Estado representa os interesses dominantes, dos quais, sem muito diálogo, levam em conta estes interesses, desconsiderando, por sua vez, as contingências da segurança nacional e os interesses sociais, valendo-se da sua força a serviço do capital.

Entramos assim no problema da regulação fraca, pois dentro da economia convencional o mercado deve ser autorregulado. Hoje, já se percebe essa transição, pois as questões ambientais estão se tornando um entrave aos modelos de crescimento convencionais. Atualmente, dentro das instituições fiscalizadoras já se observam vários casos de abusos das empresas para com a sociedade, ao se pensar no *devir*, torna este assunto ainda mais relevante. É importante destacar que a regulação fraca vem por meio de uma enorme quantidade de impostos e uma gigantesca quantidade de leis. Torna-se assim curioso percebermos que há uma regulação fraca, afinal, há todo um aparato regulatório, licenciador e fiscalizador. Todavia, nada ou pouco acontece, criando essa ideia de regulação fraca, pois as firmas, no caso de cometerem atos ilegais e imorais, não terão a sua punição, por dobrarem, por meio do seu poder, os mecanismos das instituições do Estado.

De acordo com Santos e Milanez (2016, p. 113), a regulação fraca em Minas Gerais "[...] permitiu o licenciamento de uma obra que não apresentava viabilidade ambiental"; essa viabilidade ambiental tem o seu "[...] sistema de monitoramento de barragens do Estado não ser capaz de garantir a segurança das barragens instaladas", que possuem como elo mais fraco a parte ambiental.

Como já se pode perceber, é um erro crasso tornar a parte ambiental o elo mais fraco, pois independentemente da perspectiva temporal a ser adotada, a entropia cobra sua parte na distribuição de matéria e energia. Logo, sem a resiliência ecossistêmica necessária, até setores que hoje buscam enfraquecer ainda mais este elo, podem ser afetados por mudanças climáticas, como é o caso da agricultura.

Santos e Milanez (2016, p. 143) percebem o modelo de migração "[...] baseado na regulação fraca para auto regulação", decisão ambiental que favorece grupos que muitas vezes possuem interesses conflitantes com a população, logo, com as instituições do Estado, que deveriam amenizar estes conflitos. Portanto, reforçam que "[...] enquanto o licenciamento ambiental e monitoramento de barragens de mineração possuir um controle estatal frágil", no qual a ocorrência de acidentes/tragédias haverá transferência de responsabilidades das empresas para fundações privadas (Santos; Milanez, 2016, p. 143).

Atualmente, verificamos que as empresas de consultoria, além de fazerem todo o licenciamento ambiental, também exercem atividades de consultoria que são para lá de duvidosas. Portanto:

> O papel do Estado depende do uso de seus recursos para facilitar direta ou indiretamente a concentração da produção, ou se os usa para fornecer serviços à população local. O problema, contudo, não é apenas a vontade do Estado, mas também o seu poder, porque as tendências de concentração levam a formas monopolistas e oligopolistas de organização, que forçam o Estado a repartir não apenas a poupança popular, mas também o poder de tomar decisões. Desnecessário se torna dizer que estas novas formas organizacionais usam seu poder decisório em seu próprio benefício, ou seja, para agravar a concentração (Santos, 2014, p. 176).

Logo:

> A noção tradicional de Estado empalidece nas condições político econômicas do período tecnológico: comando da economia mundial em escala mundial; política internacional fundamentada em interesses econômicos de curto e a longo prazos; desconhecimento das verdadeiras riquezas nacionais pela maior parte dos países; papel da minorias no interior de cada nação; insatisfação crescente das populações, principalmente das populações pobres, provocada contraditoriamente pelas condições do sistema atual (Santos, 2012, p. 221).

Coelho, Milanez e Pinto (2016, p. 183), percebendo essas contradições e visando compreender o "[...] comportamento da indústria extrativa mineral (IEM) nos territórios onde se instalam", observaram a relação entre firmas e instituições. As estratégias das empresas consistem em financiar as campanhas dos políticos, de modo a "[...] ter influência sobre os políticos eleitos, tanto no Poder Executivo, quanto no poder legislativo" (Coelho; Milanez; Pinto, 2016, p. 183).

A relação das firmas com os seres humanos (sociedade) se deve, em muitos dos casos, à dependência econômica da região e "[...] algumas iniciativas de inteligência social e de responsabilidade social corporativa" (Coelho; Milanez; Pinto, 2016, p. 183).

Essas práticas reduzem a "contestação social contra a empresa, mesmo após o rompimento da barragem". Coelho, Milanez e Pinto (2016, p. 186) destacam que, neste ínterim, o Estado se exime do controle efetivo da situação e, com isso, transfere responsabilidades para uma fundação construída pelas próprias empresas. Portanto, para os autores, "[...] reproduz o modelo de política ambiental atualmente em voga no país, baseado no auto monitoramento, que foi exatamente um dos elementos que permitiu o rompimento da barragem do Fundão" (Coelho; Milanez; Pinto, 2016, p. 184).

Desse modo, este é um tema que ainda será mais aprofundado durante o trabalho, pois é um dos pilares para sustentação do bem-estar das presentes gerações, bem como fator decisivo para a existência das próximas. A união da geografia com outras disciplinas pode auxiliar na compreensão das falhas do atual modelo, para que se pense numa forma de desenvolvimento que não desconsidere a *capacidade de suporte*, os fluxos de materiais e energia e sua entropia, bem como as pessoas, o principal elo do espaço e do tempo geográfico. Quando se pensa nas pessoas, aquele elo fraco do meio ambiente torna-se forte (sustentabilidade forte), pois as externalidades ambientais apresentam um alto impacto na qualidade de vida da civilização.

O *meio ecológico*, ou *ambiente natural*, já foi bem abordado ao longo do texto, mas vale fazer umas pequenas observações acerca dessa questão, que, conforme visto, é o elo mais fraco. Para Santos (2014, p. 17a), o meio ecológico consiste no "[...] conjunto de complexos territoriais que constituem a base física do trabalho humano". Desse modo, optamos neste estudo por pensar no ambiente natural dentro do *espaço banal*.

Segundo Odum e Barrett (2015, p. 18), o meio ecológico abrange o sistema ecológico ou ecossistema, no qual há uma relação que inclui todos os organismos (a comunidade biótica), em um determinado ambiente físico, visto que o fluxo de energia interage com componentes não vivos (recursos abióticos). Para eles, "[...] é mais que uma unidade geográfica", pois entra como "[...] uma unidade do sistema funcional, com entradas e saídas, e fronteiras que podem ser tanto naturais quanto arbitrárias" (Odum; Barrett, 2015, p. 18)

Dessa forma, além da percepção do trabalho humano, devemos levar em conta o não trabalho humano. Em outras palavras, o momento em que o trabalho tiver sido realizado, mas seus passivos ambientais se mantenham no espaço, causando *rugosidades espaciais*. Essa visão vai ao encontro com o que afirma Santos (2012, p. 172): "a geografia humana é um estudo da projeção das sociedades sobre a face da terra".

Para Zhouri (2018, p. 20), com relação ao relacionamento entre os seres humanos, às firmas e as instituições, percebe-se uma união entre as firmas e instituições "[...] com relação às dimensões ambientais, relevando a exclusão seletiva da sociedade civil (*os homens*) desse processo" (grifo nosso). Para Zhouri *et al.* (2018, p. 37), os inúmeros casos de negligência entre o empresariado e o poder público para com os empreendimentos, além da gestão das catástrofes. Losekann (2018, p. 91) acrescenta que as "[...] empresas e governos têm interesses e negócios comuns, o que faz com que os governos busquem proteger as empresas no lugar de se alinharem aos afetados[31]".

Como apresenta Rigotto (2018, p. 250), num contexto de crise ecossistêmica global e civilizatória, os sujeitos locais "[...] guardam saberes e valores preciosos sobre a vida e a organização comunitária, sobre a relação com a natureza, os quais podem iluminar relevantes pistas de alternativas ao desenvolvimento e à modernidade para a humanidade".

Por fim, tem-se *as infraestruturas*, que, para Santos (2014a, p. 17), constituem o "[...] trabalho humano materializado e geografizado na forma de casas, plantações, caminhos, etc.". No nosso caso, são as barragens de rejeito, que, relembrando Paulo Cesar Abrão, especialista em barragens, "não são seguras. Elas estão seguras[32]" (Alves, 2015, p. 20).

Segundo a Agência Nacional de Águas (ANA, 2018, p. 9), "existem hoje no país 31 órgãos fiscalizadores de segurança de barragem", neles há cadastrado 24.092 barragens. Do total cadastrado, temos 3.543 barragens classificadas na categoria de Risco e 5.459 apresentando seus riscos e vulnerabilidades, portanto temos 723 classificadas simultaneamente como Categoria de Risco e Dano Potencial Associado Alto.

Observamos também que, do total de barragens cadastradas, "[...] 13.997 (ou 58%) possuem algum tipo de ato de autorização (outorga, concessão, autorização, licença, entre outros)", além de se ter algumas barragens órfãs, somando-se 570 infraestruturas (ANA, 2018, p.19).

Outra constatação importante é que apenas 18,7% das barragens (4.510) submetem-se ao PNSB, sendo que merece destaque o fato de que as demais 18.324 barragens, "[...] ou 76% das barragens cadastradas", não possuem "[...] informações suficientes para se dizer se submetem ou não à PNSB (ANA, 2018, p. 20).

Muito preocupante essa questão, afinal, ela demonstra a fragilidade institucional à qual as instituições do Estado estão submetidas. Para reforçar esta preocupação, existem "[...] 8 órgãos efetivamente fiscalizadores que ainda não publicaram algum regulamento da Lei n.º 12.334/2010, sendo que dois se encontram nos estados do Pará e Minas Gerais, que possuem as maiores jazidas minerais do país (ANA, 2018, p. 25).

Para exemplificar este problema, atualmente são:

> [...] 18.446 barragens não possuem informação de altura, 9.584 não possuem informação de capacidade e 18.663 barragens não foram classificadas quanto ao DPA. Sem esta definição toda a implementação da PNSB é prejudicada, pois muitos empreendedores não começam a aplicar os dispositivos da PNSB em suas barragens por não saber se elas se submetem ou não à PNSB e, consequentemente, aos regulamentos existentes (ANA, 2018, p. 20).

Portanto:

> Em termos relativos à quantidade de barragens submetidas à PNSB (4.510) cerca de 27% possuem PSB, 22,4% realizaram ao menos uma inspeção no ano de 2017, e 17% das barragens já possuem uma RPSB. Em relação ao PAE a comparação pode ser feita, grosso modo com a quantidade de barragens com DPA alto (2.986), assim podemos dizer que 25% das barragens que deveriam possuir o PAE já o elaboraram (ANA, 2018, p. 27).

---

[31] Dada a projeção de um rompimento e/ou transbordamento de uma barragem, isso afeta diversos ecossistemas e a sociedade, causando problemas para as presentes e futuras gerações. Ao se pensar nas futuras gerações, percebe-se que chegarão à Terra com escassez de recursos (bióticos e abióticos). Imagine um cenário em que uma barragem se rompa atingindo o rio Amazonas na mesma (ou porque não maior) intensidade da ocorrida no rio Doce, afetando diversas populações. Trágico, não?

[32] Devemos recapitular que a segurança das barragens é temporal, variando conforme a forma como a firma atua dentro do seu gerenciamento de risco, podendo optar por um monitoramento mais rígido ou mais brando.

ANA (2018, p. 34) compreende que, ao analisar os dados do RSBs anteriores, "[...] quase a totalidade das barragens possui informações de localização e de uso principal". Todavia, somente 55% delas possuem informação sobre o volume, 19% de autoria e 32% de ato de autorização. Notamos que há muito a se fazer, sendo que o relatório oferece 11 recomendações ao final do seu trabalho. Portanto, a conclusão é que:

> No momento o ponto crítico para que a implementação da PNSB ocorra mais celeremente é a definição por parte dos órgãos fiscalizadores de quais barragens por eles fiscalizadas submetem-se à PNSB, e quais as regras que os empreendedores devem seguir. Com isso será possível que os empreendedores, que são os responsáveis legais pela segurança de barragens, elaborem e comecem a implantar os planos de segurança de barragens (iniciando pelas inspeções regulares), e os resultados dessas ações apareçam na forma de menos barragens com categoria de risco alto, menos barragens que preocupam os fiscalizadores e menor número de acidentes reportados (ANA, 2018, p. 66).

Deve ficar claro que até o momento as barragens estão sendo adicionadas por uma perspectiva macro, visto que englobam todos os tipos de barragens, e não apenas aquelas de rejeito mineral objeto do presente estudo. Logo, cabia ao antigo DNPM, hoje, ANM e SEMAD, no caso das barragens em Minas Gerais, sua "[...] fiscalização da implantação dos planos de segurança das barragens de mineração" (Santos; Milanez, 2017, p. 132).

Desse modo, para realizar o inventário, "[...] a FEAM leva em consideração principalmente os dados fornecidos pelas firmas, que são complementados, em alguns casos, com auditorias *in loco*" (Santos; Milanez, 2017, p. 132).

Observe-se que em apenas alguns casos há auditoria *in loco*, algo que merece atenção, pois "[...] apenas 3% do total de barragens cadastradas foram vistoriadas pelos órgãos fiscalizadores. O número de barragens vistoriadas pelas equipes de fiscalização de âmbito estadual foi semelhante ao ano de 2016", havendo uma diminuição no número de barragens vistoriadas pelos órgãos federais (ANA, 2018, p. 9).

Percebemos no relatório da ANA que a equipe responsável por este trabalho consiste em 154 técnicos no Brasil. Os cálculos realizados são de 2 técnicos com dedicação exclusiva para 30 barragens; uma equipe de 2 a 5 técnicos para até 100 barragens; de 6 a 10 técnicos para 300 barragens; 10 a 20 técnicos para 1.000 barragens; e mais de 20 técnicos para mais de 1.000 barragens a serem fiscalizadas (ANA, 2018, p. 17).

Portanto, conforme o relatório da ANA (2018), 61% dos Estados que possuem um órgão fiscalizador estão a contento, e 39% não apresentam quantitativo para a atividade. Os dois Estados que mais possuem barragens de rejeito mineral, Pará e Minas Gerais, apresentam 3 técnicos na SEMAS e 6 técnicos na SEMAD, respectivamente, além da ANM, que possui 20 técnicos (ANA, 2018, p.16). Portanto, considerando "o total de barragens submetidas ao PSNB, que teoricamente são as que deveriam ser fiscalizadas, 17% das barragens são vistoriadas anualmente" (ANA, 2018, p. 30).

Torna-se necessário para o escopo deste trabalho buscar, mesmo que minimamente, a união entre essas áreas de conhecimento (e outras), para que se possa tentar compreender a totalidade. A questão mineral é altamente complexa, com diversas contradições, mas deste ponto para frente buscaremos afunilar as análises. O próximo passo nessa direção terá como categorias de análise geográficas os eventos; *estrutura, processo, função* e *forma*; *horizontalidades* e *verticalidades*; e as *rugosidades espaciais*, bem como suas relações com a economia ecológica e a questão mineral sob o objeto barragens de rejeito.

Por fim, percebemos que, após as primeiras tentativas de apresentar a interdisciplinaridade para a pesquisa, torna-se mais aberto o campo de trabalho e suas problemáticas. A geografia tem um forte laço com a ecologia, mas, devido "a uma tentativa de separação radical entre a ciência e a moral em nome de uma arrogante visão de seu tema de estudo", a economia se desprendeu da realidade humana (BRESSER-PEREIRA, 2013, p. 360).

3.2 OS EVENTOS, HORIZONTALIDADES, VERTICALIDADES E A RUGOSIDADE ESPACIAL

Ao iniciar esta seção, é importante compreender o que vem a ser um evento, que neste caso está associado ao rompimento de uma barragem de rejeitos em qualquer período de tempo. Conforme Santos (2017, p. 95), um evento é o resultado da ação, "[...] do fato que a ação sempre se dá sobre o meio". De acordo com o autor, esse resultado é uma "[...] combinação complexa e dinâmica, que tem o poder de deformar o impacto da ação" (Santos, 2017, p. 95).

Logo, o *capital natural* é um evento que pode ser constituído pela ideia de patrimônio natural. Zanirato e Ribeiro (2006) observam que o patrimônio natural se refere a eventos do passado com ocorrência de espécies endêmicas, que apresentam características singulares. Reforçam a importância de se garantir sua manutenção, pois, além da história natural, pode-se analisar a dinâmica natural do planeta. Esse estilo de vida hegemônico é "[...] orientada por uma crença na superioridade do mercado como mecanismo de alocação de recurso geral" (Lima, 1999, p. 3).

Em conformidade com o já exposto, as barragens não são seguras, elas estão seguras, logo a ação, quando se ocasiona um rompimento, é exatamente a distorção dela sobre o seu meio. Notamos que os eventos possuem dois elementos centrais que impactam o objeto barragem: a ação e o tempo. Santos (2017, p. 143) salienta que "[...] a palavra evento ganha diferentes acepções e é utilizada em múltiplos sentidos". Logo, "um evento é um instante do tempo e um ponto no espaço" (Santos 2017, p. 144).

Assim, observamos que esse pensamento vem de filósofos pré-socráticos, como Heráclito de Éfeso (540 a.C.). Heráclito percebe que tudo que existe está em permanente mudança ou transformação. Isso está na essência da ciência, da qual Harari (2015, p. 265), explicando a importância da revolução científica, apresenta o trabalho de Isaac Newton, considerando que sua maior grandeza "[...] foi sua capacidade de explicar e prever os movimentos de todos os corpos do universo". Logo, uma forma de se compreender a totalidade universal.

Retornando a Heráclito, este cunhou a celebre frase: é impossível *entrar no mesmo rio duas vezes*, afinal, as águas já serão outras e nós também já teremos mudado. Adicionando as complexidades do mundo contemporâneo, ao pensar na economia e suas relações sociais, fica evidente que no "[...] âmago do movimento é uma alucinação articulada" (Cruz Filho, 2014, p. 12).

Cruz Filho (2014) reforça que, na visão vebleniana sobre a natureza humana, há um conjunto de questões irrevogáveis e incontornáveis, nas quais:

> [...] o homem é uma espécie ativa, dotada de hábitos e propensões (tropismos e instintos), e inteligente. Como outros animais, o homem é um agente, e age em resposta a estímulos oferecidos pelo ambiente em que se encontra. Como outras espécies, o homem é uma criatura de hábitos e propensões. No entanto, em um nível mais elevado do que outras espécies, o homem delibera mentalmente o conteúdo dos hábitos pelos quais suas ações são guiadas e avalia os efeitos e as tendências destes hábitos e propensões. O homem é, em um senso eminente, um agente inteligente (Cruz Filho, 2014, p. 94).

Portanto, levando em consideração a natureza humana e sua ação no mundo natural, Santos (2017, p. 145) destacou que não há escapatória, pois,"[...] quando eles emergem, também estão propondo uma nova história", logo todos os eventos são novos. O autor continua sua argumentação analisando a compreensão do momento e do instante, pois no seu ver é "[...] daí a sua eficácia e sua irreversibilidade" (Santos, 2017, p. 145). Logo, "[...] quando ganhamos a certeza de que nenhum momento se repete nem volta, e então decidimos agir dentro dessas malhas estreitas" (Santos, 2017, p. 145).

Para Santos (2017, p. 145), os eventos são todos relacionados ao tempo presente, logo, quando se pensa no rompimento das barragens em diferentes momentos, esses rompimentos são "[...] portadores da ação presente". Não obstante, é necessário compreender os riscos e a vulnerabilidade dos eventos de rompimento de barragens, bem como os impactos nos territórios em questão, afinal, "[...] os eventos não se repetem", pois "[...] os eventos mudam as coisas" (Santos, 2017, p. 145-146).

Santos (2017) faz uma distinção dos eventos, na qual divide entre eventos naturais e eventos sociais ou históricos. Conforme Santos (2017, p. 146), o primeiro está relacionado com "[...] o próprio movimento da natureza, isto é, da manifestação diversificada da energia natural". Retornando ao pensamento econômico ecológico, principalmente no que tange à entropia, Georgescu-Roegen (2012, p. 82), destaca que o evento final é o destino do universo, não sendo a morte térmica, mas um estado mais desesperador: o caos. Este pensamento está entrelaçado com a questão da tragédia, pois é algo inevitável por ser um evento natural.

Já os eventos sociais ou históricos, Santos (2017, p. 147), afirma que "resultam da ação humana, da interação entre os homens, dos seus efeitos sobre os dados naturais", ou seja, a depender de sua forma, pode-se compreender como uma questão de acidente. Santos (2017, p. 147) compreende que o comando destes eventos está relacionado ao movimento da sociedade, e que, dentro da história humana, "[...] parte de um mundo de coisas em conflito para um mundo de ações em conflito". Portanto, "os eventos históricos supõem a ação humana. De fato, evento e ação, são sinônimos" (Santos, 2017, p. 147-148).

Santos (2017, p. 148) divide também os eventos em finitos e infinitos, sendo que "os primeiros resultam da distribuição de possibilidades ou recursos finitos". Podemos pensar nas questões relacionadas ao tempo, o dinheiro, as matérias, a energia e a população. Os eventos infinitos resultam "[...] da distribuição de possibilidades e recursos cujo uso não os esgota, sua distribuição podendo ser cumulativa e não competitiva", como é o caso da liberdade, democracia e conhecimento (Santos, 2017, p. 148).

Logo, afirma Santos (2017, p. 148), "o evento é sempre presente, mas o presente não é obrigatoriamente o instantâneo". Portanto, "há acontecimentos que se dão sem plano algum, como que de surpresa. Outros são planejados. E a vontade de determinar o futuro se explicita segundo diversos horizontes temporais, desde o curtíssimo ao mais longo prazo" (Santos, 2017, p. 148).

Do nosso ponto de vista, os eventos que são pegos de surpresa, dentro do objeto estudo, estão relacionados à tendência secular (*devir*), afetando principalmente as gerações futuras. Conforme exposto nos modelos apresentados no ensaio teórico (Figura 1.8 e 1.9), bem como na Figura 2.13, existe a certeza de que irão ocorrer, dadas as questões relacionadas à entropia. Neste ponto, dentro dessas circunstâncias (*ceteris paribus*), podemos considerar que tais eventos são associados à questão da tragédia.

Já os eventos planejados, ou mal planejados, são de curto, médio e longo prazo, afetando as gerações presentes. Por mais que se tenham várias técnicas de controle e monitoramento de barragens de rejeito, com uma engenharia de alta complexidade, as barragens nunca estão plenamente seguras.

Portanto, estudos e levantamentos como este, que refletem sobre estes acidentes, são fundamentais para se compreender seus efeitos no espaço geográfico, em um sentido de totalidade, devido a seus riscos operacionais.

Antes de retornar ao sentido de totalidade, além disso, temos duas categorias importantes para se compreender o todo: as *verticalidades* e *horizontalidades*. Santos (2017, p. 281) considera que há diferenciação quanto a esse tema, em que a primeira está relacionada com "a integração das coisas e dos respectivos fenômenos, em um ponto qualquer da superfície da Terra", tendo a ideia de verticalização. Já "a relação entre coisas e seus fenômenos, em um ponto ou lugares diversos no mundo, fundadas em sua localização relativa", é o que se pode denominar horizontalização (Santos, 2017, p. 282).

Portanto, Santos (2013, p. 51) compreende que para qualquer escala no espaço geográfico (banal) temos de agrupar ambas as propostas. Por fim, Santos (2013, p. 51) adiciona que na horizontalidade há um conjunto de lugares contíguos, sendo um "[...] substrato dos processos da produção propriamente dita, da divisão territorial do trabalho", e a verticalidade está associada "[...] aos processos de cooperação, cuja escala geográfica não rara ultrapassa a do processo direto da produção".

Santos (2017, p. 286) compreende que as verticalidades "[...] são vetores de uma racionalidade superior e do discurso pragmático dos setores hegemônicos". Logo, percebemos que estão atreladas à forma imposta pelo processo de produção. Já as horizontalidades "[...] são tanto o lugar da finalidade imposta de fora, de longe e de cima, como o do contra finalidade, localmente gerada". Esse é o espaço da "[...] cegueira e da descoberta, da complacência e da revolta". Não é por acaso que Santos (2017, p. 283) prefere a concepção do espaço banal, que consiste no lugar de todas as pessoas, deixando o espaço econômico e das firmas em um subsistema do espaço total.

Esta linha de pensamento contribui para a forma como se compreende a questão mineral, pois, conforme Sant'Ana Jr. e Alves (2018, p. 259), dentro das atividades contemporâneas é a mineração que produz efeitos que "[...] vão muito além do espaço geográfico e das relações sociais e econômicas implicadas diretamente a elas", algo que Gudynas (2016) classificou como *efeito derrame*.

Para Gudynas (2016), a atividade extrativista apresenta algumas características importantes. Quando se pensa na questão ambiental o *efeito derrame* se dá pela mercantilização da natureza, na qual os recursos são convertidos em mercadorias, com um elevado desperdício de natureza. Devido à redução e flexibilização das exigências legais, em todos os sentidos, as instituições se tornam fragilizadas, favorecendo as firmas. Após essa fragilização institucional, iniciam-se problemas territoriais, pois com o avanço do extrativismo são afetadas comunidades tradicionais, que rapidamente percebem que seu modo de vida é modificado por esses empreendimentos.

Neste momento, dando prosseguimento ao *efeito derrame*, os passivos ambientais recaem sobre as pessoas, impactando frações da sociedade, em geral, os mais miseráveis. Observamos nesse processo diversas violações de Direitos Humanos, e até racismo ambiental, pois as comunidades perdem voz e, quando protestam, há uma forte tendência em utilizar instrumentos da ordenação jurídica contra os líderes sociais. Nos casos extremos, mas não raros, há episódios de violência e morte para que se mantenha o *status quo*.

As questões econômicas vêm em seguida, afinal, este tipo de atividade afeta toda a economia nacional. Portanto, quando afirmamos que se sabe o preço do solo para baixo, sem valorar as riquezas do solo para cima, desconsiderando também os indivíduos, é o ponto que merece destaque. Gudynas (2016) afirma que, para cada tonelada de prata, são 7.500 toneladas de rochas e que, para uma tonelada de cobre, são aproximadamente 350 toneladas de rochas.

A economia simplesmente desconsidera essas externalidades, contabilizando apenas os custos da extração, recaindo aos territórios uma múltipla e complexa gama de comunidades atingidas por esses projetos. Os excedentes dessa extração apresentam problemas relacionados à valoração ecossistêmica, um problema de alocação, já que desconsidera as suas funções e serviços que simplesmente deixam de existir, afetando gerações futuras.

Devido ao patrimônio natural perdido, percebemos os benefícios econômicos e sociais que estão embutidos na extração dos recursos não renováveis, para se avaliar o custo de oportunidade em escala global. Os recursos minerais são cotados por redes e mercados globais, sendo que esta internacionalização desconsidera a entropia e processo metabólico deste sistema, afetando a propriedade e articulação global. A compensação e justiça são justificadas pelos governos devido à visão de que essas fontes de recursos financeiros são indispensáveis para a assistência dos mais pobres, apesar de que, conforme Guydnas (2016), passa a ser uma proposta muito exagerada.

Por fim, mas não menos importante, o efeito derrame afeta a política e democracia, pois, por meio delas, o Estado legitima as firmas para operação visando à renda dos seus acionistas, sendo necessário um equilíbrio neste ponto. Esse desequilíbrio afeta a política e a democracia, pois gera práticas clientelistas, que podem ser consideradas formas de banditismo, demonstrando que o descaso ambiental afeta toda uma complexa cadeia (Figura 3.5).

Figura 3.5 – O efeito derrame de Eduardo Gudynas

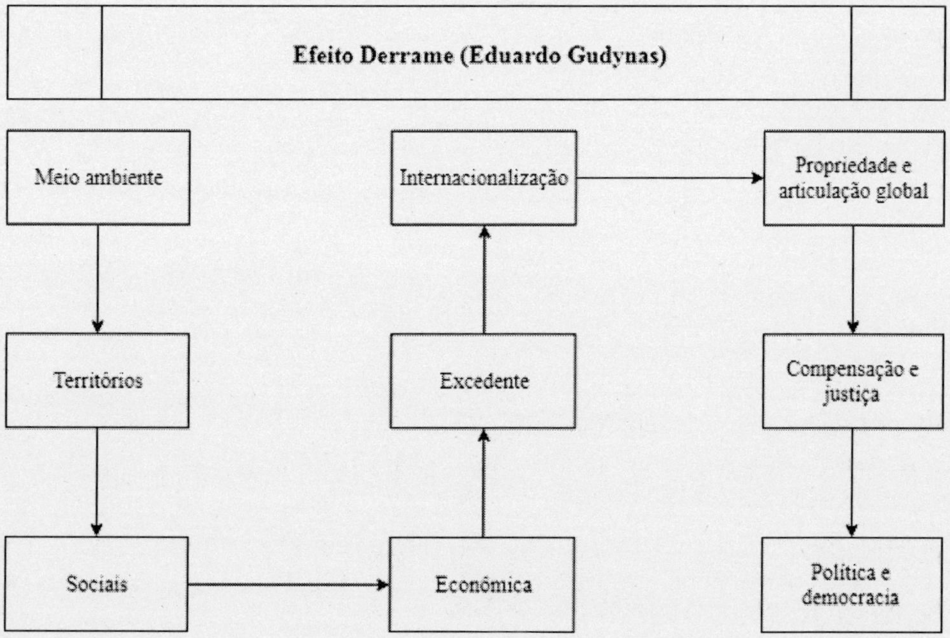

Fonte: Elaborado pelo autor

Diante do exposto, notamos que a *verticalidade* e *horizontalidade* são peças-chave para o quebra-cabeça que constitui a noção de totalidade. Quando se compreende apenas na verticalidade, fazemos uso de um discurso alinhado aos setores hegemônicos. Ao pensar pura e simplesmente na questão econômica, percebem-se apenas benefícios, afinal, a extração mineral contribui positivamente para a construção do PIB nacional. Entretanto, ao se considerar a horizontalização, descobrem-se outras formas de análise, trazendo a revolta para o centro do debate.

Quando o elo mais fraco é o meio ambiente, desencadeia uma série de problemas, que não se pode deixar passar pelos olhos de quem estiver observando o evento. Devido ao pensamento convencional apresentar uma abordagem incompleta, deixando de fora os efeitos que desencadeiam durante o processo de extração, torna-se vital a proteção do meio ambiente como ponto de partida.

Gudynas (2016, p. 22) reforça que, ao pensar no *efeito derrame*, dadas as estratégias de desenvolvimento que são baseadas no capitalismo, força os países da América do Sul, subordinando-os a processos nos quais são apenas fornecedores de matérias-primas de uma cadeia global. Portanto, até mesmo com governos progressistas, percebemos um sonho do capitalismo benevolente, "[...] onde os extrativismos serviriam para fortalecer os mecanismos de compensação. Esse é um caminho que, no entanto, reforça a mercantilização da vida social e da Natureza" (Gudynas, 2016, p. 22).

Ribeiro (2010, p. 70) considera que, ao se verificar que o meio ambiente é um fator fundamental para oportunidades e reflexões, esse tema "[...] expõem a fragilidade do conhecimento científico quando praticado apenas para legitimar a incorporação de recursos materiais". Não se deve, portanto, desconsiderar os ecossistemas dos processos econômicos e sociais, pois se o objetivo for apenas a mercantilização, incorre-se no erro de se compreender parcialmente a totalidade, utilizando-se apenas da análise referente à verticalidade.

Ao apresentarmos essas questões, retomamos a noção de *totalidade espacial* para que se possa ter uma visão holística da sociedade e seus *elementos espaciais*. Como o espaço é indivisível, Santos (2014, p. 85) adiciona outros elementos para a compreensão das *estruturas espaciais*, como: espaço da produção, circulação, distribuição e consumo, afinal, "o espaço, como realidade, é uno e total". Esses movimentos são importantes para que a sociedade possa compreender cada fração do território, em diferentes escalas (global, nacional, regional e local).

Para Santos (2014a), o conceito de totalidade é abrangente e refere-se à complexidade de fatores no contexto espacial, desse modo, recomendamos "[...] fragmentá-lo em suas partes constituintes para um exame mais restrito e concreto", algo que se buscará apresentar ao longo do trabalho, um modelo que se enquadre nessa fragmentação (Santos, 2014a, p. 70).

Portanto, torna-se muito importante a compreensão do conceito e noção da totalidade, pois essa fragmentação pode ser feita dentro de várias formas, áreas, categorias, disciplinas, noções e conceitos. Uma das propostas do presente estudo é abrir o leque das variadas opções que os ensinamentos de Milton Santos podem proporcionar, unificando a geografia humana com a economia ecológica, a partir da releitura dos seus trabalhos e os mais diversos autores.

Conforme Santos (2013, p. 61), devemos considerar que o espaço total é pontual e descontínuo, pois o Brasil é um país subdesenvolvido. Em um determinado ponto do espaço, as variáveis são sincrônicas do ponto de vista genético, todavia o funcionamento em cada lugar possui uma variável assincrônica. É importante destacar que na visão do autor "o espaço nunca é portador de técnicas da mesma idade" (Santos, 2013, p. 61).

Esse trecho é muito importante para a análise que se buscará a seguir, devido às *rugosidades espaciais* que estão e estarão presentes nos complexos minerários ao longo do tempo. Ao se considerarem os rompimentos dos tempos atuais aos longínquos, recomendamos entender que no primeiro caso são tratados como acidente, algo evitável. Já no segundo como tragédia, algo inevitável, já que *tudo que é sólido se desmancha no ar*. Este tom dramático de acidente/tragédia se dá por falhas na legislação, dos *ordenamentos da ordem jurídica*, ao se considerar a geração presente e futura, e pela probabilidade de as firmas minerárias não mais existirem, deixando seus passivos ambientais a crédito para o futuro.

Dentro de um processo de *supressão* ou *exclusão*, o espaço é modificado com a ação do tempo, pois "[...] cada sistema geográfico é sucedido por outro, que recria sua coerência interna, ainda que isolada, cada variável experimenta um processo de mudança com ritmo próprio" (Santos, 2013, p. 62).

Observamos que, dentro do espaço geográfico, o lugar onde estão contidas as barragens de rejeitos, pertencentes à paisagem do complexo minerário, torna-se um objeto de estudo significativo. Ao considerar a legislação atual, conforme exposto, dentro do plano de fechamento da mina, diversos objetos irão se manter, aguardando a resiliência ecológica que pode levar décadas ou séculos. Isso posto, após o encerramento da atividade mineira:

> [...] é importante que se estudem diferentes alternativas de uso para cada estrutura da unidade minero-industrial (cava, barragem de rejeitos, pilha de estéreis, áreas industriais e de apoio, etc.), levando em conta as aptidões e potencialidades de cada estrutura (por exemplo, a existência de edificações que podem ser reaproveitadas e de áreas com vegetação nativa que podem desempenhar funções ecológicas, paisagísticas e recreativas), assim como as restrições impostas pela presença dessas estruturas (por exemplo, uma bacia de rejeitos). Um estudo de alternativas de uso futuro deveria considerar os custos, benefícios, vantagens, desvantagens e riscos de cada alternativa estudada e indicar a alternativa preferida (Sánches *et al.*, 2018, p. 59-60).

Ressaltamos que uma bacia de rejeitos é uma restrição que deve ser considerada, acrescentamos a isso a necessidade e importância de levantar esta questão por diversas perspectivas temporais. Para Santos (2013, p. 62), "no sistema histórico, ou temporal, as variáveis evoluem de maneira assincrônica". Em outras palavras, o sistema histórico tem um movimento que não é simultâneo ao tempo de outros elementos. Esses elementos, interpretados como uma categoria por Santos (2014, p. 15a), apresenta uma conotação de "[...] verdade eterna, presentes em todos os tempos, em todos os lugares e da qual se parte para a compreensão das coisas num dado momento". Desse modo, vale advertir que, conforme esse autor, deve-se tomar cuidado, pois para sua real compreensão consideram-se as mudanças históricas.

No esboço do sistema histórico, tem-se que, no seu período, os objetos se mantêm no espaço, mesmo sendo inutilizáveis. Santos (2013, p. 62) afirma que "[...] no sistema espacial, elas mudam sincronicamente", ou seja, possuem uma relação de simultaneidade. Isso posto, as barragens de rejeito da mineração podem até ter uma nova função com o tempo, devido a substituições que decorrem das inovações, ou estes *sistemas de objetos* terão uma *exclusão*, ou *supressão*.

No atual momento, sabemos que as barragens de rejeitos podem ser exploradas no futuro, mas quando consideramos o quantitativo de energia e de matéria necessária para realizar este processo, e os seus respectivos custos e riscos, com a atual tecnologia, seriam necessárias diferentes barragens com capacidade para suportar este processo industrial e, assim, o seu metabolismo. É imprescindível compreender o metabolismo social, pois engloba o metabolismo industrial, apresentando um tom da *totalidade espacial*, pois em todo processo geram-se resíduos (lei da entropia).

Georgescu-Roegen (2012, p. 91), ao analisar se existe a possibilidade da eliminação dos resíduos, percebe que, dada "[...] a natureza entrópica do processo econômico, os resíduos são *output* tão evitáveis quanto o *input* dos recursos naturais", ou seja, depende da ação do homem quanto a sua forma de utilizar os recursos. Georgescu-Roegen (2012) lembra que para um barril de óleo de xisto gera-se uma tonelada de cinzas. Que a cada 150 gramas de urânio, deve-se triturar um metro cúbico de rocha. O autor reforça que nem a opção de se mandar os resíduos para o espaço estratosférico seria uma boa solução, pois não seria rentável em grande escala e de maneira contínua. À vista disso, "as consequências das minas a céu aberto ilustram de maneira impressionante o problema gerado até mesmo por aqueles resíduos neutros" (Georgescu-Roegen, 2012, p. 91).

Georgescu-Roegen (2012, p. 57) observa que, dentro do processo econômico, apresentam "[...] recursos naturais de valor e o que é rejeitado consistem em resíduos sem valor"; ou seja, as matérias-energias seguem os princípios da termodinâmica, em especial a entropia, que entra no processo produtivo de matérias e energias em um "[...] estado de baixa entropia e sai num estado de alta entropia". A entropia, conforme Georgescu-Roegen (2012, p. 82), pode ser entendida como "[...] formas de energia e matéria que são gradativamente transformadas em calor e resíduo, e o calor/resíduo, afinal, torna-se tão difuso que o homem não pode mais utilizá-lo". Georgescu-Roegen (2012, p. 82) complementa que:

> Para a energia, temos:
> 1. Nenhum trabalho mecânico pode ser obtido sem gasto de energia;
> 2. Nenhum trabalho pode ser obtido realmente sem que uma quantidade de energia utilizável seja desperdiçada em energia não utilizável;
> 3. Nenhum sistema real pode ser completamente purificado de energia não utilizável.
> Para a matéria, temos:
> 1. Nenhum trabalho pode ser obtido sem que se utilize matéria;
> 2. Nenhum trabalho pode ser obtido sem que alguma matéria utilizável se degrade em matéria não utilizável;
> 3. Nenhuma substância pode ser complemente purificada de seus elementos contaminantes.

Por esse motivo, é possível compreender o motivo de Altvater (1995, p. 304) rejeitar a possibilidade de desenvolvimento sustentável, algo que se encontra na missão e visão de empresas minerárias. Ele considera que o desenvolvimento é incompatível com o meio ambiente, tornando-se uma quimera.

Ribeiro (2010, p. 74), ao analisar os críticos do desenvolvimento sustentável, ressalta que um terço da população mundial não está inserido na sociedade de consumo. Adiciona que "[...] o restante da população mundial a uma vida mais digna" não alcançará dentro do atual sistema econômico, devido a *capacidade de suporte* que não atende a "[...] escala da totalidade da população humana na Terra" (Ribeiro, 2010, p. 74).

As principais razões de Altvater (1995, p. 25-29) para essa anomalia são:

> 1. Qualquer estratégia de desenvolvimento, e, portanto, de industrialização, traz consequências para o meio ambiente, em todas as regiões do mundo;
> 2. Os recursos naturais e ambientais se esgotam; e
> 3. A capacidade de suporte da Terra já está alcançando o seu limite.

Altvater (1995) expõe um pensamento bastante pessimista neste assunto, desenvolvimento sustentável, e apresenta relativa razão. Todavia, a espécie humana, com toda sua engenhosidade, procura formas e meios para que se possam construir caminhos sustentáveis. O sistema ao qual a humanidade está submetida não aparenta enfraquecimento estrutural, logo tende a durar.

Ribeiro (2010, p. 69), abrindo para gestão dos recursos naturais, em uma ótica internacional, afirma que "[...] a capacidade de carga de o planeta suportar a reprodução da vida" é uma questão de segurança internacional influenciando decisões globais. Mesmo com os constantes, e cada vez mais rápidos, ciclos econômicos, o capitalismo consegue se reinventar (para o bem ou para o mal). A nosso ver, a barreira imposta ao sistema econômico atual (modelos neoclássicos) está ligada com os recursos naturais, devido ao primado da biologia e da física, mas, apesar da escassez desses recursos, ainda está longe a sua completa exaustão.

No caso da mineração, as variáveis do seu processo são intensas, sendo necessário compreender suas entradas, saídas, fluxos (energia e material), barreiras e limites ecológicos. A mineração, quando se compreende o seu metabolismo, pode oferecer caminhos inovadores, tornando-se mais sustentável. É fato que a industrialização traz consequências ao meio ambiente, todavia considerar que este processo irá findar nos próximos anos é no mínimo utópico, forçando-nos a soluções no presente.

Quando se pensa nas perspectivas temporais tratadas neste estudo, podemos até visualizar o fim da mineração (como a conhecemos), cabe a presente geração tem por obrigação ao menos oferecer condições ecológicas, sociais e econômicas mais justas para às futuras sucessões. Isso passa invariavelmente por políticas públicas inclusivas, que busquem de fato um olhar para as pessoas e não apenas às firmas, algo muito defendido pelos economistas ecológicos.

Em vista disso, Ribeiro (2010, p. 9) reforça a importância do ambiente natural para a existência humana, "[...] já que ela possui uma dimensão territorial implícita". Os recursos necessários para a sociedade moderna estão dispersos na superfície terrestre, resultado de processos longos, anteriores à vida humana. Isso posto, conclui o autor, esses recursos "[...] são apropriados pelos grupos sociais de acordo com sua capacidade de gerar instrumentos técnicos, o que a torna, em si, foco de poder, disputa e conflitos" (Ribeiro, 2010, p. 9).

Destarte, devemos considerar os atuais problemas, que envolvem poder, disputa e conflito, em que Saes (2017, p. 94-95) afirma que mineração é uma atividade de alto risco, até mesmo para os investidores, pois sua natureza tem complexidades operacionais, sociais e ambientais. Problemas extremos, como o rompimento ou o vazamento de barragens de rejeitos, podem resultar em uma total paralisação das operações, como o ocorrido na Samarco S.A. (2015) e Vale S.A. (2019).

Outra questão importante lembrada por Saes (2017) é a respeito das comunidades locais que podem discordar da implantação desses projetos, principalmente por ameaçar seu modo de vida, devido às questões ambientais, urbanas e de saúde. Desse modo, entendemos que devemos dar voz a essas comunidades, pois elas são bases do ecologismo dos pobres apresentado por Martínez-Alier (2007), e por isso podem contribuir significativamente para as reflexões à frente deste trabalho. Hoje já existem movimentos buscando territórios livres de mineração, e, se esse for o desejo das populações, devem ser respeitadas, afinal, o minério não azeda, deixando a questão para as futuras gerações.

É interessante notar que, dentro do metabolismo econômico, a termodinâmica e o seu princípio de entropia colocam por terra a mania por crescimento (*growthmania*). Georgescu-Roegen (2012, p. 98) é muito claro quanto a isso ao afirmar que: "[...] uma vez que tudo isso existe apenas em quantidades finitas, nenhum artifício de classificação pode eliminar esta finitude". Contudo, é necessário entender os recursos imprescindíveis para o processo econômico, principalmente aqueles que são necessários numa época qualquer.

Torna-se assim de suma importância avaliar as relações dos elementos espaciais, de modo a se compreender como esses conjuntos atuam no *devir*. No momento em que a visão da maior mineradora do país afirma sua paixão pelas pessoas e pelo planeta, não se observa essa efetiva consideração aos atingidos pelos seus projetos, logo demonstra uma inverdade. A exploração dos recursos naturais, da qual apresentam uma visão de transformação e prosperidade, pode até estar ocorrendo, mas não no Brasil.

Entramos assim em questões fundamentais para a economia ecológica, sendo: *escala sustentável*, *distribuição justa* e *alocação eficiente*. Conforme Mota e Barcelos (2018), há uma melhora considerável nos índices de IDH-M dos municípios com base mineral em comparação com seus municípios vizinhos, dando uma sensação de melhor alocação. Todavia, a desigualdade, medida pelo índice de Gini, é bastante elevada, acima até da média nacional, nesses municípios de base mineral. Neste momento já encontram problemas estruturais quanto à *distribuição justa* e a *alocação eficiente*. Compreendem que aumenta a renda *per capita*, mas esse aumento está inversamente proporcional às igualdades sociais, em outras palavras, as rendas de alguns sobem, enquanto a maioria se mantém em situações precárias. Importante salientar que, neste levantamento, os autores observaram que, apesar do CFEM nos municípios do Pará ser mais expressivo, os municípios com base mineira de Minas Gerais apresentam melhores condições macroeconômicas e que estas atividades apresentam características de economias de enclave.

A mineração no Brasil pode ser apresentada no arcabouço da teoria dos polos de crescimento, que, conforme Santos (2014b, p. 166), não perdeu o prestígio, pois "os problemas de distribuição de recursos e da organização espacial são inseparáveis". Todavia, conforme apontado antes, o problema dessa teoria é sua preocupação com "[...] o espaço de alguns poucos e não com o espaço de todos", lembrando inclusive a teoria de dependência nos moldes da Cepal (Santos, 2014, p. 166).

Considerar que o IDH-M é suficiente para afirmar melhoras estruturais exclui aqueles que estão fora do sistema, como aponta o índice de Gini. Quando se leem relatórios em defesa da mineração, observamos que apenas o IDH-M é citado, algo que merece atenção. Dessa forma:

> A dicotomia entre espaço geográfico e espaço econômico, apresentada como uma limitação metodológica, na realidade constituiu muito mais um obstáculo à análise espacial. Apesar de evidente, a relação entre a estrutura monopolista da produção e fenômenos tais como a macrocefalia, as periferias empobrecidas ou o êxodo rural seria melhor analisada sob uma perspectiva multidisciplinar do espaço concreto, ainda multidimensional e comunal, composto pelo espaço empresarial, institucional e público (Santos, 2014b, p. 167).

Quanto ao espaço econômico, vale retornar a Georgescu-Roegen (2014, p. 126), por constatar que dentro da oferta e demanda, bem como suas formulações de preço em mercados competitivos, seria um bem exíguo. Devemos entender que esse tipo de bem reflete os valores de forma conveniente, no caso da mineração, sabe-se o preço da terra para baixo (recursos minerais), desconsiderando as riquezas acima da terra (serviços e funções ecossistêmicas). Não são levados em consideração os custos do esgotamento dos recursos, e é exatamente este o problema com os recursos não renováveis. Consequentemente, a "cada geração pode utilizar tantos recursos terrestres e produzir tanta poluição quanto sua oferta decidir. As gerações futuras ficam excluídas do mercado atual pela simples razão de não poderem estar presentes" (Georgescu-Roegen, 2014, p. 126).

Isso posto, as barragens de rejeitos de mineração apresentarão para as gerações futuras *rugosidades espaciais*. As *rugosidades espaciais*, conforme Santos (2012, p. 173), consistem no "[...] espaço construído, o tempo histórico que se transformou em paisagem, incorporado no espaço". Elas representam aquelas distorções temporais, entre o novo e o velho, que, conforme o autor, são manifestadas "[...] localmente por combinações particulares do capital, das técnicas e do trabalho utilizado" (Santos, 2012, p. 173).

Ribeiro (2017, p.154), ao analisar o espaço herdado, ou seja, a *rugosidade espacial*, compreende no resultado de anos de trabalho transformando a natureza, esbarrando em barreiras da visão hegemônica. As barragens no *devir* serão o velho, que estarão sujeitas as mais diversas variações, com probabilidades de risco cada vez mais elevadas. Essas probabilidades de risco são o motivo para utilizarmos o conceito de tragédia, devido ao fato de que, em um dado momento no tempo, elas tendem a se deteriorar por ação das leis da física. Por essas questões, a economia ecológica analisa a questão da *escala sustentável*, pois, mesmo com limites e dificuldades de mensuração, leva em consideração a sua totalidade. Assim, os objetos geográficos, barragens de rejeito influenciam os momentos subsequentes da produção afetando questões sociais e ambientais.

> [...] de um ponto de vista social, o espaço tem rugosidades e não é indiferente às desigualdades de poder efetivamente existentes entre instituições, firmas e homens. Todavia, o próprio fato de que as teorias espaciais e os seus derivados [...] em geral ignoram as estruturas sociais leva a que não se preocupem com os processos sociais nem com as desigualdades sociais. Acabam, simplesmente, por ignorar o homem. Por isso tais proposições não chegam a ser teorias, não passando de ideologias impostas ao homem com o objetivo de abrir caminho à difusão do capital (Santos, 2012, p. 105).

Ribeiro (2017, p. 148) afirma que "a mobilidade social é necessária enquanto existirem grandes desigualdades". Assim a teoria neoclássica que conquistou o mundo desde a revolução industrial continua se impondo no espaço geográfico, ignorando o ser humano, afinal, somos todos iguais por natureza. Nesse caso, compreendemos que cada indivíduo tem habilidades diferentes, todavia não justifica alguns estarem em situações tão desiguais, visto que enquanto alguns passam fome, outros consomem conspicuamente. Esse consumo conspícuo, por justiça distributiva, deve ser sobretaxado, não apenas dada a riqueza em si, mas devido aos recursos naturais não renováveis, pautado na lei da entropia.

Dentro dessa teia complexa de relações, os três pilares da economia ecológica vêm sendo desconsiderados e os métodos científicos, em muitos dos casos são contaminados por ideologias que possuam apenas um objetivo – a difusão do capital. Ao se levar em conta as *rugosidades espaciais* que as mineradoras deixarão para as futuras gerações e percebendo que hoje se observa crescimento, mas não desenvolvimento nos municípios de base mineral, tornam-se cruciais políticas públicas mais inclusivas, com objetivo de reduzir essas desigualdades. Portanto:

> Chamaremos de rugosidade ao que fica do passado como forma, espaço construído, paisagem, o que resta do processo de supressão, acumulação, superposição, com que as coisas se substituem e acumulam em todos os lugares. As rugosidades se apresentam como formas isoladas ou como arranjos. É dessa forma que elas são uma parte desse espaço-fator. Ainda que sem tradução imediata, as rugosidades nos trazem os restos de divisões do trabalho já passadas (todas as escalas da divisão do trabalho), os restos dos tipos de capital utilizados e suas combinações técnicas e sociais com o trabalho (Santos, 2017, p. 140).

Ao se pensar nas rugosidades dos complexos minerários, observamos basicamente todos os elementos apresentados antes. As barragens em si são formas isoladas, que pertencem aos arranjos minerários mais complexos (instalações, cavas, infraestrutura, entre outros). Dentro deste processo de supressão, acumulação e superposição, ligam todos os elementos espaciais, tanto no momento presente como no futuro. O espaço construído já foi estabelecido, modificando a paisagem dentro de formas produtivas modernas. Portanto, algumas variáveis "[...] resultam de fluxos atuais, outras provêm de fluxos antigos, já transformados no próprio lugar" (Santos, 2012, p. 259).

Santos (2017, p. 140) adiciona que no "[...] tempo atual, os restos do passado constituem uma espécie de escravidão das circunstâncias anteriores", algo que ele considera como "inércia dinâmica do espaço". Nessa direção, Ribeiro (2017, p. 154) acrescenta que "[...] tamanha materialidade tem uma inércia espacial que dificulta alterar, rapidamente, a injustiça ambiental". Logo, a distribuição justa deve estar atrelada a essa noção, afinal, dada essa inércia espacial, carece de mecanismos mitigadores, buscando alternativas para as mais diversas injustiças ambientais nos territórios.

Para exemplificar esse conceito, podemos pensar nas grandes metrópoles, visto que a cada dia se instalam projetos cada vez mais modernos e tecnológicos, ficando diversos outros herdados de outros momentos da história. A rugosidade para Santos (2014, p. 75a) representa "[...] formas remanescentes dos períodos anteriores" que a sociedade deve sempre considerar no momento de impor novas funções. Continua afirmando que a rugosidade pertence a uma espécie semipermanente que invariavelmente irá afetar a evolução das funções futuras. Afinal, conforme Santos (2012, p. 174), "o homem trabalha sobre herança", na qual, podemos concluir com a seguinte reflexão, vejamos: "[...] somos levados a nos perguntar a respeito da relação histórica entre o espaço e a sociedade global".

Desse modo, devemos indagar sobre as constituições das normas do espaço, as formas da sua efetiva ocupação do território, até a sucessão e transformação dos modos de produção, por um olhar que apresente o curso da história e "[...] os mecanismos efetivos da sociedade", nos quais "[...] somos levados também a nos indagar sobre qual foi o papel do espaço no processo social" (Santos, 2012, p. 174-175).

3.3 MINERAÇÃO E BARRAGENS DE REJEITO: ESTRUTURA, PROCESSO, FUNÇÃO E FORMA

Quando se leva em consideração a relação histórica entre o espaço e a sociedade, torna-se importante compreender a *estrutura, processo, função e forma*, dentro das *estruturas espaciais* e *elementos espaciais*, para posteriormente compreendermos como se relacionam com os *sistemas de ações* e *sistemas de objeto*s. Enquanto buscarmos a compreensão do seu modelo pelo prisma da *totalidade espacial*, necessitaremos desses filtros, afinal, tratamos o tema por duas temporalidades, curto prazo e *devir*.

O primeiro tópico a ser avaliado é a *estrutura*, que "[...] implica a inter-relação de todas as partes de um todo; o modo de organização ou construção" (Santos, 2014a, p. 69). É comum encontrar análises espaciais que levam em consideração apenas a estrutura econômica. Essa visão é hoje reforçada pela economia neoclássica e sua obsessão pelo crescimento (*growthmania)*, bem como seu fluxo circular da renda. É possível perceber que nesta linha de pensamento (neoclássico) a estrutura está incompleta, por considerarem apenas a estrutura econômica, não conseguem as "[...] inter-relações de todas as partes de um tudo", ou seja, sua *totalidade espacial* (Santos, 2014a, p. 69).

A *growthmania* deve ser reorganizada e repensada, considerando que o fluxo circular apresenta incompatibilidade com a estrutura do espaço geográfico. Para Ribeiro (2017, p. 153), o fato de o espaço geográfico ter sido "[...] apropriado pelo sistema capitalista de produzir necessidades humanas" contribuiu para reforçar o modelo hegemônico. Todavia, vale reforçar que:

> [...] a exemplo de Malthus, se eles procuravam provar a impossibilidade do crescimento, foram vítimas de um simples silogismo atualmente muito propagado, ainda que falso: uma vez que o crescimento exponencial num mundo finito conduz a desastres de todos os tipos, a salvação ecológica reside no estado estacionário. H Daly chega a proclamar que a economia estacionária é, por essa razão, uma necessidade (Georgescu-Roegen, 2013, p. 111).

No modelo do fluxo circular da renda mais básico de uma economia fechada e sem governo (Figura 2.10), observamos que existem as firmas e as famílias (sociedade). Esses elementos espaciais estão relacionados aos mercados de bens e serviços e mercados de fatores, trazendo um fluxo para a renda, dada a oferta e demanda dos fatores. Esta estrutura econômica, mesmo em seus modelos mais complexos, como a economia aberta e com governo (Figura 2.11), desconsidera outros elementos espaciais, como o sistema ecológico.

Logo, o *metabolismo socioambiental* é totalmente desconsiderado dentro dos fluxos neoclássicos. O exemplo da exploração mineral, de petróleo a minério, demonstra a contradição inerente a esta estrutura. Ambos apresentam características de finitude, logo não sendo possível o crescimento perpétuo (*growthmania*).

A própria física mecânica nasce com objetivo de se buscar máquinas que possuíssem energia em modo perpétuo, sendo que essa meta nunca foi alcançada. Na termodinâmica, mais precisamente na lei da entropia, é que se observa essa impossibilidade. Portanto, é importante a compreensão do metabolismo socioambiental, do qual Veiga (2015, p. 19) divide os aspectos fundamentais da existência humana em dois blocos. O primeiro relaciona-se ao metabolismo regulado "[...] por leis naturais que governam os vários processos físicos envolvidos". O segundo refere-se às normas institucionalizadas "[...] que governam a divisão do trabalho, a distribuição de riqueza, etc.". Logo, arranjos naturais e físicos interagem com a ação humana, criando trocas energéticas e materiais, dada a questão entrópica.

Analisando o espaço sob subordinação da lógica econômica, Santos (2012, p. 182) lança a pergunta: "pode a economia funcionar sem uma base geográfica"? Adicionamos a essa questão se é possível a economia funcionar sem as bases ecológicas e físicas. Santos (2012) é taxativo quanto à primeira pergunta, produzindo um *não* bem sonoro. O mesmo vale para a segunda pergunta, afinal, sem essas bases a humanidade sequer existiria. Isso se dá, conforme o autor, devido ao fato de que "[...] muitos economistas e tantos outros cientistas sociais somente falam do espaço dentro dessa acepção estreita e errada" (Santos, 2012, p. 182).

Dessa forma, parafraseando Montibeller (1999, p. 205), é necessário examinar a mineração e suas barragens pela perspectiva de curto prazo e *devir*, considerando a disponibilidade de materiais, as fontes de energia e sua relação com a natureza e sociedade. Em outras palavras, deve-se examinar o modo de organização ou construção do espaço geográfico.

O Ibram (2016, p. 45) destacou a importância da mineração para o mundo moderno, que foi sinalizada no documento *O futuro que queremos*, da RIO + 20, apresentando o seguinte resumo:

> 1. Importância dos minerais e dos metais para a economia mundial e para as sociedades modernas, particularmente para os países detentores de recursos minerais e os em desenvolvimento;
> 2. O direito soberano dos países na exploração e no aproveitamento desses seus recursos de acordo com suas prioridades nacionais;
> 3. A responsabilidade que têm de conduzir essas atividades maximizando os benefícios sociais e econômicos, bem como de enfrentar os impactos ambientais e sociais negativos que delas possam decorrer;
> 4. A forte demanda aos Governos quanto à capacidade para desenvolver, administrar e regular as indústrias de mineração de seus países no interesse do desenvolvimento sustentável;
> 5. A importância de estruturas legais e regulatórias, de políticas e práticas sólidas e efetivas para a mineração que tragam benefícios econômicos e sociais e incluam salvaguardas que reduzam os impactos ambientais, bem como conservem a biodiversidade e os ecossistemas, inclusive no pós-fechamento das minas.

É indiscutível a importância dos minerais para a economia moderna, todavia não se percebe uma política de soberania nacional com relação a essas riquezas. Não diferente de outras épocas da história do Brasil, continuamos a aceitar passivamente que nossas riquezas sejam repassadas a preço de banana[33]. Esse custo entra na terceira questão apontada no relatório, pois não são contabilizados

---

[33] O preço de banana é uma expressão popular para indicar que um determinado produto está muito barato. No caso do minério, tudo leva a crer que vendemos abaixo do preço de banana, afinal, somos tomadores de preços, ou seja, o preço é definido pelo mercado. Uma sugestão para pesquisas futuras é comparar o preço da tonelada da banana com os preços dos diversos tipos de minérios. A nossa hipótese é que os minérios são vendidos bem abaixo do preço de banana, ou seja, representam um espólio autorizado pelo Estado e amplamente aceito pelo mercado.

os passivos ambientais e do sofrimento social em qualquer perspectiva temporal que utilizemos. Consequentemente, a demanda para o desenvolvimento fragiliza instituições a uma regulação fraca, na qual o desenvolvimento sustentável é bastante questionável. Por fim, é um grande desafio ter posse de estruturas legais e regulatórias tão fragilizadas que pratiquem e tragam benefícios econômicos para a sociedade e que, posteriormente, ofereçam mecanismos de conservação da biodiversidade e ecossistemas. Desse modo, o plano de fechamento de mina, pela perspectiva secular, é uma incógnita jurídica, dada a *rugosidade espacial* desta atividade.

Observamos que a estrutura mineral apresenta elevados investimentos, a Figura 3.6 traz a evolução dos investimentos no setor mineral, na qual observamos que a partir do ano de 2012-2016 teve início uma retração. A Figura 3.7 demonstra para quais Estados são concentrados os investimentos da mineração, sendo que, no ano de 2016, 41,80% foram destinados para Minas Gerais e 21,93% para o Pará, constituindo os dois principais polos minerais do país.

Figura 3.6 – Investimento no setor mineral de 5 em 5 anos

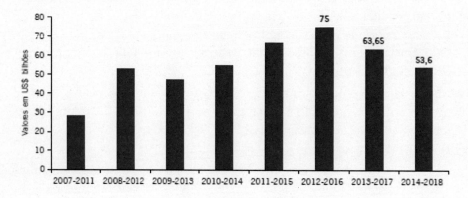

Fonte: Ibram (2016, p. 46)

Figura 3.7 – Porcentagem de investimentos nos principais Estados

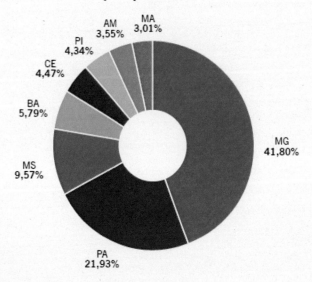

Fonte: Ibram (2016, p. 46)

Quanto ao *processo*, Santos (2014a, p.69) define como: "[...] uma ação contínua desenvolvendo-se em direção a um resultado qualquer, implicando conceitos de tempo (continuidade) e mudança". Após os crimes corporativos da Samarco S.A. (2015) e Vale S.A. (2019), o processo, via elemento espacial das instituições, trouxe novos arranjos, como: a portaria DNPM n.º 70.389/2017 e a criação do Sistema Integrado de Gestão de Segurança em Barragens de Mineração (SIGBM). Desse modo, necessitamos compreender o processo para o tratamento de minério, iniciando da lavra ao produto final, bem como os rejeitos da operação (Figura 3.8). Neste movimento, observamos uma ação na busca por resultados de segurança, dada uma mudança, o acidente em si. Isso corre devido ao tempo estar em movimento, ou seja, existe um processo entre o espaço e o tempo que merece destaque nas análises para a compreensão da *totalidade geográfica*.

Figura 3.8 – Fluxograma típico de tratamento de minério

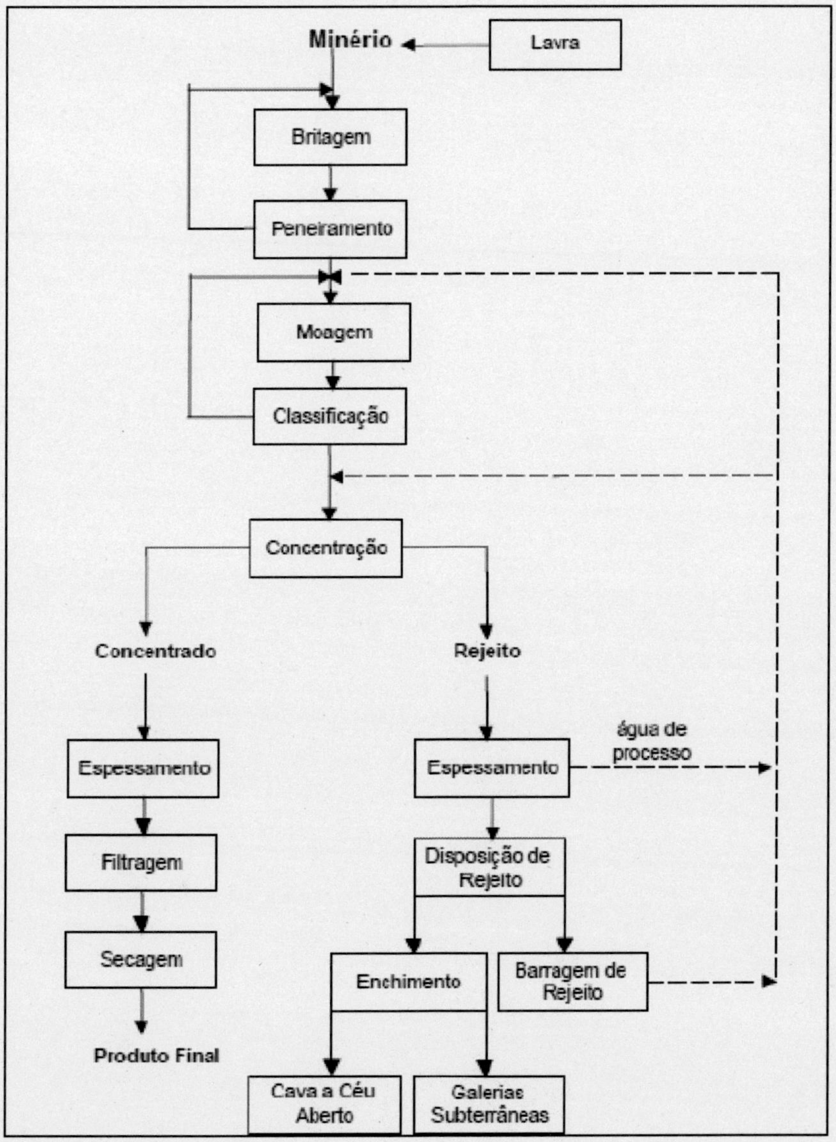

Fonte: Luz e Lins (2004, p. 5)

Diante disso, observamos um crescente custo de energia, escassez dos recursos hídricos, exigências legais mais exigentes (ao se pensar no ambiente natural no atual contexto, até quando?) e depósitos minerais cada vez mais pobres e de extração complexa. Torna-se fundamental uma discussão mais aprofundada sobre o tema, principalmente quando se trata da *rugosidade espacial* que será deixada para as futuras gerações, em seu sentido mais amplo, os passivos ambientais e os *passivos do sofrimento social*.

Ferreira *et al.* (2015), quando analisam o ocorrido na mineradora Samarco S.A., que extraía minério de ferro, explicam elementos técnicos relacionadas a esse processo. Sabemos que o ferro é o minério mais utilizado no mundo, sendo de fundamental importância para a sociedade moderna, como a conhecemos, e insubstituível dentro dos processos industriais (Figura 3.9).

Figura 3.9 – Principais volumes de bens minerais no Brasil

BENS MINERAIS	VALORES EM TONELADAS
Agregados Construção Civil	673.000.000
Minério de Ferro	400.000.000
Bauxita	32.000.000
Alumínio Primário	962.000
Fosfato	6.800.000
Potássio Concentrado	460.000
Zinco Concentrado	250.000
Cobre	219.000
Liga de Nióbio	80.000
Níquel contido	80.000
Ouro	80

Fonte: Ibram (2016, p. 48)

Na extração do minério de ferro, "é utilizado o sistema de flotação catiônica reversa, que ocorre em pH alcalino (entre 10 e 10,5). Durante este processo de precipitação do minério de ferro utilizasse amido, enquanto a flotação do material restante na ganga (rejeito) é promovida pela adição de aminas" (Ferreira *et al.*, 2015, p. 136).

Após o rompimento da barragem de rejeitos, houve um impacto direto "[...] na qualidade e disponibilidade da água, vegetação ripária, fertilidade e microbiota do solo". Portanto, continuam os autores, esse impacto está relacionado "[...] tanto pelo acúmulo de sedimentos, quanto pela sua toxidade (em especial devido à presença de aminas, que elevaram o pH da água e do solo)" (Ferreira *et al.*, 2015, p. 136).

É importante realçar que o processo de extração do minério pode seguir diversas etapas ao longo da sua cadeia produtiva (Figura 3.10), a depender de sua qualidade. "Minérios de alto teor normalmente são submetidos a etapas de comunicação e classificação"; em contrapartida, no caso dos minérios de menor teor, "é necessária sua concentração, o que eleva os custos operacionais do processo" (Ferreira *et al.*, 2015, p. 139).

Pensando pela perspectiva da economia ecológica, percebemos a necessidade de compreender os *recursos de fluxo de estoque* e os *recursos de fundo de serviços*, afinal, dentro deste processo de fluxo entrópico (*throughput*), são adicionados as matérias e energia em seu metabolismo.

Figura 3.10 – Cadeia produtiva da extração mineral

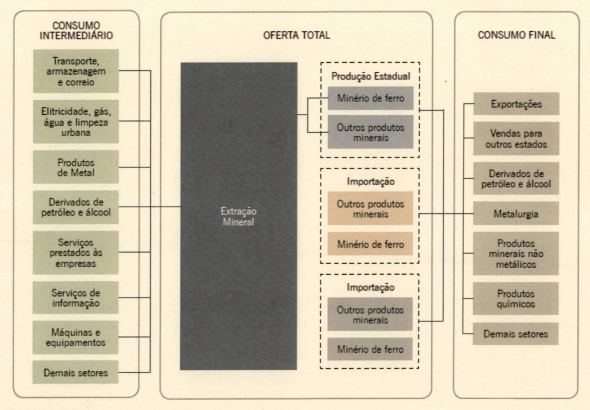

Fonte: Ibram (2016, p. 58)

O antigo DNPM, hoje ANM, considera que o ciclo de vida de uma barragem se dá em quatro estágios: projeto, construção, operação e desativação. Este trabalho irá concentrar-se na desativação, sobre a qual vale citar um trecho da Lei n.º 12.334/2010:

> Art. 17º: III - organizar e manter em bom estado de conservação as informações e a documentação referentes ao projeto, à construção, à operação, à manutenção, à segurança e, **quando couber**, à desativação da barragem (grifo nosso).

A expressão "quando couber" apresenta já na própria lei problemas no processo, afinal, quem decide sobre esse tema? O Art. 4.º da PNSB afirma que:

> A segurança de uma barragem deve ser considerada nas suas fases de planejamento, projeto, construção, primeiro enchimento e primeiro vertimento, operação, desativação e de usos futuros; [...] III - o empreendedor é o responsável legal pela segurança da barragem, cabendo-lhe o desenvolvimento de ações para garanti-la.

Dessa forma, Franca (2014, p. 29) apresentou os critérios para desativação das barragens, nos quais buscamos dois processos centrais.

1. Processo de descaracterização: (1) que busca a eliminação do lago com preenchimento do volume residual com estéril/solo; (2) eliminação da barragem e dos sentimentos depositados (retirada de todo o maciço e limpeza do reservatório); (3) transformação da barragem em pilha de estéril.

2. Processo de adequação: (1) redimensionamento do vertedor para vazões decamilenares ou de PMP (precipitação máxima provável) ou elevação do *freeboard*; (2) adequação do maciço para evitar o galgamento; (3) manutenção do lago e consequentemente da instrumentação e do monitoramento hídrico por tempo indeterminado.

No processo de descaracterização, a solução é a eliminação do lago com o preenchimento do seu volume residual. A barragem dessa forma deixa de ser uma barragem de rejeitos, e passa a ser uma barragem de estéreo, com menores riscos, estando ligada ao terceiro item.

Já no processo de adequação, chama a atenção o item (3), que apresenta o monitoramento por tempo indeterminado. Todavia, conforme a legislação, é de responsabilidade do empreendedor a segurança da barragem. Mas a pergunta que fica é: quando pensado na perspectiva temporal do *devir*, será que existirá o empreendedor? Sem este, quem ficará responsável pelo monitoramento? A União está preparada?

É importante destacar que para compreender o processo mineral podemos contar apenas com os recursos insubstituíveis e não renováveis, dos quais vários minerais já foram esgotados em diversos territórios. Atualmente, minerais importantes como o chumbo, o estanho, o zinco, o mercúrio, os metais preciosos são escassos no mundo inteiro, ou seja, devido à ação do tempo as mudanças ocorrem. No caso da mineração, o resultado é inevitavelmente sua escassez e seus passivos ambientais no *devir* (Georgescu-Roegen, 2013).

A *função*, pela lógica de Santos (2012a, p. 69), "[...] sugere que uma tarefa ou atividade esperada de uma forma, pessoa, instituição ou coisa", acrescentando que a função está diretamente ligada à sua forma, na qual "[...] a função é a atividade elementar de que a forma se reveste". A *forma*, para Santos (2012a, p. 69), é "o aspecto visível de uma coisa". Refere-se, ademais, ao arranjo ordenado de objetos, a um padrão. É importante ressaltar que, "[...] tomada isoladamente, temos uma mera descrição de fenômenos ou de um de seus aspectos num dado instante do tempo", algo que se deve evitar (Santos, 2012a, p. 69).

Destarte, devemos compreender que:

> Os empreendimentos do setor mineral possuem um ciclo de vida útil, e após este período muitas instalações são abandonadas sem nenhum processo de descomissionamento e de reabilitação de áreas degradadas, em função dos custos elevadíssimos deste processo, bem como em razão da falta de aspectos legais que disciplinam a fase de desativação dos empreendimentos do setor (Tonidandel; Parizzi; Lima, 2012, p. 35).

Tonidandel, Parizzi e Lima (2012, p. 39) concluem que, ao se verificar ao longo do tempo, há funções e formas de práticas predatórias por parte dos empreendedores. Isso se dá por provocarem "[...] significativas alterações do ambiente natural, deixando um legado para as gerações futuras de minas abandonadas sem dispositivos de monitoramento e controle ambiental". Desse modo, para equalizar este problema, Sánchez (2013, p. 46), em seu guia para fechamento de mina, apresenta os cenários que se devem considerar pós-fechamento:

> 1. Cuidado permanente: quando se requer a presença da empresa para executar as ações necessárias para se atingir os objetivos de fechamento e que podem perdurar por vários anos, sendo a situação mais citada a operação de sistemas de tratamento de águas ácidas proveniente de pilhas, barragens e lagos de cavas. Este cenário também é conhecido como de cuidado ativo;

3. Cuidado temporário ou transitório: quando as ações necessárias se restringem às tarefas como inspeções, monitoramento ambiental e geotécnico, serviços de reparação de sistemas de drenagem, de manutenção de áreas revegetadas e outros, e podem ser inteiramente conduzidos durante a etapa pós-fechamento. Este cenário usualmente requer ações episódicas ou poucas visitas à área, mas pode requerer vigilância contínua. Os sistemas conhecidos como de *tratamento passivo* – a exemplo de alagados para controle de drenagem ácida e de atenuação natural, barreiras reativas e outras medidas de remediação de áreas contaminadas são muitas vezes denominadas de *cuidado passivo*.

Apesar da importância, não se observam elementos que visem garantir o bem-estar das gerações futuras (perspectiva de *devir*). O cuidado ativo considera que a empresa manterá suas atividades, desconsiderando aquelas que podem no futuro declarar falência, ou ser incorporadas, ou simplesmente mudar sua razão social.

Ribeiro (2010, p. 75) considera que existem movimentos que visam à "[...] regulação da ação humana na Terra", na qual as convenções do meio ambiente têm seu principal pilar, apesar de sua grande complexidade política. Nessa linha, Sánchez (2013, p. 46) afirma que no cenário de cuidado permanente "[...] deve resultar no compromisso contratual ou legal de transferência de responsabilidade".

Todavia, na perspectiva secular (*devir*), aparentemente essa transferência irá recair para a sociedade, em outras palavras, o passivo ambiental será redistribuído a cada membro da sociedade, pois sabemos que o atual processo mineral vem nesse sentido. Isso se dá pelo fato de ser um recurso finito, com uma vida útil definida, necessitando de ações deliberadas para a minimização dos passivos ambientais, cuja saída do processo são os rejeitos de alta entropia.

O cuidado temporário ou transitório e seu tratamento do passivo apresentam medidas de mitigação de curto, médio e longo prazo. Tem como *função* e *forma* "a transferência de custódia uma vez que o novo responsável não herdará obrigações significativas de cuidado da área" (Sánchez, 2013, p. 46). Todavia, apesar de o autor reforçar a importância de estabelecimento de critérios, não se observa como estes alocariam perspectivas temporais mais longínquas (*devir*).

Destarte, ao avaliarem os impactos do rompimento da barragem de Fundão, Sánchez *et al.* (2018, p. 25) apresentam algumas recomendações pertinentes sobre este problema (Tabela 3.1).

Tabela 3.1 – Ações recomendadas em relação à sustentabilidade e a resiliência da mitigação

PRÉ-REQUISITOS	RECOMENDAÇÕES
Considerar os impactos cumulativos das atividades humanas em um contexto de paisagem terrestre/marinha.	Elaborar uma avaliação ampla dos impactos do rompimento da barragem e levar em consideração – em relação a cada componente social e ambiental valorizado e relevante – a linha de base em algum momento no passado (antes do rompimento) e as tendências relativas ao estado dos componentes valorizados.
Adotar uma abordagem multiescalar e multitemporal para guiar as ações de mitigação.	
Avaliar os resultados das ações de mitigação de forma integrada.	Realizar uma avaliação integrada dos resultados dos programas de mitigação.
Avaliar a sustentabilidade e a resiliência dos resultados da mitigação.	Identificar ameaças à sustentabilidade e à resiliência dos resultados de mitigação e saná-las.
Levar a mudança climática em consideração.	Rever os modelos regionais de mudança climática e propor melhorias nos programas de mitigação para sanar os elementos que apresentam riscos aos resultados.

PRÉ-REQUISITOS	RECOMENDAÇÕES
Disponibilizar dados e informações acessíveis a um público mais amplo.	Desenvolver e implementar um plano de compartilhamento de dados e informações.
Recorrer às lições aprendidas e divulgá-las.	Iniciar e manter ações para reunir e divulgar informações e conhecimentos relevantes.

Fonte: Adaptado de Sánchez *et al.* (2018, p. 25)

Barbosa *et al.* (2015) destacaram algumas questões ao pensar na *função* e *forma* do crime corporativo da Samarco S.A. afetando diversos elementos espaciais. Para mitigar esse problema, iniciaram sua análise considerando que o lucro da empresa nos últimos 2 anos foi de 1,245 bilhão. Durante e após o crime, foram estabelecidas ações emergenciais na ordem dos US$ 150 milhões, com uma "[...] proposta de formação de um fundo de US$ 20 bilhões, ao longo de 10 anos", que só surgiu devido à ação do judiciário (Barbosa *et al.*, 2015, p. 162).

Essa quantia visa à mitigação e recuperação dos *elementos espaciais* atingidos, todavia há muita controvérsia nesse sentido. Algo que vem ocorrendo durante todo esse imbróglio jurídico são as ameaças constantes das mineradoras para com os municípios e as possibilidades de prescrição das causas, ou o seu protelamento até as últimas instâncias. Muitas famílias afetadas pela Samarco S.A., por não conseguirem uma solução na justiça brasileira, estão apostando nos acordos pela justiça internacional (inglesa), já que no Brasil observamos um descaso do Estado para com essas pessoas.

Para Barbosa *et al.* (2015, p. 162), "tudo isso junto é bastante complexo e faz deste desastre o melhor atestado da falência do sistema de gestão vigente no país [...]". Os autores propõem um sistema moderno e eficiente de governança dos recursos naturais, "este sistema permitiria ações integradas nos níveis local, regional e nacional dos diferentes atores envolvidos direta e indiretamente neste desastre" (Barbosa *et al.*, 2015, p. 162).

Algumas firmas, hoje, já compreendem que seu crescimento depende da preservação ambiental, considerando a poluição um desperdício econômico. Entretanto, as indústrias minerais, em muitos casos, apresentam *dumping* ecológico[34], pois em momentos de crise como a ocorrida em Mariana buscam a judicialização e terceirização de suas responsabilidades. Isso exige instituições fortes para impor a essas empresas a adoção de alternativas menos degradantes. Em momentos de colapso essas instituições devem zelar pelo interesse da sociedade, algo que não se verifica na prática. Observamos ainda que, em muitos dos casos, as grandes empresas deste setor fazem "além" do exigido legalmente, possuindo diversos programas e certificações ambientais de elevados custos operacionais, mas em momento de crise fogem das suas responsabilidades.

Portanto, é importante resgatar as propostas de Georgescu-Roegen com relação aos *recursos de fluxo de estoque* e *recursos de fundo de serviços* que estão contidos nas *estruturas, processos, funções e formas* do espaço geográfico. Devemos lembrar que os *recursos de fluxo de estoque* são aqueles recursos do *capital natural* que são transformados nos produtos finais. Logo, o fator tempo para os *recursos de fluxo de estoque* são irrelevantes, pois dependem das decisões humanas da quantidade a ser utilizada – a depender dos fatores tecnológicos. Esses *recursos de fluxo de estoque* se esgotam, o

---

[34] O *dumping* empresário acontece quando uma determinada firma reduz seus preços abaixo do preço de custo, e, por ter um bom fluxo de caixa, consegue trabalhar por alguns meses com prejuízo, buscando aniquilar seus concorrentes. Após a concorrência não conseguir se manter no mercado, devido à prática de preços desleais, a firma aumenta o seu preço acima da média para compensar os momentos de prejuízo. O *dumping* ecológico advém dessa ideia, as empresas conseguem reduzir seus custos devido à fragilidade das leis ambientais de um determinado país, tornando a competição desleal e afetando substancialmente determinados territórios com relação à poluição e desperdício de natureza.

que torna imprescindível sua utilização com parcimônia para evitar pioras quantitativas e qualitativas para as gerações futuras. A mineração, por si, só consta como recursos de fluxo de estoque, dado seu caráter não renovável, no qual sua extração (desconsiderando a capacidade tecnológica), depende unicamente da demanda. Portanto, deve ficar claro que se houvesse a opção de extrair toda uma montanha de minério em apenas um dia, caberia à humanidade, ou a uma parcela dela, definir o ritmo de extração.

Já os recursos de fundo de serviço, diferentemente do primeiro tema, são aqueles recursos que se desgastam e não se esgotam. Logo, possuem relação direta com o tempo, pois estão incorporados nos produtos/serviços que estão em circulação no mercado. Devemos lembrar que os *recursos de fundo de serviços* não podem ser armazenados, pois seus serviços são produzidos a taxas fixas (*ceteris paribus*). Ao se pensar a questão mineral nesta análise, os trabalhadores, bem como os *serviços ecossistêmicos*, são aqueles que apresentam características de *recursos de fundo de serviços*, pois não são transformados e se desgastam com a ação do tempo, sem a possibilidade de armazenamento. Um resumo da proposta que se pretende adentrar é apresentado na Figura 3.11.

Figura 3.11 – Recursos de fundo de serviços e recursos de fluxo de estoque pelo espaço e tempo geográfico

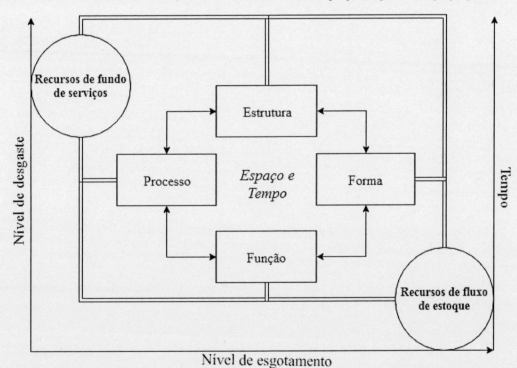

Fonte: Elaborado pelo autor

O espaço e o tempo geográfico estão ligados aos *recursos de fluxo de estoque* e aos *recursos de fundo de serviços*, em que a *estrutura, processo, função* e *forma* auxiliam na compreensão com relação aos níveis de desgaste, esgotamento, bem como a noção referente ao tempo. A *estrutura*, conforme já exposto, é referente à relação de todas as partes, apesar de a concentração atual apenas ocorrer na estrutura econômica. Se for considerada apenas a estrutura econômica, não é possível compreender a totalidade, dado que, se o objetivo for apenas o lucro, os *recursos de fluxo de estoque* serão esgotados rapidamente. Isso impacta nos *recursos de fundo de serviços*, entre os quais, após a escassez dos estoques, os trabalhadores estarão sem emprego, com a degradação das *funções e serviços ecossistêmicos*. Portanto, isso impacta diretamente no consumo, renda, arrecadação, entre outros pontos micro e macroeconômicos, demonstrando que corrói por completo a estrutura econômica do crescimento perpétuo, dado que os estoques são finitos e estão atrelados à lei da entropia.

Outro fundo de serviços afetado diretamente nessa estrutura econômica são as *funções e serviços ecossistêmicos*. Estes, dada a depleção do sistema natural para extração dos estoques, são diretamente afetados. Por conseguinte, torna a vida humana ainda pior, o que reforça que uma análise pela estrutura econômica consiste em um erro crasso. Buscamos dentro desta estrutura produzir necessidades humanas, todavia notamos que ela é incapaz de perpetuar o presente modelo de consumo. O nível de desgaste e esgotamento quando atinge um determinado limite pode sobrecarregar a *capacidade de suporte* terrestre, colocando toda a história da evolução humana em xeque.

Quanto ao *processo*, é recomendado lembrar como "[...] uma ação contínua desenvolvendo-se em direção a um resultado qualquer, implicando conceitos de tempo (continuidade) e mudança" (Santos, 2014a, p. 69). Apesar de os *recursos de fluxo de estoque* não estarem atrelados ao tempo, o seu processo está. As decisões dos ritmos de extração apresentam um movimento, que modifica o espaço, principalmente quando se pensa nas *rugosidades espaciais*. Devido às questões tecnológicas, o nível de esgotamento tem um determinado ritmo, algo que influencia na compreensão da totalidade. Os *recursos de fundo de serviços* são os que mais são impactados pelos processos. Desse modo, tanto os trabalhadores como os *serviços e funções ecossistêmicos*, além da população, são influenciados pelos empreendimentos.

Observamos que nas empresas de mineração o ritmo está cada vez mais acelerado, causando sérios transtornos aos seus trabalhadores, dada a constante pressão. Essa pressão tende a ocasionar acidentes, como no caso da barragem de Fundão e B1, afetando diversos ecossistemas. Esses ecossistemas, por sua vez, necessitam de um tempo para retornarem as suas funções e serviços (capacidade de resiliência).

Por fim, as populações são afetadas, sendo: a água que era doce torna-se insalubre; o ar que era puro, agora é carregado; o alimento que era abundante, agora é escasso; o abrigo construído não se sustenta; a segurança para com o futuro, agora é despedaçada. Quando colocamos ênfase na estrutura econômica, fica nítido um processo parecido com o *efeito derrame*, pois, além de impactar os *recursos de fundo de serviços* e *fluxo de estoque*, também afeta diretamente as populações nas mais variadas perspectivas temporais, desconstruindo a própria democracia.

A *função* e a *forma* estão diretamente relacionadas a uma tarefa ou atividade, ou ao que se pode ver, respectivamente. Os *recursos de fluxos de estoque* apresentam uma *função* importante para a sociedade contemporânea, dado que praticamente tudo apresenta minérios em suas composições. Existem, nesta função, diversos processos, dentro da estrutura, que estão longe dos olhares da população comum (*forma*).

Ao pensarmos dentro da cadeia de produção, podemos exemplificar com o notebook no qual escrevo este texto, visto que não se torna possível compreender claramente as atividades ligadas ao processo que compreende desde a extração até a transformação. Os *recursos de fundos de serviços* estão relacionados com *função* e *forma*, pois, a depender da estrutura e do processo escolhido, haverá maior ou menor impacto nas pessoas e ecossistemas. Algo que influenciará a decisão humana, e sua ação, quanto a essa *estrutura, processo, função* e *forma* está ligado ao risco em que se pretende trabalhar.

Diante de todo o exposto ao longo deste texto, buscamos dentro da geografia humana, personificada nas obras de Milton Santos, bem como da economia ecológica, valendo-nos principalmente da obra de Nicholas Georgescu-Roegen, analisar a questão mineral, cujo objeto central são barragens de minério, e seus respectivos riscos, dentro de dois cenários temporais. Verificamos uma correlação entre essas escolas, ainda pouco exploradas, em que Georgescu-Roegen (2013, p. 78) informa que o seu objetivo, excluindo qualquer outro, dadas as questões energéticas e materiais necessárias para a existência humana, consiste em "[...] chegar pelo menos a uma visão global dos problemas ecológicos e a obter algumas conclusões, no mínimo, pertinentes".

Assim, considerando a existência humana, principalmente quando se leva em conta as gerações futuras, com norte orientador de uma visão de longo prazo (*devir*), indo ao encontro do objetivo de Georgescu-Roegen, observamos que, para se compreender a *totalidade espacial*, os estudos de Milton Santos tornam-se complementares à economia ecológica, e vice-versa. Utilizando dos conceitos e categorias analíticas propostas por Milton Santos, como os *elementos espaciais*, a *rugosidade espacial*, a *totalidade espacial*, e a *estrutura, processo, função* e *forma*, pode ser fundamental para aprimoramento economia ecológica como marco teórico, bem como a discussão da questão mineral e futuras soluções.

3.4 OS PILARES DA ECONOMIA ECOLÓGICA PELOS SISTEMAS DE OBJETOS E SISTEMAS DE AÇÕES

Após as abordagens apresentadas ao longo deste capítulo, chegamos à última tentativa de construção e solidificação de disciplinas já unidas, mas pouco trabalhadas: geografia humana e economia ecológica. Neste momento, o foco é a definição do espaço, que consiste "[...] em um conjunto indissociável de sistemas de objetos e sistemas de ações" (Santos, 2017, p. 21). Com base nessa proposta, será possível fechar este bloco, cujo escopo visa continuar várias reflexões da questão mineral considerando seu objeto, barragens de rejeito, dados os eventos que podem surgir a qualquer momento no tempo (acidentes ou tragédias). O objetivo continua sendo analisar duas abordagens temporais (curto prazo e *devir*), por uma escala nacional, em que se espera que, ao considerarmos as técnicas e métodos contidos nos pilares da economia ecológica (*distribuição justa, escala sustentável* e *alocação eficiente*), possamos aprofundar o debate.

Santos (2017, p. 49) define que "[...] a técnica é tempo congelado e revela uma história", reforçando a complexidade dessa ideia, visto que, ao se tentar "retraçar o passado", ela se faz no "momento em que é escrita". Além disso, o autor acrescenta que, "[...] num dado ponto do passado, era, então, presente", sendo que essa "questão continua sendo um pesadelo para os geógrafos" (Santos, 2017, p. 51).

Dentro dessa perspectiva nos deparamos com um dos maiores desafios da presente pesquisa, afinal, no *devir* (tendência secular), ao observar o presente já escrito e sua história formada, podemos verificar que as maiores atrocidades da humanidade foram iniciadas neste momento. Os riscos e vulnerabilidades eram claros, mesmo com a complexa tarefa de definição da real *capacidade de suporte* ecossistêmica.

Dessa maneira, verificamos a urgência de mudança de modelo econômico, e que, apesar de qualquer conquista que lhe seja atribuída, a sustentabilidade torna-se central para o futuro da própria economia. Aparentemente, a maioria das firmas ainda não se deu conta desse axioma, e isso reforça o papel das instituições. Dessa maneira, retornamos ao que Santos (2017, p. 29) considera como "[...] a principal forma de relação entre o homem e a natureza, entre o homem e o meio, é dada pela técnica". A *técnica* é entendida como instrumentos que a espécie humana utiliza para sua vida, modificando o espaço, sendo "[...] essa forma de ver a técnica não é, todavia, completamente explorada" (Santos, 2017, p. 29).

Para Santos (2013, p. 57), as técnicas não possuem a mesma idade, sendo que "[...] pode-se falar do anacronismo de algumas e dos modernismos de outras", afinal, elas se efetivam em relações concretas. Portanto, para Santos (2017, p. 54), "as técnicas são uma medida do tempo", que afeta o trabalho, a circulação, a divisão territorial e a cooperação e, além disso, qualquer não conformidade resulta em prejuízos organizacionais. Assim as técnicas estão hoje no centro do modo de produção, principalmente no que tange às questões minerais, intensivas de capital. Uma técnica terá influência em outros momentos da história, e isso reforça a importância das tentativas de análise pela *horizontalidade* e *verticalidade* do espaço temporal, proposta no estudo. Destarte, as *rugosidades espaciais* de muitas estruturas minerais já apresentam anacronismo com relação as suas barragens, carecendo de análises mais detalhadas.

Devemos lembrar que Santos (2012, p. 101) critica as técnicas quantitativas quando se pensa em geografia humana, pois os índices passam a "[...] ser calculados a régua e pesados numa balança de precisão". Após essa afirmação, é impossível não se lembrar de John Von Neumann (1903-1957), brilhante em sua área, que, todavia, buscava essa régua e balança. Inclusive ele "[...] estava convencido de ter encontrado um método que 'resolvia' a economia", algo que obviamente nunca aconteceu e pelo que tudo indica, é impossível de ocorrer (Strathern, 2003, p. 7).

Neumann, como vários outros economistas durante a história, acredita que todas as tomadas de decisões podem ser resolvidas com as técnicas de computação, algo ainda presente na teoria dos jogos e análises econométricas. Não muito diferente da geografia, a economia também passou, como ainda passa, por esta fase. Conforme Hunt (2012, p. 358), um economista torna-se admirado por seu rigor lógico e matemático de uma determinada teoria – quanto "[...] mais esotérica, complexa e rigorosamente matemática possível", maior o respeito entre um segmento dos profissionais acadêmicos.

Hoje a questão matemático-estatística continua como algo central para os estudantes de economia e ecologia, inclusive algo fundamental desde que não se perca a busca do espaço banal e sua totalidade. Nesse sentido, observamos que há uma ruptura entre as técnicas de geografia, de economia e de ecologia, visto que, dentro das principais ementas de graduação em geografia, não apresentam força na parte quantitativa, diferentemente da economia e ecologia, considerando que hoje tudo é interdisciplinar.

A ecologia, assim como a economia, apresenta uma forte tendência aos estudos quantitativos. Odum e Barrett (2015, p. 480) consideram que o raciocínio estatístico aplicado às "[...] evidências na ciência do ecossistema, podendo também ser aplicado à ecologia em um contexto mais amplo". Os autores apresentam essa questão como desafio aos estudantes, pois "a paixão pela descoberta é cultivada pela vontade de ser temporariamente ignorante" (Odum; Barrett, 2015, p. 480).

As técnicas estão presentes nos *sistemas de objetos* e *sistemas de* ações, entretanto Santos (2017) destacou que existem técnicas elitistas e técnicas populares. As primeiras estão a serviço das bases hegemônicas, que no presente estudo são apresentadas como convencionais (neoclássicas). A ciência é cara dentro das próprias universidades brasileiras, existem cursos que atendem diversas classes (elitistas e populares). Os cursos que no geral consolidam as bases hegemônicas aplicadas à mineração apresentam uma grande carga quantitativa em seus cursos (engenharias). As técnicas populares são o oposto, pois "[...] resultam da combinação do *savoir-faire* e da imaginação das massas, que inventa objetos da vida cotidiana", sendo que "se coexistem e se afrontam" (Santos, 2017, p. 181).

Santos (2017) acrescenta que na história este momento é único, pois a tecnologia se apresenta como um elemento exógeno à humanidade. A tecnologia em sua versão contemporânea ultrapassa os limites dos Estados, recursos e Direitos Humanos, a serviço de uma escala planetária de consumo e lucro.

Exatamente no que tange às limitações e objetivos tratados antes, pode-se perceber claramente a necessidade de unificação entre a economia ecológica e a geografia humana. Quando Santos (2017) afirma que nem os limites dos Estados, nem dos recursos, nem dos Direitos Humanos são considerados, percebemos uma interação imediata com os pilares da economia ecológica.

Entretanto, antes de entrar nesses temas, devemos analisar o que Santos (2017, p. 82) apresenta como as três ordens do cotidiano humano. Essas ordens referem-se à noção da técnica, em que suas características foram tratadas. Santos (2017, p. 49) afirma que "[...] a técnica nos ajuda a historicizar, isto é, a considerar o espaço como fenômeno histórico a geografizar, isto é, a produzir uma geografia como ciência histórica". Para o autor, pode-se assim construir uma "[...] epistemologia geográfica de cunho historicista e genético, e não apenas historista e analítico" (Santos, 2017, p. 49).

Portanto, as técnicas estão no seio do espaço e tempo da geografia, sendo estas indissociáveis. Veyret (2007, p. 328) afirma que "a geografia é a ciência dos lugares", sendo possível "[...] localizar fenômenos e observar sua expressão espacial". Isso posto, a questão tempo e sua temporalidade é relativa no sentido que a sociedade lhe dá, ou seja, é um elemento construído pelas sociedades, sendo possível trabalhar com marcos temporais. "Esses marcos entram em estruturas de representação, remetem a sequência, a evolução. Temporal e espacial estão diretamente ligados" (Veyret, 2007, p. 328).

Santos (2017, p. 54) considera que "[...] tempo, espaço e mundo são realidades históricas, que devem ser mutuamente conversíveis" para que se possa compreender a sociedade de forma totalizadora. Para Veyret (2007, p 329), "o tempo que retorna na geografia não é mais o das permanências, nem o da historicidade dos modelos espaciais, mas o das temporalidades diversas que se cruzam". Ainda, para a autora, ao adicionar o tempo na geografia é possível contemplar "[...] uma diversidade de futuros possíveis" (Veyret, 2007, p. 329).

A partir deste ponto, percebemos que a *ordem técnica* está diretamente ligada a todo este complexo processo metodológico, cuja *ordem da forma jurídica* e *ordem do simbólico* se complementam, objetiva e subjetivamente. Santos (2017, p. 54) adiciona que é "[...] por intermédio das técnicas que o homem, no trabalho, realiza essa união entre espaço e tempo". A busca pela complementação dessa visão de longo prazo, de modo a criar cenários futuros para o destino da humanidade, é um elo entre diversas disciplinas que possuem esse desejo de esclarecimentos e contribuições.

Para Santos (2017, p. 82), apesar da imposição da *ordem técnica* e *ordem da forma jurídica* com dados, "a força de transformação e mudança, a surpresa e a recusa ao passado, vêm do agir simbólico". Nesse agir simbólico, continua o autor, da força da afetividade, surgem os modelos de significação e representação. A forma do agir é inseparável, "[...] ainda que, em cada circunstância, sua importância relativa não seja a mesma" (Santos, 2017, p. 82). Isso se dá devido à ação do próprio homem "[...] porque só ele tem objetivo, finalidade" (Santos, 2017, p. 82). Essa proposta pode ser melhor visualizada na Figura 3.12.

Figura 3.12 – A ação humana e as ordens técnica, jurídica e simbólica

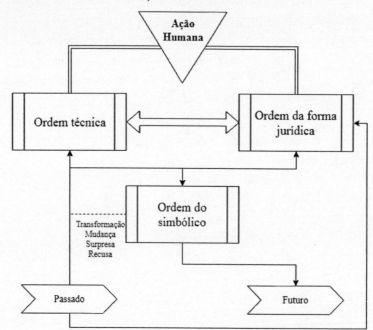

Fonte: Elaborado pelo autor

Retornando a ideia de Santos (2017, p. 182), ao avaliar que as questões tecnológicas não apresentam os *limites dos Estados*, os *limites dos recursos* e os *limites dos Direitos Humanos*, se faz necessário compreender esta forma de agir e sua relação com a economia ecológica (Figura 3.13).

Figura 3.13 – A tecnologia e a interpelação entre a Geografia Humana e a Economia Ecológica

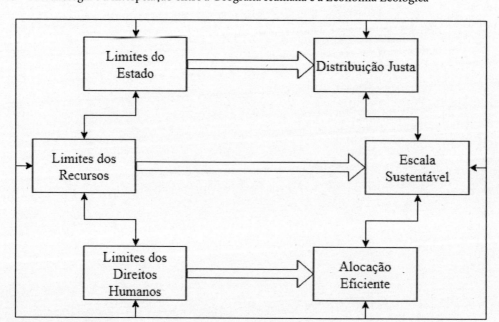

Fonte: Elaborado pelo autor

O primeiro limite apresentado por este autor é o Estado. Ao se utilizarem os principais fundamentos da economia ecológica, temos a proposta correlata à *distribuição justa*. Assim, o Estado está associado basicamente a todos os *elementos espaciais*, tendo como uma de suas principais funções a questão distributiva, em que os limitadores o tornam fragilizado.

Daly e Farley (2016, p. 559), ao entrar na questão da *distribuição justa*, consideram-na um tema controverso, porém é extremamente importante para a economia ecológica, devido a três fatores:

> 1. As pessoas que são demasiado pobres não se importam com a sustentabilidade. Por que deveriam se preocupar com o bem-estar no futuro quando nem sequer são capazes de satisfazer as suas necessidades básicas? Em todo o mundo, os extremamente pobres são obrigados a trabalhar em minas, a cortar florestas, a esgotar pastagens e a tolerar uma poluição excessiva apenas para sobreviverem.
> 2. As pessoas que são excessivamente ricas consomem enormes quantidades de recursos finitos, possivelmente privando as gerações futuras dos meios básicos de sobrevivência. Até os economistas mais relutantes em fazerem comparações entre pessoas não conseguem negar que a utilidade marginal do consumo para aqueles que estão abaixo do limiar da subsistência é muito mais elevada do que para os que compram cada vez mais artigos de luxo.
> 3. Se nos preocuparmos com a sustentabilidade, preocupamo-nos com a distribuição entre gerações. Não queremos obrigar o futuro a viver na pobreza para simplesmente podermos consumir mais artigos de luxo. Contudo, qual é o sistema ético que consegue justificar uma preocupação pelo bem-estar daqueles que ainda não nasceram sem se preocupar com o bem-estar dos que hoje estão vivos?

Diante dessas contribuições do Daly e Farley (2016), duas questões são apresentadas: (1) Qual dos elementos espaciais é o responsável por buscar a redução dessas desigualdades? (2) Esse elemento espacial é capaz de melhorar o bem-estar das gerações presentes, sem comprometer as futuras? A nosso ver, o único elemento espacial que pode buscar por esta equalização são as instituições, ou seja, o Estado, por produzirem normas, ordens e legitimações que afetam os presentes e impactam as futuras gerações. Devemos nos lembrar que o Estado é responsável pela *ordem da forma jurídica*, que organiza as sociedades com normas impostas a sua população, por meio de um conjunto harmonioso e complexo, nascendo o Estado de Direito. Nesse sentido, vale pensar a respeito dos limites do Estado quando diretamente relacionados à *distribuição justa*.

Os recursos tecnológicos hoje estão a serviço das firmas, sendo que o Estado deveria ser um elemento capaz de frear o avanço desenfreado pelo lucro, afirma Santos (2014, p. 181). Para Daly e Farley (2016, p. 560), muitas pessoas acreditam que dentro de uma "[...] sociedade de mercado livre as pessoas são ricas porque ganharam a riqueza", sendo "[...] injusto tirar das pessoas aquilo que ganharam com o próprio suor". Esses autores consideram que retirar das "[...] pessoas aquilo que ganharam por meio dos seus próprios esforços e capacidades" é uma questão difícil de defender (Daly; Farley, 2016, p. 560). Entretanto:

> [...] as pessoas não deveriam poder apropriar-se para si próprias de valores criados pela natureza, pela sociedade ou pelo trabalho de outros. E deveriam pagar um preço justo por aquilo que recebem de terceiros, incluindo os serviços prestados pelo governo, e pelos custos que impõem aos outros. Além disso, temos de reconhecer que uma distribuição mais igualitária de recursos pode gerar bens públicos, estabilidade econômica, baixa criminalidade, comunidades mais fortes e uma saúde melhor [...] e a sociedade deve pagar pelos bens públicos. Se seguirmos estes princípios, a distribuição resultante será simultaneamente justa e sustentável (Daly; Farley, 2016, p. 560).

O ponto três merece um adendo, dado que apresenta características de consumo conspícuo. Cruz Filho (2014, p. 47) percebe uma finalidade da acumulação de riquezas, bens e produtos, nas sociedades competitivas pecuniárias, visto que há uma autoclassificação do indivíduo em comparação com o resto da comunidade "[...] no tocante à força pecuniária". Conforme Cruz Filho (2014, p. 47), para Veblen, "[...] o desejo de riqueza nunca se extingue em indivíduo algum, e está fora de questão uma saciedade geral". Diante dessa perspectiva, gera um dos maiores problemas econômicos, pois "[...] nenhum aumento geral da riqueza na comunidade, por mais geral, igual ou justa que seja sua distribuição, levará mesmo que de longe, ao estancamento das necessidades individuais" (Cruz Filho, 2014, p. 47).

O consumo conspícuo deve ser entendido dentro de uma sociedade predatória e pecuniária, que possui como meta apenas consumir e acumular riquezas, bens ou produtos, de modo a demonstrar status ou reputação a terceiros. Logo, o consumo não se dá por qualidades inerentes às necessidades diretas das pessoas, e sim para criar um ar de superioridade aos demais membros da sociedade.

O papel do Estado, há muito tempo, visa apenas criar condições para o funcionamento do mercado. Os mercados são tratados pelos economistas neoclássicos como os únicos agentes que podem alocar eficazmente os recursos escassos, devido ao mecanismo de oferta e demanda. Todavia, conforme Daly e Farley (2016, p. 522), esses mercados podem "apenas revelar preferências pelos bens de mercado, todavia muito dos bens e serviços que aumentam o bem-estar da humanidade não são bens de mercado".

Polanyi (2000, p. 89) percebe que essa proposta de sistema econômico baseado na economia de mercado era até há pouco tempo acessório da vida econômica, em outras palavras, era apenas um subsistema de algo maior, um sistema social, que é um subsistema do sistema ecológico. Para esse autor, "o sistema econômico era absorvido pelo sistema social", sendo que o segundo sempre regulou o primeiro, pois, "[...] de fato, as regulamentações e os mercados cresceram juntos" (Polanyi, 2000, p. 89).

Dada a época, não se nota o sistema ecológico com uma relativa importância, pois naqueles períodos a humanidade estava relativamente em um *mundo vazio*, diferente do atual momento em que nos encontramos no *mundo cheio*.

Polanyi (2000) percebe que o mercado autorregulado era desconhecido, sendo assim, há uma inversão completa da tendência do desenvolvimento, gerando uma economia da mais elevada riqueza, porém das mais absurdas desigualdades. Polanyi (2000, p. 89) afirma que "uma economia de mercado é um sistema econômico, regulado e dirigido apenas por mercados; a ordem na produção e distribuição dos bens é confiada a esse mecanismo auto regulável". Nesse modelo, as expectativas são máximos ganhos monetários, dentro de um processo de acumulação de riqueza. Portanto, o princípio torna-se marshalliano, uma vez que "[...] ela pressupõe mercados nos quais o fornecimento dos bens disponíveis (incluindo serviços) a um preço definido igualarão a demanda a esse mesmo preço" (Polanyi, 2000, p. 90).

A economia da desigualdade afeta todos os elementos espaciais, bem como seus *sistemas de objetos* e *sistemas de ações*. Para tratar desta questão, se faz necessário compreender que são as instituições, ou seja, o Estado, o principal responsável pela *distribuição justa* da riqueza e renda. As firmas e seus mecanismos de mercado buscarão de todas as formas se desvincular dos demais elementos espaciais. Para isso, necessitam de mecanismos autorreguláveis indo a desencontro com as ideias de desenvolvimento.

Atkinson (2015, p. 119) não considera que as mudanças tecnológicas sejam um elemento exógeno, algo determinado pelos deuses. Esse autor compreende que as "[...] decisões são influenciadas por considerações econômicas que tornam a mudança técnica endógena, ou seja, determinada pela própria economia e sistema social" (Atkinson, 2015, p. 119).

Ao levarmos isso em consideração, devemos ter claramente que os limites do Estado precisam ser reavaliados, para que a instituição que deve manter a harmonia com os elementos espaciais não se desfaça. A riqueza dentro do sistema capitalista é o elo de unificação do espaço e tempo geográfico. Atkinson (2015, p. 128) assegura que a riqueza é "[...] hoje distribuída de forma bem ampla, mas boa parte da riqueza que as pessoas possuem corresponde a pouco ou nenhum controle sobre as atividades produtivas da economia para além da porta da frente de suas casas". Assim sendo, nem os poupadores são capazes de influenciar decisões de empresas, e a aplicação do capital em atividades produtivas é diferente da titularidade beneficiária da riqueza.

Assim, como limites do Estado, devemos compreender que a titularidade da riqueza pertence às firmas, que é distribuída desigualmente no espaço. Daly e Farley (2016, p. 562) levantam a seguinte questão: "há algum mal em acumular riquezas apenas para se conseguir status?". A resposta é dada por esses autores em dois blocos, o primeiro referente ao consumo conspícuo e o segundo, ao jogo de soma zero. O consumo conspícuo aumenta a escala, que força os ecossistemas dada a *capacidade de suporte*. Portanto, é "[...] uma externalidade negativa e as pessoas deveriam pagar pelos impactos negativos que impõem aos outros" (Daly; Farley, 2016, p. 562).

A questão do status também é algo que não se deveria aceitar, afinal ele é medido em relação à posição de outros, tornando-se um jogo de soma zero. Daly e Farley (2016) reforçam que o status de todos na sociedade não pode aumentar, devido à redução do status de outros em relação a um determinado indivíduo. Há sacrifícios nesta disputa por status, com relação "[...] ao tempo de lazer, o tempo para a comunidade e o tempo para família", afinal, para que um determinado indivíduo possa elevar seu status, este terá que trabalhar cada vez mais, e isso "[...] pode-se transformar numa espécie de corrida armamentista em que todos trabalham mais e ficam em situação pior" (Daly; Farley, 2016, p. 562).

Outro limite apontado por Santos (2017, p. 81) são os limites dos recursos, que, a nosso ver, estão relacionados diretamente com a *escala sustentável* defendida pela economia ecológica. A *escala sustentável* é um dos pilares para qualquer política ambiental, afinal, dentro do *mundo cheio* os recursos são escassos. Para que se possam aplicar boas políticas, se faz necessário uma regulação, licenciamento e fiscalização das instituições, sendo que as firmas buscarão sempre pela autorregulação. Este conflito de interesses é latente em todos os momentos do espaço e tempo geográfico, bem como está intimamente ligado aos *sistemas de objetos* e *sistemas de ações*. Daly e Farley (2016) apresentam quatro tipos de políticas para a questão da *escala sustentável*, sendo: regulação direta, impostos pigouvianos, subsídios pigouvianos e licenças negociáveis.

A forma dominante da política ambiental, conforme Daly e Farley (2016, p. 541), são as regulações diretas, que assumem diversas formas. A primeira forma apresentada é a Melhor Tecnologia de Controle Disponível (MTCD) que pode ser imposta a todas as empresas e indivíduos. Estas leis apresentam bons resultados com relação ao ar limpo de diversos países. O comando e o controle consistem em limitar a extração de determinados recursos naturais, sendo muito utilizado com relação à pesca. Como tudo na vida, a regulação direta apresenta vantagens e desvantagens. A principal vantagem é a limitação da "[...] quantidade de poluição e uso de recursos a um nível aceitável, contribuindo assim para o objetivo de atingir uma escala sustentável" (Daly; Farley, 2016, p. 541).

Todavia, a desvantagem das regulações diretas, de acordo com Daly e Farley (2016), ocorre por não se ajustar "ao critério de *alocação eficiente* e assim frequentemente não são a melhor maneira, em termos de eficiência, de alcançar o objetivo desejado". Por fim, outra desvantagem, é a falta de incentivos para ultrapassar um determinado objetivo, "como reduzir a poluição abaixo do nível regulamentado" (Daly; Farley, 2016, p. 541).

Os impostos pigouvianos, segundo Daly e Farley (2016, p. 544-546), estão relacionados ao "problema da internalização das externalidades ambientais", sugerida por Arthur Cecil Pigou (1877-1959). Cánepa (2010, p. 79) compreende que por esta abordagem "o dano causado pela poluição é um custo social, uma externalidade negativa, resultante do fato de um agente econômico" que por sua vez, "gerar um custo pelo qual outro agente tem que pagar". Quando se consideram as externalidades negativas, os custos produtivos são ignorados pelos agentes econômicos. À vista disso, "o equilíbrio de mercado em que os custos marginais igualam os benefícios marginais não acontece e alguns dos maravilhosos benefícios do mercado não aparecem" (Daly; Farley, 2016, p. 545). Portanto:

> Pigou propôs uma solução simples: impor um imposto equivalente ao custo externo marginal. Isto obrigaria o agente econômico a responsabilizar-se por todos os custos econômicos, criando um equilíbrio no qual os custos sociais marginais seriam iguais aos benefícios sociais marginais. Nota-se que esta política exige uma mudança nos direitos de propriedade. Quando uma empresa tem liberdade de poluir, tem um privilégio e aqueles que são prejudicados pela poluição não têm direitos. O imposto de Pigou cria essencialmente um direito de propriedade do ambiental para o Estado, utilizando uma regra de responsabilidade. As empresas podem continuar a poluir, mas agora têm de pagar pelos prejuízos da poluição (Daly; Farley, 2016, p. 545).

Cánepa (2010, p. 80) acrescenta que, para corrigir essas externalidades negativas, o Estado deve calcular o tributo "incidente sobre cada unidade produzida", para que se aproxime da "diferença entre o custo marginal privado e o custo marginal social". Portanto, continua o autor, o Estado deverá, por meio de suas instituições, assumir "efetivamente o domínio, as propriedades, dos bens ambientais", pois são impossibilitadas de "alocar direitos de propriedade privada" quando o assunto é o meio ambiente (Cánepa, 2010, p. 80).

A principal crítica apontada por Daly e Farley (2016, p. 546) referentes a essa proposta se dá nos custos totais das empresas e indústrias, destacando que, "em relação a sociedade, o imposto é uma transferência e não conta como custo". Logo, reforçam os autores, não se deve considerá-lo injusto para as empresas, "uma vez que é simplesmente um pagamento pelos custos que as empresas impõem a sociedade" (Daly; Farley, 2016, p. 546).

Daly e Farley (2016) consideram que esta abordagem pode até levar algumas empresas à falência, entretanto demonstraria que os custos que elas impõem à sociedade eram superiores aos benefícios que proporcionavam. Todavia, sabemos que ao final as empresas não pagam impostos, elas repassam esses custos para a sociedade por meio de produtos e serviços mais caros, reduzindo consequentemente a demanda.

> Ao pôr em evidência a noção de custo social (externalidade negativa) e a consequente diferença entre custo marginal privado e custo marginal social, Pigou abriu o caminho para a introdução de problemas como o do meio ambiente na Teoria Econômica, com enorme repercussão posterior. Entretanto, o tipo de solução proposta não teve aplicação prática generalizada (Cánepa, 2010, p. 81).

Outro método para a *escala sustentável* são os subsídios pigouvianos. Daly e Farley (2016, p. 547) afirmam que "um subsídio é um bônus ou um pagamento para se fazer alguma coisa – o oposto de um imposto", logo o subsídio pigouviano consiste em um "pagamento a cada empresa por cada unidade de redução de custos ambientais que conseguir". Isso, conforme os autores, melhoraria as condições da sociedade, dada a redução da poluição das empresas. No imposto pigouviano, segue a lógica do poluidor pagador, no caso do subsídio, parte "do princípio que o poluidor tem privilégio de poluir e que a sociedade tem de lhe pagar para que não faça" (Daly; Farley, 2016, p. 547).

Esse último trecho é de fundamental importância, pois todo subsídio transferido para as empresas é retirado dos excedentes dos consumidores (sociedade), que terão sua demanda reduzida. Portanto, pode ser uma alternativa para incentivos a restauração ecossistêmica, todavia não se apresenta como uma boa solução no que tange à poluição das firmas. Isso se dá pela falta de incentivos das firmas em evitar a poluição, reduzindo consideravelmente a sua eficiência.

Destarte, Daly e Farley (2016, p. 548) apresentam o modelo *cap and trade*, uma licença negociável, sendo que essas licenças "são outro mecanismo custo-efetivo para conseguir um objetivo específico".

> Em vez de aumentar preços a partir de um imposto para reduzir a demanda, as licenças negociáveis exigem que a sociedade estabeleça uma quota, um máximo de poluição ou de depleção de recursos que será autorizado. Esta abordagem, normalmente chamada de cap and trade, é atualmente utilizada nos EUA para regular as emissões de SO2, na União Europeia para regular as emissões de CO2 e em vários países para regular a pesca (Daly; Farley, 2016, p. 548).

O problema apresentado nesse modelo consiste no "fato de haver normalmente pouco incentivo para reduzir a poluição total ou extração de recursos para níveis abaixo da quota" (Daly; Farley, 2016, p. 551). Portanto, apesar de apresentar uma boa alternativa para as externalidades ambientais, tem uma complexa relação com a *capacidade de suporte* e consequentemente a definição da *escala sustentável*. Algo que deve ficar claro é que, apesar dos modelos apresentados não serem perfeitos, são mecanismos que colocam o Estado como o principal agente ambiental na proteção da sociedade. Por esse motivo, a *escala sustentável* está diretamente ligada aos limites de recursos, que por sua vez se conectam aos limites do Estado, que tem também como função a *distribuição justa* (Figura 3.13).

Por fim, mas não menos importante nestas primeiras análises, vem a questão do limite dos Direitos Humanos, optamos por associar a *alocação eficiente*. Essa linha de pensamento está diretamente ligada aos atingidos pelas barragens; dadas as diversas injustiças ambientais (inclusive racismo ambiental), os Direitos Humanos têm uma conotação de destaque no pensamento de Milton Santos. Isso se dá por ele focar seus estudos no espaço banal, ou seja, das pessoas. Esta preocupação também está presente nos estudos da economia ecológica, principalmente na ecologia dos pobres desenvolvida por Martínez-Alier.

Portanova (2005, p. 56) afirma que os Direitos Humanos surgem a partir da revolução francesa, estabelecendo "[...] um novo patamar de legitimidade ética e política de atuação do Estado quanto, principalmente, da sociedade". Esses direitos estão ligados ao meio ambiente e, para Portanova, expandem-se por meio dos diversos movimentos sociais, criando, com isso, uma representação política. Essas políticas têm como base valores e propostas que são muito mais amplas que questões puramente econômicas, indo ao encontro de todo o arcabouço teórico da economia ecológica e geografia humana.

Para Portanova (2005, p. 70), os Direitos Humanos "[...] foram definidos a cada momento histórico de acordo com novas exigências e crises por que passava a sociedade". De acordo com a Organização das Nações Unidas (ONU), os Direitos Humanos são garantias de proteção das pessoas contra ações ou falta de ações dos governos que possam colocar em risco a dignidade humana. Estes direitos buscam garantir que todos são iguais, mesmo com diferenças, almejando uma vida digna a todos pelo simples fato de serem humanos. Portanova acrescenta que, ao adicionar a questão ambiental e o direito, gera-se um "[...] novo marco jurídico emancipatório que permitirá a ampliação da cidadania no século XXI", reforçando que diferentemente dos dilemas dos anos 50 (socialismo ou barbárie), surge neste século um novo dilema: sustentabilidade ou barbárie (Portanova, 2005, p. 70).

Para Daly e Farley (2016, p. 579), está na alocação a atenção central do pensamento econômico convencional, desempenhando "[...] um papel terciário na abordagem econômico ecológica às políticas", não negando a sua relevância. Esses autores consideram que a *alocação eficiente* é vital como componentes de boas políticas, mas não é a única, pois a *escala sustentável* e *distribuição justa* apresentam-se como força.

Isso se dá por envolver as pessoas e os recursos naturais, pois, sem considerar a alocação, a distribuição e a escala podem ser comprometidas. Hoje, pela economia ambiental, existe uma forte tendência de precificar a natureza, bem como a própria vida. Dadas as condições de incerteza, a ignorância e a falta de familiaridade em diversos temas, busca-se precificar dentro da lógica do mercado. Esse tipo de trabalho não deve ser desconsiderado, afinal, auxilia nas decisões públicas e privadas, entretanto deve ser complementado. Esse é o motivo de se correlacionarem as limitações dos Direitos Humanos com a *alocação eficiente*, pois invariavelmente entra-se também na questão ambiental.

Existem aspectos espaciais nos bens não comercializáveis, "a maior parte dos ecossistemas fornecem serviços em relação a nível local, regional e global" (Daly; Farley, 2016, p. 593).

Um exemplo trabalhado por Santos (2010, p. 339) em seu estudo sobre águas ocorre nos instrumentos econômicos relativos ao comportamento dos usuários:

> 1. Eficiência econômica: para garantir a alocação eficiente do recurso, o preço deve refletir o custo marginal da provisão deste recurso, no caso dos diferentes usos da água, a cobrança deve ter a capacidade de incorporar os custos sociais (externalidades) derivados do uso;
> 2. Impacto ambiental: é função da capacidade do instrumento de influenciar o comportamento dos poluidores e consumidores de forma a melhorar a qualidade ambiental;
> 3. Aceitabilidade: como o instrumento é aceito e recebido pelos que são impactados por ele, idealmente a implementação deve ser progressiva para permitir planejamento de longo prazo e evitar grandes aumentos dos custos de produção e tornar-se perigoso para a competitividade.

Santos (2010, p. 339) destacou que "[...] a análise da eficiência e efetividade da cobrança deve ser feito separadamente para os diferentes setores", pois os usuários industriais tendem a reagir fortemente a essas cobranças. Logo, a questão central, quando se pensa na *alocação eficiente*, se dá pela redefinição do conceito de eficiência. Para Daly e Farley (2016, p. 601), é pela economia convencional que "a eficiência alocativa é alcançada quando se utiliza os recursos escassos na produção de maiores valores monetários". Nesse modelo, a tendência é que se beneficiem os que já são ricos em vez dos pobres, entrando em conflito com os Direitos Humanos. Todavia, pouco se preocupa com as externalidades dos mais ricos para com as gerações futuras, afinal, são eles que consomem conspicuamente. Os autores consideram que uma medida apropriada de eficiência é a razão dos serviços obtidos pelo capital produzido (CP) em relação aos serviços sacrificados do estoque do *capital natural* (CN) como resultado. Daly e Farley (2016, p. 601), buscando melhorar a razão da eficiência, apresentam a seguinte identidade:

São apresentadas por Daly e Farley (2016, p. 601) quatro razões para se adotar esse modelo de eficiência, sendo:

> 1. Eficiência de serviços; é composta pela eficiência técnica, alocativa e de distribuição;
> 2. Eficiência de manutenção ou durabilidade; todo o estoque de CP precisa de *throughput* para mantê-lo ou substituí-lo, mas, quanto menos *throughput* necessário, maior a eficiência;

3. Eficiência do uso e do crescimento do *capital natural*; as florestas e as plantações de espécies de crescimento rápido bem manejado fornecem mais madeiras de corte sustentável a cada ano do que as florestas ou plantações mal geridas de espécie de crescimento lento;
4. Eficiência aumentada pelo aumento do estoque de *capital natural* ou pela redução da perda de *serviços e funções ecossistêmicos* por unidade de exploração.

Destarte:

> Esta definição trata da escala a partir do *tradeoff* entre os serviços alcançados (numerador) e os serviços perdidos (denominador), tal como representados no lado esquerdo da identidade. O crescimento não econômico invariavelmente reduz a eficiência. No lado direito da identidade vemos os componentes da eficiência geral – ou seja, concepção, distribuição, crescimento e uso de recursos (Daly; Farley, 2016, p. 603).

Conforme o *efeito derrame* apresentado por Gudynas (2016), percebemos que, ao desconsiderar ou fragilizar a questão do meio ambiente, há uma sucessão de externalidades negativas ao longo de uma extensa cadeia, seguindo esta lógica:

Propomos um padrão com efeito inverso que apresenta externalidades positivas que foram inspiradas nesse modelo e que será denominado como *efeito transbordamento* (Figura 3.14). Unindo elementos da geografia humana com os pilares da economia ecológica, busca-se demonstrar que a união dessas disciplinas, apesar de toda a complexidade do sistema, torna-se mais próxima pela busca da compreensão da totalidade espacial. É importante destacar que o Estado e suas instituições não devem ser pensados como uma entidade monolítica, afinal, os demais elementos espaciais não são agentes passivos. Há, de forma oculta, as mais diversas pressões, tensões, disputas e conflitos na relação de poder entre os agentes, necessitando a sua compreensão.

Figura 3.14 – O efeito transbordamento com os elementos espaciais, os pilares da economia ecológica e os limitadores tecnológicos aos Estados, Recursos e Direitos Humanos

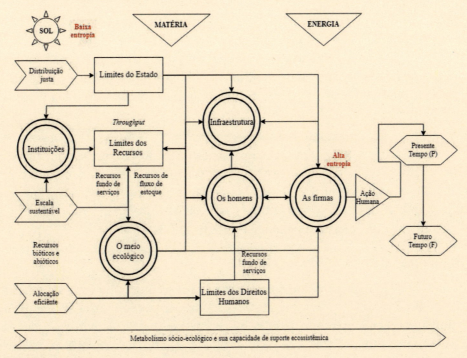

Fonte: Elaborado pelo autor

Considerando a Terra como um sistema aberto, iniciamos o modelo com o Sol, responsável pela vida, oferecendo energia de baixa entropia para todos os seres vivos. As matérias e energias são sempre consideradas como peças-chaves na economia ecológica, portanto os recursos bióticos e abióticos advêm dessas forças. Devemos também considerar as leis termodinâmicas, que demonstram a transformação, dentro do setor produtivo, da matéria e energia de baixa entropia em alta entropia. Esperamos que o metabolismo socioecológico possa ser compreendido nesse modelo, para que a ação humana melhore o bem-estar dos presentes, como das futuras gerações, pautado no primado da física e biologia.

O primeiro limite abordado é o Estado, é este que irá desencadear as externalidades positivas (ou negativas) para todo o sistema. O Estado tem uma relação direta com a *distribuição justa*, afinal, o atual nível de riqueza dos tempos modernos não é comparado a nenhum período da história, algo até então positivo. No momento em que o Estado tem a *distribuição justa* como métrica, tendo a missão de melhorar o bem-estar das presentes e futuras gerações, todo o modelo convencional se distorce no espaço-tempo.

O Estado, reconhecendo seus limites, mas sabendo de suas funções para com a sociedade, atuará para que suas instituições se tornem mais fortes. Com essas instituições fortalecidas, logo o Estado estará fortalecido, melhorando sua relação com os *elementos espaciais*. As instituições devem atuar para se compreender os limites dos recursos. Em um planeta que possui características de uma nave espacial, conforme proposto por Kenneth Boulding, há recursos extremamente escassos e valiosos, por serem não renováveis. Logo, a *escala sustentável* está diretamente ligada a esses limites de recursos, que estão contidos no ambiente natural. Compreender os *recursos de fluxos de estoque*, como os *recursos de fundo de serviços*, bem como o processo de *throughput*, e sua interação entre os elementos espaciais reforça a importância de um Estado como organizador espacial, pois é ele que irá exercer as medidas reguladoras às firmas. Deve ficar claro que não se pretende defender modelos socialistas, nem capitalistas, afinal, ambos utilizam as técnicas para escravizar os seres humanos, e sim um modelo que elimine o iminente perigo da barbárie, considerando o modelo vigente.

Definimos que os limites dos Direitos Humanos estão atrelados à *alocação eficiente*, relacionada também ao ambiente natural, bem como os seres humanos (sociedade) e as firmas. Um Estado forte, com missão, visão, metas e objetivos bem definidos, sem clientelismo e bandidismo, e respeitando o dinheiro dos pagadores de impostos, compreendendo melhor esses limites, torna a sociedade mais forte e o mercado mais livre.

Devemos aqui deixar claro o que viria a ser um Estado forte, principalmente quando falamos de Brasil. Sabemos que o Estado brasileiro tem uma estrutura gigante, onerosa, com uma das maiores tributações do mundo, com alto nível de corrupção, além de um constante processo de sucateamento das mais diversas instituições. Quando falamos sobre o Estado forte, devemos compreender como um Estado eficaz, que utilize os recursos públicos, ou seja, o dinheiro dos pagadores de impostos, de forma sábia, mesmo com uma racionalidade limitada. Refere-se a um Estado que, por mais que não rompa sua ligação e subordinação aos interesses dominantes, não tenha como premissa o crescimento pelo crescimento.

Um Estado que, ao invés de se basear em uma civilização do consumo, auxilie na busca do retorno a economias de baixa energia, visto que o crescimento exponencial leva, inevitavelmente, ao fim de qualquer sistema. Um Estado que não busque apenas o desenvolvimento alternativo, mas alternativas ao desenvolvimento por meio da liberdade, como um valor intrínseco e instrumental. Um Estado que dê voz e vez para aqueles que não possuem, com objetivo de equilibrar a balança nessa relação de poder. Um Estado que supere a contradição entre o Estado forte e o mercado livre, pois o segundo não é possível sem o primeiro, tendo em vista a importância de uma coordenação econômica. Um Estado que desempenhe um papel-chave na função normativa de facilitação e encorajamento aos mercados, construindo um projeto nacional de desenvolvimento com equidade social e responsabilidade ambiental, aliado com o incentivo a inovação e progresso técnico. Um Estado que não tolere a fome a miséria, e que pela educação possa melhorar a vida de sua população, reduzindo desigualdades. Um Estado que não permita o parasitismo da classe política, criando às custas da sociedade uma nova burguesia que drena do povo suas riquezas e sonhos.

Os pontos apresentados são apenas alguns de vários que poderíamos adicionar, mas sempre com a consciência de que toda ação do Estado gera um custo, e esse custo é pago pelo trabalho (público e privado). Nesse sentido, ao afirmarmos a importância de um Estado forte, devemos ter em mente a otimização dos recursos, fazendo mais com menos, respeitando os contribuintes e elevando o bem-estar da sociedade, com um projeto de país soberano. Um bom governo, cercado de boas pressões sociais, com políticas públicas inclusivas, dentro de um ambiente democrático, é o que pode criar o efeito transbordamento, impossibilitando que a Nação fracasse e cientes do teorema da impossibilidade de Arrow. Parafraseando Furtado (1992), é necessário criar estudos de ação concreta, sendo que os processos de desenvolvimento não se dão fora do tempo histórico, respeitando o primado da biologia e física, principalmente no contexto latino-americano.

Dando continuidade, as firmas também ficam fortalecidas, pois, dentro de um ambiente sustentável, as pessoas buscarão melhorias nos processos produtivos visando a um bem comum: a sobrevivência em *devir*. A sociedade, nesse sentido, estará mais aberta em relação às suas limitações e potencialidades, apresentando um crescimento na produtividade, sem aumentar a produção, dado o consumo consciente. Isso se dá por ter ligação direta com o ambiente e seus limites, buscando otimizar os recursos de modo a proteger as futuras gerações. Percebemos que para tal a *distribuição justa* é fundamental, afinal, neste ponto que se percebem as desigualdades que são prejudiciais não apenas à economia, mas à segurança e saúde.

As infraestruturas apresentam relação com todos os *elementos espaciais*, mas merece destaque o fato de que, ao se pensar nas instituições, está ligado diretamente aos limites do Estado. Recurso e tempo são escassos, logo os custos com as infraestruturas não devem ficar alocados apenas ao Estado, mantendo as firmas como potenciais e importantes parceiras. Tanto a sociedade quanto as firmas demandam infraestrutura, mas tem de se levar em conta que as pessoas já estão representadas pelas instituições, que utilizaram seus recursos (tributos) na busca do aumento do bem-estar da população. Todavia, o Estado tem limites e nesse sentido as firmas podem contribuir, por meio da responsabilidade social, atendendo a algumas necessidades humanas que o Estado não possa suprir. O lucro não é desconsiderado, mas os custos marginais privados, devido à eterna externalidade negativa das firmas, devem ser compensados pelos custos marginais sociais.

As firmas, para fechar os elementos espaciais, possuem relação com todos os demais, inclusive as limitações. No caso daquelas empresas que não compreenderem o seu papel para com o futuro, o Estado deve criar mecanismos norteadores para suas ações, auxiliando na compreensão de *escala sustentável* e *alocação eficiente*. As firmas precisam compreender que suas ações impactam em *devir*, necessitando trabalhar por um prisma produtivo de baixa energia. As externalidades negativas devem ser minimizadas, ampliando dentro do mercado de fatores uma produção intensiva em mão de obra. O consumo conspícuo deve ser sobretaxado, por representar um desperdício de natureza, por tratar de uma distribuição injusta espacialmente.

As firmas demandam recursos (matéria e energia) dos ecossistemas, além do trabalho das famílias, que, durante o seu processo metabólico devido à entropia, devolvem para a natureza resíduos de alta entropia da produção. O mesmo ocorre com a sociedade e instituições, todavia, em escala menor. Hoje já existem firmas que realmente compreendem sua função em um planeta finito, com processos modernos de economia circular. Porém, deve ficar claro que fazem por questão puramente de idiossincrasia, pois as instituições solicitam um comportamento das firmas bem aquém do necessário para garantir o bem-estar em qualquer linha do tempo. Atualmente muitas firmas fazem muito além das exigências legais, umas por pressão dos seres humanos, dos mercados, outras apenas por questão de marketing.

As firmas apresentam um papel de suma importância, pois elas que muitas das vezes definem a ação humana. Portanto, demonstra-se novamente a relevância do Estado para que auxiliem as firmas a compreender seu metabolismo industrial e sua capacidade ecossistêmica. Sabemos que este último não é algo simples, às vezes até utópico, pois existem as mais diversas variáveis, tornando-se um dos problemas mais complexos da atualidade, entretanto, no caso de dúvidas, se deve optar pelo princípio da precaução.

Portanto, como as firmas são as principais responsáveis por lançar no sistema ecológico matéria e energia de alta entropia, têm de se valer de boas orientações, para que possam continuar se desenvolvendo com os demais elementos espaciais. Essa relação direta das firmas com a ação humana tem este caráter, pois depende do agir. Existem diversos modelos que já demonstram que o atual modelo econômico é insustentável, logo, considerando o exposto até o momento, espera-se que o tempo presente possa elevar seu bem-estar, sem prejudicar as gerações futuras em *devir*.

Por conseguinte, entra-se agora no último tópico para completar este modelo, sendo os *sistemas de objetivos* e os *sistemas de ações*. Mas antes devemos destacar que as firmas devem ter uma orientação social, sendo isso rentável. O modelo proposto por Muhammad Yunus (1940-), laureado Prêmio Nobel da Paz, pode servir de inspiração. Os negócios sociais mudam a missão e visão das firmas, nas quais o foco é oferecer produtos e serviços que melhorem a vida da sociedade, principalmente daqueles mais pobres. A acumulação é algo a ser trabalhado pela *distribuição justa*, dando liberdade para que as firmas se reinventem. Nesse processo, os empreendedores irão criar riqueza, todavia, diferentemente do modelo atual, seus produtos e serviços atenderão as classes mais baixas. Esse nicho de mercado ainda é pouco explorado pelas firmas, pois naquele momento em que se elimina a extrema pobreza, bem como aumenta o bem-estar dos mais pobres, cria-se riqueza pautada em uma *distribuição justa*. Quando as necessidades básicas das pessoas são atendidas, entramos em um novo processo para que o consumo seja consciente, sem que se busque *status*.

Procuramos tratar, a partir deste momento, sobretudo de duas noções centrais do pensamento de Milton Santos, sendo: *sistemas de objetos* e *sistemas de ações*. Reforçamos que, para esse autor, o espaço e tempo geográfico consistem em "[...] um conjunto indissociável de sistemas de objetos e sistemas de ações", sendo necessário dialogar sobre essa assertiva, principalmente na busca da compreensão da totalidade espacial, investigação reforçada pelos pilares da economia ecológica (Santos, 2017, p. 21).

Santos (2017, p. 61) buscou trabalhar a primeira definição do espaço, que, para ele, "a geografia poderia ser construída a partir da consideração do espaço como um conjunto de fixos e fluxos". Os fluxos são um resultado direto ou indireto das ações, que intercalam com os elementos fixos, modificando a sua significação e o seu valor. Santos (2017, p. 62) destacou que "fixos e fluxos juntos, interagindo, expressam a realidade geográfica e é desse modo que conjuntamente aparecem como um objeto possível para a geografia". Nesse sentido, para o autor, durante toda a história foi dessa forma, entretanto os fixos são mais artificiais e mais fixados ao solo, enquanto os fluxos são mais diversos, amplos, numerosos e rápidos.

Após perceber esse problema, Santos (2017, p. 62) se pôs a realizar uma segunda definição do espaço, utilizando-se de um par de categorias: "[...] de um lado, a configuração territorial e, de outro, as relações sociais". Compreende que "[...] a configuração territorial é dada pelo conjunto formado pelos sistemas naturais", pois o homem a modifica, desconsiderando o desenho territorial como espaço, pois "[...] sua realidade vem de sua materialidade, enquanto o espaço reúne a materialidade e a vida que o anima" (Santos, 2017, p. 62). Nesse momento, percebe que devido à forma como o homem configura o material, dadas suas relações sociais, há "[...] uma negação da natureza natural, substituindo-a por uma natureza inteiramente humanizada" (Santos, 2017, p. 62).

A terceira definição do espaço proposta por Santos (2017, p. 62) é a mais importante, vejamos: "[...] cabe estudar o conjunto indissociável de sistemas de objetos e sistemas de ações que formam o espaço". Reforça que não se deve compreendê-los de forma isolada, afinal são elementos indissociáveis. Quaisquer tentativas de separação incorreriam no erro da não busca pela noção de totalidade.

> O espaço é formado por um conjunto indissociável, solidário e também contraditório de sistemas de objetos e sistemas de ações, não considerados isoladamente, mas como o quadro único no qual a história se dá. No começo era a natureza selvagem, formada por objetos naturais, que ao longo da história vão sendo substituídos por objetos fabricados, objetos técnicos, mecanizados e, depois, cibernéticos, fazendo com que a natureza artificial tenda a funcionar como uma máquina. Através da presença desses objetos técnicos [...] o espaço é marcado por esses acréscimos, que lhe dão um conteúdo extremamente técnico (Santos, 2017, p. 63).

Diante desse cenário, notamos que os *sistemas de objetos* são cada vez mais artificiais, sendo que os *sistemas de ações* são "[...] igualmente imbuídos de artificialidade, e cada vez mais tendentes a fins estranhos ao lugar e a seus habitantes" (Santos, 2017, p. 63). Portanto, o espaço é "[...] dinâmico e unitário, onde se reúnem materialidade e ação humana" (Santos, 2013, p. 46).

Dentro dessa união, os *sistemas de objetos* são naturais ou fabricados. Assim rios, lagos, pastagens, florestas, oceanos, desertos e demais biomas ecossistêmicos estão dentro dos *sistemas de objetos*. É o que muitos ecologistas e economistas compreendem como *capital natural*, pois englobam os recursos abióticos com os recursos não renováveis, criando-se processos e componentes naturais. Os objetos fabricados, nesse caso, são aqueles que possuem trabalho, nos quais a espécie humana modifica a natureza. Barragens, estradas, estádios, prédios, equipamentos, carros, navios, aviões e tantos outros estão dentro dos *sistemas de objetos*. Para ecologistas e economistas, podemos considerar que o conceito de *capital manufaturado*, advém da interação entre o *capital natural* e o *capital cultural* (ação humana).

O *capital cultural* pertence dessa forma aos *sistemas de ações*, que são deliberadas ou não. A visão de mundo, a ética, a moral, as ideologias estão neste campo, tornando-o altamente complexo. E assim os *sistemas de ações* podem ser bem representados por decisões, públicas ou privadas, de determinados empreendimentos. No presente momento, mesmo após os recentes rompimentos com barragens no Brasil, existem projetos que estão em negociação para barragens com capacidade ainda maiores. Portanto, a decisão, caso seja deliberada, consistirá em ações para criação dos *sistemas de objetos* fabricados. Entretanto, se não for deliberada, consistirá numa tentativa, num ato, uma forma de agir que por questões econômicas, ou não, deve ser analisada. Este é um dos motivos pelo qual Milton Santos considera que os *sistemas de ações* possuem artificialidades.

Para Santos (2017, p. 63), na interação entre os *sistemas de objetos* e *sistemas de ações*, enquanto os primeiros "[...] condicionam a forma como se dão as ações", os últimos "[...] leva à criação de objetos novos ou realiza sobre objetos preexistentes". Conclui afirmando que "é assim que o espaço encontra a sua dinâmica e se transforma". Essa proposta de Milton Santos pode ser resumida conforme o modelo a seguir (Figura 3.15).

Figura 3.15 – Sistemas de objetos e sistemas de ações de Milton Santos

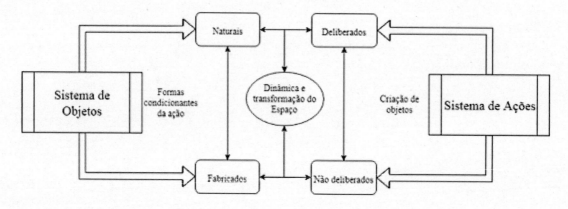

Fonte: Elaborado pelo autor

Após apresentar essa definição, iniciamos neste momento uma análise mais aprofundada do pensamento de Milton Santos com relação aos *sistemas de objetos* e *sistemas de ações*.

Os *sistemas de objetos*, de acordo com Santos (2017, p. 64), têm uma distinção, na qual alguns consideram que existem objetos das coisas, "[...] estas sendo o produto de uma elaboração natural", divergindo da ideia de objeto em si, como um produto de uma elaboração social. Portanto, "[...] as coisas seriam um dom da natureza e os objetos um resultado do trabalho", estando a natureza cada vez mais artificializada, pois "os objetos tomam o lugar das coisas" (Santos, 2017, p. 65).

Santos (2013, p. 46), considerando que espaço e tempo estão ligados, percebe que "a cada época, novos objetos e novas ações vêm juntar-se às outras, modificando o todo", logo reduzindo os objetos das coisas. Percebe que os objetos geográficos estão, a "[...] cada dia que passa, mais carregados de informações" (Santos, 2013, p. 133).

> Os objetos não são as coisas, dados naturais: eles são fabricados pelo homem para serem, a fábrica da ação. Hoje, esses sistemas de objetos tendem, em primeiro lugar, a ser um sistema de objetos concretos, isto é, objetos que se aproximam cada vez mais da natureza e buscam imitar a natureza. São também objetos cujo valor vem de sua eficácia, de sua contribuição para a produtividade da ação econômica e das outras ações. São objetos que tendem à unicidade, um sistema de objetos que, pela primeira vez na história do homem, tende a ser o mesmo em toda parte (Santos, 2013, p. 86).

Assim, Santos (2013, p. 86) ainda complementa e afirma que "os sistemas de objetos não funcionam e não têm realidade filosófica, isto é, não nos permitem conhecimentos, se os vemos separados dos sistemas de ações". Essas ações são de certa forma racionais e buscam um determinado fim, e, para tal, são necessários vários meios. Nesse sentido, acrescenta Santos (2013, p. 96), "os sistemas de objetos são cada vez mais artificiais e os sistemas de ações são cada vez mais tendentes a fins estranhos". Destacou que, para os geógrafos, "os objetos são tudo o que existe na superfície da Terra, toda herança da história natural e todo resultado da ação humana que se objetivou" (Santos, 2017, p. 72).

As informações estão no seio dos sistemas de objeto, pois possuem uma intencionalidade, a qual consiste em "[...] um discurso que vem de sua estrutura interna e revela a sua funcionalidade" (Santos, 2013, p. 98).

Existe, dessa forma, de acordo com Santos (2017, p. 69), uma complexidade inerente ao objeto, na qual "[...] o repertório de funções que podem ser combinadas com o seu uso". Portanto, "[...] a partir do reconhecimento dos objetos na paisagem, e no espaço, somos alertados para as relações que existem entre os lugares" (Santos, 2017, p. 71). Portanto:

> Objetos não agem, mas, sobretudo no período histórico atual, podem nascer predestinados a certo tipo de ações, a cuja plena eficácia se torna indispensável. São as ações que, em última análise, definem os objetos, dando-lhes um sentido. Mas hoje, os objetos *valorizam* diferentemente as ações em virtude de seu conteúdo técnico. Assim, considerar as ações separadamente ou os objetos separadamente não dá conta da sua realidade histórica. Uma geografia social deve encarar, de modo uno, isto é, não separado, objetos e ações *agindo* em concerto (Santos, 2017, p. 86).

Por fim, os objetos, hoje, apresentam características únicas, pois o tempo moderno é a era dos objetos[35]. Santos (2017, p. 215) afirma que os objetos técnicos estão presentes "[...] em todas as latitudes e longitudes", sendo necessário um olhar pautado na *verticalidade* e *horizontalidade*. Os objetos possuem uma universalidade, que é "[...] resultado de que o sistema técnico funciona em estado global" (Santos, 2017, p. 215). Destacou também que a "[...] vida sistêmica e auto expansão são correlatos, já que as atividades correspondentes tendem a se difundir largamente, graças à sua competitividade", portanto, "os objetos não mais nos obedecem", tendo uma relação com as necessidades (Santos, 2017, p. 217).

Os sistemas de ações, por outro lado, representam o agir humano, ou seja, a ação humana diante do planeta. Santos (2017, p. 78), resgatando o pensamento de outros geógrafos, afirma que "os homens são seres de ação: eles agem sobre si mesmo, sobre os outros, sobre as coisas da Terra". Quando adicionado o trabalho, o homem exerce ação sobre a natureza, transformando-a em objetos imbuídos de técnicas e informações. Logo, a criação de objetos depende da ação humana, pois ao modificar a natureza cria-se um ambiente artificializado.

Costanza *et al.* (1997), buscando valorar os serviços e funções ecossistêmicas em escala planetária, colocam a possibilidade de o ser humano criar colônias espaciais artificiais. Essas colônias teriam que reproduzir as funções e serviços da natureza, na qual uma forma de se compreender os valores monetários dos ecossistemas terrestres (Biosfera I) seria replicar os custos das ações referentes a uma biosfera artificial (objeto). O projeto Biosfera II, desenvolvido nos Estados Unidos, no estado do Arizona, em 1986, tinha como objetivo a reprodução do ambiente terrestre de forma artificial. Portanto, este projeto consistia de um ecossistema artificial instalado no deserto do Arizona, dentro de uma colossal redoma de vidro de aço. Este projeto fracassou, dada a dificuldade de se reproduzir oxigênio em grande escala, sendo uma proposta complexa e de elevadíssimo custo. Portanto:

---

[35] "Vivemos a era dos objetos: quero dizer que vivemos no seu ritmo e segundo sua incessante sucessão. Somos nós que os vemos hoje nascer, perfazer-se e morrer, enquanto em todas as civilizações anteriores eram os objetos, instrumentos ou monumentos que sobreviviam às gerações humanas" (Santos, 2017, p. 213).

> [...] a Biosfera I (a Terra) é fonte inesgotável de recursos naturais, que oferecem seus serviços aos seres humanos, aumentando-se assim o seu bem-estar. Projetos espaciais e colônias artificiais (Biosfera II) estão longe do nosso tempo, mesmo sendo possível imaginar estas condições. Contudo, espera-se que quando estas atividades se iniciarem, que as gerações capazes de realizar estes empreendimentos não o façam por desespero, e sim, por melhoras tecnológicas e ambientais. O axioma em que o capital natural é essencial para o bem-estar humano, pode ter uma nova conotação quando se pensa por perspectivas planetárias. Todavia, no presente momento estes empreendimentos estão distantes, tornando ainda mais importante o debate e ações que preservem o capital natural do planeta (Barcelos; Ferreira; Camargo, 2018, p. 70).

Destarte, são as ações que definem os objetos, pois a interação homem-natureza modifica o tempo e espaço. Santos (2017, p. 78) compreende que a ação "[...] é subordinada a normas, escritas ou não, formais ou informais e a realização do propósito reclama sempre um gasto de energia", isto é, a entropia do sistema metabólico. "A ação é o próprio homem", afirma Santos (2017, p. 82), no qual apenas o ser humano tem objetivos e metas. Relata que "a natureza não tem ação porque ela é cega, não tem futuro", sendo que as ações humanas "não se restringem aos indivíduos", pois empresas, instituições e demais organizações sociais possuem uma ação (Santos, 2017, p. 82).

Santos (2013, p. 86) compreende que, assim como os objetos, as ações são artificiais. Essa artificialidade se dá pelos fins, os seres humanos optam por administrar o planeta e seus recursos finitos. Além de uma péssima administração de recursos, observamos uma total desconsideração para com a própria humanidade, além de um desdém para com outras espécies vivas, por motivos frívolos de acumulação.

> Por fim, só podemos ficar orgulhosos das conquistas sem precedentes dos sapiens modernos se ignorarmos completamente o destino de todos os outros animais. Grande parte da alardeada riqueza material que nos protege de fome e doenças foi acumulada à custa de macacos de laboratório, vacas leiteiras e frangos criados em linha de produção. Nos últimos dois séculos, dezenas de bilhões deles foram submetidos a um regime de exploração industrial cuja crueldade não tem precedentes nos anais do planeta Terra. Se admitirmos apenas um décimo do que os ativistas pelos direitos dos animais estão reivindicando, a agricultura moderna poderia muito bem ser o maior crime da história. Ao avaliar a felicidade global, é um equívoco considerar apenas a felicidade das classes superiores, dos europeus, ou dos homens. Talvez também seja um equívoco considerar apenas a felicidade dos humanos (Harari, 2015, p. 389).

As ações que os seres humanos estão tomando são antinaturais e artificializam, isso decorre de uma constante busca por *status*, consumo conspícuo e exploração de outras espécies e da própria. As ações, observa Santos (2013, p. 87), aparecem como racionais, apesar da irracionalidade dos mercados atuais. Entretanto, para Santos essa racionalidade se dá pelos fins e meios pelos quais a sociedade se curva, desse modo o elemento da ação atual é a retórica. São assim, conclui, "obedientes à razão do instrumento, à razão formalização, ação deliberada por outros, informada por outros" (Santos, 2017, p. 226).

Para Polanyi (2000), dadas essas ações deliberadas e informadas, ocorre a separação do trabalho de outras atividades, sujeitando-o às leis do mercado. Com isso, Polanyi (2000, p. 198) afirma que "foi o mesmo que aniquilar todas as formas orgânicas da existência e substituí-las por um tipo diferente de organização, uma organização atomista e individualista" (Polanyi, 2000, p. 198). Desse modo, "a proteção da sociedade recai sobre os dominadores, que podem impor sua vontade diretamente" (Polanyi, 2000, p. 200).

> Após um século de "desenvolvimento" cego, o homem está restaurando seu *habitat*. Se a industrialização não deve extinguir a raça, ela precisa se subordinar às exigências da natureza do homem. A verdadeira crítica à sociedade de mercado não é pelo fato de ela se basear na economia – num certo sentido, toda e qualquer sociedade tem que se basear nela – mas que a sua economia se baseia no auto interesse. Uma tal organização de vida econômica é inteiramente antinatural, no sentido estritamente empírico de excepcional (Polanyi, 2000, p. 289).

Por fim, observamos que, dentro do sistema planetário, matéria e energia seguem os princípios termodinâmicos (entropia), entre os quais os espaços da produção e da circulação (abundância), bem como os espaços da distribuição e do consumo (distribuição) se unem. São os *sistemas de objetos* (naturais ou fabricados) e os *sistemas de ações* (deliberados ou não deliberados) que irão definir a sociedade. O tempo é um fator histórico, ele oferece aos *sistemas de objetos* e *sistemas de ações* novos arranjos, aproveitando de condições passadas e criando novas condições para o *devir*, bem como rugosidades espaciais.

Com a união de outras disciplinas, como a física, a ecologia e a economia, todo o modelo teórico de Milton Santos é expandido, chegando mais próximo da noção de *totalidade espacial*. Os elementos espaciais, bem como sua *estrutura, processo, função e forma*, estão ligados aos pilares da economia ecológica (*distribuição justa, escala sustentável e alocação eficiente*). Os capitais naturais, cultivados, manufaturados e culturais estão intercalados no espaço e tempo, corroborando com os *sistemas de objetos* e *sistemas de ações*. A ação humana, devido a todos os elementos que foram alocados, está atrelada às firmas, sendo que estas representam uma categoria à parte para uma análise.

Todavia, ao se considerarem os limites do Estado, e torná-lo mais forte e eficaz, pode ser possível sair de uma visão de curto prazo, desfavorável à sobrevivência, para uma visão de longo prazo, que tem a sobrevivência garantida em *devir*. Tudo que entra neste processo metabólico tem seu início com baixa entropia, tendo o seu final em alta entropia, portanto é o presente que definirá não apenas o seu tempo, mas também as futuras gerações.

Assim sendo, neste subcapítulo fazemos a união entre duas disciplinas, geografia humana e economia ecológica, que podem ter sua representação no modelo proposto (Figura 3.16). Na Tabela 3.2 é possível identificar a localização dos principais conceitos, categorias e noções utilizados ao longo deste trabalho, correspondente ao modelo proposto. Os conceitos de *sistemas de objetos* e *sistemas de ações*, bem como outras noções, são elementares para os próximos capítulos, que visam uma análise dos riscos e vulnerabilidades relacionados com a questão mineral, também em escala nacional, para posteriormente ser aplicada ao estudo de caso (Projeto Salobo).

Figura 3.16 – Modelo da interação entre a geografia humana e a economia ecológica

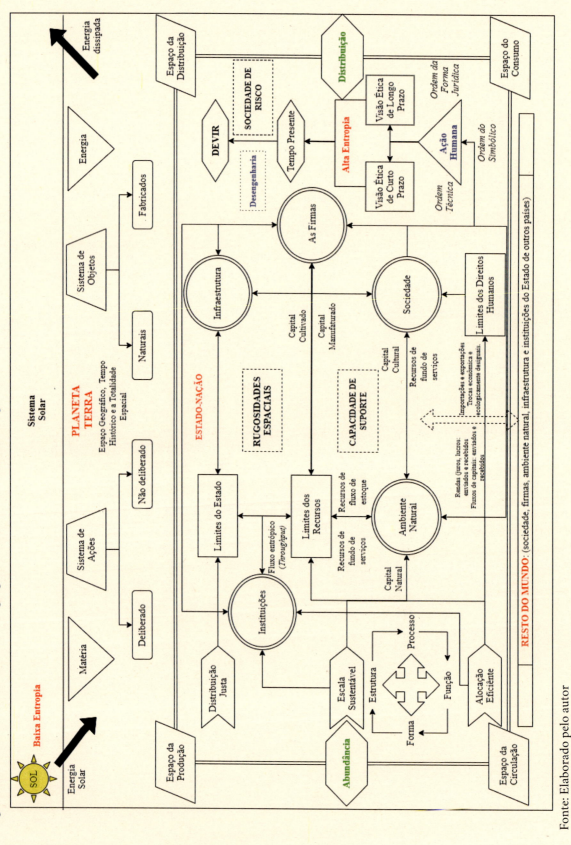

Fonte: Elaborado pelo autor

Tabela 3.2 – Mapa da simbologia com os principais conceitos utilizados no instrumental teórico da Figura 3.16

Símbolo	Conceitos	Localização no livro	Símbolo	Conceitos	Localização no livro
	Alocação eficiente, distribuição justa, escala sustentável.	Capítulo 2.2 – Do macro ao micro: o mundo vazio e o mundo cheio.		Matéria e energia. (Física).	Capítulo 2.3 – As contribuições da termodinâmica ao pensamento econômico.
	Elementos espaciais.	Capítulo 3.1 – Problemas socioambientais, a capacidade de suporte e os elementos espaciais.		Estruturas espaciais.	Capítulo 3.1 – Problemas socioambientais, a capacidade de suporte e os elementos espaciais.
	Estrutura, processo, função e forma.	Capítulo 3.3 – Mineração e barragem de rejeitos: estrutura, processo, função e forma.		Ação humana (ordem técnica, ordem da forma jurídica e ordem do simbólico).	Capítulo 3.4 – Os pilares da economia ecológica pelos sistemas de ações e sistemas de objetos.
	Distribuição e abundância. (Ecologia).	Capítulo 2.1 – Da ecologia a economia: conceitos e princípios gerais.		Tempos históricos e o devir.	Capítulo 1.5 – O devir como método.
	Sistemas de ações e sistemas de objetos.	Capítulo 3.4 – Os pilares da economia ecológica pelos sistemas de ações e sistemas de objetos.		Resto do mundo (rendas, fluxo de capitais, importação e exportação).	Item não trabalhado durante a pesquisa por não fazer parte do escopo, mas de fundamental importância para se entender a totalidade.

Símbolo	Conceitos	Localização no livro	Símbolo	Conceitos	Localização no livro
	Visão ética (de curto e de longo prazo).	Capítulo 2.4 – O metabolismo econômico e ecológico: bases, conceitos e noções.		Elementos ocultos: 1) rugosidade espacial, 2) capacidade de suporte, 3) sociedade de risco, e 4) desengenharia.	1) Capítulo 3.2 – Os eventos, horizontalidades, verticalidades e a rugosidade espacial. 2) Capítulo 2.1 – Da ecologia à economia: conceitos e princípios gerais. 3) Capítulo 4.4 – A sociedade de risco como um problema oculto na totalidade espacial. 4) Capítulo 4.6 – Do plano de fechamento de mina à desengenharia dos complexos industriais.
	Limites (das instituições, dos recursos e dos Direitos Humanos).	Capítulo 3.4 – Os pilares da economia ecológica pelos sistemas de ações e sistemas de objetos.			

Outros conceitos importantes: 1) Categorias capitais 2) Fluxo entrópico 3) Recursos de fundo de serviços e recursos de fluxo de estoque 4) Trocas econômicas e ecologicamente desiguais 5) Totalidade espacial.

1) Capítulo 2.1 – Da ecologia à economia: conceitos e princípios gerais; 2) Capítulo 2.3 – As contribuições da termodinâmica ao pensamento econômico; 3) Capítulo 2.4 – O metabolismo econômico e ecológico: bases, conceitos e noções; 4) Capítulo 1.6 – As teorias, os métodos e seus procedimentos; 5) Capítulo 3.2 – Os eventos, horizontalidades, verticalidades e a rugosidade espacial.

Fonte: Elaborado pelo autor

4

MINERAÇÃO E BARRAGENS DE REJEITO: A SOCIEDADE DE RISCO, GESTÃO DE RISCO E DESENGENHARIA

Nesse momento, a investigação busca, sem pretender esgotar, nas questões relacionadas à questão mineral e no objeto do estudo, barragens de rejeito. Dentro desse objeto, está sendo produzida uma análise do evento relacionado ao rompimento das barragens, algo que pode ocorrer em quaisquer períodos no tempo (*devir*). Para tal, buscamos compreender os riscos e vulnerabilidades desses eventos pelo olhar da geografia humana e economia ecológica, adicionando a *sociedade de riscos* de Ulrick Beck e a *desengenharia* de Luis Enrique Sánchez, além, é claro, de outras áreas do conhecimento, conforme exposto no instrumental teórico da Figura 3.16.

As *verticalidades* e *horizontalidades* compreendem a integração e relação das coisas, e seus fenômenos tornam-se fundamentais. Desse modo, Tiezzi (1988) apresenta uma estrutura analítica que consiste nos maiores desafios e problemas da nova ecologia. O autor se refere ao tempo histórico e biológico, e sua relação com a cultura econômica e social, que apresenta uma encruzilhada à espécie humana. Portanto, inúmeros desafios foram abordados ao longo desta pesquisa, principalmente pela ótica que se pretende abordar, na qual serão reapresentadas em diversos momentos. Entretanto, é necessário adicionar novos elementos e noções para que se busque um olhar dotado de *totalidade espacial*.

A guerra nuclear, aumento da população, desequilíbrios biológicos, desperdícios energéticos e perda do patrimônio genético são alguns pontos destacados por Tiezzi (1988). O mundo está em rota de colisão direta com a ideia do crescimento sem limites, na qual, em um dado momento, será necessário inverter a direção e se defrontar com uma nova cultura do desenvolvimento. Nesse momento não podemos desconsiderar as questões biológicas e termodinâmicas, pois elas são fundamentais para a junção das "[...] duas ciências com a econômica, com a vida social e com os processos produtivos" (Tiezzi, 1988, p. 7).

Portanto, apresenta uma visão que vai ao encontro da ótica adotada nesta pesquisa. Tal convicção, em substância, para Tiezzi (1988. p. 7), parte de três considerações:

> 1. O equilíbrio da natureza é um equilíbrio extremamente delicado que, com facilidade, o homem pode modificar de maneira irreversível; a natureza não é um reservatório ilimitado de recursos;
> 2. A coletividade jamais é indenizada pela destruição e pelo desperdício dos recursos naturais e ambientais, nem em termos econômicos, nem em termos sociais;
> 3. O fictício bem-estar da sociedade de consumo baseia-se na exploração real de três categorias de pessoas:
> a. As novas gerações, que irão se deparar com os recursos escassos com um ambiente poluído;
> b. Os grupos mais fracos e marginalizados, que sofrem danos sobre a saúde, com a poluição, etc., sem usufruir das vantagens econômicas do consumismo
> c. Os países do terceiro mundo, que paga nossas necessidades consumistas com a monocultura, com o próprio ambiente destruído (natural e culturalmente), e a fome (Tiezzi, 1988, p. 7).

Destarte, a mineração torna-se um dos melhores exemplos da *falácia da concretude deslocada*, tanto pelo enfoque do crescimento sem limites quanto pela sua real necessidade de quebra de paradigma para uma nova cultura. Quando se pensa na *estrutura, processo, função e forma* do setor mineral, torna-se evidente o desequilíbrio para com a natureza, na qual as ações humanas transformam o espaço de maneira irreversível, afetando, desse modo, diversas perspectivas temporais e criando *rugosidades espaciais*. Com os atuais rompimentos e vazamentos ocorridos em Minas Gerais, no Pará e, atualmente, na Bahia, percebemos a coletividade como responsável para com os prejuízos e passivos ambientais, pois a riqueza gerada, sabemos, é ilusória no longo prazo. Dentro dessa ilusão, o bem-estar torna-se questionável, pois pessoas são exploradas arcando apenas com as externalidades negativas desses passivos ambientais, econômicos e sociais.

Na revolução industrial, há finalmente uma declaração de guerra contra a natureza (Vivien, 2011), pois as visões de Francis Bacon (1561-1626) e René Descartes (1596-1650) são reescritas pelos positivistas do século XIX, virando palavras de ordem. Para esses autores, a natureza devia atender as necessidades dos seres humanos, pois são as pessoas os senhores de todas as coisas. Com a constatação da finitude da geografia nessa época, levando ao fim das grandes navegações, os objetivos das sociedades foram alterados, a guerra e a conquista dos territórios não eram as maiores metas, e sim a reordenação do poder político para os industriais, em especial os engenheiros.

Para Polanyi (2000), após o domínio do credo liberal, um sistema de mercado apresentado pelas políticas industriais utiliza os meios necessários para atender seus objetivos. Logo, a proposta de livre mercado defendida por esta corrente se vale do Estado como meio de reordenação do poder, utilizando a força da lei e até mesmo guerras, em que *tempo é dinheiro*.

Tiezzi (1988, p. 32) afirma que "o progresso é medido pela velocidade com que se produz [...]", a depleção dos recursos da natureza é a fonte de tudo, acrescentando que, nessa visão, "[...] quanto mais rapidamente se transformar a natureza, tanto mais se economiza tempo" e, consequentemente, dinheiro. Percebemos a total desconsideração do tempo entrópico, e que o inverso da mentalidade atual torna-se necessário, já que o tempo necessita ser esticado e não minimizado, pois apenas assim se garantirá a sobrevivência. Logo, o tempo não é apenas dinheiro, pois essa visão é reducionista dentro de uma mentalidade capitalista, afinal, o tempo é vida, algo que supera ideologias. Tiezzi (1988, p. 32) acrescenta que "o tempo tecnológico é inversamente proporcional ao tempo entrópico; o tempo econômico é inversamente proporcional ao tempo biológico", que consiste neste momento em um axioma fundamental para a pesquisa. Assim, a importância da *consciência de espécie*, algo que deve superar as classes, pois todos são afetados, ricos e pobres, embora, no primeiro momento, sejam os mais vulneráveis a arcar com os passivos. Portanto, a relação homem-natureza gera escassez de recursos naturais, problemas demográficos, guerras, algo que afeta a sobrevivência da espécie humana e tantas outras que não são capazes de decidir o próprio futuro.

A mineração é uma atividade tão antiga que se confunde com a própria história da humanidade, teve sua alavancagem produtiva nesse momento de força das políticas industriais, tornando-se cada vez mais técnica. Desse modo, não é possível imaginar uma sociedade, ainda mais nos moldes modernos, sem atividades minerais. A atividade mineral transforma a natureza e seus processos, que, apesar de evoluírem, pouco têm de inovação real, ou seja, seus processos remontam ao século XX. Desse modo, dentro das escolas de administração, a mineração encontra-se presa no seu primeiro momento embrionário, final do século XIX e início do século XX. Verificamos muitas semelhanças dentro deste segmento industrial com autores clássicos da administração, como: Frederick Taylor (1856-1915), Jules Henri Fayol (1841-1925), Henry Ford (1863-1947) e até mesmo Elton Mayo (1880-

1949), utilizando suas técnicas e ferramentas. Contudo, a mineração nada mais é do que uma forma científica de alocação da força de trabalho, cujo objetivo consiste na redução de custos, exploração do trabalho, com elevado desperdício de natureza, para maximizar os lucros, em processos que desconsideram os anseios e receios da sociedade civil, típico de organizações fechadas ao seu ambiente.

A atividade da mineração, por mais que possa incorporar novos elementos das escolas de administração, mantém suas bases em princípios administrativos clássicos, os quais, por um prisma moderno, são ultrapassados. Não é uma atividade inovadora, por mais que seja intensiva em capital, tampouco podemos considerá-la uma atividade sustentável. Todavia, devemos entender como essa atividade pode agregar valor para a sociedade se valendo dos pilares da economia ecológica, compreendidos pelos elementos espaciais da geografia humana. As riquezas da terra, como os minérios, são limitadas, apresentam características de rigidez locacional, sendo dependentes, como no caso brasileiro de uma mentalidade e técnicas pouco adequadas.

Além desses problemas, Sciliar (1996, p. 11) apresenta que "[...] no Brasil de hoje, uma parcela significativa da mineração é uma mistura de atividade empresarial e banditismo". Rodrigues e Rodrigues (2019) adicionam ainda o problema relacionado às instituições fracas e o clientelismo existente entre as empresas mineradoras e os municípios que possuem essas atividades. Suas análises vão ao encontro do que foi observado por Ross (2015), no caso desse estudo referente ao petróleo, foi evidenciado que as riquezas minerais do território geraram práticas clientelistas por parte dos políticos, buscando apoio político de forma indevida com empresas corruptas, apresentando efeitos nocivos à própria democracia.

Rodrigues e Rodrigues (2019), avaliam que nos municípios com riqueza mineral, há, inevitavelmente, um aumento de cargos comissionados, gastos com distribuição "gratuita" de bens, materiais e serviços, além das questões relacionadas às hipóteses de reeleição com compra de votos. Consideram ainda que, nessas circunstâncias, as riquezas minerais tornam-se uma maldição, quando não há instituições fortes. Na visão dos autores, "[...] parece equivocada a recente mudança na legislação brasileira, por meio da qual, sem quaisquer condicionantes, serão transferidos ainda mais royalties da mineração aos municípios" (Rodrigues; Rodrigues, 2019, p. 16).

Já para Sciliar (1996, p. 26), geralmente os Estados e municípios "[...] vivem de pires na mão à procura de recursos", e o governo brasileiro há muito tempo vem aceitando o papel de fornecedor de matérias-primas para o mercado internacional.

> Portanto, é urgente que sejam implementados instrumentos que possam ampliar a governança da riqueza gerada pela extração de recursos minerais. Isso porque os prefeitos têm enorme discricionariedade no emprego dos royalties da mineração, já que há apenas a vedação legal de que estas receitas não sejam utilizadas para o pagamento de dívidas ou de salários do quadro permanente de pessoal. Uma possível solução para ampliar esta governança é a criação de conselhos, paritariamente compostos por membros da sociedade civil, do setor produtivo e dos governos, os quais teriam a responsabilidade de decidir sobre a aplicação dos royalties da mineração. Desde que estes conselhos não fossem politicamente aparelhados, esta ação poderia contribuir para que os royalties da mineração possam ser convertidos em prol do desenvolvimento das comunidades locais (Rodrigues; Rodrigues, 2019, p. 16).

É por causa das fragilidades institucionais, que são manifestas no licenciamento ambiental, do monitoramento ao controle, que se evidencia que as instituições são incapazes de lidar com os riscos da mineração (Mansur *et al.*, 2016).

Rodrigues e Rodrigues (2019, p. 16), ao analisar o município de Mariana/MG, percebem que de 2009 a 2015 houve a troca de nove prefeitos. Além disso, a compra de votos, os gastos ilícitos e a utilização de dinheiro público para promoção pessoal são os principais motivos de cassação dos mandatos. Logo, uma "análise da relação entre a riqueza mineral e a corrupção no nível local é outra importante e necessária iniciativa de pesquisa no tema" (Rodrigues; Rodrigues, 2019, p. 16).

Tiezzi (1988) considera que a visão econômica convencional está ligada aos mecanismos positivistas dentro da cosmologia newtoniana. O autor (1988, p. 174) destacou que "[...] os conceitos de entropia, de indeterminação, de incerteza, patrimônio da ciência moderna, ainda não mineram os errôneos pressupostos de determinação e de certeza da teoria econômica". Nesse sentido:

> O ambiente e as gerações futuras não podem ser mais excluídos do mercado, ao chegarmos a esse dilema histórico entre as opções da sobrevivência e as da destruição global do planeta: a economia não pode mais basear-se em ciências reversíveis (mecânicas), mas sim em ciências em devir (biológicas, termodinâmicas). O sistema vivo não possui o determinismo da tecnologia. A redução do sistema vivo a quantidade, à medida, não é possível: a economia clássica é uma forma de reducionismo (Tiezzi, 1988, p. 175).

Dessa forma, buscando sair desse determinismo tecnológico e reducionismo econômico, Veyret diz a respeito das noções de ruptura e de descontinuidade. Ao pensar nos riscos e vulnerabilidades desses empreendimentos, Veyret (2015, p. 20) afirma que "[...] a crise leva a uma reflexão a ruptura, descontinuidade brutal e às vezes definitivas ou passagem de um equilíbrio dinâmico a um outro". Esse pensamento vai ao encontro dos *sistemas de objetos* e *sistemas de ações*, que geram *efeitos colaterais latentes*, e, por sua vez, transforma-se na base fundamental para toda a análise que se pretende criar neste capítulo. Esta unidade será dividida em seis seções, vejamos:

1. A mineração no Brasil, seus royalties e desafios (4.1): esta seção apresenta em termos gerais como foi o processo de mineração no Brasil no século XX e a importância dos recursos minerais para a sociedade moderna. Será apresentada uma introdução da história da CVRD (Vale S.A.) e como o Estado organizou a produção brasileira ao longo dos anos. trataremos também do fundo de compensação financeira (CFEM), que são os royalties minerais, apresentando suas principais características e desafios. Por fim, é apresentado o Plano Diretor de Mineração, sob uma proposta de formulação que tenta avançar na relação entre sociedade e firma.

2. Barragens de rejeitos: questões históricas e técnicas (4.2): apresentamos como o objeto de estudo (barragens de rejeitos) se constitui no evento do rompimento ao redor do mundo. Rompimento de barragem não é um evento novo na história da humanidade, sendo potencializado conforme a exploração amplia suas escalas. Apresentamos os principais métodos construtivos, suas técnicas, e as principais formas de ruptura. No atual modelo econômico, não há limitadores de escala, com isso, criam-se barragens cada vez mais altas, e com mais rejeitos, representando um risco cada vez maior.

3. Barragens de rejeitos: questões jurídicas e políticas (4.3): apresentamos a evolução jurídica com relação aos ordenamentos ambientais, relacionados às barragens de rejeito no mundo. São avaliadas formulações jurídicas de alguns países e do Brasil, seus princípios e noções. A legislação brasileira vem evoluindo com o tempo, mas carece de muitos avanços, necessitando de políticas públicas mais severas para crimes corporativos. A Política Nacional de

Segurança de Barragens (PSNB), Lei Federal n.º 12.334/2010, é apresentada, detalhando-se sua instrumentação em dois principais norteadores utilizados na Categoria de Risco (CRI) e Dano Potencial Associado (DPA), cujo modelo explicamos.

4. A sociedade de risco como um problema oculto na totalidade espacial (4.4): neste momento, adicionamos uma nova categoria analítica ao debate, sob a tese de Ulrich Beck da *sociedade de risco*. Os riscos da mineração, em sua ampla maioria, são desconhecidos pela sociedade, apresentando-se como elementos ocultos. Compreender os riscos e suas amplitudes, como os *efeitos colaterais latentes*, são os objetivos traçados ao longo do texto. O risco é um objeto geográfico, logo está presente na *totalidade espacial*, carecendo de incorporá-los aos modelos econômicos e a arquitetura social. Para tal, é de suma importância se valer do espaço banal, para que se possa identificar os atores da sociedade civil na construção de uma modelagem pautada na transformação social em *devir* (entrópica e ecológica). Portanto, as políticas e subpolíticas são elementos fundamentais para o avanço da proposta do *efeito transbordamento*.

5. Gerenciamento de riscos: do chão de fábrica ao mercado financeiro (4.5): a firma constitui um elemento transformador do espaço, logo necessita de uma análise do seu gerenciamento de risco. Apresentamos as principais técnicas e ferramentas com relação à gestão de riscos no chão de fábrica (operação) e como interagem com o gerenciamento de projetos. Os ciclos de vida dos projetos são condicionados aos riscos e incertezas, bem como seus custos, com as mais variadas amplitudes. São apresentados os pilares de segurança das barragens de rejeito utilizando das melhores práticas do mercado. Por fim, ao considerar o mercado financeiro, apresentamos como este compreende e gerencia seus riscos, e a importância do *compliance* para a gestão moderna.

6. Do plano de fechamento de mina à *desengenharia* dos complexos industriais (4.6): o desenvolvimento econômico é uma métrica ao se pensar na questão mineral, todavia pode não ocorrer a contento. Para se evitar isso, apresentamos a estrutura dos manuais de fechamento de mina. O pós-encerramento é central, afinal, sabemos que os recursos minerais não são renováveis. Nesse sentido, são apresentadas algumas alternativas e soluções para que busquemos um real desenvolvimento, evitando passivos ambientais e de sofrimento social, cuja responsabilidade sobre os custos é das firmas e da regulação, licenciamento e fiscalização das instituições do Estado.

4.1 RECURSOS MINERAIS: A MINERAÇÃO NO BRASIL, SEUS ROYALTIES E DESAFIOS

A história da mineração se confunde com a própria evolução da humanidade, sabemos que os períodos mais relevantes são datados pela utilização dos recursos naturais: Idade da Pedra (8000 a.C.), Idade do Bronze (3000 a.C.), Idade do Ferro (2000 a.C.), Idade do Carvão (1600 d.C.), Idade do Petróleo (1850 d.C.) e Idade do Urânio (1950 d.C.). Em todos esses períodos, a espécie humana fez uso de recursos minerais para criação de artefatos. Sabemos que foi a partir da Idade do Bronze que a espécie humana se tornou mais organizada nas questões referentes às pesquisas, desenvolvimentos e beneficiamentos dos minerais, operando inclusive em minas subterrâneas. Ainda que os primeiros relatos de atividades minerárias venham da época dos egípcios, com a lavra de turquesa utilizada para inúmeros fins (Castro; Nalini Júnior; Lima, 2011, p. 30).

Dentro do contexto moderno, a Figura 4.1 apresenta algumas utilizações dos recursos minerais.

Figura 4.1 – Empregos comuns da mineração na sociedade moderna

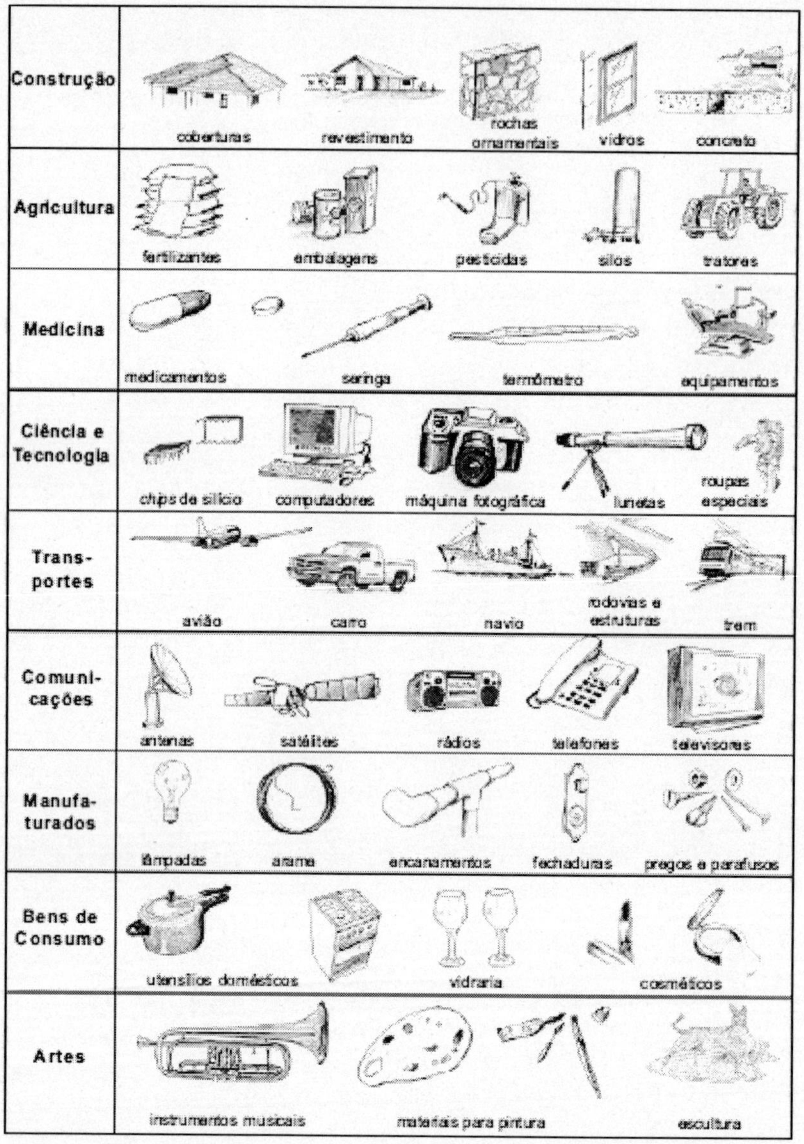

Fonte: Tanno *et al.* (2003, p. 4)

A mineração consiste em um desafio para a gestão pública e privada, pois é uma atividade que modifica o ambiente natural, provocando, com maior ou menor intensidade, diversos impactos ambientais, como: desmatamento, erosão, movimentação de terra, assoreamento de corpos d'água, instabilidade de taludes, alteração dos aquíferos subterrâneos, contaminação das águas e solos, entre outros, que afetam a fauna, flora e outras áreas. Por esses motivos, a mineração é uma atividade que constitui grandes conflitos e disputas, apesar de ser, por outro lado, fundamental para o desenvolvimento socioeconômico. Logo, o desafio consiste em garantir o suprimento de matérias-primas, assegurando a qualidade ambiental e social. Portanto, as soluções passam invariavelmente pelo poder público, com políticas que "[...] contemplem o planejamento, ordenamento e aprimoramento tecnológico da mineração" (Sintoni *et al.*, 2003, p. 7).

Verificamos que o ser humano interfere há muito tempo no ambiente natural, alterando o ciclo de vida e o equilíbrio do planeta, nesse caso, os espaços urbanos tornam-se o ambiente natural (Padilha, 2010). Além disso, Silva (2017, p. 73) considera que esse equilíbrio "[...] deve ser mantido e almejado sempre que este se torna vulnerável", ou seja, quando o natural começa a se artificializar em demasia colocando em risco a sobrevivência das espécies. Esse autor acrescenta que, quanto às barragens, existem exemplos contundentes da interferência do ser humano no estado natural, sendo que esses objetos possuem "[...] risco proveniente de tais construções, como o de infiltrações, contaminações e sobretudo, nas diversas formas de rupturas dessas instalações e os danos decorrentes desses acidentes" (Silva, 2017, p. 73).

Por sua vez, Branco (2016) apresenta uma breve história da mineralogia no Brasil, na qual temos o uso de materiais minerais que se iniciou muito antes da chegada dos colonizadores. Os índios empregavam diversos tipos de minerais: jaspe, cristal de rocha, calcedônia, hematita, serpentina, jade, amazonita, ágata, aventurino, citrino, nefrita etc. Esses minérios eram utilizados para diversos fins: ferramentas (machados, pontas de flechas, mãos de pilão, facas, furadores, raspadores), rituais religiosos (estatuetas e ídolos) e não religiosos (oferendas), bem como objetos de adorno pessoal (muiraquitãs, pingentes, tembetás e pedras de mando).

Nesse sentido, Castro *et al.* (2011) reforçam que não se pode esquecer de fazer referência à dominação espanhola nas Américas, antes de aprofundar na questão brasileira. Assim, após a chegada de Cristóvão Colombo em 1492, observaram os anéis nos dedos dos indígenas da Ilha de Guanahani, fato que impulsiona seu interesse nas riquezas naturais do território recém-descoberto. Na busca pelo Eldorado, a coroa espanhola lança Hernán Cortez na conquista de territórios, na qual uma série de impérios sucumbem ao domínio dos espanhóis e que possuíam cerca de 80% da produção do ouro em escala mundial do século XVI, ocasionando um grande problema inflacionário, dada a expansão monetária. Contudo, esses eventos influenciaram os portugueses, que, ao chegarem ao Brasil, pensam ter encontrado um novo eldorado.

Todavia, frustrando as expectativas dos portugueses, após 200 anos da "descoberta", não haviam encontrado uma quantidade significativa de ouro e prata. A estratégia da coroa portuguesa se mantinha na exploração do território, incentivando expedições no interior da colônia, a fim de encontrar o Eldorado. No final do século XVII finalmente encontram "[...] ouro de aluvião (depósito sedimentar formado por enxurrada nas margens ou foz de rios) começaram as descobertas nos córregos e ribeirões das vizinhanças mineiras de Ouro Preto, Mariana, Sabará e Caeté", o que dá início à primeira corrida minerária da história do Brasil, no estado de Minas Gerais, que carrega em seu nome a força mineral (Castro; Nalini Júnior; Lima, 2011, p. 34).

Sciliar (1996, p. 61) destacou que o ciclo do ouro (1690-1790) teve um papel importante para a acumulação primitiva de riquezas, pois nessa época foram produzidas em torno de 840 toneladas de ouro, que representavam 2/3 da produção mundial. Contudo, no Brasil da época colonial ao império, a coroa portuguesa não se interessava pelo minério de ferro de forma expressiva, sendo este o principal recurso explorado atualmente (Castro; Nalini Júnior; Lima, 2011, p. 34).

A siderurgia nessa época era inclusive rechaçada no país:

> As forjas (fornalhas) para a produção do ferro, proibidas. Tanto que, em 1785, o governo português declarou como ilegal a fabricação de ferro na colônia e ordenou a destruição de todos os fornos existentes. Dez anos depois, mudanças políticas em Portugal culminaram no incentivo à extração e manufatura do ferro, dando início à construção de diversas fábricas, como as do Morro do Pilar, Ipanema e Congonhas do Campo (Castro; Nalini Júnior; Lima, 2011, p. 38).

Para Sciliar (1996) e Carvalho (2010), a produção de ferro, em escala comercial no Brasil, teve início com Afonso Sardinha Filho, em Araiçoaba, perto de Sorocaba (SP), onde foi criada à primeira fundição de ferro no país, em 1589, funcionando até 1629. É importante destacar a dificuldade operacional, devido à falta de mão de obra especializada, lacuna que só começa a ser preenchida quando o barão de Wilhelm Ludwing Von Eschwege, utilizando seus conhecimentos hidráulicos, consegue produzir ferro em seus fornos no ano de 1812. Portanto, em 1819 Eschwege torna-se responsável pela primeira companhia de capital privado do país a explorar recursos minerais na Mina da Passagem de Mariana/MG (Ávila, 2012).

Carvalho (2010) acrescenta que, com a necessidade de mão de obra especializada, foi criada a Escola de Minas Brasileira, a pedido do Dom Pedro II, inaugurada em 1876, no município de Vila Rica, atual Ouro Preto/MG. Silva (2018) reforça a importância dessa ação, pois, com essa instituição, a formação de profissionais chegou a revolucionar o mercado de minério de ferro no país. Sciliar (1996) ainda acrescenta o momento em que as mineradoras inglesas na região do quadrilátero fer-rífero tiveram boa parte de suas atividades suspensas devido às descobertas de jazidas minerais na Califórnia, em 1848, e na Austrália, em 1851. Em torno do ano de 1860, retornam os investimentos ingleses aos depósitos de ouro brasileiros, todavia esses investimentos também foram suspensos e nunca mais retornaram, dada a descoberta de jazidas na África do Sul (1886), no Colorado (1891) e no Alasca (1896). Não devemos nos esquecer que, entre as empresas inglesas sobreviventes desse período, todas possuíam outras razões sociais e proprietários, ligando diretamente a questão ao problema desta pesquisa. Portanto, o momento da virada do ciclo produtivo mineral brasileiro ocorreu, de acordo com Castro *et al.* (2011), em 1886, período no qual foi admitido que o futuro do país estaria no minério de ferro e não mais no de ouro.

Em 1889, a República se instala por meio da "[...] união das forças políticas agrárias levando a constituinte a inserir o 'direito fundiário' ou de 'acessão' na Constituição de 1891" (Sciliar, 1996, p. 80). O artigo 72, § 17, da Constituição de 1891 afirma que os direitos de propriedade mantêm-se em toda a sua plenitude, salvo a desapropriação por necessidade ou utilidade pública, mediante indenização prévia. Para Sciliar (1996), essa política incentivou a aquisição de enormes propriedades por empresas interessadas nas jazidas minerais. Com a Lei Pandiá Calógeras, em 1915, e, posterior-mente, em 1921, com a Lei Simões Lopes, o poder dos proprietários de terra é minimizado, sendo ao mesmo tempo concedido direito aos responsáveis pelas descobertas minerais. Portanto, a Lei Simões Lopes é considerada "[...] o primeiro código de mineração, pois reúne dispositivos de caráter técnico e jurídico relativos aos direitos do prospector, a classificação das jazidas e as empresas de mineração" (Sciliar, 1996, p. 80).

Por fim, com "a publicação do Código Civil, em 1921, reafirmando a posse pelo dono da terra de tudo o que está acima e abaixo da sua propriedade, selou o entendimento constitucional do direito fundiário" que foi alterado apenas na Constituição de 1934 (Sciliar, 1996, p. 81).

Apenas no ano de 1930 tivemos o início da extração do minério de ferro em Itabira/MG. Devido à demanda na Segunda Guerra Mundial (1939-1945), o presidente brasileiro Getúlio Var-gas nacionalizou o segmento por meio do Decreto-Lei n.º 4.352/1942 (Brasil, 1942), e, com isso, criou-se a Companhia Vale do Rio Doce (CVRD). Sciliar (1996) e Coelho (2015) relembram os acordos assinados entre Brasil, Estados Unidos e Grã-Bretanha, no ano de 1942, conhecidos como *Acordos de Washington*. Um dos pontos-chave desses acordos tem relação com a extração e logística na exportação do minério de ferro das minas de Itabira/MG, que naquele momento pertencia à

Itabira Iron Ore Co., de capital inglês. Foi neste acordo que o governo inglês transferiu as jazidas da Itabira ao governo brasileiro, "[...] enquanto esse se incumbiria de montar a estrutura de transporte que viabilizasse a exportação do minério" (Sciliar, 1996, p. 86-87).

Nesse sentido, para cumprir as cláusulas desse acordo, foi criada a Companhia Vale do Rio Doce (CVRD). Sciliar (1996) ressalta que entre os críticos desse acordo estava o ex-presidente da República Arthur Bernardes, que, no prefácio do livro *Desnacionalização da Amazônia*, assim se manifesta:

> Ainda agora o minério de ferro, cuja exploração era ambicionada pela Itabira, pretensão essa por mim combatida, acabou sendo cedido aos Estados Unidos e à Inglaterra, num tratado para nós ridículo e humilhante. Em relação ao valor econômico desse minério, basta dizer que o preço ajustado entre o governo brasileiro e os governos americano e inglês foi um preço fixo de Cr$100,00 por tonelada de minério que fosse exportado pela Vale do Rio Doce. Qual o preço atual do minério? Dezoito dólares e cinquenta cêntimos é o preço corrente... (que equivale a trezentos e poucos cruzeiros). Pois bem, são os estrangeiros que embolsam a diferença de 100 para 300 cruzeiros (Sciliar, 1996, p. 87).

O filme *A nossa história* (Nossa..., 2012) apresenta que em 1951 a CVRD começa o processo de automatização da planta operacional, utilizando equipamentos como: britadeiras, escavadeiras, caminhões fora de estrada, correias transportadoras, vendendo minério para 53 siderurgias em 10 países no mundo. Nos anos 70, com a conclusão da ferrovia Vitória-Minas, a CVRD torna-se a maior exportadora de minério de ferro do mundo. Além disso, com a descoberta das reservas de Carajás/PA em 1967, iniciando sua estrutura em 1981, a empresa passou a utilizar tecnologia de ponta, inclusive para extração de minério a seco. Em 1997, após muito debate e discussão, o governo federal, com o presidente Fernando Henrique Cardoso, privatiza a empresa, que, consequentemente, passa a realizar "[...] importantes investimentos, com expansão mundial, e a ter suas ações negociadas nas bolsas de Nova York, Paris e Hong Kong" (Silva, 2018, p. 10).

Essa privatização é considerada por Ribeiro Júnior (2011) *privataria tucana*, considerando o maior assalto ao patrimônio brasileiro da época, vendido abaixo do preço de mercado, com diversas transações ilegais. Posteriormente, a empresa já globalizada, com intuito de modernizar, passa a ser chamada Vale S.A., portanto, na gestão do ex-presidente/CEO da empresa Roger Agnelli, chega ao seu auge de alavancagem financeira e produtiva.

No entanto, algumas questões do governo Vargas devem ser expostas, pois, conforme a Constituição de 1934, "[...] a posse da terra é distinta da propriedade do bem mineral, derrubando o direito fundiário, vigente desde 1891", apresentando em 1937 uma evolução no código mineral (Sciliar, 1996, p. 93). Essa evolução ocorre pela mudança de mentalidade da administração pública para com os recursos públicos. Desse modo, os recursos minerais são bens importantíssimos e estratégicos para quaisquer países minimamente soberanos, sendo fonte de riqueza há séculos. O procedimento anterior basicamente abria mão dessa riqueza comum para a propriedade privada, permitindo o saque e a espoliação das riquezas nacionais sem nenhuma contrapartida. Portanto, a propriedade privada continuou a ser respeitada, mas as riquezas que estiverem em cima ou abaixo do solo são propriedades distintas, das quais o governo federal deve ou não autorizar sua exploração.

> Artigo 143/1937 - As minas e demais riquezas do subsolo, bem como as quedas d'água, constituem propriedade distinta da propriedade do solo para efeito de exploração ou aproveitamento industrial. O aproveitamento industrial das minas e das jazidas minerais, das águas e da energia hidráulica, ainda que de propriedade privada, depende de autorização federal.

§1. A autorização só poderá ser concedida a brasileiros ou empresas constituídas por acionistas brasileiros, reservada ao proprietário, preferência na exploração, ou participação nos lucros.

§3. Satisfeitas as condições estabelecidas em lei, entre elas a de possuírem os necessários serviços técnicos e administrativos, os estados passarão a exercer dentro dos respectivos territórios, a atribuição constante deste artigo

Artigo 144 – A lei regulará a nacionalização progressiva das minas, jazidas minerais e quedas d'água ou outras fontes de energia, assim como das indústrias consideradas básicas ou essenciais à defesa econômica, ou militar da Nação (Brasil, 1937).

Sciliar (1996) reforça que na época muitos juristas consideravam a Constituição de 1934 e o Código das Minas de 1937 uma das maiores revoluções no que tange à propriedade privada. Criou-se assim uma nova situação legal definida por *res nullius*, que pode ser entendida como *coisa de ninguém*, ou seja, os minérios pertenciam a todos sem pertencer a ninguém em particular. Esse dispositivo se manteve até a Constituição de 1988, quando os minérios são considerados bens da União, outra evolução. Castro, Nalini Júnior e Lima (2011, p. 44) reforçam que a Constituição (1946) reabre a mineração ao capital estrangeiro, medida derrubada pela Constituição de 1988, sendo que nesse período são abertas diversas siderúrgicas.

O governo Vargas também reorganizou os órgãos federais que eram responsáveis pelas questões minerais e geológicas. Em 1934, foi criado o Departamento Nacional da Produção Mineral (DNPM), o qual era vinculado ao Ministério da Agricultura, apresentando a seguinte composição:

1. Diretoria Geral

2. Laboratório Central da Produção Mineral

3. Serviço de Fomento da Produção Mineral

4. Serviço de Águas

5. Serviço Geológico e Mineralógico

6. Escola Nacional de Química

Durante a ditadura militar (1964-1984), devido às novas reestruturações nas políticas públicas do setor mineral, o general Castelo Branco, por meio da Exposição de Motivos (391/64), adiciona a prioridade para o setor mineral. Desse modo, a Exposição de Motivos tem como objetivos fundamentais e prioritários da política do governo no setor de mineração:

a. Aproveitar intensa e imediatamente os recursos naturais conhecidos.

b. Ampliar, em curto prazo, o conhecimento do subsolo do país.

c. Promover a regulamentação dos artigos 152 e 153 da Constituição Federal.

d. Propor a revisão do Código de Minas.

No período da ditadura militar, o principal instrumento foi o I Plano Mestre Decenal para a Avaliação de Recursos Minerais do Brasil, que se encontra dentro do Plano Nacional de Desenvolvimento (PND) – 1965 a 1975, capitaneado pelo general Emílio Garrastazu Médici. Esse plano é uma extensão do Programa de Metas e Bases de Ação, e teve um papel decisivo na retomada do crescimento econômico e o seu eventual "milagre". Isso devido à flexibilização política e econômica, pois as métricas aplicadas anteriormente provinham dos economistas Octávio

Bulhões, Roberto Campos e Mário Henrique Simonsen. Esses economistas continuaram as ideias econômicas do Eugênio Gudin, que tinha por base a estabilidade monetária (Sciliar, 1996; Baer, 2009; Lacerda, 2013).

Souza (2008, p. 68) afirma que para esses economistas "[...] a inflação seria produto do excesso de moeda, que, por sua vez, resultaria do excesso de gasto público, de investimento privado e de salários, o que seria expressão do conflito distributivo". Utilizando a história mineral, essa questão condiz com a época do ciclo de ouro apresentada antes. Como a moeda era basicamente o ouro e a prata, ao se explorar em demasia as colônias nas Américas, criou-se um processo inflacionário que gerou externalidades negativas à sociedade da época. Em momentos de desvalorização de um determinado bem, o empreendedor tem basicamente duas alternativas: fechar ou aumentar a produção para compensar a queda do lucro. Com o aumento da produção, o processo tende a tornar-se mais arriscado, com consequências graves para a sociedade e ambiente natural. Desse modo, a inflação é um importante parâmetro para a questão mineral, todavia não está no escopo desta pesquisa.

No II Plano Decenal da Mineração (1980-1989) foram adicionados grupos de trabalho constituídos por representantes dos setores públicos e privados, entidades de classe, na qual o Ministério das Minas e Energia convocava e coordenava o conjunto de propostas dessas reuniões. Sciliar (1996, p. 115) destacou que, "em vez de estabelecer um plano com metas físicas prefixadas, estabelecimento de recursos necessários e meios de execução", a exemplo do I Plano Decenal da Mineração, "[...] optaram por definir um conjunto básico de diretrizes a fim de nortear a política mineral nos próximos anos".

Para Tanno *et al.* (2003, p. 14), a dimensão territorial do Brasil, cerca de 8,5 milhões de km², apresenta uma diversidade de terrenos geológicos, com expressiva dotação mineral, produzindo "[...] mais de 70 tipos de substâncias minerais – 21 minerais metálicos, 45 não metálicos, 3 energéticos – e grande variedade de gemas". Devido a essas características, no período de redemocratização que culmina na Constituição de 1988, diversos ordenamentos legais são aprovados, dos quais Sciliar (1996, p.144-145) destacou:

> Art. 176 § 1 e Art. 44 das Disposições Transitórias – a pesquisa e a lavra dos bens minerais somente serão permitidas à empresa brasileira de capital nacional. As empresas estrangeiras tiveram quatro anos (a partir da promulgação da Constituição) para terem o produto de sua lavra e beneficiamento destinado à industrialização do território nacional, em seus próprios estabelecimentos ou em empresa industrial controladora, ou controlada.
> Art. 176 – Os recursos minerais pertencem à União (antes era o regime *res nullius* – coisa de ninguém)
> Art. 231 § 3 – A pesquisa e a lavra de riquezas minerais em terras indígenas só podem ser efetuadas escutando-se o Congresso Nacional e ouvidas as comunidades afetadas.
> Art. 174 § 3 e 4 – as cooperativas garimpeiras terão prioridade para pesquisa e lavra nas áreas onde estejam atuando.
> Extingue-se o Imposto Único Mineral (IUM) cobrado pela União. O Imposto sobre Circulação de Mercadorias e Serviços (ICMS), recolhido pelos estados, substitui o IUM. Além do ICMS, o minerador tem que recolher o Fundo de Compensação Financeira (Fundo de Exaustão - CFEM), conforme legislação estadual.
> Art. 225 – a Constituição permite um controle rigoroso sobre a poluição do meio ambiente.

O Fundo de Compensação Financeira (CFEM) torna-se um objeto de pesquisa com vasta interpretação, sendo que, para este estudo, apresenta, por sua vez, um eixo secundário. Todavia, não menos importante a todo o contexto da mineração, sua importância se dá por ser o único recurso repassado ao Estado pela exploração mineral, visto que a Lei Kandir desonerou as mineradoras de alguns tributos. Costa, Zurutuza e Silva (2017) consideram que essa lei gera uma dupla perversidade com relação ao desenvolvimento regional, prejudicando o equilíbrio da arrecadação e a oferta de bens públicos, resultando em desigualdades regionais. Assim, os autores, ao analisar o período de 1997 a 2016, verificam que as perdas corrigidas de todas as unidades federadas (UFs) aproximam-se de 270 bilhões de reais.

> Analisando os valores acumulados entre 1997 a 2016, salienta-se que 82% do toda das perdas concentram-se em cinco estados: Minas Gerais, que perdeu em arrecadação R$ 64,65 bilhões, ou 24,0% do total nacional; Rio de Janeiro, com R$ 60,70 bilhões (22,6%); Pará, com 35,72 bilhões (13,3%); Mato Grosso, com R$30,88 bilhões (11,5%); e Espírito Santo, com R$ 28,33 bilhões (10,5%) (Costa, Zurutuza, Silva, 2017, p. 117).

Enriquez (2007) buscou compreender se a mineração era ou não uma dádiva. A autora identificou um elevado nível de dependência e vulnerabilidade dos municípios que possuem como principal fonte de renda a mineração. O efeito encadeamento, ou seja, a capacidade do município para utilizar outras fontes de receitas, pode contribuir para o peso do setor mineral nos municípios, assim como a questão do emprego apresenta uma melhora nessas regiões, todavia não necessariamente são pessoas locais, gerando conflito com a população do território.

Essas e outras questões, para Enriquez (2007, p. 350), encontram-se na proposta do CFEM em que "[...] o Brasil é um dos poucos que repassa a maior parte desses recursos para os municípios produtores", sendo que, posteriormente caem na "armadilha do caixa único". Essa interpretação é confirmada por Rodrigues e Rodrigues (2019, p. 16), pois, devido aos recursos provenientes do CFEM, cria-se uma prática clientelista que aumenta a propensão de ocorrência de corrupção.

Lopes (2013), aplicando um modelo econométrico de corte transversal/seccional com séries temporais, conhecidos como dados em painel, buscou compreender se a mineração contribuiu, ou não, para o desempenho econômico dos estados brasileiros, entre 1998 e 2008. Lopes (2013, p. 70) avalia que, ao se pensar na mineração, "[...] este, em específico, não representa uma maldição, no sentido estritamente econômico, para os estados brasileiros produtores". Todavia, não foi observada uma clareza sobre esse tópico com relação à dimensão social e ambiental, pois não se verifica avanços significativos nessas dimensões na região do Pará.

Portanto, o CFEM é uma contraprestação que os exploradores pagam à União, devido também aos estados e municípios que possuem essas atividades. Em outras palavras, refere-se aos royalties repassados para a sociedade, algo que a nosso ver não pode ser confundido com um imposto. Frank (2014) lembra que, apesar de o CFEM ter uma ideia de compensação, o Tribunal de Contas da União[36] atribuiu como participação de lucros, dando origem a várias discussões na doutrina. Alguns autores consideram-no um tributo, outros um preço público, e uma terceira via compreende como uma taxa ambiental de natureza indenizatória, não chegando a um consenso. Percebemos que o CFEM consiste em uma compensação por um dano ambiental, muito diferente da ideia de taxa ou imposto (tributação)[37]. A tributação é um objeto de obrigação, não apenas o direito, e sim uma valoração econômica, com ausência de vontade do devedor dentro de uma relação unilateral (prestação pecuniária compulsória).

---

[36] "No que tange à legislação de regência do setor mineral, o Código da Mineração foi editado há mais de cinquenta anos, encontrando-se dissociado da realidade econômica e produtiva do setor. A Medida Provisória que objetivava modernizar a legislação perdeu validade sem ter sido aprovada pelo Legislativo. Apesar de a lei da CFEM ter sido editada em 2017, a nomenclatura é imprecisa, suscitando a interposição de inúmeros recursos administrativos e judiciais que retardam, ou até impedem, a arrecadação da CFEM e sobrecarregam o reduzido quadro de pessoal da Agência Reguladora e da Procuradoria Federal" (TCU, 2018, p. 47).

[37] "Tributo é toda prestação pecuniária compulsória, em moeda ou cujo valor nela se possa exprimir, que não constitua sanção de ato ilícito, instituída em lei e cobrada mediante atividade administrativa plenamente vinculada" Art. 3 – Código Tributário Nacional (CTN).

Frank (2014) reforça que parte da doutrina sustenta que o CFEM não se enquadra no tributo devido à ausência de fato gerador específico (artigo 4.º do Código Tributário Nacional). A autora reforça que a maioria dos doutrinadores do Direito Administrativo consideram o CFEM como preço público, por ser uma contribuição pecuniária que o particular deve pagar ao Erário em razão da venda de um bem material, baseado no faturamento da empresa.

Não concordamos com essa abordagem pelo simples motivo de desconsiderarem os impactos ao ambiente natural. Se formos por essa linha, não haverá sustentação para as firmas preservarem o meio ambiente, pois como a alíquota será em cima do faturamento, haverá incentivos para se reduzir custos, impactando na qualidade ambiental.

Devemos destacar que o CFEM não tem lastro compulsório[38], ou seja, não há obrigatoriedade do gestor em aplicá-lo em determinado segmento, o que cria uma caixa-preta quando se fala em transparência. Os recursos são destinados a projetos que deveriam criar externalidades positivas às comunidades, dados os efeitos negativos da exploração mineral. O foco seriam os projetos voltados para o meio ambiente, infraestrutura, educação e saúde. O CFEM foi constituído pelas leis n.º 7.990/1990 e 8.001/1990, regulamentado pelo Decreto n.º 01/1991.

Para Zhouri (2018), em agosto de 2017, havia por parte do governo federal uma intenção de reaquecer esse setor, publicando um decreto para extinção da Reserva Nacional de Cobre e seus Associados (RENCA), que possui um vasto território (cerca de 46.000 km²). Com o Programa de Revitalização Mineral Brasileira, de julho de 2017, são apresentadas três medidas provisórias (MPs 789, 790 e 791) que transformam o DNPM em Agência Nacional de Mineração (ANM), além de modificações do Código de Mineração (ainda não aprovadas) e revisão das alíquotas do CFEM, conforme Tabela 4.1.

Tabela 4.1 – Sistema de alíquotas referentes aos recursos minerais brasileiros

Recurso mineral	Alíquotas anteriores à MP 789/2017	Alíquota vigente - Lei 13.540/2017
Substância mineral destinada à construção civil	2%	1%
Ouro	1%	1,50%
Diamante e demais substâncias minerais	0,2% para diamantes e 2% para os demais	2%
Bauxita, manganês, nióbio e sal-gema	0,2% para o nióbio e 3% para os demais	3%
Potássio, rochas fosfáticas e demais substâncias utilizadas como fertilizantes	3% para o potássio e 2% para os demais	2%
Minério de ferro	2%	3,5% para minério de ferro, chegando a 2% via decreto presidencial
Águas minerais e termais	2%	1%

Fonte: Elaborado pelo autor

---

[38] "Os recursos originados da CFEM não poderão ser aplicados em pagamento de dívida ou no quadro permanente de pessoal da União, dos estados, do Distrito Federal e dos municípios. As receitas deverão ser aplicadas em projetos que, direta ou indiretamente, revertam em prol da comunidade local, na forma de melhoria da infraestrutura, da qualidade ambiental, da saúde e educação (item 80 da instrução relativa ao Acórdão 513/2018-TCU--Plenário)" (TCU, 2018, p. 10).

A Cepal (2013) apresenta a importância da gestão das receitas públicas que vêm do setor mineral e os seus benefícios para o desenvolvimento regional. Desse modo, a distribuição desses tributos é uma determinante dentro de um processo de desenvolvimento sustentável, no qual cabe ao governo assegurar investimentos eficientes, pois só assim há possibilidade de ocorrer um *efeito transbordamento*. Para os autores desse relatório (Cepal, 2013, p. 22), os principais instrumentos que os Estados possuem para o setor mineral são:

1. Legislação e regulação específica;
2. Planejamento e formulação de políticas setoriais, regimes tributários específicos, regimes de concessão e de participação público-privada no investimento e no desenvolvimento dos recursos naturais;
3. Criação de instituições específicas para os objetivos regulatórios, de fiscalização e de distribuição das receitas públicas derivadas da exploração de recursos naturais entre os vários níveis de governo;
4. Participação direta do Estado no desenvolvimento dos recursos por meio de empresas públicas, associações e contratos;
5. Gestão pública e mecanismos de resolução de conflitos socioambientais nos setores extrativos;
6. Criação de fundos públicos de poupança e investimento de destinação específica (por exemplo, direcionados para a educação, a inovação e o desenvolvimento) e fundos de estabilização macrofiscal para apoiar a gestão macroeconômica anticíclica frente às variações dos preços internacionais dos recursos naturais exportados;
7. Políticas destinadas a promover a industrialização e a transformação produtiva dos setores de recursos naturais a partir de encadeamentos com o resto da economia e da incorporação de tecnologia.

Brasil (2015, p. 8) destacou que em junho de 2013 inicia-se a tramitação no Congresso Nacional referente ao novo marco regulatório, que, de acordo com o Ministério de Minas e Energia, busca:

1. Fortalecer a soberania do Estado sobre os recursos minerais;
2. Maximizar o aproveitamento das jazidas, mitigando os riscos socioambientais da atividade;
3. Atrair investimentos e elevar a competitividade das empresas brasileiras;
4. Contribuir para o desenvolvimento sustentável da indústria nacional;
5. Aumentar a arrecadação pública com os *royalties* minerais.

O projeto não avança a contento, mas, posteriormente, as alíquotas são distribuídas conforme a Lei n.º 13.540/2017. Esse projeto traz algumas mudanças importantes, com a nova lei, o CFEM deixa de ser cobrado sobre o faturamento líquido (Lei n.º 8.001/1990)[39], sendo cobrado pela receita bruta (MP 789/2017)[40], a nosso ver, uma evolução. Brasil (2015), em seu estudo sobre o novo código da mineração, buscou realizar algumas análises econômicas relativas a essa alteração. Assim, o projeto demonstrou alguns exemplos da cobrança de royalties em outras regiões do mundo, a fim de comparação, que podem ser visualizados na Tabela 4.2. Brasil (2015) percebe que as rendas do CFEM podem apresentar as seguintes características:

1. Diminuem o esforço de arrecadação próprio dos municípios.

2. Aumentam a contratação de pessoal no setor público.

---

[39] "[...] para efeito do cálculo de compensação financeira [...] entende-se por faturamento líquido o total das receitas de vendas, excluídos os tributos incidentes sobre a comercialização do produto mineral, as despesas de transporte e as de seguros" (Lei n.º 8.001/1990).

[40] "[...] I - na venda, sobre a receita bruta da venda, deduzidos os tributos incidentes sobre sua comercialização, pagos ou compensados, de acordo com os respectivos regimes tributários" (MP 789/2017).

3. Provocam uma expansão dos gastos públicos correntes significativamente maior do que aquela resultante de aumentos da renda per capita dos contribuintes.

Tabela 4.2 – Cobrança de royalties em outras regiões do mundo

Minério	País	Região	Alíquota	Forma
Bauxita	Austrália			
		Victoria	2,75%	*Royalty ad valorem*
		Western Austrália	7,50%	*Royalty ad valorem*
		South Austrália	3,50%	*Royalty ad valorem*
	Índia		0,35%	Sobre o preço de venda
Cobre	Austrália			
		Victoria	2,75%	*Royalty ad valorem*
		New South Wales	4%	*Royalty ad valorem*
		South Austrália	3,50%	*Royalty ad valorem*
		Chile	4% - 20%	Sobre as vendas líquidas anuais
		Índia	3,20%	Sobre o preço de venda
Minério de ferro	Austrália			
		Victoria	2,75%	*Royalty ad valorem*
		New South Wales	4%	*Royalty ad valorem*
		South Austrália	3,50%	*Royalty ad valorem*
	Chile		6%	Sobre o valor líquido da venda

Fonte: Adaptado de Brasil (2015, p. 42)

Silva (2015, p. 81), após algumas análises econométricas, conclui que o aumento do CFEM gera três impactos diretos, bem como suas relações causais, o que pode ser verificado na Figura 4.2. O primeiro impacto direto refere-se ao aumento da arrecadação do governo. O segundo impacto é relativo à redução dos investimentos das companhias mineradoras, pois a menor atratividade dos negócios advém do aumento dos impostos. Por fim, uma redução de competitividade do minério nacional dentro do comércio internacional, devido ao aumento do custo de produção. Todavia, lembra que com o aumento da arrecadação do governo aquece a demanda interna, elevando a renda e preços, mas, em contrapartida, a redução dos investimentos esfria a demanda interna, e consequentemente reduz a renda e os preços. Diferentemente do abordado, o CFEM não é um imposto, e sim uma compensação financeira pela exploração. São apresentadas algumas alternativas, e, nas suas conclusões, percebe que:

> Os resultados apontam que, apesar da queda no investimento e na produção da indústria mineral, o aumento dos gastos públicos regionais deve aquecer as economias locais, gerando renda e elevação de preços. Entretanto, o modelo adotado na simulação não considera que: (i) a mudança na base de cálculo da CFEM pode mudar o comportamento dos mineradores; e (ii) os novos recursos da CFEM podem alterar a política fiscal dos governos contemplados (Brasil, 2015, p.156).

Figura 4.2 – Relações causais esperadas após o aumento do CFEM

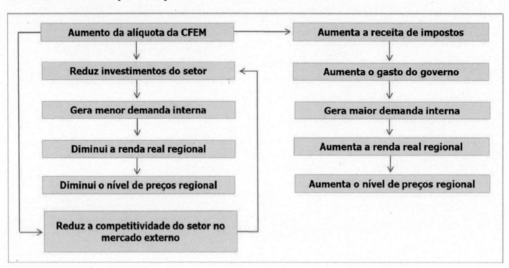

Fonte: Brasil (2015, p. 81)

Atualmente, a divisão do CFEM pode ser resumida da seguinte forma:

1. 7% para a entidade reguladora do setor da mineração, ANM;

2. 1,8% para o Centro de Tecnologia Mineral (Cetem), vinculado ao Ministério da Ciência, Tecnologia, Inovações e Comunicações;

3. 0,2% para o Instituto Brasileiro do Meio Ambiente e dos Recursos Naturais Renováveis (Ibama);

4. 15% para o Distrito Federal e os Estados onde ocorrer a produção;

5. 60% para o Distrito Federal e os Municípios que ocorrer a produção;

6. 15% para o Distrito Federal e os Municípios, quando afetados pela atividade de mineração e a produção não ocorrer em seus territórios, nas seguintes situações:

    a. cortados pelas infraestruturas utilizadas para o transporte ferroviário ou dutoviário de substâncias minerais;

    b. afetados pelas operações portuárias e de embarque e desembarque de substâncias minerais;

    c. onde se localizem as pilhas de estéril, as barragens de rejeitos e as instalações de beneficiamento de substâncias minerais, bem como as demais instalações previstas no plano de aproveitamento econômico.

Quando se trata do CFEM, nas Tabelas 4.3 e 4.4 temos o recolhimento dos dez municípios paraenses e mineiros que mais arrecadaram em 2008 e 2018. Observamos ainda grandes diferenças relacionadas à inflação do IPCA que foi acumulada nesse período (2008-2018), de aproximadamente 80,50%, sendo que a arrecadação subiu, em termos absolutos, entre 550% e 260%, nos municípios paraenses e mineiros, desconsideradas as séries relativas à produção (*ceteris paribus*). Conforme a ANM, no ano de 2019 o município de Parauapebas arrecadou R$1.156.139.681,25, Canaã dos Carajás ficou com R$706.068.474,12, e a soma dos dois chegou bem próximo de todo o montante arrecadado nos 10 municípios de Minas Gerais e Pará juntos. Mariana e Brumadinho, cidades impactadas pelos rompimentos, arrecadaram em 2018 cerca de 62,5 milhões e 36 milhões de reais, respectivamente. Em 2019 o valor foi aproximado a 83 milhões e 72 milhões de reais, respectivamente, mesmo com as operações comprometidas. Assim, apesar de ainda não ser adequado, a nova legislação distribuiu melhor as riquezas, embora não haja transparência quando a sua alocação.

Tabela 4.3 – Os 10 municípios paraenses e mineiros que mais arrecadaram CFEM em 2008

Maiores Arrecadadores CFEM - 2008 - Pará			Maiores Arrecadadores CFEM - 2008 - Minas Gerais		
Posição	Arrecadador (município)	Recolhimento do CFEM (R$)	Posição	Arrecadador (município)	Recolhimento do CFEM (R$)
1	Parauapebas	83.235.142,82	1	Itabira	49.604.362,11
2	Canaã dos Carajás	17.344.437,60	2	Mariana	41.320.201,05
3	Oriximiná	16.964753,02	3	Nova Lima	35.840.073,09
4	Ipixuna do Pará	6.658.453,73	4	São Gonçalo do Rio Abaixo	23.610.971,68
5	Marabá	6.118.641,64	5	Itabirito	20.120.011,22
6	Paragominas	3.148.964,79	6	Ouro Preto	18.539.920,87
7	Floresta do Araguaia	619.119,18	7	Brumadinho	17.966.592,93
8	Itaituba	199.643,40	8	Congonhas	13.281.880,73
9	Monte Alegre	158.854,49	9	Barão de Cocais	6.613.966,55
10	Rio Maria	110.513,81	10	Santa Bárbara	4.291.020,66
	Total:	*134.558.524,48*		*Total:*	*231.189.000,89*

Fonte: Adaptado da ANM[41]

Tabela 4.4 – Os 10 municípios paraenses e mineiros que mais arrecadaram CFEM em 2018

Maiores Arrecadadores CFEM - 2018 - Pará			Maiores Arrecadadores CFEM - 2018 - Minas Gerais		
Posição	Arrecadador (município)	Recolhimento do CFEM (R$)	Posição	Arrecadador (município)	Recolhimento do CFEM (R$)
1	Parauapebas	404.851.579,18	1	Nova Lima	99.963.174,11
2	Canaã dos Carajás	178.462.578,90	2	Itabira	99.036.047,94
3	Marabá	77.730.419,09	3	Congonhas	97.377.033,63
4	Paragominas	19.491.871,10	4	Itabirito	75.038.993,38
5	Oriximiná	16.007.629,74	5	São Gonçalo do Rio Abaixo	64.917.281,31
6	Curionópolis	14.230.861,65	6	Mariana	62.436.887,51
7	Juriti	11.366.376,15	7	Brumadinho	36.066.680,94
8	Terra Santa	10.485.079,04	8	Conceição do Mato Dentro	24.053.888,10
9	Ipixuna do Pará	6.304.495,03	9	Paracatu	21.698.093,69
10	Itaituba	6.270.712,15	10	Ouro Preto	21.586.724,22
	Total:	**745.201.602,03**		*Total:*	**602.174.804,83**

Fonte: Adaptado da ANM[42]

---

[41] Disponível em: https://sistemas.anm.gov.br/arrecadacao/extra/Relatorios/distribuicao_cfem.aspx. Acesso em: 12 ago. 2019.

[42] Disponível em: https://sistemas.anm.gov.br/arrecadacao/extra/Relatorios/distribuicao_cfem.aspx. Acesso em: 12 ago. 2019.

A Figura 4.3 demonstra em termos gerais a série histórica de 2004 a 2019 no que se refere à arrecadação com o CFEM nos estados e municípios, e a soma de ambas. Em 2004, início dessa série, o montante foi de aproximadamente 75 milhões e 210 milhões de reais na arrecadação estadual e municipal, respectivamente. Em 2011 chega-se pela primeira vez no montante acumulado (estadual e municipal) na casa do bilhão, alcançando aproximadamente 1 bilhão e 330 milhões de reais na arrecadação. Dois anos após esse número, tem-se a primeira arrecadação com 2 bilhões de reais, no ano de 2013.

Figura 4.3 – Arrecadação dos estados e municípios do CFEM entre 2004 e 2019

Fonte: Adaptado da ANM[43]

De 2014 a 2017, temos um período de retração, em comparação com 2013. Já em 2018, dadas as mudanças na legislação, chega-se ao marco histórico de aproximadamente 2 bilhões e 400 milhões em arrecadação. Devemos destacar que, em 1996, os bens minerais destinados à exportação conseguem isenção do Imposto sobre Circulação de Mercadorias e Serviços (ICMS), com a Lei Kandir. Essa lei, conforme Coelho (2015, p.17), veio com as privatizações da época, as quais "[...] já subtraiu dos cofres do segundo estado minerador do País, o Pará, mais de R$ 25 bilhões, num estado onde habitam oito milhões de habitantes e mais de dois milhões vivem abaixo da linha da pobreza".

Conforme Batista Júnior e Marinho (2018), essa desoneração não constava na Constituição Federal, mas, por meio da Lei Complementar n.º 87/1996, e, posteriormente, com a Emenda Constitucional n.º 42/2003, criou-se um pacto federativo que teve como foco reverter a queda das exportações por intermédio da desvalorização da taxa cambial, algo que a maioria dos economistas

---

[43] Disponível em: https://sistemas.anm.gov.br/arrecadacao/extra/Relatorios/distribuicao_cfem.aspx. Acesso: 12 de fev. 2020.

criticava. Destacam que essa medida retirou a autonomia dos entes subnacionais, com a promessa de compensação financeira, o que nunca ocorreu, passando de um federalismo de cooperação para um federalismo canibal.

A Figura 4.3 refere-se apenas à arrecadação dos Estados e municípios, desconsiderando a União. No sistema da ANM foram extraídos dados relacionados da arrecadação minerais e suas porcentagens, sendo: 65% para os municípios, 23% para os Estados e 12% para União (9,8% para ANM, 2% para MCT/FNDCT e 0,2% ao IBAMA), demonstrando que até o momento não foi atualizado o sistema com a nova lei[44]. Contudo, algo curioso é que utilizamos as informações do próprio sítio eletrônico da ANM, referente à arrecadação em termos globais, e mesmo assim os valores apresentam diferenças significativas[45]. No primeiro sistema investigado ficou claro que os 12% da União não foram contemplados, visto que apresenta apenas as informações dos Estados e municípios (distribuição). Somando os 12% das receitas unidas dos Estados e municípios, os valores não são condizentes com a arrecadação, conforme pode ser visualizado na Tabela 4.5.

---

[44] Informações obtidas na página da ANM: https://sistemas.dnpm.gov.br/arrecadacao/extra/Relatorios/distribuicao_cfem.aspx Acesso em: 30 jan. 2020.

[45] Informações obtidas na página da ANM. Disponível em: https://sistemas.dnpm.gov.br/arrecadacao/extra/Relatorios/arrecadacao_cfem.aspx. Acesso em: 30 jan. 2020.

Tabela 4.5 – Inconsistências entre arrecadação e distribuição do CFEM (ANM)

Ano	Estados	Municípios	Estados + Municípios (distribuição)	Arrecadação da CFEM	Estados + Municípios x 12%	Estados + Municípios + União (12%)	Diferença entre arrecadação e distribuição
2007	R$ 124.396.951,25	R$ 351.556.601,49	R$ 475.953.552,74	R$ 547.261.645,57	R$ 57.114.426,33	R$ 533.067.979,07	R$ 14.193.666,50
2008	R$ 182.405.639,26	R$ 515.494.197,90	R$ 697.899.837,16	R$ 857.819.431,62	R$ 83.747.980,46	R$ 781.647.817,62	R$ 76.171.614,00
2009	R$ 182.487.118,76	R$ 515.724.466,06	R$ 698.211.584,82	R$ 742.731.140,98	R$ 83.785.390,18	R$ 781.996.975,00	-R$ 39.265.834,02
2010	R$ 235.363.046,07	R$ 665.156.434,56	R$ 900.519.480,63	R$ 1.083.427.367,36	R$ 108.062.337,68	R$ 1.008.581.818,31	R$ 74.845.549,05
2011	R$ 348.642.251,22	R$ 985.293.317,27	R$ 1.333.935.568,49	R$ 1.561.680.727,11	R$ 160.072.268,22	R$ 1.494.007.836,71	R$ 67.672.890,40
2012	R$ 430.483.758,04	R$ 1.216.584.533,59	R$ 1.647.068.291,63	R$ 1.834.958.234,73	R$ 197.648.195,00	R$ 1.844.716.486,63	-R$ 9.758.251,90
2013	R$ 539.625.131,73	R$ 1.525.027.547,01	R$ 2.064.652.678,74	R$ 2.376.174.750,78	R$ 247.758.321,45	R$ 2.312.411.000,19	R$ 63.763.750,59
2014	R$ 401.487.241,97	R$ 1.134.637.859,48	R$ 1.536.125.101,45	R$ 1.711.318.234,76	R$ 184.335.012,17	R$ 1.720.460.113,62	-R$ 9.141.878,86
2015	R$ 340.815.477,22	R$ 963.174.176,86	R$ 1.303.989.654,08	R$ 1.519.721.771,84	R$ 156.478.758,49	R$ 1.460.468.412,57	R$ 59.253.359,27
2016	R$ 421.530.261,91	R$ 1.191.281.176,72	R$ 1.612.811.438,63	R$ 1.797.879.226,75	R$ 193.537.372,64	R$ 1.806.348.811,27	-R$ 8.469.584,52
2017	R$ 410.681.273,24	R$ 1.160.620.992,19	R$ 1.571.302.265,43	R$ 1.838.568.021,45	R$ 188.556.271,85	R$ 1.759.858.537,28	R$ 78.709.484,17
2018	R$ 653.120.948,50	R$ 1.774.543.849,37	R$ 2.427.664.797,87	R$ 3.036.143.592,41	R$ 291.319.775,74	R$ 2.718.984.573,61	R$ 317.159.018,80
2019	R$ 691.427.232,56	R$ 2.664.131.752,69	R$ 3.355.558.985,25	R$ 4.504.238.668,90	R$ 402.667.078,23	R$ 3.758.226.063,48	R$ 746.012.605,42

Fonte: Adaptado ANM[46]

---

[46] Disponível em: https://sistemas.dnpm.gov.br/arrecadacao/extra/Relatorios/arrecadacao_cfem.aspx. Acesso em: 30 jan. 2020.

O Tribunal de Contas da União (TCU) apresentou dois relatórios que tratam do CFEM, com informações relevantes para a questão. No primeiro o TCU (2012, p. 8) afirma que "os dados revelam que apenas 22,7% do valor da CFEM devida pelas mineradoras e fiscalizadas pelas quatro superintendências do DNPM entre 2009 e 2011 foram recolhidas espontaneamente". Utilizando outro método, calculando o percentual médio do CFEM, identificam que as superintendências visitadas recolheram apenas 68,6% do valor devido. Existe assim uma "dificuldade de encontrar uma mineradora quite com suas obrigações no que diz respeito ao recolhimento da CFEM"[47] (TCU, 2012, p.9). Há uma deficiência clara de recursos humanos na área de arrecadação, algo que, a nosso ver, não faz muito sentido. Além desse problema, reforçam que a previsão era de 30% do quadro de pessoal se aposentar.

No relatório de levantamento do Tribunal de Contas da União (2018), os auditores observam uma elevada sonegação e possibilidade de lavagem de dinheiro[48]. Apresentam que "a maior parte do recolhimento da CFEM é realizado a partir dos dados informados pelos mineradores", logo não há aferição das informações autodeclaratórias, prevalecendo "a tendência de maximizar as deduções e/ou minimizar o faturamento, reduzindo o valor a ser pago" (TCU, 2018, p. 25). Os auditores do TCU percebem que a falta de um sistema informatizado por parte da ANM gera prejuízos de milhões de reais por ano na arrecadação do CFEM. Em muitos momentos, os servidores fazem de forma manual o cruzamento das notas fiscais com o Relatório Anual de Lavra (RAL). Solicitamos a RAL do Projeto Salobo para a ANM, compreendendo o início da operação até o ano de 2018; todavia, foi indeferido o processo, por considerarem ser um conteúdo sigiloso, demonstrando que de fato o CFEM constitui uma caixa-preta[49].

Observamos, apesar das dificuldades levantadas, que os recursos do CFEM são expressivos, principalmente nos municípios com base mineral, e, por isso, com boas receitas em seus cofres, apesar de que, na esfera estadual, a situação seja diferente devido à Lei Kandir. Todavia, conhecer a real destinação dada ao CFEM pelos municípios mineradores é uma questão muito delicada, uma vez que não há nenhum mecanismo rotineiro de acompanhamento ou fiscalização. A exceção seriam os municípios auditados a partir dos sorteios da Controladoria Geral da União (CGU). Não há instrumentos capazes de verificar com precisão qual o real uso dado a esses recursos financeiros. Contudo, Enriquez (2007, p. 352) adiciona o pioneirismo do município de Itabira/MG, pois vinculou o CFEM "[...] a uma estratégia de diversificação produtiva e é um dos poucos municípios mineradores a ter uma legislação específica para o uso da CFEM", programa conhecido como Fundesi[50].

---

[47] "Os recolhimentos a menor decorrem da omissão ou da distorção das informações relativas à atividade mercantil das empresas, com a finalidade de burlar suas obrigações junto à União. Essa conduta, predominante no setor, dá origem a infindáveis debates, no Judiciário, acerca da base de cálculo da CFEM e da pertinência das deduções, retardando a recuperação de passivos" (TCU, 2018, p. 25).

[48] "[...] consultando o relatório de maiores arrecadadores, verifica-se um grande número de empresas que informam um faturamento bruto para os primeiros cinco meses de 2018 inferior a R$ 10.000,00. Que indica indícios de sonegação, o que representa menos de R$ 2.000,00 por mês de faturamento" (TCU, 2018, p. 25).

[49] No texto da Resolução 01/2019, altera a consolidação normativa do DNPM (ANM), aprovada pela Portaria n.° 155, de 12 de maio de 2016, sendo que, no art. 27, determina como sigilosos: I - o Relatório de Pesquisa, o Plano de Aproveitamento Econômico, o Relatório de Reavaliação de Reservas e o Relatório Anual de Lavra - RAL, assim como outros documentos integrantes do processo minerário cujo sigilo seja, a pedido do titular, deferido pela ANM em decisão fundamentada, por conter segredo industrial a proteger ou informação empresarial que possa representar vantagem competitiva a outro agente econômico. Disponível em: http://www.in.gov.br/web/guest/materia/-/asset_publisher/Kujrw0TZC2Mb/content/id/61355008/do1-2019-01-31-resolucao-n-1-de-25-de-janeiro-de-2019-61354832. Acesso em: 20 jan. 2020.

[50] O Fundesi passou a ser o principal instrumento da política de reestruturação econômica de Itabira e a primeira experiência nacional de vinculação dos recursos do CFEM a projetos de desenvolvimento e diversificação econômicos. Itabira foi o único município do universo pesquisado a apresentar uma legislação especialmente direcionada ao uso do CFEM. Decorridos 12 anos desde a promulgação da Lei que instituiu o Fundesi, Itabira acumulou uma experiência e um aprendizado de como (não) utilizar os recursos do CFEM (Enriquez, 2007, p. 353).

No Brasil, 60% dos royalties da mineração ficam para os municípios, portanto devemos, sobretudo, compreender a necessidade de uma política municipal e como ela se dá. A extração de recursos minerais, nesse caso, está indissociável ao crescimento econômico, todavia a sua existência com o meio social e ambiental cria um campo fértil com todas as análises que devem ser consideradas. Júnior, Obata e Sintoni (2003, p. 37) apresentam diversos benefícios à coletividade, principalmente quando se trata da mineração, partindo do olhar da municipalidade. Para esses autores a "[...] geração de emprego, renda, tributos e compensação financeira, além da maior facilidade econômica de acesso a uma série de substâncias minerais" (Júnior; Obata; Sintoni, 2003, p. 37).

Para Júnior, Obata e Sintoni (2003), a mineração pode desencadear um propulsor para o desenvolvimento regional, pois, ao se pensar nas vantagens comparativas locais, ela pode verticalizar a economia. Enriquez (2007) reforça que o desenvolvimento dependerá das estruturas existentes e também das suas conexões com a indústria motriz em relação às indústrias afetadas. Contudo, com efeitos positivos dessa relação, cria-se um processo sinérgico, e, com isso, é possível a verticalização da economia nos municípios. Todavia, caso haja mais efeitos negativos do que positivos, a mineração pode gerar enclave para a região.

Coelho (2015) nos oferece um exemplo referente à Amazônia oriental, na área do complexo do Carajás, percebendo que há uma dependência da economia regional, principalmente no que se refere ao setor mineral. Dessa forma, Coelho (2015, p. 57) afirma que o enclave pode ser entendido como uma "[...] instalação de uma economia exportadora que cria nenhum ou pouco link benéfico para os outros setores da economia local". Destarte, o enclave consiste no fato de não gerar benefícios dentro de uma estrutura social local que tende a deteriorar esta relação.

> Como no caso de Carajás há uma gigantesca separação espacial entre a oferta e a demanda, a realização da maior parte da produção se dá em locais distantes. A base territorial do sudeste paraense foi hegemonizada por projetos do setor mineral, madeireiro, energético, siderúrgico e agropecuário, e é a fronteira de expansão do capitalismo dependente, subdesenvolvido e periférico. A Amazônia tem a função de fornecer insumos para o mercado internacional. As riquezas retiradas da floresta não têm como objetivo beneficiar a população amazônica, mas sim amparar o capital internacional e nacional (Coelho, 2015, p. 58).

Portanto, a mineração pode, desde sua fase inicial até o fim das suas atividades, desencadear diversas intensidades de disputas territoriais com indesejáveis impactos ambientais e sociais. Logo, temos diversos conflitos, colidindo "[...] com outras formas ou atividades de uso e ocupação do espaço físico, tais como agricultura, pecuária, turismo, assentamentos urbanos e preservação, e conservação ambientais" (Júnior; Obata; Sintoni, 2003, p. 38). Diante do apresentado, torna-se um desafio para a gestão pública mediar esses conflitos, sendo necessárias análises interdisciplinares que apresentem alternativas nas quais todos os agentes tenham a mesma força e representatividade, de modo a gerar os maiores benefícios com os menores custos sociais e ambientais. Um problema sempre recorrente é como medir essas forças e quais alternativas se deve ter para contrabalançar a balança, principalmente quando pende só para um lado, nesse caso, o econômico.

Zhouri *et al.* (2018) afirmam que, com os crimes corporativos ocorridos em Minas Gerais, o sofrimento social se tornou a consequência da forma como o Estado e as empresas estão gerenciando os conflitos. Quando a mineração desencadeia, em grande intensidade, estragos à sociedade e ao meio ambiente, como vem ocorrendo atualmente, a espacialidade não pode ser considerada apenas o trajeto dos danos. Logo, os estragos remetem também ao sofrimento social, que, a partir de aspectos socioculturais e políticos, cria um cenário de frustração, insegurança e incerteza.

Como será apresentado no decorrer da redação, essa questão quase não entra na pauta das forças favoráveis à mineração que buscam garantir o crescimento econômico. Inclusive, podemos considerar que esse passivo, o *passivo do sofrimento social*, torna-se uma métrica de análise, igual ao passivo ambiental, e que consta como uma alternativa para contrabalançar forças que modificam os *sistemas de ações* e *sistemas de objetos*.

Para Júnior, Obata e Sintoni (2003, p. 37), no plano municipal, há uma falta de conhecimento sobre os reflexos que a mineração proporciona. Esse plano apresenta uma postura reativa e não proativa. Os autores reforçam que os municípios, compreendendo os contextos geoeconômicos de sua região, podem criar políticas-bases para a exploração mineral ambientalmente responsável, desde que não haja clientelismo por parte dos gestores públicos; contudo, isso gera uma espécie de *conflito de agência*[51]público. Os municípios já possuem instrumentos legais para planejamento e gestão dos seus territórios, a Constituição Federal e as constituições estaduais e leis ordinárias, que servem como base para uma política municipal de recursos minerais. Essas políticas englobam: o plano diretor, a lei de uso e ocupação do solo, a lei de parcelamento do solo urbano e rural, o código de obras, o código de posturas, o código tributário. Os dois primeiros itens, o plano diretor e a lei de uso e ocupação do solo, são fundamentais para o planejamento e gestão de recursos minerais. Portanto, vejamos os seguintes itens:

> 1. A definição do conjunto de diretrizes básicas, técnicas e administrativas, para planejamento, desenvolvimento, gerenciamento e monitoramento da atividade de mineração;
> 2. A compartimentação do meio físico no Plano Diretor ou mais especificada na Lei de Uso e Ocupação do Solo deverá qualificar áreas ou zonas potencialmente aptas e não aptas ao desenvolvimento de determinados tipos de atividade de mineração, com fundamento na análise integrada dos aspectos geológicos, geotécnicos, ambientais e socioeconômicos;
> 3. Para as áreas qualificadas para a mineração, o zoneamento territorial deverá incluir a definição dos parâmetros básicos dos projetos mineiros, de controle ambiental e indicação de uso futuro das áreas mineradas, de acordo com as aptidões e restrições minério-ambientais das zonas consignadas e em consonância com os planejamentos municipais;
> 4. A depender das características do setor mineral no município, podem ser incluídos programas e projetos específicos de natureza técnica, gerencial e legal para disciplinamento e aprimoramento tecnológico dos empreendimentos instalados, em especial da pequena mineração e das indústrias de transformação agregadas (de forma a otimizar o processo produtivo e minimizar os impactos ambientais associados), resolução de conflitos entre minas e outras formas de ocupação, entre outros (Júnior; Obata; Sintoni, 2003, p. 44).

Nos instrumentos propostos, que serão detalhados a seguir, existe uma necessidade de inserção de outros mecanismos, de modo a dar robustez à ferramenta. O *passivo do sofrimento social*, algo que deve ser desenvolvido em estudos futuros, é um mecanismo agregador aos interesses da sociedade, com o intuito de contrabalançar as relações de poder. Nesse indicador, utilizando lições aprendidas e trabalhos de campo, podemos estimar o sofrimento de alguns membros da sociedade para um determinado projeto, antes, durante e depois dos empreendimentos, considerando os riscos e vulnerabilidades. A mineração é uma atividade que gera conflitos, sendo que as partes mais vulneráveis no geral não possuem voz a estes grandes projetos.

---

[51] Este termo vem da Teoria da Agência, uma das bases da Governança Corporativa que busca a separação entre propriedade e gestão. Consiste em dois axiomas fundamentais sintetizados por Klein e Jensen-Meckling, sendo que o primeiro afirma sobre a inexistência de contratos perfeitos e o segundo refere-se à inexistência do agente perfeito. Basicamente, esta teoria consiste em mecanismos para que não ocorra conflito de interesses entre os proprietários e os gestores, buscando uma postura mais ética aos negócios. Essa teoria ganha muita notoriedade após a Lei Sarbanes-Oxley, que constitui um novo marco para o sistema capitalista, necessitando de uma nova estrutura de governança empresarial.

Assim como o passivo ambiental, o *passivo do sofrimento social* pode auxiliar os gestores públicos e privados a compreenderem de forma mais global os impactos empresariais em comunidades que terão externalidades negativas com essas obras. O conflito de agência, como uma proposta corporativa, pode ser adaptado nesse tipo de análise, uma vez que existe clientelismo nas relações entre os setores público e privado. Como toda decisão é tomada por pessoas, estas podem optar por posturas não éticas, buscando maximizar os interesses próprios.

Dessa maneira, utilizando mecanismos de controle da Teoria de Agência, dentro dos processos de planejamento, gestão e controle, torna-se possível a sociedade auditar os processos, verificando se há ou não conflito de interesses por parte dos agentes. O foco sempre deve ser na coletividade, pois dentro das forças é a que apresenta maior fragilidade, nela ocorrem injustiças sociais, econômicas e ambientais. Portanto, tem-se em mente que:

> Os impactos negativos e positivos causados pela mineração são distribuídos desigualmente pela sociedade. As variáveis explicativas para a disseminação dos impactos são a classe social, a renda e a etnia. A renda mineira é apropriada pelo setor financeiro e pelas mineradoras, enquanto os danos atingem agricultores, proletários e subproletários, quilombolas e grupos indígenas. Os impactos tendem a ser mais intensos quando afligem esses grupos. A proteção desigual dos efeitos ambientais das atividades econômicas e o acesso desigual aos recursos naturais, processo conhecido como injustiça ambiental, decorre de processos políticos e sociais de deliberação nos quais as populações afetadas pouco influem. Estes processos de elaboração e aplicação de políticas, por serem fortemente influenciados pelas grandes empresas, tendem a direcionar os danos para populações específicas (Coelho, 2015, p. 112).

As injustiças socioambientais, conforme Lauda-Rodriguez e Ribeiro (2019), são originadas por tensões locais, devido a situações de risco, com isso, temos os mais diversos conflitos. Os autores utilizaram em seus estudos o princípio da precaução e da teoria da justiça ambiental, demonstrando que "[...] irrupção do princípio da precaução em contexto de conflitos socioambientais de coletividades deve ser assumida como sinal de necessidade de mudanças nas diferentes estruturas do atual sistema social" (Lauda-Rodriguez; Ribeiro, 2019, p. 176).

Outras métricas importantes apresentadas por Júnior, Obata e Sintoni (2003), para elaboração de políticas municipais que tenham a mineração como base econômica, são os termos de referência que englobem o planejamento territorial do município. São apresentados três elementos-chave, sendo:

1. Inventário e mapeamentos.

2. Diagnóstico técnico-econômico do setor mineral.

3. Estabelecimento do setor mineral.

De forma bastante resumida, o primeiro refere-se à caracterização do meio físico e das infraestruturas necessárias para o projeto, além do zoneamento institucional, o diagnóstico de uso e ocupação do solo, o potencial geológico dos recursos minerais e paisagens, monumentos naturais notáveis e suscetibilidade do meio físico e biótico. Esse processo consiste na primeira tentativa técnica para se levantar e analisar as informações que contemplem todas as questões abordadas antes. Sua importância se deve ao fato que serão os documentos-base para as tomadas de decisões dentro do processo. Caso essa etapa seja mal executada, compromete toda a análise posterior, tornando o processo questionável. Consistiria basicamente em compreender o território sem considerar questões relacionadas às populações humanas (Júnior; Obata; Sintoni, 2003).

O diagnóstico técnico-econômico do setor mineral compreende a elaboração do perfil socioeconômico da região de forma bastante ampla, além do levantamento da situação técnica, legal e ambiental das atividades de mineração. Júnior, Obata e Sintoni (2003) reforçam a importância do perfil socioeconômico da região, todavia dando ênfase a favor do setor mineral.

> [...] estimativa de consumo atual e previsão de demanda futura de insumos minerais no município; inserção da mineração local no contexto geoeconômico regional; grau de verticalização da indústria mineral; fluxo de insumos minerais e produtos manufaturados; e tipo de cooperação entre produtores e demais elos da cadeia produtiva. Levantamento da situação técnica, legal e ambiental das atividades da mineração instaladas: dados de produção; áreas ocupadas; tributação e empregos gerados; situação legal – discriminação das áreas de concessão, licenciamento, alvarás e requerimentos; método de lavra e beneficiamento de minério; procedimentos gerenciais; e impactos ambientais significativos (Júnior; Obata; Sintoni, 2003, p. 54).

Observamos que as alternativas de Júnior, Obata e Sintoni (2003) consistem na compreensão das relações da mineração, do aspecto social, pelo prisma econômico, entretanto devemos compreender as questões humanas também dentro do território, muito além das pautas puramente econômicas. Até mesmo com relação ao meio ambiente, temos uma estrutura voltada para as questões puramente econômicas de impactos, sem mencionar os passivos ambientais, que são, neste caso, fundamentais para compreender a totalidade. Por fim, os autores estabelecem a importância de um zoneamento para o setor minerário, correspondendo à integração e análise dos produtos anteriores, de modo que se estimem zonas preferenciais e bloqueadas à mineração.

> O estabelecimento dessas áreas tem por referência a compatibilização do aproveitamento dos recursos minerais, com as limitações de caráter ambiental – áreas recobertas por legislações restritivas à mineração, suscetibilidade do meio físico e biótico, áreas com paisagens e monumentos naturais notáveis, e com outras formas de uso e ocupação do solo, regulamentada por lei e/ou de interesse da municipalidade (Júnior; Obata; Sintoni, 2003, p. 56).

Ressaltando que os instrumentos jurídicos são importantes para quaisquer tomadas de decisões, mas eles evoluem/regridem conforme a manifestação de alguns agentes da sociedade. Portanto, devemos acrescentar, além disso, o caráter social a esse procedimento, que busque compreender de forma ampla o contraditório.

Júnior, Obata e Sintoni (2003) compreendem que, após esses procedimentos, alguns municípios, dadas as suas características, deverão tratar o tema de forma mais específica, considerando seu planejamento, relacionado ao Plano Diretor de Mineração (PDMi). Esse instrumento, em consonância com o Plano Diretor Municipal, representa uma forma de articular a gestão setorial, na qual dois aspectos devem ser considerados:

1. Qualificação da equipe executora; e

2. articulação com os principais atores envolvidos no setor mineral do município (incluindo órgãos federais e estaduais).

Equipe qualificada é importante sempre, em quaisquer projetos, mas ainda é mais importante quando a ação e/ou objeto representam, dentro dos sistemas, passivos ambientais e sociais que se perpetuam no tempo e espaço. Quando se pensa em gestão de projetos, para que ocorra um sucesso na sua implementação, os membros da equipe necessitam ser capacitados. Busca-se no geral uma equipe de formação heterogênea, coesa, dinâmica e comprometida, que tenha conhecimento das melhores práticas, buscando atender os objetivos predeterminados, pautados na missão, visão e valores organizacionais. Essa articulação também existe no PDMi, mas diferente da visão de mercado que analisa o retorno sobre o investimento, esse instrumento deve compreender os passivos não contabilizados (ambientais e do sofrimento social).

Júnior, Obata e Sintoni (2003, p. 58) afirmam que o PDMi necessita de uma equipe executora multidisciplinar, que consiste no geral "[...] em profissionais da área de geociências (geologia e geografia), engenharia mineral e socioeconômica". Os interesses públicos e privados devem ser levantados, além disso, deve-se criar um comitê que realize as interações e diálogos com os agentes políticos. Dessa forma, o PDMi torna-se objetivo e realista, com diretrizes sólidas e bases técnicas pautadas na boa gestão. Na Figura 4.4 os autores propõem uma estrutura que auxilie na busca desses objetivos, mesmo considerando que alguns elementos já estão presentes nos licenciamentos ambientais.

Figura 4.4 – Proposta de roteiro e principais componentes de análise na formulação do Plano Diretor de Mineração (PDMi)

Fonte: Júnior, Obata e Sintoni (2003, p. 57)

Para Coelho (2015, p. 9), a mineração "[...] sempre esteve associada a um grau de exploração exorbitante dos recursos naturais e exaustivamente espoliativa à classe trabalhadora submetida a essa função". A mineração no Brasil é baseada num capitalismo dependente e subdesenvolvido, sendo que a base é uma economia reprimarizada. Logo, houve um crescente processo de violência, no qual os atores sociais são desconsiderados, culminando em uma desindustrialização vulnerável às flutuações do mercado internacional. Uma alternativa, no que concerne ao municipal, para evitar esses problemas, são os instrumentos legais que contemplem a mineração com o desenvolvimento urbano, atuando de forma a garantir outras atividades sem comprometer a conservação ambiental. Contudo, isso ocorre no momento em que a mineração se insere nos programas "[...] de desenvolvimento socioeconômico e planejamentos urbanos e regionais, assegurando dessa forma, o suprimento continuo, estável e harmônico dos bens minerais para melhoria e qualidade de vida das populações" (Júnior; Obata; Sintoni, 2003, p. 8-9).

Por fim, no relatório da Cepal (2013, p. 13-14), temos os avanços no setor mineral nas últimas décadas, todavia existem diversos e numerosos desafios, "[...] como conseguir uma organização eficiente e contar com as instituições necessárias para maximizar a contribuição desses setores para o desenvolvimento". No Atlas desenvolvido pelo Programa das Nações Unidas para o Desenvolvimento (PNDU) (2017), temos os esforços para uma mineração que busque o desenvolvimento sustentável, que visa contribuir para os diversos desafios, com um olhar para os dezessete Objetivos do Desenvolvimento Sustentável (ODS). Contudo, devemos focar na:

> 1. Institucionalizar mecanismos para a gestão macroeconômica anticíclica frente à volatilidade inerente aos preços internacionais dos produtos primários exportados pela região;
> 2. Desenvolver mecanismos que assegurem o investimento público eficiente da renda derivada da explotação de recursos naturais em educação, saúde, infraestrutura, inovação e desenvolvimento tecnológico, além da sua distribuição equitativa entre grupos sociais e níveis de governo;
> 3. Conseguir administrar de maneira eficaz os conflitos socioambientais que inevitavelmente surgem durante o desenvolvimento dos setores de recursos naturais;
> 4. Conseguir aumentar a progressividade na participação do Estado na renda da explotação de recursos naturais, sobretudo nos ciclos de alta dos preços mais persistentes, como o atual;
> 5. Preservar o dinamismo do investimento e aumentar a progressividade na participação do Estado, o que pode implicar ajustes na política tributária aplicada a esses setores em períodos de ganhos extraordinários, bem como buscar uma maior coordenação e harmonização do tratamento fiscal entre os países beneficiários de investimentos, a fim de evitar a concorrência fiscal que impede a conquista desses objetivos (PNDU, 2017, p. 43).

A tendência é que o setor mineral continue recebendo grandes aportes de investimentos, que irão expandir a exploração mineral. No relatório da Cepal (2013, p. 27) ficou demonstrado um orçamento global que passou de 2,1 bilhões de dólares no ano de 2003 para 11,2 bilhões de dólares em 2010. Mesmo com a desaceleração da economia mundial no ano de 2008, a Cepal reforça que o setor mineral expandiu com uma crescente contribuição das reservas mundiais partindo das nações sul-americanas e caribenhas. Diante disso, a instrumentação apresentada e proposta, que será debatida no decorrer do trabalho, consiste em tornar o duelo entre Davi e Golias mais equilibrado. O Davi é representado pelas classes mais vulneráveis da sociedade, que arcam com os passivos ambientais e do sofrimento social, como pudemos visualizar nos crimes corporativos ocorridos em Minas Gerais, Pará e, mais recentemente, na Bahia[52]. Portanto, os atingidos não têm nenhuma relação com a mineração e tiveram suas vidas completamente modificadas. Estes são, no geral, pessoas comuns, humildes e os primeiros afetados, sendo esta questão extremamente relevante para quaisquer instrumentos de planejamento e gestão pública.

---

[52] No dia 11 de julho de 2019, a barragem do Quati rompeu e, com isso, atingiu 160 famílias nas cidades de Pedro Alexandre e Coronel Sá, no nordeste da Bahia.

Já Golias representa o mercado com sua visão de crescimento econômico infinito, mais especificamente o setor mineral, que, por sua vez, tem uma força elevada que dobra juízes e espectadores que só assistem a esse confronto, atônitos. Todavia, a força é tão elevada que em muitos casos percebemos que o Estado torna-se um sócio passivo das decisões estratégicas das corporações, atendendo os interesses destas como prioridade em relação aos interesses da sociedade. Logo, a fim de alcançar uma contribuição para a questão, buscaremos adicionar a proposta das *sociedades de riscos* e seus efeitos colaterais latentes, na qual, com o processo de *desengenharia*, esperamos fortalecer esse instrumental, vislumbrando um olhar que busque tentar interpretar a questão em sua totalidade, em tempos e espaços diversos.

4.2 BARRAGENS DE REJEITO: QUESTÕES HISTÓRICAS E TÉCNICAS

No processo de extração mineral contemporâneo, o destino das matérias de alta entropia tem um curso por serem consideradas resíduos de baixo ou nulo valor comercial. No plano operacional da mineração, a jazida se divide em minérios e resíduos, sendo que o segundo se aplica a resíduos de estéreis, efluentes e rejeitos.

Silva (2018, p. 21) reforça a importância da distinção entre resíduos e rejeitos, pois um "[...] ainda pode ter uma destinação, ser reaproveitado. Rejeito é algo inservível, não mais aproveitável", apesar desse último conceito poder se alterar no tempo com evoluções tecnológicas transformando-os em resíduos. Muitos já avaliam as possibilidades de se minerar os rejeitos das barragens, bem como criar utilidades para estes recursos, entre as quais os tijolos são bons exemplos.

Desse modo, as barragens podem ser compreendidas como uma estrutura de terra construída com o fim de armazenamento desses rejeitos que derivam do processo produtivo. Assim, existem características diversas para o rejeito, que, por sua vez, depende do tipo de material a ser extraído, o que apresenta peculiaridades importantes ao se pensar na formação das polpas. Para Chammas (1989), existem três tipos de comportamento das polpas dos rejeitos:

> 1. Comportamento de lâmina líquida, com floculação das partículas de menor tamanho.
> 2. Em processo de sedimentação, apresentando comportamento semilíquido e semi-viscoso.
> 3. Em processo de adensamento, comportando-se como um solo. É importante mencionar que o rejeito não é propriamente um solo, mas para fins geotécnicos seu comportamento é considerado equivalente à de um solo com características de baixa resistência ao cisalhamento.

Machado (2007, p. 28), ao analisar o manual *Instrumentation of Embankment Dams and Levees*, percebe que as barragens seguem uma determinação do número, tipo e localização para sua implementação; assim, apresentam soluções individuais. Contudo, torna-se importante que a equipe técnica compreenda os fenômenos físicos e mecânicos envolvidos nesse projeto. Machado (2007, p. 28) apresenta quatro objetivos centrais para um plano de instrumentação geotécnica:

> 1. Avaliações analíticas – consiste na análise dos dados obtidos da instrumentação geotécnica e deve ser utilizada na verificação dos parâmetros adotados no projeto;
> 2. Previsão de desempenho futuro – refere-se aos dados da instrumentação obtidos que sinalizam o comportamento futuro da barragem;
> 3. Avaliações legais – são utilizados dados de instrumentação importantes na solução de litígios relativos à construção do empreendimento;
> 4. Desenvolvimento e verificação de projetos futuros – refere-se à economia de novos empreendimentos.

Machado (2007) acrescenta os objetivos básicos debatidos no simpósio sobre instrumentação de barragens (1996), que foram agrupados em três tópicos que merecem atenção: construção, enchimento e operação. Contudo, Machado (2007, p. 29) apresenta a seguinte estrutura:

> Período construtivo:
> 1. Alertar sobre a ocorrência de possíveis anomalias no comportamento das barragens;
> 2. Possibilitar soluções menos conservadoras, permitindo economias significativas para a obra;
> 3. Fornecer informações, por retro análise dos dados de instrumentação a respeito de valores dos parâmetros dos materiais que constituem a barragem e sua fundação;
> 4. Possibilitar revisões do projeto durante o período construtivo, permitindo, caso necessário, reestuda-los em tempo de se evitar prejuízos de grandes consequências.
> Período de enchimento do reservatório:
> 1. Alertar sobre a ocorrência de possíveis anomalias que possam colocar em risco a segurança da estrutura;
> 2. Possibilitar avaliação do desempenho estrutural, geotécnico e hidráulico da obra, em função das comparações entre grandezas de medida *in-situ* e aquelas previstas por modelos teóricos ou experimentais de análise;
> 3. Verificar a adequação das simplificações introduzidas na hipótese do projeto.
> Período operacional:
> 1. Verificar se a barragem está apresentando um desempenho geral satisfatório, conforme previsto no projeto. É, entretanto, neste período que se podem tirar importantes conclusões com relação à qualidade e desempenho dessa estrutura;
> 2. Caracterizar o comportamento no tempo dos solos e/ou do maciço rochoso de fundação determinando o prazo necessário para estabilização dos deslocamentos, tensões internas, subpressão, vazões de drenagem, etc.;
> 3. Caracterizar o comportamento no tempo das estruturas da barragem em função da carga hidráulica, levando-se também em consideração os efeitos das condições termo ambientais.

Esse simpósio ocorreu em 1996, antes dos grandes rompimentos, e, com isso, demonstra alguns pontos importantes, como soluções menos conservadoras com objetivo de redução de custo; na visão dos engenheiros, isso foi e continua sendo a tônica dos projetos. Desse modo, percebemos o descaso para com a natureza e as pessoas, pois elas estão ausentes na instrumentação de pontos que demonstrem essas preocupações.

Assim, temos imposta a ideia de que a mineração é um sistema fechado que pouco influencia a natureza e populações, algo que os recentes rompimentos evidenciam de modo contrário. Há, sem dúvidas, algumas preocupações quanto à redução dos riscos desses empreendimentos, principalmente no que se refere ao rompimento da barragem, todavia a questão central está pautada nos custos e riscos operacionais e de reputação, e não nas questões sociais e ambientais. A forma como tratam dessas questões não legitima a sociedade e o ambiente natural como elementos centrais de suas políticas estratégicas.

A Figura 4.5 apresenta um exemplo clássico da rotina estratégica com relação às barragens, carecendo compreender como a sociedade e o ambiente natural estão relacionados com os processos e ferramentas, bem como o peso, intensidade e amplitude a eles direcionados.

Figura 4.5 – Rotina de um programa de instrumentação de barragem

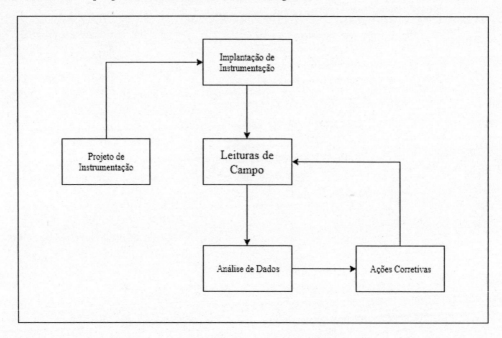

Fonte: Adaptado de Machado (2007, p. 33)

Oliveira (2010, p. 18), ao entrar nos requisitos e princípios norteadores do gerenciamento das barragens de rejeito, considera "[...] à disposição segura desses resíduos e o planejamento criterioso e dinâmico das ações envolvidas na atividade de disposição, durante a operação". Logo, essas são as métricas essenciais, para garantir a segurança da barragem. Relata ainda que a maior diferença entre as barragens de rejeito e as de hidrelétricas "[...] reside no fato de a construção das barragens de rejeito ser um processo continuo, em desenvolvimento constante", tornando-se dinâmica durante sua execução e operação (Oliveira, 2010, p. 19).

Outro destaque importante, referente às barragens de rejeito, se dá por ser uma das maiores estruturas visíveis da mineração, tornando-se uma *rugosidade espacial*. Por isso:

> [...] para a mineração, que é uma atividade que manipula grandes quantidades de materiais naturais, adotar técnicas eficazes e seguras de disposição de resíduos (estéreis e rejeitos), que garantam sua estabilidade a longo prazo, pode ser mais importante que adotar estratégias de redução de resíduos (Sánchez, 2001, p. 164).

Destarte, verifica-se que as barragens continuam estruturas instáveis, mesmo se valendo de técnicas e procedimentos de engenharia robustos. Na Tabela 4.6, a sua evolução parte de 4800 a.C. até a década de 1940. Quanto aos seus rompimentos, existe um histórico considerável de ocorrências no Brasil e no mundo. Um grande acidente foi registrado no ano de 1889, na cidade de Jonhstown, na Pennsylvania, EUA. A onda gerada foi de aproximadamente 10 metros com a velocidade de 15 m/s em direção à cidade. O número de mortos está contabilizado em aproximadamente 2.200 vítimas, fora as perdas materiais, ambientais e de memórias coletivas. Em 1928, também nos EUA, em Los Angeles, Califórnia, houve um rompimento com cerca de 600 vítimas fatais. A ocorrência se deveu ao enchimento de um lago que apresentou fendas e infiltrações na barragem, pois no momento da ruptura a onda atingiu 43 metros de altura. Já no ano de 1959, a barragem Malpasset se rompe na

França, com 423 vítimas fatais, visto que a onda bateu os 50 metros de altura, deixando 79 crianças órfãs. Outro rompimento de grande impacto ocorreu em 1963, no rio Vajont, na Itália. Nesse crime corporativo, foram pelo menos 2.500 vidas perdidas, sendo que, em poucos minutos, os 115 milhões de metros cúbicos de água bloquearam completamente um vale de aproximadamente 2.500 metros (Bueno; Delpupo, 2017, p. 2136-2141).

Tabela 4.6 – Dados históricos da evolução de barragens

ANO	REGISTRO OU OCORRÊNCIA	LOCAL
4800 a.C.	Barragem de Sadd - El - Katara Altura - 12 m Destruída por transbordamento	Egito
500 a.C.	Barragem de terra Altura - 12 a 27 m 13.000.000 m³ de material	Sri Lanka
100 a.C.	Barragens romanas em arcos	Norte da Itália Sul da França
1200 d.C.	Barragem Madduk-Massur Altura - 90 m Destruída por transbordamento	Índia
1789	Barragem de Estrecho de Rientes Altura - 46 m Destruída logo após o primeiro enchimento	Espanha
1820	Telford introduz o uso de núcleos argilosos em barragens de terra e enrocamento	Inglaterra
Fim do séc. XIX.	Barragem de Fort Peck Altura - 76 m Volume de material - 100.000.000 m³	EUA
1856	Experiências de Darcy Velocidade de percolação da água	França
1859	Patente do primeiro rolo compactador a vapor	Inglaterra
1904	Surge o primeiro rolo compactador tipo pé de carneiro	EUA
1930-40	A mecânica dos solos consolida-se como ciência aplicada	EUA

Fonte: Adaptado de Massad (2010, p. 174)

Utilizando o banco de dados da organização Wise Uranium, que apresenta em ordem cronológica os principais rompimentos de barragens de rejeitos no mundo desde os anos 60, algumas merecem destaque.

A primeira barragem rompida de alto impacto com registro na Wise Uranium, foi na China, da empresa Yunnan Tin Group Co, em 1962, na região de Huogudu, Gejiu, Yunnan. Com o ocorrido foram 11 aldeias destruídas, 171 mortes, 92 feridos e 13.970 pessoas desalojadas. O método construtivo, ponto em que se entrará com mais detalhes nas próximas seções, foi o tipo a montante, que teve seu rompimento após chuvas moderadas no local. No ano de 1965 ocorre no Chile o rompimento de uma barragem de cobre, por liquefação devido a um terremoto, deixando aproximadamente 200 mortos. Na Bulgária, em Sgorigrad, no ano de 1966, ocorre outro rompimento, matando 488 pessoas, causado por transbordamento, com falhas no canal/desvio, devido a fortes chuvas. Outro caso com elevado número de mortos ocorreu no Reino Unido, também em 1966, em Aberfan, com 144 mortes, ocasionado por falhas durante as operações. Nos EUA, na cidade de Buffalo Creek, em 1972, houve um colapso devido às fortes chuvas, ceifando a vida de 125 pessoas e com aproximadamente US$ 65 milhões de prejuízos apenas com danos de propriedades e rodovias. Em Stava, Trento, na Itália, são registradas 268 mortes no ano de 1985. Na China, nesse mesmo ano, ocorre o rompimento em outra barragem a montante, localizada em Niujiaolong, com 49 pessoas mortas. Nas Filipinas, em 1996, foram evacuadas 1.200 pessoas com um dano de aproximadamente US$ 80 milhões na ilha Marinduque. Na Romênia, no ano 2000, ocorre o rompimento de uma mineração de ouro da Usina Aurul, poluindo o rio Tisza, afluente do rio Danúbio, afetando outros países como Hungria e Sérvia, tornando-se um acidente de impacto internacional e transfronteiriço. Na Hungria no ano de 2010, em Kolantár, também se rompe uma barragem, com várias cidades afetadas, 10 pessoas mortas e 120 feridas. O Brasil apresenta alguns casos, mas dois em particular merecem destaque: o ocorrido em 2015 em Bento Rodrigues, subdistrito de Mariana/MG, com 17 mortes; e em Brumadinho/MG, em 2018, com 248 pessoas mortas e 22 desaparecidas (Wise-Uranium, 2019).

Percebemos com esse levantamento que, além dos passivos ambientais, essas estruturas criam *passivos do sofrimento social*. Muitas mortes são contabilizadas com o rompimento dessas barragens e com o tempo acabam caindo no esquecimento. Todavia, mesmo nos casos que não representam mortes, não significa que o sofrimento social foi menor. Muitas famílias ficam desalojadas, muitas pessoas se ferem, tantos outros perdem suas fontes de renda, memória coletiva e saúde. Esses impactos geralmente ocorrem com populações mais vulneráveis, como operários das minas, trabalhadores em geral (rural e urbano), indígenas, pessoas que pouco têm, mas que tudo perdem.

Silva (2017, p. 2) destacou que no caso brasileiro a legislação e a normativa eram omissas, agindo sempre tardiamente. Contudo, mesmo que tardiamente, se deve criar mecanismos de mitigação de riscos e danos futuros, focados nos atingidos e em *devir*. Existem riscos à sociedade atual, riscos que afetam direta e indiretamente as "[...] comunidades a jusante, a montante e as adjacências, mas os impactos difusos, transindividuais e transgeracionais podem ser percebidos em médio e longo prazo, aliás, percebidos, mas incomensuráveis" (Silva, 2017, p. 2).

Portanto, se deve entender os tipos de barragens, as principais causas de rompimento, além da sua relação com o solo, já que o rompimento não é a única forma de afetar o meio natural e a sociedade. Posteriormente, devemos entrar na legislação nacional e internacional sobre o tema.

Hoje, dados os atuais rompimentos, podemos dizer que a população em geral compreende parcialmente as diferenças entre os métodos. Devido a esses acidentes, o assunto foi amplamente debatido e divulgado pela imprensa, trazendo à questão uma maior preocupação popular, fundamental para as políticas públicas. Cardozo, Pimenta e Zingano (2016, p. 78) fazem uma revisão das principais técnicas empregadas para a construção de barragens, já que "juntamente com as pilhas de estéreis as barragens são as maiores estruturas geotécnicas construídas pelo homem". Azam e Li (2010), analisando a questão no âmbito mundial, identificam que 1,2% das barragens, para fins de mineração, apresentam problemas nas barragens civis, diferença essa mais que significativa dado os impactos.

Por isso, devemos entender as diferenças entre as barragens de rejeito de mineração das demais barragens. Para Machado (2013) e Duarte (2008), as barragens convencionais podem apresentar qualquer fim, todavia nenhuma contempla a contenção dos rejeitos. A noção de rejeito, é considerada como resíduo sólido, quando não tem mais destinações mercantis. Portanto, o rejeito é considerado um resultado inevitável, ou seja, não desejável, das atividades humanas, por não ser possível seu reaproveitamento com a tecnologia dada. Isso ocorre pois, "[...] por serem resultado de fenômenos lineares, os rejeitos não retornam à constituição física existente antes de iniciado o processo produtivo", devido às leis termodinâmicas, em especial a entropia (Toledo, Ribeiro, Thomé, 2019, p. 22).

Conforme Toledo, Ribeiro e Thomé (2019), nos anos 80 era comum o comércio internacional de rejeitos e o objetivo era dar um destino aos rejeitos indesejáveis de uns locais, para enviar a outros, com uma compensação financeira. O comércio global dessa época consistia em uma estratégia que visava transformar algumas das regiões do planeta em grandes lixeiras de rejeito, visivelmente uma solução neocolonial.

Existem três principais formas para disposição dos rejeitos, sendo: subaquática, subterrânea e a céu aberto. A primeira forma (subaquática) não é muito utilizada, pois apresenta grandes impactos ambientais, tornando-se um método descontinuado. O método subterrâneo tem sua disposição dada por câmaras que surgem conforme a expansão da extração mineral ocorre. Essa expansão corresponde ao processo pelo qual os minérios são bombeados em sua grande maioria, preenchendo, com isso, as suas câmaras. Por fim, a que apresenta maior relevância para o presente trabalho consiste nas realizadas a céu aberto, elas podem ser as pilhas controladas ou as estruturas localizadas em bacias ou em vales para contenção dos rejeitos (Lozano, 2006).

As barragens de mineração e disposição de rejeitos a céu aberto tem como forma de preenchimento do seu interior (praia/reservatório) o lançamento em forma de ponto único ou em linha (Figura 4.6), que utiliza hidrociclones ou canhões (*spigots*). Com esses dispositivos, torna-se possível realizar a separação do rejeito de forma granulométrica com a mesma densidade. Os hidrociclones utilizam a força centrífuga que separa as partículas mais grossas (*underflow*) das mais finas (*overflow*). As partículas mais finas representam a parte sólida da lama lançada no reservatório da barragem. Por outro lado, as partículas mais grossas, que são mais granulares, apresentam melhores características para seu lançamento próximo à crista do barramento, e podem posteriormente ser utilizadas como material de construção e alteamento (Albuquerque Filho, 2004, p. 18).

Figura 4.6 – Método de descarga de rejeitos: a) ponto único b) em linha

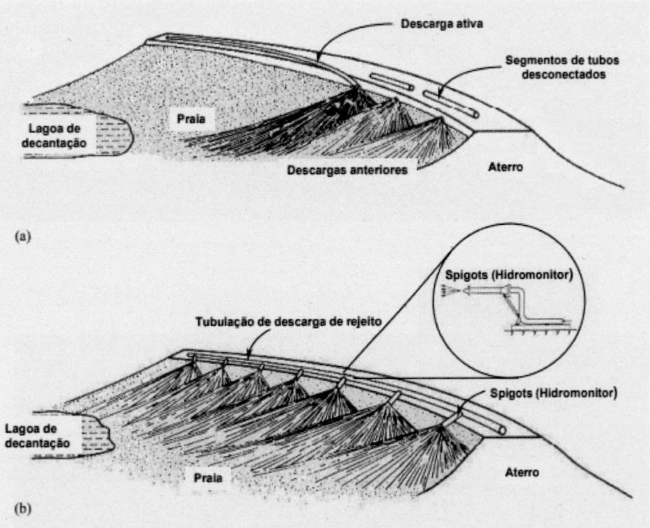

Fonte: Ribeiro (2000, p. 28)

Ao entrar nos tipos de barragens e seus métodos de construção, se deve distinguir as três principais técnicas utilizadas a céu aberto, sendo: o método a montante; o método a jusante; e o método linha de centro. Albuquerque Filho (2004, p. 17) destacou que a grande vantagem nos métodos de construção de barragens de rejeito se dá pela questão da amortização dos custos, pois "[...] com a otimização dos métodos construtivos em virtude da experiência anterior e utilização dos próprios resíduos contidos como material de construção". Todavia, não se pode esquecer que, considerando alguns estudos no mundo, há diversas recomendações para que esses projetos adotem algumas providências para aumentar a segurança das estruturas que utilizam o rejeito como material construtivo de seu maciço.

Em vista disso, percebemos que o primeiro tipo de barramento a ser analisado é a construção pelo método a montante (Figura 4.7), por ser a mais antiga, simples, econômica e perigosa, entre os três métodos mencionados. O método a montante configura as barragens que romperam nos últimos anos; assim, sabemos que, de forma tardia, uma lei impede o uso desse procedimento para novas construções e prevê a desativação e descomissionamento das que ainda estão em operação no estado de Minas Gerais, conforme a lei estadual n.º 23.291/2019.

Araújo (2006) apresenta que a etapa inicial desse tipo de estrutura se inicia com a construção de um dique de partida que normalmente é realizado com material argiloso ou enrocamento compacto. Realizada essa etapa, o rejeito é lançado por canhões em direção à linha de simetria do dique, formando, por sua vez, uma praia para os rejeitos. Esse procedimento retornará à fundação e, eventualmente, caso seja alteada a barragem, a utilização desse material. Araújo ainda destacou que, apesar da sua ampla utilização pelas mineradoras, este método apresenta um baixo controle construtivo, o que o torna tão arriscado. O que agrava essa questão é que os alteamentos são realizados com materiais não consolidados, que, pela saturação, apresentam baixa resistência a cisalhamento, o que pode gerar liquefação dinâmica e estática.

Para Lozano (2006), após a construção dos diques da bacia, os alteamentos ocorrem por necessidades operacionais da mina em que o dique inicial é sempre maior que os diques posteriores. Por fim, devemos acrescentar que esse método, para Duarte (2008, p. 9), tem "[...] uma dificuldade na implantação de um sistema interno de drenagem eficiente para controlar o nível da água dentro da barragem, constituindo um problema adicional com reflexos na estabilidade da estrutura".

Figura 4.7 – O método a montante de construção de barragens de rejeito mineral

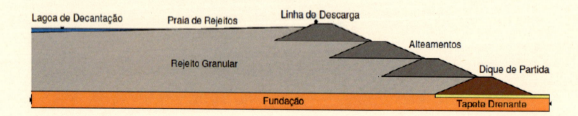

Fonte: Albuquerque Filho (2004, p. 21)

Já o método a jusante (Figura 4.8) consiste no deslocamento dos alteamentos para jusante à barragem. É construído um dique impermeável com drenagem interna composta por filtro e tapete drenante. O talude interno da barragem também é impermeabilizado durante o processo de alteamento. Ressaltamos ainda que as impermeabilizações do método a montante não são obrigatórias, sobretudo para o caso de rejeitos apresentarem alto grau de permeabilidade. Neste método, os rejeitos são ciclonados e lançados no talude a jusante no alteamento, pelo qual somente são utilizados os rejeitos grossos (Lozano, 2006).

Duarte (2008, p. 9) ressalta que as vantagens deste método consistem "[...] no controle do lançamento e da compactação, de acordo com técnicas convencionais de construção". Ressaltamos que nenhuma parte da barragem é construída sobre rejeitos previamente depositados, pelos quais os sistemas de drenagem podem ser instalados durante todo o processo, e que permite "[...] o controle da linha de saturação na estrutura da barragem e aumentando sua estabilidade" (Duarte, 2008, p. 9).

Para Araújo (2006), o método a jusante necessita de maiores volumes de material de construção, o que torna o custo elevado comparado com o método a montante. Nesse sentido, continua, a área ocupada por esse método é muito maior, devido à necessidade de alteamento durante o progresso operacional. Por fim, Machado (2007, p. 64) acredita que esse método "[...] é mais eficiente para o controle das superfícies freáticas e inicia-se com um dique de partida em solo compacto".

Figura 4.8 – O método a jusante de construção de barragens de rejeito mineral

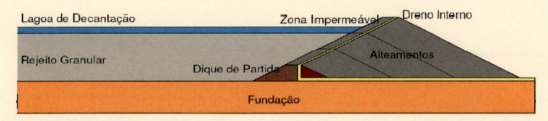

Fonte: Albuquerque Filho (2004, p. 23)

Machado (2007, p. 65) considera que o método linha de centro (Figura 4.9) apresenta uma solução intermediária e, por isso, uma solução que se adéqua tanto ao método a jusante quanto ao a montante, "[...] embora seu comportamento estrutural se aproxime do método jusante". Desse modo, a barragem tem início por um dique de partida pelos quais os alteamentos ocorrem com o eixo da barragem inalterado. Assim, para o autor, durante todo esse processo é possível utilizar-se de zonas de drenagens internas como ocorre com o método a jusante. Para Albuquerque Filho (2004, p. 25), este método apresenta maior facilidade construtiva e exige volumes relativamente menores de material dentro do processo de construção.

Figura 4.9 – Linha de centro, o método de construção de barragens de rejeito mineral

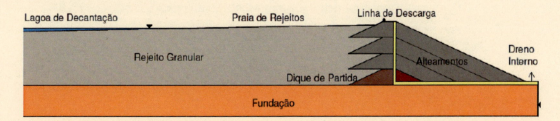

Fonte: Albuquerque Filho (2004, p. 24)

Devemos ter em mente que a escolha entre um método ou outro depende da natureza do processo da mineração, condições geológicas e topográficas da região, além das questões relacionadas com as propriedades mecânicas dos materiais, bem como o impacto ambiental considerado dos rejeitos que serão armazenados na barragem (Duarte, 2008).

Soares (2010) ainda acrescenta que devemos considerar algumas variáveis, como: topografia, geologia, tipos e propriedades do subsolo, granulométrica e concentração de rejeitos, velocidade de deposição, capacidade de armazenamento, alteamentos necessários, equipamentos de terraplanagem, capacidade de compactação e, por fim, as equipes de controle.

Já para Albuquerque Filho (2004), dentro do método de construção da barragem podemos escolher entre as barragens convencionais de estéril ou de material de empréstimo. Com relação a uma barragem construída com estéril, Albuquerque Filho (2004, p. 25) demonstra que "[...] o próprio rejeito granular é utilizado como material construtivo, as barragens de contenção também podem ser executadas de forma convencional com a utilização de estéreis, enrocamento ou materiais provenientes da área de empréstimo" (Figura 4.10).

Figura 4.10 – Seção típica de uma barragem com estéril

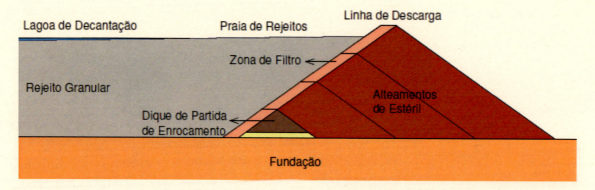

Fonte: Albuquerque Filho (2004, p. 25)

Para Albuquerque Filho (2004), o rigor das exigências legais e ambientais ocorridas nas últimas décadas com relação ao controle de rejeitos, visando principalmente à segurança dessas estruturas, implica a "[...] adoção de projetos e procedimentos executivos similares àqueles desenvolvidos para estruturas de reservação de água" (Alburquerque Filho, 2004, p. 25).

Desse modo, para essas estruturas é utilizada uma combinação de estéril com rejeito nas etapas de alteamento, o que desencadeia na apresentação de uma zona de filtro, na qual "[...] numeração das faixas presentes na figura indica a sequência construtiva utilizada para execução desta barragem de rejeito", que pode ser visualizada na Figura 4.11 (Albuquerque Filho, 2004, p. 25).

Figura 4.11 – Seção típica de uma barragem construída com a combinação de rejeito e estéril

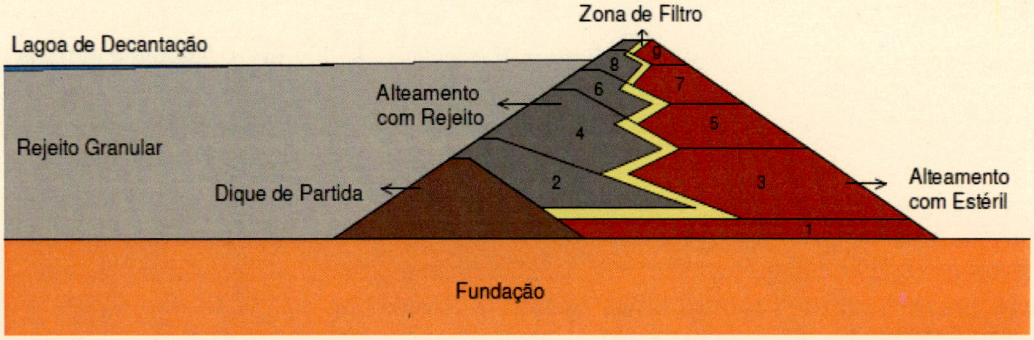

Fonte: Albuquerque Filho (2004, p. 26)

Notamos que uma questão fundamental para garantir a segurança da barragem está no sistema de drenagem. Para Cardozo, Pimenta e Zingano (2016, p. 81), os maiores responsáveis para "[...] prevenir excessos de poro pressão ao fluxo de água da barragem" são os drenos. Essas forças de poro de pressão são favoráveis ao movimento pelo qual, no caso de ineficiência do sistema de drenos, pode ocorrer o fenômeno conhecido como *piping*, que nada mais é que a erosão interna da estrutura. Portanto, o sistema de drenagem é fundamental para todos os métodos, pois sabemos que cada um tem vantagens e desvantagens, vejamos elas resumidas na Tabela 4.7.

Tabela 4.7 – Resumo comparativo dos principais métodos construtivos de barragens de rejeito

	Montante	Jusante	Linha de centro
Tipo de rejeito	Baixa densidade para que ocorra segregação	Qualquer tipo	Areias de lamas de baixa plasticidade
Descarga de rejeitos	Periférica	Independente	Periférica
Armazenamento de água	Não recomendável para grandes volumes	Bom	Aceitável
Resistência a abalos sísmicos	Baixa	Boa	Aceitável
Alteamentos	Ideal menos 10 m/ano	Nenhuma restrição	Pouca restrição
Vantagens	Menor custo, utilizado onde há restrição de área	Maior segurança	Flexibilidade construtiva
Desvantagens	Baixa segurança suscetibilidade a liquefação e *piping*	Grande quantidade de material requerido proteção do talude a jusante apenas na configuração final	Necessidade de eficiente sistema de drenagem

Fonte: Adaptado de Cardozo, Pimenta e Zingano (2016, p. 82)

Após compreender os principais métodos de construção de barragens e suas vantagens e desvantagens, torna-se necessário avaliar as principais causas de rompimento de barragem, o evento que pretendemos analisar. O rompimento de barragens não é novidade na história da humanidade, sendo que existem diversas reincidências. Para Mota (2017, p. 22), existem dois fatores principais ao longo da história do evento. O primeiro se refere a fenômenos naturais que podem abalar as estruturas. O segundo se dá pelo mau planejamento da estrutura com falhas dentro de todo o ciclo de vida do projeto e também após o seu término.

Para Luino e De Graff (2012), o rompimento de Stava, na Itália – com atividades de mineração pelo menos desde 1528 –, transforma-se em um marco, pois esse crime corporativo, assim como os outros, poderia ter sido evitado com uma regulamentação mais sólida e eficaz. Em seu estudo, Luino e De Graff apresentam cinco razões que demonstram os motivos pelos quais as barragens de rejeitos são mais suscetíveis ao rompimento em relação às barragens convencionais. Apresentam que as causas mais comuns são processos conhecidos como liquefação e filtração, que ocorrem devido a um amplo estado de maturação, o qual demora a consolidar após a sedimentação. Basicamente, dado o alto custo para manutenção das barragens, percebemos que o processo de sedimentação do material, a ampliação de quantidade represada, uma legislação branda e a ausência de protocolos para monitoramento contínuo durante o ciclo de vida do projeto e após o fechamento da mina[53], são os fatores responsáveis pelos rompimentos.

Pela extensão das obras, as barragens de rejeitos, as falhas nos últimos anos trazem grandes impactos como perda de vida humana e animal, dos ecossistemas, das propriedades, dos rios e lagos, entre diversos outros recursos bióticos e abióticos que são afetados quanto ao evento do rompimento. Desse modo, essas falhas podem ser consideradas catástrofes, acidentes, tragédias ou crimes.

Mota (2017, p. 24) aponta a importância do desenvolvimento do conhecimento da mecânica dos solos e recursos hídricos, que oferece aos engenheiros ferramentas importantes para "[...] quantificar as magnitudes desses danos e a prevê-los e eliminá-los desde a fase do projeto". O autor destaca que as falhas das barragens são referentes as forças internas e externas com diversas razões para um eventual fracasso da estrutura, como: infiltração, erosão interna, galgamento, liquefação, entre outros. Santos, França e Almeida (2007) descrevem o tipo de barragem e sua relação com os seus rompimentos mais frequentes (Tabela 4.8).

Tabela 4.8 – Causas de ruptura em barragens

TIPO DE BARRAGEM	FORMA DE RUPTURA
Aterro	Galgamento
	Erosão interna
	Escorregamento de fundação
	Ação de ondas da albufeira
	Erosão da fundação jusante da barragem
Concreto gravidade	Deterioração dos materiais
	Falha da fundação da barragem
	Falta de estabilidade do corpo da barragem
	Erosão da fundação a jusante da barragem
	Atos de guerra
Concreto em arco	Falha dos encontros laterais do vale de fundação
	Saturação das fundações rochosas
	Carga excessiva resultante de um excessivo enchimento da albufeira
	Deslizamento do corpo da barragem
	Erosão da fundação a jusante da barragem

Fonte: Adaptado de Santos, França e Almeida, (2007, p. 24-25)

---

[53] "O termo 'mina' inclui todas as instalações necessárias à produção de substâncias minerais, em particular as escavações, locais de disposição de estéreis e rejeitos, área de estocagem de minério, insumos e produtos, usinas de beneficiamento, instalações de apoio" (Sánchez, 2001, p. 49).

Serão apresentadas, de forma bastante resumida e simplificada, com base no levantamento de Mota (2017), as principais causas de rompimento em barragens (Tabela 4.9). A erosão interna (*piping*) é uma das maiores causas de rompimentos de barragens antigas e pequenas, isso ocorre quando a água se infiltra na fundação ou solo compactado, criando um canal no interior da barragem. O galgamento também apresenta muitos casos no mundo e é geralmente oriundo do momento em que o nível da água do reservatório se eleva acima da crista da barragem, algo que geralmente ocorre devido a chuvas intensas, gerando um arraste de materiais que pode sobrecarregar a barragem. Já o deslizamento ocorre quando determinadas áreas da barragem são deslocadas a jusante, podendo deslizar tanto na fundação como na barragem, dado o desequilíbrio de forças. Por fim, Mota (2017) reforça que o processo de derrubamento é gerado em barragens de concreto e é causado por desequilíbrios na estrutura.

Tabela 4.9 – Relação entre tipos de barragens e suas formas de ruptura

		Tipo de barragem				
		Terra	Concreto	Arco	Arco com contrafortes	Múltiplos Arcos
	Piping	x	x	x	x	x
Formas de ruptura	Galgamento	x	x	x	x	x
	Deslizamento	x	x			
	Derrubamento		x	x	x	x

Fonte: Adaptado de Mota (2017, p. 32)

Robertson (2011) apresenta informações interessantes com relação à evolução histórica da produção mineral e a altura das barragens de rejeito, conforme a Tabela 4.10. Podemos observar que, conforme a escala produtiva aumenta, as barragens são reconfiguradas para comportar a demanda de rejeitos dos processos minerais. As estratégias que as empresas de mineração estão adotando são baseadas na expansão da capacidade de carga por meio do aumento na altura das barragens. Barragens com 120 metros, 240 metros, com previsão de até 400 metros são algo surreal, não deveriam ter seus projetos aprovados, pois a extração mineral não se tornou mais eficaz, respeitando uma escala sustentável. O que percebemos são processos operacionais com alto desperdício de natureza, necessitando de armazenamento de sua ineficácia. O Estado simplesmente não poderia aceitar projetos dessas proporções, pois os riscos, por melhor que seja a técnica, não compensam para a sociedade. Podem até compensar para a firma, mas, de fato, precisam ser coibidos para que possam pensar em novas técnicas mais eficientes, gerando menos resíduos, mitigando os *efeitos colaterais latentes*.

Tabela 4.10 – Crescimento da atividade mineral X altura das barragens de rejeito

Evolução da produção mundial	Evolução da altura das barragens
1930 - 100 toneladas/dia	1900 - Altura máxima das barragens - 30 metros
1960 - 1.000 toneladas/dia	1930 - Altura máxima das barragens - 60 metros
1990 - 10.000 toneladas/dia	1960 - Altura máxima das barragens - 120 metros
2000 - 100.000 toneladas/dia	2000 - Altura máxima das barragens - 240 metros
Atual - 670.000 toneladas/dia	Atual - barragem de 340 metros em construção
2030 - 1.000.000 toneladas/dia (previsão)	Em fase de projeto, há uma barragem com altura prevista de 400 metros

Fonte: Adaptado de Robertson (2011)

De acordo com essa tabela, fica evidente como a mineração vem evoluindo no mundo e tornando-se cada vez mais acelerada, principalmente como produção e escala, e, como consequência, tornam-se necessárias barragens com portes cada vez maiores. Esses projetos estão transformando a sociedade, acrescentando riscos e vulnerabilidades cada vez mais difíceis de mensurar. Para o mercado financeiro, *quanto maior o risco, maior o retorno*, e aparentemente, o setor mineral está jogando, e esgotando, com relação aos riscos, para que se tenha, em grande escala, retorno a curto prazo.

Desse modo, a sociedade e o ambiente natural são os que arcam com os passivos não contabilizados, pois, no caso de rompimento dessas barragens, por mais que recaiam alguns ônus às empresas, quem realmente paga a conta é a população. Além disso, se o rompimento for durante o período de vida da empresa, o Estado consegue por intermédio de seus mecanismos cobrar a responsabilidade das empresas, mas e se as empresas não mais existirem? O que acontece quando nada acontece?

Após o crime corporativo da Samarco S.A., ocorrido em Bento Rodrigues, subdistrito de Mariana/MG (2015), muitos acreditavam que as mineradoras responsáveis iriam solucionar os problemas. Entretanto, percebemos que mesmo após toda a destruição as mineradoras optaram por utilizar material de segunda linha em seus projetos, o que reforça os argumentos de crime corporativo e até desdém para com a sociedade. Em matéria do dia 21 de agosto de 2019, o jornal *Estado de Minas* apresentou uma matéria denunciando as mineradoras por estarem utilizando materiais de baixa qualidade na construção de diques. Assim, o objetivo, por óbvio, era centrado em baratear os custos, mas já no início do projeto apresentam falhas que comprometem a recuperação ambiental (Estado de Minas, 2019).

Devemos compreender que hoje essas empresas ainda estão atuando com suas ações cotadas em bolsas de valores (mercado financeiro), mas e se no futuro o capital for pulverizado? Se houver fusões ou aquisições com outras empresas, mudando o capital social? Ou se simplesmente as empresas falirem com o tempo, deixando *rugosidades espaciais*, como as barragens de rejeito, quem arcará com os prejuízos? O modelo teórico proposto na Figura 3.16 pode auxiliar na compreensão desses questionamentos, pois, considerando o *elemento espacial* da infraestrutura, temos três categorias ocultas no entorno (rugosidades espaciais, capacidade de suporte e sociedade de risco), e, considerando as firmas no tempo presente e devir, oferecerá indicadores do movimento que a ação humana está realizando, apoiados pelos ordenamentos (técnica, jurídica e simbólico).

4.3 BARRAGENS DE REJEITO: QUESTÕES JURÍDICAS E POLÍTICAS

Esta seção aprofunda sobre a questão mineral e suas barragens por meio de uma análise jurídica e política. Buscaremos abordar quais as respostas internacionais para os desafios da gestão de resíduos e prevenção de acidentes, adicionando o princípio da prevenção a essa questão. Depois, será abordado como esse tema é norteado pela legislação brasileira e como são classificadas as barragens dentro da Política Nacional de Segurança de Barragens (PNSB). Por fim, será apresentado o desenho político pela abordagem da economia ecológica, com a qual se espera orientar as proposições que serão apresentadas ao final do trabalho.

Ao longo dos *sistemas de objetos* e *sistemas de* ações que a humanidade vem trilhando durante sua existência, atualmente, um dos principais desafios dentro do modelo capitalista consiste no esgotamento dos recursos naturais. O compromisso internacional busca uma melhor relação entre a produção e o meio natural. Ele teve seu marco no Relatório Brundtland de 1987, elaborado pela Comissão Mundial sobre o Meio Ambiente e Desenvolvimento. Esse relatório basicamente consiste na busca de garantias intergeracionais, nas quais as presentes gerações não impactem negativamente nas demandas das futuras gerações (*devir*). A proposta é que se tenha um compromisso com a exploração racional dos recursos naturais, o que se torna um grande desafio por apresentar diversas das contradições mostradas ao longo do trabalho. Desse modo, os recursos minerais tornam-se um elemento de suma importância, afinal, muitos são recursos não renováveis.

Para Toledo, Ribeiro e Thomé (2016, p. 2), além da falsa ideia de irreversibilidade, "[...] há uma relação direta entre o caráter renovável de um recurso natural e o tempo de repouso necessário para sua regeneração". Além disso, temos a questão temporal, visto que no tempo geológico a irreversibilidade tende a ser nula, mas dentro da escala de tempo da vida humana se transforma em um axioma.

Essa ideia vai ao encontro do abordado por Tiezzi (1988, p. 188), pois há uma a necessidade de uma aliança entre a "[...] história do homem e a história da natureza, entre os tempos históricos e os tempos biológicos, entre o marxismo e o malthusianismo, é tempo de novas culturas, de novas necessidades". Com esses pilares, a humanidade começa a caminhar para uma nova cultura de desenvolvimento, na qual as nações se unem em compromissos que visam minimizar questões como a ideia de irreversibilidade dos recursos naturais, compreendendo ainda o critério temporal ao qual se está preso. Por fim, de acordo com Toledo, Ribeiro e Thomé (2016, p. 3), é necessário "protege-se o futuro, garantindo o presente, em uma relação de tolerância recíproca".

Dada a importância desse marco, ressaltamos a importância da Declaração de Estocolmo de 1972. Essa declaração foi a primeira grande conferência com diversas autoridades com poder de decisão do mundo para debater o meio ambiente humano. De forma inovadora, os signatários desse instrumento jurídico conseguiram estabelecer princípios internacionais que fossem negociáveis sobre questões ambientais (Toledo; Ribeiro; Thomé, 2016).

Dentro do princípio 21 da declaração, temos um exemplo de uma norma consuetudinária internacional. Um dos exemplos é o princípio em que os Estados são soberanos sobre sua exploração de recursos naturais, legislando suas próprias políticas ambientais. Todavia, exige a contrapartida dos Estados de assegurar que suas atividades estejam dentro do espaço de sua jurisdição, não causando danos ambientais aos outros (Toledo; Ribeiro; Thomé, 2016).

Já na Declaração do Rio, de 1992, ocorreram avanços que se pode perceber em seu segundo princípio,[54] ao reafirmar a questão soberana na exploração dos recursos naturais e seus limites quanto a eventuais danos ambientais, nos quais o Estado deve exigir a avaliação de impactos ambientais aos empreendimentos. O princípio 19[55] desse mesmo mecanismo adiciona a relação de Estados afetados que considera os impactos transfronteiriços sobre o meio ambiente, pautado na boa-fé (Toledo; Ribeiro; Thomé, 2016).

> Problemas ambientais somente pode ser solucionado de forma objetiva e razoável em negociações transfronteiriças e acordos internacionais, e o caminho até aí passa consequentemente por conferências e arranjos que atravessem inclusive as fronteiras das alianças militares (Beck, 2011, p. 58).

---

[54] Os recursos naturais da terra, incluídos o ar, a água, a terra, a flora e a fauna e especialmente amostras representativas dos ecossistemas naturais, devem ser preservados em benefício das gerações presentes e futuras, mediante uma cuidadosa planificação ou ordenamento. Disponível em: http://apambiente.pt/_zdata/Politicas/DesenvolvimentoSustentavel/1972_Declaracao_Estocolmo.pdf. Acesso em: 21 dez. 2019.

[55] "É indispensável um esforço para a educação em questões ambientais, dirigida tanto às gerações jovens como aos adultos e que preste a devida atenção ao setor da população menos privilegiado, para fundamentar as bases de uma opinião pública bem informada, e de uma conduta dos indivíduos, das empresas e das coletividades inspirada no sentido de sua responsabilidade sobre a proteção e melhoramento do meio ambiente em toda sua dimensão humana. É igualmente essencial que os meios de comunicação de massas evitem contribuir para a deterioração do meio ambiente humano e, ao contrário, difundam informação de caráter educativo sobre a necessidade de protegê-lo e melhorá-lo, a fim de que o homem possa desenvolver-se em todos os aspectos". Disponível em: http://apambiente.pt/_zdata/Politicas/DesenvolvimentoSustentavel/1972_Declaracao_Estocolmo.pdf. Acesso em: 21 dez. 2019.

Devemos reforçar que, dentro dos princípios 18 e 21, da Declaração de Estocolmo[56], sobre o meio ambiente humano, observamos a importância de compreender os riscos de determinados empreendimentos à sociedade, bem como as prováveis soluções. Logo, há um reconhecimento de que o meio ambiente é um direito humano e que deve ser protegido. Nesse sentido, cada Estado tem poder soberano para legislar. Esse princípio apresenta as soluções e interpretações de alguns países e blocos.

Para Silva (2018, p. 65), os Estados Unidos se valem da responsabilidade civil solidária e objetiva, "a responsabilidade civil nesse país pode retroagir a atos praticados anteriormente a essa norma, porém, são admitidas certas excludentes de responsabilização", como: eventos da natureza, estado de guerra e fato de terceiro. Portanto, para Silva, a sua legislação tem natureza repreensiva e preventiva. No Canadá, ela faz uso da responsabilidade objetiva e da teoria do risco criado, e, apesar de não haver uma regulamentação ambiental específica, as províncias possuem autonomia para regular o tema. Já na União Europeia, a responsabilidade solidária, a partir da Convenção de Lugano, 1933, inicia-se com o trato das responsabilidades por atividades perigosas, prevendo, desse modo, indenizações que "[...] consagra internacionalmente a responsabilidade civil objetiva por danos ambientais" (Silva, 2018, p. 68). Contudo, a responsabilização civil e o princípio do poluidor pagador constituem ferramentas importantes no trato desses temas.

Bueno e Delpupo (2017) aprofundam o tema com relação às normativas internacionais referentes ao Direito Ambiental. Os Estados Unidos, por exemplo, são baseados pela *Common Lay*, regulamentada pela *Comprehensive Environmental Response, compesation, and Liability Act* (Cercla). A responsabilidade civil americana é dada por três camadas: solidária, objetiva e retroativa. Além disso, os autores destacam que a responsabilidade civil ambiental nos Estados Unidos tem caráter compensatório e preventivo. Nesse sentido, no Canadá, "em relação à implantação de empreendimentos e projetos de maior porte, o sistema canadense prevê a participação do público em processo prévio de avaliação e exame dos impactos ambientais" (Bueno; Delpupo, 2017, p. 2145).

Para além desses pontos, deve-se ressaltar que, no Canadá, o sistema de responsabilidade é baseado no princípio subjetivo, que obriga a vítima a provar sua ocorrência, atribuindo ao responsável o nexo causal entre o dano e a ação culposa. A União Europeia, na convenção de Lugano considera que "[...] atividade perigosa é a produção, a manipulação, o depósito e a utilização ou o rejeito de uma substância perigosa" (Bueno; Delpupo, 2017, p. 2155). Portanto, as barragens de mineração são tratadas como atividades perigosas, nos termos do artigo 2.º da Convenção de Lugano.

> Em relação às barragens de rejeito da mineração, a Convenção de Lugano determina ser responsável pelos danos causados por rejeitos depositados em local de estocagem permanente o operador do sítio no momento em que aconteceram os danos. Caso os danos sejam percebidos após o fechamento do local de depósito, mas tenham acontecido por conta do depósito anterior de rejeitos, o último operador torna-se responsável (Bueno; Delpupo, 2017, p. 2149).

Em países como Alemanha, Itália e França, o direito ao meio ambiente não é expresso pela sua Constituição, sendo interpretada pelos direitos fundamentais, como o direito à vida, à integridade física e o direito de propriedade. Isso ocorre na Alemanha, portanto o Estado é obrigado a proteger o

---

[56] "Princípio 18 - Como parte de sua contribuição ao desenvolvimento econômico e social deve-se utilizar a ciência e a tecnologia para descobrir, evitar e combater os riscos que ameaçam o meio ambiente, para solucionar os problemas ambientais e para o bem comum da humanidade. Princípio 21 - Em conformidade com a Carta das Nações Unidas e com os princípios de direito internacional, os Estados têm o direito soberano de explorar seus próprios recursos em aplicação de sua própria política ambiental e a obrigação de assegurar-se de que as atividades que se levem a cabo, dentro de sua jurisdição, ou sob seu controle, não prejudiquem o meio ambiente de outros Estados ou de zonas situadas fora de toda jurisdição nacional". Disponível em: http://apambiente.pt/_zdata/Politicas/DesenvolvimentoSustentavel/1972_Declaracao_Estocolmo.pdf. Acesso em: 21 dez. 2019.

meio ambiente por meio de políticas ativas para garantir os direitos fundamentais. Contudo, Bueno e Delpupo (2017, p. 2149) ressaltam que "[...] as externalidades negativas da sociedade de risco são excludentes de responsabilidade na Alemanha, ao contrário do Brasil", sendo que, nesse caso, os afetados devem comprovar o nexo causal entre o dano e a atividade. Por fim, "no sistema germânico, portanto, o meio ambiente por si, enquanto bem de interesse difuso, ainda não é proteção jurídica" (Bueno; Delpupo, 2017, p. 2149).

Já a legislação na Itália adiciona três princípios relacionados ao meio ambiente: o da prevenção, do poluidor pagador e da proteção jurídica. Nesse país, a responsabilidade civil solidária é uma realidade dentro dos limites da participação no dano. Apesar de haver uma falta de rigor legislativo, no que diz respeito à responsabilidade civil ambiental italiana, em comparação com a brasileira, o sistema de prevenção da primeira está "[...] inteiramente ligado às agências de controle ambiental, que é bastante eficaz, contendo normas, regulamentos e limites que impedem a ação predatória do ambiente" (Bueno; Delpupo, 2017, p. 2150). Na França, temos a responsabilidade subjetiva, ou a teoria da responsabilidade pelo fato da coisa e "[...] não existem normas específicas sobre a responsabilidade civil em matéria ambiental, a reparação do dano ambiental pode ser fundamentada no regime clássico do Código Civil" (Bueno; Delpupo, 2017, p. 2155).

Por fim, conforme Bueno e Delpupo (2017), algumas características da Argentina, após a reforma constitucional de 1994, foram previstas no Art. 41, no Capítulo II – Novos Direitos e Garantias, que legisla sobre a necessidade de um desenvolvimento sustentável e que preserve as gerações presentes e futuras. A responsabilidade civil na Argentina é objetiva pelo dano ambiental, que vigora nos casos de danos individuais. Outra característica levantada é a previsão da responsabilidade solidária, o que inclui o dano coletivo.

Assim, devemos indagar o funcionamento dos mecanismos internacionais com relação às barragens de rejeito mineral. Luino e De Graff (2012) colocam que as barragens, independentemente de suas características específicas, são projetadas para durar muito tempo, sendo que sua vida útil está em torno de 50 a 100 anos, algo que pode aumentar com a manutenção adequada; além disso, sabemos que semelhante às barragens de água, as de rejeito são também projetadas para durar por um longo período.

Destarte, as barragens não têm impactos ambientais e sociais apenas no momento dos acidentes. Outros impactos constituem um passivo ambiental e podem virar um *passivo do sofrimento social*, em *devir*. Desse modo, temos relação com à contaminação do solo, emissão de partículas no ar e o risco de erosão, mas não se constituem no escopo do presente trabalho.

> Com base no fato de que as barragens de rejeito da mineração, uma vez construídas, tornam-se perenes reservatórios carregados de material poluente, isto é, são obras que pretendem se integrar permanentemente na paisagem local, conclui-se que há impacto ambiental dessas construções mesmo quando não há acidentes ou rompimentos (Toledo; Ribeiro; Thomé, 2017, p. 16).

Sánchez (2001, p.81-83) sistematiza processos de *desengenharia*, reconhecendo que a qualidade do solo impacta em problemas de saúde pública e com elevados riscos para os ecossistemas: "[...] desde que a poluição industrial começou a se manifestar, seus efeitos se refletem no solo, que podem, por exemplo, contaminar a água". Assim, as barragens de rejeitos podem conter materiais contaminantes, como metais pesados. Contudo, dentro dos métodos de construção, não há a impermeabilização da fundação que se transformará nas praias de rejeitos.

Desse modo, fica nítido que são ameaças de segurança nacional e internacional o rompimento dessas barragens, já que no caso de ocorrência desse evento há o comprometimento dos ecossistemas e das populações que vão além das fronteiras dos territórios, tornando-se matéria de extrema importância aos Estados, pois, no momento em que este não se atenta a essas questões, há o *efeito derrame*, sendo que o ideal seria o *efeito transbordamento*.

Sabemos que o *efeito derrame,* no cenário de rompimento de uma barragem, ocorre pelo processo em que, por falta de um norte orientador ao meio ambiente, desencadeiam-se diversos desdobramentos nas cadeias sociais e econômicas. Se as instituições são fracas e clientelistas, o ambiente natural torna-se um mero fornecedor de recursos.

Nesse momento, o Estado torna sua regulação, licenciamento e fiscalização mais branda, com penalidades ainda mais leves, criando problemas nos territórios. Dentro dos territórios, têm início diversos conflitos, como ocorre hoje, em que grupos econômicos têm interesse em ampliar seus negócios, afetando comunidades indígenas, quilombolas, e a própria sociedade urbana, em suas zonas marginalizadas. Dessa maneira, sabemos que esses conflitos geram tensões sociais que impactam diretamente nas questões econômicas.

Como o conflito é desigual e o Estado não está alinhado plenamente na defesa da sociedade, as forças econômicas tendem a vencer, criando excedentes produtivos, que são importados (internacionalização). Todavia, outros grupos de nações diversas começam a mostrar à sociedade os diversos abusos que ocorrem em um determinado território. Esses grupos exigem a compensação e a justiça, e, com isso, fazem uso de espaços de convenções internacionais para apresentar o problema à comunidade internacional, com a criação de mecanismos na busca do equilíbrio. Porém, cada país é soberano na extração de recursos naturais, como os minérios, e opta pelo crescimento econômico a todo custo, afinal, este gera emprego e renda. Com o rompimento da barragem, tudo é colocado em xeque, pois essa postura prejudicou as questões políticas na esfera nacional e internacional, inclusive a própria democracia. Essas seriam, a nosso ver, algumas das várias consequências dentro da proposta do *efeito derrame* de Gudynas (2016).

É fundamental que o Estado garanta e faça cumprir a preservação do meio ambiente, pois, com um olhar descuidado, sua negligência fere a própria democracia. Então, o *efeito transbordamento* auxilia na compreensão de alguns cuidados que se deve tomar considerando os limites do próprio Estado. Mesmo optando por uma métrica que representa as firmas em lugar de destaque, o seu comportamento é balizado pelas decisões das instituições que podem moldar sua conduta. Dentro do sistema capitalista, são as firmas que moldam o comportamento humano, modificando suas ações, criando ou transformando os objetos por meio de ações deliberadas. Ao considerarem os elementos espaciais somados aos pilares da economia ecológica, podem gerar processos sinérgicos em toda a cadeia. No momento em que se compreende cada etapa, geram-se subsídios ao Estado, reduzindo as assimetrias de informação[57], o que irá modificar o comportamento das firmas. Consequentemente, alterar a ação humana buscando caminhos mais sustentáveis.

Por óbvio, não é uma tarefa simples por ser mais política que científica, no entanto existem muitas conferências e comissões no mundo, de caráter interdisciplinar, que buscam auxiliar as políticas públicas voltadas para soluções inclusivas, deixando para trás as políticas extrativistas neocoloniais ainda vigentes.

---

[57] A assimetria de informação é um fenômeno econômico que consiste no momento em que uma das partes envolvidas em uma determinada transação tem mais informações em relação aos demais agentes. Com isso, a negociação se torna injusta, pois coloca uma das partes em condição de vantagem, sendo considerada uma falha de mercado.

A título de exemplo, seguem algumas conferências sobre a questão mineral: International Tailing Symposium, em Tucson, Estado Unidos, em 1972; International Mine Drainage Symposium, realizado em Denver, Estados Unidos, no ano de 1979; First International Mine Water Congress, organizado em Budapeste, Hungria, em 1982; além das comissões internacionais que tratam especificamente das grandes barragens, como a Internacional Commission on Large Dams (CIBG/ICOLD). Essas conferências e comissões auxiliam as nações na implementação de normas jurídicas internacionais de gestão de barragens de rejeito. Nesse caso, o princípio da cooperação torna-se assim um elemento fundamental para os debates.

No ano de 1984, a Organização de Cooperação e Desenvolvimento Econômico (OCDE) tratou a questão de movimentos transfronteiriços de rejeitos perigosos, realizando algumas recomendações. A OCDE foi a primeira a buscar uma solução política global na gestão de rejeitos, sendo que em 1991 apresentou diretrizes que auxiliam instrumentos normativos durante o ciclo de vida e após o seu término. O Programa das Nações Unidas para o Meio Ambiente (PNUMA) incorporou as Linhas Diretivas e Princípios do Cairo, organizados em 1987, que determinava a necessidade de os Estados instituírem normas de responsabilidade e seguro contra danos. Em 1989, a Convenção de Basileia chega à conclusão sobre alguns pontos referentes à gestão de rejeitos, devido ao comércio internacional estar transformando alguns territórios em lixeiras planetárias. Devemos assim considerar o princípio da gestão ecologicamente racional dos resíduos, que fornece ao Estado subsídios para que suas medidas sejam pautadas na saúde humana e no meio ambiente (Toledo; Ribeiro; Thomé, 2017).

> Em 1998, após a realização da Conferência das Nações Unidas sobre o Meio Ambiente e Desenvolvimento, quando foi publicada a Declaração do Rio de Janeiro, a CENUE instituiu a Convenção sobre o Acesso à Informação, a Participação do Público na toma de Decisões e o Acesso à Justiça no Domínio do Ambiente, comumente tratada como Convenção de Aarhus. Esta convenção caracteriza-se por exigir de seus membros a promoção dos princípios jurídicos internacionais ambientais, em especial o princípio da prevenção e da precaução, sendo considerada o projeto mais ambicioso em matéria de democracia ambiental já realizado pela ONU (Toledo; Ribeiro; Thomé, 2017, p. 36).

Verificamos que esses mecanismos auxiliam também no entendimento do Estado como força de proteção ao meio natural e à sociedade, o que será discutido mais à frente. Zhouri *et al.* (2018) reforçam que o rompimento de barragens se desdobra para além das questões econômicas, além de criar uma crise social, que, a depender dos encaminhamentos das instituições, perpetua o sofrimento social, o que se torna a base para a proposta do passivo. Entretanto, ressaltam os autores, os conflitos ambientais não são apenas um confronto entre duas ou mais partes, pois "[...] os agentes envolvidos ocupam posições assimétricas, em uma distribuição desigual dos capitais econômicos, políticos e simbólicos lhes dão o poder de ação e de enunciação" (Zhouri, 2018, p. 38).

Para Tiezzi (1988), existem dois pontos – dimensão planetária e prazos longos – que são importantes para as decisões políticas que compreendem os atuais desafios, de modo a melhorar as assimetrias e distribuição desigual de forças. Conforme Tiezzi, as experiências histórico-políticas dos seres humanos não mais servem para encarar os problemas mais graves que estão surgindo pela sua defasagem. Contudo, para essas questões complexas devemos optar pelo "[...] primado da biologia, não como ciência asséptica que oriente a política, mas, ao contrário, uma política permeada, nutrida de biologia" (Tiezzi, 1988, p. 198).

Dessa forma, existe a possibilidade do *efeito transbordamento*, uma vez que essa ótica nivela as forças econômicas, ambientais e sociais, tornando possíveis decisões mais acertadas, o que também não implica uma ausência de erros, mas que altera a cultura global. A nosso ver, são tentativas como essas, com a visão de uma nova cultura de desenvolvimento, que representam todos os esforços alocados até o momento.

Ao se pensar no objeto de estudo, os acidentes com barragens de rejeito implicam danos em cursos d'água, algo que se verifica no exemplo da barragem de Fundão que saiu de Minas Gerais afetando diretamente o Espírito Santo e outros Estados, chegando ao alto-mar. Em decorrência da lei da gravidade, os rejeitos se deslocam pelo curso dos rios, indo em direção aos mares. Portanto, uma gestão de riscos eficaz também trata da proteção das bacias hidrográficas, o que reforça a importância de normativas internacionais sobre o tema. As Regras de Helsinque foram instituídas pela Associação de Direito Internacional, e buscam uma boa governança nos cursos d'água apresentando a noção de equidade. Uma das regras criadas em 1966 determina que as questões soberanas possuam limites, sobretudo quando ultrapassam as fronteiras, proibindo qualquer tipo de poluição hídrica; em caso de descumprimento, deve-se compensar de alguma forma. Logo, a utilização soberana do recurso natural não pode causar danos a outros Estados. A Convenção das Nações Unidas sobre utilização dos cursos d'água internacionais, em 1997, se vale dessa regra, utilizando o princípio da utilização equitativa dos recursos naturais. Nota-se, assim, que caso as utilizações dos recursos naturais venham ocasionar danos a outros Estados torna-se fundamental elementos de proteção ambiental. Afinal, na Convenção de Lugano, a responsabilidade recai para aqueles que exploram uma atividade perigosa (Toledo; Ribeiro; Thomé, 2017).

Para Silva (2018), fazer uma legislação aplicável a todos os países, ao se tratar das barragens de rejeitos, é algo difícil de efetivação, motivo que não se restringe às diferenças econômicas entre as nações, pois existem diversas desigualdades legislativas. Observamos que, mesmo com todos os esforços, as barragens continuam a romper no mundo, em especial no Brasil. Portanto, existe uma dificuldade de várias ordens no mundo, vejamos:

> 1. A legislação sobre barragens pode estar incluída em legislação referente a contextos mais vastos, como, por exemplo, infraestruturas hidráulicas;
> 2. A legislação sobre barragens pode remeter para outros textos legais;
> 3. A legislação pode ser de tipos diferentes (puramente administrativa ou técnico-administrativa) e apresentar graus de pormenorização muito diversos;
> 4. O "peso" jurídico da legislação pode ser diverso: em Portugal, por exemplo, há regulamentos e normas, enquanto que no Canadá há orientações (*guidelines*) que não são estritamente obrigatórias;
> 5. Pode haver legislação distinta conforme a dimensão da barragem;
> 6. Acompanhamento das atualizações da legislação e em qual nível a legislação está sendo aplicada (Duarte, 2008, p. 41).

Devido ao grande território brasileiro, uma das preocupações centrais apresentadas – danos transfronteiriços – não se torna a questão central, todavia os impactos não são minimizados por não afetarem outros países. Silva (2018, p. 70) avalia que a Constituição Federal de 1988 segue a tendência mundial de tutelar o meio ambiente como garantia de todos, tendo inclusive um caráter intergeracional. Nesse sentido, continua o autor, "[...] tem-se, pela redação constitucional, que o bem ambiental é de uso comum, de todos, de natureza difusa, sendo a sua proteção uma segurança à vida digna" (Silva, 2018, p. 70).

Silva (2018, p. 71) ressalta que "o direito difuso ao meio ambiente equilibrado é um direito de terceira geração, que dialoga com os direitos da primeira geração, como saúde e vida". Por conseguinte, para o autor, dentro do mandamento constitucional, não há margens para o Estado não atuar, ou atuar de forma insuficiente, resultando em uma prática inconstitucional. Isso posto, "[...] o Estado não pode se eximir do seu papel de regular a extração mineraria e, consequentemente, a disposição de rejeitos resultantes dessa atividade" (Silva, 2018, p. 72).

Por isso:

> A sociedade, com todos os seus subsistemas, economia, política, família, cultura, justamente na modernidade tardia, deixa de ser concebível como autônoma em relação à natureza. Problemas ambientais não são problemas do meio ambiente, mas problemas completamente – na origem e nos resultados – sociais, problemas do ser humano, de sua história, de suas condições de vida, de sua relação com o mundo e com a realidade, de sua constituição econômica, cultural e política (Beck, 2011, p. 99).

Considerando os rompimentos das atuais barragens, os impactos são imensuráveis, afinal, muitos dos passivos não têm precificação no mercado. O ambiente natural hoje tem métodos de valoração que auxiliam na contabilização dos passivos, todavia, quando se trata dos passivos sociais, torna-se mais complexa a valoração, quiçá impossível de se realizar. Silva (2017) considera que, devido às barragens alterarem os cursos d'água, há normas específicas norteando o tema, já que podem incidir em alterações em bacias hidrográficas. De acordo com o artigo 21, XIX, da Constituição Federal, compete à União [...] "instituir sistema nacional de gerenciamento de recursos hídricos e definir critérios de outorga de direitos de seu uso".

Desse modo, o artigo 20 determina os recursos hídricos como bens da união. Assim, a Carta Magna, pelo seu artigo 20, bem como pelo artigo 176, §1.º, determina o interesse nacional da exploração mineral (Brasil, 1988), reforçado pelo art. 1.º da Lei n.º 9.478/1997 (Brasil, 1997).

> Art. 176. As jazidas, em lavra ou não, e demais recursos minerais e os potenciais de energia hidráulica constituem propriedade distinta do solo, para efeito de exploração ou aproveitamento, e pertencem à União, garantida ao concessionário a propriedade do produto da lavra (Brasil, 1988).

Por conseguinte, esses textos normativos orientaram as leis que regem as barragens, como as questões relacionadas à segurança das estruturas. Inicialmente, a Lei Federal n.º 9.433/1997, sobre a Política Nacional de Recursos Hídricos, estabelece o Sistema Nacional de Recursos Hídricos, cujo Conselho Nacional de Recursos Hídricos (CNRH) subsidia a Lei Federal n.º 12.334/2010, relativa à segurança das barragens. A lei que cria a Agência Nacional de Águas, n.º 9.984/2000, define as competências relacionadas ao Sistema Nacional de Informações sobre Segurança de Barragens (SNISB), que tem, por sua vez, como um de seus objetivos consolidar anualmente, por intermédio dos órgãos fiscalizadores, o Relatório de Segurança de Barragens, que se transforma no marco regulatório sobre o tema. Dessa forma, são estabelecidas políticas públicas com uma determinada instrumentação, na qual as ações públicas e privadas devem adotar uma efetiva e plena segurança das estruturas (Silva, 2017).

Molinaro (2012, p. 80) reforça o dever do Estado, e cada cidadão deve ter "[...] um comportamento pautado por uma postura ecologicamente responsável". Nesse sentido, o Estado deve tutelar e garantir "[...] nada mais nada menos que uma vida digna e saudável aos seus cidadãos, o que passa pela tarefa de proteger e promover os diretos fundamentais, o que abrange a retida dos possíveis obstáculos à sua efetivação" (Salet; Fernsterseifer, 2012, p. 135).

Além disso, para Ayala (2012, p. 225), na ordem constitucional brasileira o Estado tem deveres de proteção: "[...] imperativos de ponderação preventiva ou imperativos de ponderação precaucional", conforme exposto no § 1.º, do artigo 225. Diante de todo o contexto apresentado, para Silva (2018, p. 74), o Estado deve fiscalizar de formas: preventiva e repressiva. A primeira se dá no momento em que se pensa nas barragens, esse momento consiste nas fiscalizações por amostragem que são realizadas pelo sistema de gestão de barragem. A segunda forma de fiscalização ocorre quando o poder público tem ciência da prática de uma infração administrativa. Todavia, observamos um movimento de fraca regulação do setor mineral para uma autorregulação (Enriquez, 2007; Coelho, 2015; Guynas, 2016; Santos; Milanez, 2017, Zhouri *et al.*, 2018).

Basicamente, isso consiste em demonstrar que o Estado, por negligenciar suas obrigações, torna-se o principal responsável por desencadear o *efeito derrame*. Todos que exploram recursos minerais têm por obrigação recuperar a área degradada pela atividade, isso consta no artigo 225 da Constituição Federal. Além disso, para Silva (2018, p. 76), havendo um ilícito ambiental, "[...] o responsável direto ou indireto, pessoa jurídica, pública ou privada, a obrigação de reparar o dano, independente da culpa". Nesse sentido, há responsabilidade do empreendedor de cumprir as leis, o que força procedimentos mais robustos. Logo, no caso de dano, Silva (2018, p. 80) afirma que a responsabilidade é objetiva e integral, pois "[...] as empresas que realizam a disposição dos rejeitos em barragens são responsáveis pelos danos causados com a ruptura dessas estruturas". Todavia, a transferência de responsabilidades, que transita de um modelo de regulação fraca para uma autor-regulação, vem dificultando qualquer ação pelo *devir*.

Atualmente, as barragens continuam rompendo, apesar de o Estado ter normativas e instru-mentações importantes que merecem um aprofundamento, como a Política Nacional de Segurança de Barragens (PNSB), que, conforme mencionado, nasce pela Lei Federal n.º 12.334/2010. No seu terceiro artigo, essa lei estabelece os objetivos da política nacional de segurança de barragens, que visa garantir os padrões de segurança da estrutura, além de regulamentar as ações de segurança em todas as fases (planejamento a desativação do projeto), criando formas de monitoramento das ações que ampliam as responsabilidades aos órgãos de controle, estabelecendo padrões mínimos de qualidade, para que se crie uma cultura com relação à gestão de riscos. Sua instrumentação é dada da seguinte forma:

> Art. 6. São instrumentos da Política Nacional de Segurança de Barragens (PNSB):
> I – O sistema de classificação de barragens por categoria de risco e por dano potencial associado;
> II – O Plano de Segurança de Barragem;
> III – O Sistema Nacional de Informações sobre Segurança de Barragens (SNISB);
> IV – O Sistema Nacional de Informações sobre o Meio Ambiente (Sinima);
> V - O Cadastro Técnico Federal de Atividades e Instrumentos de Defesa Ambiental;
> VI – O Cadastro Técnico Federal de Atividades Potencialmente Poluidoras ou Utilizadoras de Recursos Ambientais;
> VII – O Relatório de Segurança de Barragens (Brasil, 2010).

A classificação de barragens por categorias de risco define se é de alto, médio ou baixo impacto, que apresenta a seguinte equação:

$$CRI=CT+EC+PS$$

Sendo:

CRI = categoria de risco;

CT = características técnicas;

EC = estado de conservação;

PS = plano de Segurança de Barragem.

Portanto, foram estabelecidas as seguintes classes para os riscos com barragens, sendo: alto (CRI>=60 ou EC>=8), médio (35<CRI<60) e baixo (CRI<=35). A legislação destaca que a classificação por *Categoria de Riscos*[58] se dá pelo *Dano Potencial Associado*[59] a perdas de vidas humanas, além dos impactos econômicos, sociais e ambientais decorrentes do rompimento da barragem. O Dano Potencial Associado (DPA) tem a seguinte classificação: alto (DPA>=16), médio (10<DPA<16) e baixo (DPA<=10).

A Resolução CNRH n.º 143/2012 determina que, para o cálculo, devem ser verificadas as seguintes informações:

> 1. Quanto às características técnicas: a altura do barramento e o comprimento do coroamento da barragem, o tipo de barragem quanto ao material de construção, o tipo de fundação da barragem, a idade da estrutura e o tempo de recorrência da vazão de projeto do vertedouro;
> 2. Quanto ao estado de conservação da barragem: a confiabilidade das estruturas extravasoras, a confiabilidade das estruturas de captação, se possuir a eclusa, as taxas e formas de percolação, as deformações e recalques da estrutura, a deterioração dos taludes, incluindo a frequência por tempo determinado e demais variante com o perfil de deformação;
> 3. Quanto ao Plano de Segurança da Barragem – PSB: a existência de documentação de projeto, a estrutura organizacional e qualificação dos profissionais da equipe técnica de segurança da barragem, quais os procedimentos de inspeções de segurança e de monitoramento são efetivamente aplicados ao paramento *in casu*, qual a regra operacional dos dispositivos de descarga utilizados na barragem, e como é procedida a análise e interpretação dos relatórios de inspeção e segurança (Silva, 2017, p. 101-102).

Outro ponto importante é a noção de Categoria de Risco (CRI) e Dano Potencial Associado (DPA). O primeiro está relacionado à integridade da barragem, que, por modelagem estatística, calcula a probabilidade da ocorrência incidente. O segundo é representado pelos impactos relativos do evento de ruptura da barragem, vazamento, infiltração no solo ou mau funcionamento de uma determinada barragem. Esse tem sua mensuração conforme os impactos em vidas humanas, além dos riscos sociais, ambientais e econômicos.

Contudo, a Agência Nacional de Mineração (ANM), que está vinculada ao Ministério das Minas e Energia (MME), é o órgão responsável pela cessão, outorga, licenciamento e permissão das atividades de exploração mineral, sendo a principal instituição fiscalizadora. Com base nessas informações, a ANM alimenta os dados do SNISB, pois, no final do cálculo, elenca entre A e E, das barragens mais seguras às menos seguras, com a periodicidade máxima de revisão da época, conforme se pode visualizar na Figura 4.12 (Silva, 2017).

---

[58] "Quanto à categoria de risco, as barragens serão classificadas de acordo com aspectos da própria barragem que possam influenciar na possibilidade de ocorrência de acidente" (CNRH 143/2012).

[59] "O dano potencial associado pode ser entendido como o 'dano que pode ocorrer devido a rompimento, vazamento, infiltração no solo ou mau funcionamento de uma barragem, independentemente da sua probabilidade de ocorrência, podendo ser graduado de acordo com as perdas de vidas humanas e impactos sociais, econômicos e ambientais" (CNRH 143/2012).

Figura 4.12 – Classificação de Categoria de Risco (CRI) e Dano Potencial Associado (DPA)

CATEGORIA DE RISCO	DANO POTENCIAL ASSOCIADO		
	Alto	Médio	Baixo
Alto	A – 5 anos	B – 5 anos	C – 7 anos
Médio	B – 5 anos	C – 7 anos	D – 10 anos
Baixo	C – 7 anos	D – 10 anos	E – 10 anos

Fonte: ANM[60]

Quanto aos empreendedores da extração mineral, além do artigo 4 da Lei n.º 12.334/2010, já apresentado, que atribui a responsabilidade legal pela segurança da barragem, se deve destacar o artigo 17, que obriga ao empreendedor:

I - Prover os recursos necessários à garantia da segurança da barragem;
II - Providenciar, para novos empreendimentos, a elaboração do projeto final como construído;
III - Organizar e manter em bom estado de conservação as informações e a documentação referentes ao projeto, à construção, à operação, à manutenção, à segurança e, quando couber, à desativação da barragem;
IV - Informar ao respectivo órgão fiscalizador qualquer alteração que possa acarretar redução da capacidade de descarga da barragem ou que possa comprometer a sua segurança;
V - Manter serviço especializado em segurança de barragem, conforme estabelecido no Plano de Segurança da Barragem;
VI - Permitir o acesso irrestrito do órgão fiscalizador e dos órgãos integrantes do Sindec ao local da barragem e à sua documentação de segurança;
VII - Providenciar a elaboração e a atualização do Plano de Segurança da Barragem, observadas as recomendações das inspeções e as revisões periódicas de segurança;
VIII - Realizar as inspeções de segurança previstas no art. 9° desta Lei;
IX - Elaborar as revisões periódicas de segurança;
X - Elaborar o PAE, quando exigido;
XI - Manter registros dos níveis dos reservatórios, com a respectiva correspondência em volume armazenado, bem como das características químicas e físicas do fluido armazenado, conforme estabelecido pelo órgão fiscalizador;
XII - Manter registros dos níveis de contaminação do solo e do lençol freático na área de influência do reservatório, conforme estabelecido pelo órgão fiscalizador;
XIII - Cadastrar e manter atualizadas as informações relativas à barragem no SNISB (Brasil, 2010).

Um ponto que se torna importante é a ausência de delimitação temporal nos instrumentos legais. Portanto, a questão referente a longo prazo, mas dentro da própria estrutura das barragens, que são feitas para durar entre 50 ou 100 anos, tem um caráter de poucas gerações. Isso posto, deve-se entender o longo prazo como uma questão duradoura, pois as barragens se mantêm na paisagem,

---

[60] Disponível em: www.anm.gov.br. Acesso em. 20 out. 2019.

transformando-se em *rugosidades espaciais*, indo muito além de 100 anos. Por fim, curioso notar que no artigo 17 da Lei n.º 12.334/2010, sobretudo no seu terceiro tópico, quando trata da desativação da barragem, o termo usado é "quando couber".

Esse ponto traz incerteza jurídica quanto ao tema, pois desconsidera processos importantes que contemplam os passivos ambientais e possíveis soluções, como a *desengenharia*. Assim, antes dos grandes rompimentos, os empreendedores basicamente não desativavam suas barragens com processos de descomissionamento. Essas barragens deixavam de operar, mas os riscos associados se mantinham, como é o caso da barragem de Brumadinho/MG. Com o objetivo de normatizar essa questão, o antigo DNPM (hoje ANM) cria a Portaria n.º 70.389/2017, apresentando uma sistemática para a fiscalização das barragens. O artigo 15 dessa portaria modifica a revisão periódica apresentada antes, pois as estruturas com alto Dano Potencial Associado (DPA) terão sua fiscalização de 3 em 3 anos, as de médio DPA de 5 em 5 anos, e, por fim, de 7 em 7 anos serão fiscalizadas as com baixo DPA. Alguns pontos quanto às interpretações sobre as barragens merecem destaque, como:

> III. Barragem de mineração ativa: estrutura em operação que esteja recebendo rejeitos e/ou sedimentos oriundos de atividade de mineração;
>
> IV. Barragem de mineração em construção: estruturas que estejam em processo de construção de acordo com o projeto técnico;
>
> V. Barragem de mineração existente: estrutura cujo início do primeiro enchimento ocorrer em data anterior à do início da vigência desta Portaria;
>
> VI. Barragem de mineração nova: estrutura cujo início do primeiro enchimento ocorrer após a data de início da vigência desta Portaria;
>
> VII. Barragem de mineração em processo de fechamento: estrutura que não opera mais com a finalidade de contenção de sedimentos e/ou rejeitos, mas ainda mantêm características de barragem de mineração;
>
> VIII. Barragem de mineração descaracterizada: aquela que não opera como estrutura de contenção de sedimentos e/ou rejeitos, não possuindo mais características de barragem de mineração sendo destinada à outra finalidade;
>
> IX. Barragem de mineração inativa ou desativada: estrutura que não está recebendo aporte de rejeitos e/ou sedimentos oriundos de sua atividade fim mantendo-se com características de uma barragem de mineração (DNPM, 2017).

O objetivo dessa portaria consiste em melhorar o cadastro pelos órgãos fiscalizadores, atribuindo questões que antes dos grandes rompimentos não eram claras, por se optar por um método de regulação fraca. Todavia, quanto às barragens de mineração inativa ou desativada, essas ainda apresentam características de uma barragem de mineração, visto que a ideia de descomissionamento sequer aparece no texto. Aparentemente a opção continua pelo viés econômico, dado o alto custo do processo de descomissionamento.

Sánchez (2001) destacou o problema das minas abandonadas por serem fonte de diversos problemas. O autor apresenta alguns exemplos no Brasil, e no mundo, de minas abandonadas, sendo que apenas na bacia Guarapiranga, na região de São Paulo, há aproximadamente 110 minas abandonadas ou inativas. No estado da Califórnia, Estados Unidos, o número é de aproximadamente 2.500 minas. Já no Canadá, na região de Ontário, há aproximadamente 6.000 minas nessa situação. A Fundação Estadual do Meio Ambiente (FEAM) verificou que no estado de Minas Gerais tem pelo menos 400 minas abandonadas ou inativas.

O artigo 16, § 5.º, da Portaria 70.389/2017 é o único trecho que versa sobre o assunto, afirmando a responsabilidade do empreendedor recuperar ou desativar as barragens em situação de abandono. Questiona-se que em muitos dos casos não há mais empreendedor, e mesmo existindo, essa normativa vai ao encontro do artigo 17 da Lei 12.334/2010, que adiciona o "quando couber, a desativação da barragem". Mesmo considerando a desativação por parte do empreendedor, a ANM destaca que se mantém com características de uma barragem de mineração. Percebemos assim que, apesar de constantes evoluções normativas, processos elementares são desconsiderados, mantendo-se os riscos à sociedade. É importante destacar que, com essa postura:

> O custo, em termos de depredação do mundo físico, desse estilo de vida é de tal forma elevado que toda tentativa de generalizá-lo levaria inexoravelmente ao colapso de toda uma civilização, pondo em risco as possibilidades de sobrevivência da espécie humana (Furtado, 1981, p.75).

Silva (2018, p. 90) destacou ainda que todas as documentações referentes às barragens devem estar em consonância com a Lei n.º 6.496/1977, que por sua vez define para efeitos legais "[...] os responsáveis técnicos pelo empreendimento, nos termos do artigo 2º da referida norma legal". Todavia, os profissionais sofrem pressões dos empreendedores sobre os projetos, cujos prazos não realísticos e custos mínimos constituem a regra do jogo. Isso posto, esses fatores influenciam na integridade das estruturas, pois os profissionais podem ser responsabilizados de modo administrativo, civil e penal, no caso de falhas nas barragens, com a pessoa jurídica que contratou os serviços.

Para Beck (2011), o problema específico dos engenheiros, quando se pensa nessa relação de pessoa física para a jurídica, é que muitos não podem ter opiniões contrárias a uma determinada visão, tornando impossível para os engenheiros denunciarem os principais riscos que eles veem, produzem e reproduzem. Caso o façam, o risco de perder o emprego torna-se elevado, aumentando a pressão do dia a dia do trabalho.

Adams (2009) apresenta a conferência *Fellowship of Engineering*, de 1990, no Reino Unido, encontro que basicamente consistia em advertências de acidentes evitáveis. Assim, "[...] à questão de como os engenheiros deveriam se comportar na presença do risco", que não "[...] trouxe encorajamento àquela cuja esperança de progresso aposta na habilidade das instituições de se erguerem acima dos interesses pessoais se reorganizassem" (Adams, 2009, p. 244).

Por conseguinte, Sánchez (2001, p. 201) também dá ênfase a essa questão, adicionando a responsabilidade das escolas de engenharia e do sistema educacional, percebendo que uma das soluções são projetos "[...] que já prevejam seu fim, da implantação à desativação, poderá o engenheiro contribuir para que a dívida ambiental não se acumule".

Desse jeito, quando se pensa nessas questões pelo olhar da sociedade no presente e no porvir, torna-se essencial a informação que parte dos engenheiros, pois estes modificam a cultura. Os atingidos e afetados por esses empreendimentos necessitam ter suas vozes ouvidas, elas são fundamentais para que não ocorra o *efeito derrame*. A exploração mineral não deveria ser visualizada como uma maldição, mas vários fatores apresentados até o momento reforçam essa visão, pois não se tornam dádivas às pessoas. Quando se pensa no *devir*, que não se manifestam pelo óbvio motivo de não estarem presentes, o Estado deve se valer do princípio da precaução e pensar que essas pessoas são bens comuns, constituindo fontes de riquezas e conhecimentos imensuráveis (Barcelos *et al.*, 2019).

Resgatando a proposta de Daly e Farley (2016), quando se pensa em políticas ambientais, se deve pensar na escala. No *mundo vazio*, não havia preocupação quanto à escala, afinal, os humanos não afetavam significativamente a resiliência da natureza, logo não era um problema político. Já no *mundo cheio*, dado o alto impacto das atividades humanas na *capacidade de suporte* da natureza, torna-se um problema político. A política adotada pela legislação brasileira quanto ao tema pode ser resumida na Tabela 4.11. Ela define os envolvidos e suas responsabilidades.

Tabela 4.11 – Resumo dos envolvidos e seus papéis e obrigações conforme a Lei Federal 12.334/2010

Parte envolvida	Papel e obrigação
Empreendedor	Gestão da segurança da barragem
Órgão Fiscalizador Agência Nacional de Mineração – ANM	Regulamentar Fiscalizar Manter cadastro Informar
Agência Nacional de Águas – ANA	Elaborar o relatório anual de Segurança de Barragens Implementar sistema de informações Demais obrigações dos fiscalizadores
Conselho Nacional de Recursos Hídricos – CNRH	Regulamentar a classificação das barragens Diretrizes para implementação da lei

Fonte: Adaptado de Brasil (2010)[61]

A política tem fins e meios, assim a economia ecológica e a geografia humana são diretamente ligadas a ela. Daly e Farley (2016, p. 80) consideram "[...] um erro grosseiro pensar que no futuro se saberá sempre mais que no passado". Os autores percebem que cada geração nasce totalmente ignorante, pois, no âmbito de uma política que se enquadra em um sistema democrático, "a distribuição do conhecimento é tão importante como a distribuição de riquezas" (Daly; Farley, 2016, p. 80).

Daly e Farley (2016, p. 83) consideram que, para que a política faça sentido, temos duas questões:

> Acreditar que há alternativas reais entre as quais escolher. Se não há alternativas, se tudo for determinado, então não faz sentido discutir política – o que será, será. Se não há opções, então não há responsabilidade, não vale a pena sequer pensar.
>
> Mesmo que haja alternativas reais, o diálogo sobre as políticas não faz sentido a menos que haja um critério real de valor a ser usado para escolher dentre as alternativas. Se não consegue distinguir a melhor e a pior condição do mundo, não faz sentido tentar alcançar uma determinada condição do mundo ao invés de outro. Se não há critério de valor, então não há responsabilidade, não vale a pena sequer pensar.
>
> Em suma, uma política séria deve pressupor: (1) o não determinismo - que o mundo não se encontra todo determinado, que já um elemento de liberdade que nos proporciona alternativas reais; e (2) o não niilismo – que há um critério real de valor para guiar as nossas escolhas, ainda que vagamente o percebamos (Daly; Farley, 2016, p. 83).

Para Daly e Farley (2016), o mercado é incapaz de dizer o quanto de ar limpo, água limpa, pântanos saudáveis ou florestas saudáveis a sociedade deve ter. Igualmente, essa entidade é incapaz de inferir sobre os riscos aceitáveis quando se pensa no *devir*. Muito menos pode dizer qual a distribuição desejável de recursos e a escala necessária para não criar colapsos na *capacidade de suporte* dos ecossistemas. Fica nítido que há um processo de degradação ambiental que se reflete nas sociedades do presente e do porvir. Os autores afirmam que, para as políticas ambientais surtirem efeito, se deve considerar seis princípios básicos:

> 1) As políticas econômicas possuem sempre mais do que um objetivo e cada objetivo político independente requer um instrumento político independente;

---

[61] Disponível em: http://www.planalto.gov.br/ccivil_03/_Ato2007-2010/2010/Lei/L12334.htm. Acesso em: 20 maio 2019.

2) Políticas devem almejar atingir o grau de controle macro desejável com o mínimo de sacrifício da liberdade e da variabilidade no nível micro;

3) Políticas devem prever uma margem de erro quando lidam com o meio biofísico;

4) Políticas devem reconhecer que partimos sempre de condições iniciais históricas;

5) Políticas devem ser capazes de se adaptar às alterações de condições;

6) O domínio da formulação de políticas deve ser congruente com o domínio das causas e efeitos do problema com o qual a política lida (Daly; Farley, 2016, p. 524-528).

Com base no conhecimento acumulado até aqui, o próximo subcapítulo buscará adicionar novos elementos para auxiliar na interpretação da questão mineral e as barragens de rejeito. A *sociedade de riscos* e a gestão de risco serão abordadas, tentando entender como dentro da sociedade cientificista e reflexiva geram efeitos colaterais latentes na pós-modernidade. Criando assim análises dessas questões com o plano de fechamento de mina e a proposta da *desengenharia*, de modo a compreender como o modelo proposto (Figura 3.16) pode contribuir para que se gere o *efeito transbordamento*.

4.4 A SOCIEDADE DE RISCO COMO PROBLEMA OCULTO NA TOTALIDADE ESPACIAL

Demonstramos que o modelo teórico apresentado na Figura 3.16, bem como as informações relativas ao ensaio teórico das figuras 1.8 e 1.9, é fundamental para compreender, dentro da noção da *totalidade espacial*, as problemáticas desenhadas até o momento. Nesse sentido, um elemento ainda não trabalhado do instrumental metodológico se refere à *sociedade de risco* de Ulrich Beck (1944-2015), apresentado como um problema oculto na *totalidade espacial*.

O modelo proposto, a nosso ver, pode ser utilizado para quaisquer *sistemas de ações* e *sistemas de objetos*, em qualquer temporalidade (tempo presente e *devir*), auxiliando, sobretudo, na equalização das assimetrias das informações inerentes aos processos. Portanto, devemos resgatar a questão problema desta pesquisa, por um olhar macro, vejamos: o que ocorreria com os elementos espaciais do entorno das barragens se o rompimento fosse hoje? Na perspectiva do *devir*, como essa situação se desenrolaria?

A sociedade contemporânea e pós-moderna vive uma fase completamente distinta de tudo que já foi observado na história humana. Quando se considera a *sociedade de risco*, ou seja, a consciência que o risco existe e está aí para criar temor e sofrimento aos seres vivos, demonstra-se a necessidade de compreensão dessas forças ocultas. Os *sistemas de objetos* e *sistemas de ações*, dentro do capitalismo, consistem em uma dinâmica que transforma o espaço, afetando diversos períodos temporais à frente. Essas ameaças geram renda, emprego, riqueza, entre outras variáveis tão importantes em um ciclo de crescimento acelerado que desconsidera o *devir*.

Nem os *limites dos recursos, dos Direitos Humanos e do Estado* estão sendo obstáculos para o avanço das teorias econômicas convencionais (neoclássicas). A lei da entropia, bem como os *recursos de fundo de serviços* e *recursos de fluxo de estoque*, é totalmente ignorada, pois o aumento do PIB é o indicador pelo qual o Estado-Nação utiliza-se de todas as suas forças para mantê-lo. Em momentos de recessão econômica, o próprio governo, atendendo às suas políticas, abre um "vale-tudo" pelo crescimento econômico. Nesses momentos, as forças que já são ocultas tornam-se ainda mais obscuras, pois a sociedade só irá notar essas forças em momentos de catástrofes. Este estudo foca apenas no rompimento das barragens que são construções de alto risco, independentemente da classificação, que podem ser de baixo ou de alto custo, em um setor intensivo em capital, mineração.

Destarte, as ameaças da civilização criam um "reino das trevas" para os mais vulneráveis, afetando inclusive o futuro, dadas as *rugosidades espaciais* dessas estruturas. Beck (2011, p. 89) compara esse reino com "[...] os deuses e demônios da Antiguidade, que ocultavam por trás do mundo visível e ameaçavam a vida humana no planeta". Para Beck, não há comunicação com esses espíritos, mas a sociedade como um todo está exposta a diversas outras ameaças aterrorizadoras. Irradiações, envenenamento em massa, holocausto nuclear, mudança climática são questões que passam imperceptíveis, mas estão presentes por todas as partes. Os mundos das coisas visíveis já se tornam confusas, imagine quando se lançam questões ocultas aos olhos.

Muitos dos afetados e atingidos pela mineração desconhecem uma planta operacional, poucos já viram uma barragem de rejeitos, mas o risco está lá, visível, porém difícil de ver. Várias pessoas que conseguem identificar os riscos, buscam alternativas para minimizá-los, mas suas vozes são desconsideradas. Após as catástrofes, as pessoas começam a compreender melhor os riscos, o que força a mudança, por isso se apoiam naqueles que possuem uma visão sistêmica e holística sobre o problema, mas, mesmo assim, essas vozes tendem a ser desconsideradas. Tudo isso está diretamente ligado à busca incessante do crescimento econômico (PIB), pois até mesmo o Estado está em uma correlação de força desfavorável com as grandes corporações. Desse modo, um dos componentes--chave para fazer com que a economia cresça, aliada ao clientelismo e apego ao poder, gera o *efeito derrame*, por tornar os riscos ainda mais ocultos. Portanto, "[...] sua invisibilidade não é prova alguma de sua inexistência, muito pelo contrário, - visto que é em todo caso na esfera do invisível que sua realidade tem lugar- garante à sua malvadeza um espaço praticamente ilimitado", assim como os deuses antigos (Beck, 2011, p. 89).

Isso posto, devemos compreender o que vem a ser os riscos, bem como suas variações, já que geralmente são pontos ocultos. Adams (2009, p. 14) lembra que risco se refere ao futuro, ou seja, ao *devir*, "[...] que só existe em nossa imaginação", ele ainda acrescenta os vários tipos de riscos. O risco objetivo é do domínio dos especialistas; e o risco percebido é o que a sociedade acredita, visto que todos os riscos são percebidos. Dessa forma, há diferenciação entre riscos e incertezas, com limites muito incertos. Nesse sentido, para Veyret (2015, p. 29), os riscos dentro de sua condição de incerteza são sempre indissociáveis da política. Assim como os *sistemas de ações* e os *sistemas de objetos* são indissociáveis entre eles, o risco e a política apresentam as mesmas características.

Tanto Adams (2009) como Veyret (2015) estão cientes que risco zero é utopia, tornando necessário realizar o seu gerenciamento. Logo, para que a ação humana opte por uma visão ética de longo prazo, favorável à sobrevivência, essas forças ocultas precisam ser claras, e a ciência pode ser uma luz acesa na escuridão. A *ordem técnica*, a *ordem da forma jurídica*, bem como a *ordem do simbólico*, são condicionadas à busca dessa compreensão, para que ocorra a transformação, mudança e/ou recusa, em que o elemento surpresa deve ser minimizado. Portanto, considerando que existem diversos padrões de incerteza dentro de qualquer processo econômico, deve-se valer das racionalidades plurais, conceito que "[...] trouxe um pouco de ordem ao que, sem ajuda desses conceitos, parecia ser uma discussão de surdos" (Adams, 2009, p. 15).

Outra forma de classificar os riscos pode ser visualizada na Figura 4.13.

Figura 4.13 – Aceitabilidade do risco e ampliação do risco

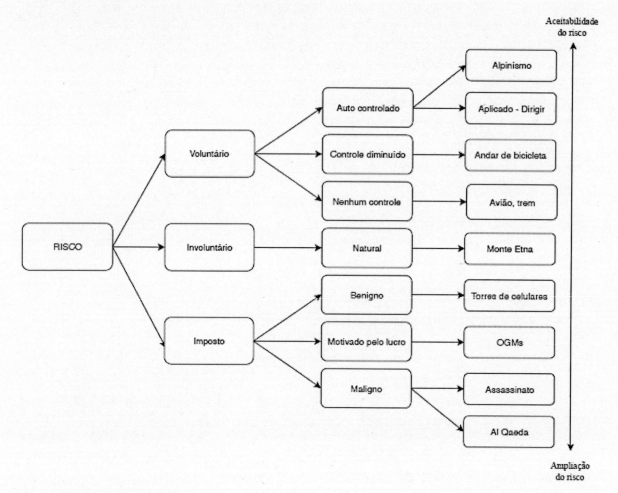

Fonte: Adaptado de Adams (2009, p. 17)

Os primeiros elementos que serão trabalhados são os *sistemas de objetos* e *sistemas de ações*, além de considerar as questões relativas à matéria e energia. Ambas se encontram no topo do modelo, por influenciar toda estrutura do espaço e tempo na perspectiva planetária. Um conceito apresentado, mas ainda não explorado, são os *efeitos colaterais latentes*, que, conforme Beck (2011), referem-se à diferença entre o poder econômico e a modernidade reflexiva. Giddens (1991), ao se referir à reflexividade da modernidade, compreende que é a reflexão definidora da ação humana, e isso modifica o espaço e o tempo. Nesse sentido, com o advento da modernidade, a reflexibilidade é "[...] introduzida na própria base da reprodução do sistema, de forma que o pensamento e a ação estão constantemente refratados entre si" (Giddens, 1991, p. 39).

A legitimação dos *efeitos colateral latente* proposta por Beck (2011, p. 41) refere-se aos riscos que são rejeitados, de acordo com o princípio "[...] *in* dúbio pró-progresso, e isto quer dizer: na dúvida, deixa estar". Esse princípio, que diverge sobremaneira do princípio da precaução, "[...] equivale assim a uma espécie de licença, a um destino natural civilizatório, que simultaneamente reconhece, distribui seletivamente e justifica efeitos a serem evitados" (Beck, 2011, p. 42).

Percebemos, no entanto, que essa base de pensamento constitui-se a base hegemônica que justifica ações com base no progresso, algo que deve ser sempre questionado. Há uma dicotomia clara entre estes dois princípios, dúbio pró-progresso e precaução; essa dicotomia é capaz de modificar totalmente as estruturas econômicas. A primeira vai ao encontro do *efeito derrame* e a segunda do *efeito transbordamento*, ou seja, se a opção política for pelo princípio da precaução, esta tende a considerar o *devir*, considerando os *passivos ambientais e do sofrimento social*.

Observamos hoje que a expansão produtiva e a sua incessante busca pela redução de custos fazem com que se entre em uma sociedade de consumo, inclusive conspícuo, elevando a qualidade de vida das pessoas, criando inclusive uma burguesia operária. Todavia, existem efeitos colaterais latentes a esse processo, pois esse aumento do bem-estar reproduz na outra ponta uma deterioração do ambiente natural, que afeta a sociedade como todo, além de atingir determinados grupos que pouco ganham dentro desse sistema. A questão gira em torno das riquezas, que são socialmente desiguais e supostamente legítimas. Logo, torna-se um novo paradigma da *sociedade de risco*, eles devem ser "[...] isolados e redistribuídos de modo tal que não comprometam o processo de modernização e nem as fronteiras do que é (ecológica, medicinal, psicológica ou socialmente) aceitável" (Beck, 2011, p. 24).

Isso posto, a modernização torna-se reflexiva, pois converte a si mesma em tema e problema. Giddens (1991) percebe a descontinuação da modernidade, que advém do ritmo de mudanças, do escopo da mudança e da natureza intrínseca das instituições modernas, perpassando pela segurança versus o perigo como elementos centrais. Contudo, devido ao desenvolvimento das instituições sociais, houve oportunidades inimagináveis a qualquer período pré-moderno, "mas a modernidade tem também um lado sombrio, que se tornou muito aparente no século atual", indo ao encontro com o exposto até o momento, rumo a uma sociedade pós-moderna (Giddens, 1991, p. 13).

Para Beck (2011, p. 60), é da inópia que se cria a sociedade da escassez, na qual as ações são determinadas por essa lógica, dado o *mundo cheio* em que a sociedade se encontra. Acrescenta que, com a promessa da libertação da pobreza, tanto o pensamento como as investigações esbarram na "[...] desigualdade social, abarcando, na verdade, desse a sociedade de classes, passando pela sociedade estratificada, até a sociedade individualizada" (Beck, 2011, p. 60).

Desse modo, para Beck (2011, p. 60), "o sonho da sociedade de classe é: todos querem e devem compartilhar o bolo. A meta para a *sociedade de risco* é: todos devem ser poupados do veneno". Ao considerar a sociedade individualizada, os *sistemas de objetos* condicionam a forma dos *sistemas de ações*, transformando o espaço e o tempo, pois as ações têm artificialidades. Ao pensar nas matérias e energias desse processo, Santos (2017, p. 132) reforça que "os recursos do mundo constituem, juntos, uma totalidade". Por consequência, a partir da matéria e energia os seres humanos modificam para si o seu entorno, devido a sua ação transformadora "[...] criando outra constelação de dados, outra totalidade" (Santos, 2017, p. 132).

Assim, a matéria e energia que são absorvidas e convertidas dentro do processo produtivo apresentam entropia dentro da expansão econômica. Devemos lembrar que tanto a matéria como a energia apresentam dois estágios principais: o primeiro é o de baixa entropia; e o segundo de alta entropia, sendo em muitos casos recursos limitados. Santos (2013) adiciona que, ao se pensar nos *sistemas de objetos* e *sistemas de ações*, os primeiros estão cada vez mais artificializados e os segundos caminham a fins estranhos, dado o poder hegemônico.

Essas questões são claramente percebidas dentro do setor mineral, por consumir elevada energia dentro do seu processo produtivo, sua matéria, ou seja, o minério são recursos escassos e, no geral, não renováveis. Os *sistemas de ações* criam objetos que auxiliam o processo produtivo, pois é por meio do agir humano que se torna possível a exploração para fins econômicos do ambiente natural. As barragens são os objetos mais visíveis dentro desse processo, sendo que apresentam riscos obscuros para a sociedade. É importante lembrar que os riscos são indissociáveis da política e que os *sistemas de ações* estão atrelados a essa questão. Esse é o momento em que os *sistemas de ações* caminham para fins estranhos, pois a força do poder econômico se sobressai e os agentes públicos tornam-se dependentes, até mesmo clientes dessas forças, aceitando os riscos e desconsiderando as vulnerabilidades. Consequentemente, os riscos e vulnerabilidades se tornam objetos geográficos devido a sua modificação no espaço e no tempo.

Veyret (2015, p. 180) endossa essa concepção, pois "o risco é, certamente, um objeto geográfico". Em vista disso, dentro do modelo proposto (Figura 3.16), o risco está presente de forma oculta, ou não, em todos os *elementos espaciais* (instituições, ambiente natural, sociedade, infraestrutura e firmas), nos pilares da economia ecológica (distribuição justa, escala sustentável e alocação eficiente), em todas as *estruturas espaciais* (produção, circulação, distribuição e consumo), interagindo com todos os limites (do Estado, dos recursos e dos Direitos Humanos) e formas de capital (natural, cultural, cultivado e manufaturado). A ação humana, que desconsidera o risco, estará invariavelmente afetando a sobrevivência da espécie, visto que as ordens (*técnicas, jurídicas e do simbólico*) são ferramentas para condicionar tanto os *sistemas de objetos* (naturais e fabricados) como os *sistemas de ações* (deliberados e não deliberados). Essa é uma forma que torna possível compreender o metabolismo socioecológico e a *capacidade de suporte* dos ecossistemas que considere também as *rugosidades espaciais* dentro de um sistema (*estrutura, processo, função* e *forma*).

Retornando para o risco como um objeto geográfico, Veyret (2015, p. 180) apresenta que essa relação funciona em dois sentidos. O primeiro sentido se refere à *empresa-sujeito ao território--objeto*, que privilegia a estratégia das empresas. O território é o seu meio ambiente, que oferece recursos (materiais e energéticos) para o seu sistema de produção. Seus efeitos, conforme a autora, são relacionados aos "[...] impactos econômicos e financeiros (benefícios), de empregos (benefícios ou pressões conforme a conjuntura), de danos, poluições ou riscos (ameaças)" (Veyret, 2015, p. 180).

Sendo assim, ao se pensar nos riscos, os objetivos das empresas giram em mitigar seus efeitos, mas nunca em eliminá-los, pois isso tornaria o negócio inviável. As barragens de retenção de rejeitos é um excelente exemplo, afinal, existem métodos mais eficientes de construção, mas o método menos custoso em muitos casos foi o adotado.

A segunda relação apresentada por Veyret (2015, p. 180) apresenta o *território-sujeito à indústria-objeto*, sendo uma relação que privilegia às estratégias da sociedade. A autora considera que, nesse sentido, a medição passa a ser relacionada "[...] em termos de informação, de imagem, de representações, de aceitação ou rejeição da indústria, mas também da organização do território" (Veyret, 2015, p 180).

Verifica-se claramente que ambos estão contidos nos *sistemas de ações* e *sistemas de objetos*, mas no segundo sentido as forças ocultas se tornam transparentes, ou buscam ser menos obscuras, pois sempre haverá pontos cegos.

Nesse modelo, a preocupação é que o território possa ser o ator da gestão dos riscos, aumentando inclusive a eficácia do sistema produtivo. Dentro do modelo proposto, as firmas estão alocadas em um lugar de destaque, mas isso não implica a adoção da primeira relação. Ao contrário, sua posição se encontra nesse quadrante por ser uma força elevada dentro dos *sistemas de objetos e sistemas de ações*, além de serem as maiores responsáveis pela gestão das matérias e energias do planeta, além dos riscos que impõem à sociedade. Desse modo, ao se integrar o meio ambiente com as estratégias das firmas, considerando o território, torna-se o debate mais qualificado, que deve se valer dos pilares da economia ecológica para a sua sustentação.

Quando se considera a arquitetura social e a dinâmica das políticas e suas relações com os riscos, Beck (2011) apresenta cinco teses que serão expostas, adicionando uma análise com os pilares da economia ecológica. A primeira tese refere-se ao *estágio avançado das forças produtivas*, que

> [...] desencadeiam danos sistematicamente definidos, por vezes irreversíveis, que permanecem no mais das vezes fundamentalmente invisíveis, baseiam-se em interpretações causais, apresentam-se, portanto, tão somente no conhecimento (científico e anticientífico) que se tenha deles, podem ser alterados, diminuídos ou aumentados, dramatizados ou minimizados no âmbito do conhecimento e estão assim, em certa medida, abertos a processos sociais de definição. Dessa forma, instrumentos e posições da definição dos riscos tornam-se posições-chave em termos sociopolíticos (Beck, 2011, p. 27).

Essa é a tese que, a nosso ver, devemos utilizar da *alocação eficiente* por estar diretamente atrelada à *capacidade de suporte*. No modelo proposto, a *alocação eficiente* tem duas conexões centrais, sendo uma com o ambiente natural e a outra com os limites dos Direitos Humanos. Encontramos, nesse ponto, os julgamentos morais, que implicam, inclusive, na distribuição e na escala. Alocar recursos em projetos com alto risco atende apenas aos interesses que advêm do objetivo atual de perpetuação do crescimento econômico. Seus danos são muitas vezes irreversíveis e/ou invisíveis, assim, é necessário definir os riscos a fim de realizar análises sociopolíticas.

Para Beck (2011, p. 54), as disputas giram em torno da satisfação conspícua, elas "contrapõem-se a fome e fartura, poder e impotência". Reforça na sequência que "a miséria não exige qualquer medida de autoafirmação. Ela existe. Sua imediatez e obviedade correspondem à evidência material da riqueza e do poder". Isso posto, a *alocação eficiente* torna-se importante para as políticas públicas, pois são estas que podem modificar a atuação das firmas, e consequentemente alterar a ação humana por um olhar pautado no *devir*. Sabe-se que dentro da *alocação eficiente* existe uma diferenciação entre os valores de mercado e os valores não mercantis, visto que o primeiro é precificado com facilidade, considerando os custos de produção, e o segundo com alta complexidade de precificação, como é o exemplo dos passivos ambientais, os passivos do sofrimento social e o próprio ambiente natural.

Para Daly e Farley (2016, p. 588), a questão referente ao fluxo de informação assimétrica, no qual "já faz um tempo que os economistas sabem que a informação assimétrica é uma falha de mercado, que provoca graves ineficiências". Torna-se importante uma redefinição da eficiência, considerando os *throughput* (fluxo entrópico) e os *recursos de fundo de serviços* e *fluxo de estoque*. Na visão dos autores, há um risco ainda maior ao se pensar na *alocação eficiente*, sendo que:

> Nós, indiscutivelmente, encaramos um problema muito mais sério relacionado ao dos fluxos de informação assimétrica que forma nossas preferências. Enquanto muitos economistas defendem que as preferências são inatas, as empresas estão apostando uma quantia estimada em \$652 bilhões de dólares por ano em como as preferências são fortemente influenciadas pela publicidade. A publicidade custa dinheiro e só se pode pagar a si mesma porque anuncia bens de mercado. A maioria das palavras que ouvimos hoje são discursos diretos de vendas de mercadorias e os programas patrocinados por eles. Em contraste gritante com a publicidade de mercadorias, muito pouco dinheiro é gasto para convencer as pessoas a preferirem bens não comercializáveis. Na medida em que a publicidade altera as preferências, o faz sistematicamente a favor de produtos de mercado e não dos não comercializáveis (Daly; Farley, 2016, p. 589).

A título de exemplo, uma forma interessante que Yunus (2010) apresenta para tornar o sistema produtivo mais eficiente está relacionado aos diversos problemas da sociedade, sendo a pauta fundamental dos negócios sociais. Sua proposta consiste na questão da pobreza e a criação de negócios economicamente viáveis para solucionar esse problema. Para o autor, a maioria das pessoas são impacientes por natureza, "mas por questões práticas, às vezes é melhor reduzir um problema a um tamanho administrável, em vez de tentar consertar tudo de uma vez" (Yunus, 2010, p. 106).

Um dos seus projetos que vai ao encontro da questão da assimetria de informação, que deriva da *alocação eficiente*, e tem relação com os custos em publicidade, é a parceria entre o banco Grameen e a Danone, criando uma *joint venture* com o nome de Grameen Danone Foods Ltd., que tem como lema a nutrição para todos. O autor compreende que 30% da população e 56% das crianças com menos de 5 anos sofrem de desnutrição em seu país – Bangladesh. Essa tragédia humanitária torna- -se um obstáculo para o desenvolvimento humano e até mesmo econômico. Uma das suas soluções para trabalhar com o problema foi criar um iogurte enriquecido com vitaminas e minerais, pautado em quatro objetivos: oferecer um produto de valor nutricional elevado, criar empregos, proteger o meio ambiente e ser economicamente viável. Uma forma para conseguir atender as pessoas mais necessitadas consistiu na criação de um produto que tivesse o menor custo possível, essa estratégia consiste em anular completamente os custos de publicidade do produto. O objetivo é que o preço desse produto seja tão baixo que até os mais pobres possam adquiri-lo. As embalagens, hoje, são 100% biodegradáveis, mas uma das metas consiste em torná-la comestível, afinal, os mais pobres não se podem dar ao luxo de pagar pela embalagem. Ressalta-se que a linha produtiva é de baixa tecnologia, tornando a empresa intensiva em mão de obra, que consiste em pessoas do próprio território trabalhando nas operações.

A segunda tese que Beck (2011) apresenta refere-se às *situações sociais de ameaça*, que estão diretamente relacionadas a dimensões que abrangem as desigualdades dentro de uma lógica distri- butiva. Beck reforça que os riscos da modernidade cedo ou tarde acabam alcançando aqueles que os produziram, ou que lucraram com eles, contendo um efeito bumerangue. O efeito bumerangue foi proposto por William Stanley Jevons (1835-1882) ao analisar o problema do carvão, observando ser um engano acreditar que o uso mais eficiente implicaria uma redução do consumo. Isso se dá pelo estímulo que uma energia mais eficiente implica ao crescimento econômico, visto que as pessoas e indústrias tendem a consumir mais recursos, e não o contrário.

Nesse sentido, Beck (2011) destacou que nem os ricos e poderosos estão seguros desse efeito, pois constituem ameaças à saúde, à legitimidade, à propriedade e até ao lucro. Ressalta que existe um elevado desnível internacional, visto que os países menos desenvolvidos são os que mais sofrem as consequências. Criam-se, portanto, trocas economicamente e ecologicamente desiguais no espaço e no tempo, sendo necessários acordos internacionais para mitigar esses efeitos. Ao final, até mesmo os países mais ricos são reféns dos efeitos colaterais latentes, mediante o efeito bumerangue, pois, apesar das transferências dos riscos a países mais pobres, no fim, retornam a essas nações por meio de produtos alimentícios baratos, abarrotados de agrotóxicos, apenas para citar um exemplo.

O pilar da economia ecológica que pode auxiliar nas situações sociais de ameaça refere-se à *distribuição justa* que está diretamente ligada aos limites do Estado no modelo proposto. Um Esta- do-Nação sozinho é incapaz de resolver os problemas das trocas economicamente e ecologicamente desiguais, necessitando de acordos internacionais. Por dentro dessa ótica, as instituições do Estado necessitam compreender os *throughput* (fluxo entrópico) relativos aos limites dos recursos, de modo a balancear toda a *estrutura, processo, função e forma*. É por esse caminho que se chega ao *efeito trans-bordamento*, afinal, é obrigação do Estado compreender as situações de ameaça e criar mecanismos de defesa que beneficiem todas as classes, de ricos a pobres, incluindo as futuras gerações.

Daly e Farley (2016) reforçam a importância não apenas da distribuição da renda e riqueza no tempo atual, sendo necessário pensar nas riquezas de forma intertemporal. Os autores destacaram duas abordagens alternativas referentes à distribuição, sendo: a abordagem normativa da economia ecológica e a abordagem positiva da economia neoclássica.

A primeira abordagem é baseada em juízos éticos, buscando uma justiça entre as gerações, pois não há argumentos plausíveis para que uma geração consuma mais recursos naturais que as demais gerações. Logo, as tratativas entre os recursos não renováveis e renováveis precisam ser vistas de forma diferente. "Uma distribuição igual de recursos finitos e não renováveis por um número virtualmente infinito de gerações futuras implica o não-uso de recursos por qualquer geração", entretanto, afirmam Daly e Farley (2016, p. 406), "[...] não faz sentido deixar os recursos permanentemente enterrados, sem nunca servirem para ninguém", mas torna-se necessário utilizar esses recursos dentro de certos limites. Já os recursos renováveis, "[...] como os fluxos de armazenagem, têm também de ser utilizados em um nível sustentável", sendo importante manter estes recursos longe dos limiares de uma catástrofe ecológica (Daly; Farley, 2016, p. 406).

> Vale a pena lembrar que, como os recursos renováveis são finitos, a sua exaustão é uma perda definitiva para as gerações futuras. Os recursos renováveis, tanto como os fluxos de armazenagem e como serviços de suporte, produzem um fluxo finito ao longo de muitas gerações futuras e a sua perda irreversível impõe assim um custo perpétuo para o futuro (Daly; Farley, 2016, p. 407).

A abordagem positiva da economia neoclássica defende uma regra objetiva de tomada de decisões baseada na alocação entre as gerações. Com base no mercado, é possível valorar os recursos não mercantis em um futuro considerando os preços relativos do presente, tornando possível resolver o problema de alocação. Basicamente consideram que o desconto entre tempos diferentes – dentro de uma Taxa de Preferência Temporal Pura (TPTP), do custo de oportunidade –, o desconto intertemporal e o Valor Presente Líquido (VPL) são métodos para se resolver essas questões. A diferenciação dessa abordagem é que se torna menos individualista, caminhando para uma noção integral de sociedade. Dessa forma, "em relação aos indivíduos que as compõem, as sociedades são imortais e as incertezas são deixadas de lado", visto que as taxas de desconto social devem ser mais baixas que as individuais (Daly; Farley, 2016, p. 409).

Destarte, para que as situações de ameaça sejam minimizadas, ao se valer desse pilar, não apenas a riqueza e a renda são distribuídas de forma justa para as presentes e futuras gerações. Distribuir renda e riqueza desconsiderando os riscos inerentes aos processos não se torna justo. O efeito bumerangue afeta a todos e as trocas economicamente e ecologicamente desiguais são indissociáveis dentro da lógica distributiva de políticas nacionais e internacionais. Quando se pensa na *distribuição justa* das riquezas não se deve considerar apenas pelo lado financeiro, pois as questões culturais e ecológicas são tão importantes quanto a econômica. Além disso, os riscos não deveriam atingir tão intensamente os mais vulneráveis, já que dentro da sociedade pós-moderna não há possibilidades de riscos nulos. Toda atividade econômica constitui-se invariavelmente de riscos, no entanto deve-se inventariar todas as situações de ameaça. Compreender os efeitos colaterais latentes do processo econômico e criar mecanismos de mitigação. Essa é uma das formas que tornam a distribuição das riquezas mais equilibradas, caminhando para um desenvolvimento sustentável.

A terceira e quarta teses apresentadas por Beck (2011) referem-se à *expansão e a mercantilização dos riscos*, e a *possessão das riquezas*. Com relação à primeira, o autor compreende que os riscos rompem a lógica capitalista de desenvolvimento criando um novo ciclo devido à modernização das *big business*. Essa questão vai ao encontro da mania de crescimento (*growthmania*) e a busca incessante dos economistas convencionais por esse modelo predatório. Para Georgescu-Roegen (2012), o desenvolvimento econômico, pautado na abundância industrial, necessita ser benéfico não apenas para as presentes gerações. Além disso, o autor destaca que dentro do paradoxo do desenvolvimento econômico aqueles que podem pagar, pagam por um privilégio único que consiste em ultrapassar a *capacidade de suporte* biológico. Adiciona que, "uma vez que tudo existe apenas em quantidades finitas, nenhum artifício de classificação pode eliminar esta finitude" (Georgescu-Roegen, 2012, p. 98).

No ciclo, além de desconsiderar-se questões biológicas e físicas que estão associadas à expansão comercial, existe a mercantilização dos riscos que desconsideram diversos riscos, já que o seu serviço buscará atender as demandas daqueles que podem pagar. Beck (2011, p. 28) destacou que "a fome pode ser saciada, necessidades podem ser satisfeitas, mas os riscos civilizatórios são um barril de necessidades sem fundo, interminável, infinito, auto produzível". Dessa forma, a economia torna se "autorreferencial", ou seja, um sistema completo, que molda todos os demais sistemas, até mesmo o biofísico. A consequência de tal ato torna a economia canibal do ambiente natural, pois "a sociedade industrial produz as situações de ameaça e o potencial político da sociedade de risco" (Beck, 2011, p. 28).

A possessão de riqueza entra no contexto da interação entre aqueles que têm a riqueza e os afetados dentro dos *sistemas de ações* e *sistemas de objetos*. Os riscos, dentro da concepção pós-moderna, correspondem às externalidades negativas que não são apenas a determinados grupos e indivíduos, mas sim uma ameaça em escala planetária. Ela é expandida para toda a civilização numa espiral que mais cedo ou mais tarde irá afetar a todos, ou seja, até aqueles que possuem riqueza. É importante destacar que a distribuição de riscos não é equânime, eles são compartilhados desigualmente no espaço, criando os mais diversos conflitos nos territórios.

Nesse sentido, as categorias centrais da ecologia são de suma importância para buscar reduzir tais externalidades, por um olhar que contemple a *abundância* e *distribuição* do planeta e suas relações com as *estruturas espaciais* da produção, circulação, consumo e distribuição. A abundância e a distribuição interagem com vários espaços, sendo que seu discurso é construído da relação entre os estudos científicos e interações cotidianas das populações.

O desafio consiste em evitar o que Odum e Barrett (2015, p. 466) apresentam como *armadilha social*. Essa armadilha está pautada na possessão de riqueza que busca ganhos de curto prazo, sendo que no longo prazo torna a situação prejudicial e dispendiosa. Essa proposta consiste na analogia de que um animal é atraído por uma armadilha que tem uma isca sedutora. Com isso, o animal cai na armadilha, com a esperança de uma alimentação fácil, todavia ele percebe logo depois que é difícil de sair, ou é até mesmo impossível. Esse exemplo pode ser aplicado à humanidade, pois ela pode incorporar inclusive a tragédia dos comuns nessa análise. Os autores apresentam o jogo de pôquer como um exemplo ilustrativo:

> Um estoque de fichas de pôquer é definido e cada jogador tem a opção de retirar de uma a três fichas. O estoque de fichas é renovado após cada rodada na proporção do número de fichas remanescentes. Se os jogadores pensarem apenas em relação a seus ganhos

imediatos em curto prazo e retirarem o máximo de três fichas, o recurso renovável do estoque comum de fichas vai se tornar menor e, em última instancia, o estoque de recursos acaba. A retirada de apenas uma ficha a cada rodada sustenta os recursos renovável (Odum; Barrett, 2015, p. 466).

A última tese apresentada por Beck (2011, p. 28), relativa à arquitetura social e a dinâmica política, está relacionada aos *riscos socialmente conhecidos*. O autor exemplifica com o problema do desmatamento e como o "[...] que até há pouco era tido por apolítico torna-se político – o combate às causas no próprio processo de industrialização", criando um ingrediente político explosivo. Esse é o momento em que as esferas públicas começam a fazer parte na gestão das esferas privadas, o que pode resultar no *efeito derrame* ou *transbordamento*. Portanto:

> Emerge assim na sociedade de risco, em pequenos e em grandes saltos – em alarmes de níveis intoleráveis de poluição, em caso de acidentes tóxicos etc. –, o potencial político das catástrofes. Sua prevenção e seu manejo podem acabar envolvendo uma reorganização do poder e da responsabilidade. A sociedade de risco é uma sociedade catastrófica. Nela, o estado de exceção ameaça converter-se em normalidade" (Beck, 2011, p. 28)

Destarte, devemos resgatar o pilar faltante da economia ecológica, a *escala sustentável*. Dentro do modelo proposto, a *escala sustentável* tem uma relação direta com todos os elementos espaciais, mas nos ateremos apenas às instituições e firmas. Importante destacar que "os processos ecológicos variam no que diz respeito a seus efeitos ou a sua importância em diferentes escalas espaciais e temporais" (Odum; Barrett, 2015, p. 396).

O conceito escala deve incentivar análises em diferentes níveis de organização, sobretudo aquelas que englobam os riscos socialmente percebidos. Daly e Farley (2015) destacaram a importância da regulação direta do poder público às firmas e sociedade. Logo, a política torna-se uma peça fundamental para que se possa realizar análises pelo *devir*.

> Usar os meios a serviço dos fins implica a existência de políticas. A economia, especialmente a economia ecológica, está irremediavelmente ligada à política, apesar dos níveis rarefeitos de abstração que às vezes alguns economistas atingem nos fazem pensar o contrário (Daly; Farley, 2015, p. 75).

Nessa perspectiva, ao elencarmos as cinco teses da arquitetura social e as dinâmicas políticas em relação à *sociedade de risco* de Beck (2011) com os pilares da economia ecológica, percebemos que tudo está conectado. Apesar de algumas teses apresentarem maiores características dentro de determinados pilares, ao final, a métrica consiste em compreender como as empresas se relacionam com o território. A arquitetura social da *sociedade de risco* pode se valer dos pilares da economia ecológica, para que, ao final, a interpretação seja pautada no território-sujeito à empresa-objeto, e não na empresa-sujeito ao território-objeto. Nesse sentido, compreendemos que tudo está indissociável da política, e também dos *sistemas de ações* e *sistemas de objetos*, tornando-se necessário compreender essas relações (Figura 4.14).

Figura 4.14 – Arquitetura social, os pilares da economia ecológica e sua relação com o território e empresa com uma dinâmica política

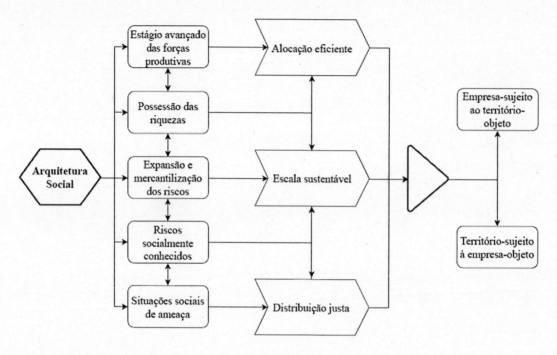

Fonte: Elaborado pelo autor

Portanto, o maior desafio da humanidade e o seu maior problema econômico será vivenciado por ela (meios políticos), ele refere-se às formas sábias de se utilizar o ambiente natural para que os fins possam favorecer a sobrevivência humana, incluindo também outras espécies. Daly e Farley (2015, p. 91) afirmam que "a honestidade requer enfrentar o mistério", no que se pode incluir os riscos visíveis como os obscuros. Nesse sentido, compreendem que o conhecimento futuro, ainda não descoberto, deve respeitar a busca científica e filosófica para resolver os mistérios, "[...] inclusive o mistério inerente ao dualismo que defendemos como uma filosofia prática de trabalho" (Daly; Farley, 2015, p. 91).

A ação do Estado, ao se pensar nos riscos socialmente percebidos, deve atuar como um redutor de impacto (molas de absorção), pois, de outra forma, a colisão que poderia ser evitada, torna-se inevitável (tragédias). Não obstante, o espaço é modificado por processos de supressão e exclusão, que alteram a ação do tempo e a rota de colisão, pois cada sistema geográfico é sucedido por outro (Santos, 2013).

É por esse motivo que no modelo proposto entra como método de análise a proposta referente à *estrutura, processo, função e forma*, que será analisada neste momento pela tese da *sociedade de risco*.

Para Veyret (2015, p.16-18), "os políticos estão no coração do dispositivo [...]", pois são esses atores que fornecem as respostas que a sociedade civil almeja, levando em consideração o conhecimento especializado. Esse é o primeiro aspecto que a autora destacou para lidar com os riscos, criando uma conversão em risco. O segundo aspecto é trabalhado com os atores da sociedade civil, pois são estes que fazem "[...] desencadear alertas, denunciar os perigos para fazer nascer os debates públicos, fazer emergir os negócios" (Veyret, 2015, p. 16).

Isso posto, é dentro desse quadrante que se cria o objetivo de estabelecer responsabilidades. O último aspecto trabalhado pela autora refere-se "[...] aos jogos dos atores, à natureza e à amplitude de suas relações", no qual com o apoio da mídia são criados ferramentais para que se trabalhe com os riscos (Veyret, 2015, p. 17).

Essa intervenção dos atores da sociedade civil sobre os riscos (Figura 4.15) tem uma ligação direta com o modelo de estrutura, processo, função e forma, pois "gerir os riscos equivale, em muitos casos, a administrar conflitos e as posições antagônicas dos diferentes atores [...]" (Veyret, 2015, p. 52).

Figura 4.15 – A intervenção dos atores da sociedade civil e sua relação com a estrutura, processo, função e forma

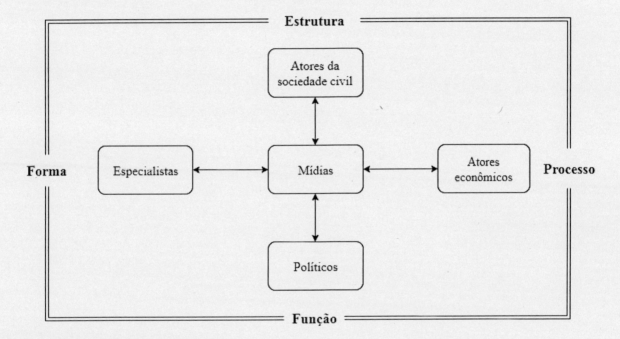

Fonte: Adaptado de Veyret (2015, p. 18)

Ao analisarmos a figura acima, percebemos uma representação que compreende o todo, ou seja, todos os atores que estão relacionados à *sociedade de risco*. Esse ponto está diretamente ligado à *estrutura*, pois se evita o risco que Santos (2014a) apresenta de se considerar apenas a estrutura econômica, dado que sua representação se restringe a um bloco e não integra a totalidade de atores, havendo uma necessidade inter-relação de todas as partes. Não se busca, portanto, reforçar o modelo hegemônico, visto que são os atores econômicos que produzem e reproduzem as necessidades humanas. Os atores econômicos são apenas um subsistema de um sistema maior dentro da sociedade civil.

O *processo* está relacionado a conceitos de tempo (continuidade) e mudança, visto que, após a concretização e materialização dos riscos, com grande contribuição da mídia, cria o elo entre os demais atores para implementação de novas políticas e estratégias. Este ponto converge diretamente com os *recursos de fundo de serviços* e *recursos de fluxo de estoque*, além dos diversos tipos de capital (natural, cultural, cultivado e manufaturado) que são afetados pelo risco.

Por fim, a *função* e a *forma* são os elementos que estão ligados às ações e materialização. Basicamente, é por meio da função e forma que se torna possível compreender os *sistemas de ações* e *sistemas de objetos*, pois os primeiros tratam das atividades desempenhadas por cada ator, enquanto os segundos são o aspecto visível do trabalho, ou seja, o trabalho materializado.

Esse é o motivo pelo qual se optou em alocar os *sistemas de ações* (deliberados e não deliberados) e os *sistemas de objetos* (naturais e fabricados) acima do modelo, pois, da mesma forma que a matéria e a energia, são categorias de análise que estão incorporadas em todos os elementos. Quando se pensa em riscos, Beck (2011) destacou que são muito parecidos com a noção de riqueza, pois são distribuídos desigualmente no espaço geográfico. Giddens (1991, p. 34) acrescenta que "a inação é frequentemente arriscada, e há certos riscos que todos nós devemos enfrentar quer gostemos ou não [...]". Para esse autor, dentro do mundo estruturado, os riscos criados pela humanidade têm pouco de influência divina, pois o risco apresenta diferentes vivências. Nesse sentido:

> No caso das riquezas sociais, trata-se de bens de consumo, renda, oportunidades educacionais, propriedade etc., como bens escassos cobiçados. Em contraste, as ameaças são um subproduto modernizacional de uma abundância a ser evitada. Cabe ou erradica-la ou então nega-la, reinterpretando-a. A lógica positiva da apropriação é assim confrontada por uma lógica negativa do afastamento pela distribuição, rejeição, negação e reinterpretação (Beck, 2011, p. 32).

Por esse ângulo, devemos resgatar a crítica de Beck (2011) relacionada à questão política do trabalho. Em sua análise uma empresa, estatal ou não, apresenta a cada dia uma estrutura de trabalho que vem sendo reduzida, mesmo com o aumento da produção. A mineração se encaixa bem nessa formulação, afinal, é intensiva de capital e demanda pouco trabalho. Logo, o desemprego vem sendo um problema crônico dentro da estrutura capitalista, pois pessoas sem perspectivas tendem a aceitar passivamente qualquer coisa.

Beck (2011, p. 211) destacou que na mineração do seu tempo a produtividade girava entre 2,7 e 4,7% ao ano, chegando em 1983 ao montante de 10,8% no ano. Todavia, esse aumento não impactou a alavancagem dos empregos, pois, ao final, houve até redução de postos de trabalho. Tiezzi (1988) reforça que, para um sistema que vise o *devir*, as organizações necessitam ser intensivas em mão de obra. Para o autor, "o socialismo não é melhor que o capitalismo", pois faz uso de instrumentos de "dominação do homem sobre a natureza levando inevitavelmente a uma dominação das técnicas sobre o homem" (Tiezzi, 1988, p. 200).

Conforme o Ministério do Trabalho (2018) em seu relatório do PDET/RAIS, a mineração empregava em 2017 aproximadamente 212,3 mil pessoas, sendo que há aproximadamente 80 milhões de pessoas economicamente ativas no país, o que representa menos de 0,3% da totalidade de mão de obra disponível. Se a mineração é uma das principais forças econômicas, justifica empregar tão pouco? O relatório destacou que, entre as rendas médias, o setor mineral apresenta uma remuneração média de R$ 6.229,41, sendo assim o setor com maior remuneração, entre os analisados, apesar de esse valor ser questionável, por não apresentarem o método.

Diante dessa lógica, Beck (2011) se apresenta como cético diante da expectativa de que o aquecimento e reaquecimento econômico serão peças fundamentais para a redução do desemprego. A Tabela 4.12 apresenta uma breve síntese do mapa de empregos no Brasil, no período de 2011 a 2017. Devemos notar que, diferentemente do discurso empregatício que a indústria extrativa propaga, esta é simplesmente a atividade econômica que menos emprega, criando o "mito do emprego marrom", o que reforça ser intensiva em capital.

Tabela 4.12 – Vínculos empregatícios segundo setor econômico brasileiro entre 2011 e 2017

Setor	2011	2012	2013	2014	2015	2016	2017	Variação	%
EXT MIN	231.389	259.297	261.383	257.606	240.488	221.331	212.337	-8.994	-4,1%
IND	8.113.805	8.148.328	8.292.739	8.171.022	7.566.900	7.148.013	7.105.206	-42.807	-0,6%
SIUP	412.741	423.277	444.674	450.098	447.385	429.435	425.427	-4.008	-0,9%
CONST	2.750.173	2.832.570	2.892.557	2.815.686	2.422.664	1.985.404	1.838.958	-146.446	-7,4%
COM	8.842.677	9.226.155	9.511.094	9.728.107	9.532.622	9.264.904	9.230.750	-34.154	-0,4%
SERV	15.372.455	16.167.385	16.726.013	17.313.495	17.151.312	16.708.852	16.772.645	63.793	0,4%
ADM PUB	9.103.601	8.937.443	9.340.409	9.355.833	9.198.875	8.826.040	9.195.215	369.175	4,2%
AGROP	1.483.790	1.464.257	1.479.564	1.479.663	1.500.561	1.476.219	1.501.052	24.833	1,7%
TOTAL	46.310.631	47.458.712	48.948.433	49.571.510	48.060.807	46.060.198	46.281.590	221.392	0,5%

Fonte: MTb/RAIS[62]

Coelho (2019, p. 154) destacou ainda que no projeto conhecido como S11D, no Complexo Carajás, foram declarados US$ 20 bilhões em investimento, e "[...] criou apenas 2.600 empregos permanentes, expondo uma das características da atividade mineradora a céu aberto, que é não ser intensiva em trabalho". Não se deve esquecer que:

> Com demasiada frequência, o único benefício de uma mina para o país são os poucos empregos que gera, mas seu dano ambiental pode, ao mesmo tempo, destruir empregos em outros lugares (por exemplo, na pesca, que diminui em águas poluídas) e, em algum momento do futuro, impor enormes custos orçamentários quando o governo tiver de arcar com o saneamento (Stiglitz, 2007, p. 43).

Desse modo, devemos resgatar duas ideias centrais da tese da *sociedade de risco*. A primeira tese proposta por Beck (2011, p. 71) diz respeito a que "a origem da crítica e do ceticismo em relação à ciência e à tecnologia encontram-se não na irracionalidade dos críticos, mas no fracasso da racionalidade científico tecnológico" quando, na sua frente, tem-se riscos e ameaças da civilização. Para o autor, "esse fracasso não é mero passado, e sim um presente urgente e um futuro ameaçador" (Beck, 2011, p. 70).

Em vista disso, Beck (2011, p. 70) afirma que a ciência "[...] não estão em condições de reagir adequadamente aos riscos civilizacionais, de vez que tem destacado envolvimento em seu surgimento e expansão". Consequentemente, torna-se fundamental a conscientização dos riscos, reconstruindo dentro de um processo racional, pautado no *devir*. O autor destacou também que há uma diferenciação entre a estipulação científica (racional) dos riscos e percepção (irracional), que turva a visão ao se pautar na crença do progresso.

Tiezzi (1988, p. 185) destacou também três mitos que devem ser reanalisados, tendo em vista um novo modelo de desenvolvimento. O primeiro mito refere-se à interdependência das economias, pois as economias fortes destroem as fracas. O segundo mito consiste na falácia de que não é possível se ter desenvolvimento sem crescimento. Por fim, o terceiro mito refere-se à possibilidade de controlar as modernas tecnologias.

---

[62] Disponível em: http://trabalho.gov.br/rais. Acesso em: 20 maio2019.

Destarte, a segunda tese que se pretende trabalhar de Beck (2011, p. 107) refere-se ao que ele afirma como "a libertação dos indivíduos sob as condições de um mercado de trabalho desenvolvido". Assim, a sociedade é testemunha ocular da transformação social dentro da modernidade; as pessoas estão sendo libertadas das formas sociais da sociedade industrial. Assim, a classe, estrato, família e estatutos de gênero para homens e mulheres apresentam a alteração semelhante ao que ocorre na reforma protestante, sobretudo quando "[...] haviam sido liberadas do domínio da Igreja para entrar na sociedade" (Beck, 2011, p. 108).

Desse modo, o recorte pretendido está relacionado com as estruturas e com os elementos espaciais abordados por Milton Santos, em que as sete teses do Ulrich Beck permeiam essas categorias (Figura 4.16).

Figura 4.16 – Transformação social sob as condições de um mercado de trabalho, os elementos e estruturas espaciais

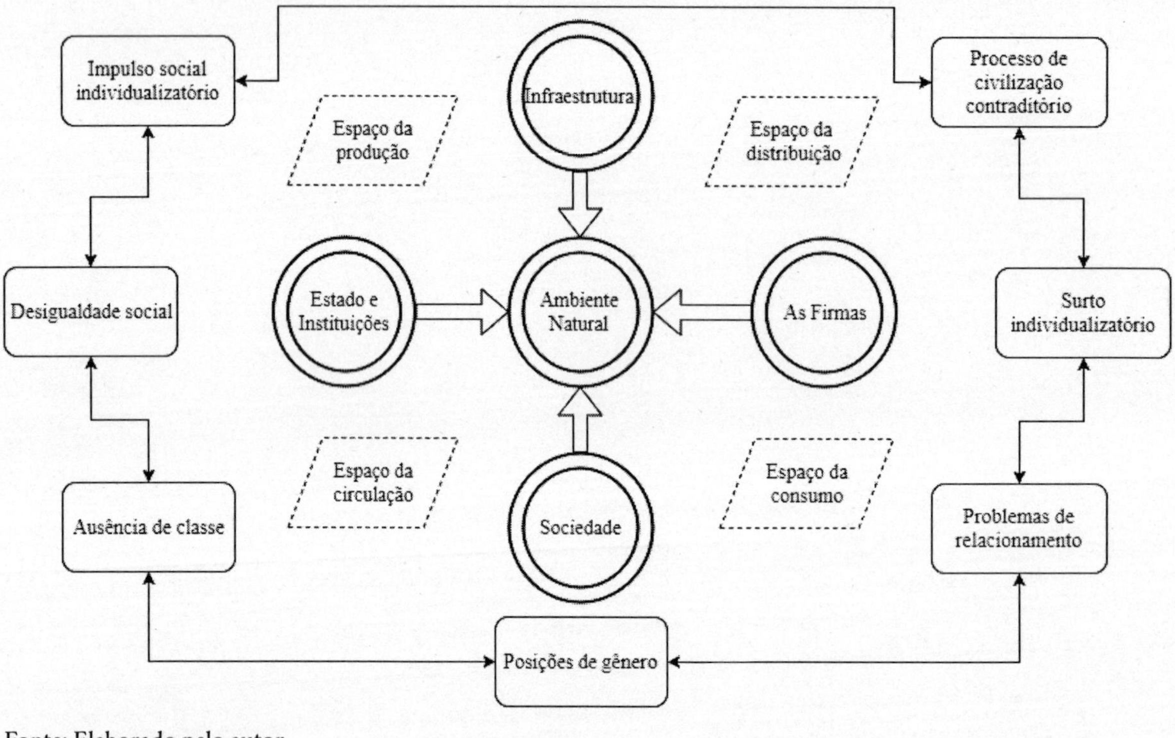

Fonte: Elaborado pelo autor

A primeira tese de Beck (2011) compreende o pós-Segunda Guerra, os países ricos, industriais do Ocidente tiveram como consumação o Estado do Bem-Estar Social. Desse momento para cá, houve um *impulso social individualizatório* com dinâmicas totalmente desconhecidas, principalmente quando se pensa nas questões relacionadas à desigualdade. O autor afirma que "[...] sobre o pano de fundo de um padrão de vida material comparativamente alto e de uma seguridade social bastante avançada, as pessoas foram dissociadas", e isso culminou na ruptura das condicionantes históricas tradicionais (Beck, 2011, p. 107).

Essa grande transformação é, inclusive, tratada por Polanyi (2000, p. 301) ao afirmar que "a resignação sempre foi à fonte da força do homem e de suas esperanças renovadas. O homem aceitou a realidade da morte e construiu o sentido da sua vida física baseando-se nela".

A economia de mercado, com todos os seus riscos, foi a escolha da humanidade, visto que tudo está centrado em suas condições e determinantes. Beck (2011) destacou que, com essa escolha, o processo individualizatório se intensifica, ganhando força dentro da forma de trabalhador livre assalariado no capitalismo moderno. Isso cria a ilusão de libertação, pois "o ingresso no mercado de trabalho estão associadas sempre as novas libertações – em relação aos vínculos familiares, de vizinhança e profissional, assim como à vinculação a uma cultura e a uma paisagem regionais" (Beck, 2011, p. 108).

Polanyi (2000, p. 297) considera "o fim da economia de mercado pode se tornar o início de uma era de liberdade sem precedentes", pois a liberdade não se dará por meios individualizados e como complemento de um determinado privilégio, mas sim de uma sociedade que se permita ao mesmo tempo ser justa e livre.

A segunda tese de Beck refere-se à interpretação da *desigualdade social* como um sistema ambivalente. A desigualdade é um problema antigo "tanto para o teórico marxista das classes como para o investigador da estratificação, possivelmente nada de essencial se alterou. As distâncias na hierarquia de renda e as determinações fundamentais do trabalho assalariado continuam sendo as mesmas" (Beck, 2011, p. 108).

Nessa análise, Beck (2011, p. 109) percebe que as classes se desvanecem, e as pessoas se colocam "[...] no centro da criação e da execução de seus próprios planos de vida", desconstruindo assim fundamentos centrais de classes, estratos ou estamentos (Beck, 2011, p. 108). "Defrontamo-nos cada vez mais – em termos marxistas – com o fenômeno (ainda incompreendido) de um capitalismo sem classes, mas com todas as estruturas e problemas de desigualdade social a ele ligadas".

A *ausência de classes* é, nesse sentido, a terceira tese apresentada por Beck, ela se manifesta principalmente pelo desemprego em massa. Para o autor, enquanto a parcela de desempregados aumenta, o número dos excluídos do mercado de trabalho acompanha esse ritmo, pois, "ao mesmo tempo, crescem as zonas cinzentas entre o desemprego que se registra e o emprego de que não se toma notícia" (Beck, 2011, p. 109). Isso resulta em subempregos que cada vez mais se intensificam e ampliam as desigualdades dentro de um processo que se torna uma espécie de individualização reforçada.

Surge assim a quarta tese: mediante a libertação em relação às classes sociais acabam se sobrepondo com as *posições de gênero*. Para Beck (2011), esse movimento reflete diretamente no papel e na posição das mulheres na sociedade. Isso posto, "os dados mais recentes falam claramente: nem educação deficiente, nem origem social são o que leva as mulheres a cair na nova pobreza, mas sim o divórcio" (Beck, 2011, p. 110).

> A espiral individualizatória alcança assim também o interior da família: mercado de trabalho, educação, mobilidade – tudo agora duplicado ou triplicado. A família tende a torna-se um malabarismo constante com desgastantes e ambições de multiplicação entre demandas profissionais, obrigações educacionais, cuidados com as crianças e a monotonia do trabalho doméstico. Surge o modelo de 'família negociada a longo prazo', na qual posições individuais autonomizadas assumem, até nova ordem, um controverso acordo e metas para regular o intercâmbio emocional (Beck, 2011, p. 110).

Os *problemas de relacionamentos,* derivados desse intercâmbio emocional, são a quinta tese apresentada por Beck (2011, p. 110), ela considera "as contradições de uma modernidade partida ao meio no projeto da sociedade industrial, que desde sempre dividiu os indivisíveis princípios da modernidade". Nesse ponto percebemos a sociedade industrial como uma dimensão estamental sem as correspondências das propostas tradicionais, mas sim de "[...] um produto e um fundamento da sua dimensão industrial" (Beck, 2011, p. 110).

Com esse movimento, a moralidade familiar é desconstituída, criando tabus dentro de uma lógica de reunificação. Isso cria um *surto individualizatório* como os ocorridos no renascimento e no início da industrialização, constituindo a sexta tese. Beck (2011, p. 110) destacou que, "[...] no lugar dos estamentos, já não entram as classes sociais; no lugar das classes sociais, já não entra o quadro referencial estável da família; O indivíduo mesmo converte-se em unidade reprodutiva do social no mundo da vida". Para o autor, a família perde representatividade, visto que os indivíduos se convertem em agentes garantidores do funcionamento do mercado, que não se pode confundir com um processo de emancipação bem-sucedido. Portanto, o indivíduo não é renovado durante esse processo, ele institucionaliza e se padroniza o estilo de vida pautado no consumo conspícuo, tornando-os dependentes do mercado e educação pautados na mercantilização da vida.

A última tese de Beck (2011) refere-se ao *processo de socialização contraditório* em sua formulação histórica, essa formulação deriva do surto individualizatório e serve de base para o impulso social nesse sentido. Essa contradição força movimentos sociais e iniciativas civis e resistência, principalmente quando se levam em consideração os riscos. Apesar da sua complexidade, o que torna difícil a sua compreensão é a "emergência e a percepção" dessa "contradição" que leva "ao surgimento de novos terrenos comuns socioculturais" (Beck, 2011, p. 111).

> Nesse sentido, os novos movimentos sociais (ambientalismo, pacifismo, feminismo) são, por um lado, a expressão das novas situações de ameaça na sociedade de risco e das contradições emergentes entre os sexos; por outro lado, suas formas de politização e suas instabilidades resultam de processos de formação social da identidade em mundos da vida destradicionalizados e individualizados (Beck, 2011, p. 111).

Como pode ser visualizado na Figura 4.14, existem por dentro das teses apresentadas por Beck algumas estruturas e elementos espaciais, além disso, buscamos apresentar algumas ligações, mesmo cientes de que tal análise se constitui apenas de uma proposição, uma simples releitura. Desse modo, considerando o *espaço da produção,* lembrando que se refere ao lugar.

Nesse sentido, o impulso social individualizatório, resultando no processo de civilização contraditório, cria desigualdades sociais, essas são características que vão da totalidade ao lugar. O lugar, ao se pensar na mineração, pode se expandir para a ideia de território. Isso posto, o *espaço da distribuição* pode provocar, mediante o Estado e suas instituições, dois efeitos opostos: o *efeito derrame* e o *efeito de transbordamento*.

Assim, percebemos que as desigualdades sociais podem ser ampliadas ou minimizadas, isso a depender de como o Estado compreende a *sociedade de risco*. Portanto, o *surto individualizatório* provoca na sociedade, sobretudo mediante a destituição das famílias, trocas desiguais no *espaço da circulação*, que pode ser refletido na ideia do *passivo do sofrimento social*.

Não obstante, no espaço da circulação, a infraestrutura se constitui mediante a falsa sensação de abundância, isso se vale sobretudo dos recursos do *ambiente natural*, com elevado desperdício de natureza.

Com isso, uma *ausência de classe* modifica inclusive as *posições de gênero*, devido ao *espaço do consumo* se sobrepor a todas as demais estruturas e elementos espaciais, afinal, é do consumo conspícuo que se geram os maiores passivos ao *devir*, em diferentes escalas. Isso cria *problemas de relacionamento*, visto que os seres humanos terão como impulso se reafirmar na sociedade, consumindo ainda mais recursos e funções dos ecossistemas. Esse problema inclusive reflete na *estrutura, processo, função* e *forma*, pois o Estado, bem como as firmas, impulsiona infraestruturas cada vez mais complexas, devido às pressões da própria sociedade capitalista. Portanto, dentro desse escopo, observamos que a *capacidade de suporte* é afetada pelo puro desconhecimento da *sociedade de risco*. Por fim, retorna-se à interpretação da *sociedade de risco*. Beck (2011) esboça quatro teses relacionadas à política e subpolítica no sistema de modernização (Figura 4.17).

Figura 4.17 – Política e subpolíticas no sistema de modernização e seus limitadores

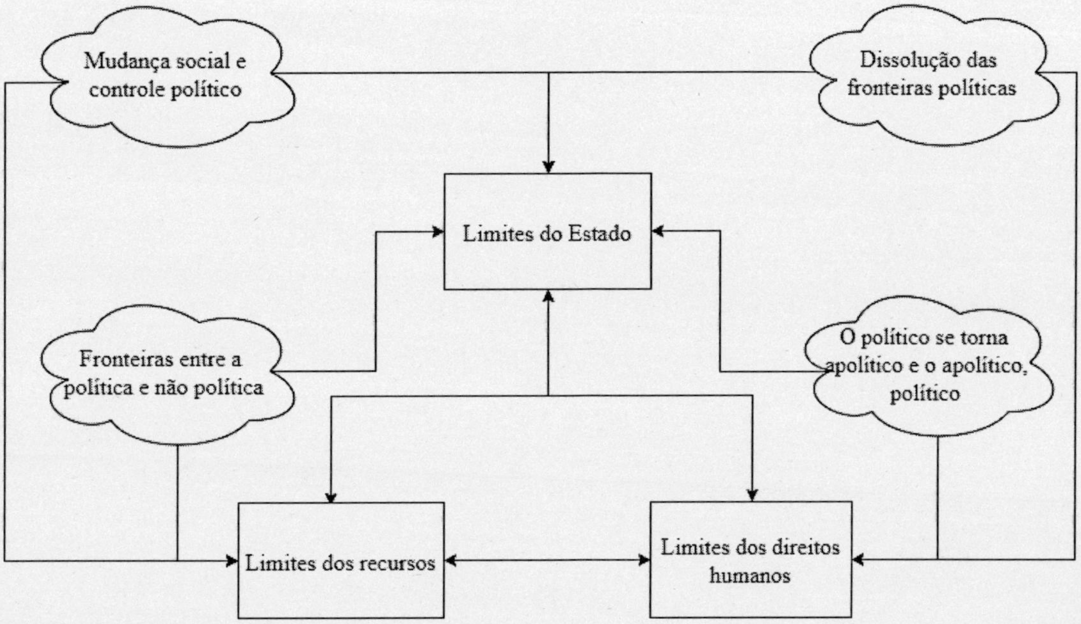

Fonte: Elaborado pelo autor

Beck (2011) começa sua análise pela relação entre *mudança social* e *controle político* focado na sociedade industrial que molda os indivíduos. Essa relação apresenta a possibilidade de alavancagem dentro dos direitos democráticos, mas, em contrapartida, defende os interesses privados dentro da economia e do trabalho. Isso ocorre devido à diferença entre o sistema político-administrativo em relação com o técnico-econômico, "[...] o poder e dominação podem ser exercidos somente com o consentimento dos governadores" (Beck, 2011, p. 276).

Com a elevação do padrão de vida, Beck (2011, p. 276) destaca que ocorrem efeitos negativos na sociedade, resultando em justificativas para a "[...] obsolescência, risco de redundância da força de trabalho, riscos de aplicação, riscos de utilização, ameaças à saúde, destruição da natureza)". Logo, criam-se *efeitos colaterais latentes* em todas as estruturas e elementos espaciais, tendo um vínculo direto com os limites do Estado. Devemos ressaltar que todas as quatro teses apresentadas por Beck neste momento estão diretamente ligadas ao Estado, pois este é que pode criar um cenário de maldição ou dádiva na questão mineral. O progresso técnico, ao se pensar na mineração, caminha a passos largos, mas o progresso social não acompanha essa evolução. Portanto:

> O progresso substitui o escrutínio. E mais: o progresso é um substituto para questionamentos, uma espécie de consentimento prévio em relação a metas e resultados que continuam sendo desconhecidos e inominados. Nesse sentido, o processo de renovação, imposto juntamente com a modernidade em oposição ao predomínio da tradição, é democraticamente cindido no projeto da sociedade industrial (Beck, 2011, p. 276).

Beck (2011, p. 277) afirma que as *fronteiras entre política e não política* "[...] em meio ao permanente processo de inovação da modernidade sustentava-se – como é possível dizer hoje em retrospecto – no século XIX e na primeira metade do século XX". Para tal, duas premissas são construídas, sendo: (a) na naturalidade com que se viam socialmente as desigualdades de classe social; e (b) no estágio do desenvolvimento das forças produtivas e da cientificização. O autor destacou que na primeira categoria "[...] se deu sentido e impulso político à construção do Estado Social" e na segunda tem-se que as transformações "[...] nem ultrapassam o espectro das possibilidades de ação política e nem tampouco cancelam os fundamentos legitimatórios do modelo de progresso da transformação social" (Beck, 2011, p. 277).

> Portanto, a estagnação política fica comprometida por conta de uma febre de transformação no sistema técnico econômico, que impõe à fantasia humana provas de coragem. A ficção científica torna-se cada vez mais uma lembrança de tempos passados. As palavras-chave são conhecidas e foram suficientemente expostas nesse livro: destruição contínua da natureza externa e interna, mudança sistêmica do trabalho, fragilização da ordem estamental de gênero, destradicionalização das classes e intensificação das desigualdades sociais, novas tecnologias que oscilam à beira da catástrofe (Beck, 2011, p. 278).

A terceira tese refere-se a uma *dissolução das fronteiras da política*, Beck (2011, p. 278) atribui ao "[...] empalidecimento do intervencionismo do Estado Social na esteira de seu sucesso e as ondas de grandes inovações tecnológicas com ameaças futuras até então desconhecidas". Para o autor, há um duplo sentido nesse contexto, visto que, "[...] de um lado, direitos estabelecidos e assim percebidos reduzem as margens de manobra do sistema político" e, do outro, um "[...] desenvolvimento técnico econômico perde, em paralelo com o alcance de seus potenciais de mudança e ameaça, o caráter político" (Beck, 2011, p. 278).

Em outras palavras, no primeiro caso ocorrem manobras do sistema político, essas intervenções criam certo fracasso político, pois os indivíduos têm dificuldades para defender seus próprios interesses. Já no segundo caso, os debates e decisões do executivo perdem força, enquanto a atuação técnica e econômica se mantém imunizada, entre as categorias políticas e não políticas. Para o autor, a atuação empresarial adquire uma nova dimensão política e moral inexistente dentro da ação técnica e econômica. Logo, "se quiséssemos, poderíamos dizer que o demônio da economia tem de se aspergir com a água benta da moral pública e se coroar com um halo de solicitude para com a natureza e sociedade" (Beck, 2011, p. 279).

A quarta tese trata exatamente desse contexto, no qual *o político torna-se apolítico e o apolítico, político*. Beck (2011, p. 279) destacou que o Estado interventor perde força e "[...] agora o potencial de configuração da sociedade migra do sistema político para o sistema subpolítico da modernização científico, técnico e econômico". Assim, consideramos, pautados no progresso, que visa basicamente ao crescimento econômico, reconstruímos os paradoxos da política, pois as legitimações não democráticas garantem uma força ampliada no sistema. Contudo, logo "as instituições políticas convertem-se em gerenciadoras de um processo que elas nem planejaram e nem definiram, mas pelo qual elas têm que responder" (Beck, 2011, p. 280).

Os *efeitos colaterais latentes* nascem e reproduzem-se nesse espaço que transborda em todos os limites (do Estado, dos Recursos e dos Direitos Humanos), com uma força irresponsável ao se pensar na *capacidade de suporte* e no metabolismo social, criando uma ilegitimidade democrática. Basicamente "a ditadura de ninguém (Hannah Arendt dos já não mais) imprevistos efeitos colaterais assume o poder no estágio avançado da democracia ocidental" (Beck, 2011, p. 280).

As quatro teses apresentadas estão diretamente ligadas aos limites do Estado, de recursos e dos Direitos Humanos, afinal, o fazer político está presente em todos os limites. Desse modo, optamos por adicionar como centrais os Limites do Estado, pois, mesmo considerando as análises mais marxianas, o Estado como sendo o provedor dos interesses da burguesia; assim, sabemos ser por meio do Estado, e tão somente dele, que se pode gerar um *efeito transbordamento*.

A inação do Estado resulta em perdas em todos os outros limites, afetando toda a estrutura exposta até o momento. Assim, a *sociedade de risco* representa uma categoria oculta dentro da *totalidade espacial*, essa sociedade carece de análises e interpretações, pautadas no *devir*. Consideramos que, para a exposição da *sociedade de risco* à frente das decisões políticas, torna-se necessária uma revolução cultural. Tiezzi (1988, p. 199) destacou que "essa revolução será engendrada pela escassez dos recursos naturais e energéticos e seus protagonistas serão nossos filhos".

Para tal, devemos inverter valores considerados como sendo intocáveis. Isso posto, devemos evitar que "o excedente econômico proveniente da exploração aconteça em detrimento da precedente economia local, o que pode estender desigualdades e empobrecer populações" (Coelho, 2019, p. 161).

4.5 GERENCIAMENTO DE RISCOS: DO CHÃO DE FÁBRICA AO MERCADO FINANCEIRO

Nesta seção buscamos entrar no último elemento espacial, até o presente momento pouco explorado, as firmas, dentro do modelo proposto que representa uma força considerável para a ação humana. Logo, buscamos compreender seus objetivos estratégicos e operacionais, bem como o ciclo de vida e seu gerenciamento de riscos dentro da gestão de projetos tornam-se fundamentais para o avanço teórico dentro do modelo proposto. Isso posto, o objetivo deste subcapítulo consiste em apresentar como a gestão de riscos torna-se uma ferramenta do planejamento estratégico das firmas, que vai do chão de fábrica ao mercado financeiro. Será utilizado o guia de gerenciamento de projetos, proposto pelo Project Management Institute (PMI), conhecido como *Um Guia do Conhecimento em Gerenciamento de Projetos* (PMBOK). Esse guia sintetiza as melhores práticas, não visando soluções universais, e sim orientações que, se aplicadas, tendem a funcionar. Em seguida, compreendemos, dentro de uma abordagem contemporânea da administração, as principais ferramentas de gerenciamento de risco, acrescentando alguns pontos da ISO 31000 e o gerenciamento de crises, pelo prisma do chão de fábrica. Por fim, será apresentada a visão da gestão de risco pela ótica do mercado financeiro, finalizando o escopo destinado a este subcapítulo.

É importante destacar que todo projeto tem estágios de planejamento e de controle. Projetos são processos interativos que, ao perceber problemas ou necessitar de mudanças, são replanejados. O projeto deve ser compreendido como "um conjunto de atividades que tem m ponto inicial definido e um estado final definido, que persegue uma meta definida e que uso um conjunto definido de recursos" (Slack; Chambers; Johnston, 2013, p. 511).

Basicamente, o modelo de gerenciamento de projetos tem cinco estágios centrais (Figura 4.18 e Figura 4.19), o primeiro correspondendo à compreensão do ambiente do projeto, bem como os fatores internos e externos. Isso primeiramente passa pela definição do projeto, que estabelece escopo, estratégias e objetivos. Posteriormente, segue para o planejamento do projeto, com ele temos a decisão sobre a execução técnica que visa o desempenho do projeto, finalizando com o controle do projeto, como garantia da aplicabilidade segura do planejamento (Slack; Chambers; Johnston, 2013).

Figura 4.18 – Modelo de gerenciamento de projetos I

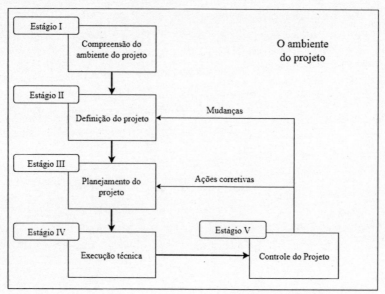

Fonte: Adaptado Slack, Chambers e Johnston (2013, p. 485)

Figura 4.19 – Modelo de gerenciamento de projetos II

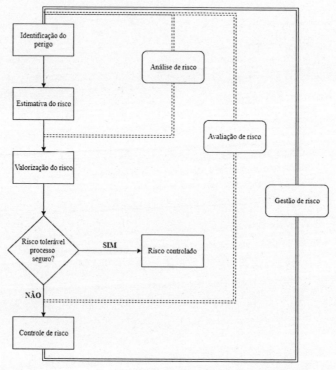

Fonte: Adaptado Norma UNE 81905, 1997

  Por esse motivo o presente trabalho considera a indústria extrativa mineral um projeto, pois, devido a seu produto final ser um recurso natural não renovável, torna-se claro que há um ciclo de vida em todos os seus estágios, da prospecção ao fechamento da mina. Devemos entender que um projeto é um esforço temporário, com início e fim (escopo) bem definidos. Dentro do projeto existem diversas operações que apresentam características rotineiras e repetitivas, entretanto o projeto são atividades temporárias e exclusivas (não repetitivas). O temporário leva em conta que, apesar de possíveis mudanças tecnológicas, o nível de extração de uma jazida tende a um limite não econômico, forçando o encerramento do projeto. Todo projeto mineral, dentro do seu plano executivo, terá uma previsão de esgotamento, em outras palavras, existe um limitador de tempo para a sua operação. Vale ressaltar, temporário, não significa necessariamente de curta duração, mas sim deve ser compreendido pela sua longevidade. O resultado exclusivo se dá pela rigidez locacional e também os impactos sociais, ambientais e econômicos em determinados territórios. O produto final são as commodities, no entanto, a depender do local, elas apresentam características que podem ser enquadradas na renda da terra ricardiana. Nesse sentido, todo projeto mineral é único e exclusivo, impactando territórios de forma permanente (PMBOK, 2013).

Destarte, isso ocorre devido ao projeto mineral apresentar um *ciclo de vida*, com diversas fases, que vai do início ao término. Cada fase do ciclo de vida pode ser desmembrada em objetivos funcionais ou parciais, variando conforme diversos fatores. Todo ciclo de vida tem três limitadores centrais, que são tempo, dinheiro e pessoal, os quais, valendo-se de metodologias robustas, as firmas podem otimizar com abordagens previsíveis ou direcionadas, e também abordagens adaptativas ou acionadas. No ciclo de vida previsível, o produto e as entregas estudadas no início do projeto e as mudanças são cuidadosamente gerenciados. Já no ciclo de vida adaptativo, o produto é desenvolvido por meio de múltiplas e amplas interações que captam as oscilações do mercado (PMBOK, 2013).

No caso da mineração, o ciclo de vida é mais previsível, pois trata-se de uma atividade intensiva em capital, essa atividade oferece por sua vez produtos de baixo valor agregado (*commodities* minerais). Ainda, devemos ressaltar que o ciclo de vida do projeto independe do ciclo de vida do produto produzido. Basicamente o ciclo de vida segue quatro grandes estágios, sendo: início, organização e preparação, execução e encerramento. Esses estágios são atrelados às restrições referentes aos custos e pessoal e também ao tempo. Vejamos na Figura 4.20.

Figura 4.20 – Níveis típicos de custo e pessoal em toda a estrutura genérica do ciclo de vida de um projeto

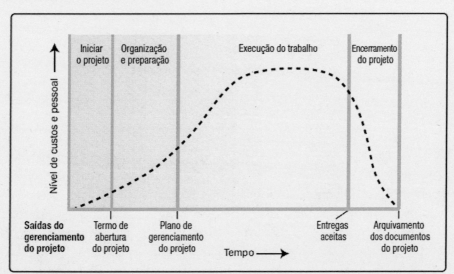

Fonte: PMBOK (2013, p. 39)

A partir dessas noções, Sánchez (2001) inicia seu estudo apresentando que dentro da engenharia as escolas ensinam a projetar, construir, instalar e criar obras e objetos que satisfaçam as necessidades humanas, em outras palavras, as escolas de engenharia são em essência os principais usuários dos métodos do ciclo de vida de projetos. Observamos que algumas dessas obras e objetos se tornam *rugosidades espaciais*, nas quais as minas antigas podem se tornar atrações turísticas, edifícios industriais antigos virarem centros culturais e até residências burguesas podem se transformar em hotéis ou bancos. Entretanto, Sánchez (2001, p. 15) destacou que esses exemplos são exceções e não regras, pois "[...] a maior parte dos velhos objetos vai parar no lixo, os velhos edifícios são demolidos, as instalações desfeitas e o entulho também são jogados fora". Isso decorre da forma como é pensado o encerramento do ciclo de vida do projeto, que desconsidera a perpetuação dessas estruturas no espaço e no tempo.

O ciclo de vida nada mais é que uma série de fases, da iniciação ao seu término do projeto. Todo projeto varia em tamanho e complexidade, sendo necessário realizar um mapeamento de todas as etapas do ciclo de vida. Cada etapa apresenta relações que podem ser sequenciais ou sobrepostas. Os riscos e incertezas estão em todas as fases de quaisquer projetos, tendo uma relação direta entre o grau do impacto e o tempo do projeto. As boas práticas de gestão de projetos consideram que os riscos e incertezas vão sendo reduzidos ao longo do tempo, enquanto os custos com possíveis mudanças são adicionados, conforme demonstrado na Figura 4.21 (PMBOK, 2015).

Figura 4.21 – Impacto das variáveis com base no tempo decorrido do projeto

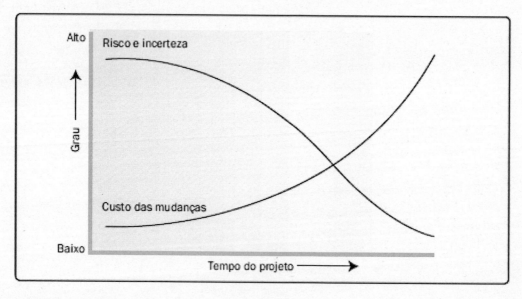

Fonte: PMBOK (2015, p. 39)

Todavia, os projetos minerais não apresentam essa tendência, afinal, graus de risco e incerteza não são reduzidos com o passar do tempo. Podemos até considerar que os riscos e incertezas financeiros são de fato minimizados, dado o maior controle dos processos produtivos, entretanto não se pode realizar essa afirmação quando se pensa na *sociedade de risco*. Dentro da *sociedade de risco* existem diversas estratégias que podem ampliar ou mitigar eventuais danos às populações e ao ambiente natural. Entramos na complexidade da noção estratégia. Conforme Mintzberg *et al.*

(2000), existem algumas concordâncias sobre a natureza da estratégia, a qual diz respeito tanto à organização quanto ao ambiente, ou seja, a organização usa a estratégia para lidar com as mudanças nos ambientes.

Dessa forma, a essência da estratégia é complexa, pois não há padrões, sendo "[...] não estruturada, não programada, não rotineira e não repetitiva" (Mintzberg *et al.*, 2000, p. 21). Além disso, a estratégia afeta o bem-estar geral da organização e também da sociedade, envolvendo as questões tanto de conteúdo como de processo. Ainda a estratégia não é puramente deliberada, pois "[...] as estratégias pretendidas, emergentes e realizadas podem diferir entre si" (Mintzberg *et al.*, 2000, p. 21).

Por fim, as estratégias existem em diversos níveis diferentes e envolvem vários processos de pensamento. Contudo, as estratégias aplicadas à produção e as operações, bem como os processos, são elementos-chave para se compreender o ciclo de vida, mesmo diante dessa diversidade.

Nesse sentido, Slack, Chambers e Johnston (2009, p. 61) afirmam que "a estratégia de produção diz respeito ao padrão de decisões e ações estratégicas que define o papel, os objetivos e as atividades de produção". Há, portanto, uma interação entre o processo, pois "[...] qualquer atividade ou grupo de atividades que toma um ou mais insumo (*inputs*), transforma-os e fornece um ou mais resultados (*outputs*) a seus clientes", com as estratégias de produção (Krajewski; Ritzman; Malhotra, 2009, p. 2).

Seguindo essa linha, ao adicionarem técnicas e estratégias apropriadas, as firmas conseguem criar processos que geram vantagem competitiva e comparativa em relação ao mercado. Por isso, "um processo pode ter seu próprio conjunto de objetivos, envolver um fluxo de trabalho que cruze fronteiras departamentais e necessitar de recursos de vários departamentos" (Krajewski; Ritzman; Malhotra, 2009, p. 2).

Indo além das fronteiras da firma, muitos dos processos presentes no ciclo de vida dos projetos se reproduzem dentro da *sociedade de risco,* objetivos ilegítimos, com fluxos de trabalho extenuantes ou subempregos, cruzando fronteiras que extrapolam a *capacidade de suporte,* dado o desperdício de natureza, e sugando as energias sociais, por meio de passivos do sofrimento social.

Sánchez (2001, p. 17) destacou que este conceito, ciclo de vida, é relativamente novo, "[...] mas pelo menos dois setores o têm usado há mais de uma década, a mineração e a disposição de resíduos sólidos. A mineração foi o primeiro setor industrial para o qual se começou a discutir a questão da desativação das instalações". O motivo é bem simples, afinal, como lidam com recursos limitados e apresentam grande impacto social e ambiental, torna-se indispensável que considerem todo o seu ciclo de vida, isso vai muito além do término da exploração da jazida. Para esse autor, o assunto vem ganhando força pelo mundo, pois há cada vez mais exigências para que as firmas elaborem planos de fechamento de mina.

> No entanto, pouquíssimas minas foram fechadas segundo algum plano preestabelecido, as medidas de fechamento ainda são confundidas com ações de recuperação de áreas degradadas, a experiência adquirida ainda é pouco partilhada com os profissionais do setor e os avanços no conhecimento ainda carecem de sistematização. Os manuais de engenharia de minas publicados há vinte anos sequer mencionavam a desativação ou o fechamento como etapas do período de vida de uma mina. Nos cursos de engenharia de minas, só muito recentemente o tema começou a ser mencionado, mas ainda de forma muito tímida (Sánchez, 2013, p. 21).

Essas exigências ocorrem com maior intensidade devido aos riscos das atividades minerais. O questionamento que fica é: como as firmas gerenciam seus riscos? Existem diversas modelagens de gestão de riscos, mas por opção didática o presente estudo continuará utilizando a proposta de gerenciamento de projetos. O PMBOK (2013, p. 309) afirma que "o gerenciamento de risco do projeto inclui os processos de planejamento, identificação, análise, planejamento de respostas e controle de riscos de um projeto". Os eventos, ao se pensar em projetos, devem ser entendidos como uma ocorrência discreta, em um tempo futuro, que poderia afetar o projeto para melhor (oportunidade) ou para pior (ameaça). Logo, o principal objetivo consiste em aumentar a probabilidade e impacto dos eventos que reproduzem riscos positivos e reduzir a probabilidade e impacto dos eventos que produzem riscos negativos, conforme uma matriz (Figura 4.22).

Figura 4.22 – Matriz de probabilidade e impacto do gerenciamento de riscos

Matriz de probabilidade e impacto

Probabilidade	Ameaças					Oportunidades				
0,90	0,05	0,09	0,18	0,36	0,72	0,72	0,36	0,18	0,09	0,05
0,70	0,04	0,07	0,14	0,28	0,56	0,56	0,28	0,14	0,07	0,04
0,50	0,03	0,05	0,10	0,20	0,40	0,40	0,20	0,10	0,05	0,03
0,30	0,02	0,03	0,06	0,12	0,24	0,24	0,12	0,06	0,03	0,02
0,10	0,01	0,01	0,02	0,04	0,08	0,08	0,04	0,02	0,01	0,01
	0,05/ Muito baixo	0,10/ Baixo	0,20/ Moderado	0,40/ Alto	0,80/ Muito alto	0,80/ Muito alto	0,40/ Alto	0,20/ Moderado	0,10/ Baixo	0,05/ Muito baixo

Impacto (escala numérica) em um objetivo (por exemplo, custo, tempo, escopo ou qualidade)

Cada risco é avaliado de acordo com a sua probabilidade de ocorrência e o impacto em um objetivo se ele realmente ocorrer. Os limites de tolerância da organização para riscos baixos, moderados ou altos são mostrados na matriz e determinam se o risco é alto, moderado ou baixo para aquele objetivo.

Fonte: PMBOK (2013, p. 331)

Percebemos assim uma descontextualização dos processos de decisão, visto que, a depender do *sistema de ações*, o valor de ameaça tende a ser desconsiderado, devido ao *in dubio* pró-progresso. Mesmo a probabilidade de alguns eventos (riscos) ser muito baixa, no caso de a ameaça ser muito elevada, o projeto deve ser desconsiderado. Não faz sentido, por maior que seja a segurança tecnológica, a sociedade aceitar projetos de elevada ameaça à sociedade e ao ambiente natural. Essa tomada de decisão nunca é racional nem precisa sê-lo, por melhor que seja o método e ferramenta, pois, ao se pensar na sociedade de risco, existem os mais diversos tensionamentos entre os agentes, dentro de relações de poder desigual. Fica nítido, dentro do escopo apresentado, que os atingidos são desconsiderados, ignorando em absoluto diversas populações e pessoas.

Toda a estrutura do PMBOK considera as etapas e estágios do projeto, apresentando as principais entradas, ferramentas, técnicas e saídas. Existem diversos tipos de riscos, como os riscos econômicos, ambientais, contratuais, políticos, operacionais e gerenciais; para cada risco, existem ferramentas e técnicas amplamente aceitas. O gerenciamento de riscos é algo muito sério, em seis etapas, sendo tratado pela norma NBR ISO 10006:200 e PMBOK (2013).

1. Planejamento da gerência de risco – busca norteadores para tomadas de decisões e como serão planejadas as atividades do gerenciamento de risco do projeto.

2. Identificação dos riscos – busca identificar todos os riscos, positivos ou negativos do projeto. Nessa etapa ocorre a descrição detalhada dos riscos, como as causas e consequências da ocorrência do evento.

3. Análise qualitativa dos riscos – procura dimensionar os riscos por categorias, de muito alto a muito baixo. Busca, portanto, criar processos que aplicados a uma matriz de ranking de riscos possam criar respostas para determinados eventos.

4. Análise quantitativa dos riscos – cria uma investigação das probabilidades e impactos dos riscos em termos monetários, por meio de procedimentos estatísticos.

5. Planejamento de respostas aos riscos – decide como as organizações responderão cada evento. É neste momento que se planejam ações, considerando os custos, para avaliar se o projeto é ou não viável financeiramente.

6. Controle dos riscos – busca acompanhar o que foi planejado com o que está ocorrendo na execução.

As principais estratégias utilizadas pelo PMBOK (2013) para os riscos negativos são a prevenção, transferência, mitigação e aceitação. A *prevenção de riscos* é uma estratégia em que a equipe do projeto age eliminando a ameaça ou protegendo o projeto contra um determinado impacto. Sua busca consiste na eliminação total de um determinado evento, para que o projeto transcorra na mais absoluta normalidade. A estratégia mais radical de prevenção é suspender por completo o projeto.

A *transferência de riscos* é uma resposta em que uma equipe transfere a probabilidade e impacto para terceiros. Basicamente, consiste em transferir toda a responsabilidade de um determinado risco, bem como o seu gerenciamento, a outro agente, sem eliminá-lo. Um bom exemplo de transferência de riscos são os seguros ambientais e financeiros.

Já a *mitigação de riscos* ocorre quando a equipe reconhece o risco e age para reduzir a probabilidade de ocorrência, ou o impacto do risco. Ela consiste na redução da probabilidade e impacto dentro de certos limites toleráveis. Um exemplo são os equipamentos de proteção individual (EPIs), que, em caso de acidente, reduzem o impacto.

Por fim, a *aceitação do risco* é quando a equipe reconhece o risco, mas opta por não agir. Geralmente essa estratégia é adotada quando não é possível ou econômico tratar um determinado risco. Ela pode divergir em aceitação passiva, sobretudo quando observamos que não há nada a fazer, e a aceitação ativa, no caso de ocorrência, busca uma solução.

Continuando esse olhar por meio da firma, o objetivo agora consiste em buscar entender como os riscos afetam do chão de fábrica ao mercado financeiro. Apresentamos de forma resumida algumas estratégias, técnicas, ferramentas e categorias que englobem um olhar pautado na compreensão dos negócios dentro de uma abordagem contemporânea para as empresas. Uma adequada gestão de risco proporciona às empresas, independentemente do porte, a proteção dos seus ativos e patrimônios. Kaercher e da Luz (2017, p. 2) apresentam três definições importantes para a gerência de riscos:

> 1. Dano máximo potencial (DMP) – dano que irá acontecer com o sistema de proteção existente em condições normais de serviço;
> 2. Perda máxima possível (PMP) – Perda em um caso de falha dos serviços internos e externos de proteção de falhas; e

3. Perda normal esperada (PNE) – Evento que usualmente envolve partes menores ou secundárias do objeto e que são reparadas ou substituídas com relativa facilidade.

De posse dessas informações, devemos analisar alguns métodos e ferramentas que são usualmente aplicados ao chão de fábrica, como: *What if*, APR, FMEA, FMECA, HAZOP, HAZID, AQS, SIL, TIC, FTA, que podem ser melhor compreendidos conforme a Tabela 4.13. Além dessas técnicas e ferramentas, buscaremos apresentar alguns elementos da ISO 31000 e o gerenciamento de crises pensados pela ótica da gestão da produção.

Tabela 4.13 – Técnicas de análise de riscos

Qualitativa		Quantitativa	
Indutiva	**Dedutiva**	**Indutiva**	**Dedutiva**
FMEA		AQR	
FMECA			
HAZOP	APR	SIL	FTA
HAZID			
WHAT IF		TIC	

Fonte: Adaptado de Calixto (2006, p. 6)

Conforme o Ibram (2019, p. 26), os métodos para identificação e análise de riscos mais utilizados para barragens e estruturas de rejeitos, para os quais se busca maior atenção dentro do trabalho, são:

- FMEA – Análise dos Modos de Falha e seus Efeitos;

- FMECA – Análise dos Modos de Falha, Efeito e Criticidade;

- HAZOP – Estudo de Perigos e Operabilidade;

- BOW-TIE ANALYSIS – Avaliação de Riscos e Controles (Diagrama Gravata Borboleta);

- ETA – Análise por Árvore de Eventos;

- FTA – Árvore de Falhas; e

- Métodos probabilísticos.

O *What if* é uma evolução do *check list*, ferramenta de qualidade utilizada no controle de processo, porém com um adicional, pois compreende uma ação realizada, visto que a ideia central consiste em realizar questionamentos (E se...?) sobre uma ação operacional. É um método muito simples e "[...] possibilita a primeira avaliação das situações e dos riscos, assim como de inadequações de tecnologia que serão aprofundadas nas fases seguintes dos projetos" (Kaercher; Da Luz, 2017, p. 37).

Junto da análise preliminar de riscos (APR), ou de uma análise dos perigos que determinada atividade possa causar em diversos sistemas e subsistemas, isso se transforma em ferramenta simples e poderosa para a criação de ações corretivas e preventivas.

O FMEA cria uma análise de modos de falhas, sendo uma técnica de análise de risco qualitativa e indutiva. Isso se dá por quantificar os riscos e definir os efeitos indesejados a partir dos equipamentos. Conforme Calixto (2006, p. 7), o "FMEA tem a vantagem de relacionar a falha do equipamento específico com outros equipamentos e sistema", possibilitando uma prevenção mais específica. De acordo com Kaercher e Da Luz (2017, p. 55), os principais objetivos são:

- Revisar sistematicamente os modos de falha de um componente, de modo a garantir menor dano ao sistema;
- Determinar os efeitos que possíveis falhas acarretarão outros componentes do sistema;
- Identificar os componentes onde as falhas causariam efeito crítico na operação do sistema (falhas de efeitos críticos);
- Calcular a probabilidade de falha de montagem de subsistemas e sistemas, considerando probabilidades individuais de falha em seus componentes; e
- Determinar formas de reduzir as probabilidades de falha dos componentes, das montagens e dos subsistemas, com a utilização de componentes de confiabilidade alta e/ou de redundância do projeto.

Para Kaercher e da Luz (2017, p. 58), esse modelo é muito eficiente quando é aplicado a sistemas mais simples ou falhas singelas. Contudo, algumas inadequações "[...] levaram ao desenvolvimento de outros métodos como a Análise de Árvore de Falhas (AAF), que a completa excelentemente". Para Calixto (2006, p.8), outra variação importante desse método é o FMECA: "[...] conhecida como análise de modos, falhas e criticidade que quantifica os modos de falha dos equipamentos pela probabilidade de falhas, severidades e criticidade da falha no sistema".

O HAZOP, conforme Calixto (2006), é uma técnica estruturada em palavras-guias, desvios, causas, consequências e recomendações, que requer experiência e conhecimento da equipe. Esse método foi desenvolvido inicialmente por engenheiros dos anos de 1970, da empresa inglesa ICI Chemicals, verificando as causas e as consequências de cada desvio dentro do processo produtivo. Kaercher e Da Luz (2017, p. 59) reforçam que, "na prática, as análises são feitas em dias seguidos e em um período de trabalho diário com alguns intervalos definidos para não atrasar o andamento do projeto e facilitar os trabalhos na reunião de profissionais de diferentes áreas e locais". Nesse sentido, sua principal vantagem reside no fato de ser uma metodologia rígida que obriga a avaliação de todo o processo, compreende todos os nós (gargalos) da operação. Conforme Kaercher e Da Luz (2017, p. 59), as principais funções do HAZOP são:

- Identificar problemas de segurança e eventuais perigoso que possam surgir, colocando em risco os equipamentos da instalação;
- Averiguar problemas de operabilidade que, mesmo não sendo considerados perigosos, podem causar perda de produção e comprometer a qualidade do produto e/ou a eficiência do processo;
- Identificar problemas de segurança da instalação, perda de continuidade operacional da instalação e perda de especificação do produto.

Souza (2010) considera que o HAZOP é um procedimento indutivo qualitativo, pois examina um processo criando perguntas sistemáticas sobre o mesmo. Portanto, Souza (2010, p. 101) compreende que "esta técnica de identificação de perigos consiste, fundamentalmente, em uma busca estruturada das causas de possíveis desvios em variáveis de processos", feita por meio de uma lista sistemática verificando cada subsistema a ser analisado (nó/gargalo).

A *bow-tie analysis* (BTA) é uma técnica utilizada em diversas áreas, sendo uma evolução e alternativa gráfica em relação a metodologias de riscos, como o HAZOP e o *What if*. O evento estudado é posicionado no centro do diagrama, do lado esquerdo constam os perigos e ameaças (árvore de falhas – causas) e no direito à escalada e consequência (árvore de eventos – consequências), e por este motivo é conhecida como diagrama de borboleta. Calil (2009, p. 92) destacou que esse método é "[...] uma evolução dos diagramas causa-consequência dos anos 70 e dos diagramas de barreiras dos anos 80". Sua estrutura pode ser mais bem compreendida conforme a Figura 4.23.

Figura 4.23 – Diagrama ilustrativo de uma análise bow-tie analysis (BTA)

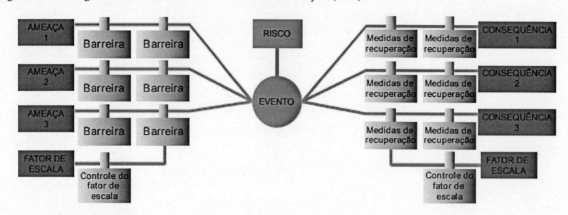

Fonte: Calil (2009, p. 93)

A análise por árvore de eventos (ETA) é um método indutivo, "[...] pois, parte de falhas iniciais buscando identificar as possíveis implicações nos estágios mais avançados do processo" (Souza, 2010, p. 14). Esse método foi desenvolvido nos anos 70 para verificar os riscos dos projetos nucleares, afirma Calil (2009). A análise de árvore de falhas (FTA/AAF) é um método dedutivo "que elabora um modelo partindo de um evento (evento topo) e, posteriormente, identificando as causas necessárias para a sua ocorrência" (Calil, 2009, p. 86). Essa ferramenta pode ser executada em etapas, como: definição do sistema, construção da árvore de falhas, avaliação qualitativa e avaliação quantitativa.

Para os métodos probabilísticos serão apresentadas três ferramentas, sendo: a análise quantitativa de riscos (AQR); avaliação do nível de integridade e segurança (SIL); e, por último, a técnica de incidentes críticos (TIC). A AQR busca como objetivo estimar os danos gerados por um acidente por meio de cálculos baseados em diversos tipos de cenários. Nesse sentido, é vital a avaliação das áreas e efeitos ocasionados por acidentes catastróficos ao ambiente natural, aos trabalhadores e à sociedade. O SIL é conhecido como gestão de segurança de processos, um padrão OHSAS[63], pois o objetivo é detectar probabilidades de falha na demanda de uma dada função, que variam de integridade e segurança, criando uma classe de criticidade de malhas. Já o TIC é um esforço atual da gestão de riscos baseada em uma avaliação pós-fato das causas produtoras de acidentes. Serve para identificar fatores causadores de riscos que envolvem tanto acidentes sem perdas como com perdas (Kaercher; Da Luz, 2017; Calixto, 2009; Souza, 2010).

Outros dois pontos importantes para se compreenderem as questões operacionais e estratégicas das organizações são a ABNT NBR ISO 31000 e a gestão de crises. A ISO 31000 apresenta princípios e diretrizes buscando uma ordenação que atinja um determinado grau de ordenação e otimização de dados relacionados aos riscos dos empreendimentos. Devemos ressaltar que este processo se assemelha muito com os processos da gestão de riscos do PMBOK e OHSAS 18001. Basicamente a sua estrutura é dividida em cinco grandes grupos, tendo técnicas e ferramentas em cada um deles, em um modelo retroalimentado (Figura 4.24; Figura 4.25). O presente trabalho não busca adentrar cada um dos tópicos, apenas apresentá-los, pois são peças-chave para se compreender os riscos no chão de fábrica. O escopo da ISO 31000 consiste em:

---

[63] A Occupational Health and Safety Assessment Series (OHSAS) ou Série de Avaliação de Segurança e Saúde Ocupacional são orientações para um Sistema de Gestão e Certificação da Segurança e Saúde Ocupacionais, buscando realizar uma organização dos perigos e riscos do trabalho aos trabalhadores.

1. Criar valor para os processos da organização.
2. Ser parte integrante de quaisquer processos da organização.
3. Integrar os processos decisórios.
4. Responder às incertezas explicitadas.
5. Ser estruturada e sistematizada (retroalimentada).
6. Buscar as melhores informações disponíveis no momento.
7. Ser customizada e balanceada com relação ao custo-benefício.
8. Considerar o fator humano, valorizando a *expertise*, o conhecimento, a experiência e a abordagem lógico-intuitiva em contraste à mera aplicação de tecnologia.
9. Zelar pela transparência e inclusão das partes interessadas.
10. Ser dinâmica, interativa e responder às mudanças.
11. Promover a melhoria contínua em seus processos organizacionais.

Figura 4.24 – A estrutura do gerenciamento de risco

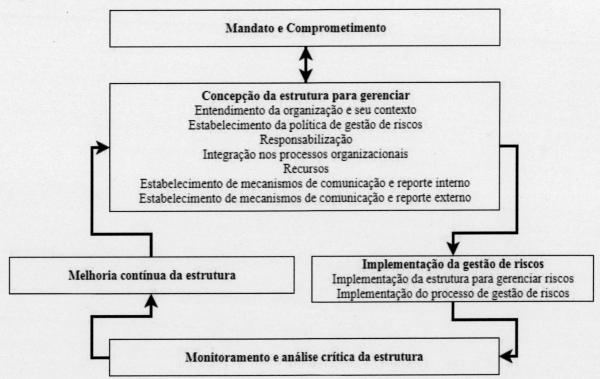

Fonte: Adaptado de ABNT ISO 31000:2018

Figura 4.25 – Etapas do processo de gestão de riscos

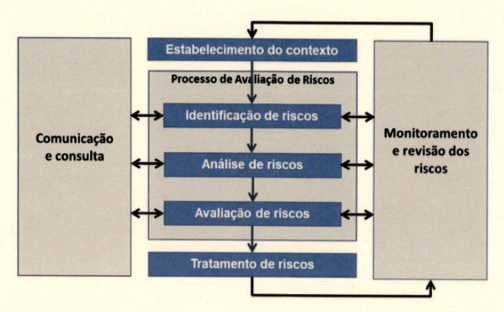

Fonte: ABNT ISO 31000:2018

O *gerenciamento de crises* é algo a que as organizações começam a dar maior importância e relevância, principalmente quando o assunto são barragens de rejeito de mineração. Silveira (2010) destacou que as organizações enfrentam crises de caráter econômico ou político, ou até mesmo de ordem administrativa interna ou externa. A crise deve ser entendida como um acontecimento que se relaciona a falhas, criando situações de desgaste e acarretando ameaça à imagem organizacional, gerando perdas financeiras.

Slack, Chambers e Johnston (2009, p. 596), ao entrar nessa questão, afirmam "uma forma evidente de aprimorar o desempenho de operações é prevenir falhas. Falhas são raramente desprovidas de importância, mas algumas operações são cruciais que os processos não falhem".

Teixeira (2011), acrescentando a proposta da *sociedade de risco*, acredita que, dentro da sociedade da informação, as crises são potencializadas, pois eventos que poderiam ser ocultados se tornam transparentes, uma vez que as pessoas estão sempre conectadas. A internet, nesse sentido, torna-se um espaço de amplificação e repercussão de crises[64]. Isso posto, ao se pensar na *sociedade de riscos*, a comunicação "[...] pode ser benéfica quando bem utilizada ou ser maléfica a ponto de destruir uma empresa" (Teixeira, 2011, p. 10).

O objetivo da gestão de crises, de acordo com Kaercher e Da Luz (2017), é transformar eventos negativos em oportunidades, tornando-se necessário o gestor compreender a origem para que possa se posicionar criticamente de modo a analisar, comunicar e gerenciar a crise de sua empresa. As principais categorias abordadas pelos autores sobre o assunto são as crises do mundo físico (naturais, tecnológicas e causadas pelo homem), do clima humano e das falhas administrativas ou fracasso gerencial. Skinyashiki *et al.* (2007, p. 152) constroem um modelo com 10 categorias para a gestão de crises, sendo:

---

[64] Teixeira (2011), em tom de alerta, diz que os gestores de comunicação organizacional necessitam ficar atentos para sites e blogs que representam ameaças.

1. Prevenção de crises – apesar de muitas crises serem imprevisíveis, é importante planejar e formalizar ações para preveni-las;

2. Planejamento de procedimentos de contingências – criação de mecanismos e procedimentos que busque criar alternativas viáveis para amenizar os riscos;

3. Atenção direcionada aos stakeholders – toda crise é sobretudo, humana, onde o maior erro uma organização é ignorar as pessoas na gestão de crises;

4. Comprometimento da direção – nenhuma crise pode ser resolvida sem o apoio da alta direção, devido terem efeitos sistêmicos influenciado o quadro estratégico;

5. Comunicação – se a crise afetar a reputação da empresa, aconselha-se a formação de uma equipe profissional especifica para planejar e desenvolver estratégias de comunicação que forneça informações confiáveis ao público;

6. Estímulos da liderança – os líderes são fundamentais para prover o apoio emocional, confiança e oferecer novas direções à empresa.

7. Manutenção dos valores organizacionais – em momento de crise não pode haver desculpas para a organização se desviar dos valores que a orientam, sendo necessário, versatilidade nos processos de decisão, agindo com transparência, honestidade e respeito;

8. Criatividade – Quando a situação é de crise, devemos incentivar o surgimento de ideias novas, criativas, rápidas e acuradas, tanto na identificação das causas dos problemas como na produção de alternativas viáveis e efetivas para sua superação;

9. Rapidez nas ações – a primeira hora (*Golden hour*) após a notificação do evento é crucial para o êxito de um gerenciamento eficaz. Agir de maneira desordenada na primeira hora costuma definir o fracasso dos esforços empreendidos nos momentos seguintes;

10. Cuidados pós-crise – reforça a importância de cuidar das consequências da crise, bem como de manter uma atuação no controle dos prejuízos e na reconstrução.

Riscos e crises são eventos que tendem a ocorrer com as estruturas de barragens, o que reforça a importância de avaliar as boas práticas de gestão. O Instituto Brasileiro de Mineração (Ibram) desenvolveu, em 2019, um guia de boas práticas de gerenciamento. Esse guia busca destacar alguns pontos relacionados aos riscos e crises que são aplicados a essas estruturas. Os pilares fundamentais da gestão dessas estruturas consideram que tudo deve começar com as melhores tecnologias disponíveis (BAT – *best available technology*[65]), com o objetivo de minimizar os riscos. Logo após, devemos considerar o emprego das melhores práticas aplicáveis (BAP – *best applicable practices*[66]), devendo ser considerado todo o ciclo de vida (do planejamento e projeto ao pós-encerramento). O terceiro pilar, os planos de ação de emergência (PAEBM[67]), identifica as situações de emergência, com isso, cria alternativas para mitigá-las ou eliminá-las (IBRAM, 2019). Desse modo, podemos visualizar esses três pilares na Figura 4.26 e seus princípios na Figura 4.27.

---

[65] Melhor tecnologia disponível (BAT) é a combinação específica, para um determinado local, de tecnologias e técnicas economicamente alcançáveis e que reduzem com maior eficácia os riscos físicos, geoquímicos, ambientais, sociais, financeiros e a reputação associada à gestão de rejeitos para um nível aceitável durante todas as fases do ciclo de vida, e que apoiam a operação de mina de forma ambientalmente e economicamente viável (MAC, 2017).

[66] Melhores práticas aplicáveis/disponíveis (BAP) englobam sistemas de gestão, procedimentos operacionais, técnicas e metodologias que, por meio de experiência e da aplicação demonstrada, provaram ser capazes de gerenciar o risco de forma confiável e de atingir os objetivos de desempenho de maneira tecnicamente sólida e economicamente eficiente. As BAP são uma filosofia operacional que abraça a melhoria contínua e a excelência operacional, elas devem ser aplicadas consistentemente por toda a vida útil de uma instalação, incluído o período de pós-fechamento (MAC, 2017).

[67] O plano de ação de emergência deve ser um documento técnico e de fácil entendimento, elaborado pelo empreendedor, no qual estão identificadas as situações de emergência em potencial da barragem, são estabelecidas as ações a serem executadas nesses casos e definidos os agentes a serem notificados, com o objetivo de minimizar o risco de perdas de vidas humanas no caso de acidentes com as estruturas de disposição de rejeitos (IBRAM, 2019).

Figura 4.26 – Pilares fundamentais para a segurança de barragens e estruturas de disposição de rejeitos

Segurança de Barragens e Estruturas de Disposição de Rejeitos
Aplicação das melhores tecnologias disponíveis
Implantação de sistema de gestão incorporando as melhores práticas aplicáveis
Operacionalização dos Planos de Ação de Emergência

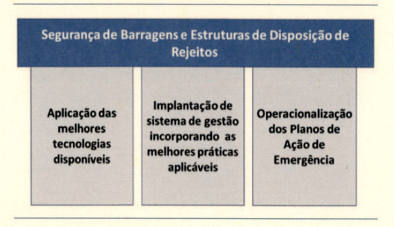

Fonte: IBRAM (2019, p. 20)

Figura 4.27 – Princípios centrais dos pilares para segurança de barragens e estruturas de disposição de rejeitos

Aplicação das melhores tecnologias disponíveis (BAT)
Princípio 1: Deve sempre ser buscada a aplicação das melhores tecnologias disponíveis para reduzir o risco associado às barragens e estruturas de disposição de rejeitos
Implantação de um sistema de gestão que incorpore as Melhores Práticas Aplicáveis (BAP)
Princípio 2: A implantação de um sistema de gestão que integre as diversas fases do ciclo de vida e empregue as melhores práticas aplicáveis (BAP) é um elemento chave para a redução de risco atendimento aos objetivos de desempenho desejados.
Princípio 2a: Os níveis de governança mais altos do empreendedor devem reconhecer os riscos associados às estruturas de disposição de rejeitos como risco do negócio.
Princípio 2b: Deve ser estabelecido um processo formal de retenção, gestão e transferência de informações ao longo do ciclo de vida das estruturas.
Princípio 2c: A gestão de riscos provê um modelo robusto para gerenciar as incertezas e mudanças associadas às estruturas de disposição de rejeitos e permite a tomada de decisão quanto ao risco de forma mais consciente.
Princípio 2d: A revisão independente, isenta de influências externas ou conflito de interesse, é um aspecto essencial de governança.
Princípio 2e: As estruturas de disposição de rejeitos devem ser projetadas e operadas para o fechamento de mina.
Operacionalização dos Planos de Ação de Emergência (PAE)
Princípio 3: Os Planos de Ação de Emergência devem contribuir para que os envolvidos em uma situação de emergência estejam preparados para as ações de resposta.

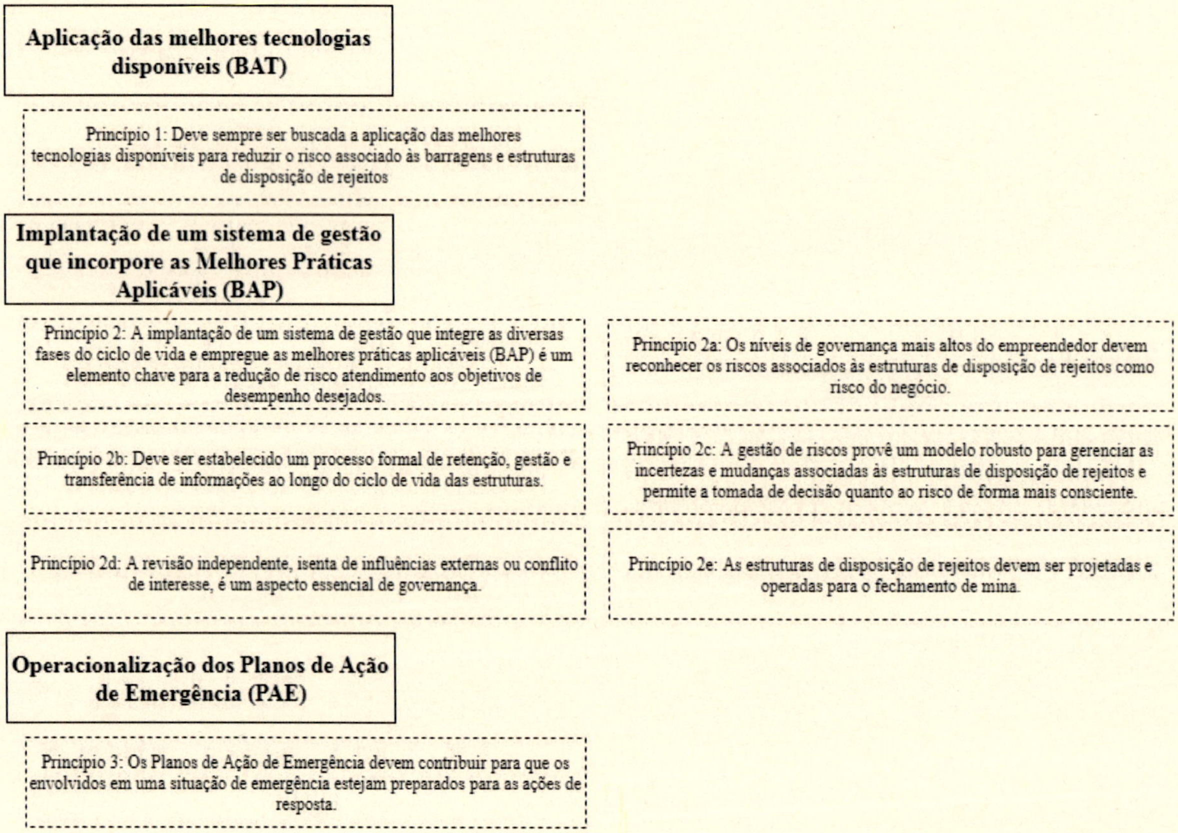

Fonte: Adaptado de IBRAM (2019)

O guia elaborado pelo Ibram (2019) apresenta diversas diretrizes, além de boas práticas para o planejamento, implementação, operação, monitoramento, manutenção e encerramento das estruturas de disposição de barragens, apesar de nos questionarmos sobre a independência do revisor.

De forma bastante resumida, apresentamos alguns dos elementos-chave para cada um dos pontos, exceto a questão do encerramento, que terá um tratamento em outro momento no trabalho. Quando se pensa nas diretrizes para um sistema de gestão de barragens, o Guia é a base elaborada pela ISO 14001, valendo-se do PDCA (Planejar, Fazer, Verificar e Agir).

Um ponto que vale a pena destacar para a presente pesquisa são os papéis e responsabilidades, que são resumidos na Figura 4.28. A fase do planejamento do projeto avalia as alternativas, pois o projeto passa da fase conceitual para a executiva. É importante destacar que todas as estruturas de disposição de rejeitos devem atender as normas brasileiras da ABNT NBR 13028/2017 (Elaboração e apresentação de projeto de barragens para disposição de rejeitos, contenção de sedimentos e reservatório de água) e da ABNT NBR 13029/2017 (Elaboração e apresentação de projeto de disposição de estéril em pilhas). Além dessas normas técnicas, os rejeitos devem ser classificados conforme as normas da ABNT NBR 10004, 10005, 10006, 10007 de classificação de resíduos sólidos, visto que, na ausência de normativas nacionais, existem vários outros procedimentos internacionais para essa finalidade (IBRAM, 2019).

Na fase do planejamento já é possível vislumbrar alguns sistemas de monitoramento e controle, conforme a Figura 4.29. Para a implementação das estruturas, o Guia reforça a necessidade de atuação de um engenheiro de registros (EdR), considerado uma boa prática por manter o histórico da barragem. Finalmente, as boas práticas de operação, monitoramento e manutenção das estruturas podem ser resumidas na Figura 4.30, que apresenta cada processo dentro do projeto de forma integrada no gerenciamento de riscos (IBRAM, 2019). Um exemplo prático, aplicado ao objeto de estudo, apresenta as estratégias de notificação do plano de ação de emergência para cada nível percebido como ação da gestão de risco (Figura 4.31).

Figura 4.28 – Reporte de informações sobre a gestão de estruturas de barragens e estruturas de disposição de rejeitos

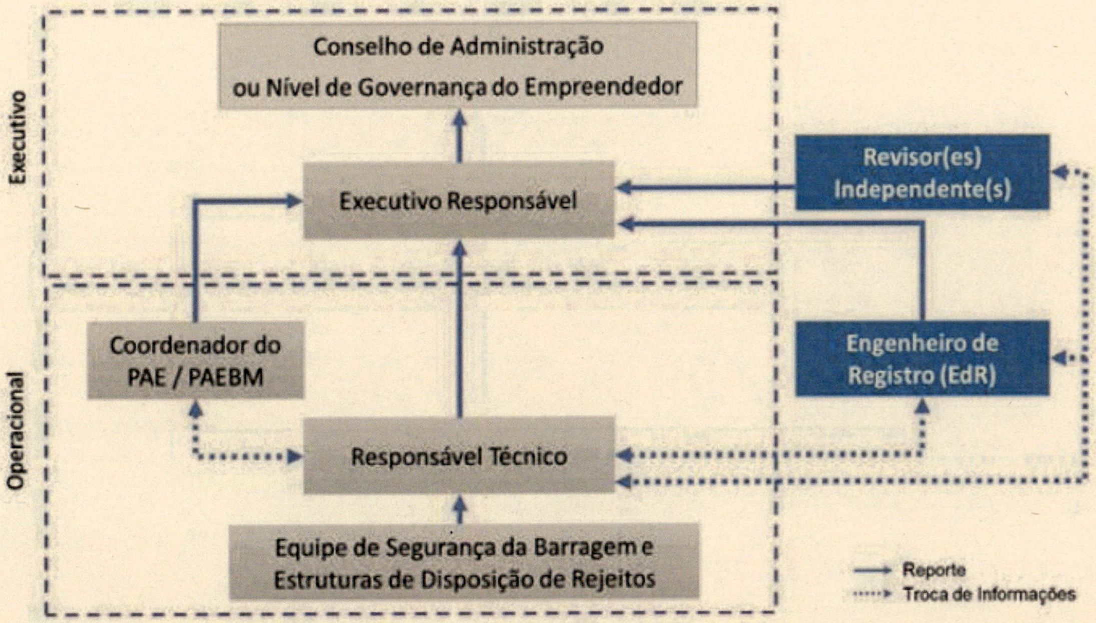

Fonte: Adaptado de IBRAM (2019, p. 36)

Figura 4.29 – Monitoramento de estruturas de disposição de rejeitos

Fonte: Adaptado de IBRAM (2019, p. 36)

Figura 4.30 – Integração dos processos de Operação, Monitoramento, Manutenção e Gestão de Riscos na fase de Operação

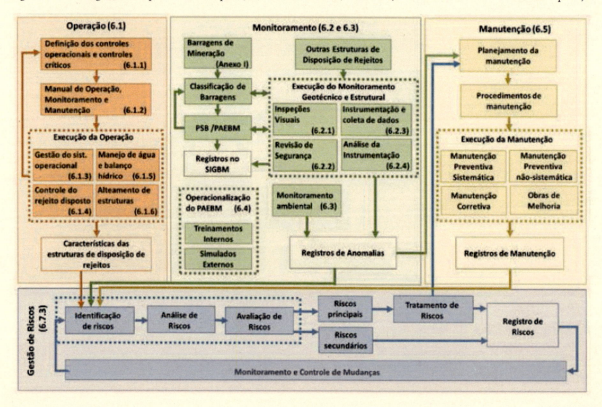

Fonte: Adaptado de IBRAM (2019, p. 83)

Figura 4.31 – Fluxograma de notificação do plano de ação emergencial

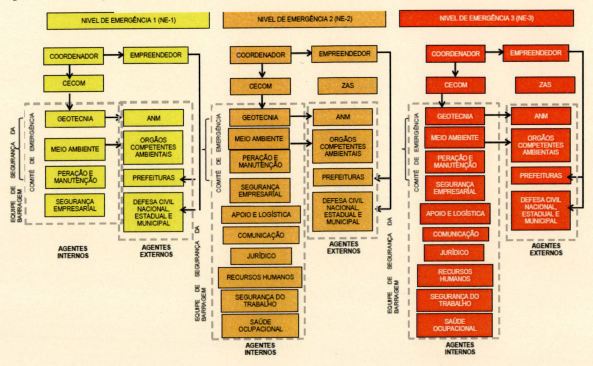

Fonte: BVP Engenharia (2018, p. 22)

Por fim, para fechar este subcapítulo, compreenderemos os riscos para o mercado financeiro. Basicamente o mercado financeiro classifica em cinco grandes grupos os riscos dos empreendimentos, sendo: riscos financeiros, riscos de mercado, riscos de liquidez, risco operacional e risco de reputação e *compliance*. Será apresentado de caráter introdutório à noção de cada um desses riscos, pois são elementos integrantes das firmas, influenciando todos os *elementos espaciais*. Logo, torna-se essencial sua compreensão para que a *totalidade espacial* possa ser minimamente atingida.

Bernstein (1997) percebe que a noção de risco é inerente à atividade humana e, durante vários séculos, o pensamento dominante considerava como um mero destino e capricho dos deuses, sendo assim, inútil qualquer tentativa de modificação. Tempos depois a humanidade passou a modificar o futuro, escolhendo o caminho a ser seguido e os riscos a serem escolhidos, no qual o pensamento começou a dar maior atenção ao gerenciamento de riscos. Contudo, a *sociedade de risco* é indissociável dos *sistemas de objetos* e *sistemas de ações*, ligando toda a sociedade nos tempos atuais ao antropoceno.

Os *riscos financeiros* são relacionados a possíveis perdas nos mercados financeiros que podem derivar do mercado, de crédito, de liquidez, operacionais e legais. Os riscos associados ao mercado financeiro são associados aos riscos de transações, que podem ser de crédito e de mercado (preço, cambial e/ou juros), riscos de liquidez e riscos operacionais (operacional, tecnológico e/ou legal). Esses riscos têm como origem mudanças não antecipadas por agentes dos fatores, variando na origem (comercial ou financeira) ou natureza (cambial, taxa de juros, preço do produto). Os riscos financeiros estão diretamente relacionados com a rentabilidade que derivam dos riscos administrativos (Figura 4.32). A definição de risco financeiro é algo complexo, envolve diversos fatores, devido às grandes transformações e novos instrumentos que modificam suas estruturas com o tempo. Nesse sentido, as firmas compreendem os riscos financeiros para minimizar os impactos negativos em que essas operações resultam. Devemos acrescentar as tipologias de riscos financeiros, as mais comuns são: risco de crédito, risco de mercado (risco de câmbio e/ou de taxa de juros), risco-país (risco soberano e/ou de transferência), risco de base, risco de descasamento, risco de entrega, risco de contrapartida, risco de contratação, risco de reinvestimento, risco de sistema, risco total de um ativo (risco sistemático e/ou específico) e risco de liquidez (Oliveira; Pinheiro, 2018).

Figura 4.32 – Relação entre risco e rentabilidade

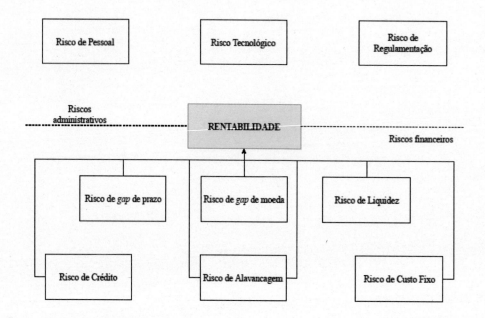

Fonte: Adaptado de Oliveira e Pinheiro (2018, p. 41)

Destarte, os *riscos de mercado* são riscos pertinentes aos riscos financeiros, todavia com uma abordagem que cria inter-relações entre as economias mundiais, afetando indicadores macroeconômicos, produtivos e de mercado. Guerras cambiais e políticas de juros são questões centrais para os riscos de mercado, pois influenciam sobremaneira as importações e exportações das firmas ao resto do mundo, afetando inclusive os mercados de ações. É importante destacar que há uma forte disparidade entre ativos financeiros e fatores produtivos, na última crise de 2008, por exemplo, a relação frente ao PIB chegou a 800%. Isso acarretou a formação de bolhas dada a ampla margem de especulação, que nem mesmo a lei americana Sarbanes-Oxley[68], que buscava controles mais rígidos e transparentes, foi capaz de deter. No Brasil foi instituída a Instrução CVM n.º 475, de 17 de dezembro de 2008, que dispõe de informações adicionais sobre os instrumentos financeiros das companhias abertas (Galvão; Fleuriet, 2018).

---

[68] A Lei Sarbanes-Oxley, também conhecida como SOx, foi sancionada em 2002, nos Estados Unidos da América, buscando proteger os investidores e demais *stakeholders* das práticas fraudulentas das firmas. Essa lei obriga todas as empresas listadas no mercado americano a adotar algumas medidas de boas práticas de governança, com o objetivo de aumentar o controle, transparência e segurança na condução dos negócios, administração financeira, escriturações contábeis e gestão de informações.

Assim a regulamentação, transparência e gestão de riscos são tendências que o mercado vem percebendo como essenciais. O risco de mercado é, portanto, compreendido como a variação de preços, predefinidos e que constituem uma base de fatores exógenos e endógenos à empresa, aos agentes e/ou aos investidores. Variações nos preços das commodities, dos juros, da taxa de câmbio, das ações são os principais exemplos de risco de mercado. O mercado apresenta volatilidade – frequência e intensidade das flutuações nos preços. Nesse sentido, os riscos de mercado têm efeitos políticos, fiscais e monetários, pois políticas cambiais e de juros afetam diretamente as firmas (Galvão; Fleuriet, 2018).

Os riscos de liquidez são relacionados aos casos em que o tomador de empréstimo não tem os fundos/recursos necessários para arcar com as dívidas, que podem ter variadas consequências operacionais e administrativas. Conforme o Banco Central do Brasil (BACEN), pela Resolução n.º 4.090, de maio de 2012, em seu segundo artigo, o risco de liquidez é definido como:

> A possibilidade de a instituição não ser capaz de honrar eficientemente suas obrigações esperadas e inesperadas, correntes e futuras, inclusive as decorrentes de vinculação de garantias, sem afetar suas operações diárias e sem incorrer em perdas significativas; e,
> A possibilidade de a instituição não conseguir negociar a preço de mercado uma posição, devido ao seu tamanho elevado em relação ao volume normalmente transacionado ou em razão de alguma descontinuidade no mercado.

Destarte, o *risco de liquidez* basicamente se refere à capacidade de uma determinada organização de honrar com seus compromissos financeiros, que pode ser classificado em risco de liquidez de fluxo de caixa e risco de liquidez de mercado. O primeiro está relacionado com a possibilidade de a organização ter um descasamento entre os pagamentos e recebimentos, afetando a capacidade de pagamento. O segundo está ligado à perda de liquidação de uma posição significativa no mercado, como uma redução estratégica de liquidação acordada ou a redução do valor dos ativos que componham a liquidez das firmas. Para tal, torna-se necessário a gestão de risco de liquidez, essa gestão consiste em um conjunto de processos que buscam garantir a capacidade de pagamento das firmas, buscando o planejamento, os limites de risco e a otimização dos recursos disponíveis. Existem diversos tipos de mensuração de liquidez, mas devemos lembrar que os índices de liquidez pouco ou nada dizem sobre a liquidez das instituições. Existem modelos mais dinâmicos que buscam resolver os conflitos de decisão dos indicadores de desempenho tradicionais, conseguindo mostrar a mudança na liquidez decorrente de investimentos em estoque. Portanto, as firmas buscam criar uma flexibilidade financeira que busca torná-las mais resilientes aos choques conjunturais por meio de venda de ativos, da capacidade de contrair dívidas bancárias e/ou de receber financiamento dos seus acionistas (Oliveira; Fleuriet, 2018).

Goulart e Pinheiro (2018), após realizar uma análise histórica dos *riscos operacionais* nas instituições financeiras, a partir da crise de 1929, apresentam evoluções no sistema, visto que a primeira versão consolidada do Novo Acordo de Basileia (Basileia II), em 2004, apresenta a definição formal de risco operacional no âmbito das instituições financeiras, sendo incorporada pelo normativo brasileiro na Resolução CMN n.º 3.380/2006, como:

> Risco operacional é a possibilidade de ocorrência de perdas resultantes de falha, deficiência ou inadequação de processos internos, pessoas, sistemas ou de eventos externos. O conceito inclui o risco legal associado à inadequação ou deficiência de contratos firmados por uma instituição, bem como a sanções em razão do descumprimento de dispositivos legais e a indenizações por danos a terceiros decorrentes das atividades desenvolvidas, mas que exclui o risco de reputação.

As firmas necessitam assim criar uma estrutura de gerenciamento de risco operacional, que não é um assunto novo, mas tem sido ampliado o seu debate nos últimos anos. O marco, nesse sentido, foi o documento Internal Control – Integrated Framework, publicado pela primeira vez em 1992 pelo Committe of Sponsoriong Organizations of the Treadway Commission (COSO), influenciando a Lei Sarnanes-Oxley, a resolução do Conselho Monetário Nacional (2.554/98) e até abordagens metodológicas de governança corporativa. Uma reflexão importante nesse sentido é que esses controles internos são considerados para muitos como custos para os empreendedores. Muitos inclusive consideram uma verdadeira barreira ao crescimento e/ou à realização de negócios. Essa visão é totalmente equivocada, pois decorre do erro de considerar o controle um fim em si mesmo, o que se costuma denominar o controle pelo controle. Todo o controle deve ser orientado pelos riscos, pois sua ausência ou falha acarreta diversos problemas aos empreendedores. As respostas aos riscos englobam todo o rol de atitudes que os gestores da organização terão em momentos de crise, visto que, após análise do custo-benefício, é possível detectar alternativas que minimizem os riscos operacionais (Goulart; Pinheiro, 2018).

Para Araújo (2018, p. 229), "a reputação de uma organização está diretamente relacionada à percepção que o mercado em que atua e os *stakeholders* tem ao seu respeito. Sendo um ativo intangível, é difícil mensurá-la ou quantificá-la". Medeiros, Silveira e Oliveira (2018) analisam exatamente essa questão quando se pensa no crime corporativo da mineradora Samarco S.A. Basicamente o estudo buscou analisar a retórica da empresa, baseado em três mitos: (a) nós estamos fazendo o que deve ser feito; (b) nós não colocamos a sociedade e o meio ambiente em risco; (c) a culpa não é nossa. Desse modo, a instituição tem dentro do contexto organizacional um desengajamento moral, devido a uma transgressão corporativa, sendo esse um importante estudo de reflexão e questionamento das escolas de negócios em todo o mundo, assim a sociedade civil representa uma força importante para mudanças nesse seguimento.

Portanto, entra-se no último risco, o risco de *reputação e compliance*, pois são os ativos mais importantes de uma organização, sendo muito sensíveis às ocorrências de riscos e crises. O Fórum Econômico Mundial de 2012 divulgou um estudo informando que, em média, 25% do valor de uma companhia está diretamente relacionado à sua reputação no mercado e com os *stakeholders*, sendo bastante significativo. Araújo (2018, p. 236) destacou que algumas áreas têm impacto direto na reputação, essas áreas podem ser afetadas pelas decisões corporativas e do desempenho, pois os principais fatores que afetam a reputação são:

> 1. Desempenho financeiro: acionistas, investidores, bancos e muitos outros stakeholders levam em conta o desempenho financeiro quando avaliam a reputação da organização;
> 2. Qualidade: o esforço empreendido pelas organizações para estabelecer altos padrões de qualidade é positivo para uma boa reputação. Defeitos em produtos e recalls tem impacto inverso;
> 3. Inovação: organizações que são reconhecidas e se destacam de seus concorrentes por processos de inovação e produtos mais inovadores tendem a ser mais bem reputadas e ter uma marca mais forte;
> 4. Ética e integridade: empresas com políticas efetivas de ética são mais confiáveis aos olhos dos stakeholders;
> 5. Resposta em situação de crise: os stakeholders também são bastante atentos na forma com que as organizações reagem em situações de crise. Qualquer ação tomada durante uma situação de crise terá forte impacto na reputação da organização;
> 6. Segurança: uma infraestrutura sólida para prevenir ameaças físicas e cibernéticas ajuda a evitar problemas com segurança que possam prejudicar a reputação da companhia.

Diante disso, as firmas, buscando prevenir, detectar, corrigir e responder aos riscos de reputação e a outros riscos relacionados com a forma como os negócios são conduzidos, têm investido cada vez mais em sistemas de controle e profissionais que atuam na área de *compliance*. O *compliance* é um termo inglês para conformidade, adequação e tudo que se refere à lei, regulamento e até mesmo às regras e políticas internas de uma entidade. Esse mecanismo abrange um conjunto de medidas que a empresa estabelece buscando a prevenção, detecção e remediação de desvios de conduta. Este é um assunto relativamente novo no Brasil, ele ganhou força pela Lei Anticorrupção, que prevê responsabilidade civil e administrativa às empresas que praticam atos lesivos contra a administração pública e estrangeira, impondo penalidades duras para aqueles que a descumprirem. A Controladoria Geral da União (CGU), buscando auxiliar as empresas no estabelecimento de programas de integridade, publicou em dezembro de 2015 um documento intitulado Programa de Integridade, Diretrizes para Empresas Privadas. *Compliance* e programas de integridade são ferramentas-chave para que as firmas possam preservar sua reputação (Araújo, 2018). Com isso, o Decreto n.º 8.420/2015, em seu artigo 41, regulamenta a Lei Anticorrupção:

> Programa de integridade consiste, no âmbito de uma pessoa jurídica, no conjunto de mecanismos e procedimentos internos de integridade, auditoria e incentivo à denúncia de irregularidades e na aplicação efetiva de códigos de ética e de conduto, políticas e diretrizes com objetivo de detectar e sanar desvios, fraudes, irregularidades e atos ilícitos praticados contra a administração pública, nacional e estrangeira.

O risco está presente em todas as atividades industriais, financeiras e comerciais, e é algo inerente a todos os processos, com amplitudes variadas, em que o gestor deve compreender as probabilidades e impactos desses eventos em seus empreendimentos. O Estado deve fiscalizar, licenciar e regulamentar a atuação das firmas, pois apenas ele pode criar o *efeito transbordamento*. Este subcapítulo buscou apresentar como as firmas atuam com relação aos riscos, analisando os guias de boas práticas de projetos, considerando do chão de fábrica ao mercado financeiro. No meio, buscou apresentar essa questão à luz das boas práticas para a gestão de barragens e estruturas de disposição de rejeitos.

Todavia, o gerenciamento de riscos nas linhas trabalhadas pouco ou nada trata das questões referentes ao ambiente natural, os atingidos pelos empreendimentos, dentro da *sociedade de risco*s. No entanto, reforçamos a importância desses ferramentais, instrumentais e técnicas para se trabalhar com o elemento espacial relacionado às firmas. Portanto, este subcapítulo mostrou como as firmas são e como atuam na gestão de risco. O próximo subcapítulo avalia como as firmas deveriam ser, por uma abordagem normativa, pois será acrescentado o conceito de *desengenharia*, como uma solução pautada no *devir*, dentro da *sociedade de risco*. Além disso, será considerado também como norteador o Guia para Planejamento do Fechamento de Mina, que apresenta diretrizes a serem consideradas no projeto mineral.

4.6 DO PLANO DE FECHAMENTO DE MINA À DESENGENHARIA DOS COMPLEXOS INDUSTRIAIS

O desenvolvimento econômico por muito tempo vem se pautando no crescimento industrial, que amplia a degradação ambiental, e, em teoria, aumenta o bem-estar da sociedade. A economia industrial é composta por duas abordagens, sendo uma tradicional (*mainstream*) e uma alternativa (schumpeteriana/institucionalista). A questão central de ambas as abordagens consiste no funcionamento das firmas e dos mercados, divergindo no modo de análise. A primeira abordagem parte do trabalho de Joe S. Bain e M. Scherer, utilizando o modelo de estrutura-conduta-desempenho. Esse modelo compreende como se realiza a alocação dos recursos escassos, tendo como objetivo o equilíbrio e a maximização dos lucros. A segunda abordagem, ligada a Joseph Schumpeter, estuda a dinâmica relacionada à criação das riquezas das empresas, que parte do princípio de que a riqueza não é construída pela minimização dos custos, e sim pela capacidade das firmas em inovar (Kupfer; Hasenclever, 2002).

Kupfer e Hasenclever (2002) compreendem que a economia industrial parte da natureza e objetivos das firmas, explicando pela visão de Penrose (1959) e Chandler (1992). Para Penrose, as firmas não são facilmente observáveis fisicamente, elas possuem uma complexa definição do que realmente representam. Contudo, para a compreensão das firmas, torna-se importante considerar as características de cada empresa de acordo com seus interesses. Já Chandler compreende as firmas como entidades legais e administrativas, que produzem bens e serviços, e, por intermédio de contratos e uma clara divisão dos trabalhos, sua busca se efetiva pela maximização dos lucros.

Notamos que dentro da estrutura da economia industrial não se fala da descontinuidade dos projetos industriais, como a proposta da *desengenharia*. Isso deriva da necessidade de políticas ambientais, pois conforme a industrialização foi atingindo sua maturação, os impactos dessas atividades no ambiente natural e na sociedade têm ganhado importância. Sánchez (2001, p. 17) destacou que, apesar de a mineração começar, de forma embrionária, a pensar nessas questões, "o mesmo não se passa com a maioria das atividades industriais". As indústrias mais cedo ou mais tarde tendem a fechar, por diversas razões (econômicas, sociais, comerciais, ambientais etc.), criando *rugosidades espaciais* que precisam ser trabalhadas.

Para Santos (2017, p. 205), "o novo espaço das empresas é o mundo", sendo que a "maioria das empresas não são, apenas, multinacionais, são globais". Entretanto, seus impactos são locais e territoriais, uns apresentando características transfronteiriças, pois os demandantes dos produtos e serviços muitas vezes desconhecem os processos. Um exemplo fora da mineração, mas que auxilia nessa compreensão, são as atividades de pecuária, visto que o consumidor final adquire um determinado corte em uma rede de hipermercado, mas, devido a não ter acesso ao processo, desconhece o sofrimento animal que está embutido no produto, além de outras questões.

Na mineração torna-se um problema ainda mais complexo, pois os minérios são vendidos *business to business* (B2B), tornando a visão do público final ainda mais turva. Ao se comprar um celular moderno, não se torna possível a percepção de todo o fluxo do processo, pois alguns componentes apresentam minerais que podem derivar de trabalho análogo à escravidão ou semiescravo em algum lugar da África, ou da América do Sul. Além disso, há o problema das formas de obsolescência (programada e perceptivas)[69], que estão alinhadas com as métricas da economia industrial, afinal, se o objetivo consiste na maximização dos lucros, os produtos não podem ser feitos para durar. Esse problema não é só relacionado aos bens industriais, pois:

> Em consequência, ao lado da emergência de novos setores industriais dinâmicos e do declínio relativo de outros, há em marcha um processo de obsolescência acelerada de indústrias de todos os setores. Isto significa que aumenta hoje em dia a quantidade de estabelecimentos industriais que são fechados ou desativados (Sánchez, 2001, p. 23).

---

[69] A obsolescência programada consiste em uma metodologia das firmas que produzem bens de consumo buscando planejar a vida útil do produto, para forçar o consumidor a trocar ou consumir mais. A obsolescência perceptiva é uma estratégia imposta à sociedade, por meio de manipulação midiática, criando uma cultura de consumo em que os próprios indivíduos reconheçam que um determinado produto está obsoleto, forçando a aquisição de novos bens.

Portella *et al.* (2010) reforçam que alguns empreendimentos industriais, no momento da sua desativação, criam um rastro de contaminação e degradação ambiental, emergindo impactos no ambiente natural, econômicos e sociais. Para o autor, a *desengenharia* pode ser definida como uma fase do ciclo de vida do projeto em que o empreendimento será desativado, para que, posteriormente, se dê uma nova destinação ao uso do solo. Dentro do ciclo de vida de um projeto industrial há diversas externalidades entre os processos, como: "a) implantação b) operação e, c) *desengenharia*, tendo como pano de fundo que existem várias revoluções tecnológicas com correspondentes problemas ambientais" (Portella *et al.*, 2010, p. 2).

A indagação de Sánchez (2001, p. 22) é sobre o que fazer com obras e instalações antigas, "transformá-las todas em museus? Abandoná-las? Demolir tudo e construir algo novo"? Para Portella *et al.* (2010, p. 2), as externalidades se manifestam de várias formas, sendo: "[...] i) locais e reversíveis, ii) locais e irreversíveis, iii) globais e reversíveis e, iv) globais e irreversíveis, concluindo que a política deve constituir-se na internalização destas externalidades". Isso remete a questões de escala, questões espaciais e temporais, *capacidade de suporte*, entropia, que Beck (2011) considera como *irresponsabilidade organizada* dentro da *sociedade de risco* global. Devemos lembrar-nos do normativo jurídico relacionado à Resolução de 23 de janeiro de 1986, do Conselho Nacional de Meio Ambiente (Conama), que considera o impacto ambiental como "qualquer alteração das propriedades físicas, químicas e biológicas do meio ambiente, causada por qualquer forma de matéria ou energia resultante das atividades humanas, direta ou indiretamente", sendo dividido em grandes eixos que são afetados, sendo: "(I) a saúde, a segurança e o bem-estar da população; (II) as atividades sociais e econômicas; (III) a biota; (IV) as condições estéticas e sanitárias do meio ambiente; (V) a qualidade dos recursos ambientais".

> Desta forma, torna-se necessário o aprofundamento da nossa compreensão do mercado de seguro e, neste âmbito o debate é intenso, as divisões são marcadas entre o risco da poluição ambiental e o risco das catástrofes naturais, criando as condições para o avanço de novos *approachs* aos riscos ambientais, os quais precisam ser devidamente compreendidos de forma a poder sugerir medidas concretas para o enfrentamento deste problema no Brasil (Portella *et al.*, 2010, p. 3).

Base importante para esse enfrentamento está na *desengenharia*, cuja relevância foi destacada por Foladori (2002), sobretudo ao considerar a evolução dos empreendimentos industriais durante dois séculos, nos quais, ao final, as infraestruturas eram abandonadas, acarretando diversos problemas. Esse autor ainda destaca, no início de sua análise, uma série de complexidades, afinal: "em momentos em que o mundo se debate com guerras, greves, fome, golpes de Estado e desemprego, falar de avanços civilizatórios parecesse um absurdo. Porém, a realidade caminha assim, dialeticamente" (Foladori, p. 1). Ressalta a importância do conceito do ciclo de vida e sua incorporação nas políticas públicas, pois não se pode considerar apenas a vida útil, afinal, restarão infraestruturas cadáveres no porvir.

Desse modo, Sánchez (2001, p. 78) demonstra que as principais características das barragens de rejeito são relacionadas à sua obsolescência, riscos de ruptura, estrutura obsoleta, sedimentos acumulados, grande superfície degradada e contaminação dos solos e das águas subterrâneas, tornando-se estes os passivos ambientais mais graves dessa infraestrutura, ainda mais por não se ter um inventário que contemple todas as questões.

O Ibram (2019) segue essa lógica do ciclo de vida, pois há atividades após o encerramento, conforme Figura 4.33.

Figura 4.33 – Etapas do ciclo de vida de barragens e estruturas de disposição de rejeitos

Fonte: IBRAM (2019, p. 15)

É importante destacar que o pós-encerramento é considerado um período após a completa implementação das medidas de desativação ou descaracterização das estruturas de disposição de rejeitos minerais. Nessa fase, o monitoramento e a manutenção são pensados a longo prazo, dentro de objetivos de avaliação de desempenho (IBRAM, 2019, p. 16). Isso posto, demonstra-se uma evolução pela perspectiva temporal, mas não abrange a provocação da *desengenharia*.

Para Foladori (2002), a riqueza da proposta da *desengenharia* refere-se à adição na literatura econômica sobre a riqueza dos solos. O exemplo que esse autor utiliza refere-se a "[...] um terreno melhor localizado, ou com uma topografia mais adequada para os fins do investimento, tem um preço maior que outro distante dos mercados ou com uma geomorfologia que requer de maiores investimentos de capital" (Foladori, 2002, p. 4).

Basicamente, consiste nas categorias de renda da terra, que Barcelos, Outeiro e Pinto (2019) apresentam em um resumo bibliográfico da renda diferencial, renda absoluta e renda de monopólio. Para esses autores, "[...] o capital possui impacto nas relações sociais, com poder coercitivo de uma classe para outra", sendo o planeta Terra um "[...] palco de conflitos e de disputas por diferentes grupos, com discrepantes níveis de influência e de defesa. Nas diversas classes, os camponeses compõem o grupo com menor poder de barganha e de veto às decisões acerca da utilização do solo" (Barcelos; Outeiro; Pinto, 2019, p. 15).

Isso posto, a terra, ou seja, o solo, apresenta riquezas díspares em determinados locais e territórios. Ao pensarmos na questão terras, devemos compreender que algumas apresentam um sobrelucro devido a suas especificidades, o que torna todo seu complexo logístico mais eficaz, reduzindo custos de produção. Logo, pode-se considerar que, assim como na agricultura, a mineração apresenta as mesmas características, havendo uma renda diferencial, absoluta e principalmente de monopólio, que gerará lucros acima da média. Em outras palavras, o preço da produção, devido à qualidade do solo e facilidades logísticas, fica bem abaixo do preço de mercado, como é o caso da mineração no Complexo Carajás.

Devido ao alto teor de pureza, as minas compreendidas nessas regiões apresentam custos operacionais bem abaixo do mercado, pois alguns processos produtivos, a exemplo do beneficiamento, não são contemplados. Com isso, ao se pensar no mercado da China, o minério extraído no Complexo Carajás torna-se mais competitivo com relação às minas localizadas na Austrália, e outras regiões, compensando os custos do frete.

Coelho (2019, p. 161) destacou que, além da exploração das vantagens do solo e do subsolo, as mineradoras expropriam o valor do trabalho, visto que "o excedente econômico proveniente da exploração acontece em detrimento da precedente economia local, o que pode estender desigualdades e empobrecer populações".

Caminhando nesse sentido, Foladori (2002, p. 5) estende sua análise aos passivos sociais, pois "assim como começam a ser punidos os investidores que lucram explorando a natureza além dos limites de reciclagem natural, também começa a ser punidos os lucros derivados de relações sociais de produção imorais". Esse último trecho vai ao encontro da proposta apresentada, ainda que de forma muito incipiente, referente aos *passivos do sofrimento social*, tão latentes quando se pensa em mineração.

Logo, percebemos a amplitude do conceito de ciclo de vida quando incorporados elementos relacionados à *desengenharia*, afinal, devemos ter em mente esses fatores para avaliar a viabilidade dos negócios. Não se pode, e nem se deve, pautar apenas pelas questões financeiras e técnicas, ou pelos impactos ambientais, pois dentro do metabolismo do planeta, as espécies vivas (humanas e não humanas) constituem um fator determinante para a implementação e viabilidade empresarial.

A *sociedade de risco* é uma realidade e, para que os desencadeamentos produtivos se tornem otimizadores, análises e fundamentações devem ser pautadas pelo *devir*. A *desengenharia* vem em cima dessa proposta, considerando as *rugosidades espaciais*, pois Sánchez (2001, p. 33) afirma que "a reutilização de um imóvel industrial pode dar-se de diferentes maneiras" (Figura 4.34). O autor destaca: "as construções podem ser tratadas separadamente dos terrenos, demolidas, mantidas em seu estado ou reformadas, e os novos usos podem ser os mais variados" (Sánchez, 2001, p. 33).

Figura 4.34 – Reutilização de instalações industriais

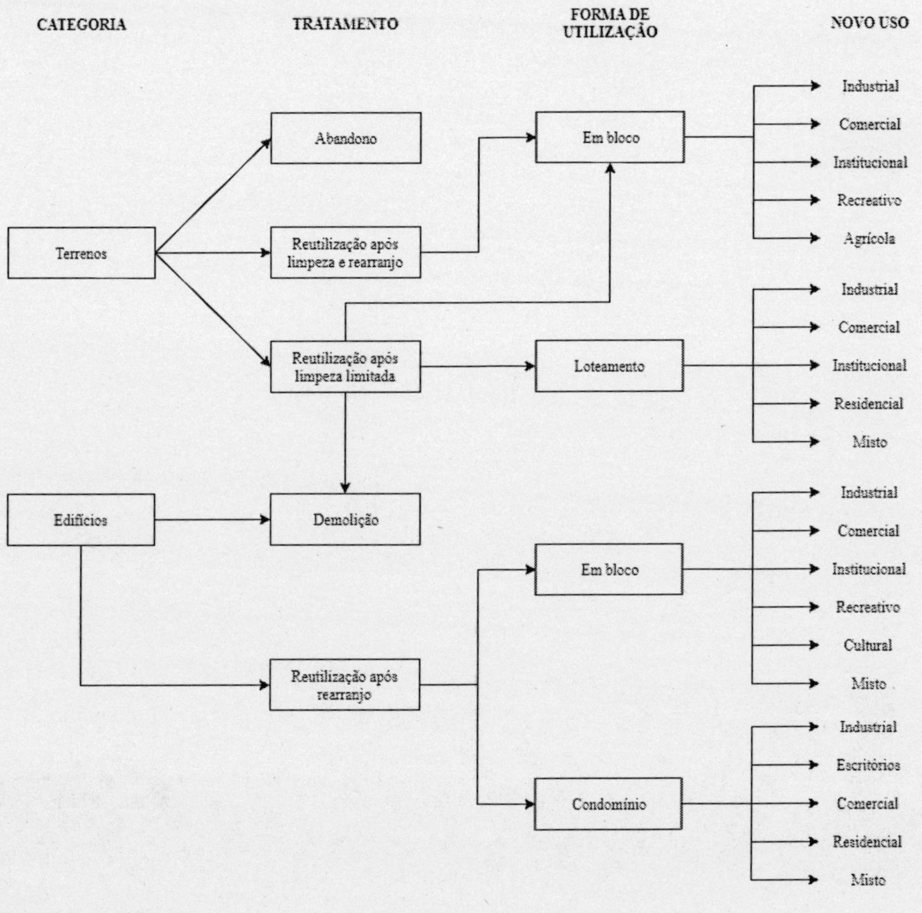

Fonte: Adaptado de Sánchez (2001, p. 35)

Ao entrar especificamente na questão da desativação dos empreendimentos industriais, o setor mineral apresenta maior tradição sobre essa temática, dadas as características de exaustão das reservas, devido à necessidade de desativar as minas por causa a finitude dos recursos minerais. Devemos compreender, com raras exceções, que isso se refere à exaustão econômica e não as condições físicas das minas, que, com raras exceções, podem durar por séculos. O fechamento da mina torna-se uma etapa do ciclo de vida, e deve-se considerar os períodos e atividades deste projeto. O custo de produção e a margem de rentabilidade são elementos-chave para a descontinuidade de um projeto, que também pode ocorrer devido a flutuações dos preços, problemas legais, entre outras questões. Todavia, mudanças tecnológicas podem tornar os projetos mais duradouros, algo difícil de prever. Outros fatores que podem restringir um determinado produto são as questões ambientais e problemas gerenciais. Esses fatores impactam diretamente nos componentes de decisão de um dado projeto. Isso posto, a fase que consiste no projeto de *desengenharia* deve ser contemplada, afinal há custos, e esses custos deverão emergir em algum momento no tempo, para que não se gerem passivos ambientais para a sociedade dadas suas *rugosidades espaciais* (Sánchez, 2001).

> Qualquer que seja a razão que leve ao fechamento de uma mina, coloca-se o problema da recuperação de áreas degradadas e reutilização do terreno. No âmbito da mineração, a recuperação de áreas degradadas é geralmente entendida como um conjunto de ações que visam tornar a área apta para algum uso produtivo, não necessariamente idêntico ao que antecedeu a atividade de mineração (Sánchez, 2001, p. 48).

Na Tabela 4.14 são apresentadas algumas características para a desativação de empreendimentos, bem como um modelo esquemático na Figura 4.35, que trata da recuperação de áreas degradadas na mineração.

Tabela 4.14 – Algumas características da desativação de empreendimentos

Empreendimento	Vida útil	Principais razões para o fechamento	Principais passivos ambientais
Indústrias	Indeterminada	Obsolescência	Solos contaminados
		Mercado	Aquíferos poluídos
		Impactos ambientais	Resíduos tóxicos
Minas	Determinada, mas variável	Exaustão	Escavações
		Obsolescência	Áreas de subsidência
		Mercado	Áreas alagadas
		Impactos ambientais	Pilhas de estéreis
			Barragens de rejeito
Depósitos de resíduos	Determinada, mas variável	Exaustão	Riscos de migração de poluentes e de explosões de gás
		Mercado	Solos contaminados
		Impactos ambientais	
Infraestrutura de transportes	Indeterminada	Obsolescência	Solos contaminados
		Incompatibilidade com o tecido urbano	Aquíferos poluídos
			Resíduos tóxicos

Empreendimento	Vida útil	Principais razões para o fechamento	Principais passivos ambientais
Usinas termelétricas	Indeterminada	Obsolescência Mercado Impactos ambientais	Solos contaminados Aquíferos poluídos Resíduos tóxicos
Instalações nucleares	Determinada	Obsolescência	Materiais radioativos
Barragens	Indeterminada	Obsolescência Riscos de ruptura	Estrutura obsoleta Sedimentos acumulados Grande superfície degradada

Fonte: Adaptado de Sánchez (2001, p. 78)

Figura 4.35 – Recuperação de áreas degradadas na mineração

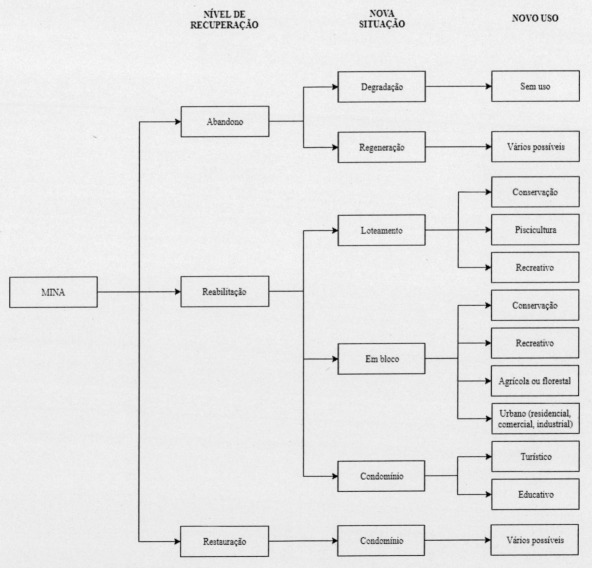

Fonte: Adaptado de Sánchez (2001, p. 49)

A atividade da mineração torna-se um objeto que necessita de uma construção pautada no *devir*, afinal, são recursos não renováveis, mas eles criam *sistemas de ações* e *sistemas de objetos,* esses sistemas perpetuam nas *horizontalidades* e *verticalidades* geográficas. As infraestruturas para a exploração mineral são complexas, dadas as *rugosidades espaciais,* elas necessitam de um tratamento para que ao final do ciclo de vida do projeto tenha-se um tratamento econômico, ambiental, comercial, cultural, recreativo e social. Todavia, já existem diversos empreendimentos minerais abandonados ou inativos, nesse caso, os empreendedores repartiram os lucros e dividendos, deixando os passivos para a sociedade.

Existem milhares de minas abandonadas em diversas regiões do mundo, das quais Sánchez (2001) destacou alguns números que merecem destaque. Nos Estados Unidos da América (EUA), no estado da Califórnia, existem cerca de 2.500 minas abandonadas ou inativas. No Missouri cerca de 8.000 a 20.000 no estado de Montana e Colorado e cerca de 80.000 no Arizona. No Canadá, na província de Ontário, estima-se cerca de 6.000 minas nessas condições. Já na Inglaterra e no País de Gales o número chega próximo de 10.000 minas de carvão abandonadas. No Brasil, apenas em São Paulo, na bacia do Guarapiranga, estimam-se 112 minas abandonadas. Observamos, em relação ao Brasil, que não há uma contabilidade das minas abandonadas ou inativas. Um questionamento importante e que se reflete nos objetivos do presente trabalho é: "depois que a mina for fechada, durante quantos anos caberá à empresa mineradora a atribuição de zelar pela integridade da estrutura?" (Sánchez, 2001, p. 53).

Para Sánchez (2001), em alguns países, a garantia pela estabilidade tem caráter perpétuo. Para Barcelos *et al.* (2019, p. 372), no Brasil existe uma "[...] falta de delimitação temporal nos textos legislativos". Todavia, continuam, a legislação informa como uma responsabilidade de longo prazo por parte do empreendedor, que compreende uma visão duradoura.

Essa questão encontra-se assim como eixo central para a presente pesquisa, pois compreender como os agentes pensam nesse tema é que dá o caráter de uma visão pautada no *devir* que assegure uma visão ética de longo prazo. Assim, é importante destacar, "nada garante que as grandes barragens, modernas pirâmides, durarão tanto quanto estas" (Sánchez, 2001, p. 77).

Isso posto, não dá para desconsiderar a afirmação de Adams (2009, p. 238), pois "[...] as pessoas não estão mais preocupadas em conseguir alguma coisa boa, mas sim em evitar o pior".

Destarte, fica evidente um enorme desafio, visto que as incertezas são imensas. Todavia, a resposta não se torna possível sem abordagens econômicas, políticas e culturais. Veyret (2015) destacou que a abordagem econômica tem relevância devido às suas necessidades de financiamento e investimento. A abordagem política deve considerar a elevada conjuntura de falência do Estado, o que cria problemas crônicos dentro do sistema metabólico. A mudança de paradigmas, ao se pensar na prevenção e gestão de risco, deve contemplar abordagens conceituais importantes, como o "[...] primado da tecnologia, a resposta social e, hoje em dia, o desenvolvimento sustentável" (Veyret, 2015, p. 108).

As soluções técnicas, que são indispensáveis, não estão propiciando grandes evoluções quando se considera a *sociedade de risco*. Conforme as técnicas evoluem, os riscos se expandem, tornando a sociedade refém de projetos importantes, mas que, devido a sua *estrutura, processo, função* e *forma*, tendem a agravar problemas sociais, ambientais e também econômicos. A resposta social vem da legitimidade institucional, mas, devido ao modelo hegemônico presente, essas demandas criam nos políticos preocupações regidas por pressões econômicas e financeiras. Por fim, o paradigma do desenvolvimento sustentável reafirma que as soluções técnicas podem resolver todos os problemas, fundado na crença do progresso técnico, que pode vir a se transformar no conto do cavalo de Samarra[70] (Veyret, 2015).

A política apresenta uma grande relevância para todo o trabalho, pois, dentro das linhas teóricas estudadas, deve haver um comprometimento para que não se caia na crença do progresso técnico. Essa crença está correlacionada aos discursos das firmas e refere-se ao olhar analítico empresa-sujeito ao território-objeto. Trabalhamos com o oposto, o território-sujeito à empresa-objeto. O foco neste bloco continua sendo a firma, entretanto esta distorce o espaço geográfico a seu favor, pois os formuladores políticos buscam satisfazer suas necessidades, tornando a política muitas vezes sem sentido, com decisões pautadas apenas no agora. O paradigma do desenvolvimento sustentável impulsiona a questão política como balizador, sendo necessário resgatar previamente a visão da economia ecológica e a noção de *totalidade espacial*.

Para se alcançar um sentido na política, a economia ecológica trabalha com três pilares (*distribuição justa*, *alocação eficiente* e *escala sustentável*) que devem estar alinhados com pelo menos três instrumentos políticos básicos. A *distribuição justa* necessita de um determinado nível de desigualdade socialmente aceito, ou seja, alguns limitadores são importantes, pois o consumo conspícuo está atrelado às classes que possuem maiores riquezas, nada mais são que externalidades negativas, principalmente para as futuras gerações. A *alocação eficiente* necessita do instrumento do mercado, ao menos quando a questão são bens privados (excludentes e rivais), entretanto o mesmo não vale para os bens públicos e recursos comuns. A *escala sustentável* requer um limite social referente ao *throughput* (fluxo entrópico) dentro da *capacidade de suporte* dos *serviços e funções ecossistêmicos*, que contemple da absorção à regeneração (Daly; Farley, 2015).

Criar restrições com relação ao produto final (poluição) e limitar o fluxo de entrada da natureza (depleção), baseado na lei da entropia, é o instrumento adequado para o tema. Afinal, o mercado por si só não consegue distribuir de forma justa a riqueza, tampouco alcançar uma *escala sustentável* e uma *alocação eficiente*. Por esse motivo é que o mercado deve constar como terceira prioridade para os instrumentos políticos, pois há uma necessidade de realizar uma reengenharia social que altere os paradigmas contemporâneos (Daly; Farley, 2015).

Em outras palavras, entra-se novamente nos pilares da economia ecológica, pois para se combater a pobreza tem-se a *distribuição justa*, pois a restauração da dignidade dos excluídos se dá pela *alocação eficiente* e, por fim, mas não menos importante, a *escala sustentável* que pode garantir a proteção da natureza. Tudo isso considerando que a economia ecológica não tem, dentro da sua abordagem, o fim dos mercados, pois estes são necessários, apesar de questionáveis e controversos. Tudo é pautado na forma como o mercado interage com o metabolismo socioambiental, e uma abordagem ética e responsabilidade intergeracional já seriam elementos fortes orientados pelo *devir*.

Todavia, o crescimento é um aumento quantitativo no tamanho da economia, sempre será alvo de crítica da economia ecológica, pois dentro de um sistema fechado, com recursos escassos, torna-se utópico crer em um crescimento infinito. Para que fosse possível um crescimento infinito, como desejam os economistas neoclássicos, seria necessário um *throughput* ilimitado (fluxo entrópico): "fluxo de matérias-primas e energia do ecossistema global, que passa pela economia, e volta para o ecossistema global como resíduo" (Daly; Farley, 2016, p. 38).

---

[70] Este conto ocorre na antiga Mesopotâmia, onde um soldado apavorado procura o rei solicitando um cavalo para ir até Samarra por ter encontrado com a morte. O rei compreende o medo do soldado e lhe oferece o cavalo mais rápido, o seu melhor corcel. Entretanto, o rei mais tarde encontra com a morte, e indaga-lhe sobre o soldado. A morte demonstra surpresa, pois aguardava o soldado em Samarra, naquela noite (Tiezzi, 1988).

Desse modo, devido aos limites do *throughput*, os economistas ecológicos consideram a noção do desenvolvimento mais plausível, pois significa um "aumento na qualidade dos bens e serviços, definido pela sua capacidade de aumentar o bem-estar humano, proporcionado por um determinado *throughput*" (Daly; Farley, 2016, p. 38).

Franck-Dominique (2015, p. 15) destaca que a economia ecológica é "uma espécie de revolução coperniciana" que busca "uma inversão das perspectivas e hierarquias estabelecidas pelos economistas neoclássicos". Portanto, seu objetivo é inserir "a economia no bojo da biosfera e das regulações ecológicas, de modo a permitir uma coevolução entre diferentes sistemas" (Franck-Dominique, 2015, p. 15).

Tiezzi (1988, p. 7) reforça que, quando se pensa na cultura, "carece ao extremo de biologia e de termodinâmica e das relações fundamentais destas duas ciências com a economia, com a vida social e com os processos produtivos". À vista disso, a economia ecológica se respalda em reduzir a economia a um subsistema, adicionando elementos da física, sociologia e ecologia, com responsabilidade ética e intergeracional. Logo, do ponto de vista da economia ecológica:

> [...] a principal contribuição foi na delimitação teórica e operacional das relações entre a natureza e o sistema econômico tanto na direção de se estruturar um ciclo de prosperidade quanto na direção de se configurar um ciclo de pobreza, dependendo da forma com que se utiliza a base de recursos naturais da sociedade: sustentavelmente, predatoriamente, conservadoramente etc. (Haddad, 2017, p. 32).

A totalidade e o local são resumidos por Santos (2017, p. 332) em três problemáticas centrais, sendo:

> 1. O espaço geográfico assim remodelado é, aqui, considerado como um conjunto indissociável de sistemas de objetos e sistemas de ações;
> 2. No plano global, as ações, mesmo "desterritorizadas", constituem normas de uso dos sistemas localizados de objetos, enquanto no plano local, o território, em si mesmo, constitui uma norma para o exercício das ações;
> 3. A partir dessas duas ordens, se constituem, paralelamente, uma razão global e uma razão local que cada lugar se superpõem e, num processo dialético, tanto se associam, quanto se contrariam. É nesse sentido que o lugar defronta o Mundo, mas também, o confronta graças à sua própria ordem.

Destarte, a totalidade e o local alteram o metabolismo socioambiental, apresentando-se como um elemento-chave para se compreender a relação dialética entre o homem e a natureza, bem como a interação do sistema econômico com o sistema biológico e físico, pela busca da sustentabilidade.

Romeiro (2011, p. 4) afirma que no esquema analítico convencional, quando se pensa na questão da sustentabilidade, se dá por um problema "de alocação intertemporal de recursos entre consumo e investimento por agentes racionais, cujas motivações são fundamentalmente maximizadoras de utilidade". Dessa maneira, continua o autor, dentro da economia ecológica o problema "de distribuição intertemporal de recursos naturais", escassos ou não, é "o que pressupõem a definição de limites para seu uso (escala)" (Romeiro, 2011, p. 4). Por envolver um conjunto complexo de ações, dadas as questões relacionadas às incertezas e riscos, afinal:

> Dada à escala de mudança, não é mais possível encontrar uma solução específica e discreta para cada parte do problema. É essencial encontrar soluções abrangentes que considerem as interações entre os próprios sistemas naturais com os sistemas sociais. Não estamos diante de duas crises separadas, uma ambiental e outra social, mas uma crise complexa

que é, ao mesmo tempo, social e ambiental. Estratégias para uma solução demandam uma abordagem integrada para combater a pobreza, restaurar a dignidade dos excluídos e, ao mesmo tempo, proteger a natureza (Haddad, 2017, p. 10).

A *desengenharia* busca, assim como a economia ecológica e geografia humana, uma inversão das perspectivas e hierarquias da sua própria área do conhecimento, pois, assim como os neoclássicos, a formação dos engenheiros apresenta peculiaridades que podem criar obscurantismo da totalidade ao local. Apresenta-se assim como uma mudança considerável, uma solução abrangente que reorganiza os sistemas naturais com os sociais e econômicos. Podemos ampliar a tal ponto, a fim de uma abordagem que atue no combate à pobreza, a restauração e preservação daqueles que são atingidos e, por fim, a eliminação ou mitigação do passivo ambiental.

Sánchez (2001, p. 95) destacou que os passivos ambientais estão se acumulando, as consequências são inimagináveis, assim, "no Brasil, os resultados de cinco séculos de descaso para com o meio ambiente tem-se manifestado de diferentes formas". De um lado, as atuais gerações, que arcam com os custos econômicos e sociais das decisões do passado, sem que a *capacidade de suporte* e resiliência fossem considerados. Do outro lado, as futuras gerações herdam as condições das gerações presentes sem a possibilidade de construção de diálogos. Tudo depende da atuação política, que pode optar pelo *efeito derrame* ou o *efeito transbordamento*.

Sánchez (2001), ao entrar na questão dos sítios contaminados e as políticas de gestão, apresenta cinco abordagens dominantes, que se buscará apresentar de forma bastante resumida (Tabela 4.15).

Tabela 4.15 – Categorias de abordagem adotadas face à questão dos sítios contaminados

Abordagem dominante	Características
Negligência	Não fazer nada, esperar que o problema se manifeste ou não seja descoberto
Reativa	Ação desarticulada e resposta caso a caso
Corretiva	Adoção, de forma planejada e sistemática, de medidas que visam remediar um problema, após identificação e diagnóstico
	Estudo e eventual recuperação quando há mudança no uso do solo
	Planejamento do fechamento de empreendimentos em atividades que possam causar contaminação do solo
Preventiva	Adoção de instrumentos que garantam a desativação adequada (por exemplo, garantias financeiras)
Proativa	Planejamento e gestão ambiental de todas as etapas do ciclo de vida de um empreendimento

Fonte: Adaptado Sánchez (2001, p. 117)

A *negligência* como política pública é algo até comum e muito difundido quando o assunto se refere à *desengenharia*, por exemplo, a questão dos solos contaminados. Nessa abordagem é tolerado que pessoas morem ou trabalhem perto de terrenos que constituem resíduos perigosos. Assim, devemos notar, há uma dificuldade de atuação do poder público devido a uma falta de enquadramento legal (Sánchez, 2001).

Conforme o PMBOK (2015), ao se considerar o projeto, negligenciar as partes interessadas afeta negativamente a imagem, resultando em uma maior probabilidade de fracasso. Ao se considerar a questão mineral, mesmo com um longo histórico no âmbito mundial de acidentes com barragens, e também considerando que as firmas cumpriam seus deveres legais, às vezes indo além, como algumas certificações internacionais que o mercado valoriza, a negligência sempre esteve presente. Essa negligência do Estado e das firmas desenrola-se em *efeitos colaterais latentes*, implodindo na *sociedade de risco*. Portanto, "a consequência de uma postura negligente é sempre um acúmulo de problemas, que vêm à tona drasticamente. A ação corretiva nesses casos pode ser do tipo reativa" (Sánchez, 2001, p. 122).

A *abordagem reativa* é bastante comum quando a questão são os problemas ambientais, pois devido à inação, o evento ocorre, para que só depois se criem soluções de eliminação ou mitigação do efeito. Incide assim uma pressão sobre os atores da sociedade civil, atores econômicos, políticos e especialistas, pois a *estrutura, processo, função* e *forma* das firmas começam a ser questionadas por meio da mídia. Nesse sentido, a sociedade recorre ao poder público, pois é o único que pode tomar uma atitude.

Entretanto, como ressalta Sánchez (2001), ao se pensar a questão da contaminação do solo, o reconhecimento público, via de regra, já se torna polêmico e contraditório. O autor compreende que, diferentemente da abordagem negligente, em que o problema sequer é reconhecido, a abordagem reativa reconhece o problema, mas apresenta ações descoordenadas que levem a algum lugar. Ao se considerarem as estratégias para os riscos negativos apontadas pelo PMBOK (2015), aparentemente o Estado vem *transferindo* o risco a terceiros, em um jogo de empurra, fugindo de suas responsabilidades e permitindo que as firmas criem mecanismos de autorregulação. Em outras palavras, o Estado *aceita ativamente* o risco e opta por não agir, só agindo em momentos de elevada pressão, invertendo a lógica, e o mercado acaba retransferindo o risco a terceiros (sociedade).

> Em geral, os órgãos governamentais não sabem como proceder nesses casos, uma vez que os funcionários não foram preparados para tratar do novo problema, gerando uma série de ações desarticuladas, às vezes contraditórias, e sempre com a perspectiva do curto prazo (Sánchez, 2001, p. 122).

As *ações corretivas*, conforme Sánchez (2001, p. 125), "[...] são aquelas que visam remediar um problema após sua identificação". Em outras palavras, reconhece-se o problema e criam-se ações para a sua solução. Os países mais industrializados vêm adotando políticas corretivas, apresentando um programa sistemático de ação com um planejamento robusto de intervenção. Segundo o autor, esse tipo de política veio avançando desde a década de 1980, pois o seu sucesso é de certa forma relativo, apresentando alguns sucessos, mas diversas derrotas.

Silva (2018) dá ciência de que, ao se pensar na questão mineral e as barragens de rejeito, as empresas são responsáveis pelos danos causados, recaindo sobre elas a responsabilidade objetiva e integral da estrutura. Todavia, continua, a administração pública não consegue se furtar do seu dever de proteger o meio ambiente, pois a omissão pode ser atribuída à esfera administrativa. Sánchez (2001, p. 128) reforça esse ponto, pois "a lei estabelece a responsabilidade objetiva, isto é, independe da existência de culpa, daquele que causar contaminação do solo". Observamos uma tentativa de *mitigação*, que "[...] implica na redução da probabilidade e/ou do impacto de um evento de risco adverso dentro de limites aceitáveis" (PMBOK, 2015, p. 345). Conforme o PMBOK (2015, p. 81), a *ação corretiva* é "uma atividade intencional que realinha o desempenho dos trabalhos do projeto com o plano de gerenciamento do projeto".

Isso posto, Sánchez (2001, p. 128) alerta que "se nenhum mecanismo de atribuição de responsabilidade for estabelecido pela legislação, então acabará incumbindo ao poder público arcar com as despesas de remediação de sítios contaminados". Quem paga a conta é sempre uma questão importante, motivo pelo qual foram trabalhadas, em uma das seções do presente trabalho, quatro políticas que têm uma ação dentro da *escala sustentável*, sendo: regulação direta, impostos pigouvianos, subsídios pigouvianos e licenças negociáveis. Taxas, impostos e incentivos econômicos são pontos fundamentais para a manutenção da sociedade, necessitando de medidas equilibradas para estimular a economia, de forma responsável, para que os passivos ambientais não recaiam para a sociedade. O Estado necessita de uma percepção aguçada dos riscos, e, ao ter consciência de que as firmas jamais eliminarão plenamente os riscos operacionais, por ser algo impossível, deve focar em medidas de contenção.

As *estratégias preventivas* dentro do escopo do gerenciamento de projetos, na seção do gerenciamento de risco, encontram-se na saída do controle dos riscos. Em outras palavras, sabe-se da importância de se controlar os riscos, que fazem parte do processo decisório das firmas. Nesse ponto, devemos ter em mente que a implementação de planos de contingência e/ou soluções alternativas está sendo abordada dentro das solicitações de mudança. Essas solicitações de mudança podem ocorrer internamente como externamente, e podem gerar ações corretivas ou preventivas. Quando se trata da preventiva, a recomendação é que "as atividades para garantir o desempenho futuro do trabalho do projeto estejam alinhadas com o plano de gerenciamento do projeto" (PMBOK, 2015, p. 353).

Logo, devido à previsão da reação das pessoas ao projeto, os objetivos consistem ações que busquem obter apoio ou minimizar impactos negativos em potencial. Não é sem motivos que o guia de gerenciamento de projetos (PMBOK, 2015) criou em sua última versão uma seção que considera o gerenciamento das partes interessadas[71] do projeto. Conforme visto, os atores da sociedade civil e políticos tendem a pressionar os atores econômicos, e se houver uma mídia crítica, pode construir ou reconstruir a modelagem das ações humanas, pelos ordenamentos disponíveis (técnico, jurídico e simbólico).

Assim sendo, uma estratégia preventiva importante são os planos de desativação dos empreendimentos, ou seja, a *desengenharia*. Apesar da constante acumulação dos passivos ambientais, pois muitos já não têm empreendedores, devemos criar mecanismos institucionais que resgatem a memória técnica e social, pois nesses casos será o poder público o executor. Dessa maneira, os novos empreendimentos, assim como os que estão em vigência, necessitam de um olhar preventivo, de modo a evitar que a sociedade arque com estes custos.

Garantias financeiras são estratégias políticas que podem garantir recursos para a *desengenharia*, no caso de as firmas não realizarem suas obrigações, o montante fica retido para a utilização da administração pública na solução do problema. Contudo, caso as firmas realizem adequadamente os planos de mitigação ou eliminação do passivo ambiental, o valor retido pelo poder público é devolvido. Ao se considerar a mineração, essas medidas vêm sendo adotadas cada vez mais para a desativação das minas (Sánchez, 2001).

> Assim, países como os Estados Unidos, Canadá, Austrália ou África do Sul exigem que a apresentação de planos de reabilitação para as áreas de mineração seja acompanhada de uma estimativa de custos. Com base nesses planos e orçamentos, as empresas devem apresentar garantias financeiras para a realização dos trabalhos de recuperação previstos.

---

[71] "O gerenciamento das partes interessadas do projeto inclui os processos exigidos para identificar todas as pessoas, grupos ou organizações que podem impactar, ou serem impactados pelo projeto, analisar as expectativas das partes interessadas e seu impacto no projeto, e desenvolver estratégias de gerenciamento apropriadas para o engajamento eficaz das partes interessadas nas decisões e execução do projeto. O gerenciamento das partes interessadas também se concentra na comunicação contínua com as partes interessadas para entender suas necessidades e expectativas, abordando as questões conforme elas ocorrem, gerenciando os interesses conflitantes e incentivando o comprometimento das partes interessadas com as decisões e atividades do projeto. A satisfação das partes interessadas deve ser gerenciada como um objetivo essencial do projeto" (PMBOK, 2015, p. 391).

Tais garantias ficarão indisponíveis até a conclusão dos trabalhos ou poderão ser deduzidas em caso de recuperação progressiva. Se a empresa não executar a recuperação nos moldes preconizados por seu plano, o governo utilizará a garantia para promover a adequada recuperação (Sánchez, 2001, p. 156).

A *perspectiva proativa* "[...] busca evitar que os passivos ambientais se acumulem durante a operação de um empreendimento industrial, minimizando assim os impactos ambientais durante todo o ciclo de vida de uma instalação" (Sánchez, 2001, p. 159). Para o PMBOK (2015, p. 310), ao se pensar em riscos, elas se originam na incerteza que existe em todos os projetos. Os riscos conhecidos são identificados e analisados, criando um planejamento para as respostas. Assim, conforme o PMBOK (2015, p. 310), "deve ser designada uma reserva de contingência para os riscos conhecidos que não podem ser gerenciados de forma proativa". Já os riscos desconhecidos "[...] não podem ser gerenciados de forma proativa e, assim sendo, podem receber uma reserva de gerenciamento. Um risco negativo do projeto que já ocorreu também é considerado uma questão de projeto (problema)" (PMBOK, 2015, p. 310).

As firmas compreendem os riscos como um efeito de incerteza que se reflete nos objetivos organizacionais. Dessa maneira, toda a forma como as firmas analisam os riscos depende das partes interessadas e o grau de aceitação para com os graus de riscos dos projetos. O PMBOK (2015, p. 311) classifica três tópicos relacionados à atitude das firmas e das partes interessadas:

> 1. Apetite de risco, que é o grau de incerteza que uma entidade está disposta a aceitar, na expectativa de uma recompensa;
> 2. Tolerância ao risco, que é o grau, a quantidade ou o volume de risco que uma organização, ou um indivíduo está disposto a tolerar; e
> 3. Limites de riscos, que se refere às medidas de longo nível de incerteza ou de impacto, no qual, uma parte interessada pode ter um interesse específico. A organização aceitará o risco abaixo daquele limite. A organização não tolerará o risco acima daquele limite.

A perspectiva proativa compreende melhor o risco, já considerando a *sociedade de risco* e as boas práticas para soluções dos riscos. Nessa abordagem tudo irá depender do grau de tolerância, o apetite pelo risco e os limites dos riscos que as firmas julguem rentáveis. As empresas irão criar cálculos matemáticos, atuários, econométricos, financeiros, operacionais, entre outros, avaliando se estão ou não com predisposição de correr determinados riscos. Inclusive, a depender dos riscos, pode-se terceirizar, afinal, o setor de seguros ganha cada vez mais força dentro do mercado. Agora, se a análise for constituída de políticas públicas pautadas no *devir*, que considerem todo o ciclo de vida dos projetos, há uma quebra de paradigmas. Para Sánchez (2001, p. 159), "essa abordagem pressupõem uma visão radicalmente nova de um empreendimento industrial, que passa a ser encarado como uma forma temporária de uso do solo, que pode ser reversível e dar lugar a novos usos". Consequentemente:

> Essa perspectiva considera uma instalação industrial do ponto de vista de seu ciclo de vida, incluindo, portanto, o planejamento de um eventual fechamento, e, nesse sentido, tem um alcance muito mais amplo que as estratégias preventivas. Evidentemente, uma estratégia proativa utilizará diversas ações e instrumentos de caráter preventivo, mas seus pressupostos englobam outra concepção de planejamento, baseada no reconhecimento de que os empreendimentos têm certa duração, ou seja, seu ciclo de vida (Sánchez, 2001, p. 159).

Pensando nessas abordagens proativas, o Ibram buscou deixar suas contribuições no que se refere ao fechamento das minas, criando um "Guia para Planejamento do Fechamento de Mina". Devemos reforçar que, assim como o PMBOK, esse guia visa ampliar o olhar dos profissionais da área com caráter orientativo. O escopo não consiste em questões normativas, regras gerais, mas um guia que auxiliasse ao planejamento do fechamento de mina, esse escopo varia conforme as características de cada empreendimento. Em outras palavras, isso consiste em um guia com as melhores práticas, que os administradores e engenheiros das empresas devem adaptar, conforme a sua realidade.

As premissas e propósitos do Guia começam analisando, no contexto internacional, a forma como se avalia a questão mineral. Utilizando-se da declaração final da Conferência Rio+20 – Conferência das Nações Unidas sobre o Desenvolvimento Sustentável –, conhecida como "O futuro que queremos", reforça a importância da mineração na economia mundial moderna, sendo importante principalmente para os países em desenvolvimento. No documento afirma que a mineração, quando pautada pela ótica do desenvolvimento sustentável, pode melhorar indicadores como pobreza e desigualdades, desde que os governos sejam fortes, regulando e gerindo a indústria mineral (Sánchez, 2013; Rio+20, 2012). No seu parágrafo 228, reforça a atualidade e importância do tema.

> Reconhecemos a importância de fortes e eficazes leis e normativas, políticas e práticas para o setor da mineração, que ofereçam benefícios econômicos e sociais e incluam garantias eficazes visando reduzir os impactos sociais e ambientais, bem como conservar a biodiversidade e os ecossistemas, inclusive após o fechamento das minas. Apelamos aos governos e empresas para promoverem a melhoria contínua da prestação de contas e transparência, bem como a eficácia dos mecanismos pertinentes em vigor para evitar os fluxos financeiros ilícitos a partir de atividades de mineração (Rio+20, 2012, p. 46).

O plano de fechamento em teoria é realizado por diversas empresas de mineração no Brasil e no mundo, apesar de ser bastante complexo encontrar esses documentos no Brasil. Sánchez (2015) compreende que esse plano muitas vezes visa atender alguns requisitos de determinações legais, políticas corporativas, certificações, do mercado de capitais, para que criem mecanismos ante as incertezas desses projetos. Devemos ressaltar que um plano adequado de fechamento de mina protege diversos stakeholders, como: acionistas, governos, comunidade local, sociedade em geral, fornecedores e gerações futuras. Esse é um documento crucial, pois visa reduzir o passivo ambiental dentro da *sociedade de risco* por uma perspectiva em *devir*, a qual compreende ao menos alguns dos *efeitos colaterais latentes* da atividade por um prisma temporal de longo prazo em diversas escalas espaciais.

Sánchez (2013) destacou que as etapas de uma mina apresentam uma terminologia que pode gerar confusão, todavia seriam cinco principais etapas a se considerar: estudo de viabilidade, implantação, operação, desativação e pós-fechamento (Figura 4.36). Para o autor, o ciclo de vida é crucial dentro do cenário de fechamento e pós-fechamento, pois devemos considerar alguns cenários devido às incertezas dos empreendimentos (Figura 4.37). Algo que chama atenção é: "para efeitos de planejar o fechamento, não há necessidade de detalhar essa fase", visto que o período de pós-operação é dividido em duas fases: desativação e pós-fechamento (Sánchez, 2013, p. 41). Nesse sentido, "[...] fechamento não é uma etapa, mas um momento que marca a completa e satisfatória implementação das medidas necessárias para assegurar que a área da mina possa ter novo uso" (Sánchez, 2013, p. 41). Logo:

> Se o sentido de planejar o fechamento implica, principalmente, preparar cuidadosamente as etapas de desativação e de pós-fechamento, uma das claras concordâncias entre os especialistas no mundo acadêmico e na indústria é que o fechamento deve começar a ser pensado e planejado deste antes da abertura da mina. Não é outra orientação deste Guia (Sánchez, 2013, p. 42).

Figura 4.36 – Etapas do ciclo de vida de uma mina

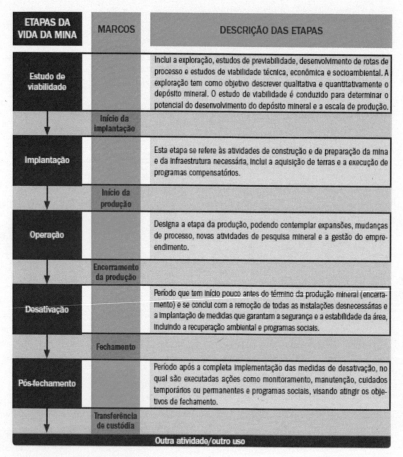

Fonte: Sánchez (2013, p. 42)

Figura 4.37 – Etapas do ciclo de vida de uma mina e alguns cenários.

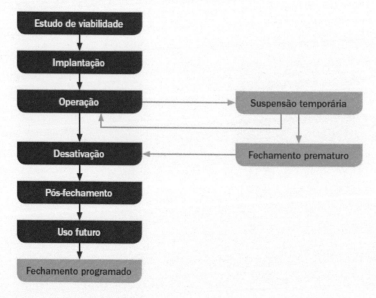

Fonte: Sánchez (2013, p. 43)

Dentro do ciclo de vida dos projetos minerários devemos ressaltar dois cenários que são bastante comuns para esses empreendimentos: suspensão temporária e fechamento prematuro. Sánchez (2013, p. 44) destacou que a *"suspensão temporária* ocorre quando, por algum motivo, a empresa decide paralisar sua produção, com expectativa de retomá-la em um futuro previsível". Um exemplo recente, devido ao evento de rompimento de uma barragem, refere-se à mineradora Samarco S.A., que prevê seu retorno para 2020 no município de Mariana/MG. Conforme o autor, são variados os motivos para suspensão temporária, que pode ter uma natureza econômica, técnica, jurídica, logística ou mercadológica. Enquanto vigora o período de suspensão, o empreendedor continua realizando o monitoramento, controle e manutenção da área.

Entretanto, o questionamento que se faz refere-se ao *devir*, afinal, pode ser mais compensador para o empreendedor ficar realizando atividades corretivas e até reativas. Sem perspectivas de retorno real, uma estratégia consiste em postergar o custoso processo de *desengenharia*, dada a inação do Estado. Podem protelar com tamanha intensidade a ponto de cair no esquecimento, alegando suspensão temporária, visto que a sociedade desconhece por completo os trabalhos executados na mina, que podem até apresentar um estado de abandono, ampliando os efeitos colaterais latentes.

O cenário referente ao *fechamento prematuro* refere-se aos empreendimentos cuja produção é encerrada antes do programado. Basicamente, isso consiste em afirmar que a empresa não tem mais interesse na mina, pois a próxima etapa consiste na sua desativação. Sánchez (2013, p. 44) destacou que "o fechamento prematuro é muito frequente na mineração", por ser tratar de uma atividade de risco, pode apresentar motivos diversos. Conforme observado, a mina torna-se economicamente inviável em termos financeiros, devido ao aumento dos níveis materiais e energéticos necessários para se realizar a extração. Todavia, ainda há minério, cuja exploração, devido ao ponto de equilíbrio financeiro, torna-se inviável. Questiona-se se, dentro de uma perspectiva totalmente econômica, há mecanismos de controle com relação à boa-fé dos empreendedores. Aparentemente, torna-se financeiramente viável alegar uma suspensão temporária, com temporalidades incertas, até um momento em que a empresa possa nem mais existir.

Nesse cenário, os municípios nem lembrarão o que foi o CFEM, o Estado não terá implementado mecanismos de comando e controle, como um fundo soberano, e todo o passivo ambiental recairá à sociedade. Apesar desse cenário, não se deve desconsiderar que a literatura apresenta que no período pós-fechamento existem duas ações de monitoramento e controle importantes, sendo elas o cuidado permanente[72] e o cuidado temporário ou transitório[73]. A primeira abordagem apresenta um cuidado ativo por parte do empreendedor, enquanto na segunda o cuidado é passivo. Ambos os casos requerem a presença da empresa, no entanto, se o Estado se mantiver inerte ao tempo e espaço, ela poderá nem mais existir, recaindo todo o passivo para a sociedade.

Observamos que dentro da *sociedade de risco* a *desengenharia* é um ferramental poderoso. Pensando no plano de fechamento de minas, existem boas práticas, as quais devem ser potencializadas e divulgadas. Existe toda uma literatura que compreende se a mineração é uma dádiva ou maldição, pois a mão invisível do mercado visivelmente não funciona quando o assunto são recursos naturais

---

[72] "Cuidado permanente, quando se requer a presença da empresa para executar as ações necessárias para se atingir os objetivos de fechamento e que podem perdurar por vários anos, sendo a situação mais citada à operação de sistemas de tratamento de águas ácidas provenientes de pilhas, barragens e lagos de cavas. Este cenário também é conhecido como de cuidado ativo" (Sánchez, 2013, p. 46).

[73] "Cuidado temporário ou transitório, quando as ações necessárias se restringem a tarefas como inspeções, monitoramento ambiental e geotécnico, serviços de reparação de sistemas de drenagem, de manutenção de áreas revegetadas e outros, e podem ser inteiramente conduzidos durante a etapa pós-fechamento. Este cenário usualmente requer ações episódicas ou poucas visitas à área, mas pode requerer vigilância contínua. Os sistemas conhecidos como de "tratamento passivo" – a exemplo de alagados para controle de drenagem ácida e de atenuação natural, barreiras reativas e outras medidas de remediação de áreas contaminadas são muitas vezes denominadas de cuidado passivo" (Sánchez, 2013, p. 46).

exauríveis. Há inclusive soluções para o tratamento da doença holandesa[74] que parte essencialmente da reordenação do Estado para que se evitem trocas economicamente e ecologicamente desiguais dentro do mercado globalizado. A sociedade pode empobrecer e não enriquecer, mesmo abundante em preciosidades minerais, caso opte por não restringir a *capacidade de suporte*, ampliando o nível de consumo e poluição em que os fluxos de estoque e fundos de serviços são esgotados e contaminados, afetando, desse modo, todo o mundo. Todavia, não é devido à dificuldade de soluções simples, por depender não unicamente de um governo, mas de uma postura global entre os países, para que a maldição dos recursos possa ser superada, tornada uma dádiva aos povos.

Stiglitz (2005) destacou ainda que, conforme a extração dos recursos naturais se intensifica, invariavelmente o país perde riquezas, a menos que os recursos gerados sejam investidos no desenvolvimento do país. Em outras palavras, o autor considera que a extração por si mesma torna o país mais pobre e que dependerá dos atores políticos e econômicos para escapar dessa maldição. Um país rico em recursos minerais só irá se tornar rico de fato quando o Estado atuar para que haja um *efeito transbordamento* em todos os elementos espaciais, logo um Estado forte é mais que necessário. Não é por acaso que o relatório da Rio+20 faz um apelo tão forte para a melhoria contínua do governo e também das empresas.

Em todos os casos, fica clara a importância do Estado para as firmas, no qual Sánchez (2013) apresenta sete diretrizes importantes, sendo:

> 1. O planejamento do fechamento deve começar desde a concepção do projeto de uma nova mina;
> 2. A empresa deve planejar o fechamento de minas em atividade;
> 3. O planejamento do fechamento deve envolver as partes interessadas externas e internas;
> 4. Os resultados do planejamento devem ser registrados em planos de fechamento e outros documentos correlatos;
> 5. A empresa deve estimar todos os custos associados ao fechamento de uma mina;
> 6. A empresa deve acompanhar o desenvolvimento socioeconômico local;
> 7. O plano de fechamento deve ser atualizado sempre que houver modificações substanciais no projeto da mina ou nas condições do entorno.

O presente trabalho não tem como escopo entrar em cada um dos tópicos, afinal, todas as diretrizes já são muito bem abordadas no trabalho do autor. No entanto, buscamos compreender a existência de práticas que auxiliam a sociedade na busca de um posicionamento pautado no *devir*. Todas essas diretrizes, nesse sentido, vão ao encontro de tudo que está sendo abordado ao longo do trabalho, sendo que, para ocasionar o *efeito transbordamento*, entendemos que se torna fundamental o Estado e as firmas escutarem a todos, independentemente do nível de poder e interesse dos *stakeholders*. Apenas pelo processo de supressão, acumulação e superposição que liga todos os elementos espaciais torna-se possível resolver determinadas questões tão complexas. Se não for assim, devemos apenas retornar ao questionamento: o que acontece quando nada acontece?

Por fim, para criar movimento a indagação acima do exposto, podemos apresentar de forma resumida como pode ser possível por meio de instrumentos e políticas criar um cenário para ação de desativação de empreendimentos industriais. Sánchez (2001) compreende que a gestão de sítios

---

[74] "A doença holandesa é um problema antigo, essencial para a compreensão do desenvolvimento e do subdesenvolvimento, mas só foi identificada nos anos 1960, nos Países Baixos, onde a descoberta e exportação de gás natural apreciou a taxa de câmbio e ameaçou destruir toda a indústria manufatureira do país. A doença holandesa é a crônica sobre apreciação da taxa de câmbio de um país causada pela exploração de recursos abundantes e baratos, cuja produção e exportação são compatíveis com uma taxa de câmbio claramente mais apreciada do que a taxa de câmbio, essa taxa de câmbio a torna competitiva internacionalmente para com as demais empresas de bens comercializáveis que usam a tecnologia mais moderna existente no mundo. É um fenômeno estrutural que cria obstáculos à industrialização ou, se tiver sido neutralizada e o país se industrializou, mas, depois, deixou de sê-lo, provoca desindustrialização" (Bresser-Pereira; Marconi; Oreiro, 2016, p. 1-3).

e solos contaminados é referência constante para o problema, carecendo de maior sistematização de procedimentos ou legislação. Percebemos que "a mera proibição legal não se tem mostrado muito eficaz, principalmente quando o Estado é desaparelhado para fazer cumprir a lei" (Sánchez, 2001, p. 166).

Dessa forma, buscando criar um cenário de luz para a questão, Sánchez (2001) propõe cinco diretrizes que devem ser utilizadas como instrumentos para a desativação de empreendimentos industriais, sendo: diretrizes governamentais, normas técnicas, garantias financeiras, contabilização do passivo ambiental e seguro ambiental.

As *diretrizes governamentais* apresentam instrumentos de caráter normativo, que são aqueles que trabalham no sentido de leis e regulamentos governamentais. Cabe aos agentes privados transformar em prática as ações, visto que as instituições do Estado ficam incumbidas em regular, licenciar e fiscalizar. Importante destacar alguns exemplos, como: responsabilização dos poluidores por danos ambientais; disposição específica sobre desativação; apresentação de um plano de fechamento; exigência de garantias financeiras; padrões de qualidade. Assim existe uma experiência acumulada quanto ao tema, a Figura 4.38 pretende sintetizar os procedimentos para diretrizes governamentais, inspirada inclusive no setor mineral, que já tem bastante vivência em desativação em relação ao mundo (Sánchez, 2001).

Figura 4.38 – Procedimento para o planejamento da desativação de um empreendimento industrial

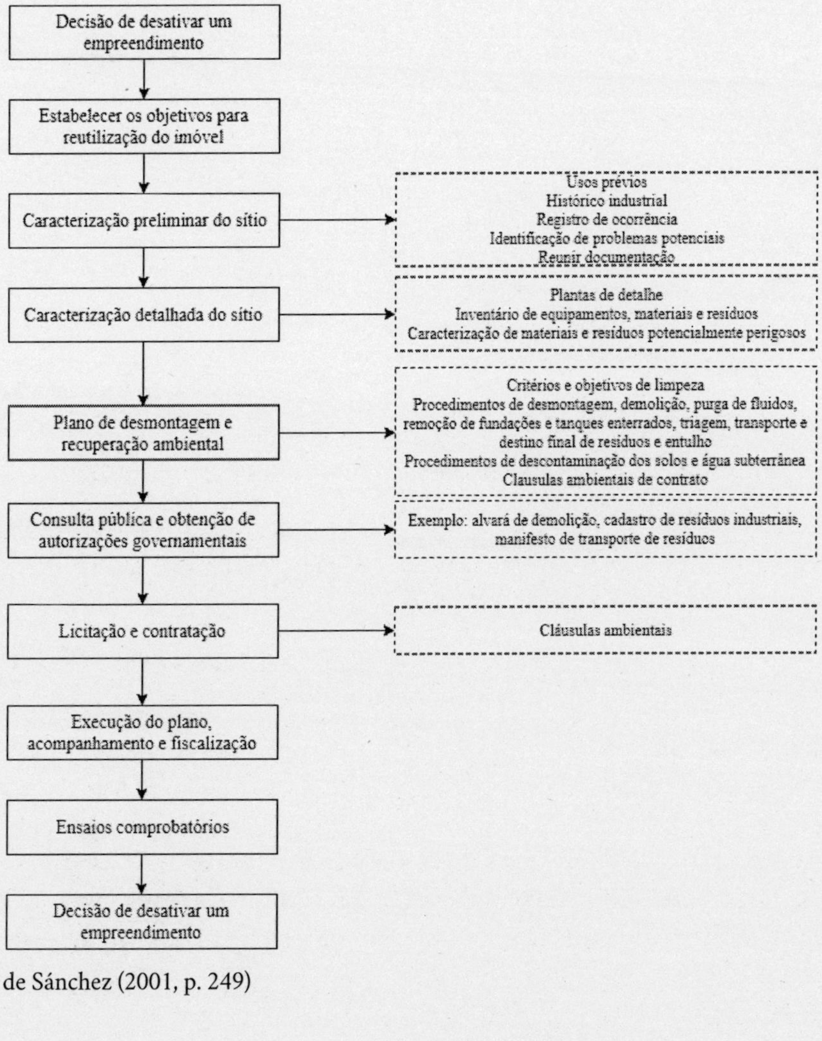

Fonte: Adaptado de Sánchez (2001, p. 249)

As *normas técnicas* geralmente são atreladas às diretrizes governamentais, as quais podem ser elaboradas por meio de consultas aos setores interessados. Todavia, "o termo norma técnica será empregado aqui para designar as especificações de procedimentos emanadas de organismos nacionais ou internacionais" (Sánchez, 2001, p. 174). Dois exemplos bastante conhecidos são a Associação Brasileira de Normas Técnicas (ABNT) e a Organização Internacional de Normatização (ISO).

Umas das notas técnicas muito importantes para as empresas do setor mineral são as séries ISO 9000 e 14000, além da ISO 45001 (antiga OHSAS 18001) e ISO 50001, desconsiderando a ISO 15000. A série ISO 9000 é um grupo de normas técnicas que estabelecem um padrão de qualidade, ou seja, compõem um sistema de gestão da qualidade, visto que os certificados mais famosos são: ISO 9001– trata de orientações sobre a qualidade dos projetos; ISO 9004 – se refere a diretrizes para o sucesso dos negócios; e ISO 19011 – tem diretrizes para auditorias em sistema de gestão. A ISO 45001 refere-se às normas internacionais para gestão de segurança e saúde ocupacional. Já a ISO 50001 está relacionada com a gestão e conservação de energia. Por fim, a mais relevante para o presente trabalho, refere-se à série ISO 14000, que estabelece as diretrizes sobre a gestão ambiental das empresas.

Em suma, o sistema ISO 14000 parte do gerenciamento ambiental dividido em três seções: planejamento, implementação e avaliação de objetivos. Contudo, Slack, Chambers e Johnston (2009, p. 663) destacam que para a obtenção deste certificado alguns requisitos são necessários:

1. Compromisso da alta gerência com a administração ambiental;
2. Desenvolvimento e comunicação de uma política ambiental;
3. Estabelecimento de requerimentos que sejam relevantes do ponto de vista legal e regulador;
4. Estabelecimento de objetivos e metas ambientais;
5. Estabelecimento e atualização de um programa ambiental específico ou programas pensados para atingir os objetivos e metas;
6. Implementação de sistemas de apoio como treinamento, controle operacional e planejamento de emergência;
7. Monitoramento e medidas frequentes de todas as atividades operacionais;
8. Procedimento para auditoria completa a fim de rever o funcionamento e a adequação do sistema.

Destarte, de acordo com Slack, Chambers e Johnston (2009, p. 663), o grupo de padrões ISO 14000 pode ser sintetizado nas seguintes áreas:

1. Sistemas de gerenciamento ambiental (14001, 14002, 14004);
2. Auditoria ambiental (14010, 14011, 14012);
3. Avaliação de desempenho ambiental (14031);
4. Rotulação ambiental (14020, 14021, 14022, 14023, 14024, 14025);
5. Avaliação do ciclo de vida (14040, 14041, 14042, 14043).

As *garantias financeiras* são estratégias que, a nosso ver, são fundamentais quando se pensa na questão mineral pelo prisma do *devir*. Basicamente, exigem das firmas depósito bancário ou outra forma de garantia financeira, afinal, devido às degradações ambientais inerentes aos projetos, há a necessidade de recursos para garantir que, no caso de ausência da firma, o Estado tenha recursos para assumir, pois, no fim das contas, são corresponsáveis. Para Sánchez (2001, p. 177), "a recuperação de áreas degradadas pela mineração vem sendo objeto de regulamentações desde pelo menos a década de 1980".

Diversas leis são adotadas para que as empresas apresentem garantias financeiras para executar os programas de recuperação ambiental. Não apenas esses programas devem ser contemplados dentro das garantias financeiras, apenas recuperar áreas degradadas não é uma solução que contempla a totalidade. Desse modo, observamos a necessidade de fundos para projetos de *desengenharia*, como os planos de fechamento de mina, que precisam pensar o território após a mineração. Existem diversos casos no Brasil que, após o fim das atividades minerais, e mesmo aqueles que ainda estão em execução, pouco agregaram aos territórios locais. Houve o crescimento econômico, pois os lucros e dividendos foram ou estão sendo repartidos. Todavia, em muitos municípios de base mineral não se observa o desenvolvimento local, demonstrando que foram apenas espoliados, apresentando economias de enclave.

É importante destacar que a legislação brasileira permite esta ação, pois a Lei 6.938/81, art. 14, afirma que, sem prejuízo das penalidades definidas pela legislação federal, estadual e municipal, o não cumprimento das medidas necessárias à preservação ou correção dos inconvenientes e danos causados pela degradação da qualidade ambiental. Nesse sentido, a União e os Estados podem legislar sobre seguros, para que se garanta a qualidade ambiental, pois é uma responsabilidade do empreendedor a sua execução, independentemente de culpa (Sánchez, 2001).

Sánchez (2001, p. 185) ressalta ainda que esse princípio vem sendo muito difundido, afinal, "[...] ele nada mais é que um desdobramento do princípio do poluidor pagador, neste caso melhor caracterizado se chamado de degradador-pagador". O autor lembra também que "no Brasil não há a exigência de garantias financeiras, com exceção de algumas leis municipais, mas que somente se aplicam à extração de materiais de uso imediato na construção civil" (Sánchez, 2001, p. 185).

Por esse motivo, este é um tópico de fundamental importância, dada a necessidade de se avançar na construção de instrumentos garantidores de uma sociedade que não arque com esses passivos ambientais e estruturais (*rugosidades espaciais*) e *os passivos do sofrimento social.*

A *contabilização do passivo ambiental* vem se tornando uma ferramenta de suma importância durante as últimas décadas. Até mesmo as garantias financeiras são relacionadas com a base de cálculo dos custos para se recuperar um determinado passivo ambiental. O mercado também enxerga com bons olhos as empresas que têm responsabilidade socioambiental, nesse caso essas empresas apresentam melhores resultados nas bolsas de valores. Quando o tema envolve transações monetárias, como aquisições e fusões, torna-se um ferramental determinante dentro das metodologias de avaliação de empresas[75] e seu valor econômico agregado[76].

Para Sánchez (2001, p. 189), "ao comprador interessa saber a totalidade dos passivos de uma empresa que está sendo adquirida – passivos financeiros, trabalhistas, ambientais –, pois seu valor deve ser descontado do preço da empresa". Um exemplo importante de um dos grandes acidentes ocasionados com barragem é a operação da Vale S.A. em Brumadinho, Minas Gerais, que foi uma aquisição da empresa Ferteco S.A. A Vale S.A. ao comprar a Ferteco S.A. assumiu o risco, em sua totalidade, pois devemos questionar se na avaliação da empresa este passivo estava plenamente mensurado. Isso posto, "a contabilização ambiental tem-se tornado, assim, uma exigência do próprio mercado" (Sánchez, 2001, p. 189).

---

[75] Existem diversas metodologias de avaliação de empresas, sendo as mais conhecidas: metodologia de valor contábil; metodologia do valor patrimonial de mercado; metodologia do valor de liquidação; metodologia de preço/lucro; metodologia de capitalização dos lucros; metodologia dos múltiplos de faturamento; metodologia dos múltiplos de lucros; metodologia dos fluxos de caixa descontados; metodologia do valor presente líquido; metodologia das opções reais; e metodologia do TIR e *payback*.

[76] Existem diversas metodologias de avaliação de empresas, sendo as mais conhecidas: valor econômico agregado (EVA®); custo médio ponderado (CMPC); e valor de mercado agregado (MVA®).

O *seguro ambiental* contempla o princípio da responsabilidade solidária e/ou princípio da responsabilidade objetiva. O seguro ambiental é uma opção para as firmas em relação a possíveis danos ambientais, visto que o assegurado, por meio de sua apólice, garante recursos para perdas ou danos ecológicos. O mercado de seguros vem se desenvolvendo exponencialmente no mundo, tornando-se uma estratégia de contingência para diversas firmas. Existem diversos tipos de seguros e apólices, que variam conforme a abrangência e amplitude. Além de oferecer um apoio financeiro, o seguro ambiental tem a vantagem de obrigar as firmas a seguir determinados procedimentos técnicos e gerenciais. Basicamente consiste em garantir às firmas proteção contra possíveis prejuízos gerados por danos ambientais, e não representa uma carta branca para poluir, pois as empresas precisam comprovar no seu dia a dia as obrigações ambientais.

O Projeto de Lei 2.313/2003 buscou tornar obrigatório o seguro ambiental para projetos de licenciamento que causem impacto ao meio ambiente. Logo, implementa o seguro de responsabilidade civil do poluidor, pessoa física ou jurídica que exerça atividade econômica potencialmente causadora de degradação ambiental. Esse projeto vai ao encontro do abordado por Sánchez (2001, p. 192). Há tempos ocorre um debate para a exigência de seguro obrigatório para projetos de elevado risco, apesar de as empresas do setor se demonstrarem contrárias, pois "[...] isso poderia incentivar a negligência dos poluidores e algumas companhias de seguros poderiam sair do mercado devido ao alto risco". Entretanto, as empresas de seguro passaram por diversas reformulações estratégicas com o passar do tempo, com o objetivo claro de maximização de riqueza, e podem até intensificar as exigências para com as firmas relapsas para com o ambiente natural.

Os instrumentos – diretrizes governamentais, normas técnicas, garantias financeiras, contabilização do passivo ambiental e seguro ambiental – para desativação de empreendimentos industriais podem ser resumidos da seguinte forma:

> Esses diferentes instrumentos são complementares. Justamente com políticas públicas explícitas e compromissos empresariais firmes, constituem uma caixa de ferramentas que, se convenientemente utilizadas, podem prevenir a formação de passivos ambientais ao encerrar-se uma atividade industrial. Conjugadas as ferramentas de planejamento de projeto (como a avaliação de impacto ambiental) e de gerenciamento (como os sistemas de gestão ambiental), eles permitem que os empreendimentos industriais sejam planejados, implantados, operados e desativados minimizando-se os impactos ambientais. Como toda ferramenta, contudo, a qualidade do resultado depende de quem a utiliza e da forma como ela é empregada (Sánchez, 2001, p. 193).

Devemos reforçar as boas práticas no encerramento de estruturas de disposição de rejeitos, lembrando que o planejamento do fechamento de mina deve ocorrer na fase inicial do projeto, antes mesmo da sua operação. Deve sempre considerar os aspectos técnicos, ambientais, sociais e econômicos, de forma progressiva. Ao considerar o ciclo de vida fica evidente que no caso da mineração deve ser planejado para fechar, dado o exaurimento da mina, ou seja, planejar o fechamento de mina de forma progressiva (Figura 4.39). Quando se pensa nas estruturas de disposição de rejeitos, estas ocorrem em paralelo com as atividades de fechamento de mina. O encerramento dessas estruturas ocorre com a confirmação de que a estrutura já alcançou sua vida útil e/ou não é mais necessária para a operação da mina (Figura 4.40). Outro ponto importante é o programa de fechamento (Figura 4.41), o qual busca de forma integrada garantir que o projeto contemple ações para o encerramento. Este programa consiste em um conjunto de atividades multidisciplinares para que se possa avaliar as soluções para cada etapa do programa (IBRAM, 2019).

Figura 4.39 – Conceito de fechamento de mina (progressivo)

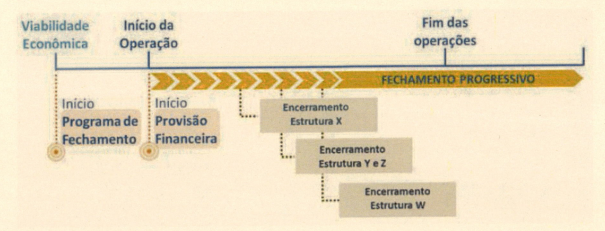

Fonte: IBRAM (2019, p. 107)

Figura 4.40 – Fases do ciclo de vida de uma mina e de uma estrutura de disposição de rejeitos

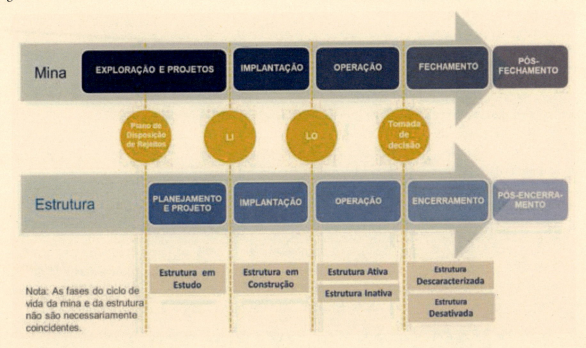

Fonte: IBRAM (2019, p. 108)

Figura 4.41 – Etapas de um programa de encerramento de estruturas de disposição de rejeitos

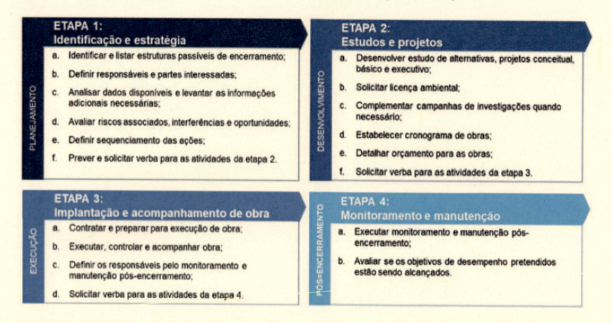

Fonte: IBRAM (2019, p. 108)

É importante destacar o papel e as responsabilidades do empreendedor nessa fase, sendo necessárias equipes próprias, projetistas, engenheiro de registros (EdR), fiscalização e revisores independentes. Logo, todo o projeto deve ser *projetado para fechar* ou mesmo *operar para fechar*, devendo ser incorporados conceitos e práticas em todas as etapas de engenharia e operação. Os aspectos de gestão mais importantes para este momento são: gestão da informação, gestão de mudança, análise e gestão de riscos. Não se deve esquecer que os recursos para esta etapa devem ser provisionados, ficando bem claro nos balanços e demonstrações contábeis (IBRAM, 2019).

Por fim, observamos um elevado nível de incertezas no plano de fechamento de minas, por diversos elementos que evoluem dentro de um tempo histórico (social, ambiental e técnico). Para mais informações sobre as formas e procedimentos utilizados nos principais guias de boas práticas, bem como seus níveis de incerteza, sugerimos o trabalho de Neri (2013). Para o nosso estudo de caso, o Projeto Salobo, a Sete Soluções e Tecnologias Ambientais (2018, p. 370) destacou as principais normas e referências técnicas utilizadas em seu plano de fechamento de mina, vejamos:

1. Normas Regulamentadoras da Mineração, estabelecidas pela Portaria DNPM n.º 237/2001, em especial: i) o NRM n.º 20, que disciplina os procedimentos administrativos e operacionais em caso de fechamento de mina (cessação definitiva das operações mineiras), suspensão (cessação temporária) e retomada de operações mineiras; ii) NRM n.º 21, relacionada à reabilitação de áreas pesquisadas, mineradas e impactadas.

2. Guia para o Planejamento do Fechamento de Mina, 2013 – Ibram.

3. Guia de Diretrizes da Global Reporting Initiative – versão g3.

4. Kit de Ferramentas do International Council on Mining & Metals (ICMM) – 2008.

5

APLICAÇÃO DO MODELO PROPOSTO AO PROJETO SALOBO: DA TOTALIDADE AO LOCAL

Esta seção apresenta os resultados da pesquisa a partir das estruturas teórica, conceitual e metodológica que foram apresentadas ao longo do livro. Da síntese desse conjunto de áreas, trabalhamos com conceitos, noções e categorias da economia, ecologia, sociologia, engenharia, direito, geografia, administração, física, biologia, entre outros, constituindo a base do instrumental proposto apresentado no modelo teórico da Figura 3.16. Esse modelo é uma provocação teórica, dentro de um esforço para sintetizá-lo em uma imagem que compreenda tanto o espaço geográfico como o tempo histórico, carecendo, ainda, de uma análise empírica, da totalidade ao local. Nesse sentido, partimos de um modelo conceitual para a realidade, pautados na teoria substantiva.

Com vistas de um estudo empírico ao modelo teórico, foi escolhido um objeto espacial relacionado à questão mineral, sendo a barragem de rejeito do Projeto Salobo/PA. A mineração apresenta todas as características necessárias para a modelagem teórica, buscando uma interação entre a geografia humana e a economia ecológica, considerando formas para se alcançar o *efeito transbordamento*. Sabemos que a mineração faz uso de matéria e de energia ao longo do seu processo produtivo, isso dentro dos *sistemas de ações* e *sistemas de objetos*. Portanto, devemos entender a distribuição e abundância (produção, consumo, circulação e distribuição) e suas relações espaciais e temporais, considerando, com isso, todos os elementos espaciais que as modificam, e a importância do Estado e suas instituições para minimização dos riscos e vulnerabilidades do empreendimento.

Posto isso, consideramos que os elementos espaciais devem ser analisados por meio da compreensão da *estrutura, processo, função* e *forma*, havendo limites do Estado, dos Direitos Humanos e dos recursos que interferem no seu funcionamento. Adicionando os pilares da economia ecológica (*distribuição justa, escala sustentável e alocação eficiente*), temos o início do processo que diz respeito ao *efeito de transbordamento*. Esse efeito é um pensamento inverso do *efeito derrame*, e busca reorganizar a relação do Estado e as suas instituições com os demais elementos espaciais.

Ao pensar na mineração, a mina a ser estudada refere-se à segunda maior mineradora do mundo, Vale S.A. Há uma relação de promiscuidade entre o Estado e a firma caminhando para o clientelismo, conforme verificado ao longo do trabalho. Esse é o fato gerador do *efeito derrame*, por isso, torna-se necessária uma quebra de paradigmas dos modelos hegemônicos, de modo a buscar a adoção de modelos que desempenhem o *efeito transbordamento* que são pautados no *devir*.

Na sociedade moderna atual, as firmas têm uma inegável representatividade e capacidade de modificação espacial e temporal, com uma força desproporcional de poder e de capital, sendo que apenas o Estado pode equilibrar essa relação, buscando o equilíbrio entre a sociedade e o ambiente natural. Para Nexo (2017), as firmas são mais poderosas que o Estado, sendo que em 2015, das 100 maiores receitas mundiais, 69 foram de empresas e 31 de governos. Esse levantamento feito pela ONG Justiça Global apresenta a Walmart como recebedora de mais recursos em 2015 do que 90 % dos países, com uma receita de US$ 482 bilhões.

A Vale S.A., em 2018, mesmo depois do ocorrido com a barragem de Fundão, da Samarco S.A., teve o melhor resultado financeiro dos últimos anos, com um valor de mercado de cerca R$ 300 bilhões, virando a vice-líder da bolsa de valores brasileira (BM&FBovespa). Após o rompimento da barragem o valor de mercado da empresa perde R$ 73 bilhões, sendo que no dia 25 de janeiro de 2020 o valor já estava em R$ 287,8 bilhões, bem próximo ao montante de 2018. No último pregão, antes do crime corporativo, em 2019, em Brumadinho/MG, as ações da Vale estavam cotadas em R$ 56,15, caindo dias depois para R$ 42,29, com uma perda de aproximadamente R$ 73 bilhões em valor de mercado (Valor Econômico, 2019). Um ano depois, semanas antes do rompimento da barragem da Vale, a cotação dos papéis da empresa estava em R$ 53,80, no dia 24 de janeiro de 2020, um dia antes do aniversário do rompimento da barragem em Brumadinho/MG.

Percebemos, portanto, que no Brasil o crime compensa para aqueles que detêm poder e capital, pois há crimes sem castigo. O próprio mercado parece não se preocupar com as perdas da sociedade e os danos ao ambiente natural, pois em menos de um ano o valor de mercado da empresa está bem próximo aos recordes históricos, com alta tendência de alavancagem para os próximos anos. Parte desse otimismo se resume às ações políticas, em um nítido processo relacionado ao *efeito derrame*, constituindo, ao final, problemas graves nos ordenamentos democráticos. Com o "coração de garimpeiro", a Presidência da República lança aos acionistas e pessoas comuns sinais nítidos de que tudo será permitido, deslocando uma massa de miseráveis a uma fantasia de progresso, com elevado desperdício de natureza.

As firmas no modelo estão em um lugar de destaque, com o cuidado de não apresentar a empresa-sujeito ao território-objeto, e sim o território-sujeito à empresa-objeto. Nesse sentido, as empresas constituem uma força elevada para ação humana, dentro da *ordem técnica, jurídica e simbólica*. Ressaltamos que o Estado, como interventor a favor da sociedade e do ambiente natural, tem uma obrigação de aplicação e estruturação dos pilares da economia ecológica, considerando os diversos limites (instituições, recursos e Direitos Humanos), para ações norteadoras das firmas.

Logo, é o Estado que norteia os *sistemas de ações* e os *sistemas de objetos* das firmas, e, consequentemente, altera a ação humana. A ação humana vem caminhando pela visão ética de curto prazo, mas defendemos que a melhor performance deve ser a visão ética de longo prazo. Apenas dentro dessa visão é possível compreender e minimizar a sociedade de risco, com ações como a *desengenharia*, de modo a mitigar os passivos ambientais, e, por que não, os passivos do sofrimento social.

Destarte, a estrutura deste capítulo compreende cinco subcapítulos, buscando validar o modelo de forma empírica, sendo:

1. Histórico e características do empreendimento nos estudos para a firma (5.1): este momento buscará apresentar dentro dos estudos contratados pela empresa, sua *estrutura, processo, função, forma* e suas relações com o *ambiente natural*. Apresenta o histórico do território, da empresa, do projeto, da atuação da empresa no território, e algumas influências socioambientais do empreendimento na região, considerando também o plano de fechamento da mina.

2. Histórico e características da barragem de rejeitos nos estudos para a firma (5.2): o objetivo deste subcapítulo é avaliar o objeto a ser estudado, a barragem de rejeito, uma infraestrutura dentro dos elementos espaciais, que, sem o devido tratamento, torna-se uma rugosi-

dade espacial. Inicialmente apresentamos as etapas de alteamento do projeto, os estudos técnicos e carta de riscos. Posteriormente, demonstramos como a barragem se enquadra na legislação com relação ao seu Dano Potencial Associado (DPA) e Categoria de Risco (CRI) e suas respectivas pontuações, além de programas de monitoramento e controle. Ao final, apresentamos o *Dam Break* da barragem, que realiza a simulação do rompimento da barragem e sua mancha de inundação.

3. As firmas e suas instituições: resultados a partir das observações em campo (5.3): nesta seção será apresentada a visão da firma com relação aos demais elementos espaciais e sua atuação no metabolismo social. Por não conseguirmos entrevistar nenhum membro da empresa, optamos por fazer uma análise da produção, do mercado, da situação financeira e do discurso da empresa, valendo-nos dos mitos do desengajamento moral. Após essa análise, apresentamos a visão de dois funcionários do Ibram, sendo essa instituição de apoio à mineradora, torna-se importante verificar a visão pessoal dos profissionais, buscando ligações com o modelo proposto.

4. O Estado e suas instituições: resultados a partir das observações em campo (5.4): o Estado é central para que ocorra o *efeito transbordamento*, sendo necessário investigar em todos os seus níveis de atuação. Os três poderes foram considerados (Legislativo, Judiciário e Executivo), compreendendo como os servidores interpretam a questão mineral, seus dilemas e desafios. Nos poderes Legislativo e Judiciário optamos por focar apenas na esfera federal. No Legislativo entrevistamos dois servidores que trabalham no Senado Federal (Consultores Legislativos), sendo um da área do Meio Ambiente e outro da área de Minas e Energia. No Judiciário entrevistamos um Juiz Federal e um Promotor de Justiça (MPF). E no Executivo foram analisadas as três esferas (federal, estadual e municipal), auxiliando na compreensão das dificuldades das instituições e identificando espaços de aprimoramento. Desse modo, as instituições estudadas no âmbito federal foram Ibama e ANM, na esfera estadual Semas e Sedeme, e no espaço municipal Semma, Sicom e Defesa Civil.

5. A sociedade e seus movimentos sociais: resultados a partir das observações em campo (5.5): a sociedade e os movimentos sociais estão compreendidos no espaço banal, sendo este a prioridade da pesquisa. Como suas vozes estão sendo silenciadas dentro de um modelo em que o capital passa por cima de tudo e todos, torna-se fundamental compreender a visão daqueles que convivem diariamente com o tema, por estarem no território e haver diversos conflitos com o setor mineral. Foram entrevistados lideranças e representantes dos povos indígenas e militantes de dois movimentos sociais, sendo: povo indígena do Xikrin do Cateté, Movimento pelos Atingidos por Barragens (MAB) e Movimento pela Soberania Popular na Mineração (MAM).

Assim, esperamos que o resultado desses cinco subcapítulos possa demonstrar o modelo teórico proposto como sendo aplicável de forma empírica, auxiliando na construção lógica, e isso constitui um modelo realístico da teoria substantiva. Desse modo, podemos ilustrar a distribuição estrutural da pesquisa de campo na Figura 5.1.

Figura 5.1 – Estrutura da pesquisa de campo

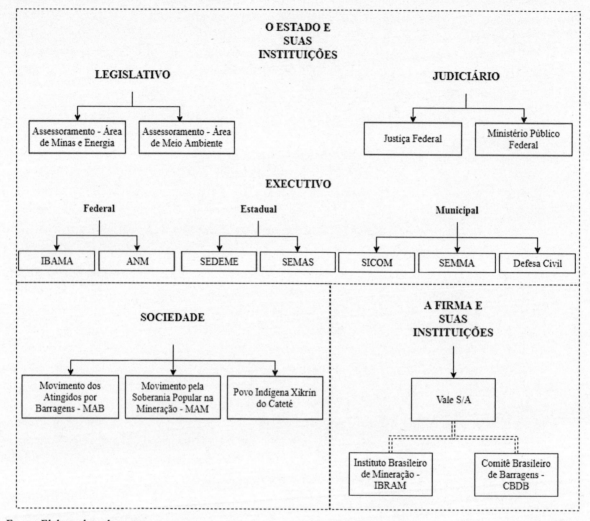

Fonte: Elaborado pelo autor

Todos os profissionais entrevistados apresentaram opiniões, que não devem ser confundidas com a visão da instituição. Logo, todo o relato se baseia na experiência do entrevistado e não significa que é a posição da instituição quanto ao tema. De modo a preservar o anonimato e sigilo, a pesquisa não apresentará nomes, funções, formações, experiências e questões socioeconômicas dos participantes, que foram suprimidas, se concentrando apenas nas informações centrais que possam validar, ou não, o modelo proposto.

A pesquisa não buscou fazer distinção de gênero (masculino e feminino), não atribuindo esse formato ao longo do texto. Entrevistado, juiz, promotor, servidor público, funcionário, gestor, militante, entre outras funções exercitas pelas pessoas, podem ser tanto do sexo masculino como do feminino. Será muito utilizado durante o texto o substantivo "entrevistado" que deve ser compreendido para ambos os sexos. Para garantir o sigilo, será utilizado um sistema de codificação, sendo: LE0X (Poder Legislativo); JU0X (Poder Judiciário); EF0X (Poder Executivo Federal); EE0X (Poder Executivo Estadual); EM0X (Poder Executivo Municipal); FI0X (Firmas e suas Instituições); SO0X (Sociedade). Erros e omissões são de total responsabilidade do pesquisador.

5.1 HISTÓRICO E CARACTERÍSTICAS DO EMPREENDIMENTO NOS ESTUDOS PARA A FIRMA: ESTRUTURA, PROCESSO, FUNÇÃO E FORMA, E O AMBIENTE NATURAL

A evolução da ocupação do território é abordada pela Golder Associates (2004), essa associação distinguiu três etapas que marcam o desenvolvimento econômico e social da região. Na primeira fase, tratada como o processo histórico tradicional, vemos que a partir do século XVII dá-se início a ocupação da região amazônica brasileira. O rio Tocantins era a principal via de acesso, sendo que "por ele navegava os paulistas que, vindos do centro, desbravaram o interior na busca de indígenas, os encarregados da administração colonial, seguidos por religiosos", como os jesuítas, que buscavam colonizar e pacificar os índios na tentativa de uniformização cultural (Golder Associates, 2004, p. 9). Nesse processo, a estrutura utilizada foi a fundação de Belém, em 12 de janeiro de 1616, com o objetivo de fixação dos brancos nos territórios habitados por povos indígenas.

> Provavelmente, entre meados do século XVIII e princípio do século XIX, chegaram ao rio Catete, afluente do Itacaiúnas, os índios Kayapó que após várias subdivisões internas, deram origem aos Xicrin. A chegada dos Kayapó foi significativa em relação à movimentação na área. As sucessivas subdivisões pela qual o grupo passou, apontam uma disputa de território, situação de conflito agravada a partir de meados do século XIX, quando a região passou a ser habitada por ondas de migrantes nordestinos, em busca de seringais (Golder Associate, 2004, p. 9).

Essa primeira fase foi até meados da metade do século XIX, período em que a economia era basicamente pela exploração dos recursos florestais, como madeira, plantas medicinais, corantes para tecidos, cravo, canela, entre outros. A segunda fase, intitulada o ciclo da borracha e as descobertas das jazidas minerais, deu impulso à ocupação do território na segunda metade do século XIX. No auge da borracha, período de 1890 a 1910, esse produto tornou-se responsável por 40% das exportações brasileiras, devido à necessidade dessa matéria-prima na expansão industrial da Europa e os Estados Unidos, relacionada com a invenção dos pneumáticos. Foi nesse momento que ocorreu a fundação de Marabá (1889), com forte aumento populacional. A primeira riqueza encontrada em Marabá foi o caucho[77], na busca de campos para pastagem de rebanhos, observaram sua abundância na região do Tocantins, Araguaia e Itacaiúnas. Em 1913, a produção de borracha colapsa no Brasil, que entra em crise, não contribuindo para o desenvolvimento regional (acumulação de capital regional). Isso implicou a redução de produção de alimentos e criou enclaves econômicos, provocando um vazio na economia regional, que só voltou a melhorar na Segunda Guerra Mundial. De modo a buscar alternativas, no ano de 1927, Marabá assume uma posição de destaque nas exportações de castanha--do-pará. No ano de 1937 há um aumento populacional devido ao garimpo de diamantes, visto que na década de 1960 se observa o potencial mineral da província de Carajás (Golder Associate, 2004).

Na terceira fase têm início as ações governamentais de desenvolvimento da região, com a introdução e consolidação das atividades minerárias. Ações como o ponto de metas do Governo JK criam um ponto de inflexão baseado em diretrizes de integração nacional. As políticas públicas federais na década de 1970 foram voltadas para o desenvolvimento da Amazônia Oriental, que impulsionou diversos programas e projetos na região, visando ao aproveitamento dos recursos naturais (minerais e florestais). A Companhia Vale do Rio Doce (CVRD), por meio da subsidiária Rio Doce Geologia e Mineração (DOCEGEO), realizou a exploração geofísica, geoquímica e as primeiras sondagens da

---

[77] "Planta amazônica pertencente à Mata de Terra Firme e, como a Seringueira, também é produtora de goma elástica, mas seu látex não apresenta as mesmas qualidades do produzido pelo gênero Hevea (seringueira) e precisa ser misturado ao desta". Disponível em: https://www.dicionarioinformal. com.br/significado/caucho/12999/. Acesso em: 12 dez. 2020.

região, que consistem no Projeto Salobo. Em 1977, ocorre a descoberta da jazida de Salobo, localizada 77 km a noroeste da Mina de Ferro da Serra dos Carajás/PA. É importante destacar que essa empresa tem um impacto social e territorial forte, prestando-se ao papel de indutora (âncora) do desenvolvimento econômico e social. Os primeiros resultados obtidos dessa etapa da pesquisa de prospecção estimaram que houvesse cerca de 1,2 bilhão de toneladas de minério sulfatado de cobre, tornando o projeto viável tecnicamente e financeiramente. Entre 1985 e 1988 foram identificados os deletérios no concentrado e inicia-se o projeto-piloto. O projeto-piloto da Usina de Salobo tinha a capacidade nominal de 60 toneladas/dia, do qual foi possível a emissão do documento Estudo de Viabilidade Técnico-Econômico Final, que foi a base para a elaboração do EIA/RIMA do Projeto Salobo (CVRD, 1990; Jaakko Poyry, 1995; Golder Associates, 2006a; Golder Associates, 2006b).

Entre 1989 e 1992, devido a diversas características do minério, a CVRD buscou reavaliações do empreendimento, buscando possíveis sócios ao negócio. No ano de 1993 foi assinado com a Anglo American Brasil Ltda. (Mineração Morro Velho) um acordo de participação societária formando a Salobo Metais Ltda.[78], que também tem participação do Banco Nacional de Desenvolvimento Econômico e Social (BNDES). Nessa nova etapa, dá-se início a novos estudos de viabilidade, com diversas atividades, buscando realizar sondagens geológicas, possibilitando um expressivo ganho de conhecimento das características do corpo mineral de Salobo. Com isso, há a constatação da necessidade de ampliação da escala de produção para aumentar a atratividade do empreendimento. Em 1995 são realizados estudos de viabilidade e verticalização do projeto. Percebemos que a capacidade produtiva necessitava se elevar em 20 milhões de toneladas/ano nos primeiros 10 anos de exploração, após esse tempo, seria necessário ampliar para 26,6 milhões de toneladas/ano, de modo a compensar a redução do teor de cobre (CVRD, 1990; Jaakko Poyry, 1995; Golder Associates, 2006a; Golder Associates, 2006b).

É importante destacar que nessa fase de estudos foi verificado o concentrado de Salobo, com isso temos um indicador do elevado teor de cobre (36 a 38%) e de ouro (16ppm), além da prata, com baixos teores de enxofre. A posteriori, realizamos uma revisão completa do projeto, valendo-nos de uma rota de hidrometalúrgica de oxidação e lixiviação de concentrados, sendo que duas escalas de produção foram propostas: 100 milhões de toneladas/ano e 200 milhões de toneladas/ano. A segunda opção foi aderida e implementada devido a melhor performance econômica. Por fim, o ritmo de produção será de 365 dias por ano, em 2 turnos de 12 horas diárias de trabalho, utilizando-se de 4 turnos de revezamento, com aproximadamente 1.000 funcionários diretos nas primeiras fases, passando para 1.800 na fase de produção máxima. Notamos que os funcionários do quadro gerencial e especializados estarão instalados em residências localizadas no Núcleo Urbano de Carajás e em Parauapebas. O município onde o empreendimento está compreendido pertence ao território de Marabá (CVRD, 1990; Jaakko Poyry, 1995; Golder Associates, 2006a; Golder Associates, 2006b).

O projeto está localizado na região sudeste do estado do Pará, no município de Marabá, na região hidrográfica conhecida como Tocantins-Araguaia, onde o empreendimento está situado na bacia do rio Itacaiúnas, afluente do rio Tocantins. Seu acesso, a partir de Marabá, se dá pelas

---

[78] A Salobo Metais S.A. (SMSA) é uma empresa constituída em 5/11/1996, resultante da transformação da Salobo Metais Ltda. em sociedade anônima, cujo controle é detido, direta e indiretamente, pela Vale S.A., desde junho de 2002. O objetivo da empresa consiste em promover o aproveitamento de jazidas minerais no território nacional, em especial a jazida de Salobo, por intermédio da implantação física do empreendimento denominado Projeto Salobo e, na sequência de suas atividades, ser responsável pela operação, gerenciamento e comercialização dos seus produtos. A jazida está localizada na Serra dos Carajás, distrito e município de Marabá, estado do Pará, obtendo a portaria de lavra emitida pela DNPM n.º 1121/1987 (Golder Associates, 2006a).

rodovias PA-150 e PA-275 em sentido Leste-Oeste, em um percurso de aproximadamente170km até a cidade de Parauapebas e, daí, até o Acampamento 3 Alfa por um prolongamento da PA-275, conhecida como Rodovia Raimundo Mascarenhas, numa distância de 105 km, adentrando o Núcleo Urbano de Carajás. O acesso aéreo é dado pelo aeroporto de Carajás, cuja distância do Núcleo Urbano de Carajás é de 10 km e da cidade de Parauapebas de 15 km. O corpo de minério a ser lavrado se encontra na porção noroeste da Província Mineral de Carajás, entre as coordenadas UTM N – 9.352.500, 9.363.000 e E – 548.000, 558.000, junto ao igarapé Salobo, que está aproximadamente a 15 km a montante de sua desembocadura no rio Itacaiúnas (Golder Associates, 2006b).

Visando à proteção e preservação da biodiversidade do bioma amazônico e considerando o processo de ordenamento do processo de desenvolvimento econômico regional, foi criado na região um mosaico de áreas protegidas, sendo: Floresta Nacional do Tapirapé-Aquiri, Floresta Nacional do Carajás, Floresta Nacional do Itacaiúnas, área de preservação ambiental do Gelado, reserva biológica de Tapirapé, além da reserva indígena dos povos Xikrin (Xicrins). Conforme a Figura 5.2, a unidade minerária do Projeto Salobo compreende estruturas de mineração, industrial, de apoio e controle ambiental, que se inserem nas Unidades de Conservação (UCs) anteriormente citadas. É importante destacar que há Planos de Manejo de Uso Múltiplo das Florestas Nacionais, esses planos disciplinam o uso do solo da Floresta Nacional do Tapirapé-Aquiri, criada por intermédio do Decreto n.º 97.720/1989 (Golder Associates, 2006b).

Figura 5.2 – Unidade Minerária do Projeto Salobo

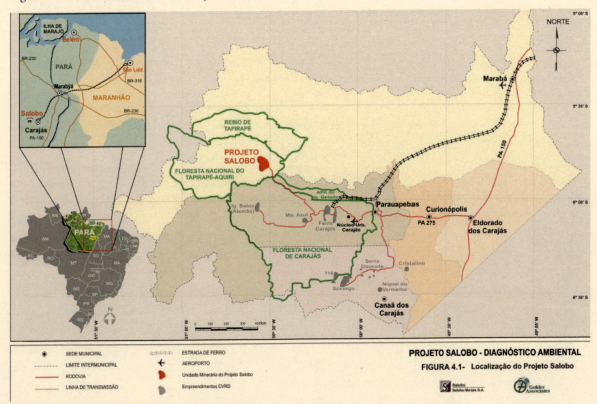

Fonte: Salobo S.A. e Golder Associates (2012, p. 5)

Observamos que os objetivos das informações, até o momento, estão alinhados com o modelo, sobretudo na parte que analisa os *sistemas de objetos* e os *sistemas de ações* e a *estrutura, processo, função e forma*. Além disso, compreendemos o histórico do empreendimento, como ele afetou o espaço geográfico e o tempo histórico, bem como a interação do Estado, Firmas, Sociedade e Ambiente Natural torna-se um elemento importante para a pesquisa. A mineração no Brasil foi, em boa parte de sua trajetória, derivada da ação do Estado, que posteriormente passou para o privado, mas sendo o solo e subsolo propriedades da União.

Como a *estrutura* busca a relação e inter-relação entre as partes, com seu modo de organização e construção, o que foi apresentado por meio dos relatórios do próprio empreendimento auxilia nesse sentido. Percebemos que o foco está relacionado com a estrutura econômica, cabendo aos pesquisadores que buscam compreender pela *totalidade espacial,* outras relações ocultas dentro deste sistema. A base geográfica e ecológica são elementos centrais, afinal, não é possível a economia funcionar sem esses elementos. As ações para o Projeto Salobo iniciaram-se na década de 1970, no entanto somente em décadas posteriores é que foram consolidados os objetos para exploração mineral.

O *processo* culminou nas ações para o desenvolvimento do projeto, modificando as relações temporais e territoriais. Em seus projetos conceituais, até nos projetos executivos, percebemos medidas que buscam a proteção ambiental, no entanto medidas escritas não garantem a sua aplicabilidade. O elemento pessoas não está plenamente apresentável nos principais compromissos do empreendimento, pois, conforme a Golder Associates (2006a, p. 4), estes são:

> 1. Manter um sistema de gerenciamento ambiental, com o objetivo de assegurar que as suas atividades atendam à legislação aplicável e os padrões estabelecidos pela empresa; na falta de legislação específica, a CVRD aplicará as melhores medidas de proteção ambiental e de minimização de riscos;
> 2. Educar e treinar seus empregados para que atuem de forma ambientalmente correta, zelando pela aplicação da política ambiental;
> 3. Desenvolver pesquisas e incorporar novas tecnologias para o contínuo aperfeiçoamento das suas atividades, visando a redução dos impactos ambientais e do consumo de matéria e energia;
> 4. Manter permanente diálogo com seus empregados e a comunidade, objetivando o aperfeiçoamento das ações ambientais;
> 5. Empenhar-se para que as empresas do sistema CVRD adotem práticas compatíveis com esta política ambiental;
> 6. Solicitar de seus fornecedores produtos e serviços com comprovada qualidade ambiental.

Esse é um dos vários processos interessantes para análise, sendo escolhido por adentrar na política ambiental do empreendedor, logo remete ao elemento denominado ambiente natural. O primeiro ponto demonstra a importância do sistema de gerenciamento ambiental que registra, logo no início, que a legislação aplicável pode não ter orientações específicas, pois a firma se comprometeria em utilizar as melhores práticas em âmbito mundial para a minimização dos riscos. Entretanto, a própria história demonstrou quão questionável se tornou a legislação específica, ou suas características de impunidade, e se realmente as firmas estão se valendo das melhores práticas, ou das melhores com os menores custos possíveis. O segundo e quinto pontos são funções internas, visto que o presente estudo não tem elementos para avaliar sua aplicação, pois até o momento, 3 de fevereiro de 2020, a Firma não demonstrou interesse de abrir suas portas para a pesquisa. O terceiro ponto está diretamente vinculado à entropia, por buscar alternativas que reduzam o consumo de matéria e energia, ligando diretamente aos princípios da economia ecológica. O quarto ponto não se verifica na prática, pelo menos não com a comunidade, pois ao longo da pesquisa de campo ficou claro que a firma não é totalmente transparente, evitando ao máximo o diálogo com a sociedade e pesquisadores. Pelo sexto e último ponto é possível verificar que os fornecedores têm sistemas de gerenciamento ambiental, com certificações internacionais a exemplo das ISOs, o que demonstra certo empenho nesse ponto.

A *função* e a *forma* referem-se às atividades ou tarefas que acarretam o aspecto visível de um objeto. Devemos, portanto, compreender de forma mais aprofundada as características e justificativas do empreendimento apresentando a evolução da ocupação do solo, as áreas de influência e diagnósticos ambientais, a legislação aplicável e planos, e programas de gestão, fechando a primeira parte dos resultados, na qual o foco são os relatórios do empreendimento. A *estrutura, processo, função* e *forma* são um ciclo retroalimentado que ao longo dos *sistemas de objetos* e *sistemas de ações* se repetem, completam e interagem. Não é uma tarefa simples separá-los, se é que seja possível, pois são indissociáveis do espaço e tempo de quaisquer estudos. Portanto, o objetivo deste subcapítulo se apresenta nesse desafio, sendo que já foram apresentados o histórico do empreendimento e sua localização espacial, e nos momentos subsequentes serão apresentadas de forma mais aprofundada suas características, atuando na primeira categoria analítica do modelo proposto, o ambiente natural (elemento espacial).

O contexto e localização do empreendimento foram apresentados, faltando as características e justificativas do empreendimento. Conforme a Golder Associates (2006b), Projeto Salobo é uma mina a céu aberto que tem uma planta de beneficiamento do minério, com sistemas de infraestrutura de apoio industrial, administrativo e alojamentos. Os teores médios da lavra são de 0,75% de cobre e 0,44 g/t de ouro. Em seu processo de extração serão produzidos materiais de estéreis e rejeitos que serão dispostos em pilhas e na barragem. O processo de produção pode ser resumido na Figura 5.3. De acordo com a Jakkoo Poyry (1995), a localização e acesso estão compreendidos no complexo industrial de Carajás, utilizando-se dessas estruturas e infraestruturas. A área do empreendimento foi prevista em cerca de 90 hectares.

Figura 5.3 – Fluxograma de processo simplificado do Projeto Salobo

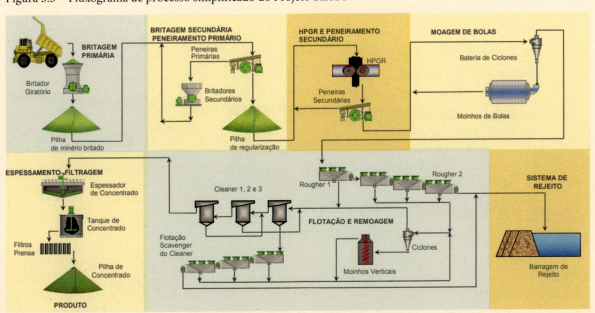

Fonte: Vale S.A. (2012, p. 34)

As justificativas para o empreendimento foram variando conforme o tempo, cabendo destacar algumas características gerais. O relatório de impactos ambientais da CVRD (1990) apresenta duas justificativas para o projeto, uma técnica e outra econômica. A característica técnica reforça a rigidez locacional dos minérios, que independe da ação e vontade do homem. Por ser uma mina a céu aberto, torna a operação mais flexível com a possibilidade de extração de 100% do corpo mineralizado, visto que as tecnologias adotadas são utilizadas no mundo inteiro, garantindo uma racionalidade sob os pontos de vista técnico, econômico e ambiental. A justificativa econômica reforça a importância desse minério, sendo o Brasil exportador desse material, devido a balança comercial de 1987 ter apresentado um déficit de quase 200 milhões de dólares, importando 148.000 toneladas de cobre, sendo que a produção estimada inicial era de 85.000 toneladas, com um faturamento estimado em 18 milhões de dólares por ano. Hoje o Brasil continua sem capacidade de abastecimento interno, visto que os fabricantes do país continuam dependentes da exportação de cobre (Valor Econômico, 2018).

Jakkoo Poyry (1995) destacou quatro justificativas, sendo: técnica, ambiental, econômica e locacional. A justificativa técnica: na obtenção do produto final (cobre catódico) isento de contaminantes, logo não apresenta riscos e desvantagens comerciais no mercado. Já a justificativa ambiental: reforça que haverá uma modificação das características originais do território, mas por já haver outras instalações industriais no complexo, podemos utilizá-las sem maiores danos ambientais, o que reduziria os impactos da operação. Com relação à justificativa econômica: corrobora com a dependência do país na produção de matérias-primas (teoria da dependência), para obter divisas mediante importações. Por fim, há justificativa locacional: salienta que toda a estrutura e infraestrutura para o escoamento do projeto já existem, tornando o local estratégico para o investimento.

Esse relatório destacou a hipótese da não realização do empreendimento, reforçando o discurso de baixo impacto ambiental, mas acrescentamos que para futuras análises devemos considerar a contabilidade ambiental, dada a utilização de recursos não renováveis. Para a CVRD (1990, p. 16), o projeto não é incompatível com os programas do governo, "ao contrário, o empreendimento vai ao encontro com as aspirações e necessidades de desenvolvimento econômico regional". Por fim:

> Em termos técnicos e econômicos, a manutenção apenas do produto na forma de concentrado significa uma perda econômica para o país, através da venda de um produto com menor valor agregado, e além do mais, continuam os problemas da falta desta matéria prima na indústria nacional, com o agravante da diminuição das reservas minerais (Jaakko Poyry, 1995, p. 17).

O ambiente natural consiste em um dos *elementos espaciais* do modelo. Ele é bastante trabalhado nos EIA/RIMAS que são elaborados por consultorias contratadas pela empresa. Não se busca aqui adentrar profundamente nesses pontos, nem inferir sobre a qualidade dos materiais produzidos, apenas relatar alguns elementos que podem auxiliar na compreensão da *totalidade espacial*. Em 2006, a Salobo Metais S.A. (Golder Associates) apresentou um novo Plano Diretor do Projeto, em seu projeto I e II (Figura 5.4 e 5.5), conforme solicitação do Ibama, que incorporou algumas melhorias ambientais do empreendimento. As áreas de influência dos estudos ambientais foram realizadas nos meios físico, biótico e antrópico, elas apresentaram diagnósticos e prognósticos ambientais, além da legislação aplicável e os planos, e programas de gerenciamento a serem adotados.

Figura 5.4 – Plano Diretor do Projeto Salobo I

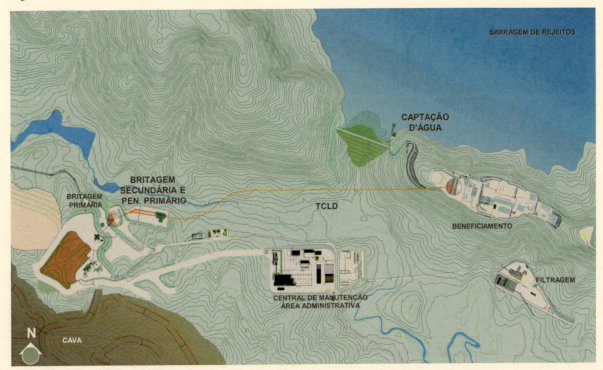

Fonte: Vale S.A. (2012, p. 36)

Figura 5.5 – Plano Diretor do Projeto Salobo II

Fonte: Vale S.A. (2012, p. 37)

A síntese dos estudos com relação dos meios físicos e bióticos apresenta três áreas de influência. A área diretamente afetada (ADA) refere-se às áreas afetadas pelo empreendimento: áreas de cava, as pilhas de estéreis, a planta industrial de beneficiamento, as estruturas de controle ambiental (barragem de rejeitos e finos), as unidades auxiliares (oficinas, almoxarifados, laboratório, depósito de explosivos, posto de abastecimento de combustível), as estruturas de apoio (alojamentos, refeitórios, setor administrativo, portaria), as unidades de infraestrutura (sistema de captação e distribuição de água, sistema de tratamento de esgoto, aterros sanitários, sistemas de telecomunicações). Há também áreas ocupadas pelos acessos, linhas de transmissão e distribuição de energia, além de áreas para serviços de terraplanagem e obras civis. A área de influência direta (AID) circunscreve a ADA. Devemos considerar territórios sujeitos aos reflexos diretos da implementação do empreendimento. O critério utilizado para a análise foi o geomorfológico, que leva em consideração os elementos do relevo ou hidrográficos que são barreiras imediatas ao empreendimento. Todavia, há uma extensão devido a alguns fatores ambientais, considerando um grupo de áreas diretamente impactadas, considerando a qualidade das águas e a ictiofauna. Por fim, a área de influência indireta (AII) é a área que circunscreve a AID, considerando toda a bacia hidrográfica a montante da área de intervenção, acrescida da floresta Tapirapé-Aquiri (Golder Associates, 2004; Golder Associates, 2006b).

Os estudos do meio socioeconômico e cultural seguem a mesma linha de raciocínio, devido à área diretamente afetada (ADA) estar delimitada pelo complexo industrial, considerando toda a infraestrutura. Foram adicionadas à composição dessa área duas alternativas de percurso da estrada de acesso ao Projeto Salobo e da Linha de Transmissão, por passar por áreas de ocupação humana, como o assentamento de colonos APA do Gelado. A área de influência direta (AID) compreende o núcleo urbano de Parauapebas (distância de 100 km do projeto), que já tem uma estrutura para absorver os impactos do empreendimento devido a outros projetos da região dos Carajás. Por fim, a área de Marabá refere-se à área de influência indireta (AII), pois é o município sede do projeto, apesar de estar a uma distância considerável (280 km). Não são relatadas outras áreas de influência direta ou indireta nos documentos analisados (Golder Associates, 2004; Golder Associates, 2006b).

Durante o ciclo de vida, ADA, AID e AII são avaliadas separadamente conforme cada etapa, instalação, operação e fechamento, separado em meio físico, biótico e antrópico. Com relação ao meio físico, as principais variáveis analisadas foram: alteração da propriedade do solo, alteração da qualidade do ar, alteração do nível de pressão sonora, alteração morfológica, alteração paisagística, desconforto ambiental por emissão de odores, alteração da disponibilidade hídrica, assoreamento dos cursos d'água, alteração da dinâmica hídrica superficial, alteração morfológica fluvial, alteração do regime hidrológico e alteração da qualidade das águas superficiais. No meio biótico as variáveis são: alteração nas comunidades aquáticas, alteração do metabolismo vegetal, afugentamento da fauna, redução de indivíduos vegetais, redução de germoplasma e supressão de *habitats*. Por fim, o meio antrópico é analisado a cada etapa do ciclo de vida, considerando as seguintes variáveis: alteração da dinâmica local, alteração emocional em decorrência da incerteza com relação ao processo de negociação, conflito social pela convivência entre novos e antigos moradores, alteração do nível de eficiência dos serviços públicos, com consequente queda da qualidade de vida dos moradores, incremento do nível de emprego e renda das famílias, pressão sobre os preços e serviços, produtos e outras demandas, incremento na renda das empresas e incremento da renda pública (Golder Associates, 2004; Golder Associates, 2006b).

É importante destacar que a reserva física de cobre está estimada em 44 anos, se mantidas as tecnologias, nível de extração e demanda dos produtos, conforme a Figura 5.6 (Golder Associates, 2006a).

Figura 5.6 – Movimentações e teores do Projeto Salobo

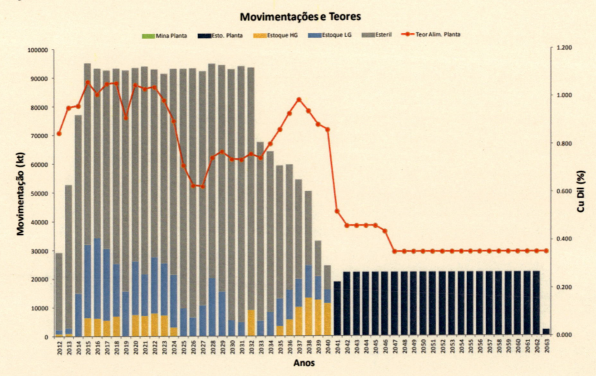

Fonte: Vale S.A. (2012, p. 23)

O prognóstico foi dividido em duas partes, sendo a primeira que considerava a não implementação do empreendimento e a segunda considerando a sua implementação. Este estudo irá analisar apenas a segunda, pois o empreendimento está em fase de operação. Na fase de instalação o prognóstico leva em consideração os impactos ao ambiente natural, adotando diversas formas e sistemas de controle. A interferência prevista era de 5.000 hectares, aproximadamente 3% da Floresta Nacional do Tapirapé-Aquiri e 0,35% de todo o conjunto das Unidades de Conservação e Reserva Indígena. As projeções com relação à mão de obra eram de 7.000 funcionários diretos e indiretos no momento de pico na fase de implementação e 1.800 empregos durante 44 anos de exploração. Os demais prognósticos foram considerados como de difícil mensuração, dado o alto teor especulativo, devido às dinâmicas territoriais apresentarem alto grau de subjetividade (Golder Associates, 2006a).

Na fase de operação é reforçada a perda da qualidade ambiental pela implementação e operacionalização do projeto. Além das questões ambientais, também foi apresentada a importância dos municípios, direta ou indiretamente afetados, devido às relações econômicas que existiram com o empreendimento. O município de Marabá é representado como uma base político-administrativa, sobre a qual o projeto se insere. Por sua vez, o município de Parauapebas é o núcleo urbano mais próximo. Nesse sentido, destaca-se que pode gerar conflitos com relação ao CFEM, pois Parauapebas arcou com o ônus social do empreendimento, sendo que Marabá receberá os recursos do empreendimento (Golder Associates, 2006a).

A última etapa considerada no relatório é a fase de fechamento, desconsiderando o pós-fechamento, ou melhor, atribui o prazo de apenas cinco anos após o fechamento. Nessa etapa considera-se o fim da exploração mineral, no qual o fator socioambiental é condicionado às dinâmicas em vigor no contexto regional. Por ser uma província mineral em franca expansão, portadora de reservas significativas, existe o prognóstico do fechamento da mina. Basicamente focam em programas conhecidos como mitigar, controlar, monitorar e compensar as interferências ambientais, sugerindo a reabilitação das áreas antropizadas. Reiteram que pela ótica espacial as áreas mineradas ocupam uma porção reduzida do conjunto das unidades de conservação, não apresentando soluções financeiras que garantam a *desengenharia* do empreendimento (Golder Associates, 2006a).

Após compreendermos as fases do projeto, entramos na legislação aplicável ao empreendimento com relação ao ambiente natural. Nesse caso, a Golder Associates (2004) apresentou uma tabela com toda a legislação, federal e estadual, e as formas como a empresa deve atuar para atendê-la. A legislação federal basicamente consiste na Constituição Federal, Política Nacional do Meio Ambiente (Licenciamento Ambiental), Resoluções do Conselho Nacional do Meio Ambiente (Conama) e Legislação Especial de Proteção aos Recursos Naturais (proteção à flora, a florestas nacionais, à fauna e pesca, aos recursos minerais e os recursos hídricos). Na legislação estadual do Estado do Pará são três eixos analisados, sendo: Constituição Estadual, Política Estadual do Meio Ambiente e Política Estadual dos Recursos Hídricos.

Fica evidente que a *ordem da forma jurídica* é capaz de moldar a *ordem técnica*, apesar de que nem sempre se vale da *ordem do simbólico*. Todavia, a técnica também molda a forma jurídica, sendo que, mais uma vez, afeta o simbólico. Essas ordens moldam a ação humana criando a unificação entre o espaço geográfico e o tempo histórico, que, mediante o agir simbólico, cria os modelos de significação e representação.

Por fim, o último item a ser tratado são alguns planos e programas de gestão do Plano de Controle Ambiental (PCA), do qual foram selecionados cinco itens que têm ligação direta e indireta com a pesquisa, sendo: gestão do sistema de contenção de sedimentos, plano de gestão de resíduos, programa de gestão de riscos ambientais, plano de gestão socioeconômica, cultura e programa de desativação do empreendimento.

O sistema de contenção de sedimentos é referente às estruturas de contenção necessárias para o empreendimento, visto que no seu processo produtivo geram-se resíduos sólidos, necessitando de medidas de controle, de modo a não comprometer a qualidade das drenagens a jusante, além de evitar o assoreamento dos seus talvegues. Entre as ações previstas no Projeto Salobo, estão: i) barragem de rejeitos do Igarapé Mirim; ii) barragem de finos; iii) diques de contenção; iv) sumps; v) leiras. As ações de monitoramento estão dentro da Gestão da Qualidade dos Recursos Hídricos e Efluentes de Líquidos, a qual prevê uma rede de monitoramento para analisar a qualidade das águas superficiais. Os parâmetros a serem analisados são: sólidos em suspensão, sólidos sedimentares, turbidez e cor. Já as ações para a mitigação reforçam a necessidade da manutenção periódica das estruturas de controle de sedimentos, verificando sua eficácia e eventuais correções. O programa consiste basicamente na implementação de dispositivos apropriados ao controle do escoamento superficial (Golder Associates, 2006b; Brandt Meio Ambiente, 2013; Sete Soluções e Tecnologias Ambientais, 2018).

O programa de gestão de resíduos está sendo conduzido conforme os requisitos da legislação e das normas técnicas aplicáveis em consonância com as diretrizes e instruções corporativas. A implementação desse plano está atrelada à minimização dos custos operacionais e maximização dos resultados. Esse programa visa garantir que os resíduos sólidos gerados sejam gerenciados por procedimentos operacionais que minimizem seus volumes, com uma correta segregação e acondicionamento temporário. As ações de controle consistem no inventário dos resíduos, por tipo, classe e local de geração, de acordo com a ABNT, NBR 10.004:2004, buscando identificar possíveis não conformidades. O monitoramento é realizado de forma continua, por meio de rotinas preestabelecidas. As ações de mitigação consistem no plano de educação ambiental que será desenvolvido e implementado junto ao programa de comunicação social (Golder Associates, 2006b; Brandt Meio Ambiente, 2013; Sete Soluções e Tecnologias Ambientais, 2018).

O programa de gestão de riscos ambientais integra o programa de gestão de áreas degradadas que necessitam da restauração e da reabilitação do ambiente natural. O primeiro refere-se ao tratamento que tem por objetivo recuperar a forma original do ecossistema, e o segundo visa à reabilitação de uma ou mais funções ecossistêmicas do entorno. O controle consiste em ações definidas no programa de recuperação das áreas degradadas (PRAD). As ações de monitoramento são referentes a alguns parâmetros ecológicos, como a evolução da cobertura vegetal e o monitoramento dos corpos d'água. As ações de mitigação são relativas aos estudos faunísticos e a biologia do solo. Esse programa tem como objetivo definir e detalhar os procedimentos da reabilitação ambiental das áreas a serem degradadas pelo Projeto Salobo. O custo estimado do programa para reabilitação é de R$ 31.750.900,00, para um total de 3.143 hectares de superfície, conforme apresentado na Tabela 5.1 (Golder Associates, 2006b; Brandt Meio Ambiente, 2013).

Tabela 5.1 – Resumo das medidas aplicadas a cada tipo de superfície e seu custo estimado

Tipo de superfície	Área estimada	Tipo de reabilitação	Descrição (nº item)	Custo unitário R$	Custo Total R$
Taludes de corte e aterro de estradas, laterais do canal de desvio	30 ha	- Adubação verde explosiva; - Indução de sucessão natural por meio da aplicação de sementes nativas;		0,6 m2	180.000,00
Taludes e bermas da cava	325 ha	- Adubação verde explosiva; - Criação de corredores faunísticos sobre as bermas (leiras fertilizadas com plantio de arbustivas e arbóreas nativas);		0,5 m2	1.625.000,00
Taludes e topos das pilhas de estéril, minério oxidado e minério temporário	1.090 ha	- Adubação verde explosiva; - Criação de capões de adensamento, com sementes nativas;		0,60 m2	6.540.000,00
Taludes junto ao emboque e desemboque do túnel de desvio das águas do Salobo	17 ha	- Adubação verde explosiva;		0,4	68.000,00
Taludes dos corpos de barramento de água, finos e rejeito	90 ha	- Adubação verde explosiva; - Manejo para manutenção de uma vegetação não lenhosa, rasa;		0,5	450.000,00
Superfície da bacia de rejeito (pós-fechamento)	1.150 ha	- Adubação verde explosiva; - Criação de capões de adensamento, com sementes nativas;		0,60 m2	6.900.000,00
Superfície da bacia de água (Igarapé Mano) (pós-fechamento)	150 ha	- Adubação verde explosiva; - Criação de capões de adensamento, com sementes nativas;		0,60 m2	900.000,00
Áreas com instalação de edificações industriais, administrativas e alojamentos (pós-fechamento)	131 ha	- Adubação verde explosiva; - Indução de sucessão natural por meio da aplicação de sementes nativas;		0,6 m2	786.000,00
Superfícies de apoio desnudadas, pátios de pilhas de minérios marginais (pós-fechamento)	150 ha	- Adubação verde explosiva; - Indução de sucessão natural por meio da aplicação de sementes nativas;		0,6	900.000,00
Restrições para o ajardinamento interno	10 ha	- Não serão utilizadas espécies alienígenas. Todas espécies para ajardinamento serão cultivadas a partir de matrizes nativas locais.		2,5	250.000,00
Tratos culturais, manejo e proteção florestal	3.143 ha	Ao longo de 20 anos		0,08 m2	2.514.400,00
TOTAL	3.143 ha	-		1,01 m2	31.750.900,00

Fonte: Brandt Meio Ambiente (2013, p. 12)

Conforme a Golder Associates (2006b), outra parte do programa de gestão de riscos ambientais refere-se ao plano de gerenciamento de riscos (PGR), que tem como objetivo estabelecer procedimentos e práticas a serem adotadas no que concerne à segurança operacional do empreendimento. O programa de ações e controle é composto por nove itens, sendo:

1. Análise de risco do empreendimento

2. Documentação técnica

3. Programas de inspeção e manutenção preventiva

4. Gerenciamento de modificações

5. Procedimentos para realização de serviços não rotineiros

6. Análise de acidentes e quase acidentes

7. Treinamento operacional e de segurança para os funcionários próprios

8. Contratação e treinamento de funcionários terceirizados

9. Responsabilidade pela implantação, acompanhamento e auditoria do programa

As ações de monitoramento referem-se ao gerenciamento de modificações, e implicam condições operacionais diferentes daquelas contempladas originalmente. Quatro itens são fundamentais para esse processo, sendo: i) bases técnicas da modificação da proposta, tempo necessário para realização da modificação; ii) consequências da modificação para a segurança do empreendimento; iii) necessidade de mudanças em procedimentos operacionais e atualização da documentação técnica pertinente; iv) necessidade de informação e treinamento pessoal quanto à modificação da proposta. Por fim, a ação de mitigação refere-se ao plano de ação de emergência (PAE), que será uma das temáticas do próximo subcapítulo (Golder Associates, 2006b).

Os dois últimos programas a serem analisados são o plano de gestão socioeconômica e cultura, e o programa de desativação do empreendimento. O primeiro refere-se ao elemento espacial, sociedade, e o segundo refere-se às infraestruturas, mas devemos reforçar que todos os elementos também são indissociáveis. A Golder Associates (2004) no aspecto de estudos socioeconômicos afirma estar em consonância com as unidades espaciais definidas para esse meio, visando a AID e AII. É utilizado como indicador o Índice de Desenvolvimento Humano (IDH), por refletir a qualidade de vida da população (Tabela 5.2), mas excluem-se outros indicadores, como o Índice de Gini, que mede as desigualdades no território. O diagnóstico utilizou-se dos seguintes elementos: i) organização físico-espacial; ii) infraestrutura social (habitação, saúde, saneamento básico, educação e segurança pública); e iii) infraestrutura econômica (energia elétrica, sistema viário e de transporte, comunicação, estrutura produtiva e finanças públicas e organização sociopolítica). É importante, e até contraditório, notar que o discurso empresarial diz:

> O setor minerário brasileiro, notadamente a Companhia Vale do Rio Doce - CVRD, vem implementando esforços para aperfeiçoar seus trabalhos, ao internalizar a questão ambiental em seus projetos, não apenas para cumprir as exigências dos órgãos ambientais, mas também pela compreensão do licenciamento ambiental como um instrumento de planejamento estratégico (Golder Associates, 2006b, p. 46).

Tabela 5.2 – Índice de Desenvolvimento Humano dos espaços de interesse

Municípios	1970	1980	1991	2000	2010
Belém	0,547	0,749	0,796	0,806	0,746
Marabá	0,325	0,645	0,563	0,714	0,668
Brejo Grande do Araguaia			0,381	0,680	0,591
Palestina do Pará				0,652	0,589
São Domingos do Araguaia				0,671	0,594
São João do Araguaia	0,213	0,430	0,395	0,582	0,550
Parauapebas			0,601	0,740	0,715
Canaã dos Carajás				0,699	0,673
Água Azul do Norte				0,664	0,564
Eldorado dos Carajás				0,663	0,560
Curionópolis			0,512	0,687	0,636

Fonte: Adaptado de Golder Associates (2004, p. 247)

Conforme a Golder Associates (2006b, p. 47), o plano de gestão socioeconômica e cultural da empresa apresenta alguns princípios norteadores pela busca do desenvolvimento socioeconômico, com foco no território, sendo:

1. Desenvolvimento social, econômico e ambiental integrado;
2. Gestão do conhecimento e capacidade de inovação;
3. Reconhecimento e fortalecimento da identidade cultural local;
4. Planejamento das ações com a participação de todos os setores da sociedade;
5. Comprometimento com a governança pública;
6. Fortalecimento do capital social e suas redes;
7. Fomento ao empreendedorismo às atividades produtivas.

O relatório da Golder Associates (2006b) destacou que, para o fomento de um desenvolvimento durável e integrado, necessita-se da participação da área do entorno com amplo programa de comunicação, buscando promover e participar do fortalecimento da sociedade civil e institucional. Além disso, a Golder Associates (2006b, p. 47) reforça que o fomento socioeconômico do território deve considerar:

1. Progressão rápida da mobilidade populacional, endógena e exógena em busca de condições de sobrevivência;
2. Concentração regional, com percentual significativo de população abaixo dos níveis de pobreza;
3. Estruturas políticas e sociais com fraco desenvolvimento o que compromete os princípios cruciais da democracia, da participação comunitária e do desenvolvimento da coletividade;
4. Degradação constante dos direitos sociais, econômicos, culturais, institucionais que provocam a marginalização das populações;
5. Riscos de perdas culturais, étnicas decorrentes da desagregação social, isolamento e exclusão socioeconômica;
6. Degradação do ecossistema regional, colocando em risco as áreas protegidas.

O plano para o Projeto Salobo, apresentam diretrizes corporativas, como também ações específicas do território. Esse plano destacou dez eixos, divididos nas ações de controle, monitoramento, mitigação e compensação, sendo: i) plano estratégico de comunicação; ii) programa de negociação; iii) programa de investimento social no desenvolvimento sustentável do território; iv) programa de monitoramento dos indicadores socioeconômicos; v) programa de educação ambiental; vi) programa de capacitação da mão de obra; vii) programa de capacitação de fornecedores e de regionalização da compra de insumos e serviços; viii) programas de investimento para gestão do impacto social; ix) controle nosológico; x) programa de salvamento do patrimônio arqueológico (Golder Associates, 2006b).

O último programa a ser apresentado é referente a desativação do empreendimento, que se refere à *desengenharia*, pautado no *devir*. Para Golder Associates (2006a, p. 11), "esse programa comporta procedimentos operacionais em conformidade com a observância de critérios ambientais, orientados para a minimização dos impactos negativos decorrentes da desativação do empreendimento". Os relatórios mais antigos não davam atenção para este ponto, pois apenas o último relatório disponível apresenta um programa robusto sobre a matéria. Conforme a Sete Soluções e Tecnologias Ambientais (2018), essa é a etapa que encerra o ciclo de vida do projeto, inicia-se com os estudos de viabilidade técnica e econômica, apresentando processos de descomissionamento, reabilitação e de uso futuro da área impactada. Sua estruturação deve considerar as aptidões e vocações da região em que o empreendimento está inserido, planejando todas as atividades necessárias para a sua execução. Sendo assim:

> O planejamento para o fechamento das atividades de um empreendimento deve estar fundamentado em abordagem técnica, ambiental, econômica e social, que possibilite à empresa adotar melhores práticas aplicáveis à redução progressiva de riscos e impactos ambientais relacionados ao mesmo, estabelecendo critérios técnicos e estimando recursos suportáveis para a execução de ações de reabilitação dos ambientes degradados, obtendo a estabilidade das áreas de modo a possibilitar o seu uso futuro de forma segura. Deve também possibilitar que sejam estabelecidas ações relacionadas à redução dos impactos negativos sobre as comunidades envolvidas na área de inserção do empreendimento, respeitando as partes interessadas (Sete Soluções e Tecnologias Ambientais, 2018, p. 369).

Os objetivos do plano de fechamento de mina, conforme a Sete Soluções e Tecnologias Ambientais (2018, p. 369-370), se concentram na desmobilização progressiva dos ativos, se comprometendo a:

> 1. Estabelecer os procedimentos de fechamento do projeto a serem desenvolvidos ao longo de sua vida útil de forma que ao seu final, a reabilitação da área impactada esteja garantida, considerando-se os usos futuros pré-estabelecidos[79];
> 2. Garantir que todos os ativos tangíveis de longo prazo em operação, com vida útil possível de ser definida e para os quais haja um compromisso da empresa para o seu fechamento ou desmobilização, tenham seus custos de desmobilização estimados, de forma permitir à empresa um provisionamento contábil[80], em conformidade com as normas vigentes;
> 3. Estabelecer as diretrizes para a consolidação do uso futuro previsto para a área, de forma a manter seu equilíbrio físico, químico e biológico, após o fechamento;
> 4. Estabelecer as medidas que possibilitem a minimização dos riscos relacionados às fontes potenciais de contaminação e necessárias para a estabilização dos passivos ambientais na área;
> 5. Promover a minimização dos impactos negativos relacionados ao empreendimento e a maximização dos benefícios positivos, em especial os socioeconômicos;
> 6. Identificar, de forma antecipada, as ações de fechamento que necessitem de investigações e estudos prévios para confirmar, conhecer, detalhar e melhor estimar os custos envolvidos neste plano;

---

[79] Não se verifica nos relatórios estudados das áreas impactadas e sua destinação de usos futuros.

[80] Se há esse compromisso do projeto, nos questionamos como é possível a sociedade obter essas informações, visto que o Relatório Anual de Lavra (RAL) se tornou um objeto sigiloso.

7. Identificar problemas futuros que possam ser minimizados por meio da adoção de práticas operacionais adequadas durante a vida útil do empreendimento;
8. Garantir que o cronograma de fechamento seja mantido, iniciando-se as ações requeridas no tempo correto.

A metodologia aplicada está em conformidade com as Normas Regulamentadoras da Mineração, estabelecidas pela Portaria DNPM n.º 237/2001, destacando a NMR n.º 20 e 21, além do Guia para Planejamento do Fechamento de Mina, 2013 (Ibram), as Diretrizes da Global Reporting Initiative e o kit de ferramentas da Internacional Council on Mining & Metals, 2008 (ICMM). Nesse sentido, o objetivo consiste em evitar e/ou minimizar a ocorrência de passivos ambientais de longo prazo, conforme a Figura 5.7, apresentando as bases que serão adotadas, com a previsão de início para 2051 (Sete Soluções e Tecnologias Ambientais, 2018).

Figura 5.7 – Ciclo de fechamento com base nas diretrizes seguidas pelo Complexo Minerador do Salobo

Fonte: Sete Soluções e Tecnologias Ambientais (2018, p. 372)

Por fim, demonstram que o foco são as intervenções sob a ótica da recuperação das áreas degradadas. A ação de controle adotada é o plano de fechamento de mina que consiste na proposição na etapa de pré-fechamento de planos, projetos e programas, se necessário, atividades de monitoramento e controle das áreas desativadas no pós-fechamento. Sete Soluções e Tecnologias Ambientais (2018, p. 381) apresenta as seguintes premissas:

1. Estabelecer a estabilidade física das áreas e dos ativos (edificações, taludes, acessos, área de solo exposto após a desmontagem de estruturas, sistemas de controle, etc.);
2. Estabelecer a estabilidade química de áreas e ativos do projeto, potencialmente afetados por eventuais contaminações;
3. Adequar áreas e ativos às condições de segurança;
4. Possibilitar o equilíbrio dos processos ecológicos - solo, flora e fauna;
5. Permitir o adequado manejo do uso e conservação dos solos, envolvendo a prevenção e a recuperação de eventuais alterações ambientais, possibilitando o uso futuro das áreas;
6. Possibilitar a melhoria dinâmica socioeconômica da região.

Percebemos, ao longo dessa apresentação, baseada nos relatórios contratados pela mineradora, uma infinidade de planos e projetos, dentro do sistema de gestão ambiental (SGA). O foco deste subcapítulo consistiu em apresentar a visão da Firma, sendo que, no momento em que entrar na análise dos resultados, serão confrontadas essas informações com os relatos dos entrevistados e outras pesquisas acadêmicas. Entretanto, deve ficar claro a partir deste momento que não foi possível conversar com técnicos e gestores da empresa, mesmo abrindo diversos chamados e realizando várias ligações. Logo, se tudo que está apresentado nos relatórios condiz com compromissos corporativos, já se nota uma falácia ao afirmarem que são abertos à comunidade, dentro dos seus planos de comunicação.

A proposta deste subcapítulo foi apresentar, dentro do modelo proposto, como se dá a *estrutura, processo, função* e *forma*, com base nos relatórios corporativos. Fica claro que, pelo menos no papel, há de fato uma preocupação com os mais diversos elementos espaciais, em especial o Ambiente Natural, mas o questionamento que se faz é: se está tudo dentro dos conformes, por que a mineradora continua fechada para a comunidade?

5.2 HISTÓRICO E CARACTERÍSTICAS DA BARRAGEM DE REJEITOS NOS ESTUDOS PARA A FIRMA: INFRAESTRUTURA E SUAS RUGOSIDADES ESPACIAIS

No projeto conceitual da Barragem Mirim percebemos que ela advém da necessidade da contenção dos rejeitos provenientes da usina de concentração de cobre do Projeto Salobo, além de servir também como fonte de captação de água para uso na planta operacional. O seu projeto visa três etapas de alteamento, com diversos estudos, seções e plantas, com o dique de partida iniciando com 220 metros de elevação da crista e 50 metros de altura máxima do maciço. Na primeira crista a altura máxima do maciço terá 50 metros (alteamento 1), a segunda com 60 metros (alteamento 2) e a terceira com 70 metros (alteamento 3). Nos estudos preliminares modificou o projeto inicial em virtude de algumas infiltrações que ocorreram na ensecadeira e do uso de trenos fora dos padrões estabelecidos, necessitando um reforço a jusante com a implantação de um maciço, desconstruindo as hipóteses anteriores. Para resolver esse problema, a BVP realizou novos estudos de alternativas para os alteamentos da barragem, conforme o relatório técnico RL 9002SA-X-70003. Na época do relatório a barragem encontrava-se na fase 1 (crista de 220 metros), operando em escala 24 MTPA (BVP Engenharia, 2016).

Conforme a BVP Engenharia (2016, p. 3), o objetivo consiste em apresentar um memorial descritivo do projeto conceitual dos alteamentos da barragem, "[...] dividido em três etapas, incluindo os cálculos geotécnicos, hidrológicos e hidráulicos para as estruturas envolvidas no projeto". Esta barragem está localizada a aproximadamente 500 metros do Igarapé Salobo, que faz parte do estreitamento da Bacia do Igarapé Mirim, e a cerca de 650 metros da usina, conforme pode ser visualizado na Figura 5.8. A descrição geral da estrutura refere-se:

> A alternativa escolhida pela VALE para desenvolvimento dos projetos conceitual, básico e executivo foi concebida de forma a garantir a estabilidade das estruturas, principalmente no que diz respeito às considerações dos materiais existentes no maciço atual. Essa alternativa buscou utilizar, de forma mais abrangente, os materiais disponíveis na mina para construção do maciço de enrocamento e transições e menor utilização de material argiloso (de baixa disponibilidade na região da barragem), além de propor a construção do filtro à jusante do maciço já construído (BVP Engenharia, 2016, p. 7).

Figura 5.8 – Arranjo geral da barragem de rejeito Mirim

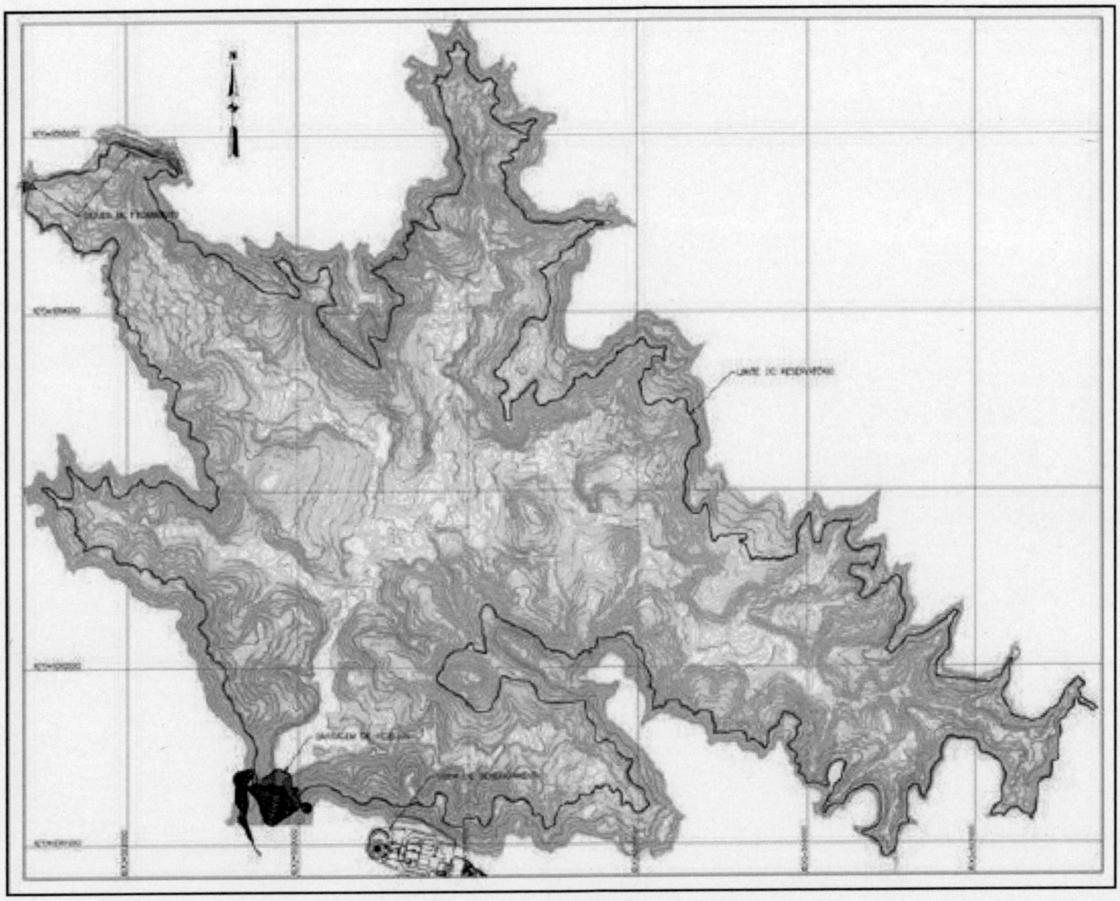

Fonte: Vale S.A. (2016, p. 3)

Com relação à característica do talude de montante da barragem, foi proposta uma inclinação de 2,0H:1,0V, onde os taludes a jusante apresentam uma inclinação de 1,4H:1,0V, e suas bancadas com 10 metros de altura e bermas com 4 metros de largura. O maciço da barragem foi proposto em blocos de quartzito moderadamente alterado com finos, que estão disponíveis na mina. Para a região central da barragem o projeto consiste em um núcleo argiloso "nobre", composto por solo compactado, visto que se teve um rigoroso controle de compactação e de tratamento da fundação. Esse material se prolonga sobre a fundação, criando um tapete impermeável na região central do fundo do vale, apesar de não ter nenhum outro componente de impermeabilidade. Essas e outras considerações técnicas, como aspectos geológicos, estudos geotécnicos (supressão vegetal, tratamento da fundação, drenagem interna e transições, análise de estabilidade e plano de instrumentação), estudos hidráulico e hidrológico (chuvas intensas, caracterização física da bacia hidrográfica, sistema de extravasor, de drenagem superficial, de restituição da vazão residual e de desvio construtivo), são apresentadas no relatório, não entrando no escopo do presente trabalho. Ressaltamos apenas que, conforme os autores, toda a estrutura atende às normas brasileiras e organismos internacionais, como o ICOLD e USBR. O arranjo geral, etapas, cortes transversais e a ficha técnica para os três alteamentos propostos, bem como a vista geral da barragem, são apresentados nas Figuras (5.9 a 5.18) e Tabelas (5.3 a 5.5) a seguir (BVP Engenharia, 2016).

Figura 5.9 – Arranjo geral da barragem de rejeito, visão I – alteamento 01

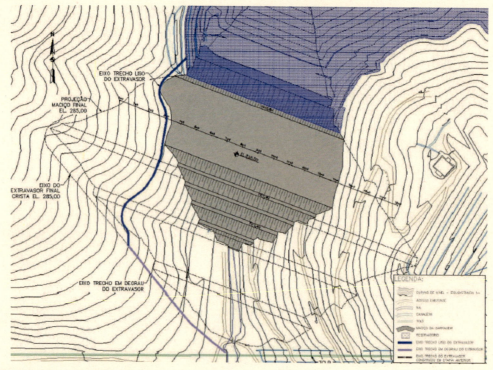

Fonte: BVP Engenharia (2016, p. 9)

Figura 5.10 – Arranjo geral da barragem de rejeito, visão II – alteamento 01

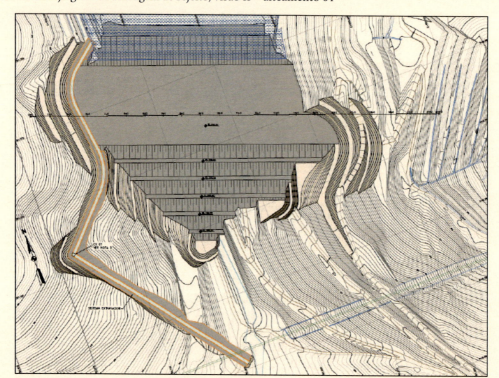

Fonte: BVP Engenharia (2017, p. 8)

Figura 5.11 – Corte transversal da barragem de rejeito – alteamento 01

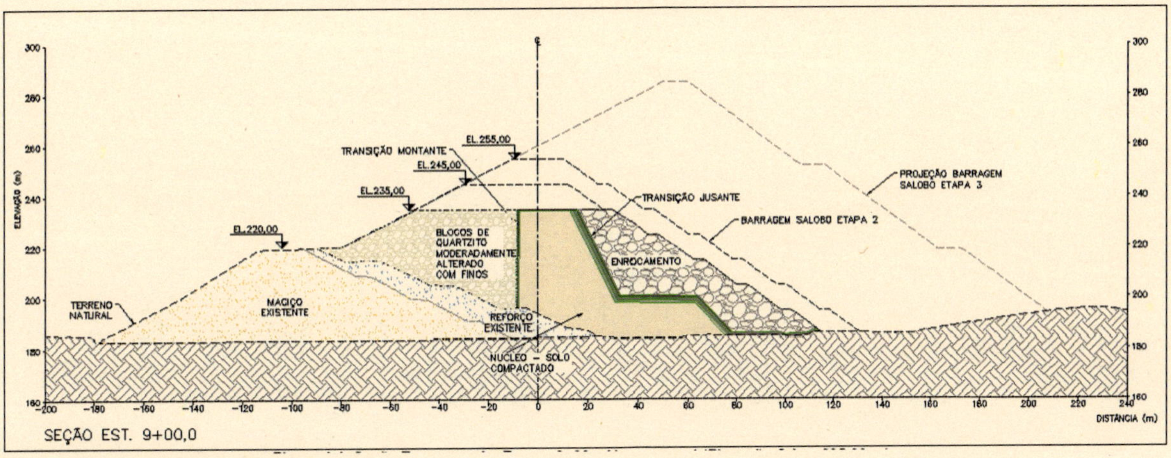

Fonte: BVP Engenharia (2016, p. 12)

Tabela 5.3 – Ficha técnica do alteamento 1

Ficha Técnica do Alteamento 1	
Elevação da Crista (m)	235,00
Elevação da Soleira (m)	232,00
Comprimento da Crista (m)	214
Volume de Aterro (m³)	716.000
Largura da Crista (m)	80,00
Largura das Bermas (m)	4,00
Talude de Montante	1,0V:2,0H
Talude de Jusante	1,0V:1,4H
Altura Máxima das Bancadas (m)	10,00
Altura Máxima do Maciço (m)	50,00

Fonte: BVP Engenharia (2016, p. 15)

Figura 5.12 – Arranjo geral da barragem de rejeito, visão I – alteamento 02

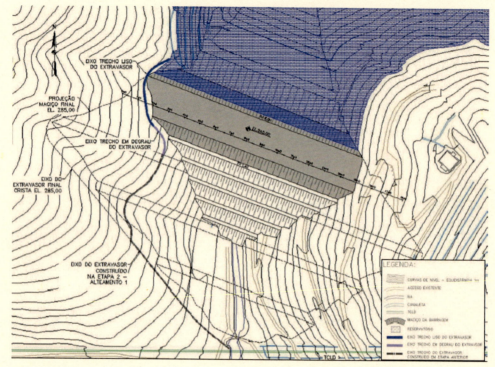

Fonte: BVP Engenharia (2016, p. 10)

Figura 5.13 – Arranjo geral da barragem de rejeito, visão II – alteamento 02

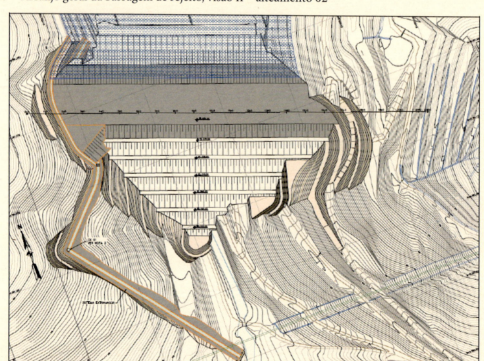

Fonte: BVP Engenharia (2017, p. 9)

Figura 5.14 – Corte transversal da barragem de rejeito – alteamento 02

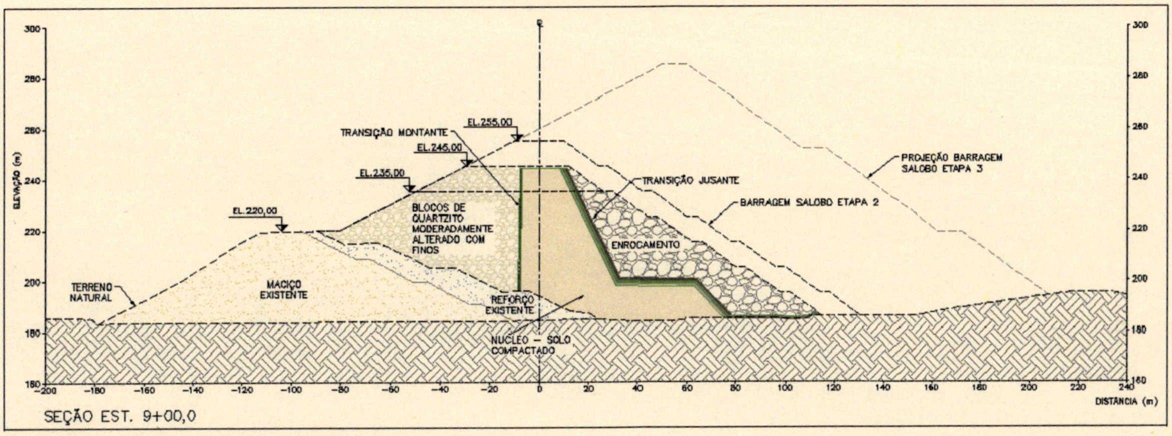

Fonte: BVP Engenharia (2016, p. 13)

Tabela 5.4 – Ficha técnica do alteamento 2

Ficha Técnica do Alteamento 2	
Elevação da Crista (m)	245,00
Elevação da Soleira (m)	242,00
Comprimento da Crista (m)	254
Volume de Aterro (m³)	870.000
Largura da Crista (m)	47,00
Largura das Bermas (m)	4,00
Talude de Montante	1,0V:2,0H
Talude de Jusante	1,0V:1,4H
Altura Máxima das Bancadas (m)	10,00
Altura Máxima do Maciço (m)	60,00

Fonte: BVP Engenharia (2016, p. 15)

Figura 5.15 – Arranjo geral da barragem de rejeito, visão I – alteamento 03

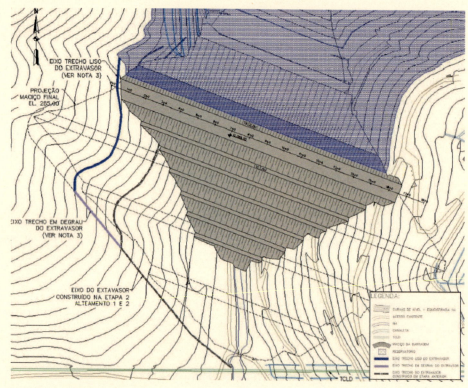

Fonte: BVP Engenharia (2016, p. 11)

Figura 5.16 – Arranjo geral da barragem de rejeito, visão II – alteamento 03

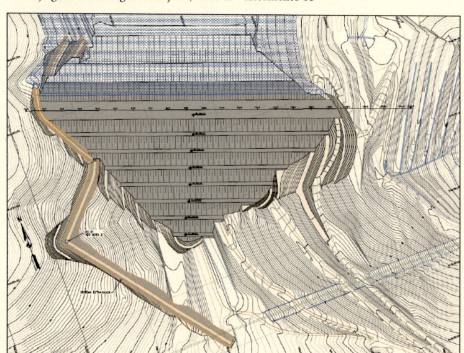

Fonte: BVP Engenharia (2017, p. 10)

Figura 5.17 – Corte transversal da barragem de rejeito – alteamento 03

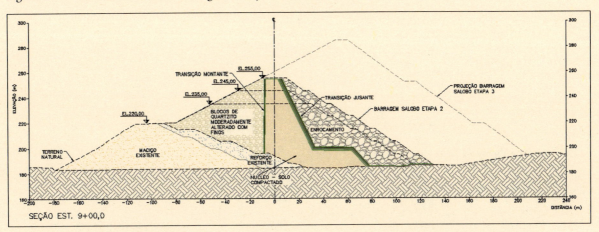

Fonte: BVP Engenharia (2016, p. 14)

Tabela 5.5 – Ficha técnica do alteamento 3

Ficha Técnica do Alteamento 3	
Elevação da Crista (m)	255,00
Elevação da Soleira (m)	252,00
Comprimento da Crista (m)	305
Volume de Aterro (m³)	1.105.000
Largura da Crista (m)	20,00
Largura das Bermas (m)	4,00
Talude de Montante	1,0V:2,0H
Talude de Jusante	1,0V:1,4H
Altura Máxima das Bancadas (m)	10,00
Altura Máxima do Maciço (m)	70,00

Fonte: BVP Engenharia (2016, p. 16)

Figura 5.18 – Seção transversal para altura máxima da barragem

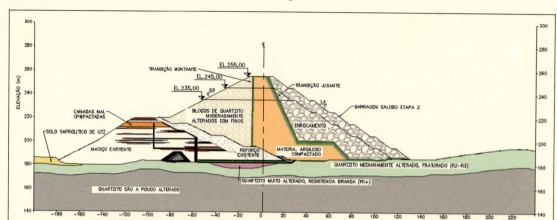

Fonte: BVP Engenharia (2016, p. 29)

Figura 5.19 – Vista da barragem de rejeitos Mirim

Fonte: Vale S.A. (2016, p. 3)

    No projeto executivo é apresentada uma carta de risco para todas as fases de alteamento do empreendimento. A carta de risco tem como objetivo fornecer parâmetros relacionados aos fatores de segurança da barragem, visando à adoção de medidas corretivas e restabelecimento dos níveis de segurança previstos no projeto inicial. Para tal, foram simuladas diferentes elevações do nível de água no interior do maciço da estrutura, com o objetivo de compreender os fatores de segurança (FS) para várias situações e cenários (BVP Engenharia, 2018). De acordo com a BVP Engenharia (2018, p. 6), são utilizados quatro níveis de segurança para a estrutura, sendo:

> 1. Nível Normal (FS ≥ 1,5): fator de segurança satisfatório em relação à segurança da estrutura;
> 2. Nível de Atenção (1,5 ≥ FS ≥ 1,3): fator de segurança não satisfatório em relação à segurança da estrutura, exigindo atenção especial com aumento da frequência das leituras do instrumento, avaliação das condições de segurança e eventual adoção de medidas corretivas;
> 3. Nível de Alerta (1,3 ≥ FS ≥ 1,1): fator de segurança não satisfatório em relação à segurança da estrutura, exigindo, além do aumento da frequência de leituras do instrumento, maior urgência na avaliação das condições de segurança e na adoção de medidas corretivas;
> 4. Nível de Emergência (FS 1,1): fator de segurança não satisfatório em relação à segurança da estrutura, exigindo a tomada imediata de medidas corretivas de segurança e de proteção aos entes eventualmente envolvidos.

Para alcançar os níveis de segurança mediante a análise de estabilidade, a BVP Engenharia (2019a) utilizou para o relatório o software Slide, a versão 6.0 da Rocscience, sendo que o método empregado foi o GLE/Morgenstern-Price, considerando equilíbrio de forças e momentos. Já a modelagem dos materiais seguiu o critério de ruptura de Mohr-Coulomb, e também foram realizadas análises de percolação, utilizando o mesmo software, com base no método dos elementos finitos. O estudo em questão reforça que a avaliação dos níveis de segurança não deve ser baseada apenas nas leituras dos piezômetros e indicadores de água, pois é pouco provável que os níveis observados tenham influência significativa no fator de segurança, no qual devemos considerar outros fatores, como inspeção visual em campo, avaliação do comportamento das leituras dos medidores de recalque e inclinômetros e dos medidores de vazão das águas de percolação. Já em casos de ocorrências de anomalias, deve-se: i) aumentar a frequência das leituras/medições diárias; ii) consultar a projetista ou algum consultor especialista na avaliação do comportamento de barragens; iii) adotar ações corretivas, conforme resultado das avaliações; iv) e adotar ações preparatórias para alerta, caso necessário.

A barragem Mirim do Projeto Salobo, conforme a ANM em seu cadastro resumido, é classificada com Dano Potencial Associado (DPA) Alto, Categoria de Risco (CRI) Baixo, classificado na categoria C[81], conforme os critérios da DNPM 70.389/2017. O volume total absoluto apresentado no cadastro é de 263.300.000 m³, localizada na latitude: 5° 46' 42" 0 e longitude: 50° 31' 20" 6. Considerando essas características, o empreendedor torna-se obrigado a elaborar o Plano de Ação de Emergência para Barragens de Mineração (PAEBM).

A Categoria de Risco (CRI) é dividida em três partes, sendo: i) características técnicas (CT); ii) estado de conservação (EC); e plano de segurança de barragem (PS). As características técnicas receberam 13 pontos, sendo que nos outros critérios as notas foram zeradas (Tabela 5.6). No Dano Potencial Associado (DPA) utilizam-se quatro critérios, tais como: i) volume total do reservatório; ii) existência de populações a jusante; iii) impacto ambiental; e impacto socioeconômico (Tabela 5.7). Por fim, com base nas notas na CRI e DPA, apresenta-se a classificação de segurança da barragem, na qual a barragem se enquadrou em B (Tabela 5.8).

---

[81] Conforme a BVP Engenharia (2019b), após a reavaliação da categoria de risco e o dano potencial associado, apesar de se manterem nos níveis baixo e alto, respectivamente, foi reclassificado para a classe B, divergindo do informado no cadastro nacional de barragens de mineração resumido da ANM.

Tabela 5.6 – Classificação da Categoria de Risco (CRI)

NOME DA BARRAGEM: **Barragem de Rejeitos do Mirim**		
DATA DA CLASSIFICAÇÃO E ENQUADRAMENTO: **18/09/2018**		
1 - CATEGORIA DE RISCO		**PONTOS**
1.1	Características Técnicas (CT)	13
1.2	Estado de Conservação (EC)	0
1.3	Plano de Segurança de Barragens (PS)	0
PONTUAÇÃOTOTAL (CRI) = CT + EC + PS		**13**
CLASSIFICAÇÃO DE RISCO		**BAIXO**
FAIXAS DE CLASSIFICAÇÃO	CATEGORIA DE RISCO	CRI
	ALTO	> = 60 ou EC*=10(*)
	MÉDIO	37 a 65
	BAIXO	< = 37

Fonte: BVP Engenharia (2019b, p. 99)

Tabela 5.7 – Classificação da Dano Potencial Associado (DPA)

NOME EMPREENDEDOR: **Salobo Metais S.A.**		
CLASSIFICAÇÃO PARA BARRAGENS DE MINERAÇÃO		
2 - DANO POTENCIAL ASSOCIADO (DPA)		**PONTOS**
2.1	Volume total do reservatório	**5**
2.2	Existência de População a Jusante	**10**
2.3	Impacto Ambiental	**6**
2.4	Impacto Sócio-Econômico	**3**
PONTUAÇÃO TOTAL (DPA)		**24**
CLASSIFICAÇÃO DE DANO		Alto
FAIXAS DE CLASSIFICAÇÃO	DANO POTENCIAL ASSOCIADO	DPA
	ALTO	> = 13
	MÉDIO	13 < DPA < 7
	BAIXO	< = 7

Fonte: BVP Engenharia (2019b, p. 99)

Tabela 5.8 – Classificação de Categoria de Risco (CRI) e Dano Potencial Associado (DPA)

Classificação de Categoria de Risco e Dano Potencial Associado			
	DANO POTENCIAL ASSOCIADO		
CATEGORIA DE RISCO	Alto	Médio	Baixo
Alto	A	B	C
Médio	B	C	D
Baixo	B	C	E

Fonte: BVP Engenharia (2019b, p. 99)

Devemos, portanto, tentar compreender como foram atribuídos os valores para a barragem Mirim. As características técnicas são apresentadas na Tabela 5.9, sendo: i) altura; ii) comprimento; iii) vazão do projeto; iv) método construtivo; e v) auscultação. As informações apresentadas aparentemente não são questionáveis, com métricas bastante claras sobre a função e forma. O estado de conservação apresenta a estrutura, sendo dividido em quatro seções: i) confiabilidade das estruturas extravasoras; ii) percolação; iii) deformações e recalques; e iv) deterioração dos taludes (Tabela 5.10). A barragem é bastante nova justificando o bom desempenho do estado de conservação. O último indicador para a categoria de risco é sobre o plano de segurança da barragem, com cinco variáveis: i) documentação do projeto; ii) estrutura organizacional e qualificação dos profissionais na equipe de segurança de barragem; iii) manuais de procedimentos para inspeção de segurança e monitoramento; iv) plano de ação de emergência; e v) relatórios de inspeção e monitoramento da instrumentação e de análise de segurança (Tabela 5.11). Essa última matriz é uma análise mais burocrática e administrativa que tem como objetivo compreender estrategicamente o processo do projeto. A estrutura, processo, função e forma, a nosso ver, são atendidos, entretanto questiona-se se as barragens rompidas ao longo do tempo também não apresentavam tais características técnicas. Se sim, esse modelo deve ser revisado, de modo a criar indicadores de desempenho que atestem a categoria de risco das barragens de rejeitos.

Tabela 5.9 – Matriz de classificação quanto às características técnicas

1.1 - CARACTERÍSTICAS TÉCNICAS – CT				
Altura (a)	Comprimento (b)	Vazão de Projeto (c)	Método Construtivo (d)	Auscultação (e)
Altura ≤ 15m (0)	Comprimento ≤ 50m (0)	CMP (Cheia Máxima Provável) ou Decamilenar (0)	Etapa Única ou Dique de Partida (0)	Existe instrumentação de acordo com o projeto técnico (0)
15m < Altura < 30m (1)	50m < Comprimento < 200m (1)	Milenar (2)	Jusante (2)	Existe instrumentação em desacordo com o projeto, porém em processo de instalação de instrumentos para adequação ao projeto. (2)
30m ≤ Altura ≤ 60m (4)	200 ≤ Comprimento ≤ 600m (2)	TR = 500 anos (5)	Linha de Centro (5)	Existe instrumentação em desacordo com o projeto, sem processo de instalação de instrumentos para adequação ao projeto. (6)
Altura > 60m (7)	Comprimento > 600m (3)	TR Inferior a 500 anos ou Desconhecida/ Estudo não confiável (10)	Montante ou desconhecido ou que já tenha sido alteada a montante ao longo do ciclo de vida da estrutura (10)	Barragem não instrumentada em desacordo com o projeto (8)
CT = ∑ (a até e):			13	

Fonte: BVP Engenharia (2019b, p. 100)

Tabela 5.10 – Matriz de classificação quanto ao estado de conservação

MATRIZ DE CLASSIFICAÇÃO QUANTO À CATEGORIA DE RISCO (RESÍDUOS E REJEITOS) 1.2 - ESTADO DE CONSERVAÇÃO - EC			
Confiabilidade das Estruturas Extravasoras (f)	Percolação (g)	Deformações e Recalques (h)	Deterioração dos Taludes / Paramentos (i)
Estruturas civis bem mantidas e em operação normal /barragem sem necessidade de estruturas extravasoras (0)	Percolação totalmente controlada pelo sistema de drenagem (0)	Não existem deformações e recalques com potencial de comprometimento da segurança da estrutura (0)	Não existe deterioração de taludes e paramentos (0)
Estruturas com problemas identificados e medidas corretivas em implantação (3)	Umidade ou surgência nas áreas de jusante, paramentos, taludes e ombreiras estáveis e monitorados (3)	Existência de trincas e abatimentos com medidas corretivas em implantação (2)	Falhas na proteção dos taludes e paramentos, presença de vegetação arbustiva (2)
Estruturas com problemas identificados e sem implantação das medidas corretivas necessárias (6)	Umidade ou surgência nas áreas de jusante, paramentos, taludes ou ombreiras sem implantação das medidas corretivas necessárias (6)	Existência de trincas e abatimentos sem implantação das medidas corretivas necessárias (6)	Erosões superficiais, ferragem exposta, presença de vegetação arbórea, sem implantação das medidas corretivas necessárias. (6)
Estruturas com problemas identificados, com redução de capacidade vertente e sem medidas corretivas (10)	Surgência nas áreas de jusante com carreamento de material ou com vazão crescente ou infiltração do material contido, com potencial de comprometimento da segurança da estrutura (10)	Existência de trincas, abatimentos ou escorregamentos, com potencial de comprometimento da segurança da estrutura (10)	Depressões acentuadas nos taludes, escorregamentos, sulcos profundos de erosão, com potencial de comprometimento da segurança da estrutura. (10)
EC = $\sum$ (f até i):		0	

Fonte: BVP Engenharia (2019b, p. 101)

Tabela 5.11 – Matriz de classificação quanto ao plano de segurança de barragem

MATRIZ DE CLASSIFICAÇÃO QUANTO À CATEGORIA DE RISCO (RESÍDUOS E REJEITOS)				
1.3 - PLANO DE SEGURANÇA DA BARRAGEM - PS				
Documentação de Projeto (j)	Estrutura Organizacional e Qualificação dos Profissionais na Equipe de Segurança da Barragem (i)	Manuais de Procedimentos para Inspeções de Segurança e Monitoramento (j)	Plano de Ação Emergencial - PAE (quando exigido pelo órgão fiscalizador) (k)	Relatórios de inspeção e monitoramento da instrumentação e de Análise de Segurança (l)
Projeto executivo e "como construído" (0)	Possui unidade administrativa com profissional técnico qualificado responsável pela segurança da barragem (0)	Possui manuais de procedimentos para inspeção, monitoramento e Operação (0)	Possui PAE (0)	Emite regularmente relatórios de inspeção e monitoramento com base na instrumentação e de Análise de Segurança (0)
Projeto executivo ou "como construído" (2)	Possui profissional técnico qualificado (próprio ou contratado) responsável pela segurança da barragem (1)	Possui apenas manual de procedimentos de monitoramento (2)	Não possui PAE (não é exigido pelo órgão fiscalizador) (2)	Emite regularmente apenas relatórios de Análise de Segurança (2)
Projeto como está (3)	Possui unidade administrativa sem profissional técnico qualificado responsável pela segurança da barragem (3)	Possui apenas manual de procedimentos de inspeção (4)	PAE em elaboração (4)	Emite regularmente apenas relatórios de inspeção e monitoramento (4)
Projeto básico (5)	Não possui unidade administrativa e responsável técnico qualificado pela segurança da barragem (6)	Não possui manuais ou procedimentos formais para monitoramento e inspeções (8)	Não possui PAE (quando for exigido pelo órgão fiscalizador) (8)	Emite regularmente apenas relatórios de inspeção visual (6)
Projeto conceitual (8)				Não emite regularmente relatórios de inspeção e monitoramento e de Análise de Segurança (8)
Não há documentação de projeto (10)	-	-	-	
PS = ∑ (h até l)			0	

Fonte: BVP Engenharia (2019b, p. 102)

A matriz de Dano Potencial Associado (DPA) apresenta quatro variáveis, sendo: i) volume total do reservatório; ii) existência de população a jusante; iii) impacto ambiental; e iv) impacto socioeconômico (Tabela 5.12). Ao volume total do reservatório e a existência de população a jusante foram atribuídos as notas máximas. O impacto ambiental foi abordado como significativo, apesar de se saber que há mineração de ouro no projeto como subproduto do cobre. O impacto socioeconômico foi valorado em médio dano, sendo que os estudos *dam break* demonstram o "fim do trajeto" no rio Tocantins, desconsiderando o restante. Seguindo o fluxo do rio, percebemos que os rejeitos desembocam na usina hidrelétrica de Tucuruí, tornando o impacto alto, entretanto não iria interferir na nota final.

Tabela 5.12 – Matriz de classificação quanto ao Dano Potencial Associado (DPA)

QUADRO DE CLASSIFICAÇÃO QUANTO AO DANO POTENCIAL ASSOCIADO - DPA (RESÍDUOS E REJEITOS)			
Volume Total do Reservatório (a)	Existência de população a jusante (b)	Impacto ambiental (c)	Impacto socioeconômico (d)
MUITO PEQUENO < = 500 mil m³ (1)	INEXISTENTE (não existem pessoas permanentes/residentes ou temporárias/transitando na área afetada a jusante da barragem) (0)	INSIGNIFICANTE (área afetada a jusante da barragem encontra-se totalmente descaracterizada de suas condições naturais e a estrutura armazena apenas resíduos Classe II B – Inertes, segundo a NBR 10.004 da ABNT) (0)	INEXISTENTE (não existem quaisquer instalações na área afetada a jusante da barragem) (0)
PEQUENO 500 mil a 5 milhões m³ (2)	POUCO FREQUENTE (não existem pessoas ocupando permanentemente a área afetada a jusante da barragem, mas existe estrada vicinal de uso local) (3)	POUCO SIGNIFICATIVO (área afetada a jusante da barragem não apresenta área de interesse ambiental relevante ou áreas protegidas em legislação específica, excluídas APPs, e armazena apenas resíduos Classe II B – inertes, segundo a NBR 10.004 da ABNT) (2)	BAIXO (existe pequena concentração de instalações residenciais, agrícolas, industriais ou de infra-estrutura de relevância sócio-econômico-cultural na área afetada a jusante da barragem) (1)
MÉDIO 5 milhões a 25 milhões m³ (3)	FREQUENTE (não existem pessoas ocupando permanentemente a área afetada a jusante da barragem, mas existe rodovia municipal ou estadual ou federal ou outro local e/ou empreendimento de permanência eventual de pessoas que poderão ser atingidas) (5)	SIGNIFICATIVO (área afetada a jusante da barragem apresenta área de interesse ambiental relevante ou áreas protegidas em legislação específica, excluídas APPs, e armazena apenas resíduos Classe II B – inertes, segundo a NBR 10.004 da ABNT) (5)	MÉDIO (existe moderada concentração de instalações residenciais, agrícolas, industriais ou de infra-estrutura de relevância sócio-econômico-cultural na área afetada a jusante da barragem) (3)
Grande 25 milhões a 50 milhões m³ (4)	EXISTENTE (existem pessoas ocupando permanentemente a área afetada a jusante da barragem, portanto, vidas humanas poderão ser atingidas) (10)	MUITO SIGNIFICATIVO (barragem armazena rejeitos ou resíduos sólidos classificados na Classe II A - Não inertes, segundo a NBR 10004 da ABNT) (6)	ALTO (existe alta concentração de instalações residenciais, agrícolas, industriais ou de infra-estrutura de relevância sócio-econômico-cultural na área afetada a jusante da barragem) (5)
Muito Grande > = 50 milhões m³ (5)	-	MUITO SIGNIFICATIVO AGRAVADO (barragem armazena rejeitos ou resíduos sólidos classificados na Classe I- Perigosos segundo a NBR 10004 da ABNT) (10)	-
DPA= ∑ (a até d)		24	

Fonte: BVP Engenharia (2019b, p. 103)

A BVP Engenharia (2017b) apresenta o plano de inspeção e avaliações técnicas buscando atender o PAEBM, que deve avaliar as características hidráulicas, geotécnicas e estruturas da obra, sendo necessário ser realizadas por pessoal qualificado. Adiciona que as inspeções são essenciais para a avaliação do estado de segurança das estruturas, sugerindo três ferramentas de apoio: i) planilhas e *check-lists* com os elementos e aspectos a serem observados; ii) desenhos (plantas e seções) das obras para registros das posições das anormalidades; e iii) relatórios fotográficos ilustrando as anomalias e não conformidades. Destacaram ainda que as principais atividades necessárias são: i) acompanhamento e manutenção dos instrumentos de monitoramento mediante a leitura, o armazenamento e a interpretação de dados; e ii) realização de inspeções periódicas e indicação das necessidades de manutenção (Figura 5.20). Nas Tabelas 5.13 e 5.14 são apresentados os sistemas de manutenção da barragem (estruturas e ações de manutenção) e a periodicidade dos eventos. Por fim, reforçam que todo o processo deve ser registrado, apesar de não apresentarem em seus levantamentos o Engenheiro de Registros (EdR), de forma a garantir um banco de dados e histórico de todas as fases do projeto e seus processos.

Figura 5.20 – Fluxograma das atividades de inspeção

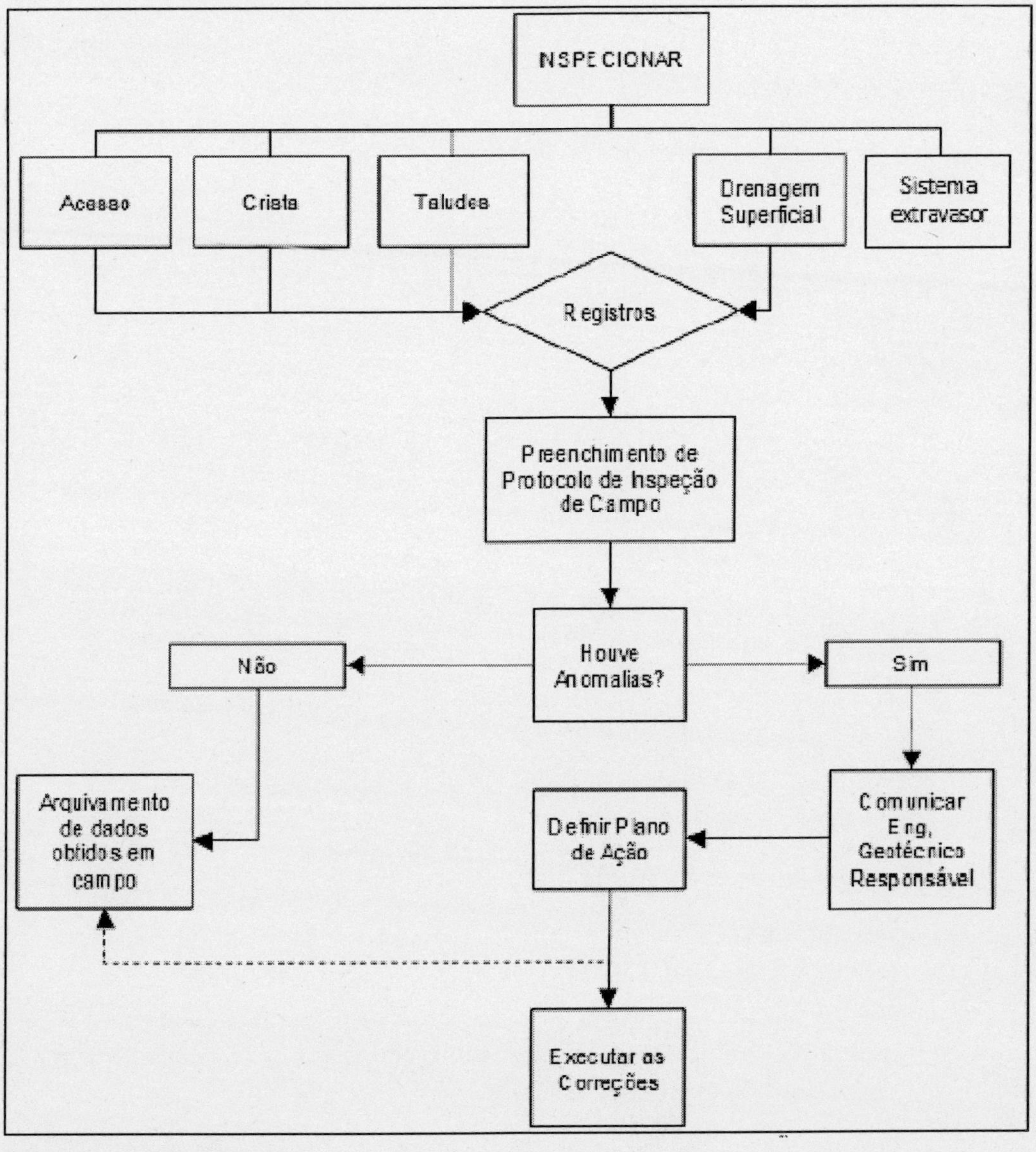

Fonte: BVP Engenharia (2017b, 29)

Tabela 5.13 – Manutenção periódica na barragem de Salobo I

Estrutura	Ações de Manutenção
Acesso	Reconformação e reparo
Reservatório	Dragagem caso haja diminuição do volume para amortecimento de cheias
	Tratamento das margens no caso de se observar depressões, sumidouros, focos de erosões e deslizamentos superficiais
Sistema extravasor e bacia de dissipação	Limpeza do dispositivo, retirando objetos que obstruam o fluxo
	Recolocação dos blocos que por ventura venham a ser deslocados
	Tratamento das áreas pontuais da argamassa, com sinais de deterioração
Drenagem superficial	Limpeza periódica dos dispositivos
	Reparo do material
	Substituição de elementos danificados
Área adjacente (ombreiras e região a jusante)	Reparo das falhas na cobertura vegetal dos taludes
	Corte de vegetação excessiva
	Vedação a passagem ou pastagem de animais

Fonte: BVP Engenharia (2017b, p. 17)

Tabela 5.14 – Manutenção periódica na barragem de Salobo II

Tipo de Instrumento / Inspeção	Período Construtivo	Período inicial de Operação [1]	Período de Operação [2]
Piezômetros	2 por semana	2 por semana	Semanal/ mensal
Indicadores de Nível de D´água	-	2 por semana	Semanal/ mensal
Marcos Superficiais	Semanal	Quinzenal	Bimestral
Inclinômetro	Semanal	Quinzenal	Bimestral
Medidor de Recalque Magnético	Semanal	Quinzenal	Bimestral
Inspeções Visuais	2 por semana	2 por semana	Quinzenal

Fonte: BVP Engenharia (2017b, p. 20)

Atualmente, a barragem passa pela etapa 2 do alteamento. A BVP Engenharia (2019b, p. 10) apresenta as empresas que estão participando das obras, bem como as respectivas responsabilidades, sendo:

> 1. BVP ENGENHARIA o Elaboração do projeto executivo, acompanhamento técnico da obra (ATO), validação dos desenhos de AS BUILT;

2. CONSTRUTORA ÁPIA o Execução das atividades referentes à obra (escavação, tratamento de fundação com regularizações e aterro);
3. SALOBO METAIS o Orientações executivas e supervisão das obras;
4. GEOMINAS o Investigações geotécnicas de campo e ensaios de laboratório;
5. CONCREMAT o Locação das obras e levantamentos topográficos durante obras e
levantamento final da Barragem de Rejeitos Mirim;
6. VALLUM ENGENHARIA o Tratamento de Fundação com aplicação de Injeções
de Cimento.

Nesse estudo (BVP Engenharia, 2019b), os dados apresentados no projeto conceitual e executivo possuem diferenças substanciais na crista, o previsto nas etapas 2 e 3 os alteamentos eram
de 255 metros e 285 metros, respectivamente, mas não sendo respeitados na prática. Entretanto, ao
longo da leitura do mesmo relatório, verificamos que as etapas dos projetos conceituais e executivos
se mantêm (Tabela 5.15), sendo este projeto que a *priori* está sendo realizado. Seria necessário um
diálogo com a firma para compreender a real situação, de modo a entender os motivos das modificações e das possibilidades de alteração dos projetos no futuro.

Tabela 5.15 – Histórico construtivo da barragem de rejeitos do Mirim

Etapas	Ano	Elevação da Crista (m) Projeto	Configuração Geométrica Executada	Empresa Projetista
1	2010	Dique Partida na elevação 220,0 m	(1ª Etapa) Dique de Partida Solo Compactado	BVP Engenharia
	2012	Reforço da Barragem sem alteração da elevação da crista	Reforço realizado com solo compactado	
2	2017 (início)	1ª Fase do Alteamento na elevação 235,0 m	(2ª Etapa em 3 Fases) Alteamento à jusante com material de enrocamento e núcleo argiloso	
	2018	2ª Fase do Alteamento na elevação 245,0 m		
	Futura	3ª Fase do Alteamento na elevação 255,0 m		

Fonte: BVP Engenharia (2019b, p. 53)

O último tópico a ser abordado nesta seção é o estudo de ruptura hipotética (*Dam Break*),
também conhecido como estudo de inundação. A simulação aqui analisada para a barragem Mirim
é referente à 3.ª fase de alteamento com a elevação em 255 metros. O foco desse estudo se dá por
uma modelagem hidrodinâmica considerando a ruptura da barragem e, consequentemente, sua
onda, delimitando as potenciais áreas afetadas a jusante da estrutura. Este estudo é subsídio para
a elaboração do Plano de Ação de Emergências de Barragens de Mineração (PAEBM), auxiliando
a identificação, avaliação e quantificação dos danos associados ao rompimento da barragem. É
importante ressaltar que apresentam as limitações técnicas do estudo, destacando como uma área
de estudo ainda recente e que se encontra em desenvolvimento e aperfeiçoamento (Tractebel, 2018).
Conforme a Tractebel (2018, p. 3), os objetivos do estudo foram:

1. Caracterizar a área de estudo com a apresentação da região a jusante da barragem;
2. Definir cenários de ruptura hipotética da barragem;
3. Apresentar os dados de trânsito de cheias no reservatório;
4. Apresentar o estudo de regionalização de vazões;
5. Determinar os hidrogramas de ruptura da barragem;
6. Apresentar a propagação dos hidrogramas de ruptura ao longo da região a jusante;

7. Apresentar o mapeamento das áreas potencialmente inundáveis a jusante da barragem, das cotas máximas de inundação, velocidade de escoamento e tempos de chegada da onda em pontos representativos da área de estudo.

A síntese dos procedimentos metodológicos pode ser mais bem visualizada na Figura 5.21, que foram definidas em conjunto com a equipe técnica da Vale.

Figura 5.21 – Principais etapas de desenvolvimento dos estudos de ruptura hipotética

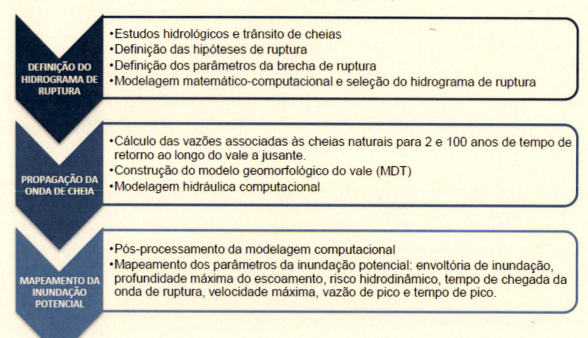

Fonte: Tractebel (2018, p. 12)

Para os cenários de simulação, conforme Tractebel (2018, p. 12-13), foram considerados quatro hipóteses, sendo:

1. Cenário A – Estimativa da inundação referente à cheia natural ordinária: este cenário foi utilizado como base para a simulação C (ruptura em dia seco), considerando como cheia ordinária aquela característica da definição da calha do rio, aproximadamente igual a 2 anos. Dessa forma, estima-se que o incremento de vazão associado a este cenário corresponda especificamente à ruptura da barragem, já que o rio estará em condições de escoamento com seção plena.

2. Cenário B – Estimativa de inundação referente à cheia natural severa: este cenário foi utilizado para a simulação D (ruptura em dia chuvoso), considerando a cheia de 100 anos como condição antecedente à ruptura da barragem nos trechos de rio a jusante.

3. Cenário C – Ruptura da barragem em dia seco (*sunny day*): este cenário considera a ausência de cheia afluente e precipitação direta no reservatório, admitindo como condição base dos rios a jusante aquelas especificadas no relatório A.

4. Cenário D – Ruptura da barragem em dia chuvoso (*rainy day*): ruptura em dia chuvoso com passagem de cheia decamilenar (TR 10.000 anos) no reservatório, considerando como cenário base a jusante aquelas específicas para o cenário B.

Para ilustrar optamos por apresentar os cenários C e D, conforme as Figuras 5.22 e 5.23, que apresentam a mancha de inundação em dia chuvoso no local e seu deslocamento até o município de Marabá, e as Figuras 5.24 e 5.25 considerando um dia seco, seguindo as mesmas características citadas antes. Para ambas as simulações as ondas de rejeitos chegam às margens da estrutura administrativa, entre outras, em menos de 30 segundos, ameaçando diretamente a vida dos funcionários da empresa e contratadas. Com 60 segundos a onda atinge a barragem de finos II, caminhando 25 km até o rio Itacaiúnas. A mancha de inundação nos dois cenários chega ao município de Marabá em menos de 60 minutos, afetando diretamente o rio Tocantins. Após este evento, não se apresenta dentro dos relatórios estudados o impacto a jusante ao rio, porém sabemos que este é um dos principais afluentes da Usina Hidrelétrica de Tucuruí. A Figura 5.25 apresenta uma síntese em um diagrama até a foz do rio Tocantins.

Figura 5.22 – Estudo de Dam Break com ruptura em dia chuvoso I

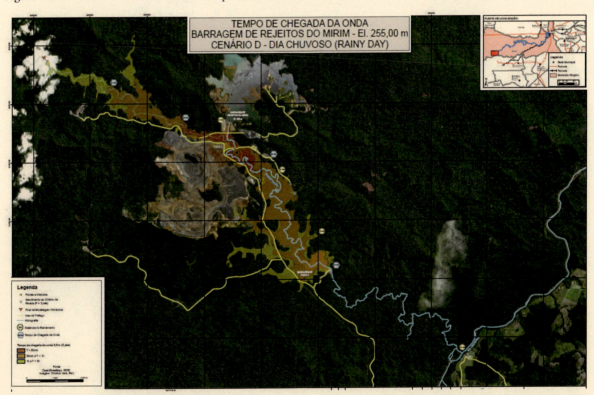

Fonte: Tractebel (2018 - VALE.RT -MA-RS A-101-16.1)

Figura 5.23 – Estudo de *Dam Break* com ruptura em dia chuvoso II

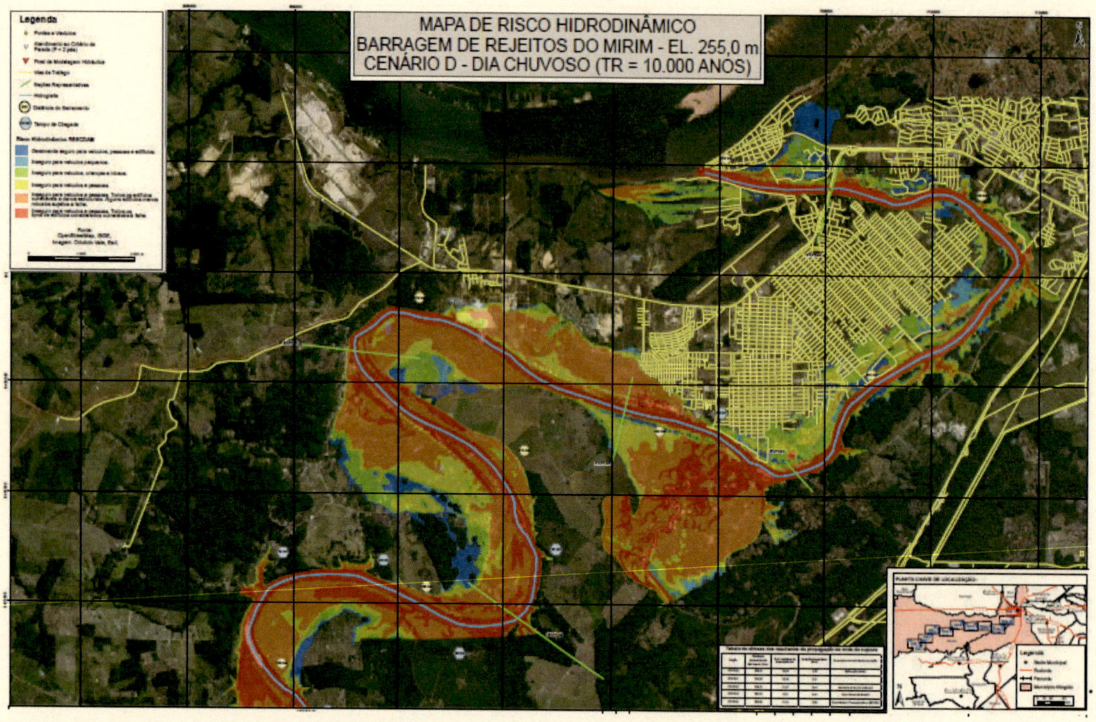

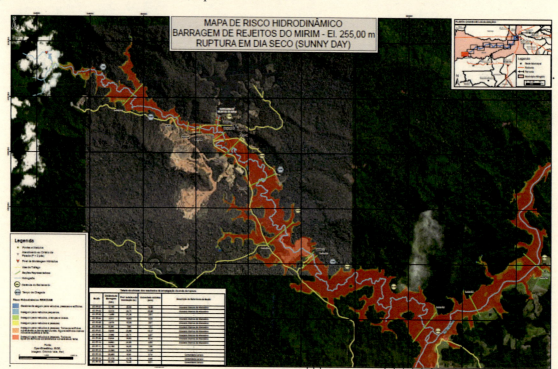

Fonte: Tractebel (2018 - VALE.RT -MA-RS A-101-16.1)

Figura 5.24 – Estudo de Dam Break com ruptura em dia seco I

Fonte: Tractebel (2018 - VALE.RT-MA-RSA-101-13.18)

Figura 5.25 – Estudo de Dam Break com ruptura em dia seco II

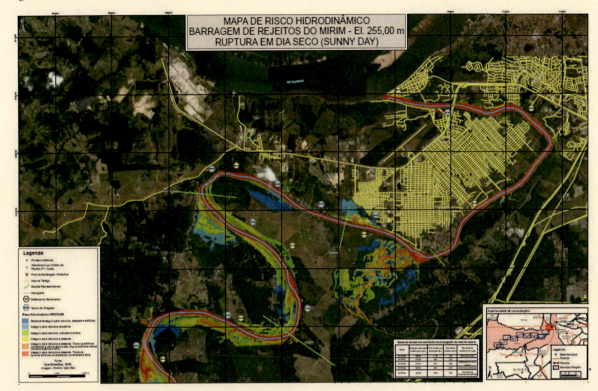

Fonte: Tractebel (2018 - VALE.RT-MA-RSA-101-13.18)

Figura 5.26 – Diagrama topológico das contribuições incrementais no vale a jusante

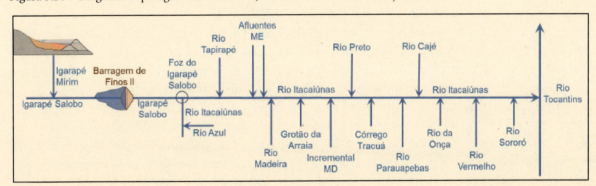

Fonte: Tractebel (2018, p. 17)

A Figura 5.27 apresenta o volume total estimado da barragem Mirim, o que torna possível compreender o impacto dessa estrutura ao ambiente natural e sociedade. Estima-se um total estimado em aproximadamente 195 milhões de m^3, sem considerar os valores referentes à barragem. Apenas para comparação, a barragem rompida em Brumadinho/MG vazou aproximadamente 13 milhões de m^3 e a barragem rompida em Mariana aproximadamente 43 milhões de m^3, informações já citadas ao longo do trabalho. A barragem 1 da Vale apresentava a classificação C, com CRI baixo e DPA alto. No caso da barragem de Fundão a classificação também era C, sendo que o CRI era baixo e o DPA baixo. Ambas as barragens em teoria, conforme a própria ANM em seu cadastro, estariam classificadas como barragens "um pouco" menos seguras que a barragem do Projeto Salobo. Entretanto, valendo-se da metodologia anterior a apresentada pela portaria do DNPM n° 70.389/2017, as três barragens estariam classificadas da mesma forma, sendo todas C.

Figura 5.27 – Croqui esquemático da ocupação do reservatório da barragem de rejeitos Mirim (sem escala)

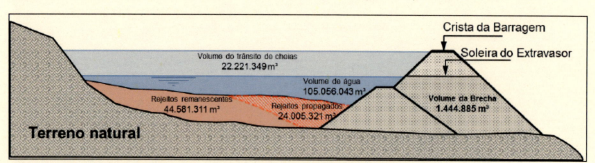

Fonte: Tractebel (2018, p. 22)

Verificamos que os estudos *Dam Break* do Projeto Salobo, assim como provavelmente ocorreram com as barragens rompidas nos últimos anos, apesar de considerarem vários cenários, não apresentam o pior cenário em sua *totalidade espacial*. Um exemplo é a barragem de Fundão, da mineradora Samarco S.A., que tinha, em todos os estudos apresentados, um baixo grau de risco e não se identificava que o impacto poderia ir até o oceano. Devemos destacar que o Projeto Salobo tem o mesmo potencial.

Este subcapítulo buscou apresentar o elemento espacial infraestrutura, por ser o trabalho humano materializado. Esse elemento é o objeto do estudo, considerando a situação (evento) de um rompimento em um dado momento no tempo (*devir*). Mesmo no caso de esse evento não ocorrer, esse objeto modifica o espaço, influencia o território, dentro dos *sistemas de objetos* e *sistemas de ações* acarreta distorções geográficas da totalidade ao local. Logo, torna-se uma *rugosidade espacial*, cuja previsão para o fim de uso compreende até aproximadamente 2050. Mesmo com técnicas de descaracterização e/ou descomissionamento, esse objeto se mantém no espaço, tendo em vista a importância de compreender como diversos atores compreendem o risco desta infraestrutura e as formas de atuação, para se evitar o *efeito derrame* e criar o *efeito transbordamento*, dentro da noção da *sociedade de risco* como elemento oculto à *totalidade espacial*, serão apresentadas as contribuições de vários atores representantes dos *elementos espaciais* faltantes (as firmas, as instituições do Estado e a sociedade).

5.3 AS FIRMAS E SUAS INSTITUIÇÕES: RESULTADOS A PARTIR DAS OBSERVAÇÕES EM CAMPO

Nas firmas e suas instituições, analisaremos o comportamento e compromisso com relação ao ambiente natural e sociedade, enquanto *elementos espaciais*. Este é o momento em que o estudo analisa resultados do campo e tenta aplicá-los dentro do modelo proposto, avançando na exposição das firmas, mas apresentando a visão do Estado, suas instituições e sociedade, considerando a infraestrutura desses empreendimentos. Todo o roteiro de questões foi moldado nesse sentido, sendo utilizado o mesmo padrão para todos os elementos espaciais a serem estudados. Logo, o foco deste subcapítulo consiste em avaliar a visão da Vale S.A. e suas instituições de apoio, como o

Comitê Brasileiro de Barragens (CBDB), representante da ICOLD no Brasil, e o Instituto Brasileiro de Mineração (Ibram). Foram utilizados diversos tipos de comunicação para auxiliar na busca por funcionários que pudessem ser entrevistados representando a Vale S.A. Usamos meios de comunicação desde protocolos no sítio eletrônico, mensagens por e-mail e WhatsApp, ligações e pedidos de profissionais das mais diversas organizações. Buscamos assim dois tipos centrais de funcionários para a presente pesquisa, sendo um especialista em barragem e outro especialista em meio ambiente. Todavia, não foi possível entrevistar nenhum funcionário da Vale S.A., pois ao longo do processo optaram por ignorar, ou por enviar mensagens formais, ou repassar para terceiros, ao ponto que não ocorria nenhuma decisão, protelando ao máximo o retorno.

Apenas para fins de registro, foram abertos diversos protocolos[82], na seção "fale conosco" do sítio eletrônico da empresa, sendo destinados para: relações institucionais, mineração, meio ambiente e relação com a comunidade. A resposta em sua ampla maioria foi um e-mail padrão, sem nenhum nexo com o chamado, demonstrando o total desinteresse e desrespeito para com um membro da sociedade, representando a comunidade científica. Basicamente, os chamados buscavam dois pontos centrais, sendo: i) solicitação de documentações e informações sobre a produção e barragem do Projeto Salobo; e ii) solicitação de auxílio para identificar funcionários de Salobo para realizar entrevista, solicitando inclusive a visita em campo. A resposta para ambos os casos foi a seguinte:

> Todas as imagens, publicações e informações da Vale, disponíveis ao público, podem ser obtidas no site da empresa. Os Relatórios de Sustentabilidade são excelentes fontes de consulta. Para a seção de SUSTENTABILIDADE acesse: http://www.vale.com/rs2017 e leia as informações sobre a Vale.
> Atenciosamente, Vale

Devido ao nítido desinteresse em contribuir para pesquisa por parte da firma, optamos por buscar informações com o CBDB, assim como o Ibram, os quais são agentes facilitadores que auxiliam as firmas a seguir as melhores práticas de gestão e técnica em âmbito mundial. O CBDB[83] cria processos que assegurem as operações de barragens e suas obras associadas da forma mais técnica possível, considerando também que se deve alcançar o máximo benefício para a sociedade, sendo ambiental e socialmente responsável. O CBDB é uma instituição não governamental, encorajando informações e experiências adquiridas em planejamento, projeto, construção e operação de grandes barragens. Contudo, observamos que dentro da sua apresentação em seu site não demonstra inicialmente interesse e/ou preocupação com questões relativas ao pós-fechamento e/ou *desengenharia* dos projetos industriais. A missão da instituição visa "estimular o desenvolvimento, a aplicação e a disseminação das melhores tecnologias e práticas da engenharia de barragens e obras associadas", apresentando princípios que norteiam os seguintes elementos: valores e comportamentos éticos, compromisso com a sustentabilidade socioambiental, valorização profissional, eficiência e eficácia organizacional, gestão responsável, participativa e transparente. Dentro do planejamento estratégico de 2009 a 2013 (que consta em sua página), os objetivos estratégicos são:

> 1. Colaborar com a Comissão Internacional de Grandes Barragens (ICOLD/CIGB) em tudo o que tornar necessário e ou conveniente.
> 2. Modernizar a gestão e estabelecer núcleos regionais para a expansão geográfica.

---

[82] Seguem os números dos protocolos abertos: 191107084748-9FC5D3; 191107084544-3F2D37; 191107084440-9B45EC; 191107084257-76F49A; 191001090930-5A5231; 191001090825-3C10B7; 190930064444-0E53F3; 190930064228-745F57; 190930084202-6917DB; 190930084056-EBD7E0; 190930083937-CDE750; 190930083824-2FD8CC; 190917075853-47343B; e 190917075700-F88220.

[83] As informações aqui apresentadas estão disponíveis na página: http://www.cbdb.org.br/. Acesso em: 17 dez. 2019.

3. Ampliar as fontes de recursos financeiros para alcançar o equilíbrio econômico – financeiro.

4. Fomentar a pesquisa e o desenvolvimento de inovações tecnológicas e de práticas na engenharia de barragens.

5. Realizar estudos para propor às instituições responsáveis subsídios úteis à regulamentação dos aspectos técnicos e socioambientais das barragens e obras associadas.

6. Promover eventos e organizar publicações para consolidar, ampliar e disseminar conhecimentos técnicos e tecnológicos sobre projetos, construção e operação de barragens e obras associadas.

7. Desenvolver e implementar infraestrutura de comunicação e de marketing para dar conhecimento aos públicos interno e externo sobre aspectos institucionais, planos e ações realizadas.

8. Colaborar com as instituições responsáveis pela elaboração e implementação de políticas públicas relacionadas a barragens e obras associadas.

9. Interagir com instituições congêneres para a realização de ações afins à engenharia de barragens.

Não foi realizada uma entrevista com a CBDB, apesar de reconhecermos a sua importância para a presente pesquisa. Devido à localização da sede, Rio de Janeiro/RJ, questões de escopo e logística, e também o prazo do pesquisador, optamos por não abrir um chamado à organização. Entretanto, deve ficar clara, desde já, a importância dessa instituição para as firmas, dado seu acervo, conhecimento técnico e equipe.

O Ibram[84] é uma instituição privada sem fins lucrativos, sendo o representante de diversas empresas e instituições que atuam no setor mineral, buscando o estabelecimento de um ambiente favorável aos negócios, à competitividade e ao desenvolvimento sustentável. Seu principal escopo consiste em fomentar inovações no setor, utilizando-se das melhores práticas e tecnologias disponíveis no mercado, sem tomar parte de manifestações político-partidárias, religiosas e de discriminação de qualquer natureza. Conforme seu Estatuto Social, o Ibram tem como objetivo:

> [...] congregar, representar, promover e divulgar, ampliar e fortalecer a imagem e reputação da indústria mineral brasileira, contribuir para sua competitividade nacional e internacional, fomentar seu desenvolvimento sustentável e o uso das melhores práticas de segurança e saúde ocupacional dos trabalhadores a ela dedicados, colaborar com os poderes públicos, inclusive promovendo estudos e oferecendo sugestões, estimular a pesquisa, o desenvolvimento, a inovação e o uso das melhores tecnologias disponíveis, proporcionar foros para o intercâmbio de conhecimento e de experiências, bem como para a discussão de problemas de interesse da indústria mineral e da normalização nacional e internacional de seus produtos, realizar congressos, exposições, cursos, seminários, oficinas e demais eventos com vistas ao melhor conhecimento da Mineração, sua divulgação e o incremento de sua capacidade tecnológica e da capacitação dos recursos humanos nela empregados, dentre outros, propugnar pela defesa dos interesses da indústria mineral, no Brasil e no exterior, pelo meio ambiente, pelos recursos hídricos e pela melhor interagido com todas as panes interessadas na exploração de recursos minerais, tudo com vistas a melhoria da qualidade de vida da sociedade em geral e, em particular, das comunidades onde haja atividade mineraria, especialmente as populações mais próximas e diretamente relacionadas com as minas e unidades operacionais (IBRAM, 2018, p. 1).

A pesquisa no Ibram foi realizada nos moldes propostos para a firma (Vale S.A.), com um funcionário na parte técnica e outro na parte do meio ambiente (FI01 e FI02). Diferentemente da firma (Vale S.A.), que apresenta sua missão e visão, além sua estrutura do Projeto Salobo e sua bar-

---

[84] As informações aqui apresentadas estão disponíveis na página: http://www.ibram.org.br/. Acesso em: 17 dez. 2019.

ragem, afirmando o compromisso para com a comunidade, algo que não corresponde aos fatos, o Ibram foi por outro caminho. Nesse sentido, o Ibram foi coerente com o seu objetivo, ao ceder as entrevistas, por fazer parte da sua missão e visão a abertura para com a comunidade (sociedade). Devemos reforçar que as opiniões emitidas pelos funcionários são visões pessoais, não podendo considerar como a visão da instituição.

Nesse sentido, o presente subcapítulo será dividido em duas seções, sendo que a primeira apresenta algumas considerações a respeito da Vale S.A. e o Projeto Salobo, e a segunda apresenta os resultados obtidos na entrevista realizada na sede do Ibram.

A Vale S.A. não demonstrou interesse pela presente pesquisa, distorcendo o *elemento espacial* firma, sendo que acrescentamos, além do já abordado, duas questões centrais: produção/finanças e desengajamento moral, complementando as seções anteriores e tentando suprir a ausência do gerenciamento de risco.

A empresa Vale S.A., em seu relatório de produção do quarto trimestre de 2015 (4T15), período que compreende o rompimento da barragem de Fundão da mineradora Samarco S.A., apresenta que a produção em Mariana ficou 38,6% e 34,2% menor com relação ao terceiro trimestre do mesmo ano, devido ao acidente da barragem de rejeitos de Fundão. Afirma que desde então: i) a mina de Alegria opera com um processo de beneficiamento a seco, com menor produtividade; ii) a planta de Timbopeba teve suas atividades interrompidas, devido à destruição da correia transportadora; e iii) a mina de Fazendão interrompeu sua produção com a parada nas operações da Samarco S.A. Basicamente o relatório de produção 4T15 da Vale S.A. apresenta apenas suas preocupações com relação à sua operação, não constando em nenhum momento questões mais amplas, como vidas humanas, memórias, emprego, renda, externalidade, até mesmo desconsidera os impactos ambientais do acidente (Vale, 2015).

Ao menos, como pode ser observado, considerou desde o início que o rompimento da barragem é um acidente e não uma tragédia, atribuindo inclusive o autor correto, Samarco S.A., diferentemente das tentativas de referir-se a esse problema como "Tragédia de Mariana".

O relatório financeiro 4T15 também se encontra nessa linha de não responsabilidade: "[...] apesar dos esforços, nossas realizações foram ofuscadas pela ruptura da barragem de rejeitos da Samarco S.A. no início de novembro de 2015" (Vale, 2015, p. 7). A empresa continua alegando que vem atuando como parceira da Samarco S.A., comprometida no suporte às regiões e comunidades afetadas, além da recuperação socioambiental. Diferentemente do relatório de produção, o relatório de desempenho financeiro dedica duas páginas ao acidente com a barragem da Samarco S.A. Apresenta inicialmente as dimensões do dano (Minas Gerais a Espírito Santo), informando o número de mortes (dezessete pessoas) sem mencionar os atingidos em sua totalidade, apresentando apenas 600 pessoas que viviam na comunidade de Bento Rodrigues. Em sequência, inicia com uma falácia, ao afirmar que foram realizadas diversas atividades logo após o rompimento da barragem de rejeitos, vejamos: "[...] os primeiros socorros, comida, água, estadia, assistência social e suporte financeiro para centenas de indivíduos afetados" (Vale, 2015, p. 8).

Esse movimento até ocorreu, mas não foi de forma alguma "imediatamente após a ruptura da barragem de rejeito", pois os atingidos foram atendidos no Ginásio Poliesportivo de Mariana, por populares e voluntários, sendo transferidos para hotel apenas depois de uma ordem judicial contra a Samarco S.A. Devemos perceber que, se dependesse exclusivamente da empresa, as pessoas estariam até hoje no ginásio, afinal, há um custo, uma externalidade negativa, que tentarão negar de todas as formas.

(a) finalizou a recuperação de todas as sete pontes impactadas pela ruptura da barragem; (b) acomodou todas as 369 famílias que perderam suas casas; (c) distribuiu 2.907 cartões de suporte financeiro para os residentes das cidades afetadas (75% do total das famílias afetadas); (d) providenciou atendimento psicossocial para 1.185 famílias; (e) distribuiu 553 milhões de litros de água potável e 59 milhões de litros de água mineral. Tanto a Vale quanto a BHP Billiton, acionistas da Samarco, tem se envolvido ativamente no suporte à Samarco durante esta crise (Vale, 2015, p. 8).

Destarte, o relatório reforça ainda que após o evento a Vale S.A. foi citada na ação civil pública na 12.ª Vara Federal de Belo Horizonte pela União, pelos estados de Minas Gerais e Espírito Santo, além de outras instituições. Nesse sentido, essa ação requisitou a indisponibilidade de licença das empresas (Samarco, BHP Billiton e Vale) para a lavra do minério, sem limitar as atividades de produção e comercialização. Outra requisição foi para a remediação dos danos causados pela ruptura da barragem, atribuindo o valor da causa em R$20,2 bilhões, "a Vale tem adotado as medidas necessárias para assegurar seu direito de defesa", ou seja, se eximir da sua responsabilidade com relação ao crime corporativo, buscando formas para não pagar as externalidades negativas que criaram (Vale, 2015, p. 9).

As Figuras 5.28, 5.29 e 5.30 nos ajudam a compreender os impactos desse rompimento diante do mercado global. Os preços das commodities do minério de ferro despencaram de forma mais abrupta a partir do ano de 2013, chegando em seu menor índice histórico da série analisada (Figura 5.28). Para compensar, a Vale S.A. se manteve ampliando a oferta, sendo que de 2015 ao presente momento, o sistema sul teve uma queda expressiva de produção. Percebemos também que enquanto o sistema sul vive um momento de crise, o sistema norte ampliou significativamente sua produção, compensando a queda produtiva em termos globais (Figura 5.29). Com um cenário de queda do valor das commodities adicionando maiores níveis de produção, gerou-se um componente explosivo de altos níveis de cobrança aos funcionários e redução qualitativa e quantitativa das variáveis de segurança, manutenção e monitoramento.

Figura 5.28 – Série histórica da cotação da commodities de minério de ferro

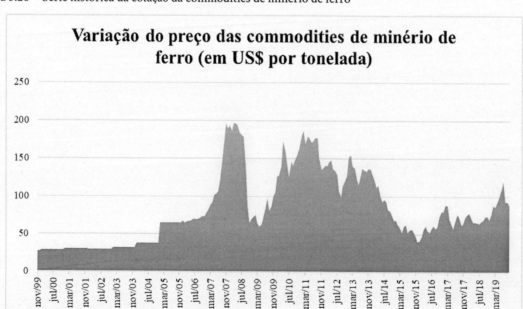

Fonte: Elaboração própria a partir do Index Mundi

Figura 5.29 – Produção de minério de ferro pelos principais sistemas produtivos da Vale S.A.

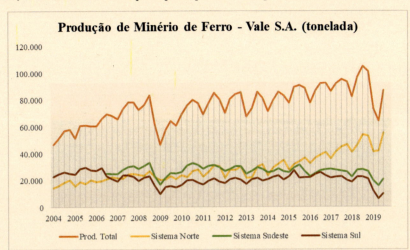

Fonte: Elaboração própria a partir dos relatórios de produção da Vale S.A.

Para Mansur *et al.* (2016) dentro desse cenário, por meio de uma análise de 1965-2009, houve um aumento do número de acidentes com barragens de rejeito, reforçando que era previsível o acidente tecnológico, dado terem ultrapassado a *capacidade de suporte* e desrespeitarem o metabolismo econômico e ecológico. O ano de 2015 foi, sem dúvida, o pior ano financeiro da série estudada, sendo que o lucro operacional e o líquido, respectivamente, foram aproximadamente -R$25 bilhões e -R$46 bilhões, sendo que esse desempenho não se deve exclusivamente à Samarco S.A. (Figura 5.30). O baixo desempenho deveu-se à depreciação do real frente ao dólar (47% em 2015), a queda dos preços das commodities minerais e os *impairments*[85].

Figura 5.30 – Dados financeiros, operacionais e de investimento da Vale S.A.

Fonte: Elaboração própria a partir dos relatórios financeiros da Vale S.A.

---

[85] Esse é um termo ligado à área contábil, se referindo a um teste de imparidade e deterioração de um determinado ativo. "A Comissão de Valores Mobiliários (CVM), mediante a deliberação 527/07, aprovou o Pronunciamento Técnico CPC 01, que trata sobre o *Impairment* e seus principais tópicos. Um ponto de destaque é o conceito de valor recuperável, que, segundo a norma, é o maior valor entre o valor justo líquido de despesas de venda de um ativo e o seu valor em uso". Em outras palavras, "nenhum ativo deve estar registrado por valor superior ao seu valor recuperável". Ver em: https://blog.sage.com.br/impairment-voce-sabe-o-que-e-isso-2/.

Em 2019, após o acidente com a barragem B1 da mina do Córrego do Feijão, da Vale S.A., o preço das commodities tinha começado a se elevar (Figura 5.27). A produção da Vale apresenta uma queda mais acentuada no sistema sudeste e sul, e uma franca ampliação produtiva do sistema norte (Figura 5.28). Enquanto o sistema sul entra em colapso, prejudicando toda uma estrutura social, ambiental, política e econômica, o sistema norte se amplia, reforçando os riscos das operações dentro da *sociedade de risco*, criando efeitos colaterais latentes.

A verificação desses compromissos e suas efetivas realizações precisam de uma análise *in loco* (no local), fugindo do escopo do trabalho. Entretanto, devemos considerar a afirmação do Diretor Presidente Eduardo Bartolomeu:

> Estou comprometido em liderar a Vale no momento mais desafiador de sua história. Trabalharemos incansavelmente para garantir a segurança das pessoas e das operações da empresa. Nós nunca esqueceremos Brumadinho e não pouparemos esforços para aliviar o sofrimento e reparar as perdas das comunidades impactadas. Este enfoque nas pessoas e na segurança impulsionará nossa excelência operacional e fortalecerá nossa licença para operar, garantindo resultados sustentáveis através do fornecimento de portfólio de produtos de alta qualidade (Vale, 2019, p. 3).

Essa afirmação instiga para compreendermos se, de fato, a Vale se encaixa no mito do desengajamento moral de Medeiros, Silveira e Oliveira (2018). Esse estudo torna-se fundamental, principalmente pelo fato de que não foi possível entrevistar os funcionários da Vale S.A. Isso porque não pudemos identificar, nos relatórios estudados, as questões aplicadas às diversas ferramentas de gerenciamento de riscos, tópico de suma importância para compreender a *totalidade espacial*, sobretudo, com relação ao elemento espacial das firmas, por dentro da *sociedade de risco*.

O único ponto acessível, diante desse cenário, é o último risco apresentado, com uma conotação do mercado financeiro, referente ao risco de reputação e *compliance*. Assim, compreendemos a retórica da empresa com relação ao acidente. Medeiros, Silveira e Oliveira (2018) procuraram responder seis questões referentes ao desengajamento moral, sendo: Quem nós somos? Quais são os nossos valores? O que aconteceu? Como e por que isso aconteceu? O que nós fizemos para isso não acontecer? E o que nós fizemos depois que isso aconteceu? Ao final, identificaram os três mitos apresentados no caso da Samarco S.A.: (a) nós estamos fazendo o que deve ser feito; (b) nós não colocamos a sociedade e o meio ambiente em risco; (c) a culpa não é nossa. Dessa forma, realizamos uma análise não tão aprofundada como o referido trabalho, mas avaliamos se esses pontos se aplicam ao crime corporativo da Vale S.A., pois eles impactariam diretamente no risco de reputação e *compliance* e, posteriormente, no risco de mercado. No presente estudo, aplicaremos esses três mitos de forma inversa, nesse caso, por questões didáticas e estruturais, visando principalmente atender o escopo da pesquisa.

O desengajamento moral, utilizado por Bandura (1990, 1991), refere essa ação como um conjunto de manobras e comportamentos psicossociais, de forma que a sociedade não compreenda as condutas transgressoras dentro de um comportamento negativo. Para Medeiros, Silveira e Oliveira (2018, p. 75), dentro do processo de tomada de decisão moral, quatro passos ocorrem: i) consciência moral, que se refere ao reconhecimento da natureza moral da situação; ii) julgamento moral, quando o indivíduo toma a decisão do que é moralmente certo na situação; iii) intenção moral, que consiste na decisão de priorizar os valores morais sobre os outros valores; e iv) a ação moral, ou seja, o engajamento com a ação moral, quando se combina a intenção moral com o comportamento moral. Para os autores (2018), o foco das pesquisas nessa área recai para os três primeiros passos, sendo que, no caso da Samarco S.A. o ponto central é o último, ação moral. Essa estratégia de desengajamento moral ocorre quando as firmas adotam condutas transgressoras e fazem uso desse mecanismo de forma a obter um desligamento seletivo de autorrepressão moral. Em outras palavras, "é pelo desengajamento moral que o conteúdo moral é desvinculado da conduta e o ator age em busca do seu objetivo" (Medeiros; Silveira; Oliveira, 2018, p. 76).

Com relação ao rompimento das barragens, vários nomes foram dados: tragédia, acidente, desastre, entre outros. Essas atribuições encontram-se dentro de um escopo, a tentativa de modificar e de distorcer a percepção da sociedade para com o comportamento transgressor; atribui-se, inclusive, o fato gerador ao município, em vez da empresa. Todavia, não se pode esquecer o nome correto do evento, um crime corporativo, pois, dentro dos *sistemas de objetos*, houve atos criminais de omissão, sendo que, dentro dos *sistemas de ações*, resultaram em tomadas de decisões que, deliberadamente, derivaram no evento por adoção de medidas negligentes.

A Câmara dos Deputados (2019), mediante Comissão Parlamentar de Inquérito (CPI) (responsável pela investigação do caso) tendo como presidente o deputado Júlio Delgado (PSB) e relator o deputado Rogério Correia (PT), ao indagar sobre o Gerenciamento de Riscos do Negócio, recebeu a seguinte resposta:

> Em outra dimensão, existia, ainda, outro grupo, Gerenciamento de Riscos do Negócio, onde não somente barragens eram discutidas ou ferrosos eram discutidos. Eram discutidos descarrilamento de trem de passageiro, riscos de navio que poderia afundar, riscos financeiros. E esse Gerenciamento de Negócios era liderado pela área corporativa. Era da Vale inteira; não era só de ferrosos; era de todos os negócios da Vale, onde, naturalmente, barragens também eram discutidas. E eram comitês mensais, subcomitês e comitês mensais, que faziam um resumo, depois, para a Diretoria Executiva. Este é o conjunto de comitês, de grupos que faziam a segurança da barragem na Vale (Câmara dos Deputados, 2019, p. 370).

Não foi possível identificar as formas como a empresa aplica o gerenciamento de riscos em seus negócios, apesar de os comitês serem mensais, não há nada disponível para o público. Quando solicitado, via protocolo, a resposta é padrão, apresentada no início deste subcapítulo. Nem mesmo os relatórios de produção apresentam pontos sobre o gerenciamento de riscos, tornando tudo ainda mais obscuro um receio já exposto como elemento oculto, a *sociedade de risco*. Esses documentos foram disponibilizados para a CPI, assim se verificou que o mapeamento de risco estava sujeito à avaliação e revisão da Diretoria Executiva, sendo posteriormente distribuído aos diretores e gerentes. Isso posto, o mito "a culpa não é nossa" não deveria se aplicar, pois eram de conhecimento da Diretoria Executiva os riscos do negócio.

Diferentemente da Samarco S.A., que atribuiu o acidente a causas naturais, a Vale não adotou essa postura, e assumiu de forma um pouco mais ampla a sua responsabilidade pelo rompimento. Na Câmara dos Deputados (2019), os depoentes afirmaram à CPI que tinham conhecimento das pequenas falhas, as quais, sendo analisadas em conjunto, poderiam ser consideradas um grande problema. Todavia, esse tópico merece uma atenção micro, local, pois é uma estratégia muito eficaz por parte das empresas para dissuadir o público de que a culpa é da firma. Geralmente, o argumento dessas empresas, tanto em termos jurídicos quanto regulatórios, é que fazem mais do que o necessário. Elas adotam um argumento de boas práticas internacionais, justificando suas atitudes mediante relatórios complexos para leigos, ou atribuindo a culpa aos projetistas e auditores (TÜV SÜD), algo que se percebe no caso da barragem B1. Conforme o jornal *El País* (2019), há uma guerra travada entre a Vale e a Tüv Süd pela responsabilidade do rompimento da barragem I, o que reforça o desengajamento moral com relação ao mito "a culpa não é nossa".

O segundo mito afirma: "nós não colocamos a sociedade e o meio ambiente em risco", sendo um discurso com uma narrativa para persuadir a sociedade "[...] de que as consequências não são tão graves, pois podem ser minimizadas pelas ações da empresa" (Medeiros; Silveira; Oliveira, 2018, p. 80). Em sua página na internet, a Vale S.A. tem uma parte dedicada a prestação de contas com relação à reparação dos danos. São apresentados os procedimentos de indenização em três frentes: i) a indenização emergencial apresenta que são mais de 106 mil pessoas a receber uma ajuda mensal; ii) indenização individual e por núcleo de família, que são 723 acordos e 2.300 beneficiários; e iii) indenização trabalhista, sendo 516 acordos e 1.539 beneficiários. Uma forma de compreender esse segundo mito seria analisar localmente cada um dos atores que receberam as indenizações, para compreender o seu nível de satisfação com o atendimento prestado. Além dessa informação, as principais frentes e resultados com relação ao balanço de reparação são apresentados na Figura 5.31.

Figura 5.31 – Ações do balanço de reparação com dados de 29/11/2019

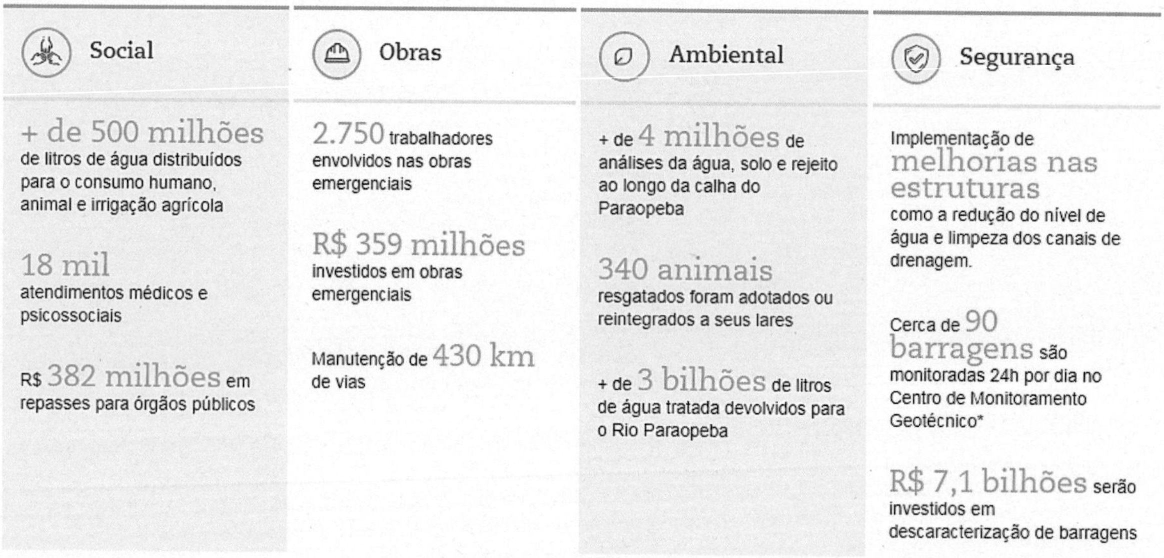

Social	Obras	Ambiental	Segurança
+ de 500 milhões de litros de água distribuídos para o consumo humano, animal e irrigação agrícola	2.750 trabalhadores envolvidos nas obras emergenciais	+ de 4 milhões de análises da água, solo e rejeito ao longo da calha do Paraopeba	Implementação de melhorias nas estruturas como a redução do nível de água e limpeza dos canais de drenagem.
18 mil atendimentos médicos e psicossociais	R$ 359 milhões investidos em obras emergenciais	340 animais resgatados foram adotados ou reintegrados a seus lares	Cerca de 90 barragens são monitoradas 24h por dia no Centro de Monitoramento Geotécnico*
R$ 382 milhões em repasses para órgãos públicos	Manutenção de 430 km de vias	+ de 3 bilhões de litros de água tratada devolvidos para o Rio Paraopeba	R$ 7,1 bilhões serão investidos em descaracterização de barragens

Fonte: Vale S.A.[86]

Diante do apresentado, aparentemente temos a sensação de certa normalidade do processo, assim somos levados a pensar que esse é o preço a ser pago pelo crescimento econômico a todo custo, baseado no *in dubio* pró-progresso, levando a sociedade a uma armadilha social. A empresa, nesse caso, se apresenta como pronta e, por isso, estaria reparando os danos causados. Esse mito também é reforçado pela narrativa de que o material é inerte e não é tóxico. Isso dá a sensação de as consequências não serem assim tão graves como parecem ser. Dessa maneira, sabemos que os laudos de especialistas das mais diversas áreas são contratados pela empresa, isso com o objetivo de "tranquilizar" a população e de criar uma falsa sensação de normalidade.

Com relação ao último mito analisado: "nós estamos fazendo o que deve ser feito", deve ser compreendido como uma forma de recuperação do passado, persuadindo por sua vez a sociedade "[...] de que ela sempre fez o que deve ser feito e assim continuará a fazer" (Medeiros; Silveira; Oli-

---

[86] Disponível em: www.vale.br. Acesso em: 29 nov. 2019.

veira, 2018, p. 79). Da mesma forma que Medeiros, Silveira e Oliveira (2018) analisaram esse tópico com relação à Samarco S.A., percebemos que o roteiro discursivo é bem parecido, a empresa reforça sua responsabilidade econômica para o crescimento nacional, por meio do pagamento de impostos, geração de empregos, infraestrutura e investimentos. Os autores (2018) reforçam que o mecanismo utilizado é de rotulagem eufemística, buscando mascarar atividades e ações reprováveis, atribuindo a classificação de acidente ao que, na verdade, são crimes corporativos. Eles destacaram que, por meio "da higienização e de um discurso sedutor, a conduta destrutiva torna-se positiva, pois ressalta que a empresa age em conformidade com a lei, realizando, além disso, inspeções por equipes próprias" e terceirizadas (Medeiros; Silveira; Oliveira, 2018, p. 80).

Contudo, a Vale S.A., em seu Relatório de Administração, assim como nos Relatórios de Produção e Financeiro, apresenta quatro iniciativas "proativas" que se seguiram após a ruptura da barragem:

> (a) assistência aos atingidos e recuperação da área atingida pelo rompimento da Barragem I; (b) apuração das causas pelo rompimento da Barragem I; (c) garantir a segurança das estruturas a montante e das comunidades no seu entorno; (d) aceleração do processo de descomissionamento ou descaracterização de nossas barragens a montante remanescentes (Vale, 2018, p. 3).

Diante do exposto, percebemos que os três mitos do desengajamento moral aplicados à Samarco S.A. por Medeiros, Silveira e Oliveira (2018) são reproduzidos perfeitamente pela Vale S.A., enquadrando-se nos riscos de reputação e *compliance*. Para Bandura, Caprara e Zsolnai (2000), essa transgressão corporativa já é um fenômeno bem conhecido no mundo dos negócios, algumas firmas violam as leis e regras morais com práticas organizacionais que afetam a sociedade e o ambiente natural. Como as leis e regulamentos apresentam diversas brechas, esses crimes corporativos raramente são classificados como deveriam ser: CRIMES! Isso se dá pela capacidade e poder de mobilização de recursos, de natureza técnica, jurídica, material e/ou simbólica, que as corporações têm para influenciar a percepção com relação à sua conduta transgressora (Bandura; Caprara; Zsolnai, 2000).

O risco de reputação e *compliance*, já analisado em subcapítulos anteriores, deve ser entendido para que a corporação esteja em conformidade com as normas e procedimentos impostos em termos morais e éticos, indo além do mero cumprimento das leis. Conforme Assaf Neto (2006, p. 120), esses riscos influenciam o mercado, pois "[...] está relacionado com o preço que o mercado estipula para ativos e passivos negociados pelos intermediários financeiros, ou seja, com o comportamento verificado no preço de um bem no dia a dia".

Já Gitman (2004, p. 184), ao pensar em mercado financeiro, é bastante claro ao definir risco como uma possibilidade de perda financeira. Para esse autor, ao se pensar no risco e retorno, a teoria fundamental que relaciona esses conceitos é conhecida como Modelo de Formação de Preços de Ativos (CAPM)[87]. Esse modelo liga o risco não diversificável ao retorno para todos os ativos, considerando também os riscos diversificáveis, para se encontrar o risco total. Nesse sentido, o risco de reputação e *compliance* em teoria poderia afetar a formação dos preços dos ativos da Vale S.A., em ambos os rompimentos mais críticos (2015 e 2019), algo que não ocorreu em médio e longo prazo.

---

[87] "O CAPM (*capital asset pricing model*) foi desenvolvido para explicar o comportamento dos preços dos títulos e oferecer um mecanismo pelo qual os investidores pudessem avaliar o impacto do investimento em um título sobre o risco e o retorno gerais de suas carteiras. O modelo baseia-se na hipótese de um **mercado eficiente,** com as seguintes características: muitos investidores pequenos, todos dispondo das mesmas informações e expectativas a respeito dos títulos; ausência de restrições ao investimento, nenhum imposto e nenhum custo de transação; e investidores racionais que encaram os títulos da mesma maneira e têm aversão ao risco, preferindo retornos mais altos e riscos mais baixos" (Gitman, 2004, p. 207).

Demonstra, portanto, que o retorno de mercado pode ser elevado, ele ter sido impulsionado devido à taxa livre de risco (Taxa Selic) apresentar a menor cotação histórica, tornando o retorno exigido do ativo mais atraente. Não somos contrários a juros baixos, muito pelo contrário, apenas estamos demonstrando uma relação que pode impactar os mais diversos elementos espaciais. Além disso, a depreciação do real frente ao dólar, para o setor mineral, é excelente, pois torna o retorno mais alto, impactando e influenciando negativamente em diversas outras estruturas produtivas, devido ao custo do investimento, acarretando a desindustrialização.

Esse efeito demonstra que a proposta de Harry Markowitz, de 1952, é importante atualmente, carecendo de debates futuros ao se pensar na questão mineral. Dentro da teoria da perspectiva e tomada de decisões sob incerteza, temos o modelo Markowitz[88], esse modelo constitui as primeiras soluções relativas às atitudes dos investidores sobre diferentes jogos, em que "[...] diferentes montantes eram implicitamente comparados à sua riqueza costumeira, e os jogos por grandes somas comparadas com a riqueza costumeira são tratados de modo mais conservador", nesse sentido, "[...] uma disposição de jogar depende muito do status quo" (Elton *et al.*, p. 485).

Brealy, Myers e Allen (2013, p. 170) reforçam que esse modelo chamou a atenção "[...] para a prática comum da diversificação de carteiras e mostrou como o investidor pode reduzir o desvio-padrão do retorno da carteira mediante a escolha de ações cujas oscilações não são exatamente paralelas". Compreender o *status quo*, bem como os riscos e retornos relacionados ao mercado financeiro, também se constitui em elemento necessário para que se possa compreender a totalidade espacial, mas está fora do escopo da atual pesquisa.

Entretanto, conforme a Figura 5.32, e as informações já analisadas, em 2015 houve uma desvalorização de papéis que vai além do rompimento da barragem da Samarco S.A., sendo que teve uma ampla expansão até o ano de 2018. No rompimento da barragem da Vale S.A. em 2019, houve uma desvalorização dos papéis no primeiro momento, mas ao que tudo indica a expansão da produção no sistema norte, a valorização das commodities minerais, a desvalorização da moeda nacional, a queda da taxa Selic, a inflação controlada e as narrativas de desengajamento moral foram suficientes para que os papéis não tivessem uma grande desvalorização. Pelo que tudo indica o mercado não está tão preocupado com o acidente de 2019, pois suas ações estão 4 a 5 vezes mais valorizadas do que em 2015. Assim, observamos, as ações atuais estão mais valorizadas que no boom das commodities. Em outras palavras, a empresa está conseguindo adotar um modelo CAPM que seja vantajoso para os acionistas, mesmo sendo desvantajoso para a sociedade e ambiente natural. Enquanto o Ibovespa bate recorde, a sociedade e o ambiente natural continuam na lama.

---

[88] "O modelo de Markowitz implica que a função de utilidade de um investidor é convexa em alguns pontos e côncava em outros, o que é bem diferente da pressuposição típica da concavidade da função de utilidade em qualquer ponto. Enquanto os modelos financeiros clássicos em geral consideram uma postura consistente de aversão ao risco como sendo a atitude racional em relação à incerteza, vários pesquisadores desde Markowitz exploraram a evidência de modelos em que a aversão ao risco (ou a busca do risco) depende muito da maneira como os riscos são colocados em contexto pelo investidor e do conceito de risco do investidor. Nesses modelos, a psicologia do investidor, o humor e os "atalhos" mentais ou a heurística desempenham um papel importante na determinação da escolha do investidor" (Elton *et al.*, 2012).

Figura 5.32 – Série histórica da cotação das ações da Vale S.A.

Evolução das Ações da Vale - VALE3.SA (em R$)

Fonte: Elaboração própria a partir do Yahoo Finanças

A mina de Salobo não é uma extração de minério de ferro, carro-chefe da empresa Vale S.A., realizando a extração de cobre e seus subprodutos, como o ouro. A Figura 5.33 apresenta a produção de cobre da Vale S.A. em termos globais, como também a produção da mina de Sossego, projetos de cobre pertencentes ao sistema norte. A curiosidade com relação aos relatórios de produção analisados é que a produção de ouro deixou de ser contabilizada de forma individual (por mina) no início de 2016, sendo alocada como produção global. Torna-se assim mais difícil de compreender o quanto efetivamente sai de ouro por mina, o que torna o procedimento menos transparente. Foi solicitada, via protocolo, a produção da mina, todavia, assim como nos demais protocolos, a resposta foi padrão, não apresentando nenhuma informação quanto à questão solicitada. A Figura 5.34 apresenta a evolução do preço do cátodo de cobre em US$, que vem apresentando uma média, a partir de 2010, de US$ 6.774,34.

Figura 5.33 – Produção mineral de Sossego e Salobo

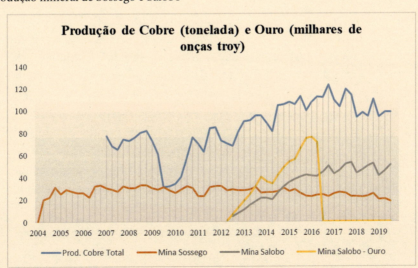

Fonte: Elaboração própria a partir dos relatórios de produção da Vale S.A.

Figura 5.34 – Série histórica da cotação do preço do cátodo de cobre

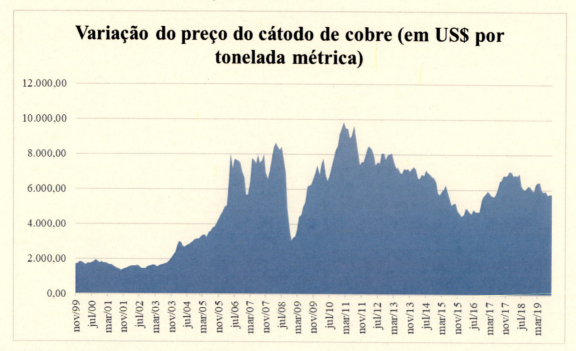

Fonte: Elaboração própria a partir do Index Mundi

Para fechar este subcapítulo, que tem por objetivo apresentar as visões dos funcionários do Ibram, serão apresentadas as percepções com base no material coletado durante as pesquisas em campo. Devemos sempre reforçar que não é o posicionamento da corporação, e sim um apanhado de percepções dos ativos mais importantes das organizações, as pessoas/funcionários. Por esse ângulo, as entrevistas foram pautadas em um questionário padrão, estruturado de forma que dialogasse com o modelo proposto (Figura 3.16) ao longo deste estudo, aplicado a todos os atores envolvidos com essa temática. O funcionário que lida com a parte técnica da mineração será tratado como FI01, e o que lida com meio ambiente como FI02.

Estrutura, processo, função e forma são o primeiro item analisado pelo entrevistado (FI01), para ele, o país sempre viveu a mineração dentro de dois segmentos básicos: as grandes mineradoras, e os pequenos e médios mineradores. Em ambos os seguimentos a consciência ambiental só se tornou uma prática real das firmas a partir da Eco92[89], entendendo que esse evento foi um divisor de águas para o setor mineral. O entrevistado (FI02) complementa que esse evento culminou na Rio+10[90], sendo esta a consolidar algumas bases para a questão mineral. Ambos concordam que o setor mineral continua conservador, pouco transparente e muito hermético, sendo que o dia a dia do Ibram consiste em abrir os olhos dos associados para as novas tendências, com a pauta central da transparência. Considerando as questões relacionadas às barragens, o objetivo do Ibram é buscar as melhores práticas, principalmente aquelas que culminam em políticas públicas inclusivas, sem radicalismos.

---

[89] A Conferência das Nações Unidas sobre o Meio Ambiente e o Desenvolvimento, também conhecida como Eco-92, Cúpula da Terra e Rio 92. Essa conferência reuniu chefes de estado de diversas nações, sendo organizada pelas Nações Unidas e realizada em 1992, na cidade do Rio de Janeiro, no Brasil, cujo objetivo foi debater os problemas ambientais mundiais.

[90] Rio+10 ou Cúpula Mundial sobre Desenvolvimento Sustentável foi um fórum de discussão das Nações Unidas realizado em setembro de 2002, em Johanesburgo, África do Sul. Teve como objetivo principal discutir soluções já propostas na Agenda 21 primordial (Rio 92), para que pudesse ser aplicada não só pelo governo, mas também pelos indivíduos.

Os entrevistados percebem que a tendência no futuro é a não utilização das barragens, com adoção de técnicas menos agressivas aos demais elementos espaciais (sociedade e ambiente natural). O entrevistado (FI01) destacou que a maioria das barragens do Brasil com mais de 20 anos não possuem As Build, ou seja, ninguém sabe como elas foram construídas, sendo que inúmeras pessoas buscam "soluções" sem ao menos conhecer o passado, projetando um futuro sem perspectivas históricas. Nesse sentido, ambos apresentam uma terminologia de "mineração cirúrgica", cuja ideia seria uma reengenharia das minas, retirando apenas o que se necessita, como alternativa às atuais barragens. Para ambos, após o crime corporativo da Samarco (2015), o setor mineral, no qual planejavam minerar as barragens, tornou-se uma alternativa contestável, pois essa operação tem riscos desconhecidos. Pelo que tudo indica, reforçou (FI01), essa prática tende a não acontecer, pois os riscos financeiros e operacionais são mais bem compreendidos pelos empreendedores hoje, tendendo a declinar de projetos de elevado risco.

Percebemos que ambos são críticos às formas como estão sendo tratadas as questões das barragens, pois muitas das soluções apresentam um caráter eleitoreiro, sem um aprofundamento técnico do assunto. A proibição nesse sentido não torna o processo mais seguro, até mesmo viável, apesar de concordarem com a proibição das barragens a montante, dado seu histórico de rompimentos e falta de histórico construtivo. O maior problema observado é a ineficiência da fiscalização, pois para o setor mineral as instituições necessitam de uma fiscalização altamente qualificada. Com essa fiscalização altamente qualificada, os empreendedores não necessitariam de certificadores externos, tornando o negócio mais viável e com maiores possibilidades de investimento. A barragem deve ser compreendida apenas como um acessório, sendo que a questão central é o manejo dos resíduos de forma eficiente. Assim, o entrevistado (FI01) destaca: quanto mais barragens, mais ineficiente é o processo produtivo, e a criação de grandes barragens só demonstra a falta de controle operacional das firmas, deixando exposto que estão perdendo dinheiro.

A escala sustentável do ambiente natural considerando a *capacidade de suporte* é percebida pelo entrevistado (FI02) como uma das pautas mais importantes do setor mineral. Na sua visão, as grandes empreendedoras compreendem melhor essas questões, pois elas estão dentro das regras propostas pelo Estado, exemplificando com a temática de recursos hídricos. Esse entrevistado lembra a economia circular para endossar o discurso de uma mineração sustentável, por ser um recurso não renovável, apesar da complexidade que há no setor, sobretudo quando se relaciona a esse conceito.

Já o entrevistado (FI01) percebe que o grande problema desse assunto está nas universidades, devido à incapacidade de abordar nos cursos de engenharia essa temática. Na prática, o profissional quando está na academia não recebe um aporte teórico e prático adequados para uma atuação diversa que contemple uma percepção aplicável, tanto para os grandes empreendimentos quanto para os pequenos. Outro problema apresentado pelo entrevistado é que, se não for tomada uma atitude no Brasil sobre o legado da mineração (de bom e ruim), caminharemos para uma "moratória mineral", cabendo às futuras gerações a decisão sobre o assunto. FI01 usa como exemplo a situação da extração de petróleo, investindo grandes quantidades de recursos financeiros em um petróleo de baixa qualidade e alto risco, sendo que hoje existem alternativas mais interessantes de obtenção de energia, com menor impacto ambiental e custos de investimento. Assim, o petróleo se encaixa na "moratória mineral", pois é melhor deixar para as futuras gerações a decisão sobre o uso desses recursos, optando no presente por alternativas que maximizem as potencialidades territoriais (energia solar, eólica e biomassa).

A distribuição justa e os limites do Estado são tratados considerando o CFEM e os mecanismos adotados pelas instituições do Estado. O entrevistado (FI02) destacou que o CFEM não é um imposto ou taxa, e sim uma compensação pelo uso de um recurso da União, visto que o problema é esse valor entrar em um caixa do município, caindo a posteriori na armadilha do caixa único. Uma pauta que vem sendo debatida é que deve ser do interesse do empreendedor a forma como o Estado implementa esse recurso, sendo que hoje é impossível dizer como foram alocados e distribuídos, necessitando de um "observatório da CFEM".

Já o entrevistado (FI01) destacou que esse recurso não está sendo recolhido em sua totalidade, apresentando dois relatórios (TC034.373/2012-8 e TC017.199/2018-2) do Tribunal de Contas da União (TCU). Nesses relatórios, os auditores detectaram que apenas 20 a 25% dos valores devidos são pagos ao Estado. Assim sendo, se no ano passado foram recolhidos aproximadamente R$ 3 bilhões, o valor devido era de R$12 bilhões. Para FI01, não adianta aumentar a arrecadação se não houver compromisso para o uso dos recursos, pois são recursos da União. Ambos citam Parauapebas e sua distribuição desigual, pois o centro é totalmente estruturado, mas o entorno lembra a Europa do século X.

No sentido da distribuição, o entrevistado (FI02) informa que há uma discussão ampla na instituição com relação à agenda 2030[91] e os Objetivos de Desenvolvimento Sustentável (ODS), destacando o compromisso da maioria das empresas de mineração, para além da filantropia, com a área de investimento social privado. A ideia corrobora a proposta dos negócios sociais, focados em ações empreendedoras que gerem emprego e renda para as comunidades locais. A lógica espacial na mineração deve ser entendida não como centro, mas como partícipe do arranjo local, eliminando as relações de dependência.

O entrevistado (FI01) é um pouco mais enfático ao afirmar que não há uma distribuição justa no setor mineral devido ao Estado não compreender quanto vale uma determinada jazida no chão (subsolo). Assim, exemplifica com o fundo soberano da Noruega, com relação ao petróleo, cujo conselho, apenas depois de 10 anos, irá decidir o que será feito com os recursos obtidos no tempo presente, seguindo essa lógica sucessivamente. Percebe com isso uma alternativa para o Brasil, fugindo da moratória mineral.

Exemplificamos que a proposta basicamente consiste em investir o dinheiro do CFEM, ou outro recurso (imposto ou taxa), em fundos de rentabilidade fixa (baixo risco), para que após 10 anos o conselho político defina o uso desses recursos, que podem muito bem ser reinvestidos e repensados após 10 anos.

A pesquisa segue compreendendo a visão ética (curto ou longo prazo) pela noção do *devir*, considerando a finitude dos minérios como uma realidade temporal. Para o entrevistado (FI02), o conhecimento está posto, todos sabem da finitude, mas persistimos no erro de desconsiderar essas questões. Informa sobre o Guia de Fechamento de Mina, elaborado em parceria do Ibram com o prof. Dr. Enriquez Sánchez (USP), tendo como escopo estratégias para o fim do ciclo mineral e o pós-fechamento, algo que deve ser feito antes mesmo de se abrir a mina, envolvendo todos os atores afetados direta ou indiretamente.

Para o entrevistado (FI01), na perspectiva brasileira contemporânea, poucas jazidas foram finalizadas por exaurimento, sendo que a maioria optou pela suspensão temporária e pelo fechamento prematuro. Além disso, o entrevistado insiste em sua crítica às universidades, na sua visão a engenharia nacional está desmoralizada mundialmente, exemplificando com os diversos acidentes que ocorreram no país nos últimos anos.

---

[91] "Esta Agenda é um plano de ação para as pessoas, para o planeta e para a prosperidade. Ela também busca fortalecer a paz universal com mais liberdade. Reconhecemos que a erradicação da pobreza em todas as suas formas e dimensões, incluindo a pobreza extrema, é o maior desafio global e um requisito indispensável para o desenvolvimento sustentável" (ONU, 2015). Disponível em: https://nacoesunidas.org/pos2015/agenda2030/.

Pensando na finitude dos minérios, o entrevistado (FI01) reforça que o Brasil ainda não tem essa experiência, ressaltando inclusive a necessidade de se compreender melhor esse termo. Para FI01, com relação à situação de Itabira/MG, muitos afirmam que a extração irá acabar em breve, no entanto, na sua visão, isso não irá ocorrer, pois "estamos apenas arranhando a crosta da terra". Logo, existem alternativas de se utilizar o minério ruim de Itabira/MG e blindá-lo com o minério bom da S11D, vendendo-o ao mercado externo, ou, se ficar caro, blindá-lo com o minério da mina de Brucutu e vendê-lo para a siderurgia nacional. Além dessas alternativas, a tecnologia está avançando, isso torna possível a realização de coisas inimagináveis. Contudo, a produção não irá acabar, e sim diminuir, sendo que a cidade não se preparou para nenhum desses momentos. As províncias minerais geralmente não são amplamente conhecidas, o que torna a finitude um problema metodológico.

O entrevistado (FI02) lembrou que muitos países que no passado eram fortes em recursos minerais, como Suécia e Inglaterra, se transformaram em países desenvolvidos em tecnologia em atividades de mineração, por não ter mais o bem mineral (lembrando a curva de Kuznets).

Ambos reforçaram que ao se pensar no *devir*, ou seja, no fechamento das minas, é necessária uma atuação forte do Estado e de uma academia visionária. Colocam ainda que hoje o Ibram tem uma dificuldade com relação à abertura das universidades. Assim percebem que as universidades estão deslocadas do mundo real, com uma base curricular desatualizada, não abrangendo as pautas de forma técnica, social e ambiental, diante de toda estrutura e complexidade exposta até o momento.

Entrando no objeto do estudo, Projeto de Salobo e sua barragem Mirim, ambos não conheciam a realidade local, apresentando uma análise mais geral a partir do conhecimento de outros projetos. As *ordens* técnica, jurídica e do *simbólico* foram levantadas ao longo da entrevista. O entrevistado (FI01), quanto aos planos de ação e contingência das mineradoras, ordem técnica, lembra que o Museu Nacional do Rio de Janeiro, assim como a Catedral de Notre Dame, tinha planos de ação e contingência, e deu no que deu. Com isso, percebemos que ele não buscou justificar os erros técnicos com os exemplos citados, mas apenas demonstrar que os planos não operam sozinhos.

Dessa maneira, esse tipo de debate com a sociedade ocorre a partir de 2015 com o rompimento da barragem da Samarco S.A. O entrevistado (FI01) faz uma crítica à *ordem jurídica*, pois tanto as leis quanto os recursos resultam em poucas soluções, o que significa uma falha do modelo. Contudo, sabemos que poucos casos possuem trânsito em julgado, ou seja, não apresentam alternativas de recursos.

Para a *ordem do simbólico* foi indicado o livro *Brumadinho, a engenharia de um crime* (2019), tratando especificamente do sofrimento social com os casos lá relatados. O entrevistado (FI02) acrescenta que a resposta aos atingidos pela mina da Vale S.A., no município de Brumadinho, foi muito mais efetiva em comparação à Samarco S.A. A Samarco S.A. criou um modelo robusto em teoria, com participação social plena (Fundação Renova), mas até hoje poucas respostas foram apresentadas, demonstrando a ineficácia do modelo. Observamos que, comparada à Samarco S.A., a Vale S.A. teve uma boa gestão de crise, assumindo para si a responsabilidade.

Assim, (FI01) corrobora o tema e afirma que tecnicamente o setor mineral não aprendeu nada, ou quase nada, com a barragem de Fundão. Em compensação, o Ministério Público (Federal e Estadual), o Corpo de Bombeiros, a Defesa Civil, entre outros, aprenderam tudo, ou quase tudo. Isso posto, no momento em que o setor mineral buscou apresentar as mesmas soluções, as instituições do Estado fizeram a contraposição, reforçando a nossa tese de que o Estado atua como elemento espacial e central para que as firmas alterem os seus procedimentos, gerando o *efeito transbordamento*, e de modificação da ação humana.

Os planos de fechamento de mina, considerando as rugosidades espaciais e o pós-fechamento, são tratados pensando pelo caso hipotético de a empresa falhar com suas obrigações, recaindo os passivos ambientais para a sociedade. Para o entrevistado (FI01), não há nenhum mecanismo na legislação para eliminação desse risco, ficando para a União o passivo ambiental. Nesse sentido, o entrevistado (FI02) reforçou que a inação do Estado se apresenta nessa hipótese, pois as empresas dão sinais de não estarem saudáveis financeiramente.

O entrevistado (FI01) corrobora que essa questão foi pacificada pelo STF em meados de 2006, havendo o entendimento de que, em caso de falha do empreendedor, será a União o responsável pelo passivo ambiental. Se a União não fiscalizou durante a vigência da concessão, ela é corresponsável. Ele cita como exemplo a recuperação ambiental da bacia carbonífera do Sul Catarinense. Nesse caso, a empreendedora de extração de carvão na região deixou o passivo ambiental para a sociedade. Isso ocorreu devido ao desincentivo do governo Collor (1990-1992) durante o período, tornando a atividade inviável, sendo que, naquele momento, as questões ambientais não eram pontos centrais: no final do julgamento, os empresários e o estado de Santa Catarina foram retirados do processo, e a União ficou com os passivos. Vale dizer que os passivos ambientais da mineração hoje são desconhecidos, carecendo de estudos aprofundados sobre esse problema. Não se sabe, por exemplo, quantas minas abandonadas há no Brasil.

Além desses pontos, também precisamos pensar nos riscos de descomissionamento e sobre a *sociedade de riscos*, sobretudo com relação às estruturas das barragens. O trecho da lei da PSNB relacionado ao "quando couber" é abordado pelo entrevistado (FI02). Sabemos que essa lei tem uma abordagem mais abrangente, ela não se restringe apenas à mineração, uma vez que há barragens sem a necessidade desse processo.

Para o entrevistado (FI01), nos dias atuais, ninguém sabe ao certo o que vem a ser descomissionar uma barragem, porque não há uma fórmula, afinal, cada projeto é único. Desse modo, pela complexidade dos projetos com barragens gigantescas, torna-se tudo ainda mais confuso, pois ainda não houve uma experiência dessa proporção em nenhum lugar do planeta. Outro ponto tratado, indo além do evento rompimento, foi a contaminação do solo (como a extração de ouro). Para materiais sem contaminantes existem as normas ABNT de aderência voluntária.

Por fim, ao se tratar da desengenharia, afirmaram que essa questão deve estar nos EIA/ RIMAs e PRADs, afinal, o fechamento e pós-fechamento devem iniciar-se antes das operações. O entrevistado (FI01), ao considerar o conceito de desengenharia aplicada à mineração, afirma que diz respeito a um problema metodológico. Para ele, a mineração hoje representa entre 0,5% e 1,0% do território nacional, sendo que não se conhece os passivos ambientais (minas abandonadas), no qual não supera 1% do território as áreas ocupadas pela mineração. Logo, como pensar em um gigante desse sem considerar caso a caso?

O entrevistado (FI02) destacou que em alguns territórios utilizados pela mineração são criados aterros sanitários. O entrevistado (FI01) complementa, apresentando o problema dos ambientalistas radicais que exigem a impermeabilização para solos sem necessidade, solos que apresentam essas características, desconsiderando os custos desses processos e a realidade das prefeituras, resultando em lixões a céu aberto. Por fim, essa falta de flexibilidade por parte dos ambientalistas mais radicais, em sua visão, torna os órgãos ambientais rígidos, sem solucionar problemas mais graves.

Assim, como questão aberta, o entrevistado (FI01) informa que em 2016 o Brasil sediou no Rio de Janeiro o Congresso Internacional de Mineração, destacando a importância de analisar os Anais desse evento. O entrevistado destaca um ponto que o tem preocupado, a falta da formação académica de economistas minerais. A economia mineral hoje é uma matéria dentro da engenharia de minas, geologia e engenharia da produção, sendo preciso uma formação de economistas sociais, geográficos e ecológicos, alinhados com a complexidade do setor mineral. Hoje os programas que apresentam essas linhas de pesquisa estão muito ligados aos resultados da engenharia (empreendedor), desconsiderando a parte social e ambiental, sendo que o economista mineral deve ser um sociólogo mineral.

Não podemos desconsiderar que o Ibram não é totalmente independente das empresas, afinal, sofre influência delas. Um exemplo é o seu conselho ter como representantes funcionários da Vale, entre outros. Logo, o Ibram vai ao encontro dos interesses das firmas, pois, dentro de suas múltiplas funções, passa a defender o *status quo*, criando uma imagem positiva do setor.

Percebemos com os primeiros relatos que o modelo proposto se apresenta útil para a compreensão da realidade. Contudo, as principais categorias analíticas do modelo são tratadas direta ou indiretamente, dentro dos *sistemas de ações* e *sistemas de objetos*. Este subcapítulo buscou apresentar a visão da firma e suas instituições, e, apesar do desinteresse da Vale S.A. em participar da pesquisa, pudemos compreender as novas tendências que o setor mineral está apresentando ao mercado. Infelizmente, a não participação da Vale S.A. resultou na desconstrução de uma questão central para o estudo: gerenciamento de risco: do chão de fábrica ao mercado financeiro (vide subcapítulo 4.5). O empreendedor era o único que poderia demonstrar as ferramentas, técnicas, planos e instrumentações com relação ao gerenciamento de risco, os quais subsidiariam a compreensão de como a firma reage com o elemento oculto da *sociedade de risco*. Não é possível adentrar nesse elemento pelo olhar das firmas, mas nos próximos subcapítulos buscaremos sanar essa questão com base nas visões das instituições do Estado (legislativo, judiciário e executivo), e da sociedade (povos indígenas do Xikrin, MAB e MAM).

5.4 O ESTADO E SUAS INSTITUIÇÕES: RESULTADOS A PARTIR DAS OBSERVAÇÕES EM CAMPO

Outro elemento central para a pesquisa refere-se ao Estado e suas instituições. Conforme pudemos verificar com os relatos de campo apresentados antes, o Estado é essencial no setor, necessitando de equipes altamente qualificadas para atender as demandas complexas que são impostas pela sociedade, ambiente natural e firmas, dada a infraestrutura (*elementos espaciais*). Com o objetivo de buscarmos compreender a visão do Estado, bem como suas limitações e desafios, foi investigada empiricamente a visão de servidores dos três poderes (Legislativo, Judiciário e Executivo) que atuam na temática mineral. Dessa maneira, procuramos entrevistar servidores técnicos e gestores, com conhecimento das causas e efeitos das atividades do setor para com o ambiente natural e sociedade. Para muitos entrevistados, o Projeto Salobo não era familiar, eles, de modo geral, apresentam uma visão geral, dentro da sua experiência, dos problemas relacionados com as barragens de rejeito mineral.

O primeiro bloco a ser apresentado é do Poder Legislativo, responsável pela elaboração das leis e pela fiscalização dos atos do Poder Executivo. As leis maiores que norteiam a ordem técnica partem das leis federais, e buscamos servidores do quadro permanente, aqueles que são responsáveis por auxiliar os senadores na elaboração e análise dos projetos de lei. Nesse sentido, foram entrevistados dois Consultores Legislativos, ambos pertencentes do quadro de consultores permanentes do Senado Federal, sendo um atuante na área de minas e energia e o outro na área de meio ambiente.

O segundo bloco refere-se ao Poder Judiciário, responsável pela interpretação das leis elaboradas pelo Poder Legislativo e promulgadas pelo Poder Executivo. Basicamente, sua função é garantir e defender a aplicação da lei, promovendo justiça e solucionando conflitos que venham a surgir no convívio da sociedade. Por esse ângulo, buscamos duas instituições centrais para o trabalho, a Justiça Federal e o Ministério Público Federal, entrevistando um Juiz Federal e um Promotor de Justiça Federal, lotados no estado do Pará e cujas atribuições são voltadas para o território que compreende a Província Mineral do Carajás.

O terceiro bloco é destinado ao Poder Executivo. Fazem parte do Poder Executivo prefeitos (esfera municipal), governadores (esfera estadual) e o presidente da República (esfera federal). Além disso, também existem os cargos de secretários (estaduais e municipais) e ministros (federal). Esse poder basicamente tem como principal atribuição governar o povo e administrar os interesses públicos, respeitando as ordenações jurídicas. Em todas as esferas, optamos por entrevistar servidores técnicos de carreira e gestores nomeados para exercer as funções administrativas de comando.

Na esfera federal, duas instituições foram consideradas, o Instituto Brasileiro do Meio Ambiente e dos Recursos Naturais (Ibama) e a Agência Nacional de Mineração (ANM); trabalhamos com servidores pertencentes aos quadros do estado do Pará e do Distrito Federal. Na esfera estadual procuramos duas instituições com sede em Belém/PA, a Secretaria Estadual de Desenvolvimento Econômico, Mineração e Energia (Sedeme) e a Secretaria de Estado de Meio Ambiente e Sustentabilidade (Semas). Por fim, na esfera Municipal, três instituições foram avaliadas: Secretaria de Mineração, Indústria, Comércio, Ciência e Tecnologia (Sicom), Secretaria Municipal de Meio Ambiente (Semma) e Defesa Civil, as três no município de Marabá/PA.

5.4.1 O Poder Legislativo

Neste ponto, trataremos das colocações dos profissionais que auxiliam, por meio de relatórios, pareceres e análises, os senadores federais na formulação de suas leis. Em nosso caso, vale considerar que o servidor lotado na área de Minas e Energia será nomeado como LE01 e o servidor lotado na área de Meio Ambiente como LE02.

O início do diálogo com o entrevistado compreende a *estrutura, processo, função e forma*, dentro da área de atuação do entrevistado, com recorte na mineração. Para LE01, a mineração está sempre em discussão, visto que nos últimos anos foram intensificados os debates, como o novo código da mineração e a segurança das barragens de rejeitos, após os rompimentos das barragens da Samarco S.A. (2015) e Vale S.A. (2019). O grande desafio percebido em seu dia a dia é compatibilizar o projeto de lei com a realidade, pois há uma assimetria de informações muito grande nessa temática. O profissional destacou que muitos pontos devem ser abordados pela ANM, por ter mais proximidade com a realidade e possuir poder regulador. Ao se tratar dos ordenamentos jurídicos, ele expõe que tudo tem significado, até mesmo uma vírgula, exigindo maior atenção por parte do legislativo. A norma não é o papel escrito, e sim a interpretação dada sobre determinado assunto.

Já LE02 destacou o processo de revisão da PNSB, iniciado pós-rompimento da barragem da Samarco S.A., resultando em um projeto de lei que buscava aperfeiçoar a política de segurança, entretanto arquivado posteriormente. Em seu trabalho, na CPI de Brumadinho, é apresentado um projeto de lei parecido com o debatido na época da revisão da PNSB, com alguns aprimoramentos, que se encontra em discussão no Legislativo.

Com relação ao atual modelo de mineração, para o entrevistado (LE02), há diversos tipos de mineração, umas mais profissionalizadas por haver maior folga financeira, e outras mais amadoras e até ilegais. Apesar da folga financeira, a segurança das barragens foi descuidada pelas grandes mineradoras, o que colocou em xeque o atual modelo. Diante disso, torna-se primordial que o legislativo atue para garantir a proteção do ambiente natural e da sociedade, por uma perspectiva proativa, e não reativa. Seu maior receio é que dentro do atual modelo a empresa possa quebrar, ou vender seus ativos e passivos para "laranjas", abrindo outra empresa e deixando o passivo ambiental para a sociedade, algo que vem acontecendo. Reforçou (LE02) sobre a importância de uma garantia financeira para os projetos de mineração, com objetivo de evitar esses eventos, pois se a empresa não tem capacidade de encerrar, é melhor nem começar, afirmou o entrevistado. Ele indaga se o modelo é ou não sustentável, pois atende a uma demanda. Ele continua, pensando na ordem técnica, que se deve criar soluções para extração dos minérios da melhor maneira possível, quem sabe uma "mineração cirúrgica", tópico abordado pela visão dos funcionários do Ibram.

Para (LE01), a mineração vem a reboque de uma demanda, atendendo a um modelo de consumo não sustentável. Além disso, há uma perspectiva de expansão populacional para as próximas décadas, ampliando a demanda e forçando a oferta, pressionando a escala produtiva, consequentemente ampliando os efeitos colaterais latentes da *sociedade de risco*. Ambos os entrevistados consideram a mineração uma dádiva, apesar da real necessidade de o setor apresentar melhor retorno para a sociedade, não ocorrendo os limites do Estado.

O entrevistado (LE01) não tem proximidade com o tema CFEM, no entanto ele acredita que o CFEM corresponde a recursos mal utilizados, para o entrevistado, não há transparência em sua distribuição e alocação. Como o dinheiro não tem "carimbo", este entra no caixa do Estado, tornando o seu rastreio de alta complexidade. O questionamento sobre essa compensação (CFEM) é analisado pelo prisma de ser recurso de preparação e transição de um modelo de extração para um modelo sem extração, visando ao desenvolvimento do território. Hoje, o CFEM torna-se uma fonte de renda para os municípios sem grandes compromissos com o *devir*, em outras palavras, falta uma *distribuição justa* com responsabilidade geracional (pilares da economia ecológica). Sua percepção, quanto ao setor mineral, é que este expõe particularidades de enclave econômico nas regiões onde atua, assim apresenta características de um setor fechado, conservador e de baixa transparência.

De modo geral, o entrevistado (LE02) tem uma visão geral sobre o tema, sem ter familiaridade com o CFEM, entretanto, devido à abundância mineral, a falta da distribuição das riquezas geradas deve ser questionada. Assim, entendemos que para o entrevistado esse recurso deve ter uma destinação compulsória, como investimentos, pois "dinheiro sem carimbo" gera uma dependência do ente. Logo, para ele, não há formas de alocação eficiente para desenvolver os municípios, afinal, muitos municípios não estão preparados para lidar com orçamentos, licitações, tribunal de contas etc. Isso ocorre pelo alto grau de exigência de maturidade por parte da sociedade e do profissionalismo na gestão pública.

Ao aprofundarmos na questão da distribuição, o entrevistado (LE02) lembrou-se da mais valia nas regiões mais pobres, como o norte do país, havendo um fluxo migratório de pessoas que trabalharão para sobreviver, com uma nítida distribuição desigual. Ao se pensar nas firmas, a participação dos lucros é um modelo importante para a distribuição mais justa, ela reduz a mais valia com relação aos funcionários. Ele realça o caráter intensivo em capital das atividades de mineração, gerando poucos empregos, um problema percebido na *sociedade de risco*. O entrevistado (LE02) complementa que o licenciamento ambiental tem potencial para mecanismos e medidas que implementem uma distribuição mais justa, carecendo de maiores debates por parte do Legislativo. Contudo, percebemos que esse entrevistado não visualiza nenhum mecanismo com uma distribuição mais justa, destacando o ano de 2018, com arrecadação de aproximadamente R$ 3 bilhões com o CFEM, um valor muito pequeno para um país com a dimensão do Brasil.

A *alocação eficiente* e a *escala sustentável* são percebidas pelo entrevistado (LE01) por intermédio dos programas e processos de licenciamento ambiental, buscando torná-las mais eficientes e sustentáveis. Compreendemos que hoje há um alto nível de exigência nos EIA/RIMAS para iniciar projetos, e que após essa etapa, no momento da operação, não há continuidade do padrão adotado inicialmente. Em outras palavras, os órgãos ambientais fazem um trabalho bastante detalhado e complexo nas etapas iniciais, descontinuando o rigor ao longo do projeto, sendo necessários mecanismos mais balanceados. Entretanto, no caso das barragens, no momento da liberação e da sua operação "o empreendedor faz o que quer", disse (LE01). O entrevistado reforçou a necessidade de uma melhor distribuição das atividades e tarefas por parte dos licenciadores e fiscalizadores durante o ciclo de vida dos projetos.

Seguindo essa linha, o entrevistado (LE02) é crítico ao atual modelo de licenciamento ambiental, por considerar que em muitos casos torna o desenvolvimento nacional ainda mais distante. Ele cita o estudo da CNI calculando o prazo médio de 7 anos para obtenção das licenças ambientais para empreendimentos que exijam EIA/RIMA. Desse modo, esse prazo ocasiona desinvestimento por parte do capital, que aplica seus recursos em outras atividades, dentro ou fora do país. Assim, um dos problemas do atual modelo é a vontade de querer licenciar tudo, ele diz e continua, citando a Resolução Conama 237, exigindo em seguida o licenciamento a quase todas as atividades produtivas. Administrar todo esse aparato é inviável para o Estado, por ser limitado, necessitando uma filtragem para que os técnicos sejam destinados a empreendimentos de maior potencial poluidor. Ele reforçou sua posição com o ótimo de Pareto, nesse método, o Estado deve se concentrar em 20% dos empreendimentos que representam 80% de impacto poluidor, desafogando os órgãos de licenciamento e fiscalização. Assim, ele considera um avanço o licenciamento ambiental ter sido desvinculado, chamando o protagonismo para os órgãos ambientais, tornando-os tomadores de decisões. Os demais órgãos envolvidos (intervenientes) opinam e auxiliam quanto aos procedimentos a serem adotados, não dando poder de "travar" os processos. Outro problema alertado pelo entrevistado é a judicialização dos processos, compreendendo que há um ativismo excessivo por parte do Ministério Público. Assim, ele presume que não cabe ação civil pública etapa por etapa, pois o órgão ambiental é o tomador de decisão. A ação civil pública, no seu entender, deve ser usada para contestar somente a licença.

No final do ciclo de vida dos projetos minerais, o entrevistado (LE02) percebeu que, no plano legislativo, essa temática não vem sendo trabalhada, mesmo considerando a importância do tema, diante do limite dos recursos. Uma alternativa apresentada é a delimitação do uso do CFEM, destinando uma porcentagem para despesas correntes e outra parte para investimentos.

Nesse ponto, o entrevistado (LE01) reforçou que a empresa não tem *expertise* desenvolvimentista, sua atuação é na exploração e comercialização mineral, logo é mediante taxas, impostos e compensações que o Estado pode atuar no sentido do desenvolvimento nacional. Assim, o Poder Público tem como responsabilidade apresentar alternativas econômicas ao território, administrando espacialmente a *abundância* e a *distribuição*, considerando a *capacidade de suporte*, as *rugosidades espaciais* e a *sociedade de risco*.

O entrevistado (LE01), sobre as hipóteses do rompimento, reforçou que muitos fatores sociais são incalculáveis (limites dos Direitos Humanos). Para ele, as memórias perdidas, individual e coletivamente, são incalculáveis. Ele também não acredita no planejamento nos moldes atuais, apesar de reconhecer como fundamental o mapeamento da gestão de riscos e catástrofes. (LE01) lembra, tal como muitas empresas, que o Estado também não está preparado para lidar com esses crimes, pois muitos municípios não possuem Defesa Civil. Nesse sentido, o entrevistado criticou o atual formato da academia, pois, para ele, "as universidades no Brasil estão em outro planeta", com isso, percebemos que ele enfatiza que não estão apresentando soluções para problemas complexos. Para pontos mais básicos, como as questões de engenharia de barragem, as universidades não apresentam uma resposta técnica, sendo um problema de engenharia, ou seja, acadêmico.

Quando questionado (LE02) sobre as fragilidades dos norteadores jurídicos e o gerenciamento de risco, ele comenta a respeito do problema de se tratar isoladamente o Dano Potencial Associado (DPA) com a Categoria de Risco (CRI). Assim, ele demonstra desconfiança com os modelos adotados, em que uma pontuação é alocada, caso o empreendedor tenha documentações específicas sobre a barragem, não sendo considerada a sua estrutura em si. Na sua visão, se DPA e CRI forem altos, o projeto deve ser tratado como intolerável, inviável, e descontinuado, afinal, é um empreendimento cujo risco não vale a pena, cabendo ao empreendedor apresentar novas soluções técnicas ou simplesmente declinar da sua operação. O gerenciamento de risco não é plenamente apreciado pelo Poder Público, aparentando não haver uma real preocupação com vidas humanas. Assim, ele exemplifica sua visão com o licenciamento ambiental de Brumadinho, em que a preocupação central foi com fauna, flora, cavernas, entre outros, desconsiderando as vidas humanas em caso de rompimento. Ele diz ser inaceitável o setor administrativo estar abaixo da barragem, isso demonstra o não aprendizado do setor com relação ao rompimento da Samarco S.A. (2015), bem como outros, tão graves quanto esse acidente de Mariana/MG. Assim, ele salienta que o órgão fiscalizador das barragens deve ser uma instituição envolvida no licenciamento ambiental, emitindo opiniões e pareceres sobre o tema, considerando a segurança para vidas humanas.

Ao questionar as documentações dos planos emergenciais, de contingência e de fechamento das mineradoras, o entrevistado (LE02) ressalta a dificuldade de acesso. Segundo (LE02), essas documentações foram obtidas mediante a CPI, o que auxilia na compreensão de como as empresas atuam, atuariam ou deveriam atuar, em casos de rompimento de barragem. Um dos projetos em andamento no Legislativo diz sobre a necessidade de divulgação e treinamento com a população, visando ao máximo de transparência das operações, algo que hoje não existe. Na sua percepção (LE02), o tratamento para com os atingidos pela mineração não está sendo adequado, apenas o MAB tem uma pequena voz e vez no diálogo, demonstrando que a *ordem do simbólico* está subjugada. Pensando no caso de Mariana, ele é crítico ao modelo da Fundação Renova, em teoria é "ultraparticipativo", mas não vem apresentando resultados satisfatórios, decidindo apenas 4 anos depois do acidente o lote em que a população de Bento Rodrigues/MG será assentada.

No pior cenário, ao se pensar em futuros rompimentos com barragens, o entrevistado (LE02) informa que o Legislativo está buscando projetos com maior segurança das barragens de rejeito de mineração. Coisas óbvias como sistemas de alerta fora da mancha e não ter instalações de funcionários a jusante das barragens estão sendo levantadas pelo Legislativo. As vidas humanas deveriam ser a prioridade dos projetos, pois empreendimentos que visam a lucros não podem colocar em risco seres humanos.

O plano de fechamento de mina é percebido pelo entrevistado (LE01) como algo teórico, explicando o processo de outorga de direito minerário. Faz-se a prospecção, analisando a viabilidade, e no momento em que se pede a concessão da lavra, apresenta-se o plano de acompanhamento econômico. O plano de fechamento de mina deve entrar nesse momento, mas, conforme a operação ocorre, há mudanças no planejamento, afinal, a realidade se altera temporalmente. Ele reforçou a importância desse mecanismo, plano de fechamento, como um método de debate para com a sociedade. Nesse ponto, o entrevistado (LE02) percebe a importância de o plano de fechamento de mina estar contemplado no código de mineração.

Ambos compreendem que o debate da *rugosidade espacial* e os passivos ambientais empresariais convergem para a solução de uma cobrança de 1% da renda bruta para um fundo que evite esses problemas, como um seguro individual por empreendedor. O entrevistado (LE01) lembrou-se do caso da mineradora de ouro da empresa Mundo Mineração, do grupo australiano Mundo Minerals, em Rio Acima/MG, próximo a Belo Horizonte/MG. Esse empreendimento está abandonado, tendo uma das barragens de maior risco do estado de Minas Gerais, recaindo a responsabilidade sobre a União.

O entrevistado (LE02), nessa temática, destacou a importância do Engenheiro de Registro (EDR) para os projetos minerais, funcionário dedicado a manter toda a documentação, garantindo o histórico do processo. Essa medida foi para um projeto de lei, obrigando as empreendedoras a contratar esses profissionais, visando a maior segurança das barragens de rejeito. Ele também informa sobre os esforços para que se evitem os passivos ambientais não estão avançando adequadamente no Legislativo, talvez devido ao *lobby* das mineradoras. Por fim, ele destacou que nem as medidas provisórias são fáceis de passar, principalmente quando se trata da questão mineral. Relatou as dificuldades dos projetos que seguem os trâmites normais, geralmente passando em uma casa e travando na outra.

Com relação ao descomissionamento e à descaracterização da barragem, o entrevistado (LE02) apresenta um dispositivo que retire as pessoas das manchas de inundação quando houver esses processos, devido aos riscos inerentes à operação. Houve também a ideia de exigir um reforço da estrutura nesse momento. Na sua visão, ao se tratar barragens de rejeitos, todas devem passar pelos processos.

O entrevistado (LE01) confirma a complexidade técnica para se executar esses procedimentos (descomissionamento), com a necessidade de ser de forma lenta e gradual, garantindo a segurança da operação. Não visualiza técnicas de engenharia possíveis para descomissionar as barragens. Por fim, ele ressalta que a ANM tem conhecimento técnico e normativo, tornando-se uma força considerável para atuação no contexto minerário.

A *desengenharia* era um conceito desconhecido pelo entrevistado (LE02), acreditando que isso ocorre por não serem apresentadas opções para destinação do uso do solo. Encaixando nesse conceito, ele apresenta o exemplo do Parque Nacional de Brasília, que foi uma mineração de cascalho para a construção de Brasília/DF. O entrevistado (LE01) concorda que essa proposta é importante, devido aos altos custos dos terrenos no Brasil. Assim, há destinações possíveis, como o Parque de Inhotim em Minas Gerais, e até mesmo os terrenos de Nova Lima/MG, com condomínios de luxo em áreas que antes foram destinadas à exploração mineral.

Por fim, o entrevistado (LE01) destacou que a transparência no setor mineral é de suma importância, pois tanto a ANM quanto as empresas são pouco transparentes. Lembra-se (LE01) do protocolo aberto por ele, por meio da Lei de Acesso à Informação, número 48700.006090.2019-08.

Nesse chamado, ele solicitou a produção das 10 maiores minas do Brasil à ANM, o que foi negado por alegarem conter informações sigilosas. Sigilosas a quem? Quem define isso? Como pode a produção mineral ser sigilosa? Essas foram as principais indagações do entrevistado. Para esta pesquisa solicitamos, mediante a apresentação do SEI, o Plano Anual de Lavra e a Produção da Mina de Salobo de 2008 a 2018, por meio do protocolo n° 48059.953467.2019-23, aberto no dia 19/11/2019, e até o momento, início de março de 2020, ainda estamos sem resposta.

O entrevistado (LE01) preocupa-se também com a necessidade de reavaliação das dimensões das barragens, pois não se pode admitir qualquer dimensão. Há projetos em operação e tramitação gigantescos, como o apresentado pela mineradora Kinross em Paracatu/MG. Essa mineradora possui uma barragem grande (antiga), estando inativa e sem plano de descomissionamento. Para LE01, essa empresa está operando com uma nova barragem, cujo último alteamento chega a 180 metros de altura e aproximadamente 800 milhões de metros cúbicos; ele indaga como se faz o descomissionamento de um gigante como esse. Vale ressaltar mais uma preocupação relatada pelo entrevistado (LE02) a respeito das prorrogações de prazos, para o entrevistado, quando o debate político esfria, sumindo da agenda política, o Estado busca jeitos de protelar, "brincando com temas muito sérios".

5.4.2 O Poder Judiciário

No Poder Judiciário entrevistamos um Juiz Federal e um Promotor de Justiça do Ministério Público Federal. O Juiz faz parte do órgão judiciário, Justiça Federal, sendo um agente do Estado responsável por dizer o Direito de forma definitiva. Cabe ao Juiz julgar as ações da União, suas autarquias e empresas públicas federais e privadas, além de outras matérias que se fizerem necessárias. Basicamente, o dia a dia do Juiz se resume em dar andamento aos processos, proferindo despachos, decisões e sentenças. Conforme a Constituição Federal de 1988, nos artigos 92 a 126, o juiz recebe as denúncias de advogados, defensores públicos, procuradores e promotores de justiça, analisando e julgando. Para a pesquisa em questão, foi entrevistado um Juiz Federal que atue ou já tenha atuado na região do Complexo Carajás, lidando com casos de mineração.

O Ministério Público Federal (MPF)[92] tem como função essencial, conforme a Constituição Federal de 1988, três atividades centrais: i) a defesa dos direitos sociais e individuais indisponíveis; ii) a defesa da ordem jurídica; e iii) a defesa do regime democrático. Sua atuação consiste em ser fiscal da lei, atuando também nas áreas cível, criminal e eleitoral. Além dessa atuação, busca também agir preventivamente, extrajudicialmente, nos momentos em que atua por meio de recomendações, audiências públicas e promove acordos por meio dos Termos de Ajuste de Conduta (TAC). Assim como o caso Juiz Federal, foi realizada uma entrevista com um promotor que trabalhe ou já tenha trabalhado com a mineração no sul e sudeste do Pará.

Com objetivo de manter o sigilo, visto que ambos os servidores necessitam de imparcialidade e neutralidade em suas funções, sendo que dentro do roteiro de pesquisa há um caráter opinativo, essa visão será condensada em apenas um entrevistado (JU01), que representará ambos. Apresentamos, em linhas gerais, a visão e experiência dos entrevistados, não podendo ser confundidas com o posicionamento das instituições.

Compreendendo a *estrutura, processo, função e forma*, observamos que a Vale S.A., dentro da região sul e sudeste do Pará, é uma empresa que está sempre sob os olhos do Poder Judiciário. Isso ocorre devido a sua atuação na região, sendo a maior mineradora, produzindo e reproduzindo os

---

[92] Informações coletadas no site do MPF: http://www.mpf.mp.br/.

mais diversos impactos e conflitos no território, espacialmente e temporalmente. Enquanto uma das instituições identifica crimes previstos, por exemplo, na legislação ambiental, a outra julga os processos deliberando uma sentença dentro dos *sistemas de ações* e dos *ordenamentos jurídicos*. Além disso, na região do Complexo Carajás, acreditam que de 90 a 95% da extração de minério do Estado é realizada pela mineradora Vale S.A. As demandas em suas instituições são de todos os tipos, por exemplo: as ações civis públicas, desapropriações, processos criminais, processos ambientais, entre outros. Em ambas as instituições, a mineração em si não é o maior demandante de tempo no dia a dia de suas atribuições, trabalhando com outras demandas.

Para exemplificar, pegamos dois exemplos de abertura de processo contra a Vale S.A. relacionados ao Projeto Salobo, sendo um referente ao derramamento de produto químico na floresta e o outro por provocar incêndio na floresta. No primeiro, o MPF acusa a Salobo Metais de poluir e desmatar ilegalmente áreas de floresta e no segundo acusa a Salobo Metais por causar incêndio na Floresta Nacional de Carajás[93]. Ambos os processos foram encaminhados para a 2.ª Vara Federal em Marabá para tramitação (Justiça Federal).

Outro exemplo de atuação do Poder Judiciário com relação ao Projeto Salobo é apresentado por Pompeu (2019) no portal Correio de Carajás e lembrado por um dos entrevistados. Nesse caso, o MPF chancela ação em favor dos povos indígenas do entorno do Projeto Salobo, visto que as comunidades indígenas ingressaram uma ação contra a Vale S.A., Salobo Metais, Funai, Ibama e ICMBio, visando à reparação dos danos ambientais decorrentes do projeto em questão. Foi solicitada a compensação financeira e a suspensão das atividades do projeto, em razão da ausência de estudo relacionado ao componente indígena, de consulta prévia à comunidade Xikrin e, por fim, o descumprimento de condicionantes estipuladas nas licenças prévias de instalação e operação. O valor da ação representa um montante de R$7.746.435.371,44, tramitando na Justiça Federal.

Ao indagarmos sobre o atual modelo mineral, observamos que as respostas convergem, afinal, o conceito relacionado à sustentabilidade vem mudando a cada dia, tornando difícil afirmar a sustentabilidade do setor da mineração. Não há como negar o impacto da mineração, apesar de se observar que há um pulo de tecnologia buscando o menor dano ambiental e eficácia operacional, como o projeto S11D. Os *sistemas de objetos* fabricados são cada vez mais técnicos, criando menor impacto ao ambiente natural. Assim, a infraestrutura é constituída na reprodução do espaço, necessitando compreender sua atuação dentro dos tempos históricos.

Ambos os servidores não consideram a mineração como uma maldição, pois a riqueza do subsolo não pode ser encarada dessa forma. O processo de distribuição justa, alocação eficiente e escala sustentável, sim, pode ser questionável, pois tudo vai depender do método a ser utilizado pelo Estado. Um dos entrevistados (JU01) faz uma comparação da riqueza mineral do Brasil com a Noruega, Canadá e Austrália. Para (JU01) são países bem semelhantes quando o assunto são riquezas minerais, no entanto o método com que os governos da Noruega, Canadá e Austrália trataram o tema diverge, e muito, em função e forma do adotado pelo governo brasileiro. Contudo, diante dessa exposição, os *sistemas de ações* deram um comando para os *sistemas de objetos*, modificando as ações humanas e todos os ordenamentos (técnico, jurídico e simbólico), em que a arquitetura social é de um território-sujeito à empresa-objeto. No caso brasileiro, pelo que tudo indica, o processo é inverso, optando pela empresa-sujeito ao território-objeto, tornando a espacialização da abundância e distribuição menos racional.

---

[93] Números dos processos: 0000257-35.2016.4.01.3901 e 0000256-50.2016.4.01.3901 – 2.ª Vara Federal em Marabá (PA).

Um dos entrevistados (JU01) diz que o judiciário não deve entrar nessas questões, pois não cabe a ele a solução, sendo a última razão da sociedade. Depois que os agentes econômicos não conseguem se haver entre si, o governo não consegue regular, licenciar e fiscalizar essas atividades em todas as esferas, aí sim, o judiciário dará a palavra final.

Ao questionarmos sobre CFEM, para a Justiça Federal e o MPF não há demandas com relação a esses recursos. Por não se tratar de um recurso federal, e sim do município (com uma pequena parcela para o Estado), a decisão política da utilização desses recursos não faz parte do escopo das instituições estudadas. Logo, enquanto membros do Poder Judiciário não têm muitas informações com relação à distribuição e alocação desses recursos. Por não ter uma aplicação vinculada, acreditam que se deve ter a maior transparência possível, com um orçamento claro para toda a sociedade. Não cabe ao Poder Judiciário a fiscalização e aplicação desse recurso, pois é de responsabilidade do gestor eleito democraticamente.

Percebemos, nos tempos atuais, que dentro da *sociedade de risco* a mudança social e o controle político de fato são moldados pelas firmas, e não por indivíduos. Isso ocorre devido à fronteira entre a política e não política, sendo construídas no espaço banal, em que o Estado cria e reforça o *efeito derrame*.

Como alternativa à mineração, como a *desengenharia*, ambos desconhecem a existência de mecanismos para a região e se são economicamente viáveis. Considerando as dimensões territoriais do Pará, o entrevistado (JU01) pensa que as destinações do uso do solo de projetos minerais no futuro não estão em pauta, afinal, existem no Estado grandes áreas desabitadas, que, em termos financeiros, seriam mais atrativas para novas atividades econômicas.

Ele (JU01) ainda reforçou que os enclaves econômicos relacionados com a mineração não são tão percebidos no município de Marabá, por ser muito mais autônomo e independente da mineração, com uma economia mais diversificada, diferentemente do que ocorre com os municípios de Parauapebas e Canaã dos Carajás. Ao pensarmos na *sociedade de risco*, identificamos os dois fatores políticos faltantes: dissolução das fronteiras políticas; e o político se torna apolítico e o apolítico, político. Com o abordado, o primeiro item (dissolução das fronteiras políticas) pode ser interpretado como uma forma de imunização da atuação dos agentes econômicos, pensando na técnica e desconsiderando o indivíduo. No momento em que considera as áreas desabitadas, muitas protegidas por lei, como forma e função para atividades econômicas, a natureza e a sociedade são destituídas de valor. Isso posto, o Estado como interventor perde força, indo na direção do político e apolítico, cabendo ao Poder Público apenas a resposta de processos que não planejaram nem definiram.

Os canais de comunicação da empresa com a sociedade não são de conhecimento dos entrevistados, mas, ao se tratar da disponibilidade da empresa para com o Poder Judiciário, ela se demonstra bastante acessível. Dessa forma, ser acessível ao judiciário não basta, pois devem ter canais abertos para toda a sociedade, principalmente com aqueles que serão afetados por suas atividades.

De acordo com o entrevistado (JU01), no pior cenário possível, refletindo o rompimento da barragem Mirim, três pontos merecem ser destacados. O primeiro ponto são as regras e os princípios do Direito Civil, que trata da indenização integral do dano. O segundo ponto diz respeito ao Código Penal, um conjunto de leis que tratam das penas aplicáveis àqueles que cometeram algum tipo de crime. O terceiro ponto levantado são as regras e princípios do Direito Ambiental, por tratar de incertezas, nunca se sabe a extensão exata do dano. Muitos dos danos ambientais só são percebidos anos e décadas depois do evento, tornando-se um ponto de muita atenção para o Poder Judiciário. Deve ficar claro que o Poder Judiciário nesse ponto é inerte (Justiça Federal), por não ter a atribuição de fiscalização, atendendo a demandas recebidas.

Um dos entrevistados cita a força-tarefa do MPF nos estados de Minas Gerais e Espírito Santo, relacionada ao rompimento da barragem da Samarco S.A. Os fatos criminosos e suas circunstâncias foram divididos em três seções: i) dinâmica dos eventos lesivos[94]; ii) dos crimes previstos na legislação ambiental[95]; e iii) dos crimes previstos no Código Penal brasileiro[96]. Entre as instituições analisadas foi no Poder Judiciário a possibilidade para captar questões relacionadas à *sociedade de risco*, isso devido à atuação dos entrevistados. Uma das reflexões ao longo da conversa foi referente a expansão produtiva e a busca constante pela minimização dos custos operacionais. Com o aumento do consumo, a sociedade acaba não percebendo os riscos do dia a dia, indo dos alimentos que comemos aos aparelhos que usamos. A tendência, segundo um dos entrevistados (JU01), é que essa situação se amplifique, pois a população mundial está crescendo, consumindo conspicuamente, forçando a oferta a operar dentro de um mercado competitivo demandando mais energia e matéria, tornando o *mundo cheio* ainda mais cheio.

Esses levantamentos estão alinhados com a arquitetura social, devido ao estágio avançado das forças produtivas, a possessão de riquezas, os riscos se tornam mercantilizados e socialmente conhecidos, impactando em situações de ameaça para a sociedade. Seguindo essa linha, foram apresentados dois pontos centrais do Procedimento Investigatório Criminal (PIC) MPF n.º 1.22.000.000003/2016-04. O primeiro tratou da Gestão de Riscos na Samarco S.A., demonstrando que a empresa conhecia os riscos das suas atividades, esses documentos só vieram a público após as investigações do rompimento. Assim, sabemos que mesmo conhecendo os riscos, houve uma política de redução de custos com a segurança das barragens, deixando clara a tendência expansionista da mineradora em suas operações. Os pontos centrais para a Samarco S.A. enfrentar os desafios do momento ruim do setor na época eram: i) política de redução de custos de produção; ii) esforço na eficiência do processo; iii) incremento dos ganhos de produtividade; e iv) austeridade na gestão de custo de produção, demonstrando ao MPF que optara por economizar onde não se devia. Essa forma de atuação é inaceitável para o Projeto Salobo, cabendo às instituições fiscalizadoras uma atenção redobrada, com apoio da sociedade, reportando à justiça casos de não conformidade.

As fragilidades dos norteadores jurídicos são percebidas pelos entrevistados na mesma amplitude que se verifica no estado de Minas Gerais, sendo: i) grande volume de trabalho por parte dos juízes e promotores, demandando tempo e equipe para o processamento; e ii) cortes no orçamento, pois se o Estado estiver em crise, o Judiciário também estará. Levantando o problema de transferência dos passivos ambientais por outras empresas, é apresentado o princípio da reparação integral e responsabilidade objetiva dentro do Direito Ambiental, pois, se o empreendedor auferir algum ganho, nesse caso, já está dentro da cadeia do risco, ou seja, dentro do princípio poluidor pagador.

Por fim, com relação ao plano de fechamento de mina, nenhum dos entrevistados têm conhecimento sobre esse plano para o Projeto Salobo. Avançando nos diálogos com os entrevistados, torna-se importante compreender com quem irá ficar o passivo, após o fechamento, no caso de

---

[94] No dia 05 de novembro de 2015, aproximadamente às 15:30 horas, ocorreu o rompimento da barragem de Fundão, situada no Complexo Industrial de Germano, no Município de Mariana/MG, sob a gestão da pessoa jurídica SAMARCO MINERAÇÃO S/A. O empreendimento estava localizado na Bacia do rio Gualaxo do Norte, afluente do rio do Carmo, afluente do rio Doce. MPF n.º 1.22.000.000003/2016-04.

[95] Crime de poluição qualificado; crimes contra a fauna; crimes contra a flora; crimes contra o ordenamento urbano e o patrimônio cultural; e crimes contra a administração ambiental. Procedimento Investigatório Criminal (PIC) MPF n.º 1.22.000.000003/2016-04.

[96] Crime de inundação; crime de desabamento e desmoronamento; crimes de homicídios; das qualificadoras dos homicídios; e crimes de lesão corporal. Procedimento Investigatório Criminal (PIC) MPF n.º 1.22.000.000003/2016-04.

o empreendedor não dar a destinação adequada aos passivos ambientais. Alguns balizadores são apresentados, pois realmente é possível a empresa fechar as portas e deixar os passivos ambientais (*rugosidades espaciais*). Se, eventualmente, ocorrer essa situação, o passivo ambiental torna-se um problema da União, sendo que os órgãos licenciantes e fiscalizadores também têm responsabilidade com relação ao projeto que porventura venha a ser abandonado.

5.4.3 O Poder Executivo

5.4.3.1. As instituições no plano federal

Esta seção apresenta a visão dos servidores que atuam no licenciamento e fiscalização do Projeto Salobo. O Ibama[97] é o órgão licenciador do empreendimento em questão, vinculado ao Ministério do Meio Ambiente. Suas principais atribuições estão de acordo com o Art. 5.º da Lei n.º 11.516, de 28 de agosto de 2007, atuando em três eixos centrais: i) exercer o poder de polícia ambiental; ii) executar ações das políticas nacionais de meio ambiente, referentes às atribuições federais, relativas ao licenciamento ambiental, ao controle da qualidade ambiental, à autorização de uso dos recursos naturais e à fiscalização, monitoramento e controle ambiental, observadas as diretrizes emanadas do Ministério do Meio Ambiente; e iii) executar as ações supletivas de competência da União, de conformidade com a legislação ambiental vigente. Sua missão consiste em proteger o meio ambiente, garantir a qualidade ambiental e assegurar a sustentabilidade no uso dos recursos naturais, executando as ações de competência federal, sendo que a sua visão é ser referência ambiental na promoção do desenvolvimento do país.

Para o presente estudo entrevistamos o Ibama/PA e o Ibama/DF, pois, apesar do Ibama ter uma equipe técnica em Marabá e Belém, não são estas a fazerem o licenciamento ambiental do Projeto Salobo. O Ibama de Brasília foi o responsável pelo licenciamento ambiental, entretanto, apesar de toda abertura para o diálogo, não foi possível realizar a entrevista. Isso se deu por uma determinação do atual ministro do Meio Ambiente, Ricardo Salles, obrigando que toda a comunicação dos servidores do Ibama passasse primeiro pela Assessoria de Imprensa e Comunicação (Ascom). Foi deixado o material com os servidores, ficando para analisar sua participação e enviar por escrito às respostas, todavia, como não obtivemos um retorno, acreditamos que as participações deles para a presente pesquisa foram negadas. Para sanar este problema, entrevistamos servidores do Ibama lotados no estado do Pará. Apesar de não estarem por dentro das questões relativas ao Projeto Salobo, contribuíram com suas visões a respeito do tema. Por esse ângulo, foram entrevistados dois servidores que atuam ou já atuaram com a mineração, cuja codificação para o trabalho será EF01 e EF02.

Outra instituição analisada foi a Agência Nacional de Mineração (ANM), responsável por fiscalizar o empreendimento do Projeto Salobo. A ANM[98] é uma autarquia federal sob regime especial, criada pela Lei n.º 13.575/2017, substituindo o Departamento Nacional de Produção Mineral (DNPM). Essa autarquia está vinculada ao Ministério de Minas e Energia, dotada de personalidade jurídica de direito público com autonomia patrimonial, administrativa e financeira. A ANM tem por finalidade promover o planejamento e o fomento da exploração mineral e do aproveitamento dos recursos minerais. Sua missão consiste em gerir o patrimônio mineral brasileiro, de forma social, ambiental e economicamente sustentável, utilizando instrumentos de regulação em benefício da

---

[97] Informações coletadas no site do Ibama: https://www.ibama.gov.br/.

[98] Informações foram coletadas no site da ANM: http://www.anm.gov.br/.

sociedade. Sua missão é ser reconhecido pela sociedade como uma instituição de excelência capaz de gerir o patrimônio mineral de forma sustentável no interesse da nação. Nesse sentido, foram entrevistados dois servidores, cuja codificação para a pesquisa será EF03 e EF04.

Iniciando pelo Ibama, ao pensar na questão mineral, o entrevistado (EF01) aponta que o maior desafio é a falta de material humano, prejudicando as atividades a serem desempenhadas, ocasionando o acúmulo de atividades. Nesse sentido, não há uma dedicação exclusiva para atividades de licenciamento, o que torna os processos mais lentos e menos especializados. Além da falta do capital humano, outro problema relatado se dá pela aposentadoria dos servidores sem devida a substituição, sobrecarregando ainda mais os servidores na ativa. Logo, a equipe que se dedica aos licenciamentos da mineração do estado do Pará está em Brasília, que tem um maior efetivo para as atividades.

O Ibama em Belém e Marabá ficou concentrado na análise do meio físico e biótico, sendo que para a socioeconômica não há profissionais no quadro dedicados a essa questão. O entrevistado (EF02) expressa que o trabalho realizado no setor mineral é bem pontual, sem ter uma equipe dedicada ao tema, pois suas atividades são de apoio para as equipes de Brasília. O entrevistado lembra que o governo do estado montou um grupo de trabalho (GT) após o crime corporativo da Vale S.A. (2019), no município de Brumadinho/MG, unificando as informações soltas e que dizem respeito às barragens do estado do Pará. Ao se tratar de barragens de rejeitos, ambos os entrevistados não trabalham diretamente com essa temática, apesar de fazerem pontualmente parte da equipe de emergência ambiental. O que pudemos constatar é que, dentro do estado do Pará, não há nenhum servidor do Ibama lotado em Belém e Marabá dedicado à mineração, dependendo das análises das equipes de Brasília. Nas equipes de Belém e Marabá são apenas quatro servidores com afinidade ao tema, visto que foi possível entrevistar apenas dois.

Ambos compreendem que a mineração proporciona os recursos necessários para a sociedade, tendo um amplo arco, da exploração de areia para construção civil a metais raros utilizados em equipamentos de alta tecnologia. O entrevistado (EF01) destaca que há uma demanda por bens minerais, mas que a oferta pode ser realizada de várias formas. O processo de licenciamento visa reduzir os impactos ambientais e sociais, buscando um equilíbrio no metabolismo econômico, social e ecológico, garantindo que no futuro a área impactada possa ser útil novamente para o ambiente natural. Frisa estar considerando aquelas mineradoras legalizadas, visto que há muitos garimpos ilegais no estado do Pará, necessitando de estudos para compreender melhor a situação por não se ter nenhuma estimativa dos passivos ambientais desses empreendimentos. Ele realça que se seguirem as boas práticas em termos técnicos e de gestão haverá uma redução dos impactos nos meios bióticos e abióticos.

Quando tratamos sobre a *distribuição justa* e transparência do CFEM, ambos optaram por não comentar, por não se sentirem familiarizados com o tema. E, ao levantarmos os pontos relacionados às avaliações de impactos ambientais, por meio dos seus instrumentos (EIA/RIMA), compreendemos os benefícios para a sociedade, em que ambos consideram, dentro da lógica econômica, uma variável ambiental e social. Assim, o entrevistado (EF02) considera que o EIA/RIMA é um estudo feito para identificação dos impactos ambientais decorrentes do empreendimento. A ideia central do EIA/RIMA é a realização do diagnóstico do local, verificando a situação prévia, com dados primários, projetando posteriormente a entrada do empreendimento no território, gerando a partir daí um prognóstico de curto e longo prazo.

Para o entrevistado (EF01), se os empreendimentos fossem analisados do ponto de vista puramente econômico, a sociedade estaria em uma condição muito pior. Essa conclusão é por desconsiderarem a minimização dos impactos ambientais e sociais, dadas as análises de custos/benefícios, reduzindo em teoria os lucros, não elencando as mais diversas externalidades dos empreendimentos. Ele destaca que muito se dá por decisões políticas, com vários atores, cuja interação entre os órgãos, instituições, firma e sociedade cria a necessidade de alguns parâmetros para tornar viáveis os empreendimentos. Não é possível adicionar todas as variáveis, entretanto deve-se analisar as principais variáveis que afetam o meio abiótico e biótico. Logo, há sempre subjetividades nos estudos de impacto ambiental e social, sendo que, conforme a técnica avança, mais subsídios são adicionados para auxílio dos tomadores de decisões. Ao final, faz uma crítica a algumas consultorias que optam pelo copia e cola dentro dos processos de licenciamento, o que aumenta o volume de trabalho dos órgãos licenciadores, com materiais que não contribuem em nada para uma análise mais assertiva.

A *alocação eficiente* não é um elemento da área de atuação do entrevistado (EF02), mas, a seu ver, a mineração no estado do Pará não está sendo verticalizada. Os arranjos produtivos, diz, são percebidos como uma problemática, pois as empresas que exploram minério não terão interesse em competir com seus clientes que agregam valor aos seus produtos. Assim, ele considera uma política pública interessante o fomento de empreendedorismo local, para que se criem alternativas produtivas na região, reduzindo enclaves econômicos.

Ao indagarmos sobre o pior cenário, considerando a ruptura das barragens, o entrevistado (EF01) esclarece a não apresentação dos planos de emergências dentro do processo de licenciamento, com as simulações *Dam Break*, por serem documentos à parte. No caso da ocorrência, o empreendedor tem a obrigação de informar o Ibama e outros órgãos, fazendo a descrição do acidente, sendo que há necessidade de enviar equipes ao local. Quem seria obrigado a tomar as ações e medidas mitigadoras e compensatórias seria o empreendedor, sendo que o IBAMA teria o dever de acompanhar a execução dos planos emergenciais. Seguindo essa linha de planos, lembrou-se de alguns casos em outros estados, de empresas que decretaram falência, não cumpriram os planos e ações acordados, ficando o passivo ambiental para a sociedade. Salienta que no estado do Pará ainda não passaram por essa experiência, pois praticamente todas as empresas estão em operação. O entrevistado (EF02) diz que no Ibama há um grupo de emergências ambientais, que difere dos grupos de prevenção e mitigação, atuando nesses casos após a ocorrência do evento.

O entrevistado (EF02) salienta que a PNSB é muito jovem, apresentando uma clara tentativa de medidas estruturantes na busca de uma melhor gestão dos riscos para as barragens de rejeitos. Essa tentativa vem criando uma sinergia em diversas instituições, adotando critérios e protocolos, tornando-se algo positivo. Por estar ainda muito no início, acredita que os órgãos ainda estão com dificuldade de assimilação das questões estruturantes, algo natural do processo. Para ele, os empreendimentos não são feitos para romper, mas possuem esse risco, e em cima desse risco os licenciadores e fiscalizadores necessitam compreender na totalidade suas causas e efeitos. É fundamental a sinergia entre o licenciamento e os órgãos intervenientes do processo, como a ANM, tornando-se imprescindível a sua participação nas etapas de licenciamento, criando um ambiente que ofereça segurança para a sociedade.

Ao abordarmos sobre descomissionamento, ambos informam desconhecer as técnicas, e com isso não conseguem analisar os riscos, visto como uma operação ainda não familiar para a instituição no estado do Pará. O descomissionamento e a descaracterização fazem parte de uma das etapas do licenciamento, entretanto ainda não há experiências empíricas quanto ao tema. O entrevistado (EF02) lembra que durante toda a vida útil do projeto, considerando também as etapas do pós-fechamento, as instituições têm a obrigação de fiscalizar, aumentando a demanda de serviço sem a efetiva compensação, como material humano. Observa ainda que muitos dos concursos, dentro do formato que a legislação permite, não possibilitam escolher os profissionais realmente necessários em termos técnicos. Assim, exemplifica com uma situação na qual a instituição necessita de um geólogo e, por concurso, acaba entrando um biólogo. O entrevistado não desmerece as profissões, ele sabe da importância de cada uma para o Ibama, todavia a real demanda, para ele, é a que deve ser atendida, pois um profissional na área de biologia não tem as mesmas atribuições técnicas de um profissional em geologia, e vice-versa. Certo disso, a carreira dentro do Ibama não permite abrir um concurso específico, demonstrando um fator complicador para a fiscalização mais técnica.

Desse modo, o plano de fechamento de mina é solicitado durante o licenciamento, evoluindo do plano básico ao executivo. O entrevistado (EF02) continua com relação à dificuldade de se fazer um plano hoje, considerando que o projeto pode levar décadas e até séculos, com alterações significativas da tecnologia e evoluções naturais do projeto. Em seguida, destaca que, dentro dos ordenamentos jurídicos, há garantias, elas podem fazer com que as empresas atuem nos passivos, pois os danos ambientais não prescrevem. Acrescenta (EF02) que hoje existem instrumentos interessantes para sanar essa problemática, sendo necessária uma reestruturação das instituições, necessitando da integração e da construção de bancos de dados. Existem muitos dados que não são transformados em conhecimento, visto que há a necessidade, dentro do processo de construção, de melhorar esses processos. Desse modo, ele considera que, dentro desse processo de construção, a Universidade precisa se integrar melhor com as instituições, entendendo e auxiliando na busca de modelos estruturantes que deem respostas mais satisfatórias à sociedade.

Nesse sentido, após apresentar as visões dos servidores que atuam no licenciamento, passamos para os servidores que trabalham na parte da fiscalização, em nosso caso a Agência Nacional de Mineração (ANM). O entrevistado (EF03) atuou especificamente na fiscalização de barragens entre 2001 e 2018, acompanhando internamente a evolução dos processos. Informa ter lido os principais relatórios e livros relacionados aos acidentes com barragens da Samarco S.A. (2015) e da Vale S.A. (2019), auxiliando a sua compreensão do problema em sua totalidade, pois dentro da fiscalização é recorrente ver apenas um lado do problema.

O entrevistado (EF04) acrescenta que a equipe atual de segurança das barragem é composta por um geólogo, um engenheiro de minas e dois estagiários, tendo cerca de 70 barragens sob a sua responsabilidade, assumindo recentemente as barragens do estado do Amapá. O acompanhamento e monitoramento é feito pelo SIGBM, sendo o minerador a fornecer as informações básicas do projeto. Enquanto não se faz a fiscalização presencial, os fiscais acompanham os relatórios e laudos técnicos oferecidos pelos empreendedores (autodeclaração), fazendo um acompanhamento diário. Se o minerador deixar de cumprir uma data de entrega de algum componente, por exemplo, o relatório de inspeção quinzenal, é emitida automaticamente uma multa, fazendo o devido processo legal para o recebimento do valor. Há também a programação de fiscalização, realizando um planejamento anual, dentro do quadro de pessoal, buscando cumprir a meta de fiscalizar todas as barragens sob sua responsabilidade. O dia a dia pode ser resumido pela fiscalização de campo e fiscalização remota via SIGBM.

Quanto ao modelo mineral ser ou não sustentável, o entrevistado (EF04) aponta que variam de empresa para empresa os parâmetros de sustentabilidade. Existem empresas grandes que têm maior comprometimento, mas as pequenas, muitas ilegais, apresentam um passivo ambiental considerável. Na visão do entrevistado (EF04) a mineração é uma dádiva, afinal, "dependemos dela para tudo, não há alternativas". Assim, vemos que a necessidade passa por uma melhor organização, isso para que a distribuição seja a mais justa possível, compreendendo também os riscos em sua totalidade. Acredita não haver limites de produção, pois o único limitador é a jazida, não cabendo aos técnicos da ANM estipular uma escala produtiva para as mineradoras. Para ele, tanto as empresas como os municípios não se preparam para a finalização do projeto, criando uma dependência local, sendo necessário maior comprometimento das mineradoras com relação ao fechamento das suas operações. Ele evidencia que muitos dos planos não funcionam conforme estruturado, criando um problema de comunicação grave entre o Estado, as firmas e a sociedade, impactando sobremaneira o ambiente natural (*elementos espaciais*). Nesse sentido, ao questionarmos os passivos ambientais, o entrevistado lembra-se de dois casos, um em Minas Gerais e outro no Amapá, que, por ser uma empresa estrangeira, explorou a região e simplesmente sumiu, tornando o Estado o responsável por administrar os passivos.

É apontado pelo entrevistado (EF03) que a empresa oferece os dados para a ANM e é a partir deles que são feitas as operações de fiscalização em campo. A fiscalização de barragem hoje é apenas visual, verificando as medidas, de modo a comparar com os pressupostos dos projetos, e os seus fatores de segurança. Não é possível olhar dentro da estrutura, visualizando apenas a parte externa. Acrescenta que está em fase de teste um modelo de geofísica aplicado à barragem, possibilitando avaliar as estruturas por dentro das barragens, garantindo maior segurança e estabilidade, complementando a fiscalização visual. Basicamente as barragens são compactações de argila, criando uma impermeabilização relativa para que a água não passe, porém acaba passando. Isso se dá devido a dois elementos centrais, porosidade e permeabilidade, fundamentos da hidrogeologia e geotécnica. Quando se faz uma barragem, se sabe que a água vai passar, e a água "é como se fosse um veneno para a barragem". Para quebrar essa pressão da água, coloca-se um filtro de areia, fazendo um tapete drenante. Explica os cálculos para determinar o fator de segurança, que mede o gradiente de um ponto para o outro, conhecido como pressupostos do projeto.

Após explicar os fundamentos técnicos, o entrevistado (EF03) lembra que a ANM não licencia as barragens, função dos órgãos ambientais, entretanto, por determinação da justiça, a segurança é atribuição da ANM. São duas etapas centrais que o empreendedor necessita realizar com a ANM, uma delas é a entrega do Projeto Executivo da Construção da Barragem e As Build, que pode ser entendida como um diário a respeito da construção da barragem. A segunda diz respeito à obrigação da ANM em pegar os dois dados e realizar uma análise das vulnerabilidades do projeto, enviando um parecer para os órgãos ambientais.

Lembraram-se (EF03 e EF04) do caso da Samarco S.A., não apresentando As Build à ANM, na qual havia diversas vulnerabilidades, como utilização de material inadequado para drenagem e criação de galerias não previstas no Projeto Executivo. Além disso, não seguiram as referências internacionais indicadoras da necessidade do alteamento de 3 a 6 metros por ano (no máximo 9 metros), sendo que a Samarco S.A. só em um ano realizou aproximadamente 27 metros de alteamento. Logo, a empresa não teve tanta transparência como ela diz, pois o quadro era de uma tragédia anunciada, assumindo o risco tecnológico, constituindo no desengajamento moral.

O entrevistado (EF03) faz uma crítica ao Sistema Integrado de Gestão e Segurança de Barragens em Mineração (SIGBM). Questiona se o SIGBM tem condições de fazer análises tão complexas, respondendo que não, por não ter um analisador de vulnerabilidade, considerando uma falha (primeiro problema). Ao entrarmos na portaria de criação do SIGBM (Portaria DNPM 70.389/2017), é basicamente uma auditoria de documentos, não apresentando nada de analisador estruturante. Acredita que a portaria é uma forma de fugir da responsabilidade, por não acreditar na eficácia de uma auditoria documental, não resolvendo o problema de fiscalização de segurança de barragem. Logo, (EF03) afirma que "essa portaria não serve para nada", por não conseguir analisar as vulnerabilidades dos projetos.

Mencionando o Relatório de Inspeção Regular, o entrevistado (EF03) destaca o segundo problema: a importância de verificar se as medidas coletadas estão ou não compatíveis com os pressupostos do projeto. Substancia a necessidade de se fazer no mínimo um tratamento estatístico dos dados, sendo que também não está disponível no SIGBM. Nesse sentido, além de não ter um analisador das vulnerabilidades, também não apresenta um analisador estatístico. Em alguns casos, esses procedimentos são realizados pelos servidores de forma manual, verificando a estabilidade das barragens. O entrevistado ainda salienta que existem vários tipos de piezômetros, uns mais rápidos, e outro, mais lentos, o que torna a análise ainda mais complexa.

O terceiro problema apresentado pelo entrevistado (EF03) é o Mapa de Risco. O Mapa de Risco tem como objetivo verificar quais os principais riscos do projeto e seus pressupostos, em outras palavras, os pontos críticos. Com base no Mapa de Risco é possível recalcular os Fatores de Segurança, entretanto a ANM também não tem essa métrica, pois não dispõe do programa para realizar esse cálculo. Ele (EF03) frisa que todos esses pontos são de conhecimento dos seus superiores, no entanto, até o momento da entrevista, estes não apresentaram nenhuma tratativa para com os problemas levantados.

Sobre a fiscalização, o entrevistado (EF03) destacou que há um formulário de fiscalização, totalmente baseado em análises visuais, considerando o quarto problema. Não há possibilidade de fazer um recalculo dos Fatores de Segurança pela ANM, exigindo a empresa fazer o trabalho. Aponta dois critérios de segurança que a ANM trabalha – Dano Potencial Associado (DPA) e a Categoria de Risco (CRI) –, informando sobre portaria a respeito da necessidade de fiscalização de toda barragem com DPA, mais 40% das que restarem e mais as barragens não cadastradas. Acentua que isso é inviável, em termos de recursos humanos. Essa proposta foi elaborada pela ANM de Brasília, sem conhecer a realidade das regionais, não respeitando ferramentas estatísticas conhecidas, como a amostragem representativa, e não tendo um embasamento técnico que justifique as medidas. Essa é uma forma de transferência de responsabilidade, sendo um dos principais motivos para a solicitação de demissões ou remanejamento de área das equipes que atuam com a fiscalização de barragens, por colocar toda a responsabilidade em cima desses servidores. Essa visão, reforça, é corroborada pelos relatórios, visualizando a transferência de responsabilidade para os fiscais, sem atender os meios necessários para realizar um bom trabalho.

Por fim, o entrevistado (EF03) destaca outros dois problemas, um relacionado com a elaboração do empreendedor referente ao Plano de Ação de Emergência de Barragem Mineral (PAEBM) e outro do município e seu Plano de Contingência. O Plano de Contingência é estruturado em cima do PAEBM, principalmente dos estudos de *Dam Break*, dando respostas à sociedade considerando os levantamentos realizados pela empreendedora. O mais importante seria as empreendedoras realizarem contenções ao longo do trajeto, afinal, não é o bastante apenas mostrar o percurso da lama sem criar alternativas para mitigação dos impactos. Criar barreiras seria fundamental ao longo do trajeto da mancha, porém nada é feito, até mesmo pela inação do Estado, afinal, se a empreendedora não realiza, é função do Estado criar ordenações jurídicas obrigando sua execução. Os custos são ínfimos comparados com os desembolsos necessários em caso de rompimento, fora o aumento dos fatores de segurança para as comunidades a jusante dos projetos. Nem mesmo os sistemas de alarme das empreendedoras são minimamente satisfatórios, visto que a Samarco S.A. não disparou e na Vale foram engolidos pela lama, estando instalados ao longo da mancha.

O entrevistado (EF03) lembrou-se do rompimento com barragem em 2001, da Rio Tinto, tendo 14 anos para a instituição se preparar, culminando em 2015 no rompimento da Samarco S.A., que posteriormente teve mais 4 anos para se preparem, resultando no rompimento da Vale S.A. em 2019. Se tudo continuar da forma que está, a seu ver, a sociedade continuará assistindo a rompimentos de barragens.

Direcionando a conversa para as formas como a ANM trabalha com a arrecadação do CFEM e sua distribuição, o entrevistado (EF03) disse que como caráter estritamente autodeclaratório. A empresa vai ao site da ANM alocando a venda e consumo, em que o próprio site gera o boleto. Para o entrevistado, em muitos casos, a empresa recolhe a menor, cabendo à fiscalização, uma análise dos valores cobrados. O método utilizado para realizar a fiscalização é conhecido como "cálculo do balanço de massa"[99]. Vai regredindo o produto bruto mediante os processos de beneficiamento da operação, verificando se o empreendedor está informando os valores de forma correta. Além disso, há controles de qualidade nas operações que serão validadas por um auditor independente. A partir dos laudos desse auditor independente, o servidor da ANM faz a regressão dos dados para análise, verificando também os documentos fiscais e tributários.

Ele (EF03) admitiu que a fiscalização do CFEM não é fácil, pois cada empresa tem uma metodologia, dentro de variados tipos de contratos. Para o entrevistado, "todas as empresas devem CFEM, sem exceções", indo ao encontro de dois acórdãos do TCU[100], segundo o qual apenas 20 a 25% dos recursos do CFEM são coletados. O CFEM é percebido pelo entrevistado (EF03) como fator gerador de desenvolvimento local, visto que no estado do Pará "é muito bem-feito o trabalho de fiscalização da arrecadação", referência para os demais estados.

Tratando do Plano de Fechamento de Mina, o entrevistado (EF03) tem experiência de dois projetos, um da Icomi, no Amapá, e outro de suspensão de lavra. Após a decisão da empresa em finalizar a operação (prematuro ou programado), a ANM vai a campo, verificando os dados e fazendo um relatório, adicionando as providências a serem tomadas. A mina, ferrovia e porto do projeto Icomi deveriam retornar à União e aproximadamente 3% do lucro deveria ser reinvestido (só não diziam onde). Os passivos ambientais em que a ANM solicitou o relatório de todo o monitoramento ambiental, focando nas análises de arsênio e metais pesados, são uma das preocupações desse projeto. O maior problema a ser tratado no fechamento de mina é o passivo ambiental, um problema de alta complexidade, com as mais diversas atividades. Logo, a Icomi não realizou nenhum dos planos acordados, levando a uma CPI. O código mineral de 1967 determinava as obrigações dos empreendedores, que basicamente consistiam em trabalharem com a racionalidade econômica e compatibilidade ambiental (física e biótica), avançando com o tempo para a importância das questões sociais. Evidencia a falta de previsões desses custos nos balanços patrimoniais das empresas, não apresentando as provisões com relação aos Planos de Fechamento de Mina. Em caso de a empresa falir, a justiça atribui a responsabilidade dos passivos ambientais à ANM, por omissão, necessitando modificação da lei com relação aos balanços, como uma caução.

O entrevistado (EF03) destacou que no caso da Amazônia tem-se grandes projetos, ou pequenos projetos, não havendo intermediários por causa da necessidade de escala para a exportação. A exportação para ser competitiva, considerando que metade da produção do mundo está na Ásia, principalmente na Austrália, e as questões logísticas brasileiras (transporte naval), necessita trabalhar com preço e qualidade. O preço está relacionado à operação e logística, e a qualidade ao teor

---

[99] Nesse cálculo, pega-se tudo vendido e consumido, regredindo até a produção, ou seja, até o produto bruto na mina.

[100] TC034.373/2012-8 e TC017.199/2018-2.

do minério. Ambos são muito bem representados no complexo Carajás, pois o preço de produção é baixíssimo com uma alta qualidade do minério (alto teor e baixo contaminante), tornando-o competitivo em termos globais. O entrevistado ainda endossou o discurso de que a Lei Kandir atrapalha o desenvolvimento industrial brasileiro (industrialização). Ao mesmo tempo que essa lei desonera a exportação, de outro lado, onera quem produz internamente, sendo estes obrigados a recolher ICMS, PIS e Cofins. Para o entrevistado, com esses impostos a diferença varia entre 9,25% e 17%, criando uma cultura de não agregação de valor ao minério nacional, não verticalizando o setor. Além desse problema, compreendemos que no setor mineral, principalmente ao se considerar o fim de suas atividades, torna-se essencial o investimento em capital humano, resultando isso em possíveis alternativas econômicas para a região.

O descomissionamento para o entrevistado (EF03) é um processo ainda desconhecido, com tendência a ser mais complexo do que a própria construção e fiscalização da barragem ativa. Já o entrevistado (EF04) considera-o um processo até mais perigoso que manter a barragem, não estando claros os riscos para a sociedade e ambiente natural. O entrevistado (EF04) desconhece alguma barragem descomissionada, conhecendo apenas os processos de descaracterização. Lembra ainda que uma empresa em Minas Gerais, que possui uma barragem antiga, optou por reminerar esta estrutura, realizando o descomissionamento simultaneamente.

Para o entrevistado (EF03), invariavelmente a manutenção, em termos gerais, é muito precária ao se pensar nas barragens desativadas. A água da chuva sempre irá escorrer para algum lugar, deslocando para a barragem, fazendo uma pressão sobre a estrutura, aumentando a densidade e diminuindo a resistência do material. O monitoramento de uma barragem desativada necessita do recalculo de todos os pressupostos do projeto, para identificar os novos fatores de segurança, gerando-se, como consequência, a necessidade de nova carta de risco, exigindo um monitoramento mais rigoroso. Percebe também a necessidade de a ANM ficar atenta aos ciclos econômicos, visto que quando o preço do minério sobe, a tendência é aumentar a produção, descartando mais rejeito. Em momentos de baixa, para compensar as perdas financeiras, o monitoramento e controle se tornam menos rigorosos, impactando na segurança das estruturas. Como as barragens geralmente estão interligadas, a ANM necessita fiscalizar o conjunto, pois em caso de rompimento a tendência é outras serem afetadas, criando um efeito cascata.

Ao entrarmos no Projeto Salobo e sua barragem de rejeito, o entrevistado (EF03) informa que o PAEBM apresentado pela empresa não está completo, inviabilizando o município de realizar o Plano de Contingência. No seu entendimento, faltam também as medidas de contenção com relação à hipótese de rompimento da barragem, tendo em vista o impacto ser muito maior em comparação com as barragens de Minas Gerais. Na época que o entrevistado estudou a documentação da barragem, não identificou no Projeto Executivo a As Build da barragem, não tornando possível identificar as vulnerabilidades do empreendimento. Reforçou que essa documentação é muito mais complexa de análise em comparação com Plano de Aproveitamento Econômico (PAE), necessitando de uma divisão à parte para tratar somente das barragens, em outras palavras, uma equipe especializada e dedicada ao tema.

O entrevistado (EF03) evidencia que o cobre será o grande divisor de águas do estado, apresentando um potencial de no mínimo 12 minas. Hoje em execução há apenas a mina do Sossego e a mina de Salobo. A tendência é encontrar minas imensas de alto teor, tornando as firmas altamente competitivas, pois o teor é de aproximadamente 0,9% e a ANM está descobrindo jazidas de até 5% de cobre. Para se criar uma indústria de cobre metálico há a necessidade de investir US$ 20.000,00 para cada tonelada de cobre metálico produzido, com no mínimo 200 mil toneladas, calculo realizado por consultores alemães. O alto custo do processo é inviável para a própria Vale S.A., mas apresenta a solução de *joint venture*[101] com outras empresas, dinamizando a economia regional. Ele acredita que apareceriam interessados, tendo em vista a existência da infraestrutura adequada para o escoamento logístico atualmente, isso além da vantagem comparativa de o minério estar muito bem localizado e potencializando a renda da terra. Para verticalizar o cobre é necessário surgirem outras empresas, fora a Vale S.A., pois a vocação de Carajás, desconsiderando o minério de ferro e manganês, será o cobre, o níquel e seus subprodutos (ouro, prata, cobalto, platina, entre outros). O cobre, além de ter uma constância no mercado, é insubstituível aos processos produtivos da indústria civil.

5.4.3.2. As instituições no plano estadual

As instituições analisadas no plano estadual foram a Secretaria de Estado de Desenvolvimento Econômico, Mineração e Energia (Sedeme) e a Secretaria de Estado de Meio Ambiente e Sustentabilidade (Semas). A Sedeme[102] tem como desafio conduzir a execução de políticas de desenvolvimento do estado do Pará, mediante de ações de fomento para o setor produtivo, sobretudo com o foco em processos de industrialização dos recursos naturais e apoio institucional à verticalização de oportunidades econômicas que movimentam a economia estadual. Sua missão consiste em formular e executar políticas públicas para o setor produtivo por meio da diversificação da economia com agregação de valor e verticalizar de forma sustentável os recursos naturais por meio de ações de fomento para o desenvolvimento da indústria, comércio, serviços, mineração e transformação mineral. A pesquisa entrevistou um servidor pertencente à Sedeme, que será apresentado como EE01.

A Semas[103] tem como missão promover a gestão ambiental integrada, compartilhada e eficiente, compatível com o desenvolvimento sustentável, assegurando a preservação, a conservação do meio ambiente e a melhoria da qualidade de vida. Possui 12 diretorias, com desafios diversos, sendo: diretoria de licenciamento ambiental; diretoria de ordenamento, educação e descentralização da gestão ambiental; diretoria de recursos hídricos; diretoria de gestão administrativa e financeira; diretoria agrossilvipastoril; diretoria de fiscalização ambiental; diretoria de meteorologia, hidrologia e mudanças climáticas; diretoria de tecnologia da informação; diretoria de geotecnologias; diretoria de planejamento estratégico e projetos corporativos; diretoria de gestão socioeconômica; e diretoria de gestão dos núcleos regionais de regularidade ambiental. Para a pesquisa foram entrevistados um servidor de carreira que lida com o licenciamento ambiental relacionado à mineração e um secretário adjunto. É importante destacar desde o início que o Projeto Salobo não foi licenciado pela Semas, e sim pelo Ibama. As codificações para esses profissionais serão EE02 e EE03, respectivamente.

Quanto à *estrutura, processo, função e forma*, a Sedeme é percebida como um órgão mais de articulação do que de execução. O entrevistado (EE01) destacou que a Sedeme desenvolve políticas e trabalhos a serem incentivados no estado, necessitando de outros órgãos e atores para sua execução. O servidor atua na fiscalização da Taxa Estadual de Recursos Minerais (TFRM), sendo

---

[101] Esse termo significa a união entre duas ou mais empresas, buscando reduzir seus riscos, criando e estabelecendo alianças estratégicas em pró de determinados objetivos, por um tempo determinado. Geralmente é utilizado por ter como meta a redução de custos, redução da concorrência, abertura de novos mercados, melhoras técnicas e tecnológicas, entre outras, sendo uma parceria estratégica em que as empresas se ajudam mutuamente.

[102] Informações coletadas no site da Sedeme: http://sedeme.pa.gov.br/a-secretaria/.

[103] Informações coletadas no site da Semas: https://www.semas.pa.gov.br/institucional/o-que-e-a-sema/.

a taxa cobrada pela extração dos recursos minerais no estado. O valor cobrado é sobre o minério beneficiado e cada produto tem uma alíquota, realizando atividades em campo para inferir se o informado condiz com o executado.

O entrevistado (EE01) compreende que a mineração é uma dádiva, pois tudo no nosso entorno, dentro da sociedade moderna, tem a mineração como fonte. Entretanto, para que se garanta uma melhor *distribuição, alocação* e *escala*, é indispensável que todas as mineradoras apresentem os planos de fechamento de mina. Essa questão é fundamental, pois obriga as empresas a pensar desde o início do projeto o fim das suas atividades, elencando os programas de comunicação com a sociedade com relação ao seu fechamento e pós-fechamento. Percebe que o Brasil ainda não está preparado para isso, ele avalia apenas a apresentação de planos pelas grandes mineradoras. Muitas condicionantes são apresentadas nesses planejamentos pelas instituições, sendo acatado em muitos momentos pelas empreendedoras.

Dando prosseguimento ao roteiro, ao abordarmos as questões relacionadas ao CFEM, o entrevistado (EE01) destacou a necessidade de maior transparência dos municípios para com esses recursos. Foi realizado um levantamento compreendendo a utilização do CFEM em alguns municípios, percebendo que alguns são mais transparentes, informando o uso dentro do orçamento municipal, e outros não tendo de forma clara a destinação desses recursos. Retornando ao TFRM, o entrevistado desconhece como os recursos são utilizados, tornando a *distribuição* oculta. Percebe que ambos os recursos devem ser utilizados em pró da sociedade, alertando que muitos municípios mineradores têm condições precárias, sobretudo das comunidades, destacando Parauapebas e Canaã dos Carajás, municípios ricos não apresentando retorno adequado à população.

O entrevistado (EE01) reforçou que todos do setor têm consciência de que a mineração irá acabar, lembrando de um período que foi levando essa questão ao município de Parauapebas, compreendendo a sua dinâmica sem a Vale S.A. Ele visualiza alguns municípios procurando se preparar para o fim da mineração, apesar de serem projetos incipientes. Nesse sentido, a mineração não pode ser a base, sendo que o estado necessita estimular novos empreendimentos. Apesar de a Sedeme não fazer parte dos atores da fiscalização, é responsável por articular novos atrativos econômicos para os municípios, buscando não cair na armadilha do crescimento econômico, desenvolvendo de fato os territórios.

O descomissionamento de barragem é pensado pelo entrevistado (EE01) como elemento de importância, necessitando compreender os processos de compactação e controle da percolação da água dentro da barragem. Lembra um exemplo curioso, de uma empresa que estava fechando e queria colocar na área da barragem um projeto para pasto e plantação de abacaxi. Alertou que não poderia realizar essa utilização do solo, pois "não se pode ter outras atividades sobre as barragens", por haver inúmeros riscos. A área de barragem e cava, nesse caso, será sempre um passivo, sendo importante a sinalização, buscando deixar claro a todos a utilização anterior (mineração). Para o entrevistado (EE01), é de suma importância a comunicação adequada, entre os empreendedores, para com a sociedade e o estado, dos estudos de *Dam Break*, pois é a partir desses levantamentos que são realizados os Planos de Emergência e Contingência.

O entrevistado (EE01) destacou que a ANM e as Secretarias Estaduais não são responsáveis por monitorar as barragens 24h por dia, sendo atribuição da empreendedora, logo as barragens não rompem de uma hora para outra, apresentando sinais. Exemplifica que as barragens são como pacientes de um hospital, com inúmeros instrumentos de controle, exigindo uma equipe exclusiva para elas. Reforçou que muitas empresas hoje já têm uma preocupação de tratar os rejeitos na planta, retirando as substâncias tóxicas e contaminantes, fazendo impermeabilização das barragens quando necessário. Para (EE01), muitas mineradoras estão secando seus rejeitos e empilhando, reduzindo a Categoria de Risco (CRI) e Dano Potencial Associado (DPA). Apesar de haver menor impacto, coloca que "o Brasil não está preparado para uma pilha de rejeitos, pois não há legislação sobre o tema", sendo que há normas apenas para pilhas de estéril.

Ao abordarmos sobre *desengenharia*, o entrevistado (EE01) lembrou-se do Parque das Pedreiras em Curitiba/PR, construído em uma antiga pedreira, com um atrativo conhecido como Ópera de Arame. Para (EE01), Parauapebas deve apresentar um destino semelhante no futuro, pois faz parte da história do Pará, por ter os maiores projetos minerários do mundo, tornando-se possível o Museu da Mineração. Lembra também dos projetos no Nordeste brasileiro, onde, ao findar a extração de argila, as cavas foram transformadas em tanques para piscicultura.

A Semas, diferentemente do Sedeme, é um órgão de execução, responsável por diversos licenciamentos e fiscalização, apesar de não ter atribuição legal de fiscalização do Projeto Salobo, tem preocupações e atuações com relação a esse empreendimento. O entrevistado (EE02) destacou que os seus principais desafios são relacionados ao material humano, pessoas competentes e qualificadas com relação aos estudos de barragens. A equipe da Semas, que atua com barragem, se resume em um engenheiro civil, perderam recentemente um geólogo, e estão treinando três novos geólogos. Logo, a equipe consiste em no máximo quatro a cinco profissionais, com uma demanda de mais de 60 barragens, diques, entre outros. Destacou que muitos dos funcionários da Semas, no momento em que têm maior qualificação técnica, com anos de treinamento e especialização, são convidados a trabalhar para as empresas de mineração. As pressões das atividades produtivas são evidentes, pois em momentos de maior conflito há exonerações de cargos, dado o poder econômico que as mineradoras têm. Suspender uma licença, por exemplo, transforma todo o ambiente de trabalho.

O entrevistado (EE03) adiciona a questão da organização dos dados, pois, além do problema de pessoal, as informações na Semas eram muito dispersas. Uma força-tarefa foi montada no início de 2019, com o objetivo de criar um banco de dados confiáveis, de modo a unificar as informações desorganizadas institucionalmente, lançando ao final do ano um cadastro on-line das barragens do estado do Pará, aberto ao público. Realça que as barragens paraenses são muito mais novas que as barragens do estado de Minas Gerais, com métodos diferentes de construção (barragens mistas, a jusante e linhas de centro), tendo maior segurança e estabilidade. Além desses fatores, destacou a geografia diferenciada entre os estados, tendo o estado do Pará como elemento impactante os rios. Lembra que durante as discussões pós-Brumadinho, o Ibama não compareceu no primeiro momento, gerando mal-estar entre os atores. Deve ficar claro que, apesar de existir um Ibama em Belém e Marabá, quem licencia o empreendimento é o Ibama de Brasília, criando dificuldades de interlocução e articulação.

A Assembleia Legislativa do Estado do Pará (2019), em seu relatório sobre as barragens de rejeitos da mineração localizadas no estado, admitiu dois pontos centrais: i) ausência do estado em relação à fiscalização e monitoramento das barragens em todas as fases, desde o projeto até sua operação; e ii) a falta de acesso às informações por parte da população atingida; a falta de documentação adequada, incluindo-se os projetos, a outorga e Plano de Ação e Emergência de Barragens de Mineração. Destacaram que a mineradora Vale S.A. possui 46 barragens de mineração nos municípios em que atua no estado do Pará[104], onde a barragem de Salobo se encontra. O relatório apresenta a visão

---

[104] "[...] sendo 19 em Canaã dos Carajás, 14 em Parauapebas, 06 em Marabá, 04 em São Félix do Xingu e 03 em Ourilândia do Norte. Seis delas, inclusive, receberam classificação "alto" para dano potencial associado pela ANA, sendo uma de Canaã (Sossego), uma de Marabá (Finos 2 de Salobo) e quatro de Parauapebas (Geladinho, Gelado, Pera Jusante e Pondes do Igarapé Bahia) " (Assembleia Legislativa do Estado do Pará, 2019, p. 46).

dos funcionários da empresa e servidores públicos, assegurando a segurança do empreendimento, sendo utilizado um método construtivo diferente das barragens de Minas Gerais. Entretanto, o relatório é altamente inconclusivo, e, por isso, a ideia de que não há planos de emergência para se retirar a população do entorno torna-se mais intensa, além disso, não há nada que garanta, em termos técnicos, a estabilidade da estrutura. Por ser uma barragem nova e com um método construtivo mais seguro, o projeto Salobo demonstra ser de fato ser mais seguro do que as barragens de Minas Gerais. Mas isso será o bastante?

Nesse sentido, ao indagar o modelo mineral, o entrevistado (EE02) acredita que boa parte se deve a não se ter uma equipe robusta, tornando o modelo menos sustentável. Por meio de análises espaciais, projeto de mineração com a vegetação íntegra, e outros com alto nível de desmatamento. Isso posto, reforça a importância de se fortalecer os órgãos ambientais e da necessidade de as empresas estarem mais comprometidas com as questões ecológicas.

O entrevistado (EE03) percebe a questão como a dicotomia entre o ambiente natural e os modelos de crescimento e desenvolvimento econômico. Há uma necessidade de trabalharmos para a unificação desses componentes, pois a mineração está inerente a todos os objetos que utilizamos no dia a dia. Não dá para ignorar esse fato, apesar de ser possível se questionar a sociedade de consumo, visto que a cada troca de celular são adquiridos novos componentes minerais. Assim, um componente que merece mais debates são as auditorias independentes que garantem, por exemplo, a estabilidade das barragens, questionando assim se seriam apenas um selo de marketing descompromissado com a verdade. Por fim, apresenta a diferença entre a compensação ambiental e mitigação ambiental, visto que os termos vêm sendo distorcidos durante os debates.

Levantando questões como *capacidade de suporte* e o princípio da precaução, o entrevistado (EE02) percebe que muitas empresas optam pela linha econômica, tratando esses temas de forma secundária, variando de empresa para empresa. Nessa linha, considera que o Ministério Público e o Tribunal de Contas necessitam fiscalizar mais o uso do CFEM, variando de município para município. Muitos municípios não estão se desenvolvendo como deveriam, não aproveitando os recursos que serviriam para melhorar as condições de vida da população. Faz uma crítica com relação à atuação do Ministério Público, por fazer uma atuação muito incisiva e rigorosa nos órgãos ambientais (fiscalização), sendo que deveria atuar da mesma forma com os municípios. Se os municípios recebem recursos e não estão se desenvolvendo, algo está errado, e o Ministério Público não vem atuando a contento na fiscalização dessas causas e efeitos dessa falha alocativa.

O entrevistado (EE03) frisa que o CFEM não é do universo do órgão ambiental, apresentando algumas considerações gerais sobre a questão. Identifica uma visão de curto prazo da política que não percebe a importância de alocação dos recursos em formas de investimentos, buscando diversificar a economia do município. Esse é o grande debate ao se pensar na gestão municipal, pois se ficar na dependência de recursos fartos advindos da mineração, no final dessas atividades não haverá desenvolvimento, no caso da não dinamização econômica.

Ao se levantarem pontos relacionados com a distribuição de recursos, o entrevistado (EE03) frisa que a Lei Kandir é muito prejudicial ao estado do Pará por este ter uma economia primária de exportação de minério. Se a economia não fosse baseada em exportação, não haveria esse problema. Logo, são dois problemas: a lei Kandir e a verticalização da cadeia mineral no Estado. Enfatiza que a logística do estado do Pará reforçou o modelo exportador, não sendo capaz de agregar valor internamente, perdendo duplamente.

A distribuição dos recursos não está ocorrendo a contento, e o entrevistado (EE02) destacou que nas vistorias em campo é observado que os municípios de base mineral não estão desenvolvendo-se. Reforçou a importância do EIA/RIMA e a necessidade de os servidores dos órgãos ambientais abrirem um pouco mais a mente, "saindo daquela caixinha de dado primário e diagnósticos, fazendo uma avaliação em cima do impacto".

O entrevistado (EE03), indo nessa linha, realça que a maior necessidade do EIA/RIMA é a qualificação do que realmente é importante para aquele determinado tipo de empreendimento. Percebe-se que hoje há uma exigência do estudo primário de tudo, mas se há vários empreendimentos que já o fizeram, isso apenas cria um custo desnecessário no processo, necessitando direcionar um pouco mais para estudos de impacto sistêmico.

Destarte, o entrevistado (EE02) reafirma que a importância da mudança de visão depende das pessoas que atuam nos órgãos ambientais e também de uma reformulação das consultorias que estão fazendo esses levantamentos, visto que cópias são recorrentes, com figuras, tabelas e outros dados iguais em territórios diferentes, repetindo informações incoerentes com a realidade local. Mostra caixas e mais caixas de um único projeto (mina do Sossego), abarrotadas de documentações, tornando mais intensa a necessidade de material humano, trabalhando com apenas um ou dois técnicos. Apesar das dificuldades, os servidores se debruçam sobre o trabalho, criando grupos de estudos, padronizando, por exemplo, o parecer técnico para licenciamento de barragem, otimizando o tempo.

Ao tratarmos o ciclo de vida, o entrevistado (EE02) percebe que antigamente acontecia muito o empreendimento fechar e não haver nenhuma contrapartida para sociedade no fechamento e pós--fechamento. Hoje, o termo de referência adotado pela Semas solicita que o empreendedor apresente programas que dinamizem a economia local, tentando evitar a dependência mineral, compreendendo a vocação do território. Ao considerar os territórios, entramos nos planos de emergência e contingência, assim sendo, o entrevistado (EE02) coloca que por ser um projeto licenciado pelo Ibama o departamento (mineração) nunca recebeu nenhum desses documentos.

O entrevistado (EE03) se indaga sobre os planos serem ou não operacionais, ou se servem apenas para cumprir os *ordenamentos jurídicos*, desconsiderando os ordenamentos *técnicos* e do *simbólico*. Salienta a importância da criação do grupo de trabalho (GT) de barragens, composto por várias instituições, lamentando que algumas viessem faltando, como as Universidades e o Ministério Público.

Em momentos de problemas, o entrevistado (EE02) destacou que a mineradora (VALE S.A.) relata a Semas, deixando-a a par da situação, apresentando possíveis soluções. Em caso de rompimento, a Semas encaminharia uma equipe para o local, auxiliando na gestão de conflitos. Um ponto interessante apresentado ao longo da entrevista foi relacionado com a estrutura e o processo entre licenciadores e fiscalizadores. A ANM é a principal fiscalizadora, não emitindo licença para o empreendedor construir, visto que quem vê a barragem nascer é o órgão ambiental. Nessa perspectiva a ANM não tem acesso a esses levantamentos, apresentando uma grande fragilidade da estrutura e processo das instituições do estado. A ANM só irá ver o empreendimento quando estiver operando, mas como foi construído fica de posse de outras instituições, tornando ainda mais intensa a necessidade da As Build, para se compreender a função e a forma. A questão do fiscalizador ainda é uma incógnita, realizando aquilo que se pode fazer, pois não é possível analisar apenas a parte ambiental desconsiderando a segurança.

A Semas apresenta um avanço metodológico com relação ao Plano de Fechamento de Mina, condicionando os empreendedores a realizar esse estudo desde o termo de referência, nascimento do projeto. É solicitado pela Semas o Plano Conceitual de Fechamento de Mina, e no momento do fechamento é solicitado o Plano Executivo de Fechamento de Mina, por ser mais detalhado, exigindo o descomissionamento e descaracterização das barragens. O entrevistado (EE02) informa que hoje existem projetos de duas barragens a construir no estado do Pará, ainda em fase de estudos de viabilidade. Quando tratado da falta de tratamento adequado para os passivos ambientais, o entrevistado (EE03) destacou que o único meio para reverter esse quadro é mediante a justiça, por serem a última razão do sistema democrático.

Ao considerarmos a tendência da mineração da Vale S.A. migrar para o estado do Pará, devido ao colapso do sistema sul e sudeste, entramos na problemática dos passivos ambientais e suas *rugosidades espaciais*. Atualmente, a Semas tem uma condicionante que obriga o empreendedor a apresentar um plano para tratar os passivos ambientais. Nessa mesma linha, ambos os entrevistados, ao tratar do descomissionamento, reforçaram a necessidade de um novo licenciamento, comprovando que a barragem está estável para passar pelo processo de descaracterização (ou descomissionamento), tendo dois barramentos de água que passaram por esse processo (descaracterização).

Entrando nas formas de comunicação das firmas para com as comunidades, o entrevistado (EE02) acredita que, se não fosse o EIA/RIMA, todo acesso seria ainda mais difícil e complexo. A legislação não obriga as empresas a fazer um perfil socioeconômico nem a apresentar planos de comunicação para com a sociedade. Se não fosse colocado como condicionante pela Semas, tudo leva a crer que a situação poderia ser ainda mais problemática, com o mínimo de informações possíveis. O entrevistado (EE03) aponta que hoje o acesso melhorou para a comunidade, pois as empresas estão abrindo suas portas para visitação, algo que só ocorreu após o acidente com a barragem da Vale S.A. em Minas Gerais (Brumadinho). Entretanto, ressalta que para pesquisadores há sempre desculpas operacionais, tornando o acesso complexo, algo que percebemos durante a pesquisa.

Ao indagarmos sobre a *desengenharia*, o entrevistado (EE02) reforçou que no Pará "quase não há" minas fechando, pois, em todo estado, esse processo ainda está em fase inicial. Quem diz como vai fechar é o empreendedor, cabendo à Semas avaliar as metodologias a serem aplicadas. Na visão do entrevistado (EE03), é inadmissível o estado do Pará ser desprovido de um grande museu da mineração (borracha, açaí e cacau), entrando na proposta da desengenharia. Acentua que bastaria o estado ter um museu dos recursos naturais, vista a riqueza do território e sua importância histórica.

Por fim, o entrevistado (EE02) reforçou a necessidade de capital humano, pois a rotatividade é muito grande, com o agravante de boa parte do quadro ser temporário. Os servidores chegam aos órgãos ambientais, são treinados, e saem depois de dois a três anos. O entrevistado (EE03) acrescenta a necessidade de capacitação constante dos servidores, pois só assim é possível qualificar o licenciamento. O entrevistado (EE02) considera a Semas uma grande escola, pois a maioria dos servidores entra sem nenhum conhecimento técnico e, no momento que adquirem essas capacidades, são incorporados pelas empresas. Assim, (EE02) diz que recentemente perderam o melhor técnico do departamento para as mineradoras, o que torna o dia a dia muito difícil. O entrevistado (EE03) revela que a pauta mineral foi a questão central do ano, avançando bastante sobre o tema, percebendo sua continuidade durante os próximos anos.

5.4.3.3. As instituições no plano municipal

Fechando o bloco relacionado às instituições do Estado, será apresentada a visão dos servidores responsáveis pela gestão de três órgãos do município de Marabá/PA, sendo: Secretaria de Mineração, Indústria, Comércio, Ciência e Tecnologia (Sicom), Secretaria Municipal de Meio Ambiente (Semma) e Defesa Civil. Para a pesquisa iremos utilizar a seguinte codificação: EM01, EM02 e EM03, respectivamente.

O primeiro ponto que identificamos foi a *estrutura, processo, função* e *forma* das instituições analisadas. O entrevistado (EM01) tem como maior desafio a reengenharia da Semma, reorganizando os processos de licenciamento, pois havia um tratamento desigual perante os empreendedores. Considerando a falta de estrutura do estado com relação à fiscalização, buscou resolver os garga-los otimizando seus recursos. Há um trabalho integrado com o Ministério Público, Polícia Civil e Militar, DMTU, Defesa Civil, Conselho Tutelar, entre outros, apresentando bons resultados para o município de Marabá, sendo que a Semma apresenta um papel importante no processo, por ter a função de Polícia Ambiental. Destacou que a poluição sonora é um dos maiores desafios da sua gestão, tendo grande demanda por meio de denúncias. Reforçou a importância das brigadas para o combate aos incêndios que vêm ocorrendo nos períodos mais secos do ano.

As barragens não são licenciadas pela Semma, por não ter atribuição legal nesse quesito, sendo destinado ao Ibama ou a Semas. Apesar de não ter essa atribuição, a Semma pode fiscalizar, reali-zando visitas à barragem do Projeto Salobo, juntamente com o Conselho Regional de Engenharia (Crea) e Secretaria de Fazenda do Estado. Nesse sentido, o entrevistado (EM01) percebe que as grandes mineradoras seguem os ritos legais, fazendo, às vezes, o que é solicitado. Suas preocupações centrais são para as pequenas mineradoras, principalmente aquelas ilegais (garimpos clandestinos), pois não há um acompanhamento por parte do estado em relação à escala, havendo a exploração e posteriormente o abandono. Para ele, há investigações em andamento para que se possa dar uma resposta para a sociedade sobre esse problema.

Pensando nos royalties (CFEM), relacionados, principalmente, à distribuição e alocação dos recursos, (EM01) destacou que não é atribuição da Semma, logo não é possível avaliar os mecanismos. Em contrapartida, ele reforçou sobre a importância do ICMS Verde no município e seus avanços, por estar conseguindo diminuir a pressão sobre os aterros por meio do cooperativismo.

O Plano de Emergência e o Plano de Fechamento de Mina não são do conhecimento do entre-vistado (EM01), demonstrando a fragilidade dos Planos de Comunicação da empresa para com os principais interessados, afinal, é obrigação da empresa. Apesar dessa falha, o acesso da Semma com a mineradora é adequado, pois a mineradora tem um funcionário à disposição para atendê-los. O entrevistado (EM01) reforçou a falta de efetividade com as ações e necessidades para com o que deve ser feito por parte da mineradora, em outras palavras, tem-se o acesso, mas nem sempre se obtém o devido retorno. Percebe que as empresas do setor estão muito focadas no presente, aten-dendo demandas pontuais por pressão da sociedade, não atuando no *devir*. Não se fala do vazio social, econômico e ambiental oriundos do fim da exploração mineral. Os benefícios da exploração são basicamente as infraestruturas, como a ponte no rio Tocantins, obra realizada apenas devido à pressão popular, sendo que seu legado se resumirá aos passivos ambientais e sociais.

Considerando o caso hipotético do rompimento da barragem, o entrevistado (EM01) destacou que não tem os estudos das simulações (*Dam Break*) da extensão do dano, representando uma preocupação. A principal medida emergencial adotada pela Semma, nesse caso, seria a retirada principalmente do consumo de água das comunidades, tanto pela população urbana como rural. Compreende que um dos principais afetados seriam as famílias de pescadores, tendo em vista a extensão do dano afetar toda uma cadeia produtiva. Os impactos do rompimento dessa barragem, no seu entender, seria muito superior aos ocasionados em Mariana/MG e Brumadinho/MG. Além disso, não se sabe ao certo o conteúdo compreendido dentro da barragem, mas por ser uma mineração de cobre e ouro, esse rejeito precisa ser mais bem avaliado. Ele (EM01) reforçou que não apenas o rompimento é um fator de preocupação, pois a contaminação do solo, atingindo os lençóis freáticos, é outro determinante de risco.

Entrando, no final do ciclo de vida do projeto, o entrevistado (EM01) reforçou não ter nenhum estudo dos métodos que a empresa utilizará para descomissionar e descaracterizar a barragem de rejeito. Acredita que o Estado, em todos os níveis, necessita atuar de forma mais enfática nesse sentido, para que o passivo não seja transferido no futuro para a sociedade. Apresenta receio de que, ao final do processo produtivo, considerando também as grandes mineradoras, chegue-se a um momento de abandono, pois as instituições não estão preparadas para isso. "O que vai ficar após a mineração?", indaga (EM01). Esse é um problema que está sendo repassado para as futuras gerações, pois o passivo irá ficar, se nada for feito no presente. Finaliza abordando que existem alternativas de engenharia para o tratamento, disposição e uso dos rejeitos, mitigando os passivos ambientais no *devir*, sendo as Universidades fundamentais nesse processo.

A Sicom tem parceria com a associação comercial, compreendendo as demandas, desafios e perspectivas do setor empresarial. Para o entrevistado (EM02) há um desafio pelo lado do empresariado com relação à fragmentação das reservas pela Vale S.A. Isso posto, surge o monopólio, o que dificulta a entrada de novos empreendimentos. Parte da clandestinidade está ligada a essa questão, visto que a empresa não explora e não permite que outros também o façam. Destacou (EM02) que vários empreendimentos clandestinos solicitaram a sua legalidade, entretanto o poder econômico da empresa culmina na não autorização, constituindo-se minerações ilegais. A única mineradora que atua de forma legal na região é a Buritirama, na exploração do manganês, colocando todas as demais na clandestinidade. Essa é uma pauta do setor empresarial, por haver interesse na exploração legal do uso do solo, mas que não consegue legalizar devido a esse cenário de monopólio, apresentando um gargalo na escala.

Ao se pensar no modelo de exploração mineral, o entrevistado (EM02) reforçou que hoje o Brasil não pode abrir mão da sua exploração por ser um componente vital para as balanças comerciais. Compreende que a mineração é a base de sustentação da economia, em que o grande questionamento é referente à base primária de exportação de commodities, para um modelo que industrialize, não havendo verticalização dos processos operacionais. Exemplifica que o Brasil, ao pensar no agronegócio, exporta grãos e importa óleos, não agregando valor ao produto. Lembra que Marabá tinha uma força metalúrgica considerável no passado, hoje, apenas com a Sinobrás como siderúrgica, necessita de maiores investimentos para a recuperação desse parque industrial. Parte desse investimento é dependente da cadeia do cobre, em que a Vale S.A. tem praticamente todas as jazidas, com contratos fechados para exportação, não investindo para atender as demandas locais.

A distribuição dos recursos obtidos pela compensação da exploração mineral (CFEM) é percebida pelo entrevistado (EM02) como mecanismo auxiliar, pautado nos impactos do empreendimento ao ambiente natural, fato que reforça a importância da cobrança do ICMS para o desenvolvimento local. Efetivamente, compreende que o estado não está auferindo resultados econômicos por essa compensação, por ser um valor que apenas compensa os estragos realizados no território. Substancia que o estado do Pará é riquíssimo com uma população miserável, justamente por causa do CFEM e da Lei Kandir, sendo que o CFEM não absorve os impostos não gerados. Se o estado recebesse o imposto devido, fora da Lei Kandir, haveria maiores recursos para investimento. Ele ressaltou também que não adianta "encher o Estado de dinheiro" sem uma administração pública adequada. Lembra do pacto federativo e a essência da Lei Kandir, observando que também não adiantaria se ter estados ricos, enquanto outros estivessem pobres. A produção mineral não é apenas do estado em que está sendo explorado, afinal, é uma riqueza da Nação. Por fim, destacou a importância da receita do CFEM, concordando com um modelo que não dá destinação ao seu uso (carimbo), por auxiliar os administradores públicos em sua alocação para benfeitorias públicas.

Quanto aos elos produtivos, o entrevistado (EM02) percebe que há uma cadeia positiva dentro da mineração durante o seu ciclo de vida, destacando as demandas da empresa por bens e serviços, estimulando o mercado interno, que, por sua vez, amplifica o comércio local. Salienta que apenas a prefeitura de Marabá coloca aproximadamente R$ 400 milhões por mês na economia local. Ao entrarmos na finitude dos minérios, levando em consideração o final do ciclo de vida e o fechamento das empresas, informa que não há um debate com esse enfoque, especialmente por considerar-se que as reservas minerais sob domínio da Vale S.A. possuem um potencial de perpetuação de décadas, quiçá século. O que deve ocorrer é o fechamento de um ou outro projeto, não impactando em termos gerais a região. Percebe também como precoces essas análises (*devir*), principalmente devido às soluções tecnológicas que estão sempre avançando, tornando obsoletos os cenários previstos. Apesar do alto grau de subjetividade desses estudos, considera importante para se evitar "cidades mortas", caindo no problema das cidades que "não tem, mas já teve"[105], disse (EM02). Destacou a importância de Marabá para a economia da região, por constituir hoje um polo econômico, referência em vários campos, apresentando alternativas e opções para a população.

Considerando os cenários hipotéticos do rompimento da barragem, bem como o plano de fechamento da mina, o entrevistado (EM02) desconhece os procedimentos e estudos, por não constituir uma atribuição da Sicom, sendo talvez um ponto a se tratar com a Semma. Questionado se há na região projetos de exploração mineral que necessitem de novas barragens, o entrevistado coloca que não é do seu conhecimento, destacando que o último projeto foi Salobo III, que manteve as mesmas características como impacto dos projetos I e II.

Entrando na discussão dos passivos ambientais, o entrevistado (EM02) acredita que não há nenhum mecanismo para garantir a solução dos passivos ambientais em caso de falta do empreendedor, ficando esse passivo sob responsabilidade do Estado. Lembra do parque de gusa em Marabá (metalurgia), que teve suas atividades interrompidas devido a diversos fatores, com grandes passivos ambientais, se deteriorando sem nenhum tratamento até o momento. Adiciona que muitos dos passivos não são de responsabilidade do município, por estarem compreendidos em áreas estadual ou federal, cabendo aos administradores públicos municipais a provocação quanto à solução.

O descomissionamento da barragem é uma incógnita para o entrevistado (EM02), por não conhecer as técnicas empregadas. Entende que há dois motivos para o descomissionamento, sendo o primeiro o limite da operação e o segundo a determinação legal do descomissionamento das barragens a montante dos empreendimentos de Minas Gerais. Destacou que no processo de descaracterização da barragem é importante o empreendedor continuar a monitorar, pois, apesar de não estar ativa, ela continua com riscos dentro do território. Lembra-se da situação da Samarco S.A., sendo que o CEO era considerado o melhor do Brasil por causa dos seus resultados, exigindo o máximo das suas equipes, colocando a produção acima de tudo e todos, de forma até irresponsável, comprometendo os fatores de segurança.

O entrevistado (EM02) acredita que a desengenharia para a região teria um maior potencial agrícola, visto que a grande discussão da Amazônia é o limite de ocupação do uso do solo, pois hoje "mais de 75% do território são de terras que não se pode mexer".

---

[105] Essa foi uma terminologia utilizada para exemplificar os municípios minerais em que, encerradas as atividades de mineração, os moradores, ao serem indagados por visitantes sobre atividades de lazer e recreação, respondem suas dúvidas dessa maneira (não tem, mas já teve). No momento da bonança mineral os municípios possuem um cinema, um parque, um teatro, entre outras atividades de lazer e recreação, todavia, após seu término, são descontinuados esses empreendimentos.

(EM02) exemplifica que os indígenas hoje têm interesses econômicos de exploração sustentável dentro dos seus territórios, visto que o Brasil "não tem mais para onde crescer" e que eles querem qualidade de vida. Destacou as cobranças internacionais de países que se desenvolveram com uma base de exploração predatória, forçando o Brasil a tomar atitudes diferentes, sem as devidas compensações financeiras que garantam a floresta em pé. Acredita no potencial científico da Amazônia para o futuro, abrindo para terceiros o desenvolvimento de pesquisas que gerem receitas e riquezas para a sociedade, algo que já se faz clandestinamente. Pensando na mineração, percebe um potencial turístico do ponto de vista acadêmico (engenharia), integrando cidades para passeios técnicos, compreendendo todo um arranjo produtivo que vai de Usina Hidrelétrica ao Projeto S11D.

Por fim, (EM02) reforçou a expectativa do empresariado em realizar explorações minerais, ele acredita haver alguma medida que faça com que a Vale S.A. libere algumas reservas. Isso seria importante para a dinâmica econômica da região, visto que hoje nem a Vale S.A. nem os empresários locais exploram as atividades, por causa do monopólio criado com ajuda do estado. Quando a exploração é pela ilegalidade, ela não gera benefícios para a sociedade e cria passivos ambientais, dada a dificuldade de fiscalizar, não passando, com isso, pelos processos de licenciamento. Destacou que após os acidentes em Minas Gerais todas as expectativas estão sendo alocadas ao Pará, com grandes projetos de ampliação produtiva. Além disso, o entrevistado lembra-se dos custos de produção de alguns projetos no Brasil, destacando as margens impressionantes ao se comparar com o projeto S11D, remetendo à renda da terra.

A última instituição do executivo no âmbito municipal foi a Defesa Civil, ela tem, entre suas atribuições, a realização de um conjunto de ações preventivas, de socorro, assistenciais e construtivas, ao se pensar em desastres naturais e/ou incidentes tecnológicos, buscando estratégias para minimização dos impactos. O entrevistado (EM03) destaca a atuação e importância da Defesa Civil no município, por buscar a normalidade social por meio de um processo contínuo e com intuito de eliminar ou mitigar os riscos impostos à sociedade, principalmente aos mais vulneráveis. É um processo de avanço bem lento e gradual, com um escopo de atuação que se amplia ao longo do tempo.

A Defesa Civil de Marabá estava abandonada, com uma estrutura ainda mais precária e sucateada, sendo que nos últimos anos iniciou-se um processo de reestruturação. Lembra-se, o entrevistado (EM03), da última grande enchente em Marabá, no ano de 2018, na qual, com a ajuda do Exército brasileiro, conseguiram fazer uma boa atuação, realizando 180 mudanças em um dia, e atendendo a mais de 3 mil famílias, distribuindo kits humanitários. As queimadas também foram questões incorporadas ao escopo da Defesa Civil, sendo criadas brigadas para atuação no período, avançando substancialmente, pensando em sua ampliação para os próximos anos. As invasões também são uma preocupação constante da Defesa Civil, avançando em suas tratativas. No geral, podemos concluir que hoje a Defesa Civil tem um bom plano de contingência para enchentes, o que reforça a importância desse documento para desastres naturais e/ou incidentes tecnológicos. Apenas para ilustração, estão mapeadas no plano de contingência das enchentes as famílias impactadas, as necessidades de recursos em diversas escalas, as áreas prioritárias, áreas de risco, os hospitais, a localização dos possíveis abrigos, planos de transporte, entre outras questões.

No início o entrevistado (EM03) pensava em Defesa Civil com relação às enchentes, oriundas dos períodos chuvosos no município. Hoje já se abarca a importância de compreenderem as situações das barragens de rejeitos minerários, algo que ganhou maior relevância após os acidentes tecnológicos das mineradoras em Minas Gerais. Hoje a Defesa Civil do município de Marabá/PA, apesar de não ter um efetivo técnico, está atenta aos riscos das barragens de rejeitos. Ao se pensar no

Projeto Salobo, houve duas visitas a barragem Mirim, levando outras instituições como o Corpo de Bombeiros, Exército e Imprensa. Foi observado pelo entrevistado, durante as visitas, que a barragem é toda monitorada, com uma tecnologia aparentemente adequada para o empreendimento, apesar de se considerar leigo no assunto. "Temos a sensação de que nunca irá se romper", disse (EM03), "mas as coisas acontecem, podendo acontecer com a barragem em questão".

(EM03) informa que a Defesa Civil participou de dois simulados, visto que o Projeto Salobo e sua barragem Mirim não têm uma população próxima, com exceção do povo indígena na época da colheita da castanha. Dessa forma, quem participa efetivamente dos simulados são os próprios funcionários da empresa, sendo acompanhados pela Defesa Civil. Lembra que o setor administrativo está sendo deslocado, visto que ficava no "pé da barragem". Devido à nova legislação, foram obrigados a realizar as mudanças das instalações, o que nos indagamos se seria feito se não fosse pela força da lei.

Para (EM03), as rotas de fuga estão todas sinalizadas, com pontos de encontro claros, apresentando um bom plano de ação e emergência (PAEBM), sendo responsabilidade do empreendedor. O plano de contingência, que é uma obrigação da Defesa Civil, buscando dar resposta para o caso de acontecer o pior cenário, ainda não foi elaborado. Por possuírem uma equipe enxuta (cinco servidores), a própria mineradora se dispôs a contratar uma empresa para realizar o trabalho. Deve ficar claro que a Defesa Civil deverá participar de todo o processo de construção, afinal, será do coordenador dessa instituição a assinatura do documento final. Quem irá gerenciar a catástrofe é a Defesa Civil, tornando-se fundamental o diálogo da empresa com essa instituição.

O entrevistado (EM03), ao questionarmos sobre o fim do ciclo de vida do Projeto Salobo, a *desengenharia*, plano de fechamento de mina, descomissionamento e as questões de *escala, alocação e distribuição*, afirma desconhecer os planejamentos. Reforçou que são questões centrais para o município, principalmente ao se pensar em *devir*, indagando o empreendedor a respeito dessas questões. Acredita que com base nessas informações será possível o município elaborar planejamentos considerando o fim da atividade mineral, bem como intensificar a fiscalização das ações a serem realizadas nas etapas do pós-fechamento. Percebe que, apesar de o Projeto Salobo ser de aproximadamente 50 anos, a Vale S.A. tende a durar mais tempo, o que não garante a segurança efetiva do empreendimento, dadas as *rugosidades espaciais* no caso do não tratamento dos passivos ambientais. Sente que a maior preocupação atual da mineradora é relacionada ao rompimento, não dando a devida atenção para o fechamento.

5.5 A SOCIEDADE E SEUS MOVIMENTOS SOCIAIS: RESULTADOS A PARTIR DAS OBSERVAÇÕES EM CAMPO

A última unidade dos resultados da pesquisa refere-se ao espaço banal, em que as pessoas interferem nos demais *elementos espaciais*, no qual os *sistemas de ações* e *sistemas de objetos* modificam a ação humana. Em outras palavras, é no espaço banal que emerge a *ordem do simbólico*, mediante a transformação, a mudança, a surpresa e a recusa, tornando o espaço econômico (firmas) um subsistema do espaço total, por meio da supressão, acumulação e superposição. Tudo está ligado ao espaço banal, direta ou indiretamente, por ser o demandante e ofertante de tudo que se tem. As várias derivações da sociedade, como *elemento espacial*, são constituídas pelo espaço banal. Entretanto, as visões, percepções e opiniões constituídas nesse espaço estão perdendo fôlego devido à perpetuação do modelo hegemônico, não natural, do espaço econômico se sobrepondo aos demais espaços. As vozes originárias do espaço banal estão cada vez mais baixas, silenciadas por um modelo econômico poderoso, maior que Estados, elas buscam incessantemente tornarem-se maiores do que a sociedade, elas subjugam tudo e todos.

A mineração é um retrato desse fenômeno, da junção do Estado com as firmas, submisso ao poder econômico, em todas as esferas, criando efeitos colaterais latentes, distorcendo o espaço banal, guiando as ações humanas ao caminho da *sociedade de risco*. Todos os entrevistados, sem exceção, consideram a mineração uma dádiva, porém sua maldição está nos arranjos permissivos do Estado em sua distribuição e abundância. Pensando pelo viés do ambiente natural, em que os bens minerais estão alocados, a riqueza mineral é concedida a crédito das gerações futuras. Por séculos o Brasil foi explorado, saqueado, tolerando a escravidão como meio para exploração mineral, desqualificando o espaço banal. Na modernidade reflexiva, aquelas riquezas de outros tempos não são percebidas e também foram incorporadas no dia a dia da sociedade, herdamos os passivos (crédito) das gerações passadas. Nesse momento, com uma exploração industrial de larga escala, a riqueza mineral também vem a crédito das futuras gerações. Nesse sentido, não se pode tolerar que esse empréstimo intergeracional não melhore as condições do espaço banal presente, haja vista que também não melhorou no passado. Para ocorrer essa melhora, a orientação deve fluir pelas vozes daqueles que melhor do que ninguém compreendem o seu território, por lá estarem inseridos. Esse é o objetivo deste subcapítulo, apresentar as vozes que por muito tempo são silenciadas por um modelo explorador e saqueador das nossas riquezas minerais.

O povo indígena Xikrin do Cateté constitui o primeiro elemento espacial, referente à sociedade, a ser investigado nesta pesquisa. O território desse povo é de aproximadamente 439.150 hectares, em sua maioria pertencentes ao município de Parauapebas. No ano de 1974 começaram os estudos para definição territorial da terra indígena, em 1978 foi delimitada, em 1981 demarcada, e, por fim, no ano de 1991 foi homologada. A vida cosmológica do povo Xikrin é constituída de espaços naturais distintos, como: o domínio do céu aberto; lugar de origem; o domínio da terra, dividido em floresta e clareira; o mundo aquático; e o mundo subterrâneo. Devemos destacar que, assim como diversas comunidades indígenas da Amazônia Brasileira, desde a época da colonização, os Xikrins lutam para não serem extintos. O momento crítico foi entre 1950 e 1960, durante os primeiros anos de contato, com grande mortalidade, devido a doenças transmitidas pelo contato com o homem branco. Conforme as associações indígenas, os Xikrin do Cateté possuem aproximadamente 1.468 indivíduos, divididos em três aldeias. A primeira aldeia conta com 749 pessoas, denominada Pukatingró/Cateté, centrada à margem esquerda do rio Cateté. A segunda aldeia, tem 526 indivíduos, vivendo na aldeia Djudjekô, a 13 km do povo Cateté. A terceira aldeia conta com 193 indivíduos, formando a nova aldeia O-odjã. Assim, observamos que existem diversos conflitos no território, isso faz da região, um local violento, sobretudo do ponto de vista agrário do Brasil, dividindo o espaço com posseiros, trabalhadores sem-terra, fazendeiros, grileiros, empreendedores, entre outros (Ação Civil Pública, 2018).

O território, para o povo Xikrin, está relacionado com aspectos econômicos, geográficos, históricos, simbólicos e arqueológicos, o que não condiz com a atual demarcação física, tanto por negar a cosmologia indígena quanto pela redução das dimensões utilizadas pelos seus ancestrais. A mobilidade para essa comunidade é de vital importância. O povo Xikrin é seminômade, criando conflitos com o empreendimento instalado (Projeto Salobo), entre outros. Esse projeto está criando externalidades negativas, refletindo no contexto sociocultural de territorialidade a escassez dos recursos naturais para subsistência da população. As riquezas naturais, que poderiam ser uma dádiva tanto para o povo indígena quanto pela sociedade brasileira, também representam uma problemática de difícil resolução, visto que os interesses indígenas são desconsiderados, criando uma sensação de constrangimento e desrespeito (Ação Civil Pública, 2018).

Diante desse resumo, entrevistamos lideranças, representantes e advogados do povo Xikrin, sendo utilizada na pesquisa a codificação SO01, englobando todos.

O Movimento dos Atingidos por Barragens (MAB) é o primeiro movimento social a ser analisado nesta pesquisa. O MAB[106] tem como pauta central a luta em defesa da água e da energia, buscando construir um projeto popular para o país, atuando na temática de que "água e energia não são mercadorias". Seu escopo por muito tempo foram as barragens de água, todavia, após o crime corporativo da Samarco S.A. em 2015, incorporou a pauta das barragens de mineração. O MAB acredita que a participação desorganizada das pessoas na sociedade cria maus resultados, carecendo de organização. Nesse sentido, o movimento busca reunir pessoas, esclarecendo e despertando nelas a importância da luta pelo que se quer. Uma das responsabilidades assumidas pelo MAB consiste na luta pelo direito dos atingidos(as) por barragens de produzir alimentos saudáveis e energia, dedicando esforços para projetos com base agroecológica. O MAB é um movimento nacional, autônomo, de massa, de luta, com direção coletiva em todos os níveis, com rostos regionais, sem distinção de sexo, cor, religião, partido político e grau de instrução. Esse movimento consiste em um movimento popular, reivindicatório e político. Para a pesquisa foram entrevistados dois militantes do MAB, cujas codificações serão SO02 e SO03.

Será apresentada a visão de duas instituições representantes da sociedade civil, constituídas em movimentos sociais, atuando sobre a questão mineral e suas barragens de rejeitos. O segundo movimento social a ser analisado é o Movimento pela Soberania Popular na Mineração (MAM). O MAM[107] surge de uma acumulação da experiência de espoliação histórica da mineração no Brasil. Teve início em meados de 2012, no estado do Pará, no enfrentamento ao Projeto Grande Carajás da empresa Vale S.A. Percebe que a expansão da mineração, intensificada nos últimos anos, causou, na mesma proporção, violações de Direitos Humanos e conflitos no território onde a mineração se estabelece. O MAM é um movimento popular não conjuntural, mas que incide perenemente no processo político brasileiro, no que tange às destinações e apropriações dos bens naturais deste país. É um movimento que busca discutir o ritmo da mineração (*escala sustentável*), onde se pode ou não minerar (*alocação eficiente*), lutando pela soberania popular na mineração (*distribuição justa*), ou seja, os pilares da economia ecológica.

Percebe-se que os elementos históricos da formação econômica e social brasileira são também decisivos para compreendermos a concepção do MAM, buscando projetar ideias de mudanças estruturais da nossa sociedade. E isso só será possível se a construção passar por um sujeito político coletivo, atuando para frear o livre-arbítrio do capital sobre os minérios, o que conjuntamente pode mobilizar uma série de mudanças sociais ligadas a esse processo de saque e espoliação. Foram entrevistados dois militantes do MAM, codificados para pesquisa em SO04 e SO05.

Os povos indígenas do Xikrin, conforme os entrevistados (SO01), são contrários ao atual modelo mineral, consistindo em uma das principais resistências para os empreendimentos realizados no Complexo do Carajás, como o Projeto Salobo. Foi realizada em 2018 uma Ação Civil Pública, sob o protocolo: 1000305-06.2018.4.01.3901, como responsável a Oliveira Lima Advogados Associados, como representantes das comunidades indígenas afetadas (Xikrin). Além da responsabilidade

---

[106] Informações coletadas no site do MAB: https://www.mabnacional.org.br/.

[107] Informações coletadas no site da MAM: https://mamnacional.org.br/.

civil pelos danos ambientais causados pelo empreendimento, o objetivo também foi a suspensão do licenciamento ambiental; todo ato visou ao empreendimento do Projeto Salobo. Em síntese: i) nos termos da convenção 169 da Organização Internacional do Trabalho (OIT), a consulta livre, prévia e informada dos povos indígenas e demais populações tradicionais localizadas na área de influência; ii) elaboração de estudo específico de componente indígena, em relação ao Projeto Salobo; iii) implementação de medidas mitigatórias e compensatórias para as comunidades indígenas; iv) o cumprimento das condicionantes ambientais exigidas pelo Ibama, no âmbito da Licença Prévia n.º 33/1994, da Licença de Instalação n.º 416/2006 e n.º 889/2012 , e da Licença de Operação n.º 1096/2012; e v) responsabilidade ambiental pelos danos socioambientais e danos socioeconômicos aos Xikrin .

Os entrevistados (SO01) informam que o empreendimento foi realizado sem consulta às comunidades indígenas. Além disso, relatam a não realização de um estudo prévio do componente indígena, sendo estabelecidas várias condicionantes ambientais, desde 1997. Essas condições não foram cumpridas.

Conforme (SO01), o empreendedor se omite a cumprir e o Ibama faz vista grossa na fiscalização, com uma Funai totalmente sucateada. Há diversos problemas do Projeto Salobo com relação aos Xikrin, apresentados anteriormente na síntese da Ação Civil Pública. Foi alertado o risco da barragem à Agência Nacional de Águas, que não deu a devida importância, impossibilitando a população indígena de coletar castanha em 2019, com medo de rompimento, pós-crime corporativo da Vale S.A.

Os entrevistados (SO01) consideram a estrutura do Projeto Salobo igual à da mina do Córrego do Feijão (Brumadinho/MG), com a área administrativa logo abaixo da barragem, diferenciando apenas o método construtivo. Um dos argumentos da firma é não afetar a população indígena. Apesar de não compreender a terra indígena demarcada, os indivíduos fazem coleta de castanha nas proximidades, tendo um conceito de território diferente da demarcação. A região sempre foi utilizada para atividades das populações indígenas, por pelo menos 100 anos, na localidade, próximo ao empreendimento Salobo, em uma área conhecida como Caldeirão, em que há cemitérios e diversas atividades culturais.

Os Xikrin, conforme os entrevistados (SO01), historicamente foram empurrados do centro para o sudeste paraense, devido a diversas pressões, se instalando inicialmente próximo à região de Redenção. Foram criados subgrupos em que o Xikrin do Cateté se estabeleceu na região do Carajás. Essa área possui muita riqueza mineral e biológica, com um grande mosaico ecológico, visto que toda a área era explorada por essas comunidades.

Com isso, houve conflitos entre a população nativa e os interesses de exploração. Desse modo, os maiores conflitos ocorreram com Ferro-Carajás, sendo o primeiro grande atrito entre os Xikrin e Vale S.A. Posteriormente, os conflitos foram com a Onça Puma, sobre a qual, segundo (SO01), há estudos da Universidade Federal do Pará (UFPA) identificando o lançamento de rejeitos no leito do rio Cateté, resultando na causa do nascimento de crianças deformadas e piora substancial da saúde da população indígena, por ser o principal rio utilizado. O maior projeto minerário do planeta, S11D, é visualizado de dentro da aldeia, com isso, é possível ver os refletores da operação (clarões) e ouvir as explosões, o que resulta na dificuldade para a prática da caça e da pesca. Assim, esses empreendimentos têm o mesmo *modus operandi*, saltam etapas do licenciamento e, com isso, postergam as suas obrigações, "não se cumprem nada e não se faz nada", diz um dos entrevistados. A única alternativa é buscar por meio de ações judiciais morosas (décadas), o que coloca as populações e comunidades em situações de vulnerabilidade e riscos.

Os principais projetos da Vale na Bacia Hidrográfica do Itacaiúnas, onde ficam os Xikrin do Cateté, são: a mina do Alemão, Salobo, Azul, Serra Sul, Sossego, Vermelho, Cristalino, Serra Leste, entre outros.

Ao questionarmos os pontos relacionados à compensação, deve ficar claro que as compensações financeiras para os povos indígenas são diferentes da ideia do CFEM. Conforme os entrevistados (SO01), há na Constituição Federal a participação de lavra[108] para os atingidos, inclusive para as comunidades indígenas, apesar de não ter sido regulamentada. A compensação financeira é relacionada aos impactos já causados para suprir necessidades vitais, o mínimo existencial, físico e cultural dos indígenas, pois esses empreendimentos trazem muitos problemas para as comunidades, principalmente relacionados com a saúde, com altos custos. A compensação financeira para os indígenas é mensal, utilizando os recursos em projetos escolhidos pela comunidade. Lembram que no projeto Onça Puma, o Ministério Público Federal exigiu uma compensação de R$1.000.000,00 por aldeia, até o cumprimento das obrigações ambientais, cessando após as ações mitigadoras por parte do empreendedor, afirmam os entrevistados (SO01). Todavia, essa decisão foi revogada, criando um critério proporcional de um salário mínimo por integrante, até que se cumpram as obrigações ambientais.

Devemos lembrar que esse valor não é para cada indivíduo da comunidade, pois os recursos vão para as associações, para posteriormente decidirem seu uso, como saúde, educação e alimentação. Nos projetos S11D e Salobo foram solicitados o mesmo critério, sendo indeferidos todos os pedidos pela Justiça Federal em Marabá. Os ônus não ficam para os empreendimentos minerários, e sim para as comunidades indígenas.

Para ilustrar, (SO01) informa que foi determinado pelo juiz a execução dos estudos dos componentes indígenas, todavia deu o prazo de 60 dias, sem estabelecer multas no caso do não cumprimento. Os prazos foram descumpridos, não havendo nenhuma consequência para os empreendedores.

O CFEM, na concepção dos entrevistados (SO01), é pouco transparente, com isso, eles citam Ourilândia do Norte, que, por sua vez, paga o salário dos funcionários com esse recurso, algo não permitido pela legislação. Sabemos que esse recurso deveria ser atrelado a investimentos sociais e de infraestrutura, garantindo que, após o fim do ciclo de vida do projeto, criem-se alternativas econômicas nos municípios. Dessa maneira, vemos utilização indevida dos recursos, o que aumenta os números dos funcionários com projetos questionáveis, como criação e revitalização de praças *ad aeternum*. Há uma pretensão dos entrevistados para entrar com uma ação de participação de resultado de lavra, por estar na Constituição Federal, tem eficácia plena e não necessita de lei, por não haver uma *distribuição justa* das riquezas nacionais.

De acordo com os entrevistados, para os povos indígenas, a mineração não pode ser compreendida como uma maldição, pois é o que garante a subsistência, devido ao fato de o Estado não chegar até as aldeias. Como o território dos povos indígenas foi seriamente comprometido, afetado por esses empreendimentos, as compensações garantem a perpetuação das suas tradições, visto que sem isso poderiam ser extintos, permitindo a manutenção de sua cultura. Há uma limitação espacial, estando condicionados a uma forma de vida que não tem horizontes para o deslocamento. A rigidez locacional dos recursos minerais hoje se aplica aos povos indígenas, constituindo o *mundo cheio*. Os indígenas, quando questionados a respeito do modo de viver, preferem a harmonia com a natureza à dependência dos recursos da Vale S.A. No entanto, eles sabem que não há mais essa possibilidade, visto que a recuperação da floresta e rios pode não ser realizada a contento, mesmo

---

[108] A participação de lavra estava no dispositivo regulamentar do código de mineração, no capítulo XIII, sendo revogada na íntegra pelo Decreto n.º 9.406, de 12 de junho de 2018. Segue o link para consulta: http://www.dnpm-pe.gov.br/Legisla/rcm_13.htm.

após o fechamento das minas. Se fosse possível deixar uma condição semelhante ao passado, não necessitariam de nenhum recurso por parte da empresa. Contudo, hoje é difícil a prática da caça e da pesca, o que reduz os recursos naturais antes explorados, e agrava significativamente a saúde, tanto devido a poluição dos rios quanto ao consumo de alimentos industrializados.

A finitude dos recursos naturais é percebida pelos entrevistados (SO01) como uma questão central, visto que a empresa só explora e pensa no lucro, sem se preocupar com a sociedade. Eles afirmam que a empresa nunca comentou sobre essa questão, apresentando apenas os benefícios da mineração no curto prazo.

Sabemos da falta de interesse por parte da empresa em criar alternativas para os municípios pós-mineração, buscando, de todas as formas, apresentar o mínimo possível de informações para a sociedade. Há uma solução para esse problema, sobretudo para com a comunidade Xikrin. Os entrevistados (SO01) afirmam sobre a adição de uma condicionante para cessarem os repasses da compensação financeira no momento em que houver garantia da subsistência física e cultural. No entanto, há um receio, principalmente devido à falta de perspectivas, das populações indígenas que se transformam em pequenos agricultores ou pecuaristas. Para se evitar esse problema, percebem que a solução é o investimento em um fundo econômico, como títulos públicos, garantindo a subsistência da população, mantendo suas raízes no território e características culturais.

(SO01), pensando que a empresa não tem nada a oferecer no futuro, estão buscando soluções para garantir o modo de vida das comunidades. Não há responsabilidade social da empresa nesse sentido, visto que apenas pergunta o que querem, como plantar cacau, fazer o manejo e depois "lavam suas mãos". Eles (SO01) reforçaram a importância da Universidade para esses trabalhos, com diversos pesquisadores atuando no auxílio técnico dos povos indígenas, constituindo parcerias importantes, amplificando as vozes do povo, ou seja, do espaço banal e do *ordenamento simbólico*.

Pensando no pior cenário, como o rompimento da barragem, os entrevistados (SO01) afirmam que em nenhum momento a empresa apresentou estudos sobre essa questão. Tampouco fez algum tipo de treinamento com as populações indígenas. O que é feito são alertas aos indígenas do seu modo de vida não afetar o trabalho dos funcionários, o que reforça a importância de, na hora caça, tomar cuidados para não atingir suas equipes. Isso evidencia a proibição do incômodo aos funcionários da empresa, mas, ao falar do possível rompimento, eles dizem: "é impossível de se romper na visão da Vale".

Os entrevistados (SO01) consideram que a única política forte do empreendedor é o marketing, pois ele cria uma falsa sensação da regularidade da situação. Todos estão desamparados pela empresa, e esta se apresenta pouco acessível para o debate. Como já se disse, a Vale protela ao máximo e reduz os custos das externalidades negativas que são causadas à sociedade e aos indivíduos, que devem aceitar a condição imposta, ou brigar na justiça, por ter bagagem financeira. A relação da empresa Vale com as pessoas atingidas é basicamente aceitar o imposto, pois, se não for assim, o único caminho é a justiça e sabemos o poder da firma nesse sentido. As pessoas perdem tudo nesse caso, tornando muito complexa a comprovação de quem foi atingido.

Os entrevistados (SO01) compreendem que o Estado está sempre auxiliando a Vale S.A., por serem parceiros, desconsideram os interesses sociais das populações direta e indiretamente atingidas pelos seus modos operacionais. É de interesse dos políticos a exploração mineral, por todo aporte financeiro que proporciona. Quando há uma decisão de paralisação de algum projeto, o próprio Estado cria alternativas para sua suspensão. Lembram-se os entrevistados de um caso do Projeto

Salobo em que um dos analistas do Ibama apontou irregularidades e falhas, principalmente com relação ao lançamento de sedimentos, afirmando que o projeto não estava preparado para operação. Entretanto, o analista optou pela abstenção do parecer final, e, em seguida, submeteu a decisão às instâncias superiores, que deferiram o pedido de funcionamento.

O plano de fechamento de mina também é uma incerteza para os entrevistados (SO01), desconhecendo se há ou não estudos nesse sentido. Pelos documentos, analisados por eles, não se recordam de nenhum planejamento com relação ao fim do ciclo de vida do projeto. Reforçam o descaso da empresa em cumprir as condicionantes, assim os passivos ambientais serão alocados para a sociedade. No caso de os empreendedores abandonarem a mina, será o Estado obrigado a arcar com os passivos ambientais, recaindo os custos para a sociedade, visto que não estão criando mecanismos que garantam recursos financeiros para esses casos. O Estado, principalmente o Poder Judiciário, confia muito no poder econômico da Vale S.A., ao ponto de considerar que nada irá acontecer em *devir*. A empresa é percebida como sólida e capaz de arcar com os passivos ambientais, apesar de desconhecerem-se esses valores, até mesmo os danos dos *serviços e funções ecossistêmicos*. Não há assim nenhuma política pública que leve em conta esses problemas. O próprio descomissionamento é totalmente desconhecido, apesar da importância de se detalhar a forma com as comunidades indígenas.

Assim, os entrevistados (SO01) dizem que Vale S.A. não realizou o estudo dos componentes indígenas, e não criou mecanismos de diálogo, além disso, eles não explicaram absolutamente nada sobre o projeto. A depender da Vale S.A., e se não houvesse alternativas jurídicas para garantir o modo de vida das comunidades indígenas, os entrevistados (SO01) compreendem que seriam extintos.

A *desengenharia*, que seria um componente importante para essas populações, nunca foi debatida, afinal, os entrevistados (SO01) percebem que seria possível construir aldeias baseadas nesse conceito. Não é do conhecimento dos entrevistados o que será feito após a exploração mineral, apresentando um gravíssimo problema em *devir*. A mineradora é muito boa no discurso, com alto poder de convencimento, mas na prática, para aqueles que são atingidos, tudo se torna questionável devido ao descaso.

Por fim, os entrevistados (SO01) acrescentam que o Projeto Salobo não apresenta benefícios reais para Marabá, fora os recursos transferidos pelo CFEM. A criminalidade do município é altíssima, com uma geração supérflua de empregos para a população. Quando trata dos povos indígenas, o que vem trazendo são doenças, modificando o modo de vida das comunidades. Não há limites para a ambição das empresas, e usam como estratégia o mínimo envolvimento e informação com a sociedade. Muitos são inclusive considerados inimigos, pessoas a se evitar, e no caso de criarem problema para os interesses dos acionistas, são processadas, como o caso do prof. Evandro Medeiros, da Universidade Federal do Sul e Sudeste do Pará (Unifesspa). No final, os entrevistados (SO01) pensam que a empresa nunca teve interesse em trazer desenvolvimento e cidadania, ela cria apenas estratégias de marketing de massa, de modo a melhorar sua reputação para o público em geral.

O primeiro movimento social analisado foi o MAB, tendo o escopo na questão energética, com uma visão geral sobre a mineração. O entrevistado (SO02) explica que o MAB a partir do ano 2000 começa a estudar, formular e implementar estratégias com dois questionamentos centrais: "para que, e para quem, são realizados os empreendimentos". As usinas hidrelétricas sempre tiveram essa dualidade de funções, uma de abastecer um consumo de uma população que vinha do campo para a cidade e atender os interesses das grandes mineradoras, sendo a usina de Tucuruí um exemplo clássico, atendendo o Grande Projeto Carajás. Enquanto o povo brasileiro paga as maiores tarifas de energia, principalmente no estado do Pará, as grandes mineradoras têm a mesma energia de forma subsidiada. Percebem um vínculo muito próximo das mineradoras, usando as estruturas do Estado (ou privatizadas por eles), para garantir a energia elétrica para suas operações. Na década de 1990 as mineradoras passam também a ser proprietárias de usinas, criando diversos conflitos no território.

Hoje, o MAB tem como principal luta uma Política Nacional dos Direitos dos Atingidos, pois em toda história de construção de barragens há violações dos direitos de famílias, visto que mais de 70% das populações não recebem o que é de direito. Destacou (SO02) que, no Conselho de Defesa dos Direitos da Pessoa Humana (CDDPH), houve uma comissão especial dos atingidos por barragens, corroborando a estatística apresentada das violações de direito. Elenca que a legislação hoje é construída pelas empresas, ao invés de uma política pública que lide com o tema, não havendo nenhum tratamento para o conceito de atingidos. O lobby no setor é intenso para a não aprovação de uma política pública de direitos para os atingidos, utilizando de argumentos como aumento do preço das tarifas de energia. Dessa forma, implementar uma política significaria um custo maior na construção e operação das barragens, reduzindo a capacidade de investimento.

Ao entrarmos nos modelos, o entrevistado (SO02) considera que não dá para negar a necessidade de energia elétrica, vista como indispensável para o desenvolvimento. Da mesma forma não dá para negar a necessidade da mineração, visto que tudo a nosso redor advém dela. A discussão hoje compreende para quem estão servindo os recursos naturais, incluindo os problemas estruturantes, com uma lógica equivocada. A mineração e produção de energia necessitam ser pensados por outro formato, pois o atual formato mais prejudica do que se apresenta como uma dádiva aos territórios. Assim, ressaltou, a partir do crime da Samarco S.A. houve uma aproximação maior do MAB com a questão mineral, apresentando uma reflexão em que a vida humana é mais longa que o ciclo de vida dos projetos minerais. Considera assim que a compensação financeira (CFEM) é um valor muito baixo, não compensando em termos intergeracionais, tendo um agravante referente à Lei Kandir.

O entrevistado (SO03) percebe que não há uma transparência com relação ao CFEM, criando processos pouco democráticos. A Lei Kandir é percebida como uma "sacanagem", permitindo às mineradoras uma exploração predatória das riquezas do território. Há uma necessidade de participação popular do CFEM, por ser uma riqueza da sociedade não há nenhum tipo de controle, necessitando de uma *distribuição justa*. Portanto, a distribuição não é justa, havendo também um processo de desinformação generalizado e falta de transparência. Para ele, o modelo atual é injusto desde sua concepção, visto que não há um debate com as comunidades. Em sua gênesis é injusto, por apresentar propostas de cima para baixo, com decisões já tomadas. Distribuição da riqueza, de forma justa e com controle popular é uma das bandeiras do MAB.

Outra pauta do MAB é o trabalho para uma Política de Segurança para com os Atingidos, não focando nas Políticas de Segurança das Barragens. Esse é um debate recente, não sendo realizado pelas empresas e despertando pouco interesse por parte do Poder Legislativo. O entrevistado (SO02) percebe que as mineradoras não têm interesse em debater com os movimentos sociais, reforçando a importância do debate da escala, distribuição e alocação. Ao se tratar da escala, em sua avaliação, não há um nível de segurança, isso por levar em consideração a demanda internacional, aumentando o grau de exploração e, consequentemente, elevando os riscos operacionais. Lembra que o formato utilizado para as barragens de rejeitos em muitos casos foram as que apresentavam os menores custos operacionais, desconsiderando os riscos. Além desse problema, os setores de fiscalização e regulação têm equipes enxutas, com uma alta demanda de serviço, se tornando incapazes de realizar um bom trabalho técnico, dados os limitadores humanos. Para SO02, "há uma política clara de não fiscalizar os empreendimentos por parte do Estado brasileiro", visto que a grande maioria dos estados desconhecem suas próprias barragens.

O entrevistado (SO03) reforçou a política proposta pelo MAB, visto que "todos nós somos atingidos", não havendo atingidos diretos e indiretos. Para ele, isso é um conceito amplo e existe a necessidade de uma política de reconhecimento dos atingidos, o que compreenderia as demais formas de empreendimentos. Os diálogos avançavam a passos lentos, entretanto, com o cenário de retrocesso em diversas esferas da sociedade no atual contexto político, acredita-se que tudo tende a parar, o que irá piorar ainda mais a vida das populações.

O ciclo de vida e a finitude dos empreendimentos minerais são observados pelo entrevistado (SO02) lembrando de Serra Pelada e Icomi, restando apenas a miséria ao lado. (SO02) destacou a importância do debate entre o setor mineral e os demais agentes para se pensar no final do projeto, garantindo para aqueles que permanecerem no território oportunidades de trabalho e bem-estar social. Recorda do projeto Belo Monte, que após o projeto criou uma massa de miseráveis, tornando Altamira/PA uma das cidades mais violentas do Brasil, com um legado muito negativo e correndo o risco de se tornar um elefante branco. Há uma necessidade de se pensar para além da mineração, algo que não se observa na prática.

Nessa sequência, (SO02) considera a comunicação das empresas para com a sociedade muito falha e quando se fala em movimentos sociais, é nula. Os diálogos só ocorrem com ação judicial, evidenciando que todos os discursos apresentados pelas mineradoras, como o plano de comunicação, são apenas retórica vazia. O acesso ao MAB é mais fácil nas assembleias de investidores da Inglaterra do que no Brasil. Há, portanto, "uma decisão de não conversar com os movimentos sociais" e quando conversam, enrolam (SO02).

A estratégia empresarial consiste em cooptar líderes de associações locais para falar em nome dos atingidos, para dar a conotação de diálogo, apesar do não diálogo. Utilizam como estratégia empresarial a comunicação em massa, havendo um descaso para com os atingidos, dependendo da justiça para defender os interesses das pessoas. O crime da Samarco S.A., após 5 anos não construíram uma única casa para um dos atingidos. Logo, há uma campanha do MAB para construção de uma casa (iniciativa popular), de modo a demonstrar que, mesmo sem capital e corpo técnico da mineradora, tudo é possível com boa vontade. Assim, indaga, "as empresas constroem uma hidrelétrica em 5 anos, por que não uma casa?".

Nessa linha o entrevistado (SO03) lembra de alguns pontos como a flexibilização das leis trabalhistas, previdenciárias e ambientais, com um processo de licenciamento e fiscalização ortodoxos, tornando o Estado ainda mais omisso aos compromissos com a sociedade. Logo, o ciclo de vida e a finitude dos empreendimentos minerais serão pautas a não serem debatidas, pois não há interesse nessa discussão, afinal, já existem grupos ganhando com esse modelo. Compreende que a região Norte é a "última região de base vantajosa do Brasil", possuindo minério, energia, água, terras, entre outros (SO03).

A participação popular, com o povo como gestor e fiscalizador, é o único caminho para que as futuras gerações não herdem passivos ambientais e sociais, devido à ganância da atual geração. Há, portanto, segundo (SO03), a necessidade de freios, para que *escala, distribuição* e *alocação* sejam rediscutidas com o povo que pertence aos territórios. O fundo soberano é uma alternativa, utilizando como exemplo a Noruega como um modelo a ser estudado e aprimorado. Há diversos municípios que possuem arrecadações advindas da mineração e energia de forma expressiva, mas com baixos índices de desenvolvimento humano e altos níveis de desigualdade, um contrassenso dada a riqueza do território.

No caso do rompimento da barragem do Projeto Salobo, o entrevistado (SO02) reforça que a primeira preocupação é a vida das pessoas. Antes do rompimento deve haver uma educação para como agir, utilizando avisos que funcionem, para se evitar o salve-se quem puder. O MAB tem como pressuposto fundamental a solidariedade para com os atingidos das comunidades impactadas, com deslocamento voluntário de pessoas oferecendo socorro às necessidades básicas. Os norteadores jurídicos utilizados pelo MAB são relacionados a ações civis públicas, com denúncias pós-rompimento para a sociedade e instituições internacionais, como a ONU. O entrevistado (SO02) reforçou a importância de setores do Judiciário que se sensibilizem com a causa, pois sem isso nada será feito, ajudando as empresas e não os atingidos.

Para (SO02), a empresa não é apenas a estrutura física, mas também uma presença ideológica na região, capaz de influenciar a opinião pública. Em Mariana/MG foi percebido esse movimento, pois, ao se questionar as condutas da empresa, a própria sociedade fica contra o movimento social, visto que a maior parte das pessoas que possuem renda está ligada à mineração, o que cria um laço de pertencimento do indivíduo com a empresa. Mesmo aqueles que não têm renda diretamente da mineração, desejam tê-la, ou sua renda é alinhada e dependente das rendas minerais. Para muitos o fator determinante é conseguir renda, retornar ao emprego, desconsiderando os impactos sociais e ambientais do evento. Nesse sentido, a correlação de força vem de forma desproporcional muito antes do rompimento, tornando injusta a luta antes mesmo do rompimento.

O entrevistado (SO03) lembra que, no caso do rompimento, o evento ocorrerá em uma região isolada e vigiada, em que as populações a jusante contarão com a própria sorte de se ter ao menos sirenes de aviso. Desconhece os planos de risco e contingência realizados pela empresa, por nunca terem sido abertos e dialogados com eles. Compreende que seria um impacto elevadíssimo que vai do rio Itacaiúnas ao Tocantins, destruindo toda uma cadeia ecológica, inclusive a Hidrelétrica de Tucuruí, afetando diversas cidades, atingindo Belém/PA e chegando ao mar. Lembra-se do caso da barragem de Casa de Pedra, da empresa CSN, situada no município de Congonhas/MG, que, em caso de rompimento, em questão de segundos leva a vida de pelo menos 5.000 pessoas. No caso da barragem do Projeto Salobo, ao que tudo indica, o impacto seria num primeiro momento mais ambiental, como foi com a Samarco S.A., porém com maiores danos, para posteriormente elevar os impactos sociais e econômicos.

Destarte, o entrevistado (SO03) considera que o maior perigo hoje com barragens são as de projetos da mineração. Dentro da sociedade capitalista, acredita não ser possível criar uma mineração sustentável, pois é o lucro que molda as ações humanas. Ao utilizar o argumento da mais valia, compreende que, a cada barragem não fiscalizada, os direitos retirados dos trabalhadores, a flexibilização das leis ambientais, os direitos negados aos atingidos, até a eficiência tecnológica, tudo resulta em aumento de lucro para as firmas, tornando-se impossível um modelo sustentável dentro desse cenário.

(SO03) reforçou que a empresa vem piorando a vida das pessoas das periferias, melhorando apenas as condições de alguns grupos, criando uma lógica perversa de isolamento e descaso, com famílias inteiras desassistidas. Aponta o caso do município de Altamira/PA, que havia uma promessa de desenvolvimento na região, devido à barragem de Belo Monte, mas que resultou em uma cidade absurdamente violenta, com altos níveis de miséria, criando os maiores índices de vulnerabilidade social do país. Compreende assim que as empresas estão criando e recriando situações de barbárie, com apoio do Estado, dentro de um processo de militarização, tornando insustentável a condição humana no curto e longo prazo (*devir*).

Sobre o plano de fechamento de mina e descomissionamento de barragens, o entrevistado (SO02) afirma não ter afinidade com os temas. O descomissionamento foi um conceito apresentado após Brumadinho/MG, em que, assistindo a diversas animações organizadas pela empresa, foi construída uma falsa sensação de processos livres de riscos. Considera de suma importância uma política clara de exploração e fechamento de mina, buscando evitar que os passivos ambientais recaiam para a sociedade, necessitando de uma legislação séria e punitiva. No caso de a empresa não mais existir, abandonando a mina, acredita ser importante um recurso por parte das empresas, durante seu processo operacional, um fundo que garanta a execução da *desengenharia* do empreendimento. O custo pós-operação deve, portanto, ser alocado no início da operação, para que a sociedade não arque com os prejuízos. Assim, reforçou (SO02), "a técnica não é um problema para o ser humano, o que falta é vontade política e recurso".

O entrevistado (SO03) acredita que se a empresa tiver uma real responsabilidade social e ambiental, com um Estado regulador e fiscalizador eficaz, há, sim, possibilidades de as futuras gerações obterem condições dignas. No entanto, isso não ocorre, pois, dentro da lógica capitalista, os discursos serão mais fortes do que os atos. O descomissionamento é percebido pelo entrevistado como uma estratégia de marketing verde falso (*greenwashing*). No momento do rompimento da barragem da Vale as ações caíram, mas também, após apresentarem essa "solução" para as outras barragens, houve uma elevação dos ativos. Portanto, além desse ponto, compreendemos como uma forma da empresa "ganhar duas vezes", por ser uma nova mina, com riscos desconhecidos.

Finalizando com o MAM, o entrevistado (SO04) faz uma análise conjuntural da questão mineral na Amazônia até a constituição do MAM. Ele considera contraditórios os debates iniciarem na Amazônia, e não na região em que mais se minerou no Brasil (Minas Gerais). Na época da ditadura há uma expansão dos megaprojetos, culminando no "milagre econômico", cuja estratégia de investimento contou com indústrias altamente poluentes. O Projeto Grande Carajás, que vem dessa época, é composto por uma hidrelétrica, uma extensão de linha férrea de aproximadamente 860 km, um porto, minas dentro da floresta nacional e três polos siderúrgicos, com um grande desperdício de natureza, para se produzirem as commodities minerais para exportação.

(SO04) compreende que o Grande Projeto Carajás se articulava institucionalmente com os centros do poder, buscando aliados pertinentes ao projeto, como a oligarquia dos Castanhais, associando livre-arbítrio ao projeto. Além dessas articulações, o projeto se associa à pecuária, deixando de fora os miseráveis (colonos, posseiros, campesinos e camponeses sem terra). Esses miseráveis se constituem como forças políticas, por meio dos seus métodos de ocupação de terra, autônomas da mineração, latifúndios e do Estado. Essa base que torna os camponeses a principal força política de enfrentamento pecuário mineral, dentro do processo "da floresta ao aço", resultando no massacre de Eldorado dos Carajás.

Afirma (SO04) que mineração no Brasil sempre foi Estado, e o Estado resulta na militarização, pois nada explicaria três grandes quartéis circundando o Grande Projeto Carajás, buscando assim a manutenção pela força da exploração sistemática das riquezas naturais. A ordenação da mineração país afora era endêmica, com uma articulação entre Estado, militarização e subordinação das elites, à custa de desperdício de natureza, criando enclaves econômicos, visto que ela "mata, suborna e aniquila as outras formas econômicas para estabelecer o que chamaríamos de produção de alta escala, e, portanto, a minério-dependência" (SO04).

(SO04) destacou o momento de maior conflito, período do *boom* mineral, em que os campesinos começaram a perder suas terras, por não fazerem a luta pelo território. Dentro dessa conjuntura é realizada a primeira reunião em 2012, decidindo realizar uma articulação buscando a nacionalização do conflito Carajás e uma grande articulação política e pedagógica estimulando outro modelo de mineração (MAM). Reforçou que nesse modelo de "natureza, objeto e consumo" tudo está fora de controle, principalmente o último tópico, gerando pressões cada vez mais intensas a natureza (espaço do consumo).

Para o entrevistado (SO05), o desafio do MAM tem sido uma articulação de expansão e nacionalização do movimento, não havendo uma base sólida em todos os Estados. Ao pensar no território, destacou a inviabilidade de se chegar a alguns locais, necessitando a formação de novos quadros, dando corpo ao movimento para se chegar nas bases. A estratégia atual consiste em fomentar o debate, com produção de conhecimento, produzindo vários livros sobre a questão mineral, tendo uma editora própria como estratégia (iGuana). O debate mineral é muito incipiente, carecendo de maior reflexão, principalmente após os dois crimes corporativos ocorridos em Minas Gerais.

Uma das pautas do MAM refere-se ao atual modelo mineral, deixando claro que a luta não é contra a mineração em si, e sim contra o modelo imposto, carecendo de novos norteadores de regulação e controle, aceitando que nunca será sustentável. O entrevistado (SO05) compreende que o modelo econômico está em crise, defasado, explorando mais e mais os recursos naturais e a mão de obra. Questiona-se sobre os grandes projetos na Amazônia, com duas perguntas básicas feitas a muito tempo pelo MAB: "Para quê? E para quem?". O modelo de desenvolvimento, nos moldes econômicos atuais, cuja força motriz é a uma economia primária, não é real, "exportando minério para importar parafuso" (SO05).

(SO05) lembra que a Vale S.A. tem prioridade sobre o subsolo, tornando outras formas de mineração muito mais complexas, tendo em vista o monopólio constituído em um recurso da União. A distribuição não é percebida com justiça, sendo o CFEM compreendido como "migalhas" para os territórios. O CFEM é uma caixa-preta nos municípios, não tornando transparente a sua destinação, com características não democráticas.

O entrevistado (SO04) acrescenta que o CFEM reproduz elites predatórias, sendo necessário popularizar o destino dessa compensação financeira. Compreende ser uma total armadilha, por ser a única renda da mineração para o município. Os grupos políticos dos municípios almejam esses recursos, por não haver um lastro, não tem um controle político e popular. Pensa o CFEM sob um valor de 10% da renda bruta, pois 3,5% são muito pouco pelo estrago que fica. Com essa alíquota é possível criar uma aliança com a sociedade para os temas: saúde, educação, moradia social e verticalização da economia, conteúdos que assombram as elites locais. O MAM está organizando uma campanha pela democratização do uso do CFEM nos municípios minerários, visto que hoje ele serve para perpetuar político e economicamente uma elite local, independentemente do grupo que chega ao poder, em detrimento da pobreza absoluta dos excluídos, sendo necessário o desmonte desse modelo. Tonifica que essa luta não deve ser confundida com uma ideologia por mais mineração, e sim uma proposta de *distribuição justa* dentro dos territórios em que a mineração já venceu.

Para o entrevistado (SO05), a mineração é muito invasiva, com alta complexidade para criação de modelos sustentáveis, entretanto pouco se avança nesse sentido, por considerar o setor altamente conservador. O fim da Lei Kandir é uma pauta antiga, por possibilitar "o saque dos nossos minérios e outras commodities", trazendo uma falsa sensação de desenvolvimento. O grande debate parte do modo como está sendo constituída a mineração e quem ganha efetivamente com a exploração.

O modelo mineral é abordado pelo entrevistado (SO04) considerando que no Brasil ele é estatal, pois é o Estado, mediante as suas instituições, organizando sua reprodução espacial, dentro da percepção capitalista de desenvolvimento e progresso. Por esse ângulo, há um sequestro dessa concepção para uma fração de classe, ou até mesmo uma única classe. Entre o desperdício de natureza ou lucro de uma fração de uma classe, a opção sempre recairá ao ambiente natural, desconsiderando a capacidade de suporte dos ecossistemas em favor daqueles que tem os meios de produção e capital. O Brasil no contexto mundial, dentro de uma rede global extrativa, tem como função apenas atender as demandas relacionadas às matérias-primas.

Para (SO04), "o capitalista brasileiro para ter lucro, precisa flexibilizar de maneira permanente as leis ambientais e diminuir a massa salarial desses trabalhadores", não sendo possível pensar em mineração sem analisar o mundo do trabalho (*espaço da produção*). A superexploração da força de trabalho e uso intensivo dos recursos naturais constituem as redes ideológicas, presentes em toda a história do Brasil, intensificando-se a partir dos anos de 1970, conforme pode ser observado pela teoria da dependência. Dentro dessa teoria há uma inserção subordinada do Brasil para o mundo, aceitando trocas economicamente e ecologicamente desiguais, apresentando uma dialética de dependência, dentro de um "capitalismo de catástrofes", que, a nosso ver, podemos compreender como a *sociedade de risco*.

Elucidando historicamente o momento atual, o entrevistado (SO04) apresenta três acontecimentos, iniciados após o milagre econômico, estabelecendo a Nova República, permanecendo a hiperinflação. A solução para muitos países naquela época, mundo afora, foi adotar medidas do liberalismo, diminuindo o Estado, crescendo e modernizando as relações de poder e produção. O primeiro acontecimento foi o plano econômico do real, visto que o FMI emprestou dinheiro ao Brasil desde que flexibilizasse as leis ambientais, construindo segurança jurídica para o capital, mantendo o equilíbrio da balança comercial (*espaço da circulação*). A mineração nesse sentido apenas auxilia a manter o equilíbrio da balança comercial, criando um efeito terrível, que se reflete na falta de possibilidades de se sobretaxar a mineração (*espaço da distribuição*). O segundo acontecimento consiste no Estado organizar os lucros extraordinários da mineração, justificando esse processo com a criação da Lei Kandir, em 1996, virando um vale-tudo contra a natureza. O terceiro acontecimento refere-se às privatizações, em especial a da Vale do Rio Doce (CVRD), observando que antes disso a mineração era Estado.

(SO04) acrescenta que a privatização é questionada em diversos seguimentos, dos nacionalistas aos progressistas, aos democratas, derivando na Lei Kandir, baixo CFEM, crise fiscal nos estados e municípios, isenção de impostos, sonegação de impostos e evasão de divisas.

Para (SO04), o problema mineral brasileiro é mais bem compreendido após a China desaquecer a economia, quebrando o pacto do "desenvolvimento a convite" realizado pelos EUA, colapsando o sistema sul e sudeste e batendo todos os recordes no sistema norte. Complementa sua visão considerando o Estado como o grande desorganizador do modelo mineral, em função da empresa, sendo que a empresa colonizou as funções estatais para garantir o seu lucro. Uma das atuais lutas do MAM é a busca por territórios livres de mineração, procurando controlar o território. Essa luta consiste na tentativa de a sociedade dizer para Estado e firmas que a mineração pode continuar, mas não pode ser em todos os lugares, tendo em vista a inação estatal com relação aos problemas de alocação. Por fim, mediante uma abordagem crítica, questionou "como é possível criar uma mineração alternativa, mas também alternativas aos modelos minerais" (SO04).

Ao ser indagado sobre os planos de emergência e contingência, no caso de ruptura da barragem, o entrevistado (SO05) informa que nunca foram apresentados esses estudos ao MAM, sem debater com a comunidade. Os debates com as comunidades geralmente se resumem às belezas do projeto, como criação de emprego e renda no município, sem apontarem os riscos do empreendimento. As audiências públicas são percebidas como um mero processo burocrático realizado em horários e locais que impossibilitam a população de participar. Os discursos geralmente são em termos técnicos, tornando ainda mais distante a compreensão das pessoas comuns, representantes do espaço banal.

(SO05) exemplifica informando que, quando os diretamente afetados são da zona urbana, são realizadas audiências no período da manhã, turno em que a maioria da população está trabalhando. No caso dos diretamente afetados serem da zona rural, fazem audiências no período da noite, impossibilitando a participação desses indivíduos. Acredita que se houvesse um desejo real por um processo realmente democrático, seriam realizadas pequenas audiências nas comunidades, com a maior participação popular possível. Além dessa problemática, acredita que a Vale S.A. realiza um monitoramento do território, considerando um crime o que ocorre em Parauapebas, "cidade mais vigiada do país", possuindo câmeras em todas as partes, não vinculadas ao Estado, e sim à Vale S.A. Possuem um amplo monitoramento e controle do espaço, do território, mas o controle local dentro de suas operações, como o exemplo das barragens estão sendo relapsos e permissivos. Observam os movimentos da sociedade, todavia a sociedade não consegue visualizar os movimentos da firma.

O programa de licenciamento ambiental é percebido pelo entrevistado (SO05) como um mecanismo importante em termos técnicos, entretanto, politicamente, antes mesmos de serem analisados os projetos, já se sabe o resultado. As empresas, ao prospectarem um projeto, já o fazem com apoio político, de todos os níveis, buscando garantir a viabilidade do negócio. Mesmo se o órgão ambiental (licenciador) demonstrar que tecnicamente o projeto é inviável, eles serão pressionados a autorizar. As prefeituras, os estados e a União possuem o desejo, a firma a capacidade de investimento, e a sociedade que arque com os passivos ambientais e de sofrimento social. Considera uma conquista que os municípios indiretamente afetados recebam uma compensação financeira pelos danos do corredor de ferro, democratizando um pouco a riqueza. Reforçou a necessidade de maior participação social nos EIA/RIMAS, visto que as audiências públicas são feitas de maneira a não ter participação popular.

Nessa linha, o entrevistado (SO04) reforçou a busca de melhorar a imagem da empresa, investindo milhões para que as comunidades possam confiar em seus processos. Logo, por saberem que estão fazendo o errado, e ter receio da opinião popular, criam mecanismos para não depreciar sua reputação, atingindo o imaginário dos indivíduos (risco de *compliance* e desengajamento moral). Apesar desse mecanismo, observa a falta de oportunidade para as funções mais técnicas e gerenciais dos moradores locais, contratando engenheiros e gestores de outros municípios e até estado.

Nesse sentido, (SO04) compreende ser a maior técnica da Vale atingir o imaginário popular, pois enquanto os indivíduos possuírem esperança de trabalhar na empresa, optarão por não criticar suas condutas. Lembra do trem de passageiros da Vale, partindo de Marabá/PA com destino em São Luís do Maranhão/MA, empreendimento realizado por uma determinação judicial, visto que a Vale S.A. não tem interesse nessas atividades. Considera um absurdo o trem de passageiros parar para que o trem de minério se desloque, demonstrando a prioridade da empresa, visto que o minério não pode atrasar, mas as pessoas podem.

Um argumento comum no MAM é que a mineração é *um fim em si mesmo*, por ser uma definição estatal, dependendo dos empreendimentos para garantir sua balança comercial, ao final, os projetos serão implementados, mesmo com rachaduras no tecido social e com grandes desperdícios de ambiente natural. O entrevistado (SO04) demonstra que a única forma de contestação do modelo é pela mobilização social, isso por não "haver alternativas na lei dentro do Estado". Por mais que se criem obstáculos, estes sempre serão vencidos.

SO04 lembra que o atual presidente, Jair Messias Bolsonaro (sem partido), afirmou "possuir um coração de garimpeiro", enviando uma mensagem para as populações empobrecidas da possibilidade de novas Serras Peladas, ampliando, aumentando e pressionando os trabalhos dos órgãos licenciadores e fiscalizadores. Observa que o governo não tem uma política minerária, pois esta está sob o poder das mineradoras, no entanto os seus desejos se associam a uma exploração predatória (mineração em terras indígenas e áreas de preservação permanente).

Para (SO04), a mineração no Brasil não gera desenvolvimento, e sim subdesenvolvimento, porque a mineração apresenta um conjunto tecnológico sem diversidade, técnico/científico, não transferindo conhecimento para a sociedade. Outro fator é ser intensiva em capital, apresentando poucos empregos gerados em sua cadeia produtiva, modificando os custos locais devido à especulação. Quem mora em um município com base da mineração, mesmo não atuando no ramo, irá ter um custo de vida relativo aos salários dos funcionários das mineradoras. Esse fenômeno ocorre devido às especulações dos agentes locais, considerando que todos irão ter uma renda mais elevada, criando situações de pobreza. Frisa um estudo da Agência de Desenvolvimento da Amazônia (ADA) que, para cada R$1,00 investido na mineração, retorna para a sociedade entre R$0,07 a R$0,09. Na pequena e média propriedade para cada R$1,00 investido retorna para sociedade entre R$0,49 a R$0,64, trabalho não identificado pelo pesquisador.

Ao pensarmos no pior cenário, o rompimento da barragem do Projeto Salobo, o entrevistado (SO04) reforçou que a Vale S.A. tem um poder econômico capaz de colonizar o poder político em termos locais, territoriais e espaciais. Por essa peculiaridade, a empresa detém a capacidade de decidir sozinha o destino dos territórios, sem uma prévia comunicação com a população. Após os crimes corporativos, a Vale S.A. tornou sua política mais "aberta", devido à pressão da sociedade. Hoje, observa-se que estão abrindo as portas à sociedade (escolas, associações de bairro, associações comerciais, entre outros), mas desconsiderando outras frentes, como os movimentos sociais e pesquisadores. A barragem de Salobo, pela perspectiva do entrevistado, apresenta uma escala de dano superior aos crimes de Minas Gerais, atingindo a bacia do Guajará.

(SO04) recorda o primeiro nome do MAM (Movimento dos Atingidos por Mineração), fazendo a reflexão de que a construção de uma alternativa ao modelo mineral não pode ser feita apenas por aqueles que são atingidos diretamente. Nesse sentido, muda-se o nome para Movimento pela Soberania Popular na Mineração. O MAM buscou ampliar o escopo de atuação, criando "um sujeito político em aberto", visto que os atingidos estão no conflito territorial, no mundo do trabalho, no circuito da mineração e no *espaço do consumo*, ou seja, a sociedade na totalidade, de maneira espacial e temporal.

Se uma barragem dessa se romper, reforça (SO04), mesmo aqueles que estão a centenas de quilômetros da mineração serão atingidos (direta ou indiretamente), ampliando o escopo do MAM. Pressupõem que do ponto de vista estatal não houve grandes lições aprendidas com os crimes corporativos de Minas Gerais, visto que pouco se modificou em termos da legislação. Exemplifica com o caso da Samarco S.A., em que o Estado permitiu seu retorno sem que tenha ocorrido uma reparação. Não há uma casa construída para os atingidos pela Samarco S.A. e o Estado autoriza o seu funcionamento, algo surreal para um país minimamente sério. Os mecanismos utilizados pela Fundação Renova criaram articulações que também não permitiram os movimentos sociais aprenderem com o caso.

Por fim, lembra (SO04), o próprio setor não aprendeu com o crime, criando outro cenário de devastação em 2019. Em resumo, a empresa e o Estado bloquearam a sociedade na busca de alternativas de aprendizado, apesar de reconhecer que se não fosse a atuação estatal, "ficava do jeito que estava", pois a intencionalidade da empresa era para seguir nesse sentido. Logo, torna-se difícil uma organização estratégica antecipada, considerando o rompimento da barragem do Projeto Salobo, por desconhecerem a realidade e condições do projeto.

Dando continuidade, o entrevistado (SO05) destacou as estratégias de dissimulação empresarial, utilizando adjetivos errados, criando um desengajamento moral. Ao afirmarem que foi um acidente, retiram de si a responsabilidade, alocando para elementos ocultos, imaginários. Todos sabiam dos impactos, estavam cientes dos riscos, e aceitaram passivamente, buscando o lucro a todo custo. Não possuem uma resposta do que fazer em caso de rompimento da barragem de Salobo, acreditando que a primeira medida seria montar uma brigada para auxiliar os atingidos, em termos emergenciais. Há no MAM diversos especialistas técnicos, engenheiros, biólogos, economistas, sociólogos, agrônomos, entre outros, visando auxiliar e amplificar as vozes daqueles que não possuem voz, nem vez, por serem engolidos pelo poder do capital. Isso posto, o MAM dialoga de maneira técnica e política com tudo que envolve a mineração.

Ao levantarmos pontos sobre o plano de fechamento de mina, o entrevistado (SO05) acredita que entre o escrito, o dito e a prática há um descompasso geral. Para ele, tudo da Vale S.A. é uma caixa-preta, tendo em vista a complexidade de se chegar e entrar na mina. Quando conseguem, só será mostrado aquilo que a empresa deseja, não tendo acesso a outros setores. Interpreta que o plano de fechamento de mina não é cobrado nos EIA/RIMAs por uma questão técnica e política, visto que a mineração não consegue fazer a regeneração a contento. Lembra, uma das teorias ambientais aborda a possibilidade da não poluição e "se poluir, resolva; se não tiver como resolver, mitigue; se não tiver como resolver, compense" (SO05).

A mineração, portanto, compensa seus impactos, permitindo a destruição de áreas delimitadas. (SO05) considera complicada a falta de perspectiva temporal dos projetos minerais, por falta de soluções para os passivos ambientais. A sociedade está em uma roleta-russa, como ficou evidenciado com os últimos rompimentos. Esse problema é ainda mais grave ao considerar que as empresas podem falir, aumentando substancialmente as probabilidades negativas da roleta-russa. Reforçou que recairão sobre o Estado os passivos ambientais, não tendo equipes e preparo para gerir algo tão complexo e perigoso.

O entrevistado (SO04) acredita que ideólogos da mineração, como o Ibram, constituindo uma equipe técnica e científica que formula políticas sobre a mineração, apresentam compromissos ideológicos com as empresas, mantendo a dinâmica da mineração "levar tudo sem investir nada", explícito no Código Mineral. Basicamente, reforça (SO04), tudo que apresentava maior relevância para a sociedade não foi votado no Código Mineral, aprovando apenas o aumento do CFEM e a criação da ANM.

Para (SO01), essas formulações são vazias (plano de fechamento de mina), e não tem para o capital nenhum sentido, por buscar constantemente o lucro extraordinário. Destacou também que há vários exemplos de minas abandonadas, como a Icomi, na Serra do Navio. Ao redor da mina, construiu-se uma cidade moderna, durando até o projeto finalizar. De lá para cá, há apenas empobrecimento da população. Logo, o melhor que se havia acumulado de aprendizado, institucionalização de freios, não foi votado no Código Mineral. Questiona por que esses pontos foram ignorados, visto que em cinco anos a sociedade aprendeu o que não absorveu em trezentos sobre o modelo de mineração no Brasil. O próprio conceito de descomissionamento está no imaginário da sociedade, não compreendendo os riscos do processo. Como as empresas atuam para melhorar a economia em termos macroeconômicos, percebe que será a sociedade a arcar com os passivos ambientais e problemas microeconômicos, dada a inação do Estado.

Por fim, o entrevistado (SO04) lembra do Plano Mineração Pará 2030, saindo de aproximadamente 20 municípios minerados para mais de 80, criando um deslocamento espacial de conflitos no Amazonas. Reforçou que "se não podem conter o monstro, tem que conter pelo menos a fome do mostro", por meio de um processo de mobilização social (SO04). Ele destaca ainda que, na região amazônica, há "muita floresta sem gente e muita gente sem floresta", agravando os conflitos. Um dos desafios do MAM consiste em um pensamento crítico, por um processo de negação, superação ou mesmo a manutenção do modelo de mineração, por outra perspectiva.

O entrevistado (SO05) reforçou a importância dos rios amazônicos, como o Tocantins e Araguaia, principais afetados em caso de rompimento da barragem de Salobo. No seu ponto de vista, são rios que jamais poderiam correr riscos, dada a sua importância para a região, tornando inviável o próprio modo de vida do território.

6

CONCLUSÕES

Na modernidade reflexiva[109], a humanidade apresenta diferentes contradições, assim, o afastamento gradual entre os indivíduos é um dos resultados. Sabemos haver mudanças absolutas ou substanciais nesse processo – o *devir*. O *devir* é capaz de modificar a própria natureza, ele cria um mundo artificial e distante da naturalidade, com esse processo, ocorre a transformação do espaço[110].

Desse modo, percebemos que nas últimas décadas ocorre uma alteração do *vir-a-ser*, isso dentro de um sistema de produção e reprodução da vida humana calcado, sobretudo, no modelo capitalista. Essa armadilha social[111] cuja pauta são as riquezas materiais por meio do *consumo conspícuo*[112]imediato. Esse consumo representa o momento de reflexão e ponderação do *devir social*. Assim, compreendemos que não é possível visualizar a totalidade espacial, mas ao menos podemos pensar em sua concomitância, principalmente quando relacionada aos nossos impactos no planeta, cuja reflexão consiste no *virão-a-ser*.

A crítica aos modelos econômicos hegemônicos, ou seja, neoclássicos, foi a estrutura da qual nos valemos na tentativa de construir um instrumento capaz de compreender os movimentos da sociedade por meio de duas lentes temporais, o curto prazo e o *devir*, norteador da visão ética, que deriva das ações humanas. Também é importante salientar que, ao falarmos de uma construção, esta se dá no sentido absoluto da palavra, pois apresentamos ramificações teóricas de um tronco histórico comum, e não a sua derrubada. Essas ramificações são as bases da teoria maior apresentada ao longo do trabalho, concentrada nas ideias da geografia humana e economia ecológica, além de outras, constituindo um exercício essencialmente interdisciplinar.

Do curto prazo ao *devir* consideramos uma pergunta muito importante, vejamos: o que acontece quando nada acontece? O caos se apresenta em todos os sentidos e configurações de respostas alternativas ao questionamento quando pensamos na sociedade humana. O caos nos tempos biológicos é a reordenação dos sistemas complexos e dinâmicos, criando eventos não determinísticos, reservados e revelados aos que virão, em um processo evolucionário. Entretanto, nos tempos históricos não há espaço para o caos, pois a espécie humana lutará por sua sobrevivência, distorcendo o espaço, se apropriando da natureza, modificando tudo a seu favor, em uma espiral que inevitavelmente antecipará o caos a depender das nossas ações.

O ponto-chave é quão rápido a sociedade humana irá se entregar ao caos, já que estamos imersos ao antropoceno[113], e o que podemos fazer para torná-lo o mais distante possível, melhorando as condições das presentes e futuras gerações. Independentemente das alternativas criadas pelos seres humanos, elas são indissociáveis da natureza, nos instigando a desvendar os seus mistérios como uma alternativa proativa[114].

---

[109] Ver no capítulo 4.4 - A sociedade de risco como um problema oculto na totalidade espacial, p. 281.

[110] Ver no capítulo 1.5 - O devir como método, p. 37.

[111] Ver no capítulo 4.4 - A sociedade de risco como um problema oculto na totalidade espacial, p. 290.

[112] Ver no capítulo 3.4 - Os pilares da economia ecológica pelos sistemas de ações e sistemas de objetos, p. 188.

[113] Ver no capítulo 3.1 - Problemas socioambientais, a capacidade de suporte e os elementos espaciais, p. 135.

[114] Ver no capítulo 4.6 - Do plano de fechamento de mina à desengenharia dos complexos industriais, p. 346.

Os modelos econômicos convencionais estão em outra dimensão, outra realidade, desconsiderando por completo os eventos biológicos e físicos que estão presentes no ambiente natural. Apresentam uma arquitetura social[115] cheia de orgulho pelos seus feitos, com diversas evoluções, como a igualdade elementar entre os seres humanos, porém aceitando passivamente a constituição de uma sociedade mais desigual de todas. Compreendemos que a desigualdade sempre esteve presente na jornada da humanidade, mas absolutamente nenhum argumento se torna plausível quando vemos uma sociedade entregue à barbárie, pois sabemos que não há justiça na desigualdade.

Percebemos discursos outrora superados, emergindo na sociedade, em pleno século XXI, demonstrando que a distribuição do conhecimento se constitui em um elemento central, tão ou mais importante que a distribuição das riquezas, afinal, não há desenvolvimento com pobreza. Hoje é inegável que o conhecimento se constitui numa carta de alforria para os seres humanos, capaz de modificar modelos econômicos fora da realidade. Esse modelo em vigor é baseado em uma *economia do cowboy*[116], incompatível com a realidade. Invariavelmente a ação humana pelo *devir* passa pela *economia do astronauta*[117], algo já apresentado, mas que ainda não se fez ouvir. Inevitavelmente o maior predador para exploradores irracionais da natureza, que a subjuga, é a própria natureza (armadilha social), criando mecanismos de defesa contra esses indesejáveis.

A *economia do astronauta* pode ser reinterpretada pela questão mineral de forma bastante sinistra e amarga, devido a sua *capacidade de suporte*[118] e entropia[119]. Os resíduos e rejeitos[120] se mantêm na nave, tornando cada vez mais caro limpá-la, se é que seja possível. O *decrescimento*[121] se apresenta realmente como alternativa à questão mineral, pois a redução de sua produção e a alavancagem de sua eficácia podem gerar bons benefícios para o meio ambiente e sociedade, com uma *escala sustentável*[122], sem afetar drasticamente os acionistas. Vale ressaltar que não dá para vislumbrar ganhos econômicos extraordinários para as empresas e o mercado financeiro, devido ao ritmo de desaquecimento produtivo, mas é possível oferecer rendas capazes de se perpetuar no tempo, de forma sustentável.

Portanto, é pouco provável que o capitalismo desacelere bruscamente a este ponto (decrescimento), sendo necessárias outras condições para manter a tripulação da nave viva, pois a nave permanece sem a população humana. Daly (1968) apresentou a condição estacionária como uma saída menos radical, pensamento base para toda a macroecologia sem crescimento, visando ao menos manter o atual nível, com uma *alocação eficiente*[123]. Diante desse cenário, a questão mineral passa a ser mais atrativa às empresas e ao mercado financeiro, não eliminando o desejo conspícuo de forma radical. A condição estacionária, portanto, é um ponto-chave ao se pensar a questão mineral, carecendo de futuras análises. Isso decorre da manutenção das barragens já existentes, sem grandes expansões produtivas, resultando em represas mais seguras a curto prazo.

Nesse sentido, apesar dos diversos percalços, a academia tem o papel de compreender esses fenômenos, interpretá-los, realizando pesquisas diligentes e continua buscando alternativas que orientem a ação humana a se distanciar da barbárie, e, consequentemente, do caos. Apesar de a humanidade viver no

---

[115] Ver no capítulo 4.4 - A sociedade de risco como um problema oculto na totalidade espacial, p. 291.

[116] Ver no capítulo 2.1 - Da ecologia a economia: conceitos e princípios gerais, p. 71.

[117] Ver no capítulo 2.1 - Da ecologia a economia: conceitos e princípios gerais, p. 71.

[118] Ver no capítulo 2.1 - Da ecologia a economia: conceitos e princípios gerais, p. 65.

[119] Ver no capítulo 2.3 - As contribuições da termodinâmica ao pensamento econômico, p. 98.

[120] Ver no capítulo 4.2 - Barragens de rejeito: questões históricas e técnicas, p. 244.

[121] Ver no capítulo 2.4 - O metabolismo econômico e ecológico: bases, conceitos e noções, p. 111.

[122] Ver no capítulo 2.2 - Do macro ao micro: o mundo vazio e o mundo cheio, p. 82.

[123] Ver no capítulo 2.2 - Do macro ao micro: o mundo vazio e o mundo cheio, p. 81.

ENCONTROS PARA O DEVIR DAS BARRAGENS NO BRASIL

mundo cheio[124], em nenhum momento da história tivemos tamanha abundância de riquezas, que, se bem explorada, garante uma *distribuição justa*[125] a todos, com responsabilidade intergeracional. Ao considerarmos algumas críticas recebidas ao longo da pesquisa de campo, a universidade necessita se aproximar não apenas do ambiente natural, sociedade, e infraestruturas, carecendo de criar laços com as instituições do Estado e as firmas, contemplando todos os *elementos espaciais*[126]. Necessita também revisar suas estruturas curriculares, modificando substancialmente a compreensão dos discentes, futuros profissionais, a terem clareza dos impactos de suas funções em *devir*, formulador e reformulador da sua visão ética.

Não por acaso optamos por estudar a mineração, definidor histórico dos períodos mais relevantes da humanidade, datando nossa evolução conforme o domínio sobre as riquezas minerais[127], calcado em uma visão ética de curto prazo desfavorável à sobrevivência. As riquezas minerais, quando bem exploradas, conseguem alavancagem rumo ao progresso até mesmo de territórios pobres de *serviços e funções ecossistêmicos*[128], pois a *função*[129] e *forma*[130] possuem um tratamento diferenciado. O progresso nesse sentido deve ser compreendido pela ótica do desenvolvimento, com uma *sustentabilidade forte*[131], que trate o ambiente natural como um *capital natural* complementar ao *capital manufaturado* e o *capital cultivado*, reforçado pelo *capital cultural*[132]. Além disso, deve ter um tratamento analítico retirando do obscurantismo à *sociedade de risco*[133], tema esse jamais pensado durante os períodos de *mundo vazio*, mas que se materializou na modernidade reflexiva.

Os recursos minerais, a nosso ver, deveriam ser sempre compreendidos pela ótica da dádiva, afinal, por representar uma rigidez locacional, tornam uma determinada população vencedora de uma roleta-russa geológica que ninguém escolhe, apresentando externalidades positivas, e todos não vencedores, e até vencedores, cobiçam esses bens. A maldição dos recursos minerais teria sua representação apenas em sociedades nas quais apresentam absoluto descompromisso com o *devir*, como o caso brasileiro. A terra e o trabalho constituem a essência do desenvolvimento, visto que o capital é algo imaginado, planejado e concretizado, não natural, mas que a humanidade abraçou com entusiasmo em detrimento dos passivos ambientais e os *passivos do sofrimento social*.

Não acreditamos em pobreza como natureza, mas como situação imposta pela sociedade, em que nenhum humano, igualdade elementar entre os seres humanos, se torna menos apto como intelecto. Plebeus de outrora são hoje cientistas renomados da modernidade, isso demonstra que a educação universal, pública e de qualidade, é possível. É inconcebível, a partir de todo trajeto humano, estarmos aqui dialogando com a miséria, o que demonstra o caminho para a barbárie, e caos. Não há democracia com fome e países soberanos, que compreendem a *alocação eficiente* e *escala sustentável*, não passam pelos desafios que enfrentam aqueles que as desconsideram. Tudo, absolutamente tudo na sociedade, passa por processos biológicos e físicos, visto que a nossa espécie, mediante o regime democrático de direito, deve impor os seus anseios, e, de preferência, sem interferência externa. O atual sistema elevou de fato o padrão da humanidade, mas o povo não deveria ser permissivo a relatos de pobreza, demonstrando que a distribuição não é sequer justa, é discriminatória.

---

[124] Ver no capítulo 2.2 - Do macro ao micro: o mundo vazio e o mundo cheio, p. 89.

[125] Ver no capítulo 2.2 - Do macro ao micro: o mundo vazio e o mundo cheio, p. 83.

[126] Ver no capítulo 3.1 - Problemas socioambientais, a capacidade de suporte e os elementos espaciais, p. 136.

[127] Ver no capítulo 4.1 - Recursos minerais: a mineração no Brasil, seus royalties e desafios, p. 213.

[128] Ver no capítulo 2.1 - Da ecologia a economia: conceitos e princípios gerais, p. 61.

[129] Ver no capítulo 3.3 - Mineração e barragem de rejeitos: estrutura, processo, função e forma, p. 175.

[130] Ver no capítulo 3.3 - Mineração e barragem de rejeitos: estrutura, processo, função e forma, p. 175.

[131] Ver no capítulo 2.4 - O metabolismo econômico e ecológico: bases, conceitos e noções, p. 113.

[132] Ver no capítulo 2.1 - Da ecologia a economia: conceitos e princípios gerais, p. 64.

[133] Ver no capítulo 4.4 - A sociedade de risco como um problema oculto na totalidade espacial, p. 283.

Outra discriminação com a qual ainda somos permissivos refere-se às injustiças ambientais. Populações mais humildes são sempre as que recebem as primeiras cargas dos impactos produzidos pelas firmas, que as desconsideram em muitos casos, criando um sistema desigual. As injustiças ambientais têm ligação direta com todo o trabalho, pois a mineração é um dos principais agentes nos territórios a distribuir injustamente os impactos de suas atividades nas mais diversas comunidades. Esses impactos não são apenas ambientais, são sociais, econômicos e culturais.

O artigo 176, §1.º, da Constituição Federal determina o interesse nacional da exploração mineral, sendo reforçado pelo art. 1.º da Lei 9.478/1997[134]. Tal interesse decorre de os recursos minerais serem considerados essenciais e estratégicos para o desenvolvimento do país, do qual a União é a proprietária, a quem compete de forma privativa à legislação dos recursos minerais, destacando a soberania do país sobre seus próprios recursos. Em relação à competência para fiscalizar, esta é comum entre União, Estados e Municípios, expressos pelo art. 23 da Constituição Federal. Na ausência de lei específica para fiscalizar problemas de ordem prática e operacional, convênios ou instrumentos de cooperação técnica podem ser gerados, já que o ato de fiscalizar decorre do natural poder de polícia de administração pública. Como esse pode ser limitante da esfera patrimonial do particular, é necessário que seja adequadamente disciplinado para não ferir outros princípios e garantias constitucionais, como o princípio do contraditório e de ampla defesa, e o devido processo legal.

Partimos da pluralidade que representa uma complexidade metodológica, para apresentar uma reinterpretação de pensadores clássicos e contemporâneos. A nossa construção, como *estrutura*[135] e *processo*[136], é uma tentativa de simplificar uma gigantesca diversidade que envolve a dialética sociedade-natureza, e seus *sistemas de ações*[137] e *sistemas de objetos*[138].

Com o foco nas barragens de rejeito, percebemos que um bem público (minério), sendo explorado por um monopólio (empresa), mediante concessões (Estado), quando rompido afeta populações inteiras (sociedade) e o meio ambiente (ecossistemas). O rompimento de uma barragem apresenta uma contradição ao modelo econômico convencional, pois os ganhos marginais das empresas são alcançados pelos custos sociais e ambientais das comunidades e populações. Por mais que a barragem esteja segura, ao pensar na lei da entropia, tende a se desmanchar no ar, logo, não há barragens realmente seguras, por representarem uma segurança temporal.

Os recursos abióticos, como o minério, são bens parcialmente renováveis, rivais dentro de uma geração e parcialmente rivais entre gerações, constituindo-se em bens exclusivos[139]. Todavia, mesmo com toda engenharia das empresas, o minério é um bem não substituível, devido ao alto grau (energia) e materiais necessários para sua reciclagem (alta entropia). Compreender a sua natureza acarreta supor, calcular e comparar todos os fenômenos a ela associados, além de considerar os riscos e as vulnerabilidades dentro de todos os *elementos espaciais*.

Dessa forma, considerando que nada será feito (ou muito pouco), após o término da jazida, as barragens continuarão lá, intactas ou não. Sabemos que existem processos de descaracterização e descomissionamento, mas, até o momento, desconhecemos barragens que passaram por esse pro-

---

[134] Ver no capítulo 4.3 - Barragens de rejeito: questões jurídicas e políticas, p. 269.

[135] Ver no capítulo 3.3 - Mineração e barragem de rejeitos: estrutura, processo, função e forma, p. 167.

[136] Ver no capítulo 3.3 - Mineração e barragem de rejeitos: estrutura, processo, função e forma, p. 171.

[137] Ver no capítulo 3.4 - Os pilares da economia ecológica pelos sistemas de ações e sistemas de objetos, p. 200.

[138] Ver no capítulo 3.4 - Os pilares da economia ecológica pelos sistemas de ações e sistemas de objetos, p. 201.

[139] Ver no capítulo 2.1 - Da ecologia a economia: conceitos e princípios gerais, p. 68.

cesso no Brasil[140], havendo diversas dúvidas técnicas sobre sua operação. Não está claro como será a engenharia de descomissionamento das barragens gigantescas já criadas, e os riscos relacionados a esse processo.

A própria legislação é branda nesse sentido, pois não força os empreendedores a realizar esses procedimentos, não explicando as formas de controle para garantir que a sociedade não arque com esses passivos[141]. Portanto, mesmo com todos os programas de monitoramento e controle, as barragens estão se rompendo e nada garante que não irão continuar.

No momento em que os representantes da população (políticos) perceberem essas questões, três pontos devem ser analisados: *escala ótima, alocação eficiente* e *distribuição justa*. Esses conceitos são peça-chave na construção metodológica da economia ecológica, base do modelo proposto (Figura 3.16), constituindo os pilares da economia ecológica. A escala do setor mineral, devido a sua franca expansão, merece questionamentos, por não haver nenhuma barreira, permitindo aos empreendedores fazer o que quiserem. O aumento da escala resulta em maiores riscos operacionais, tornando catástrofes ambientais e sociais cada vez mais frequentes. A *alocação eficiente* deve ser analisada, pois, como os minérios apresentam características de recursos não renováveis (ou parcialmente renováveis), deve-se pensar em políticas públicas que aperfeiçoem esses recursos, com estratégias organizacionais orientadas nesses princípios. Isso deve contemplar a atual e as futuras gerações, tornando a questão da *distribuição justa* peça-chave, afinal, estas riquezas são da União, logo do povo, carecendo de equidade social.

Isso posto, por intermédio das políticas públicas, os agentes políticos devem intensificar propostas que elevem o bem-estar social, minimizando as externalidades deste setor. A ideia de bem-estar não é simples, bem como seus parâmetros para enquadrar um povo, uma sociedade. O Estado não deve adotar uma postura reativa, como ocorreu após a tragédia de Mariana, devido às externalidades advindas do acontecimento, reduzindo o bem-estar da sociedade.

Houve avanços no gerenciamento de riscos[142], considerando as atualizações dos critérios de projetos de barragens de acordo com a política nacional PNSB – Lei 12.332/2010 e suas atualizações, como a Portaria n.º 70.389/2017, e a criação do Sistema Integrado de Gestão de Segurança em Barragens de Mineração (SIGBM). Todavia, não consideram as relações entre gerações, tampouco contemplam diversos pontos importantes que apresentamos ao longo da pesquisa.

O *mundo cheio* é uma realidade, tornando-se indispensável compreender não apenas o mundo pelas óticas da economia e ecologia, pois a física e geografia apresentam questões centrais para este debate, de suma importância para compreensão e reorganização do modelo mineral. Ao considerarmos a 1.ª lei da termodinâmica (conservação de matéria e energia), observamos que, apesar de o setor mineral ser intensivo em capital, consome grandes volumes de matéria e energia. Já a 2.ª lei da termodinâmica apresenta maior relevância aos debates econômico-ecológicos, devido à entrada e saída de matéria e energia dentro do setor mineral (metabolismo industrial), ocasionadas pela lei da entropia, ou seja, matérias de baixa entropia são retiradas, acarretando resíduos de alta entropia. Dado o grau de pureza de algumas jazidas, os resíduos terão impactos em diferentes níveis. Aquelas jazidas que possuem alto teor de pureza, apresentam baixo volume de resíduos, entretanto as que possuem baixo teor de pureza, apresentam maior volume de resíduos (inversamente proporcionais). Observamos que a lei da entropia deve ser considerada para cálculos de *escala ótima* e *alocação eficiente*.

---

[140] Ver no capítulo 4.2 - Barragens de rejeito: questões históricas e técnicas, p. 213.

[141] Ver no capítulo 4.3 - Barragens de rejeito: questões jurídicas e políticas, p. 241.

[142] Ver no capítulo 4.5 - Gerenciamento de riscos: do chão de fábrica ao mercado financeiro, p. 299.

O metabolismo econômico-ecológico apresenta diferenças entre os sistemas (isolados, abertos e fechados), dando destaque ao fluxo circular da economia[143]. Percebemos que o meio ambiente foi negligenciado nos modelos clássicos e neoclássicos, tornando o fluxo metabólico incompleto. Encontramos nesse momento as diferenças essenciais relativas ao crescimento, desenvolvimento e sustentabilidade[144]. Com os *throughput* (fluxo entrópico[145]), percebemos a ligação entre física, ecologia e economia, pois estão associados às leis de conservação de massa e energia, bem como à lei da entropia. O transumo mineral compreende todo o processo metabólico industrial, não desconsiderando o social e ambiental. Portanto, assimilar os *recursos de fluxo de estoque* e os *recursos de fundo de serviços*[146] se torna peça-chave para interpretação do metabolismo do sistema mineral e o impacto do rompimento de uma barragem.

Ao lançarmos as *funções e serviços ecossistêmicos* como categoria de análise, e considerando o conceito de *capital natural*, percebemos o fato gerador das complexidades no campo mineral. O processo industrial da mineração atual desconsidera os seus fluxos de energia e matéria, tendo dentro de sua contabilização apenas os valores da terra para baixo. Da terra para baixo deve ser compreendido no sentido de que se sabe o preço da tonelada de minério, desconhecendo completamente o preço das *funções e serviços ecossistêmicos*, desconstituídos de seu processo. Não se sabe, por mais que os EIA/RIMAS busquem identificar, os valores do *capital natural* que estão acima da terra. Dessa forma, o cálculo da *capacidade de suporte* se torna ainda mais complexo, ampliando a pegada ecológica da humanidade.

Essa é a transformação do econômico para o não econômico apresentada pelos economistas ecológicos, momento este em que um bem tem valor e vai se deteriorando até o momento não econômico, resíduo/rejeito. Esse resíduo/rejeito no setor mineral fica exposto a danos sociais e ambientais graves, independentemente da sua temporalidade. Seu local está concentrado nas barragens de rejeitos, ou nas pilhas de rejeitos, nos forçando a refletir se estamos na sociedade pré-civilizada ou pós-civilizada, apontada por Boulding (1966).

Quando se pensa nas gerações futuras, a sensação é de que a humanidade, apesar de todos os avanços, permanece na pré-civilização, momento em que não havia limite de recursos (*mundo vazio*). Esses recursos, renováveis ou não, são indispensáveis para a sobrevivência, motivo pelo qual Georgescu-Roegen (1971) apresenta o mito do minério renovável. Dada a *Economia do Astronauta* de Boulding, Georgescu-Roegen critica com base no *decrescimento*, pois, para ele, no caso dos minérios, não se transformam em recursos renováveis.

Para compreender essas questões, ao longo do trabalho apresentamos as ligações entre geografia humana e ecologia e, posteriormente, com a economia ecológica. A noção de *totalidade espacial*[147] é integrada quando se adicionam essas disciplinas, demonstrando o quão interdisciplinar é o conhecimento. Desse modo, trazemos algumas das diferenças entre os conceitos de tragédia e acidente[148], o primeiro está relacionado a algo inevitável, que ao longo do texto é pensado pela perspectiva de devir (tendência secular). Já os acidentes consistem em eventos, devido à ação humana que gera probabilidades de riscos, sendo totalmente evitáveis. Para se evitar acidentes é fundamental

---

[143] Ver no capítulo 2.4 - O metabolismo econômico e ecológico: bases, conceitos e noções, p. 107.

[144] Ver no capítulo 2.4 - O metabolismo econômico e ecológico: bases, conceitos e noções, p. 105.

[145] Ver no capítulo 2.3 - As contribuições da termodinâmica ao pensamento econômico, p. 100.

[146] Ver no capítulo 2.4 - O metabolismo econômico e ecológico: bases, conceitos e noções, p. 179.

[147] Ver no capítulo 3.2 - Os eventos, horizontalidades, verticalidades e a rugosidade espacial, p. 161.

[148] Ver no capítulo 3 - Da Geografia Humana à Economia Ecológica: instrumentação do modelo, p. 119.

compreender a *capacidade de suporte* do processo produtivo, bem como seu metabolismo industrial e socioecológico, para assim nortear as ações humanas. Portanto, compreender o *throughput*, os *recursos de fluxo de estoque* e os *recursos de fundo de serviço* é essencial na busca de se entender o todo, pois, se assim não for, podem se enquadrar como crimes corporativos[149].

Nesse sentido, o *estudo da casa* ao *gerenciamento da casa*[150] faz com que a humanidade compreenda seus limites. Quando pensamos na questão mineral e o evento do rompimento de uma barragem de rejeito, alguns pontos devem ser levantados. Assim como uma casa cria uma ilusão quando se joga o "lixo" fora, o setor mineral faz uso de uma fantasia, por não haver "fora" no planeta. As barragens de rejeito quando se rompem tornam vários pontos da casa inadequados para a vida, inclusive a simples circulação. É como se colocássemos tanto "lixo" em um quarto, deixando-o desativado, mas afetando outros cômodos. Todavia, quando se pensa no planeta, interesses privados não podem se sobrepor aos interesses públicos, cabendo ao Estado a administração desses conflitos. Não se defende aqui o fim da mineração, afinal, é uma atividade importante para a sociedade atual, defendemos a revisão no pensamento, no sentido de que os interesses sociais estejam acima dos interesses privados; pois sabemos que quando os interesses privados são potencializados, ocorre o *Auri sacra fames*, ou seja, uma maldita fome por ouro (lucro), o que se sobrepõe à preservação da natureza, com elevado desperdício da mesma.

Os recursos bióticos[151] e abióticos[152] que compõem o planeta precisam funcionar juntos para a manutenção da vida como conhecemos. Para isso, torna-se importante compreender a *estrutura espacial*[153]: espaço da produção, circulação, consumo e distribuição. Quando o objetivo é analisar o sistema econômico, deve-se reforçar que por essa ótica conseguimos compreender apenas um subsistema, desconsiderando os sistemas ecológicos e sociais. Para que pudéssemos unificar essa forma de análise, integramos os conceitos fundamentais da ecologia (distribuição e abundância[154]) ao modelo proposto, além de compreender esse fluxo pelo *mundo cheio*. Constituiu-se assim uma primeira tentativa de unificação do que naturalmente já é associado, mas, em muitos momentos, esquecido.

Neste ponto torna-se possível por meio dos estudos científicos e suas interações com a natureza entender onde o setor mineral se constitui espacialmente. Os recursos minerais são bens não renováveis, ou seja, são bens escassos, e devem ter seus processos de extração otimizados, buscando-se minimizar seus impactos no território. Não há produção sem custo ambiental, visto que todo processo exige dentro do seu metabolismo o consumo de matérias e energias que são dissipadas conforme a lei da entropia. Entretanto, é totalmente possível, dada a genialidade humana, a minimização dos seus impactos, apesar de ter custos, reduzindo os lucros no curto prazo, mas otimizando o bem-estar das futuras gerações e a eficiência operacional no médio e longo prazo, afinal, a técnica não é mais um problema para a humanidade dentro dos *sistemas de objetos*.

A escala apresentada foi do global ao local, analisando os *elementos espaciais* (ambiente natural, sociedade, as firmas, as instituições e as infraestruturas) que derivam direta ou indiretamente do modelo mineral. Parte desta relação está ligada ao aumento da população humana, no que lhe con-

---

[149] Ver no capítulo 5.3 - As firmas e suas instituições: resultados a partir das observações em campo, p. 422.

[150] Ver no capítulo 3.1 - Problemas socioambientais, a capacidade de suporte e os elementos espaciais, p. 125.

[151] Ver no capítulo 2.1 - Da ecologia a economia: conceitos e princípios gerais, p. 71.

[152] Ver no capítulo 2.1 - Da ecologia a economia: conceitos e princípios gerais, p. 73.

[153] Ver no capítulo 3.1 - Problemas socioambientais, a capacidade de suporte e os elementos espaciais, p. 126.

[154] Ver no capítulo 2.1 - Da ecologia a economia: conceitos e princípios gerais, p. 56.

cerne pressionar os recursos naturais, trazendo um desequilíbrio perigoso ao se pensar em diversas perspectivas temporais. A natureza tem um limite de oferta por *serviços e funções dos ecossistemas*, e com ações humanas deliberadas, reduzem-se essas ofertas, devido à pressão da demanda.

Um bom exemplo é a questão da água, que já se torna escassa em vários lugares do mundo, e quando ocorre um rompimento de barragem, contaminam-se grandes fluxos de água potável (nascentes, rios e lagos). Em Minas Gerais poucos são os rios limpos, e após o rompimento da barragem de Fundão e da barragem em Brumadinho, contaminou-se parte dos raros ainda presentes. Corremos o risco de contaminação do rio São Francisco, hoje um dos principais rios do Brasil.

Percebemos que nesse momento toda a atenção está concentrada em Minas Gerais, mas quando se trata deste tema com um olhar holístico, encontramos diversas barragens na Amazônia legal, constituindo as principais fontes de água doce do mundo. A barragem do Projeto Salobo, em caso de rompimento, inicia seu trajeto de destruição a partir do rio Itacaiúnas, que desemboca no rio Tocantins, principais rios da região, conforme podemos visualizar nos estudos de *Dam Break*[155].

Tudo que existe está mudando e se transformando, as ações humanas criam *sistemas de objetos*, por meio de *sistemas de ações* que se perpetuam no tempo, criando *rugosidades espaciais*[156]. O ser humano, dessa forma, é um agente que modifica a natureza, afetando não apenas o que constitui o mundo natural, mas a si mesmo em diferentes espaços. As barragens surgem desse cenário, devido aos *sistemas de ações*, havendo deliberações que afetam diversas estruturas e elementos espaciais, em diversos tempos, materializando os *sistemas de objetos* fabricados. Uma barragem hoje pode gerar impacto para pessoas que sequer nasceram. A depender do tempo, os empreendedores da barragem não estarão mais presentes, empurrando seus passivos para uma sociedade que não se beneficiou das riquezas geradas na época da extração.

Percebemos que, na atual conjuntura, as riquezas e rendas já não são bem distribuídas no território, imaginem em *devir*, caso nada for feito. Observamos que, apesar da riqueza gerada pela extração mineral, há uma economia de enclave, e que o aumento do desenvolvimento humano (IDH) não é muitas vezes acompanhado da redução da desigualdade (índice de Gini). Destarte, existem problemas na estrutura atual, carecendo de um debate mais amplo, pois não se deve deslocar os passivos para aqueles que não estão presentes. No futuro herdarão diversos objetos que serão rugosidades espaciais e algumas barragens podem inclusive, dada a ação (tempo), ser desconhecidas para a sociedade do futuro.

A *verticalidade* e *horizontalidade*[157] surgem assim para que se compreendam as ações humanas. A verticalidade perpetua o pensamento que consiste em empurrar os passivos para o futuro, buscando lucros no presente, desconsiderando tudo que está no seu entorno. Assim, a horizontalidade surge como contraponto, pois, devido à cegueira e revolta das pessoas, a horizontalidade traz de volta o modelo econômico para o subsistema que é. Assim, optamos por focar no espaço banal[158], pois, dentro da sociedade, é o único capaz de olhar para o conjunto total dos *elementos espaciais*, pois são os primeiros a defender o ambiente natural pela simples questão de sobrevivência. Por desconsiderarem isso, as firmas extrapolam sua capacidade de suporte, com anuência das instituições (Estado), criando o efeito derrame[159].

---

[155] Ver no capítulo 5.2 - Histórico e características da barragem de rejeitos nos estudos para a firma: infraestrutura e suas rugosidades espaciais, p. 405.

[156] Ver no capítulo 3.2 - Os eventos, horizontalidades, verticalidades e a rugosidade espacial, p. 165.

[157] Ver no capítulo 3.2 - Os eventos, horizontalidades, verticalidades e a rugosidade espacial, p. 156.

[158] Ver no capítulo 3.1 - Problemas socioambientais, a capacidade de suporte e os elementos espaciais, p. 129.

[159] Ver no capítulo 3.2 - Os eventos, horizontalidades, verticalidades e a rugosidade espacial, p. 156.

A estrutura dominante, obcecada pelo crescimento eterno (*growthmania*), necessita ser repensada, principalmente quando o assunto são os minérios. A Constituição Federal declara que as riquezas do subsolo do país constituem um bem da sociedade, logo deve haver reais benefícios para o bem-estar do seu povo. Não se entra na questão se deve ser explorado pelo Estado ou por agentes privados, pois independentemente da forma, se não for claro o objetivo estratégico dessa riqueza e sua distribuição, pouco adiantará.

Entretanto, considerando que hoje o cenário é de uma exploração privada, mesmo tendo o Estado como acionista e parceiro, cabe a este utilizar do seu poder para mitigar os conflitos e alavancar os anseios da sociedade. O efeito derrame não ocasiona quando o Estado sabe o seu papel, transformando esse efeito negativo em um efeito positivo – efeito transbordamento. Logo, o processo deve ser reanalisado, buscando reengenharias não apenas organizacionais, mas sociais, necessitando compreender a *estrutura, processo, função* e *forma* do modelo mineral brasileiro, bem como o ciclo de vida do seu processo[160].

A técnica empregada faz toda diferença quanto ao processo minerário, pois seus métodos surgem dos *sistemas de ações*, que afetam e modificam os *sistemas de objetos*, refletindo novamente na sociedade, que exige respostas (ações). Desse modo, ao enfatizarmos o espaço banal, inserimos os pilares da economia ecológica, organizando um modelo que se aproxima da noção de *totalidade espacial*.

A ação humana influencia e é influenciada pela *ordem técnica,* a *ordem da forma jurídica* e a *ordem do simbólico*[161]. Este último (ordem do simbólico) apresenta o olhar das *horizontalidades*. As outras duas ordens constituem-se no espaço de forma a sobrepor os seus interesses, com *verticalidades*, principalmente quando contida dentro da base hegemônica que insiste nesse caso, no erro crasso de desconsiderar os demais elementos espaciais e o primado da biologia e física.

Observamos que muitas empresas se valem do *greenwashing* (maquiagem verde), que aparentemente vão além da legislação, utilizando-se de selos reconhecidos mundialmente apenas para gerar valor ao seu produto ou serviço. Importante notar o ir "além da legislação", afinal, muitas empresas utilizam essa expressão, não consistindo em uma inverdade, o que reforça que no caso brasileiro ainda temos uma legislação branda, ou então, não aplicável.

O mercado financeiro já cobra das firmas uma governança ambiental, forçando o pensamento ecológico, dado que os problemas nesse sentido impactam diretamente seus dividendos[162]. Não se questiona a validade dessa lógica, pois estão protegendo os seus interesses dentro do modelo hegemônico. Esse modelo é orientado por uma crença na superioridade do mercado como mecanismo de alocação de recurso geral, algo muito complexo para se quebrar sem a orientação do Estado, com apoio da sociedade. O que não se pode é permitir que o Estado seja complacente e parceiro das firmas para crimes corporativos. Diferentemente dos interesses individualistas do mercado, o Estado deve ter um olhar coletivista, ou seja, deve pensar no bem-estar da sociedade, por mais amplo ou vago que esse termo seja.

Os limites do Estado[163] devem se ater prioritariamente a questão da distribuição, pois as riquezas do setor mineral são bens públicos de extração privada. Cabe ao Estado uma readequação entre lucros privados e prejuízos públicos, equilibrando a balança para alcançar uma *escala sustentável* dentro dos limites de recurso. Portanto, os limites da sociedade devem equacionar as diversas formas de alocação,

---

[160] Ver no capítulo 4.5 - Gerenciamento de riscos: do chão de fábrica ao mercado financeiro, p. 304.

[161] Ver no capítulo 3.4 - Os pilares da economia ecológica pelos sistemas de ações e sistemas de objetos, p. 185.

[162] Ver no capítulo 4.5 - Gerenciamento de riscos: do chão de fábrica ao mercado financeiro, p. 329.

[163] Ver no capítulo 3.4 - Os pilares da economia ecológica pelos sistemas de ações e sistemas de objetos, p. 186.

com auxílio do Estado, para que se busque uma sociedade minimamente justa. Essa justiça social deve estar clara no modelo mineral, pois os lucros desaparecem com o tempo, mas o desenvolvimento não. Crescimento por crescimento não resolve os problemas sociais e ambientais, afinal, apenas com um pensamento de longo prazo é possível vislumbrar modelos para um desenvolvimento sustentado. Não é uma tarefa fácil, mas é do espaço banal que irão surgir as soluções para esse complexo problema. Portanto, para que ocorra o efeito transbordamento, se deve dialogar entre diversos sujeitos com diferentes perspectivas e visões, com uma balança que não pese apenas para um lado (as firmas).

Atualmente, a balança está inclinada a atender os anseios do mercado, buscando constantemente a autorregulação, porém, em momentos de crise, as firmas para os braços do Estado. A regulação fraca já é uma evidência e apresenta diversos problemas, demonstrando que a solução não consiste em autorregular. Perceba-se que, apesar do conceito de regulação fraca, há no caso brasileiro um grande aparato legal e tributário, criando uma contradição em sua fragilidade. Como pode ser fraca se o aparato estatal é gigante?

Não por acaso, consideramos a importância de um Estado forte, eficaz e responsável com o dinheiro dos pagadores de impostos, pois não adianta ter todo um aparato técnico e jurídico, se não faz acontecer, se não chega nas pontas. Não entramos nas discussões de Estado mínimo ou máximo, por se tratar de questões ideológicas, apenas compreendemos que para o livre mercado, como pedem as correntes convencionais, se faz necessário um Estado forte, pois desconhecemos exemplos reais de sucesso sem essa receita. E esse Estado, por mais que não rompa com os interesses hegemônicos, ele pode dar vez e voz para aqueles que estão no espaço banal, reduzindo as tensões e conflitos entre os agentes, equilibrando a relação de poder, alavancando o *ordenamento do simbólico*, com um projeto pautado na soberania popular.

Todavia, ao pensarmos na regulação fraca, observamos diversos casos de abusos entre as mineradoras e os demais elementos espaciais. Os rompimentos oriundos de suas barragens e a forma de lidar com os casos são em alguns momentos estratégias que corroem o espírito humano. Até o momento, tudo que decorreu das barragens rompidas não teve tratativa adequada. No caso da Samarco S.A., criaram uma fundação que resguarda a imagem da empresa, enquanto esta se queima perante a sociedade, demonstrando uma ação deliberada para se evitar a depreciação das empresas (risco de *compliance*[164]). Quando se olha a evolução do valor de mercado de uma das suas acionistas majoritárias, a Vale S/A, reforça-se a tese de que o crime compensa. As multas não são sequer pagas e os processos de indenização são protelados na justiça, que atende sobremaneira aos interesses das firmas. Devemos lembrar que, hoje, é mais fácil o acesso à justiça inglesa do que a brasileira, sobretudo ao se pensar nos atingidos por barragens, como é o caso da Samarco S.A. e seu crime corporativo[165].

Com modelos baseados em uma regulação eficaz e punitiva, as firmas seriam obrigadas a usar tecnologias mais seguras. O atual modelo de regulação fraca demonstra que as empresas decidiram não usar técnicas mais seguras. Essa decisão é basicamente econômica, dado seu custo, pois após o rompimento o valor de mercado foi recuperado em menos de três anos, em virtude das flutuações acionárias. Punições pesadas para empresa são uma forma de aumentar o custo das firmas que cometem crimes corporativos, afinal, a depender das externalidades negativas criadas, o negócio deve ser inviabilizado. Naturalmente a punição para a empresa não elimina a necessidade de punir as pessoas físicas (profissionais) que venham a ter responsabilidade nos eventos, demonstrando a importância da reformulação acadêmica.

---

[164] Ver no capítulo 4.5 - Gerenciamento de riscos: do chão de fábrica ao mercado financeiro, p. 328.

[165] Ver no capítulo 5.5 - A sociedade e seus movimentos sociais: resultados a partir das observações em campo, p. 458.

As firmas são importantes para a sociedade, não se questiona esse ponto, todavia elas devem possuir um norte de atuação em que o Estado regule sua forma para não gerar grandes externalidades negativas à sociedade. Externalidades negativas de agentes privados que refletem na sociedade devem ser pagas. As firmas inclusive possuem um papel fundamental nas ações humanas, pois elas modelam e remodelam os desejos humanos. No momento em que o Estado conseguir reorganizar o modelo econômico, com políticas públicas que fortaleçam o presente e preservem o futuro, podem ocorrer dois efeitos: i) as firmas reeducarem a sociedade, de modo a se minimizar o consumo conspícuo, criando produtos e serviços mais sustentáveis, algo que algumas (bem raras é verdade) já estão vislumbrando; ii) a sociedade, após perceber o caos que se instalou no seu meio, forçar as firmas a serem ecologicamente sustentáveis. Todavia, nesse segundo cenário, a situação tende a estar pior que no primeiro, pois viria de uma atitude reativa, enquanto as firmas podem impor uma atitude proativa[166].

No momento em que as firmas e, principalmente, o Estado ouvirem aqueles que não são consumidores, mas que são atingidos por esses empreendimentos, será possível criar um novo modelo. A economia ecológica vem nesse sentido, por representar um novo paradigma, consistindo na visão ecológica para as atividades econômicas. Auxiliando neste diálogo, elaboramos um modelo que une os principais elementos e categorias trabalhados (Figura 3.16). O modelo deriva dos limites planetários e das leis da física que atuam em todos os elementos espaciais, trazendo a importância de se compreender o metabolismo socioecológico. Os *sistemas de objetos* e *sistemas de ações* são a força motriz que gira esse fluxo, que reflete em diversas *estruturas espaciais* (produção, circulação, consumo e distribuição) e tempos (*rugosidade espacial*). A natureza nos oferece produtos e serviços em abundância, apesar de suas limitações, cabendo ao Estado auxiliar na sua manutenção e distribuição. Várias (categorias) de capitais estão dentro deste metabolismo socioecológico, se relacionando com diversos *elementos espaciais* e criando um movimento. As ações humanas, dada a sua relação com todos os *elementos espaciais*, mas principalmente com as firmas, que são os maiores modificadores da natureza, podem criar ambientes favoráveis ou desfavoráveis à sobrevivência (visão ética).

Iniciando pelo primeiro *elemento espacial*, as firmas[167], percebemos as características[168] com relação a sua rugosidade, lamentamos o desinteresse por parte da empresa (Vale S.A., Projeto Salobo) em participar da pesquisa. Essa participação era fundamental para compreendermos a gestão de riscos[169] por parte dos empreendedores. Ficamos impossibilitados de entender quais ferramentas e técnicas são utilizadas pelas firmas para a problemática apresentada, rompimento das barragens de rejeito, no curto prazo e em *devir*, devido ao não interesse do empreendedor do Projeto Salobo, Vale S.A.

Entretanto, percebemos como foi a influência do projeto na ocupação do território, em sua terceira fase iniciaram-se as ações do governo federal para criar ações de desenvolvimento na região, baseado na indústria extrativa. Com apoio do governo federal e do Banco Nacional de Desenvolvimento Humano (BNDES), o Projeto Salobo constitui ações deliberadas (*sistemas de ações*) para criação de objetos fabricados (*sistemas de objetos*). Desse modo, observamos que a métrica foi o *in dubio* pró-progresso, com uma expansão e mercantilização dos riscos na busca da possessão de riquezas[170]. Contudo, um dos principais argumentos favoráveis à implantação do projeto consiste na retórica do baixo impacto, visto que boa parte da infraestrutura já está instalada no território.

---

[166] Ver no capítulo 4.6 - Do plano de fechamento de mina à desengenharia dos complexos industriais, p. 345.

[167] Ver no capítulo 5.1 - Histórico e características do empreendimento nos estudos para a firma: estrutura, processo, função e forma, e o ambiente natural, p. 362.

[168] Ver no capítulo 5.2 - Histórico e características da barragem de rejeitos nos estudos para a firma: infraestrutura e rugosidades espaciais, p. 383.

[169] Ver no capítulo 4.5 - Gerenciamento de riscos: do chão de fábrica ao mercado financeiro, p. 282.

[170] Ver no capítulo 4.4 - A sociedade de risco como um problema oculto na totalidade espacial, p. 285.

O *espaço da produção* e o *espaço da circulação* foram readequados para o fim da atividade, deslocando a sociedade para a urbanização, com um crescente individualismo, criando um modelo de aproximação espacial e distanciamento social. Com a produção assegurada pela nova infraestrutura do Projeto Salobo, a circulação desses produtos torna-se a chave para o devido escoamento que ocorre por meio de processos logísticos complexos, o que faz a produção girar e expande o sistema econômico. Não por acaso, consideramos a relação entre as estruturas espaciais (produção, circulação, consumo e distribuição), principalmente quando relacionadas na categoria de abundância ecológica e por serem correlacionadas também pela economia (gerenciamento da casa).

O *espaço da distribuição* e o *espaço do consumo* também apresentam uma alteração substancial, diferenciada, afinal, há uma distribuição das rendas para aqueles que trabalham no projeto, alocando todo o restante a sua margem. Com isso, alguns agentes utilizam desse modelo para garantir sua sobrevivência no mercado, elevando os preços, modificando o consumo, que se torna não homogêneo. Para tornar a distribuição análoga à realidade, compreendemos que a única alternativa é por meio da percepção do primado da biologia e física. Nesse sentido, não compreendemos as alternativas que desconsideram o papel do Estado como agente organizador e reorganizador espacial. Portanto, o Estado é essencial para que as *estruturas espaciais* na modernidade possam criar elos capazes de criar e recriar reflexões em *devir*.

É importante percebemos que os principais objetivos do empreendimento[171], conforme a Golder Associates (2006a), são relacionados com a qualidade ambiental, desconsiderando a social. Informam em seus documentos o diálogo constante entre empregados e a comunidade, mas, na prática, se demonstram conservadores, mantendo suas portas fechadas, até mesmo para a comunidade acadêmica, que, em nosso entendimento, deveria ser vista como parceira. O diálogo empresa e comunidade, pelo que pudemos observar em campo, não existe. Mesmo considerando todas as justificativas para o empreendimento (técnica, ambiental, econômica e locacional[172]), nada justifica o desdém para com a sociedade e populações indígenas.

Nem mesmo as condicionantes ambientais[173], algo apresentado pelos seus estudos como prioridade, estão sendo cumpridas. Não havia sequer preocupação com a segurança dos seus funcionários, pois o setor administrativo foi construído abaixo da barragem de Salobo, e os estudos *Dam Break* da firma demonstram um elevado otimismo em não afetar plenamente essas estruturas.

Com relação ao *Dam Break*, nota-se que no Seminário Internacional de Segurança de Barragens[174], promovido pelo Tribunal de Contas da União, um dos pontos de discussão foi nesse sentido. Alguns expositores alegaram que a metodologia da Vale considera 35% de mobilização de rejeitos, sendo que na barragem de Fundão foram mobilizados cerca de 75% dos rejeitos e em Brumadinho algo em torno de 80%. Considerando essas informações dos especialistas, e analisando o Estudo de *Dam Break* realizado pela Tractebel (2018), percebemos que para a barragem de finos II foi calculado com a mobilização de todo o volume potencial. Entretanto, não identificamos a metodologia aplicada à barragem Mirim.

---

[171] Ver no capítulo 5.1 - Histórico e características do empreendimento nos estudos para a firma: estrutura, processo, função e forma, e o ambiente natural, p. 380.

[172] Ver no capítulo 5.1 - Histórico e características do empreendimento nos estudos para a firma: estrutura, processo, função e forma, e o ambiente natural, p. 372.

[173] Ver no capítulo 5.5 - A sociedade e seus movimentos sociais: resultados a partir das observações em campo, p. 451.

[174] O Seminário Internacional de Segurança de Barragens ocorreu em Brasília/DF, no período de 11 e 12 de novembro de 2019, reunindo diversos especialistas. "O encontro debateu questões relacionadas à regulação, gerenciamento, fiscalização e impactos socioambientais desses empreendimentos, considerando a transversalidade do tema e as particularidades dos setores de geração de energia, de mineração e de usos múltiplos de recursos hídricos". Disponível em: https://portal.tcu.gov.br/imprensa/noticias/seguranca-de-barragens-sera-tema-de-seminario-internacional.htm.

A área diretamente afetada (ADA), a área com influência direta (AID) e a área de influência indireta (AII)[175], considerando a parte relacionada com os estudos do meio socioeconômico, não se identifica profundidade nas análises, excluindo inclusive o componente indígena do relatório. Não apresentam estimativas da *capacidade de suporte* para o meio físico, biótico e antrópico, reforçando a tese de que não há preocupações substanciais nesse sentido. Logo, ao considerarmos o *mundo cheio*, em que o planeta pode ser pensado como um barco, as mineradoras não estão respeitando a linha do calado, tornando o espaço geográfico propenso a naufragar[176]. Os primeiros atingidos serão inevitavelmente os mais vulneráveis do território, demonstrando uma injustiça socioespacial[177], devido à clareza de que os capitães não irão junto, pulando do barco e não sendo responsabilizados pelos seus atos.

A Golder Associates (2006b) apresentou um programa de gerenciamento de riscos ambientais utilizando nove itens de ação e controle. No entanto, não foi possível identificar nenhuma ferramenta estratégica e operacional de gerenciamento de risco, como: *What if*, APR, FMEA, FMECA, HAZOP, HAZID, AQS, SIL, TIC, FTA[178]. Também não foi possível detectar nos documentos analisados as métricas relativas ao dano máximo potencial (DMP), a perda máxima possível (PMP) e a perda normal esperada (PNE)[179]. Estamos aqui falando das melhores práticas, nada além do que já existe quando se fala em gerenciamento de riscos. Mesmo o foco sendo os riscos ambientais, há espaço para se valer das melhores práticas. O curioso é percebermos que entre os documentos avaliados não há nenhum campo com programa de ação e controle quanto à sociedade e afetados pelo empreendimento. Existem planos de gestão socioeconômica e cultural[180], porém não há compatibilidade com a realidade. Por não conseguirmos entrevistar os funcionários da Vale S.A., não dá para inferir se tudo alocado em seus documentos está sendo efetivado.

Orientações para o plano de fechamento de mina[181] e seus níveis de incerteza foram identificadas com maior profundidade no documento realizado pela empresa Sete Soluções e Tecnologia Ambiental Ltda. Em seu Plano de Controle Ambiental (PCA), a Sete (2018) dedica uma seção para o plano de fechamento de mina, se comprometendo com ações para a desmobilização progressiva dos ativos[182]. Consideramos que são objetivos robustos, corretos em *devir*, mas desconsideram variáveis importantes, e não apresentam no presente robustez quantitativa e qualitativa. O elemento espacial que compreende sociedade é quase ignorado, apresentando um papel secundário. Ao informar sobre as práticas contábeis de provisionamento, algo que foi implementado há pouco tempo nos relatórios financeiros macro, não se torna possível analisar em termos micro. O Relatório Anual de Lavra (RAL) do Projeto Salobo poderia oferecer subsídios nesse quesito, todavia, ao solicitá-lo na ANM ou Vale S.A., estas indeferem ou ignoram o chamado, respectivamente. Logo, não conseguimos captar se o *devir* é realmente importante para a mineradora, mesmo apresentando bons objetivos, constituindo inclusive a missão e visão da empresa[183].

---

[175] Ver no capítulo 5.1 - Histórico e características do empreendimento nos estudos para a firma: estrutura, processo, função e forma, e o ambiente natural, p. 374.

[176] Ver no capítulo 2.2 - Do macro ao micro: o mundo vazio e o mundo cheio, p. 81.

[177] Ver no capítulo 3 - Da geografia humana a economia ecológica: instrumentação do modelo, p. 120.

[178] Ver no capítulo 4.5 - Gerenciamento de riscos: do chão de fábrica ao mercado financeiro, p. 300.

[179] Ver no capítulo 4.5 - Gerenciamento de riscos: do chão de fábrica ao mercado financeiro, p. 299.

[180] Ver no capítulo 5.1 - Histórico e características do empreendimento nos estudos para a firma: estrutura, processo, função e forma, e o ambiente natural, p. 382.

[181] Ver no capítulo 4.6 - Do plano de fechamento de mina à desengenharia dos complexos industriais, p. 358.

[182] Ver no capítulo 5.1 - Histórico e características do empreendimento nos estudos para a firma: estrutura, processo, função e forma, e o ambiente natural, p. 381.

[183] Ver no capítulo 3.1 - Problemas socioambientais, a capacidade de suporte e os elementos espaciais, p. 142.

As instituições do Estado, mesmo reconhecendo seus limitadores, são os principais agentes capazes de alterar a *ordem da forma jurídica*, com base na *ordem técnica*, alavancando os anseios e minimizando as frustrações que emergem na *ordem do simbólico*. Pensando apenas na Agência Nacional de Mineração (ANM), o seu papel atual está muito distante da sua missão, visão e valores[184], agindo de forma desordenada, distante do seu fim. Uma prova disso é a sua metodologia de Dano Potencial Associado (DPA) e Categoria de Risco (CRI)[185] aplicada ao Projeto Salobo. Não negamos que houve uma grande evolução nos últimos anos com relação a políticas públicas relacionadas à segurança de barragens, mas está clara a necessidade de mudanças urgentes.

No entanto, percebemos uma instituição (ANM) que, assim como as mineradoras que fiscaliza, possui estruturas organizacionais conservadoras, na esfera das firmas. O centro das decisões se concentra em Brasília/DF, longe da realidade, tornando obrigatória uma sinergia entre as filiais, escutando principalmente aqueles que estão na base do processo. Isso não ocorre, pelo que pudemos perceber em campo, por criarem dispositivos com fragilidades que apenas os técnicos poderiam identificar. Por não haver um bom canal de comunicação, o conhecimento técnico da própria instituição colapsa, transformando a forma técnica e jurídica em modelos burocráticos. As matrizes de classificação do DPA e do CRI são instrumentos burocráticos, fora da realidade, o que não assegura a efetividade da segurança das barragens. Quando apresentam ferramentas técnicas nas matrizes de classificação, implicam outros problemas, como falta de equipe qualificada e instrumental tecnológico.

De toda forma, a mineradora compreende seus impactos, mas, devido a sua postura agressiva, opta por ignorá-los. As equipes dessas empresas são altamente qualificadas, tendo uma equipe jurídica de alto nível, recebendo por meio das ações civis um gigantesco número de informações sobre problemas relatados pela sociedade. Devemos relembrar que boa parte do quadro dos funcionários das mineradoras no Brasil tem em suas equipes ex-servidores de carreira, das mais variadas instituições, que atuavam do licenciamento a fiscalização. O poder econômico e a postura agressiva da firma são tão intensos que conseguem dobrar até (ex) juízes e promotores, auxiliares na defesa dos interesses da Vale S.A., dos seus executivos e acionistas.

O mercado financeiro parece não se preocupar com as questões ecológicas e sociais, demonstrando um gigante apetite, com uma elevada tolerância e quase sem limites para os riscos. Mesmo após os dois crimes corporativos da Samarco (2015) e Vale (2019), as ações da empresa estão em disparada, acompanhadas pelo aumento dos preços das commodities minerais e depreciação do Real frente ao dólar. Os limites entrópicos (*throughput*) relacionados aos *recursos de fundo de serviços* e *recursos de fluxo de estoque* são afetados, danificados, poluídos, destruídos, mas nada disso incomoda o mercado que se baseia na mania por crescimento (*growthmania*). Não por acaso optamos por trabalhar com o mito do desengajamento moral[186], por empregar a terminologia adequada (crimes corporativos) para os acidentes de trabalho, visto que os acionistas majoritários escolhem seus administradores, sabendo dos riscos do conflito de agência[187].

O Ibram como instituição, pelo que tudo indica, é realmente compromissado com a mudança no setor mineral, calcado em *devir*. Muitos consideram o Ibram como um dos principais ideólogos do setor mineral, adicionando uma responsabilidade da qual não possuem o poder de mudança. Apesar de ter uma voz respeitada pelas mineradoras, sendo influenciada por elas, muito de suas

---

[184] Ver no capítulo 5.4 - O Estado e suas instituições: resultados a partir das observações em campo, p. 426.

[185] Ver no capítulo 5.2 - Histórico e características da barragem de rejeitos nos estudos para a firma: infraestrutura e suas rugosidades espaciais, p. 396.

[186] Ver no capítulo 5.3 - As firmas e suas instituições: resultados a partir das observações em campo, p. 419.

[187] Ver no capítulo 4.1 - Recursos minerais: a mineração no Brasil, seus royalties e desafios, p. 235.

ENCONTROS PARA O DEVIR DAS BARRAGENS NO BRASIL

medidas se resumem na ampliação e construção do conhecimento, levantando as melhores práticas do mercado, em formato de livros. Por óbvio, o foco da instituição são seus participantes, justificando posicionamentos contrários aos interesses da sociedade.

Os funcionários do Ibram entrevistados apresentaram elementos importantes para o debate, adentrando da técnica ao simbólico. Consideram o setor bastante conservador, com paradigmas e desafios a serem quebrados, como abrir os olhos dos participantes. Apesar dos avanços tecnológicos, com plantas operacionais que não necessitam de barragens de rejeitos, estas tendem a continuar. Logo, as barragens são *elementos espaciais,* por isso, devemos ter que conviver com elas por décadas ou séculos, quiçá milênios. Dessa maneira entendemos que as barragens de hoje podem ser futuras pirâmides, *rugosidades espaciais* não tão úteis para fins culturais. Apesar de ser uma tendência a sua não utilização no futuro, nos indagamos que futuro é esse?

Para os entrevistados, a *capacidade de suporte* é a pauta mais importante do setor mineral, para eles, essa pauta pode chegar à "moratória mineral". Isso ocorreria devido à expansão dos passivos ambientais e de sofrimento social, bem como das *rugosidades espaciais* que estão sendo produzidas e reproduzidas. Eles destacaram a necessidade de um "observatório do CFEM", visto que são recursos pouco transparentes. Para os entrevistados, temos como possibilidade de tecnologia a base de uma "mineração cirúrgica", com o mínimo de rejeito no processo operacional, ou seja, com baixíssimos desperdícios de natureza. Para isso, ciência e tecnologia necessitam de investimentos. Por fim, os entrevistados lembram-se da importância da especialização de profissionais para a base da economia mineral, por uma perspectiva ecológica e física, com forte base sociológica e geográfica, orientada sobretudo pelo espaço banal.

Boa parte da construção dessa orientação centrada no espaço banal consiste em políticas públicas. A inação do Estado não pode ser regra nem exceção, visto que o modelo adotado de regulação fraca, ou quase autorregulação, não contribui para o desenvolvimento econômico. Por esse motivo iniciamos o levantamento de dados via entrevista com servidores do Poder Legislativo, por constituírem a força democrática que representa o espaço banal, ou pelo menos deveriam representar. Por esse motivo, para criar sentido, as políticas necessitam de configuração não determinista e não niilista[188]. Isso se dá por sempre haver alternativas reais de escolha, com as mais variadas opções, e com os mais variados graus de responsabilidade. Para tal, são necessários critérios reais de valor, por mais vagos que estes possam ser, como o *devir*. Com as lentes corretas, ou pelo menos limpas, é possível visualizar o mundo próximo da totalidade espacial, algo só possível por meio das vozes que emergem no espaço banal.

No Poder Legislativo identificamos uma intensificação de trabalhos a partir dos crimes corporativos da Samarco e Vale. Obtivemos relatos dos mais diversos projetos de lei, muitos com avanços consideráveis, mas que, após esfriar o assunto, tendem a não avançar nas casas (Senado e Câmara). Não podemos desconsiderar que boa parte do *ordenamento jurídico* deve ser de iniciativa da ANM, por ter proximidade com a temática, apresentando soluções mais técnicas. Isso lembra inclusive problemas com relação à metodologia do Dano Potencial Associado (DPA) e Categoria de Risco (CRI), norteadores criados pela ANM, mas que, na prática, sabemos ser apenas mais um instrumento burocrático, com baixa orientação técnica. Nesse sentido, a DPA e CRI altos deveriam ser tratados como intoleráveis, por serem inviáveis em termos socioambientais. A regra é que não há limitadores, hoje os empreendedores fazem o que desejam, construindo barragens cada vez mais altas e com maior capacidade de armazenagem. Basicamente consiste em dizer que, independente-

---

[188] Ver no capítulo 4.3 - Barragens de rejeito: questões jurídicas e políticas, p. 275.

mente do projeto, do parecer das instituições licenciadoras e fiscalizadoras, se houver força política, o projeto será executado. Em outras palavras, se admite tudo baseado no *in dubio* pró-progresso, não se valendo do princípio da precaução e de regra do quando parar[189].

Não apenas a regulação e fiscalização são alvos de questionamentos no legislativo, o próprio licenciamento ambiental, apesar de ser uma evolução considerável, ainda tem muito para avançar. Há um excesso de padrões e exigências nas etapas iniciais, e posteriormente o nível cai drasticamente, criando em muitos casos uma barreira para o desenvolvimento, devido a desinvestimentos. Nos últimos anos, deu-se início ao processo de inventário e mapeamento das atividades minerais, mediante diagnóstico técnico-econômico, para constituição de zoneamentos minerários[190]. No entanto, as zonas bloqueadas e as zonas preferenciais para a mineração, com a atuação do atual governo, tornam-se uma incógnita. Percebemos, com isso, uma preocupação com relação aos *planos de fechamento de mina* e com a *desengenharia*[191]. Todavia, o legislativo não está plenamente empenhado nessa perspectiva em *devir*, atuando apenas como o corpo de bombeiro, apagando o fogo já existente, mas desconsiderando as origens. Em termos macroeconômicos, o legislativo tem poder para alterar a rota do atual modelo de crescimento econômico para um desenvolvimento sustentável, mas continua a não identificar as origens da doença holandesa[192], as trocas econômica e ecologicamente desiguais, e as economias de enclave que a atividade mineral produz e reproduz no espaço.

Ao falarmos de desenvolvimento sustentável, é importante lembrar do direito difuso, por criar o diálogo entre o direito de terceira geração e o direito da primeira geração, considerando a noção de equidade[193]. Buscando garantir esse direito, o Poder Judiciário tem um papel central, por ser em muitos momentos o único a dar voz e vez ao espaço banal. O conceito de sustentabilidade vem sendo alterado conforme se amplia a compreensão dos seres humanos com relação aos mais diversos tipos de capital (*natural, cultural, cultivado e manufaturado*). Logo, por se tratar de direito difuso, a compreensão do espaço deve ser relacionada com território-sujeito e indústria-objeto, e não com empresa-sujeito e território-objeto[194], por apresentar uma significação e representação[195]. Isso deriva da forma de agir, ou seja, possuem objetivos, finalidades, com ações que apresentam uma intencionalidade[196]. Deve haver, enquanto estratégia, mecanismos que privilegiem os anseios da sociedade, como decisor espacial do território. O território, portanto, se torna sujeito, enquanto as empresas constituem-se em objetos. Em outras palavras, o espaço banal é privilegiado, com a capacidade de decisão em aceitar ou recusar um determinado empreendimento.

Entre todos os entrevistados do Poder Judiciário, percebemos na pesquisa uma relação muito forte com a tese da *sociedade de risco*, possivelmente devido à formação dos servidores. Percebem que, ao se refletir sobre as mudanças sociais e controle político nas últimas décadas, o espaço está compreendido na empresa-sujeito e território-objeto, visto que são as firmas a moldarem o mundo, e não os indivíduos. Há nesse sentido uma dissolução das fronteiras políticas, tornando o político, apolítico, e o apolítico, político[197]. Isso decorre da força do poder econômico, corrompendo os cor-

---

[189] Ver no capítulo 2.2 - Do macro ao micro: o mundo vazio e o mundo cheio, p. 82.

[190] Ver no capítulo 4.1 - Recursos minerais: a mineração no Brasil, seus royalties e desafios, p. 238.

[191] Ver no capítulo 4.6 - Do plano de fechamento de mina à desengenharia dos complexos industriais, p. 328.

[192] Ver no capítulo 4.6 - Do plano de fechamento de mina à desengenharia dos complexos industriais, p. 349.

[193] Ver no capítulo 4.3 - Barragens de rejeito: questões jurídicas e políticas, p. 266.

[194] Ver no capítulo 4.4 - A sociedade de risco como um problema oculto na totalidade espacial, p. 282.

[195] Ver no capítulo 3.4 - Os pilares da economia ecológica pelos sistemas de ações e sistemas de objetos, p. 185.

[196] Ver no capítulo 3.4 - Os pilares da economia ecológica pelos sistemas de ações e sistemas de objetos, p. 201.

[197] Ver no capítulo 4.4 - A sociedade de risco como um problema oculto na totalidade espacial, p. 298.

ruptos, e contaminando todas as esferas do Estado (Legislativo, Executivo e Judiciário). Além desse problema crônico, mesclando clientelismo[198], o modelo econômico hegemônico, baseado em uma economia da desigualdade, cria um sistema de supressão e exclusão[199]. Reproduz assim uma nova *Auri sacra fames*, em que o ouro é substituído pelo consumo conspícuo, dentro de uma busca infinita por capital, baseado em moeda fiduciária[200], capaz de reforçar ainda mais esse modelo.

Nesse sentido, as instituições do Estado devem ter em seus quadros servidores técnicos altamente qualificados, preocupados com os anseios da sociedade, do espaço banal, mitigando os efeitos colaterais latentes[201] que já estão expostos na *sociedade de risco*. A expansão produtiva, considerando o estágio avançado das forças produtivas[202], busca a minimização dos custos operacionais, independentemente de se haverá ou não desperdício de natureza, e se incorrerá em passivos do sofrimento social. Com uma população em franca expansão, pressionando o ambiente natural, aumentando o consumo, se torna indispensável o Poder Judiciário compreender as origens dos efeitos colaterais latentes, o fluxo entrópico (*throughput*), os ciclos ecológicos e os sistemas de produção da sociedade[203].

Não apenas o Poder Judiciário, mas o Poder Legislativo e principalmente o Poder Executivo, por governar o povo e administrar os interesses públicos, devem compreender as questões apresentadas. No Executivo entrevistamos servidores das três esferas, tentando perceber alguns dos limites do Estado e sua relação com os pilares da economia ecológica. Como já era de esperar, todas as instituições carecem de equipe técnica, infraestrutura e treinamento. No Ibama e ANM (Federal) há um grande distanciamento com relação ao fluxo de informação entre o comando central (Brasília/DF) e as unidades do estado do Pará.

Para exemplificar, o Ibama (órgão licenciador) não tem nenhuma equipe dedicada à questão mineral no estado do Pará, realizando os licenciamentos por meio dos servidores de Brasília/DF. Não podemos esquecer que a equipe de Brasília, responsável pelo licenciamento do Projeto Salobo, não pôde participar da pesquisa, por determinação do atual ministro do Meio Ambiente (Ricardo Salles). Havia interesse, muita informação a ser repassada para ampliarmos o debate, entretanto toda resposta da instituição deverá passar pela Ascom, e até o momento não obtivemos retorno. Para preencher essa lacuna, foi possível entrevistar servidores do Ibama do estado do Pará que possuem experiência com a temática, mas não atuam diretamente nesses processos. Advertimos que todas as opiniões apresentadas ao longo da pesquisa são referentes aos indivíduos, suas visões pessoais e profissionais, visto que não podemos confundir com o posicionamento da instituição, demonstrando que a posição do ministro é absurda como transparência.

O ponto-chave com relação ao Ibama foi tentar compreender um pouco do processo de licenciamento ambiental, visto que os entrevistados consideram que se não fosse isso instrumento, a sociedade estaria em uma situação muito pior. Portanto, o instrumental EIA/RIMA traz benefícios para a sociedade e, como toda política pública, necessita de aperfeiçoamentos. Lembram que a Política Nacional de Segurança de Barragem (PSBN) é muito recente, constituindo uma clara

---

[198] Ver no capítulo 5 - Mineração e barragens de rejeito: a sociedade de risco, a gestão de risco e a desengenharia, p. 211.

[199] Ver no capítulo 3.1 - Problemas socioambientais, a capacidade de suporte e os elementos espaciais, p. 280.

[200] Com o fim do padrão-ouro os Estados-Nação começaram a emitir moeda sem lastro, criando as moedas fiduciárias. Isso implica afirmar que o Estado possui a capacidade de criar ou destruir moedas, por meio de diversos mecanismos, objetivando tornar a economia fluida e sem inflação. Não podemos esquecer que os bancos também possuem o poder de criar ou destruir moeda, por meio do *spread* bancário, mas diferentemente do Estado, não possuem a capacidade de emitir papel (moeda).

[201] Ver no capítulo 4.4 - A sociedade de risco como um problema oculto na totalidade espacial, p. 277.

[202] Ver no capítulo 4.4 - A sociedade de risco como um problema oculto na totalidade espacial, p. 276.

[203] Ver no capítulo 2.4 - O metabolismo econômico e ecológico: bases, conceitos e noções, p. 105.

tentativa de criação de medidas estruturantes no gerenciamento de risco e gestão de crises[204]. Dito isso, informam que o descomissionamento e o plano de fechamento de mina ainda é algo de que não possuem conhecimento, sem experiências empíricas.

Os diálogos com servidores da Agência Nacional de Mineração foram esclarecedores em vários pontos, quando pensamos nas fragilidades das instituições, ou seja, nos limites do Estado. Os fundamentos técnicos, transmitidos e retransmitidos pelos servidores (experiência), dentro de um processo de constante aprendizado, são consequentemente fruto de melhores práticas, no entanto isso é anulado na instituição (ANM). Há servidores altamente qualificados, com vasta experiência, compreendendo as principais falhas institucionais, mas, por estarem longe do poder decisório da instituição, possuem suas vozes silenciadas. Ao longo da pesquisa foram apresentados diversos problemas instrumentais da ANM, com os mais diversos níveis de complexidade técnica, possíveis de serem executadas, mas longe da realidade organizacional. Muitos dos ordenamentos jurídicos criados pela ANM não servem para nada, por não conseguirem avaliar os riscos e vulnerabilidades dos projetos. Um bom exemplo são as críticas apresentadas para as metodologias do Dano Potencial Associado (DPA) e Categoria de Risco (CRI), além do mapa de risco, indicadores quantitativos e qualitativos, sistema operacional, SIGBM, fatores de segurança, PAEBM, e processos de fiscalização e arrecadação.

Na esfera estadual trabalhamos com servidores da Sedeme e Semas por estarem indiretamente envolvidos com a temática. Enquanto um órgão é mais dedicado à articulação econômica e social, o outro atua na área ambiental, sendo uma instituição de execução. Há uma crítica forte na forma de atuação do Poder Judiciário sobre a questão mineral, apertando do lado responsável pelo licenciamento e fiscalização estadual, afrouxando nos locais em que flui o dinheiro, como os municípios mineradores. Nenhum dos pilares da economia ecológica vem sendo trabalhado de maneira satisfatória pelo Estado, carecendo, por que não, de pesquisas de estrutura-conduta-desempenho[205] no que concerne à gestão pública, e, por que não, análises institucionalistas/schumpterianas[206], visando à inovação do Estado. Não podemos desconsiderar que, ao se tratar de licenciamento ambiental, o estado do Pará é um dos pioneiros a tornar obrigatório o plano de fechamento de mina, uma evolução em *devir* para se evitar as *rugosidades espaciais*. Um mecanismo importante nesse sentido é o Plano Diretor de Mineração (PDMi)[207], que se torna um elemento necessário para as políticas públicas, ao associá-las aos Planos Diretores dos municípios.

Dialogamos com servidores (municipal) de três instituições, sendo: Semma, Sicom e Defesa Civil. Compreendemos que na esfera municipal as medidas estratégicas são realizadas por abordagens reativas[208], sendo que o operacional modifica substancialmente conforme cada gestão. Todas as instituições entrevistadas desconhecem documentações importantes relacionadas ao Projeto Salobo, visto que s própria firma nunca se prontificou compartilhar essas informações. Mesmo não sendo atribuição dessas instituições, são informações importantes para a gestão pública do município, visto que, apesar de a zona urbana estar distante do empreendimento, é afetada diretamente no caso da ruptura da barragem. Não há nesse sentido planos de ações e contingências por parte do município, impossibilitando um gerenciamento de crise, dando a sensação de que a

---

[204] Ver no capítulo 4.5 - Gerenciamento de riscos: do chão de fábrica ao mercado financeiro, p. 314.

[205] Ver no capítulo 4.6 - Do plano de fechamento de mina à desengenharia dos complexos industriais, p. 329.

[206] Ver no capítulo 4.6 - Do plano de fechamento de mina à desengenharia dos complexos industriais, p. 329.

[207] Ver no capítulo 4.1 - Recursos minerais: a mineração no Brasil, seus royalties e desafios. p. 240.

[208] Ver no capítulo 4.6 - Do plano de fechamento de mina à desengenharia dos complexos industriais, p. 331.

mineração voltou a ser uma *coisa de ninguém*[209]. Entretanto, todos demonstram preocupação em *devir*, tentando compreender o que ficará após a mineração para o município, constituindo um debate incipiente da atual gestão.

Alguns dos entrevistados entraram inclusive em pontos polêmicos, como a mineração em terras indígenas. O Projeto de Lei n.º 191, enviado à Câmara no dia 6 de fevereiro de 2020, autoriza a mineração em terras indígenas. Muitos são contrários a essa medida, outros favoráveis, mas algo que nos chamou a atenção se dá em duas extremidades. Em um dos extremos há uma crítica de que o Estado não deveria deliberar para todos os povos indígenas a proibição da exploração mineral, pois existem povos indígenas favoráveis à mineração. O outro extremo é o Estado liberar a mineração em terras indígenas, indiscriminadamente, mesmo com povos que são contrários à mineração. Esse segundo ponto, a nosso ver, é o que representa a maior preocupação, por ser mais agressivo ao ambiente natural. Independentemente dos extremos, os direitos territoriais, o direito de livre consulta e a proibição do retrocesso ambiental devem ser a tônica, por ser a base constitucional. Curioso perceber que o decreto presidencial sobre a mineração em terras indígenas apresenta poder de veto para projetos de mineração artesanal (garimpos), mas não especifica nada sobre a mineração industrial. Será que empresas como a Vale S.A. conseguirão subjugar as decisões das populações contrárias à mineração? Contudo, entendemos, com o exposto, a necessidade de limitadores, embora o próprio Estado amplie o modelo predatório de forma indiscriminada e irresponsável.

O Estado, independentemente da esfera (federal, estadual ou municipal), pode adotar algumas medidas para equacionar alguns elementos relacionados aos pilares da economia ecológica, vejamos: i) regulação direta, impostos pigouvianos, subsídios pigouvianos e licenças negociáveis[210]; e ii) diretrizes governamentais, normas técnicas, garantias financeiras, contabilização do passivo ambiental e seguro ambiental[211]. Resgatando os questionamentos de Daly e Farley (2016), o Estado, por intermédio de suas instituições, busca uma sinergia com os demais elementos espaciais, necessitando obter algumas respostas para três questões apontadas pelos autores, vejamos: i) quais fins desejamos? ii) quais recursos, limitados ou escassos, necessitamos para obter esses fins? iii) quais fins são prioritários e até que ponto deveríamos alocar recursos para eles[212]?

A busca por respostas, lembrando-se do *teorema da impossibilidade de Arrow*[213], permite uma melhor alocação de recursos, cientes de que não há uma forma perfeita para decisões sociais. Para se criar um novo modelo de desenvolvimento, de acordo com Tiezzi (1988), há uma necessidade de realizarmos a desconstrução de alguns mitos[214]. Nesse seguimento, há possibilidades reais de economias fortes auxiliarem as economias fracas, utilizando alternativas de desenvolvimento sem crescimento econômico e sempre cientes da impossibilidade de controle total da tecnologia. O paradoxo de Easterlin[215] compreende muito bem que há um limite para a felicidade baseada na riqueza e consumo conspícuo, esse paradoxo demonstra a necessidade de reordenação dos meios de produção, baseada na ciência e na natureza. Assim, o ser humano, como ser reflexivo, necessita de uma consciência de espécie, em outros termos, necessita também inferir respostas a problemas complexos e equacionar a produtividade do capital com a produtividade do trabalho.

---

[209] Ver no capítulo 4.1 - Recursos minerais: a mineração no Brasil, seus royalties e desafios, p. 220.

[210] Ver no capítulo 3.4 - Os pilares da economia ecológica pelos sistemas de ações e sistemas de objetos, p. 180.

[211] Ver no capítulo 4.6 - Do plano de fechamento de mina à desengenharia dos complexos industriais, p. 351.

[212] Ver no capítulo 2.2 - Do macro ao micro: o mundo vazio e o mundo cheio, p. 80.

[213] Ver no capítulo 2.2 - Do macro ao micro: o mundo vazio e o mundo cheio, p. 82.

[214] Ver no capítulo 4.4 - A sociedade de risco como um problema oculto na totalidade espacial, p. 294.

[215] Ver no capítulo 3.1 - Problemas socioambientais, a capacidade de suporte e os elementos espaciais, p. 135.

Por esse motivo a sociedade é o ator mais importante para a quebra de paradigmas, afinal, é no espaço banal, mediante o *ordenamento do simbólico*, que ocorre a transformação, a mudança, a surpresa e a recusa; isso modela e remodela o mundo em *devir*. Observamos que a transformação social, sob as condições do mercado de trabalho, vem criando processos de distanciamento entre os seres humanos, esses problemas têm por base a desigualdade social como fruto de um processo de socialização contraditório[216]. Assim, o retrato da sociedade moderna apresenta firmas mais poderosas do que os governos, esse retrato apresenta governantes tornando-se, em sentido figurado, lacaios dos interesses privados (firmas).

No Brasil, mesmo em governos progressistas (2003-2016), a tônica do jogo foi agradar o mercado financeiro, o que gerou lucros recordes aos sistemas bancários, enquanto a população se endividou para adquirir bens de consumo. Uma constatação sobre esse evento consiste em pegar os nomes dos últimos ministros da Fazenda e presidentes do Banco Central. De toda forma, a transformação e mudança emergem da sociedade, em sua luta para criar alternativas, quebrando paradigmas, afinal, uma ideia nova não se concretiza sem luta. Não diferente de outrora, o sistema político brasileiro se assemelha ao feudalismo, um feudalismo moderno, em que a realeza é o mercado e a nobreza, os políticos, que buscam agradar de todas as formas os detentores de poder e capital. Todo o restante da sociedade, de pequenos e médios empresários aos trabalhadores braçais, acaba marginalizado nessa estrutura desigual, sustentando a crédito toda uma nova burguesia. Não há como negar uma afirmação das vertentes liberais, elas afirmam que o Estado brasileiro é uma espécie de Robin Hood às avessas, retirando dos pobres, dando aos ricos.

Tendo em vista um novo modelo mineral, temos dois movimentos sociais (MAM e MAB) e o povo do Xikrin. Sabemos que a mineração, inevitavelmente, é Estado, logo há interesse em minerar por ser um produto que contribui para a balança comercial da Nação. Nesse sentido, os três poderes atuam de forma subserviente aos interesses econômicos, pois infelizmente somos escravos do crescimento, do Produto Interno Bruto (PIB). Sendo assim, as ilusões do crescimento definem as eleições, visto que se um determinado governo não tiver bons resultados, tende a sair, mesmo apresentando boas políticas desenvolvimentistas. Essa escravidão cria outros problemas, pois governos que menosprezam totalmente questões ambientais e sociais apresentam bons indicadores de crescimento e, por isso, tentam a todo custo permanecer no poder. Não obstante, a sociedade e o ambiente natural ficam à mercê da boa vontade política de suas *funções e serviços ecossistêmicos* que não resultam na distribuição igualitária do benefício.

O Movimento pela Soberania Popular na Mineração (MAM) tem como escopo de atuação, o debate sobre o atual modelo mineral e soluções para retomada da situação de dádiva. Não se mostram contrários à mineração, eles (MAM) compreendem que os recursos minerais são indissociáveis da sociedade moderna, além de termos uma relação milenar com a mineração. Desse modo, o grande questionamento é a respeito do modelo adotado pelo Estado brasileiro, que transforma uma dádiva em maldição.

Além disso, o MAM busca um diálogo com todos os elementos espaciais, entretanto as firmas nunca se predispuseram a debater o modelo mineral. É inegável que existem elites predatórias nos territórios, criando um processo de espoliação de riqueza e trabalho, algo a ser combatido. Dessa maneira, devemos resgatar dois pensamentos importantes apresentados pelos entrevistados sobre o modelo mineral na Amazônia: i) "se não pode conter o monstro, têm que conter pelo menos a fome do monstro"; e ii) "existe muita floresta sem gente e muita gente sem floresta"[217]. Em outras palavras,

---

[216] Ver no capítulo 4.4 - A sociedade de risco como um problema oculto na totalidade espacial, p. 298.

[217] Ver no capítulo 5.5 - A sociedade e seus movimentos sociais: resultados a partir das observações em campo, p. 495.

não deve ser a empresa-sujeito ao território-objeto, e sim o território-sujeito à indústria-objeto. Não é em todos os territórios que a mineração pode avançar, visto que algumas populações podem ser contrárias a esses empreendimentos, e esse desejo deve ser respeitado. Além disso, nos territórios nos quais a mineração já atua, há uma elevada apropriação da natureza por parte das firmas, retirando dos indivíduos os serviços e funções ecossistêmicos providos pela floresta.

O Movimento dos Atingidos por Barragem (MAB) também nasce sob a bandeira dos conflitos territoriais, principalmente no que tange aos projetos hidrelétricos. Todavia, após o crime corporativo da Samarco S.A. (2015), amplia sua pauta de atuação, por se ver no meio do caos provocado pela barragem de rejeito. Não por acaso, a principal pauta do movimento consiste em direitos para os atingidos, por considerar que após esse *ordenamento jurídico*, todo o *ordenamento técnico* tende a mudar, desde que se tenha fiscalizações preventivas e repressivas, fora do modelo de regulação fraca[218]. Os entrevistados têm elevado receio das alterações estratégicas das mineradoras após o colapso do sistema mineiro. Na Amazônia, por exemplo, principalmente a região na qual se encontra o Projeto Grande Carajás, a tendência é a sua intensificação com a finalidade de compensar os prejuízos do sistema sul e sudeste, no entanto, em contrapartida, os conflitos, as injustiças e os impactos socioambientais nos territórios tendem a crescer. Os movimentos sociais surgem devido a injustiças socioespaciais, os atingidos tornam-se especialistas na temática que os perturba. O MAM e MAB representam as vozes importantes do espaço banal, por viverem em zonas de conflito, buscam alternativas políticas dentro dos *sistemas de ações* e dos *sistemas de objetos*. Não por acaso adicionamos ao modelo o limite dos Direitos Humanos, por constituir na busca da satisfação da sociedade, pois sem esse foco não há razão para a existência dessas atividades econômicas.

Ao pensarmos nos Direitos Humanos, torna-se necessário conhecer e exigir os direitos, além disso, respeitar, proteger e garantir esses direitos, cujo escopo é a igualdade elementar entre todos os humanos. Assim, fazem-se necessários processos, normas, padrões e princípios que garantam a participação e empoderamento da sociedade, a não descriminalização e igualdade de oportunidades, além da transparência e prestação de contas.

Os povos indígenas fecham os nossos levantamentos enquanto sociedade, por serem um componente espacial que historicamente sofre interferência das ações humanas "dos brancos" em seus territórios. O Projeto Salobo, em particular, como já se disse, desconsiderou por completo o componente indígena em seus estudos, motivo pelo qual há uma Ação Civil Pública impetrada pelos representantes dos povos Xikrin, cujo objetivo consiste na suspensão do licenciamento ambiental do projeto. Não se pode esperar que os povos indígenas (Xikrins) consigam novamente viver como seus antepassados, visto que seus territórios foram cortados pelos mais diversos empreendimentos e não há outros espaços para explorarem (*mundo cheio*); pois a caça, a pesca e a colheita foram substancialmente prejudicadas devido aos impactos oriundos das atividades econômicas nas proximidades dos territórios indígenas.

Após todo conteúdo apresentado ao longo da pesquisa, no desafio de abarcar a noção da *totalidade espacial*, mas cientes da sua impossibilidade, esperamos ter alcançado o nosso objetivo central, servindo ao menos para aflorar o amplo debate sobre o modelo mineral. Assim, o modelo teórico proposto buscou condensar um amplo conhecimento já existente, o que permitiu ao pesquisador criar uma pequena releitura com base no objeto escolhido, no nosso caso, barragem de rejeito. Apesar desse elemento espacial (infraestrutura) ser o nosso foco inicial, ele é apenas um ponto do modelo espacial proposto, pois ele cria a necessidade de exploração dos diversos pontos alocados ao

---

[218] Ver no capítulo 3.1 - Problemas socioambientais, a capacidade de suporte e os elementos espaciais, p. 147.

longo de sua estrutura. Esse foi o método utilizado no desafio de unir aqueles elementos soltos dos modelos convencionais, mas que sempre foram indissociáveis, pois derivam de categorias, noções e conceitos da economia, biologia, física, geografia, engenharia, sociologia, entre outras.

Percebemos assim a importância do Estado ao que se refere à segurança das barragens de rejeitos. Esperamos que essa simplificação da *totalidade espacial* possa contribuir com os avanços das políticas públicas, e, por que não, das estratégias organizacionais, com ambas orientadas no espaço banal[219]. Assim, utilizamos essa construção para compreender apenas um objeto, barragem de rejeitos, sob o risco do evento de rompimento, derivado do modelo mineral adotado, demonstrando robustez pela capacidade empírica e reflexiva.

Por esse motivo, consideramos que a nossa hipótese se confirma – a sociedade de risco mantém o elemento oculto da totalidade espacial[220]. As informações relativas ao Projeto Salobo são desconhecidas por quase todos os atores entrevistados, que possuem ligação direta com a mineração, e alguns com o projeto. Representando a sociedade, os movimentos sociais e o povo indígena Xikrin afirmam desconhecer os principais documentos relativos aos estudos do projeto. Mesmo aqueles que buscam informações, não conseguem obtê-las, já que a empresa não apresenta diálogo real com as partes interessadas. Devemos destacar um ponto importante nesse momento, deixando claro que não é a sociedade que necessita buscar por informações, e sim o empreendedor que é obrigado a buscá-las e repassá-las. Como os recursos minerais são bens da União, todo o processo necessita de transparência, de zelo para com um território, pois este não lhe pertence. Diferentemente de outros segmentos produtivos, os canais de comunicação das empresas mineradoras devem ser abertos, dialogando e informando sobre suas ações, em tempo real, sem a necessidade de ordenamentos jurídicos. Assim, entendemos que essa é a visão ética, a longo prazo, que se espera das firmas, tornando-se necessária, principalmente, a quebra de paradigmas.

O que mais nos surpreende é: nem mesmo as instituições do Estado possuem essas informações, visto que algumas não apresentaram proximidade com os tópicos levantados. Logo, o elemento espacial que necessita apresentar soluções em *devir*, as instituições do Estado, desconhecem os desdobramentos de um acidente desse nível, e mesmo aquelas que conhecem, são dominadas pelo modelo econômico vigente. Sem respostas no curto prazo, carecendo da busca pela compreensão do problema em sua totalidade espacial, não se torna possível a criação de instrumentos efetivos em *devir*. A falta de instrumental é a tônica de todas as instituições, permitindo a criação de *rugosidades espaciais* que criam e recriam passivos ambientais e os passivos do sofrimento social. Por essa razão, o Estado torna-se o elemento central para a mudança de paradigma, desde que ouça atentamente as vozes do espaço banal, tornando possível um efeito transbordamento, por meio da soberania popular dos modelos minerários.

Hoje não há efetiva segurança com relação à barragem Mirim, apesar de vários norteadores demonstrarem que está segura. Com as informações coletadas ao longo da pesquisa, se tornou inconclusiva a forma que a empresa gerencia os riscos dessa infraestrutura, e também se o Estado utiliza de fundamentos técnicos adequados para a efetiva fiscalização. O DPA e o CRI não são, a nosso ver, métricas que garantam a tranquilidade para as populações, constituindo-se de um instrumental majoritariamente burocrático. Não obstante, após o crime corporativo da Samarco, tivemos o crime corporativo da Vale, e da forma como andam as coisas, a sociedade está aguardando os próximos. Os riscos financeiros e os riscos de reputação e *compliance* são compensados no médio prazo, com

---

[219]   Ver no capítulo 1.3 - Objetivo, p. 36.

[220]   Ver no capítulo 1.4 - Hipótese, p. 36.

uma abundância, mas sem distribuição, e seu o fluxo entrópico totalmente desconsiderado. Há nesse modelo trocas econômica e ecologicamente desiguais, sendo necessários mecanismos compensatórios, exigindo o cuidado permanente de toda a infraestrutura até sua desengenharia por parte das firmas.

Diante de toda essa complexidade, o que se espera é que o Estado, a justiça e outros mecanismos de denúncia possam garantir o acesso a informações de modo a ter uma participação social que não discrimine. Além disso, como responsabilidade, o Estado deve regular, licenciar, fiscalizar e supervisionar os empreendimentos minerais.

Nesse caso, as empresas devem exercer a devida diligência, avaliando antecipadamente os riscos de suas atividades com relação a todos os elementos espaciais. Para tal, é necessário adotar medidas de prevenção adequadas, com mecanismos efetivos de denúncia, reparando os danos referentes aos passivos ambientais e passivos relacionados ao sofrimento social integralmente. Por fim, a sociedade civil deve estar bem informada e participar de consultas prévias, livres e informativas, baseadas na boa-fé, o que seria o acesso completo a todos os estudos e relatórios referentes aos empreendimentos minerários.

Todo o ferramental apresentado ao longo deste livro auxilia na busca de uma nova sociedade, de um novo modelo mineral, por meio da perspectiva ética de longo prazo (*devir*). A base consiste no primado da biologia e da física, por representarem os maiores limitadores das atividades econômicas. Apesar de a ecologia e entropia serem inexoráveis aos anseios dos seres humanos, o racionalismo produtivista deve ser remodelado, respeitando a vida dos outros e do ambiente natural. Não há justificativas para aceitarmos firmas poluidoras e torturadoras dos animais, que desperdiçam a natureza, e até mesmo centros de produção de armamentos, por serem, todos, grandes geradores de externalidades negativas e consumidores de matéria e energia.

Em todos os tempos históricos os seres humanos tiveram que lutar por seus ideais, hoje não é diferente, e não há tempo a perder. No sistema capitalista a acumulação de capital é infinita, ilimitada, logo é totalmente incompatível com a natureza (da biologia a física). Isso decorre de a economia não estar isolada no espaço geográfico, constituindo um pensamento abstrato, carregada de intencionalidades, incorrendo em custos não previstos, perpetuando a falácia da concretude deslocada[221].

---

[221] Ver no capítulo 2.3 - As contribuições da termodinâmica ao pensamento econômico.

REFERÊNCIAS

ABAGNANO, Nicola. **Dicionário de Filosofia**. 5. Ed. São Paulo: Martins Fontes, 2007.

ACSELRAD, Henri. Mariana, Novembro de 2015: a genealogia política de um desastre. *In*: ZHOURI, Andréa (org.). **Mineração**: violência e resistência – um campo aberto à produção do conhecimento no Brasil. Marabá, PA: Editorial iGuana, 2018. p. 155-175.

AÇÃO CIVIL PÚBLICA. Oliveira Lima Advogados Associados. n° 1000305-06.2018.4.01.3901, 2018.

ADAMS, John. **Risco**. São Paulo: Ed. Senac SP, 2009.

AGÊNCIA NACIONAL DAS ÁGUAS. **Relatório de Segurança de Barragens 2017**. Brasília: ANA, 2018.

ADORNO, Theodor. W. Progresso. **Lua Nova**, São Paulo, n. 27, p. 217-236, dez. 1992.

ALBUQUERQUE FILHO, Luiz. Heleno. **Avaliação do comportamento geotécnico de barragens de rejeitos de minério de ferro através de ensaios de piezocone**. Dissertação (Mestrado em Engenharia Civil) – Universidade Federal de Ouro Preto, Ouro Preto, MG, 2004.

ALTVATER, Elmar. **O preço da riqueza**: pilhagem ambiental e a nova (des)ordem mundial. Trad. Wolfgang Leo Maar. São Paulo: Editora da Universidade Estadual Paulista, 1995.

ALVES, Fernando. Uma barragem nunca é segura. Ela apenas está segura. **Brasil Mineral**, p. 20-23, jun. 2015.

ALVES, José Eustáquio Diniz. A encíclica Laudato Si: ecologia integral, gênero e ecologia profunda. Dossiê: Relações de gênero e religião. **Horizonte**, PUC-MG, Belo Horizonte, v. 13, n. 39, p.1315-1344, jul./set. 2015.

ANACLETO, Joaquim; ANACLETO, Alcinda. Sobre a primeira lei da termodinâmica. As diferenciais do calor e trabalho. **Quim. Nova**, v. 30, n. 2, p. 488-490, 2007.

ANDRADE, Daniel Caixeta; ROMEIRO, Ademar Ribeiro. Capital natural, serviços ecossistêmicos e sistema econômico: ruma a uma economia dos ecossistemas. **Texto para discussão**, IE/Unicamp, n. 159, p. 1-23, 2009.

ARAÚJO, Cecília. Bhering de. **Contribuição ao estudo do comportamento de barragens de rejeito de mineração de ferro.** Dissertação (Mestrado em Engenharia Civil) – Universidade Federal do Rio de Janeiro, Rio de Janeiro, 2006.

ARAÚJO, Juliana Cristina Elias. Risco de reputação e compliance. *In*: OLIVEIRA, Virgínia Izabel de; PINHEIRO, Juliano Lima (org.). **Gestão de riscos no mercado financeiro**. São Paulo: Saraiva Educação, 2018. p. 229-253.

ASSEMBLEIA LEGISLATIVA DO ESTADO DO PARÁ. **Comissão parlamentar de representação com finalidade de fiscalizar e vistoriar a situação das barragens e bacias de rejeitos da mineração existentes no estado do Pará, riscos e impactos ambientais**. 2019. Disponível em: https://www.alepa.pa.gov.br/midias/midias/565_relatorio_barragens-2019.pdf. Acesso em: 20 nov. 2019.

ASSOCIAÇÃO BRASILEIRA DE NORMAS TÉCNICAS (ABNT). **NBR ISO 10006**: Gestão da qualidade – diretrizes para a qualidade no gerenciamento de projetos. Rio de Janeiro: ABNT, 2006.

ASSOCIAÇÃO BRASILEIRA DE NORMAS TÉCNICAS (ABNT). **ABNT NBR ISO 31000:2018**. Gestão de Riscos – Diretrizes. Rio de Janeiro: ABNT, 2018.

ATKINSON, Anthony B. **Desigualdade**: o que pode ser feito? São Paulo: LeYa, 2015.

ÁVILA, Joaquim Pimenta de. **Barragens de rejeito no Brasil**. Rio de Janeiro: CBDB, 2012.

AYALA, Patryck de Araújo. Direito fundamental ao ambiente e a proibição de regresso nos níveis de proteção ambiental na constituição brasileira. *In*: SENADO FEDERAL. **Princípio da proibição de retrocesso ambiental**. Brasília, DF: Senado Federal, Comissão de Meio Ambiente, Defesa do Consumidor e Fiscalização e Controle, 2012. p. 207-246.

AZAM, Shahig; LI, Qiren. Tailings dam failures: A review of the last one hundred years. **Geotechnical News**, 28(4), p. 50-54, 2010.

BAER, Werner. **A economia brasileira**. 3. ed. São Paulo: Nobel, 2009.

BANCO CENTRAL DO BRASIL (BACEN). **Resolução n.º 4.090, de 24 de maio de 2012**. Disponível em: https://www.bcb.gov.br/pre/normativos/res/2012/pdf/res_4090_v1_O.pdf. Acesso em: 19 nov. 2019.

BANDURA, Albert. Selective activation and disengagement of moral control. **Journal of Social Issues**, 46(1), p. 27-46, 1990.

BANDURA, Albert. Social cognitive theory of moral thought and action. In W. M. Kurtines & J. L. Gewirtz (Eds.). **Handbook of moral behavior and development**. Vol. 1, p. 45-103. Hillsdale, NJ: Lawrence Erlbaum. 1991.

BANDURA, Albert; CAPRARA, Gian-Vittorio; ZSOLNAI, Laszlo. Corporate transgressions through moral disengagement. **Journal of Human Values**, 6(1), p. 57-64, 2000.

BARBOSA, Francisco Antônio Rodrigues; *et al*. O desastre de Mariana e as suas consequências sociais, econômicas, políticas e ambientais: por que evoluir da abordagem de gestão dos recursos naturais para governança dos recursos naturais? *In*: FRANÇA, Adriana (org.). **Arquivos do Museu de História Natural e Jardim Botânico**, UFMG, Belo Horizonte, v. 24, n.1/2, p. 159-182, 2015.

BARBOSA, Zulene Muniz; RIBEIRO FILHO, Antero Carneiro. Novas formas de acumulação no espaço regional: mineração e trabalho precário no sudoeste do Maranhão. *In*: **Mineração, trabalho e conflitos amazônicos no sudeste do Pará**. CONGILIO, Célia; BEZERRA, Rosemayre; MICHELOTTI, Fernando (org.). Marabá, PA: Editorial iGuana, 2019. p. 142-164.

BARCELOS, Tiago Soares; FERREIRA, José Augusto; CAMARGO, Pedro. O capital natural, antropoceno, os serviços e valores ecossistêmicos aplicados ao Parque Estadual da Serra dos Martírios/Androinhas/PA. **Revista Geografia Acadêmica**, v.12, n. 2, p. 55-73, 2018.

BARCELOS, Tiago Soares; MOTA, Loyslene de Freitas. Barragens de rejeito mineral pelo prisma da economia ecológica: um ensaio teórico sob duas análises temporais. *In*: SEMINÁRIOS EM ADMINISTRAÇÃO, 21., 2018, São Paulo. **Anais [...]**. São Paulo: USP, 2018.

BARCELOS, Tiago Soares *et al*. The Mariana/MG tragedy and the valuation of ecosystem services in the area achieved. **RISUS – Journal on Innovation and Sustainability**, São Paulo, v. 10, n. 3, p. 113-128, set./nov. 2019.

BARCELOS, Tiago Soares *et al*. Análise interdisciplinar da questão mineral e suas barragens de rejeito. **DRD – Desenvolvimento Regional em Debate**, v. 9, p. 366-386, 2019.

BARCELOS, Tiago Soares; DE OUTEIRO, Gabriel Moraes; PINTO, Jax Nildo Aragão. A renda da terra: uma revisão bibliográfica pelo prisma da economia política. **Contemporânea: produção intelectual em artigos e revistas**, v. 1, n. 2, p. 1-24, 2019.

BARCELOS, Tiago Soares. **A sociedade de risco, decrescimento e a valoração ecossistêmica da área afetada pela barragem em Brumadinho/MG**. Trabalho de conclusão de curso (Graduação em Ciências Econômicas) – Universidade Cesumar, Maringá, PR, 2019.

BATISTA JÚNIOR, Onofre Alves; MARINHO, Marina Soares. Do federalismo de cooperação ao federalismo canibal: a Lei Kandir e o desequilíbrio do pacto federativo. **Revista de Informação Legislativa: RIL**, v. 55, n. 217, p. 157-180, jan./mar. 2018.

BECK, Ulrich. **Sociedade de risco**: rumo a uma outra modernidade. São Paulo: Ed. 34, 2011.

BEGON, Michael; TOWNSEND, Colin R; HARPER, John L. **Ecologia**: de indivíduos a ecossistemas. 4. ed. Porto Alegre: Artmed, 2007.

BERNSTEIN, Peter L. **Desafio aos deuses**: a fascinante história do risco. 13. ed. Rio de Janeiro: Elsevier, 1997.

BORGES, Maria Alice Guimarães. A compreensão da sociedade da informação. **Ci. Inf.**, Brasília, v. 29, n. 3, p. 25-32, set./dez. 2000.

BOULDING, Kenneth Ewart. The economics of the coming space ship Earth. In: JARETT, H. (ed.) evironmental quality in a growing economy. Baltimore, MD: Resources for the future: Jonhs Hopkins University Press, 1966.

BRANCO, Pérsio de Moraes. **Breve história da mineralogia brasileira**. Brasília: CPRM, 2016. Disponível em: http://www.cprm.gov.br/publique/Redes-Institucionais/Rede-de-Bibliotecas---Rede-Ametista/Canal--Escola/Breve-Historia-da-Mineralogia-Brasileira-2566.html. Acesso em: 10 jul. 2019.

BRANDT MEIO AMBIENTE. Salobo Metais S.A.: plano de controle ambiental (PCA) – programa B – **sistema de gestão ambiental**. SBML-A-001-059.DOC, 2013.

BRANDT MEIO AMBIENTE. Salobo Metais S.A.: plano de controle ambiental (PCA) – programa F – **gestão de resíduos**. SBML-A-001-097.DOC, 2013.

BRANDT MEIO AMBIENTE. Salobo Metais S.A.: plano de controle ambiental (PCA) – Programa I – **controle de emergências ambientais**. SBML-A-001-058.DOC, 2013.

BRASIL, Eric Universo Rodrigues. **O novo código de mineração no Brasil**: uma análise econômica da compensação financeira sobre a exploração de recursos. Tese (Doutorado em Economia) – Universidade de São Paulo, São Paulo, 2015.

BRASIL. Congresso Nacional. **Lei n.º 12.334, de 20 de setembro de 2010**. Disponível em: http://www.in.gov.br. Acesso em: 10 dez. 2018.

BRASIL. CONSELHO NACIONAL DE RECURSOS HÍDRICOS – CNRH. **Resolução n.º 143, de 10 de julho de 2012**. Estabelece critérios gerais de classificação de barragens por categoria de risco, dano potencial associado e pelo seu volume, em atendimento ao art. 7° da Lei n° 12.334, de 20 de setembro de 2010. Disponível em: http://www.cnrh.gov.br/resolucoes/1922-resolucao-n-143-de-10-de-julho-de-2012/file. Acesso em: 29 ago. 2019.

BRASIL. **Constituição da República Federativa do Brasil**. Brasília, DF: Senado, 1988.

BRASIL. **Constituição de 1937**. Disponível em: https://www2.camara.leg.br/legin/fed/consti/1930-1939/constituicao-35093-10-novembro-1937-532849-publicacaooriginal-15246-pl.html. Acesso em: 15 jun. 2019.

BRASIL. **Decreto-Lei n.º** 227, de 28 de fevereiro de 1967. Dá nova redação ao Decreto-Lei n.º 1985 de 29 de janeiro de 1940 (Código de Minas). Brasília, DF, 1967. Disponível em: http://www.planalto.gov.br/ccivil/Decreto-Lei/Del0227. Acesso em: 15 dez. 2018.

BRASIL. DNPM (Departamento Nacional de Produção Mineral). **Portaria n.º 70.389, de 17 de maio de 2017**. Disponível em: http://www.dnpm.gov.br/portaria-dnpm-no-70-389-de-17-de-maio-de-2017-seguranca-de-barragens-de-mineracao. Acesso em: 20 out. 2018.

BRASIL. **Lei Federal n.º 6.938, de 31 de agosto de 1981**. Dispõe sobre a Política Nacional do Meio Ambiente, seus fins e mecanismos de formulação e aplicação, e dá outras providências. Disponível em: http://www.planalto.gov.br/ccivil_03/leis/L6938.htm. Acesso em: 4 nov. 2019.

BRASIL. **Lei Federal n.º** 9.478, de 6 de agosto de 1997. Dispõe sobre a política energética nacional, as atividades relativas ao monopólio do petróleo, institui o Conselho Nacional de Política Energética e a Agência Nacional do Petróleo e dá outras providências. Brasília, DF, 1997. Disponível em: http://www.planalto.gov.br/ccivil_03/leis/l9478.htm. Acesso em: 15 dez. 2018.

BRAZ, Douglas Dias; MAGNANI, Leonne Augusto Coelho. Decrescimento: uma revisão teórica e crítica. *In*: ENCONTRO NACIONAL DA SOCIEDADE BRASILEIRA DE ECONOMIA ECOLÓGICA, 12., 2017, Uberlândia. **Anais [...]**. Uberlândia: SBEE, 2017. p. 1-22.

BREALEY, Richard. A.; MYERS, Stewart. C.; ALLEN, Franklin. **Princípios de finanças corporativas**. 10. ed. Porto Alegre: AMHG, 2013.

BRESSER-PEREIRA, Luiz Carlos. Ignacy Sachs e a nave espacial Terra. **Revista de Economia Política**, v. 33, n. 2 (131), p. 360-366, abr./jun. 2013.

BRESSER-PEREIRA, Luiz Carlos; MARCONI, Nelson; OREIRO, José Luís. **Neutralização da doença holandesa**. Disponível em: http://www.bresserpereira.org.br/papers-cursos/Cap.5-DutchDisease.pdf. Acesso em: 22 set. 2019.

BUENO, José Geraldo Romanello; DELPUPO, Michely Vagas. Responsabilidade civil pelo dano decorrente do rompimento de barragem. **Revista Quaestio Juris**, Rio de Janeiro, v. 10, n. 3, p. 2135-2168, 2017.

BVP ENGENHARIA. **Barragem de rejeitos do Salobo B1010**: memorial descritivo. N° Vale: MD-9002SA-X-70000, PE-G-606_rev13, 2016.

BVP ENGENHARIA. **Projeto executivo da barragem de rejeitos do Mirim**: geotecnia, hidrologia, hidráulica e estrutural – memória de cálculo. N° Vale: MC-9002SA-G-00001, 2017a.

BVP ENGENHARIA. **Projeto executivo da barragem de rejeitos do Mirim**: manual de operação e carta de risco. N° Vale: MO-9002SA-X-00001, 2017b.

BVP ENGENHARIA. **Revisão periódica de segurança**: plano de ação de emergência. N° Vale: RL-9002SA-X-70080, 2019a.

BVP ENGENHARIA. **Revisão periódica de segurança de barragem**: análise de estabilidade. N° Vale: RL-9002SA-X-70079, 2019b.

CALIL, Luís Fernando Peres. **Metodologia para gerenciamento de risco**: foco na segurança e na continuidade. Tese (Doutorado em Engenharia Mecânica) – Universidade Federal de Santa Catarina, Florianópolis, 2009.

CALIXTO, Eduardo. Uma metodologia para gerenciamento de risco em empreendimentos: um estudo de caso na indústria de petróleo. In: ENCONTRO NACIONAL DE ENGENHARIA DE PRODUÇÃO, 26., 2006, Fortaleza. **Anais [...]**. Fortaleza: Associação Brasileira de Engenharia de Produção, 2006. p. 1-17.

CÂMARA DOS DEPUTADOS. **Comissão parlamentar de inquérito**: rompimento da barragem de Brumadinho – relatório final da CPI, 2019. Disponível em: https://www.camara.leg.br/internet/comissoes/cpi/cpibruma/RelatorioFinal.pdf. Acesso em: 17 dez. 2019.

CÁNEPA, Eugenio Miguel. Economia da Poluição. *In*: MAY, Peter H. (org.). **Economia do meio ambiente**: teoria e prática. 2. ed. Rio de Janeiro: Elsevier, 2010. p. 79-98.

CANTO, Otávio do. **Mineração na Amazônia**: assimetria, território e conflito social. Belém, PA: NUMA/UFPA, 2016.

CARDOZO, Fernando; *et al*. Métodos construtivos de barragens de rejeitos de mineração: uma revisão. **Revista Holos**, ano 32, v. 8, p. 77-85, 2016.

CARLOS, Ana Fani Alessandri. **A condição espacial**. São Paulo: Contexto, 2018.

CARVALHO, Edgard de Assis. A Ecologia do conhecimento: uma nova paradigmatologia. **Perspectivas**, São Paulo, n. 15, p. 95-105, 1992.

CARVALHO, José Murilo de. **A escola de minas de Ouro Preto**: o peso da glória. Rio de Janeiro: Centro Edelstein de Pesquisas Sociais, 2010. Disponível em: http://books.scielo.org/id/7j8bc/pdf/carvalho-9788579820052.pdf. Acesso em: 10 jul. 2019.

CARVALHO, Paulo Gonzaga Mibielli; BARCELLOS, Frederico Cavadas. Mensurando a sustentabilidade. *In*: MAY, Peter H. (org.). **Economia do meio ambiente**: teoria e prática. 2. ed. Rio de Janeiro: Elsevier, 2010. p. 99-132.

CASTRO, Paulo de Tarso Amorim; NALINI JÚNIOR, Hermínio Arias; LIMA; Hernani Mota de. **Entendendo a mineração no quadrilátero ferrífero**. Belo Horizonte: Ecológico, 2011.

CASTRO, Reginaldo; FARRICIOLI, Laércio. **Segunda lei da termodinâmica**: um estudo de seu entendimento por professores de ensino médio, 2012.

CAVALCANTI, Clóvis. Concepções da economia ecológica: suas relações com a economia dominante e a economia ambiental. **Estudos avançados**, v. 24, n. 68, p. 53-67, 2010.

CAVALCANTI, Clovis. Sustentabilidade: mantra ou escolha moral? Uma abordagem econômica ecológica. **Estudos avançados**, v. 26, n. 74, p. 35-50, 2012.

CAVALCANTI, Clóvis. Economia ecológica: uma possível referência para o desenho de sistemas humanos realmente sustentáveis. **Redes**, Santa Cruz do Sul, Universidade de Santa Cruz do Sul, v. 22, n. 2, p. 56-69, maio/ago. 2017.

CECHIN, Andrei Domingues. **Georgescu-Roegen e o desenvolvimento sustentável**: diálogo ou anátema. Dissertação (Mestrado em Ciência Ambiental) – Universidade de São Paulo, São Paulo, 2008.

CECHIN, Andrei Domingues; VEIGA, José Eli da. O fundamento central da economia ecológica. *In*: MAY, Peter H. (org.). **Economia do meio ambiente**: teoria e prática. 2.ed. Rio de Janeiro: Elsevier, 2010a. p. 33-48.

CECHIN, Andrei Domingues; VEIGA, José Eli da. A economia ecológica e evolucionária de Georgescu-Roegen. **Rev. Econ. Polit.**, São Paulo, v. 30, n. 3, p. 438-454, 2010b.

CECHIN, Andrei; PACINI, Henrique. Economia verde: por que o otimismo deve ser aliado ao ceticismo da razão. **Estudos avançados**, São Paulo, v. 26, n. 74, p. 121-135, 2012.

CEPAL. **Recursos naturais na união das Nações Sul Americanas (UNASUR)**: situação e tendência para uma agenda de desenvolvimento regional. Santiago, Chile, 2013. Disponível em: https://www.cepal.org/pt-br/publicaciones/3118-recursos-naturais-uniao-nacoes-sul-americanas-unasul-situacao-tendencias-agenda. Acesso em: 12 abr. 2019.

CHAMMAS, Riad. **Barragens de Contenção de Rejeitos**. Curso de Especialização em Engenharia de Barragens (CEEB), Departamento de Engenharia Civil, Universidade Federal de Ouro Preto, 1989.

COELHO, Tadzio; MILANEZ, Bruno; PINTO, Raquel. A empresa, o estado e a comunidade. *In*: TROCATE, Charles.; ZONTA, Márcio. (org.). **A questão mineral no Brasil. Antes fosse mais leve a carga**: reflexões sobre o desastre da Samarco/Vale/BHP Billiton. Marabá, PA: Editorial iGuana, 2016.

COELHO, Tádzio Peters. A superexploração da força de trabalho em Carajás. *In*: CONGILIO, Célia.; BEZERRA, Rosemary.; MICHELOTTI, Fernando. (org.). **Mineração, trabalho e conflitos amazônicos no sudeste do Pará**. Marabá, PA: Editorial iGuana, 2019. p. 142-164.

COELHO, Tádzio Peters. **Projeto Grande Carajás**: trinta anos de desenvolvimento frustrado. ZONTA, Márcio (Org.); TROCATE, Charles (Org.) – Marabá, PA: Editorial iGuana, 2015.

COMISSÃO MUNDIAL SOBRE MEIO AMBIENTE E DESENVOLVIMENTO. **Nosso Futuro Comum - Relatório Brundtland**. 2. ed. Rio de Janeiro: Editora da Fundação Getúlio Vargas, 1991.

COMPANHIA VALE DO RIO DOCE (CVRD). **Estudo de impacto ambiental**: projeto cobre salobo. 10-510-Ejpe-006, 1990.

COMPARATO, Fábio Konder. **A afirmação histórica dos direitos humanos**. 3. ed. rev. e ampl. São Paulo: Saraiva, 2004.

CONDIE, Kent. C. **Earth as na evolving planetary system**. Elsevier, 2005.

COSO, **Internal control** – integrated framework, 1992. Disponível em: www.coso.org. Acesso em: 19 nov. 2019.

COSTA, Beatriz Souza; SANTIAGO, Mariana Ribeiro. Direito e Sustentabilidade: da vulnerabilidade à sustentabilidade. Congresso Nacional do CONPEDI, UFMG/FUMEC/DOM HELDER CÂMARA, 24., 2015, Belo Horizonte. **Anais [...]**. Belo Horizonte: UFMG, 2015.

COSTA, Eduardo José Monteiro da; ZURUTUZA, José Dias de Carvalho; SILVA, Tatiane Vianna da. **A Lei Kandir e a derrocada do federalismo brasileiro**. Belém, PA: Marques Editora, 2017.

COSTANZA, Robert; *et al.* Changes in the global value of ecosystem services. **Global Environmental Change**, v. 26, p. 152-158, 2014.

COSTANZA, Robert; *et al.* The Value of the World's Ecosystem Services and Natural Capital. **Nature**, 1997. Vol. 387: 253-260.

CRUZ, Murillo. **ThorsteinVeblen – O teórico da economia moderna**: teoria econômica, psique e estética da ordem patriarcal. CRA. 637.547; Livro 1225; Folha 242, 2014.

DALY, Herman. On economics as a life Science. **Journal of Political Economy**, Vol. 76, No. 3 May-Jun. p. 392-406, 1968.

DALY, Herman; COOB, John **For the common good**: redirecting the economy towards community, the environment, and a sustainable future. Boston, EUA: Beacon Press, 1989.

DALY, Herman. **Beyondg growth**. Boston, EUA: Beacon Press, 1996.

DALY, Herman. E. Sustainable Development - Definitions, Principles, Policies. *In*: KEINER, Marco. (ed.). **The Future of Sustainability**. Dordrecht: Springer; 2004. p.39-53.

DALY, Herman. **Ecological Economics and Sustainable Development**: Selected Essays of Herman Daly. Cheltenham, UK: Edward Elgar. 2007.

DALY, Herman; FARLEY, Joshua. **Economia ecológica**. São Paulo: Annablume Cidadania e Meio Ambiente, 2016.

DAVIES, Michael; MARTIN, Todd. Mining Market Cycles and Tailings Dam Incidents. *In*: **13th International Conference on Tailings and Mine Waste**, Banff, AB, 2009. Disponível em: https://docplayer. net/14797608-Mining-market-cycles-and-tailings-dam-incidents.html. Acesso em: 17 out. 2018.

DE GROOT, Rudolf; WILSON, Matthew; BOUMANS, Roelof. A typology for the classification, description and valuation of ecosystem functions, goods and services. **Ecological Economics** 41, p. 393-408, 2002.

DENARDIN, Valdir F. SULZBACH, Mayra T. **Capital natural crítico**: a operacionalização de um conceito. 2005. Disponível em: https://docplayer.com.br/18250651-Capital-natural-critico-a-operacionalizacao-de--um-conceito.html. Acesso em: 18 out. 2018.

DEPARTAMENTO NACIONAL DE PRODUÇÃO MINERAL (DNPM). **Portaria n.º 70.389, de 17 de maio de 2017**. Disponível em: http://www.dnpm.gov.br/portaria-dnpm-no-70-389-de-17-de-maio-de-2017-se-guranca-de-barragens-de-mineracao. Acesso em: 18 out. 2018.

DOS SANTOS, Rodrigo; MILANEZ, Bruno. A construção do desastre e a 'privatização' da regulação mineral: reflexões a partir do caso do Vale do Rio Doce. *In*: ZONTA, Márcio (org.); TROCATE, Charles (org.). **Antes a fosse mais leve a carga**: introdução aos argumentos e recomendações referente ao desastre da Samarco/Vale/BHP Billiton. Marabá, PA: Editorial iGuana, 2016. p. 87-138.

DUARTE, Anderson Pires. **Classificação das barragens de contenção de rejeitos de mineração e de resíduos industriais no estado de Minas Gerais em relação ao potencial de risco**. Dissertação (Mestrado em Saneamento, Meio Ambiente e Recursos Hídricos) – Universidade Federal de Minas Gerais, Belo Horizonte, 2008.

EL PAIS. **A guerra entre a Vale e a Tüv Süd pela responsabilidade da tragédia de Brumadinho**. 2019. Disponível em: https://brasil.elpais.com/brasil/2019/02/21/politica/1550770949_599589.html. Acesso em: 17 dez. 2019.

ELTON, Edwin; *et al*. **Moderna teoria de carteiras e análise de investimentos**. Rio de Janeiro: Elsevier, 2012.

ENRIQUEZ, Maria Amélia. **Maldição ou Dádiva?** Os dilemas do desenvolvimento sustentável a partir de uma base mineira. Tese (Doutorado em Desenvolvimento Sustentável) – Universidade de Brasília, Brasília, DF, 2007.

ENRIQUEZ, Maria Amélia. Economia dos recursos naturais. *In*: MAY, Peter H. (org.). **Economia do meio ambiente**: teoria e prática. 2.ed. Rio de Janeiro: Elsevier, 2010. p. 49-78.

TIEZZI, Enzo. **Tempos históricos, tempos biológicos**: a terra ou a morte: problemas da nova ecologia. São Paulo: Nobel, 1988.

ESTADO DE MINAS. **Rompimento de dique construído com material de segunda ameaça a recuperação ambiental no Rio Doce**. Disponível em: https://www.em.com.br/app/noticia/gerais/2019/07/21/interna_gerais,1071226/rompimento-de-dique-construido-com-material-de-segunda-ameaca-recupera.shtml?utm_source=onesignal&utm_medium=push&fbclid=IwAR3SWyZCTk2L67y7Riub62T7c4qrAtgN-QAm2kmGgc61lzTpcuAtDi92QrRI. Acesso em: 23 ago. 2019.

ESTON, S. M. d. A tragédia na mineradora em Mariana e os impactos ambientais/Entrevistador: M. Waldvogel. **Entre Aspas** (11/11/2015), 2015.

FERRACIOLI, Laércio. O conceito de Energia e a Educação Ambiental. **Caderno Modelab 11** (Publicação Interna), p. 2-7, 2001.

FRANK, Franciele Aparecida da Silva. **A natureza jurídica da compensação financeira dos recursos minerais** – CFEM. 2015. Disponível em: https://jus.com.br/artigos/42836/a-natureza-juridica-da-compensacao-financeira-pela-exploracao-dos-recursos-minerais-cfem. Acesso em: 23 ago. 2019.

FOLADORI, Guillermo. Resenha de Desengenharia. O passivo ambiental na desativação de empreendimentos industriais. **Ambiente & Sociedade**, vol. V, núm. 10, 2002.

FONSECA, Alberto de Freitas Castro. **Controle e uso da água na Ouro Preto dos séculos XVIII e XIX.** Dissertação (Mestrado em Engenharia Ambiental) – Universidade Federal de Ouro Preto, Ouro Preto, MG, 2004.

FURTADO, Celso. **O mito do desenvolvimento sustentável**. Rio de Janeiro: Paz e Terra, 1981.

FURTADO, Celso. O subdesenvolvimento revisitado. **Economia e Sociedade**, Unicamp, v. 1, n. 1, p. 5-19, ago. 1992.

FRANCA, Paulo. **Gestão de Segurança em Barragens de Mineração**. Belo Horizonte: FIEMG, 2014.

FRANCA, Paulo. Projetos de disposição de rejeitos na Vale: diversidade de soluções, riscos e desafios. *In*: Congresso Brasileiro de Mineração, 13., 2009, Belo Horizonte. **Anais [...]**. Belo Horizonte: Ibram, 2009.

GALVÃO, Alexandre; FLEURIET, Michel. Riscos de mercado. *In*: OLIVEIRA, Virgínia Izabel de; PINHEIRO, Juliano Lima (org.). **Gestão de riscos no mercado financeiro**. São Paulo: Saraiva Educação, 2018. p. 51-96.

GARCIA, Júnior Ruiz; ROMEIRO, Ademar Ribeiro. O papel da modelagem econômico-ecológica na gestão integrada dos ecossistemas. **Revista da Associação Nacional de Pós-graduação e Pesquisa em Geografia** (Anpege), v.10, n.14, jul./dez. p.131-153, 2014.

GEORGESCU-ROEGEN, Nicholas. **The entropy law and the economic process**. Cambridge, Mass., EUA: Harvard University Press, 1971.

GEORGESCU-ROEGEN, Nicholas. **O decrescimento**: entropia, ecologia e economia. São Paulo: Editora Senac São Paulo, 2012.

GEORGESCU-ROEGEN, Nicholas. Prefácio. *In*: GRINEVALD, Jacques; RENS, Ivo. **O decrescimento**: entropia, ecologia e economia. São Paulo: Editora Senac São Paulo, 2012.

GEORGESCU-ROEGEN, Nicholas. The entropy law and the economic problem. In: DALY, Herman (org.). **Economics, Ecology, Ethics. Essays toward a Steady-State Economy**. São Francisco: Freeman, 1980. p. 48-60.

GIDDENS, Anthony. **As consequências da modernidade**. São Paulo: Editora UNESP, 1991.

GODOY, Arilda Schmidt. Estudo de caso qualitativo. In: GODOY, Christiane; MELLO, Rodrigo; SILVA, Anielson (org.). **Pesquisa Qualitativa em Estudos Organizacionais**: Paradigmas, Estratégias e Métodos. 2. ed. São Paulo: Saraiva: 2010.

GOLDER ASSOCIATES BRASIL CONSULTORIA E PROJETOS LTDA. **Estudo ambiental do projeto Salobo escala 24 MTPA**: diagnóstico ambiental, volume I, II, III, IV e V. RT-039-5130-1310-0058-00-B, 2004.

GOLDER ASSOCIATES BRASIL CONSULTORIA E PROJETOS LTDA. **Prognóstico com identificação e avaliação dos impactos ambientais**. RT-039-5130-1310-0073-02-J, 2006a.

GOLDER ASSOCIATES BRASIL CONSULTORIA E PROJETOS LTDA. **Relatório de impacto ambiental** (RIMA). RT-039-5130-1310-0075-02-J, 2006b.

GOMIDE, Carolina Siqueira; COELHO, Tazdso Peters; TROCATE, Charles; MILANEZ, Bruno; WANDERLEY, Luiz Jardim de Moraes. **Dicionário crítico da mineração**. Marabá, PA: Editorial iGuana, 2018.

GOODE, William; HATT, Paul. **Métodos em pesquisa social**. 2. ed. São Paulo: Nacional, 1968.

GOTELLI, Nicholas J. **Ecologia**. 4. ed. Londrina, PR: Planta, 2009.

GOULART, Clayton Peixoto; PINHEIRO, Juliano Lima. Risco operacional. *In*: OLIVEIRA, Virgínia Izabel de; PINHEIRO, Juliano Lima (org.). **Gestão de riscos no mercado financeiro**. São Paulo: Saraiva Educação, 2018. p. 195-225.

GUDYNAS, Eduardo. "Extractivismos en America del Sur: conceptos y sus efectos derrame". *In*: A. ZHOURI, Andrea.; BOLADOS, Paola.; CASTRO, Edna. **Mineração na América do Sul**: neoextrativismo e lutas territoriais. São Paulo: Annablume, 2016. p. 23-43.

GUEDES, Fátima Becker. SEEHUSEN, Susan Edda. **Pagamentos por serviços ambientais na Mata Atlântica**: lições aprendidas e desafios. 2. ed. Brasília: MMA, 2011. 272 p.

HADDAD, Paulo. **Economia ecológica e ecologia integral**. Edição Kindle. Amazon, 2017.

HALLIDAY, David; RESNICK, Robert. **Fundamentos da física**: gravitação, ondas e termodinâmica. 9. ed. São Paulo: LTC, 2012.

HARARI, Yuval Noah. **Sapiens**: uma breve história da humanidade. São Paulo: L&PM Editores, 2015.

HEILBRONER, Robert L. **A história do pensamento econômico**. São Paulo: Nova Cultural, 1996.

HERCULANO, Selene. Lá como cá: conflito, injustiça e racismo ambiental. *In*: Seminário Cearense contra o Racismo Ambiental, 1., 2006, Fortaleza. **Anais [...]**. Fortaleza: [s.n.], 2006.

HOGAN, Daniel J. Crescimento populacional e desenvolvimento sustentável. **Lua Nova**, n. 31, p. 57-77, 1993.

HOTELLING, Harold. The economics of exhaustible resources. **Journal of Political Economy**, [s.n], v. 39, n. 1, p. 137-175, 1931.

HUNT, Emery Kay. **História do pensamento econômico**: uma perspectiva crítica. 3. ed. Rio de Janeiro: Elsevier, 2013.

INSTITUTO BRASILEIRO DO MEIO AMBIENTE E DOS RECURSOS NATURAIS RENOVÁVEIS (IBAMA). **Relatório Acidentes Ambientais 2016**. Brasília: Ibama, 2016.

INSTITUTO BRASILEIRO DE MINERAÇÃO (IBRAM). **A indústria da mineração para o desenvolvimento do Brasil e promoção da qualidade de vida do brasileiro**. Brasília: Ibram, 2014.

INSTITUTO BRASILEIRO DE MINERAÇÃO (IBRAM). **Gestão de manejo de rejeitos da mineração**. Brasília: Ibram, 2016.

INSTITUTO BRASILEIRO DE MINERAÇÃO (IBRAM). **Guia de boas práticas**: gestão de barragens e estruturas de disposição de rejeito. Brasília: Ibram, 2019.

INSTITUTO BRASILEIRO DE MINERAÇÃO (IBRAM). **Estatuto social**. 2018. Disponível em: http://portal-damineracao.com.br/ibram/wp-content/uploads/2017/05/novo-estatuto-social-do-ibram-10-maio_-2018.pdf. Acesso em: 17 dez. 2019.

JAAKKO POYRY ENGENHARIA. **Projeto Cobre Salobo**: estudo de impacto ambiental – EIA, volume 1, caracterização do empreendimento. 12-203-Ejpe-1801, JP Engenharia, 1995.

JÚNIOR, Marsis Cabral; OBATA, Oswaldo Riuma; SINTONI, Ayrton. Diretrizes para gestão municipal. *In*: TANNO, Luiz Carlos; SINTONI, Ayrton (org.). **Mineração e Municípios**: bases para o planejamento e gestão de recursos minerais. São Paulo: Instituto de Pesquisas Tecnológicas, 2003. p. 37-60.

KAERCHER, Adi Regina; DA LUZ, Daniel Fonseca. **Gerenciamento de riscos**: do ponto de vista da gestão de produção. Rio de Janeiro: Interciência, 2017.

KATES, Robert; *et al*. Sustainability Science. **Science**, v. 292, n. 5517, p. 641- 642, 2001.

KRAJEWSKI, Lee J. **Administração da produção e operações**. São Paulo: Pearson Prentice Hall, 2009.

KUPFER, David; HASENCLEVER, Lia. **Economia Industrial**: fundamentos teóricos e práticas no Brasil. Rio de Janeiro: Elsevier, 2002.

LACERDA, Antônio Corrêa de (org.). **Economia brasileira**. 5. ed. São Paulo: Saraiva, 2013.

LAUDA-RODRIGUEZ, Zenaida Luisa; RIBEIRO, Wagner Costa. Risco, princípio da precaução e justiça ambiental em conflitos por mineração. **Desenvolv. Meio Ambiente**, v. 51, p. 154-179, agosto 2019.

LEFF, Enri. Economia ecológica e ecologia produtiva. *In*: LEFF, Enri. **Saber ambiental**: sustentabilidade, racionalidade, complexidade e poder. Petrópolis, RJ: Vozes, 2001. p. 42-55.

LIMA, Gilberto Tadeu. Naturalizando o capital, capitalizando a natureza: o conceito de capital natural no desenvolvimento sustentável. **Texto para discussão**, EI/UNICAMP, n. 74, p. 1-24, jun. 1999.

LIMA, Sérgio Ferraz. Introdução ao conceito de sustentabilidade: introdução e prática. **Cadernos da Escola de Negócios**, v. 4, n. 4, jan./dez. 2006.

LOPES, Rafael Tadeu Rodrigues. **Mineração e desenvolvimento**: uma análise da maldição dos recursos naturais para os estados brasileiros. Dissertação (Mestrado em Economia) – Universidade Estadual Paulista Júlio de Mesquita Filho, Araraquara, SP, 2013.

LOSEKANN, Cristina. "Não foi acidente!" O lugar das emoções na mobilização dos afetados pela ruptura da barragem de rejeitos da mineradora Samarco no Brasil. *In*: ZHOURI, Andréa (org.). **Mineração: violência e resistência** – um campo aberto à produção do conhecimento no Brasil. Marabá, PA: Editorial iGuana, 2018. p. 65-110.

LOYOLA, Roger. A economia ambiental e a economia ecológica: uma discussão teórica. *In*: ENCONTRO DA SOCIEDADE BRASILEIRA DE ECONOMIA ECOLÓGICA, 2., 1997, São Paulo. **Anais [...]**. São Paulo: SBEE, 1997.

LOZANO, Fernando Arturo Erazo. **Seleção de locais para barragens de rejeitos usando o método de análise hierárquica**. Dissertação (Mestrado em Engenharia Geotécnica) – Universidade de São Paulo, São Paulo, 2006.

LUINO, F; DE GRAFF, J. V. The Stava mudflow of 19 July 1985 (Northern Italy): a disaster that effective regulation might have prevented. **Natural hazard and earth system sciences**, vol. 12, p. 1029-1044, 2012.

LUSTOSA, Maria Célia Junqueira; CÁNEPA, Eugênio Miguel; YOUNG, Carlos Eduardo Frickmann. Política ambiental. *In*: MAY, Peter H. (org.). **Economia do meio ambiente**: teoria e prática. 2. ed. Rio de Janeiro: Elsevier, 2010. p. 163-180.

LUZ, Adão Benvindo da; LINS, Fernando. F. **Introdução ao tratamento de minério**. CETEM - Centro de Tecnologia Mineral. Edição do Livro de Tratamento de Minérios. Rio de Janeiro: Cetem, 2004.

LUKÁCS, Gyorgy. **Para uma ontologia do ser social**, cap. 3: A verdadeira e a Falsa ontologia de Hegel. Trad. Carlos Nelson Coutinho. São Paulo: Editora Ciências Humanas, 1979.

MAC. **A guide to the management of tailings facilities**. Third Edition, 2017.

MACHADO, Paulo Affonso Leme. **Direito Ambiental Brasileiro**. 12. ed. São Paulo: Malheiros Editores, 2013.

MACHADO, William Gladstone de Freitas. **Monitoramento de barragens de contenção de rejeitos da mineração**. Dissertação (Mestrado em Engenharia Mineral) – Universidade de São Paulo, São Paulo, 2007.

MANKIW, Gregory. **Introdução à economia**. São Paulo: Cengage, 2009.

MANSUR, Maísa; *et al*. Antes a fosse mais leve a carga: introdução aos argumentos e recomendações referente ao desastre da Samarco/Vale/BHP Billiton. In: ZONTA, Márcio; TROCATE, Charles (org.). **Antes a fosse mais leve a carga**: introdução aos argumentos e recomendações referente ao desastre da Samarco/Vale/BHP Billiton. Marabá, PA: Editorial iGuana, 2016. p. 17-50.

MARSHALL, Alfred. **Princípios da economia**. São Paulo: Nova Cultural, 1996.

MARTÍNEZ, J.M., PÉREZ, B. A. Estudo de propuestas alternativas em la enseñanza de la termodinámica básica. **Enseñanza de Las Ciencias**, n.15(3), p. 287-300, 1997.

MARTÍNEZ-ALIER, Joan. **O ecologismo dos pobres**: conflitos ambientais e linguagens de valoração. São Paulo: Contexto, 2007.

MARTÍNEZ-ALIER, Joan. **Economia ecológica**. International encyclopedia of the social and behavioral science. Tradução: Joseph S. Weiss e Clóvis Cavalcanti, 2015.

MASSAD, Faiçal. **Obras de terra**: curso básico de Geotecnia; São Paulo: Oficina de Textos, 2010.

MAX-LEFF, Manfred. Economic growthand quality of life: a threshold hypothesis. **Ecological Economics**, n. 15: 115-118, 1995.

MAY, Peter H. Avaliação integrada da economia do meio ambiente: propostas conceituais e metodológicas. *In*: ROMEIRO, Ademar Ribeiro; REYDON, Bastiaan Philip; LEONARDI, Maria Lucia Azevedo (org.). **Economia do meio ambiente**. São Paulo: Saraiva, 2012.

MEBRATU, Desta. Sustainability and Sustainable Development: Historical and Conceptual Review. **Environmental Impact Assessment Review**, v. 18, p. 493-520, 1998.

MEDEIROS, Cíntia Rodrigues de Oliveira; SILVEIRA, Rafael Alcadipani da; OLIVEIRA, Luciano Batista de. Mitos no desengajamento moral: retóricas da Samarco em um crime corporativo. **RAC**, Rio de Janeiro, v. 22, n. 1, art. 4, p. 70-91, 2018.

MELLO, Allan Yuiwama; ROMEIRO, Ademar Ribeiro. Importância da escala para a valoração dos serviços ecossistêmicos. *In*: ENCONTRO NACIONAL DA ANNPAS, 5., 2010, Florianópolis. **Anais [...]**. Florianópolis, SC: Annpas, 2010.

MELLO, Rodrigo Bandeira; CUNHA, C.J.C.A. Grouded theory. *In*: GODOI, Christiane; MELLO, Rodrigo; SILVA, Anielson (org.). **Pesquisa qualitativa em estudos organizacionais**: Paradigmas, Estratégias e Métodos. 2. ed. São Paulo: Saraiva, 2010.

MIKHAILOVA, Irina. Sustentabilidade: evolução dos conceitos teóricos e os problemas da mensuração prática. **Revista Economia e Desenvolvimento**, n. 16, p. 22-41, 2004.

MILANEZ, Bruno; SANTOS, Rodrigo dos; MANSUR, Maísa. A firma e suas estratégias corporativas no pós-boom das commodities. In: ZONTA, Márcio; TROCATE, Charles (org.). **Antes fosse mais leve a carga**: introdução aos argumentos e recomendações referente ao desastre da Samarco/Vale/BHP Billiton. Marabá, PA: Editorial iGuana, 2016. p. 51-86.

MILLENNIUM ECOSYSTEM ASSESSMENT – MEA. **Ecosyste mand human well-being**: synthesis. Washington, D.C.: Island Press, 2005.

MINISTÉRIO DO TRABALHO. **Relação anual de informações sociais**: sumário executivo, 2018. Disponível em: http://pdet.mte.gov.br/rais. Acesso em: 21 set. 2019.

MINTZBERG, Henry; AHLSTRAND, Bruce; LAMPEL, Joseph. **Safári de estratégia**: um roteiro pela selva do planejamento estratégico. Porto Alegre: Bookman, 2000.

MOLINARO, Carlos Alberto. Interdição da retrogradação ambiental. *In*: SENADO FEDERAL. **Princípio da proibição de retrocesso ambiental**. Brasília, DF: Senado Federal, 2012. p. 73-120.

MONTIBELLER FILHO, Gilberto. Ecodesenvolvimento e desenvolvimento sustentável. **Textos de economia**, Florianópolis, v. 4, n. 1, p.131-142, 1993.

MONTIBELLER FILHO, Gilberto. **O mito do desenvolvimento sustentável**. Tese (Doutorado em Ciências Humanas/Sociedade e Meio Ambiente) – Universidade Federal de Santa Catarina, Florianópolis, 1999.

MORAES, Orizimbo José de Moraes. **Economia ambiental**: instrumentos econômicos para o desenvolvimento sustentável. São Paulo: Centauro, 2009.

MORAES, Sandra Lúcia de; *et al.* Rejeitos de Mineração: um olhar do cenário brasileiro – Parte I: Cadeia Produtiva. In: SIMPÓSIO DE MINERAÇÃO, 18., 2017, São Paulo. **Anais [...]**. São Paulo: ABM, 2017. p. 228-240.

MOTA, Kevin Reiny Rocha. **Rompimento hipotético e delimitação da área inundada da barragem Salto Moraes em Ituiutaba/MG**. Dissertação (Mestrado em Engenharia Civil) – Universidade Federal de Uberlândia, Uberlândia, MG, 2017.

MOTA, Loyslene de Freitas; BARCELOS, Tiago Soares. A questão mineral e os índices do IDH-M e GINI nos estados do Pará e Minas Gerais: uma abordagem comparativa. **Revista Gestão e Desenvolvimento**, v. 2, n. 2, p. 19-35, jul./dez. 2018.

NERI, Ana Cláudia. **Tratamento de incertezas no plano do fechamento de mina**. Tese (Doutorado em Engenharia) – Universidade de São Paulo, São Paulo, 2013.

NOSSA HISTÓRIA. Brasil: Vale, 2012. 1 DVD (26 min): son., color.

ODUM, Eugene P.; BARRETT, Gary W. **Fundamentos em ecologia**. 5. ed. São Paulo: Cengage Learning, 2015.

OLIVEIRA, Djalma de Pinho Rebouças de. **Planejamento estratégico**: conceitos, metodologia e práticas. São Paulo: Atlas, 2001.

OLIVEIRA, José Bernardo Vasconcelos Rodrigues de. **Manual de operação de barragens de contenção de rejeitos como requisito essencial ao gerenciamento dos rejeitos e à segurança de barragens**. Dissertação (Mestrado em Engenharia Geotécnica) – Universidade Federal de Ouro Preto, Ouro Preto, 2010.

OLIVEIRA, Virgínia Izabel de; FLEURIET, Michel. Riscos de liquidez. *In*: OLIVEIRA, Virgínia Izabel de; PINHEIRO, Juliano Lima (org.). **Gestão de riscos no mercado financeiro**. São Paulo: Saraiva Educação, 2018. p. 99-126.

OLIVEIRA, Virgínia Izabel de; PINHEIRO, Juliano Lima. Riscos financeiros. In: OLIVEIRA, Virgínia Izabel de; PINHEIRO, Juliano Lima (org.). **Gestão de riscos no mercado financeiro**. São Paulo: Saraiva Educação, 2018. p. 29-48.

OUTEIRO, Gabriel Moraes; NASCIMENTO, Durbens Martins. Direito humano à moradia e a regularização fundiária na Amazônia: limites e possibilidades. **Pensar**, Fortaleza, v. 21, n. 2, p. 507-533, maio/ago. 2016.

PADILHA, Normal Sueli. **Fundamentos constitucionais do direito ambiental brasileiro**. Rio de Janeiro: Elsevier, 2010.

PÁDUA, Antônio Brás; *et al*. Termodinâmica clássica ou termodinâmica de equilíbrio: aspectos conceituais básicos. **Ciências Exatas e da Terra**, Londrina, v. 29, n. 1, p. 57-84, jan/jun. 2008.

PINDYCK, Robert S.; RUBINFELD, Daniel. L. **Microeconomia**. São Paulo: Pearson Prentice Hall, 2010.

PROGRAMA DAS NAÇÕES UNIDAS PARA O DESENVOLVIMENTO (PNDU). Atlas: **Mapeando os objetivos de desenvolvimento sustentável na mineração**. Brasília, DF, 2017. Disponível em: http://www.br.undp.org/content/brazil/pt/home/library/ods/atlas--mapeando-os-objetivos-de-desenvolvimento-sustentavel-na-m.html. Acesso em: 12 abr. 2019.

POLANYI, Karl. **A grande transformação**: as origens de nossa época. 2. ed. Rio de Janeiro: Campus, 2000.

POMPEU, Ulisses. **MPF chancela ação em favor de comunidades indígenas ao redor do Salobo**. 2019. Disponível em: https://correiodecarajas.com.br/mpf-chancela-acao-em-favor-de-comunidades-indigenas--ao-redor-do-salobo/. Acesso em: 21 dez. 2019.

PORTANOVA, Rogério. Direitos humanos e meio ambiente: uma revolução de paradigma para o século XXI. **Revista de Antropologia**, v. 7, n. 1-2, p. 56-72, 2005.

PORTELLA, Roberto Bagattini; *et al*. Passivo ambiental: o ciclo de vida da planta industrial e a desengenharia. *In*: CONGRESSO BAIANO DE ENGENHARIA SANITÁRIA E AMBIENTAL, 1., 2010, Salvador. **Anais [...]**. Disponível em: https://www.academia.edu/559514/PASSIVO_AMBIENTAL_O_CICLO_DE_VIDA_DA_PLANTA_INDUSTRIAL_EA_DESENGENHARIA. Acesso em: 4 out. 2019.

PMBOK. **Um Guia do Conjunto de Conhecimentos do Gerenciamento de Projetos**. Tradução oficial para o português do PMBOK® (Project Management Body of Knowledge) Guide. PMI, 2013.

PUPPI, Ubaldo. O trágico: experiência e conceito. **Revista trans/form/ação**, São Paulo, 41-50, 1981.

RAMOS-MARTINS, Jesus. Economía biofísica: El flujo metabólico y otros conceptos procedentes de laecología y latermodinámica ayudan a valorar si un sistema económico es o no viable. **Investigación y Ciencia**, p. 68-75, jun. 2012.

REZENDE, Elcio; CORDEIRO E SILVA, Victor Vartuli. De Mariana a Brumadinho: a efetividade da responsabilidade civil ambiental para a adoção das medidas de evacuação. **Revista do Direito**, Santa Cruz do Sul, v. 1, n. 57, p.160-181, 2019.

RIBEIRO JÚNIOR, Amaury. **A privataria tucana**. São Paulo: Geração editorial, 2011.

RIBEIRO, Luís Fernando Martins. **Simulação física do processo de formação dos aterros hidráulicos aplicados a barragens de rejeitos**. Tese (Doutorado em Engenharia) –Universidade de Brasília, Brasília, 2000.

RIBEIRO, Wagner Costa. Geografia política e gestão internacional dos recursos naturais. **Estudos avançados**, v. 24, n. 68, 2010a.

RIBEIRO, Wagner Costa. Teorias socioambientais: em busca de uma nova sociedade. **Estudos avançados**, v. 24, n. 68, 2010b.

RIBEIRO, Wagner Costa. Justiça espacial e justiça socioambiental: uma primeira aproximação. **Estudos avançados**, v. 31, n. 89, 2017.

RICARDO, David. **Princípios de economia política e tributação**. São Paulo: Nova Cultura, 1996.

RICKLEFS, Robert E. **A economia da natureza**. Rio de Janeiro: Guanabara Koogan, 2010.

RIGOTTO, Raquel. Conhecimento em disputa no conflito ambiental em torno da mineração de urânio e fosfato no Ceará – Brasil. *In*: ZHOURI, Andréa (org.). **Mineração: violência e resistência** – um campo aberto à produção do conhecimento no Brasil. Marabá, PA: Editorial iGuana, 2018. p. 221-258.

RIO+20, Conferência das Nações Unidas sobre o Desenvolvimento Sustentável. **Declaração final da conferência das nações unidas sobre o desenvolvimento sustentável** (RIO + 20): O futuro que queremos. Disponível em: https://riomais20sc.ufsc.br/files/2012/07/CNUDS-vers%C3%A3o-portugu%C3%AAs-CO-MIT%C3%8A-Pronto1.pdf. Acesso em: 22 set. 2019.

ROBBINS, Lionel. **Um ensaio sobre a natureza e a importância da ciência econômica**. São Paulo: Saraiva, 2012.

ROBERTSON, A. Challenges & Solutions Beyond Incremental Changes. **Tailings and Mine Waste**, Vancouver, BC, 2011.

RODRIGUES, Alexandre de Cássio; RODRIGUES, Suzana Braga. Riqueza mineral, instituições fracas e clientelismo: a maldição dos recursos naturais nos governos locais. **Revista de contabilidade e organizações**, v. 13, e:153089, p.1-21, 2019.

ROMEIRO, Ademar Ribeiro. Desenvolvimento sustentável: uma perspectiva econômico-ecológica. **Estudos avançados**, São Paulo, v. 26, n. 74, p. 65-92, 2012.

ROMEIRO, Ademar Ribeiro. Economia ou economia política da sustentabilidade. *In*: MAY, Peter H. (org.). **Economia do meio ambiente**: teoria e prática. 2. ed. Rio de Janeiro: Elsevier, 2010. p. 3-32.

ROSS, Michael. What have we learned about the resource curse? **Annual Review of Political Science**, 18, 239- 259, 2015.

SABBO, Gabriela Rodrigues; ASSIS, Milena Maria Graciano; BERTERQUINI, Aline Botini Tavares. **Revista Engenharia em Ação**, UniToledo, Araçatuba, SP, v. 2, n. 1, p. 3-15, jan./ago. 2017.

SACHS, Ignacy. **A terceira margem**. São Paulo: Companhia das Letras, 2009.

SACHS, Ignacy. **Desenvolvimento**: includente, sustentável, sustentado. Rio de Janeiro: Garamond, 2004.

SACHS, Ignacy. **Estratégias de transição para o século XXI**: desenvolvimento e meio ambiente. São Paulo: Nobel: Fundap, 1993.

SACHS, Ignacy. **Rumo à ecossocioeconomia**: teoria e prática do desenvolvimento. São Paulo: Cortez editor, 2006.

SAES, Beatriz Macchione. **Comércio ecologicamente desigual no século XXI**: evidências a partir da inserção brasileira no mercado internacional de minério de ferro. Tese (Doutorado em Desenvolvimento Econômico) – Universidade Estadual de Campinas, Campinas, SP, 2017.

SALET, Ingo Wolfgang; FENSTERSEIFER, Tiago. Notas sobre a proibição de retrocesso em matéria (sócio) ambiental. *In*: SENADO FEDERAL. **Princípio da proibição de retrocesso ambiental**. Brasília, DF: Senado Federal, 2012. p. 121-206.

SÁNCHEZ, Luis Enrique. **Desengenharia**: o passivo ambiental na desativação de empreendimentos industriais. São Paulo: Edusp: Fapesp, 2001.

SÁNCHEZ, Luis Enrique. Plano para fechamento prematuro de minas. **REM: R. Esc. Minas**, Ouro Preto, 64(1), p. 117-124, jan./mar. 2011.

SÁNCHEZ, Luís Enrique. **Guia para o planejamento do fechamento de mina**. Brasília: Ibram, 2013.

SÁNCHEZ, Luís Enrique; *et al.* **Os impactos do rompimento da Barragem de Fundão**. O caminho para uma mitigação sustentável e resiliente. Relatório Temático no 1 do Painel do Rio Doce. Gland, Suíça: UICN, 2018.

SANT'ANA JR, Horácio; ALVES, Elio de Jesus. Mina-ferrovia-porto: no fim da linha, uma cidade em questão. *In*: ZHOURI, Andréa (org.). **Mineração: violência e resistência** – um campo aberto à produção do conhecimento no Brasil. Marabá, PA: Editorial iGuana, 2018. p.259-297.

SANTOS, J. Brito dos; FRANÇA, M. J.; ALMEIDA, A. Betâmio de. Risco associado à ruptura por galgamento de barragens de aterro. **Inginieria del Agua**, Córdoba, v. 14, n. 4, p. 260-278, maio 2007.

SANTOS, Marilene Ramos M. O princípio do poluidor-pagador e a gestão dos recursos hídricos: a experiência brasileira. *In*: MAY, Peter H. (org.). **Economia do meio ambiente**: teoria e prática. 2. ed. Rio de Janeiro: Elsevier, 2010. p. 333-352.

SANTOS, Milton. **A natureza do espaço**. 4. Ed. São Paulo: Edusp, 2017.

SANTOS, Milton. **Economia espacial**: críticas e alternativas. 2. ed. São Paulo: Edusp, 2014(b).

SANTOS, Milton. **Espaço e m**étodo. 5. ed. São Paulo: Edusp, 2014(a).

SANTOS, Milton. **Por uma geografia nova**: da crítica da geografia a uma geografia crítica. 6. ed. São Paulo: Edusp, 2012.

SANTOS, Milton. **Técnica, espaço, tempo**. 5. ed. São Paulo: Edusp, 2013.

SANTOS, Rodrigo; MILANEZ, Bruno. A construção do desastre e a "privatização" da regulação mineral: reflexões a partir do caso do Rio Doce. *In*: ZHOURI, Andréa (org.). **Mineração, violências e resistências**: um campo aberto à produção de conhecimento no Brasil. Marabá, PA: Editorial iGuana, 2018. p.111-154.

SANTOS; Rodrigo S. P. dos; WANDERLEY, Luiz Jardim. Dependência de barragens, alternativas tecnológicas e a inação do Estado: repercussões sobre o monitoramento de barragens e o licenciamento do fundão. *In*: ZONTA, Márcio; TROCATE, Charles (org.). **Antes fosse mais leve a carga**: reflexões sobre o desastre da Samarco/Vale/BHP Billiton. Marabá, PA: Editorial iGuana, 2016. p. 87-138.

SCILIAR, Cláudio. **Geopolítica das minas do Brasil**. Rio de Janeiro: Revan, 1996.

SETE SOLUÇÕES E TECNOLOGIAS AMBIENTAIS. **Plano de controle ambiental** (PCA): ampliação da atividade de beneficiamento de minério da mina de Salobo. STE-CVD231-PCA-INT-PDF001-FF, Belo Horizonte, 2018.

SHINYASHIKI, Roberto Tadeu; FICHER, Rosa Maria; SHINYASHIKI, Gilberto. A importância de um sistema integrado de ações na gestão de crises. **Organicom**, ano 4, n. 6, p. 148-159, 2007.

SIGBM. Sistema integrado de gestão de segurança de barragens em mineração. Disponível em: http://www.anm.gov.br/assuntos/barragens/sigbm. Acesso em: 18 maio 2018.

SILVA, Alexander Marques. **Sociedade de risco e as barragens de rejeitos**. Rio de Janeiro: Lúmen Juris, 2017.

SILVA, Danielle; FERREIRA, Matteus; SCOTTI, Maria Rita. O maior desastre ambiental brasileiro: de Mariana (MG) a Regência (ES). *In*: FRANÇA, Adriana (org.). **Arquivos do museu de história natural e jardim botânico**, UFMG: Belo Horizonte, v. 24, n. 1/2. p. 136-158, 2015.

SILVA, Danielly Ferreira; LIMA, Gustavo Ferreira da Costa. Empresas e meio ambiente: contribuições da legislação ambiental. **R. Inter. Interdisc. INTERthesis**, Florianópolis, v. 10, n. 2, p. 334-359, jul./dez. 2013.

SILVA, Leila Cristina do Nascimento e. **Barragens de rejeito da mineração**: análise do sistema de gestão do Estado de Minas Gerais. Rio de Janeiro: Lúmen Juris, 2018.

SILVEIRA, Maurício. A importância do plano de gerenciamento de crises em empresas prestadores de serviços: estudo de caso. **RP em Revista**, Salvador, ano 8, n. 25, p. 1-24, fev. 2010.

SINTONI, Ayrton; *et al*. Importância dos recursos naturais. *In*: TANNO, Luiz Carlos; SINTONI, Ayrton (org.). **Mineração e municípios**: bases para o planejamento e gestão de recursos minerais. São Paulo: Instituto de Pesquisas Tecnológicas, 2003. p. 3-8.

SOARES, Lindolfo. Barragem de rejeito. *In*: Luz, A. B. da; SAMPAIO, J. A.; FRANÇA, S. C. A. **Tratamento de minérios**. Rio de Janeiro: CETEM/MCT, 2010. p. 831-896.

SOUZA, Carlos Roberto Coutinho de. **Análise de gerenciamento de riscos de processos industriais**. Rio de Janeiro: Universidade Federal Fluminense, Pós-Graduação em Engenharia de Segurança, 2000. Disponível em: https://www.areaseg.com/bib/12%20-%20Arquivos%20Diversos/Apostila_de_Gerenciamento_de_Riscos.pdf. Acesso em: 17 set. 2019.

SOUZA, Nilson Araújo de. **Economia brasileira contemporânea**: de Getúlio a Lula. 2. ed. São Paulo: Atlas, 2008.

STIGLITZ, Joseph E. Making Natural Resources into a Blessing rather than a Curse. *In*: TSALIK, Svetlana; SCHIFFRIN, Any (eds.). **Covering oil**: a reporter`s guide to energy and development. New York: The Open Society Institute, 2005.

STIGLITZ, Joseph Eugene. **Globalização**: como dar certo. São Paulo: Companhia das Letras, 2007.

STRATHERN, Paul. **Uma breve história da economia**. Rio de Janeiro: Zahar, 2003.

TANNO, Luís Carlos; SINTONI, Ayrton. **Mineração e municípios**: bases para o planejamento e gestão de recursos minerais. São Paulo: Instituto de Pesquisas Tecnológicas, 2003.

TANNO, Luiz Carlos; *et al*. Recursos minerais: Conceitos e panorama de produção e consumo. *In*: TANNO, Luiz Carlos; SINTONI, Ayrton (org.). **Mineração e municípios**: bases para o planejamento e gestão de recursos minerais. São Paulo: Instituto de Pesquisas Tecnológicas, p. 9-20, 2003.

TEIXEIRA, Patrícia Brito. Sociedade do risco na sociedade da informação: gestão e gerenciamento de crises nas redes sociais. In: Congresso Brasileiro Científico de Comunicação Organizacional e Relações Públicas, 5., 2011, São Paulo, **Anais [...]**. São Paulo: Abrapcorp, 2011. p. 1-12.

THE ECONOMIST. **The dozywatchdogs**, Disponível em: http://www.economist.com/news/brie!ng/21635978-some-13-years-after-enron-auditors-still-cant-stop-managers-cooking-books-time-some. Acesso em: 16 out. 2018.

THOMAS, Janet M.; CALLAN, Scott. **Economia ambiental**: fundamentos, políticas e aplicações. São Paulo: Cengage Learning, 2012.

TOLEDO, André de Paiva; RIBEIRO, José Cláudio Junqueira; THOMÉ, Romeu. **Acidentes com barragens de rejeitos da mineração e o princípio da prevenção**. Rio de Janeiro: Lúmen Juris, 2016.

TONIDANDEL, Rodrigo de Paula; PARIZZI, Maria Giovana; LIMA, Hernani Mota de. Aspectos legais e ambientais sobre o fechamento de mina, com ênfase no Estado de Minas Gerais. **Geonomos**, v. 20, n. 1, p. 32-40, 2012.

TOWNSEND, Colin R.; BEGON, Michael; HARPER, John L. **Fundamentos em ecologia**. 3. ed. Porto Alegre: Artmed, 2008.

TRACTEBEL. **Estudo de dam break**: estudo de ruptura hipotética. VALE.RT-DB-RSA-101-03.18, 2018.

TRIBUNAL DE CONTAS DA UNIÃO. Relatório de auditoria de natureza operacional. TC 034.373/2012-8, Grupo I – Classe V – Plenário. 2012.

TRIBUNAL DE CONTAS DA UNIÃO. Relatório de levantamento. TC 017.199/2018-2, Grupo I – Classe V – Plenário. 2018.

TROCATE, Charles; ZONTA, Márcio. **Antes fosse mais leve a carga**: reflexões sobre o desastre da Samarco/Vale/BHP Billiton. Marabá, PA: Editorial iGuana, 2016.

VALE. **Desempenho da Vale no 1T19**. 2019. Disponível em: http://www.vale.com/PT/investors/information-market/quarterly-results/ResultadosTrimestrais/Vale_IFRS_1Q19_p2.pdf. Acesso em: 17 dez. 2019.

VALE. **Desempenho da Vale no 4T18**. 2018. Disponível em: http://www.vale.com/PT/investors/information--market/quarterly-results/ResultadosTrimestrais/Vale_IFRS_4Q18_p%20final.pdf. Acesso em: 17 dez. 2019.

VALE. **Justificativa técnica para o alteamento da barragem de rejeitos do mirim**: anexo VI: Esclarecimentos protocolo DNPM, 2016.

VALE. **Produção da Vale no 4T15**. 2015. Disponível em: http://www.vale.com/PT/investors/information--market/Press-Releases/ReleaseDocuments/PREPORT4T15_p.pdf. Acesso em: 17 dez. 2019.

VALE. **Produção e Vendas da Vale no 1T19**. 2019. Disponível em: http://www.vale.com/PT/investors/information-market/Press-Releases/ReleaseDocuments/PREPORT1T19_p.pdf. Acesso em: 17 dez. 2019.

VALE. **Relatório da Administração 2018**. 2019. Disponível em: http://www.vale.com/PT/investors/information-market/quarterly-results/ResultadosTrimestrais/RELATORIO%20DA%20ADMINISTRACAO%202018_p.pdf. Acesso em: 17 dez. 2019.

VALE. **Viabilização da mina de cobre do Salobo**: do estratégico ao tático. 2012. Disponível em: http://www.adimb.com.br/simexmin2012/wp-content/themes/simexmin/palestras/11novosdepositos/X_2_Pinto.pdf. Acesso em: 28 out. 2019.

VALOR ECONÔMICO. **Fabricantes do país ainda dependem da importação de minério de cobre**. 2018. Disponível em: https://valor.globo.com/empresas/noticia/2018/08/17/fabricantes-do-pais-ainda-dependem-de-importacao-de-minerio-de-cobre.ghtml. Acesso em: 20 dez. 2019.

VARIAN, Hal R. **Microeconomia**: conceitos básicos. Rio de Janeiro: Elsevier, 2006.

VEIGA NETO, F. C; MAY, P.H. Mercado para serviços ambientais. In: MAY, Peter H. (org.). **Economia do meio ambiente**: teoria e prática. 2. ed. Rio de Janeiro: Elsevier, 2010. p. 309-332.

VEIGA, José Eli da; ZATZ, Lia. **Desenvolvimento sustentável**: que bicho é esse? São Paulo: Autores associados, 2008.

VEIGA, José Eli da. A condição biofísica do desenvolvimento. *In*: GEORGESCU-ROEGEN, Nicholas. **O decrescimento**: entropia, ecologia e economia. São Paulo: Ed. Senac, 2012. p. 1-22.

VEIGA, José Eli da. **A emergência socioambiental**. 3.ed. São Paulo: Ed. Senac SP, 2015.

VEYRET, Yvette. **Dicionário do meio ambiente**. São Paulo: Ed. Senac SP, 2012.

VEYRET, Yvette. **Os riscos**: o homem como agressor e vítima do meio ambiente. 2.ed. São Paulo: Contexto, 2015.

VIVIEN, Franck-Dominique. **Economia e ecologia**. São Paulo: Ed. Senac SP, 2011.

WACKERNAGEL, Mathis; REES, William. **Our ecological footprint**: reducing human impacto on the Earth. Gabriola Island: New society publischers, 1996.

WISE-URANIUM. **Chronology of major tailings dam failures**. Disponível em: https://www.wise-uranium.org/mdaf.html. Acesso em: 21 ago. 2019.

WWF. **Relatório Planeta Vivo**. Switzerland, 30 set. 2014. Disponível em: http://www.wwf.org.br/natureza_brasileira/especiais/relatorio_planeta_vivo/. Acesso em: 18 jul. 2018.

YUNUS, Muhammad. **Criando um negócio social:** como iniciativas economicamente viáveis podem solucionar os grandes problemas da sociedade. Rio de Janeiro: Elsevier, 2010.

ZANIRATO, Silvia Helena; RIBEIRO, Wagner da Costa. Patrimônio cultural: a percepção da natureza como um bem não renovável. **Revista brasileira de história**. São Paulo, v. 26, n. 51, p. 251-262, 2006.

ZHANG, L. M.; XU, Y.; JIA, J. S. Analysis of earth dam failures- A database approach. Isgsr2007- **First International Symposium on Geotechnical Safety & Risk**, Shanghai, v. 1, n. 1, p. 293-302, 18 out. 2007.

ZHOURI, Andréa. Produção do conhecimento em um campo minado. *In*: ZHOURI, Andréa (org.). **Mineração: violência e resistência** – um campo aberto à produção do conhecimento no Brasil. Marabá, PA: Editorial iGuana, 2018. p. 8-27.

ZHOURI, Andrea; OLIVEIRA, Raquel; ZUCARELLI, Marco; VASCONCELOS, Max. O desastre do Rio Doce: entre a política de reparação e a gestão das afetações. *In*: ZHOURI, Andréa (org.). **Mineração: violência e resistência** – um campo aberto à produção do conhecimento no Brasil. Marabá, PA: Editorial iGuana, 2018. p. 28-64.